Antitruste, varejo e infrações à ordem econômica

Amanda Athayde

Antitruste, varejo e infrações à ordem econômica

EDITORA SINGULAR

São Paulo
2017

R696d Athayde, Amanda
        Antitruste, varejo e infrações à ordem econômica. / Amanda Athayde. São Paulo: Singular, 2017.
        480 p.
        ISBN: 978-85-86626-92-0

        1. Direito da concorrência, Brasil. 2. Supermercado, Brasil. 3. Comércio varejista, Brasil. 4. Infração, Brasil. 5. Crime econômico, Brasil. **6. Ordem econômica**, Brasil. 7. Política **antitruste**, Brasil. 8. Conselho Administrativo de Defesa Econômica (Brasil) (Cade), competência. I. Título.

        CDU: 347.733

Revisão, projeto gráfico, diagramação e capa: Microart Design Editorial

© desta edição [2017]
Editora Singular

Tel/Fax: (11) 3862-1242
www.editorasingular.com.br
singular@editorasingular.com.br

"(...) assim como não escolhemos ou não plagiamos amigos ou amores, não escolhemos nossos temas de estudo. Encontramo-los na vida, como na vida encontramos pessoas. Algumas consquistam-nos imediatamente pela simpatia e pela comunhão espiritual. Afastamo-nos de outras, com fastio e impaciência. Esses encontros não são voluntários, mas frutos do acaso, de circunstâncias imprevistas. Furtivos encontros que, pouco a pouco, relevam sua força interior e sufocam-nos com o vínculo da necessidade".*

---

* FORGIONI, Paula A. Prefácio. *Apud* GOLDBERG, Daniel K. *Poder de compra e política antitruste*. São Paulo: Singular, 2006.

A meus pais, Ângela e Daniel, pela vida, amor e cuidado. A minhas irmãs, Letícia e Bárbara, pela comunhão de almas. A meus cunhados, Gustavo e Ektor, por compartilharem da nossa família. A Lêda e Sandra, por zelarem por todos nós. A meus sobrinhos Lara, Mateus, Rafael, Oliver e Marinho, pela pureza dos sorrisos, e como suspiro de uma vida acadêmica e profissional fora da medicina. Ao meu marido, Marcelo, pelo amor, companheirismo, incentivo e evolução espiritual. Aos meus sogros, Emília e Bira, por tornarem Brasília também a minha casa. Ao Farofa, pelo carinho diário incondicional. À minha orientadora, Paula, pela oportunidade e pelo aprendizado.

Prefácio

Da mesma forma como, muitas vezes, os temas de pesquisa impõem-se no nosso destino, assim também são os bons orientandos e seus planos. Acabamos atraindo para perto pessoas e debates que nos tornam melhor. Para alguém convencida de que o Brasil é o mais rico laboratório do mundo no que diz respeito à distribuição de produtos e serviços, testemunhar a solidificação da tese da Amanda foi uma experiência enriquecedora. Minha função nunca foi ensinar, mas fazê-la desbastar seus próprios pensamentos, organizando-os, lapidando-os, construindo uma obra realmente original e útil à sociedade brasileira.

Amanda chegou ao Largo de São Francisco como boa mineira: discreta, observadora, com bom poder de articulação e firmeza em seus ideais. As Arcadas receberam-na de braços abertos, ela que vinha e voltava diretamente de vôos de Brasília e de Belo Horizonte. Sempre organizadíssima e eficiente, com sua mala de rodinhas, para cima e para baixo. Foi consolidando seus próprios méritos acadêmicos, sem perder a capacidade de formar laços com aqueles que cruzaram seu caminho. Fez muitos amigos. Alcançou sólida bagagem em Direito Comercial, ministrou aulas, cativou alunos e colegas, elaborou artigos e também aproveitou a oportunidade para cursar disciplinas de professores que são referência em outros ramos do Direito. Tentei convencê-la de que o antitruste somente faz sentido quando inserto no quadro da ordem jurídica do mercado e, portanto, da teoria geral do Direito Comercial. Penso que consegui, assim como ela me convenceu de inúmeras outras coisas. Sempre tivemos dois grandes vetores em comum: acreditar que o antitruste é um instrumento de implementação de políticas públicas e que o grande varejo precisa ser analisado sob essa ótica.

Ao longo dos últimos cinco anos, tive a alegria de acompanhar de perto também sua ascensão profissional. Aprovada no concurso público que almejava, assumiu cargo de importância para o Direito Antitruste brasileiro, representando uma geração destinada a consolidar uma abordagem consistente e técnica da matéria.

A presente obra reúne ensinamentos valiosos e de grande utilidade pública. Temas antes inexplorados no debate concorrencial do país, tais como supermercados como plataformas de dois lados, taxas e condições de acesso a gôndolas, gestão de categorias, cláusulas do comprador mais favorecido, impacto concorrencial das marcas próprias, a noção de "eficiências constitucionalizadas", dentre outros, são explorados com profundidade. As originais classificações que enceta mostram-se, acima de tudo, úteis.

Ao final da defesa da tese, no dia 22 de novembro de 2016, questionei-a sobre o futuro do antitruste no Brasil, não sem expressar um certo pessimismo. Entusiasta e confiante, Amanda anima quem quer que a escute explicar as "três ondas" do antitruste no nosso País. Tenho a certeza de que Amanda está preparada não apenas para apresentar ao leitor as nuances concorrenciais das infrações à ordem econômica no varejo supermercadista – tema que repercute nos contratos comerciais de distribuição e de colaboração –, mas também para ser uma excelente porta-voz do Direito da Concorrência em nosso país.

A sua ida ao supermercado, após a leitura dessa obra, nunca mais será a mesma!

São Paulo, fevereiro de 2017.

Paula A. Forgioni

Sumário

PREFÁCIO 9

INTRODUÇÃO... 17

PARTE I
A EVOLUÇÃO DA TRADICIONAL PARA A MODERNA ANÁLISE ANTITRUSTE DO VAREJO SUPERMERCADISTA 33

Capítulo 1. A evolução da tradicional análise antitruste do varejo supermercadista 35

    1.1 A análise antitruste tradicional do varejo supermercadista e os primeiros argumentos para uma evolução 35

    1.2 Evidências concretas de uma análise antitruste do varejo supermercadista em evolução 53

    Conclusão do Capítulo 1 84

Capítulo 2. Proposta: a moderna análise antitruste do varejo supermercadista 87

    2.1 Supermercados como plataformas de dois lados............................ 87

        2.1.1 Breve teoria da plataforma de dois lados............................ 87

        2.1.2 Supermercados como plataformas de dois lados: prestadores de serviços para consumidores finais e para fornecedores 93

    2.2 Plataforma de dois lados com características de "gargalo à concorrência" 98

        2.2.1 Breve teoria do "gargalo à concorrência" ("competitive bottleneck model"/"gatekeeper") 98

2.2.2 Supermercado como "gargalo à concorrência" para consumidores finais e para fornecedores 101

2.3 As relações jurídicas do varejo supermercadista 106

    2.3.1 As relações jurídicas do varejo supermercadista nas relações verticais 107

        2.3.1.1 Varejista como prestador de serviços ao fornecedor para acesso à plataforma (comprador do fornecedor) 108

        2.3.1.2 Varejista como prestador de serviços ao fornecedor dentro da plataforma (fornecedor da indústria fornecedora) 108

        2.3.1.3 Varejista como concorrente do fornecedor (concorrente do fornecedor) 109

    2.3.2 As relações jurídicas do varejo supermercadista nas relações horizontais 110

        2.3.2.1 Varejista concorrente do varejista 110

        2.3.2.2 Fornecedor concorrente do fornecedor 110

Conclusão do Capítulo 2 111

PARTE II
HISTÓRICO E FONTES DO PODER NO VAREJO SUPERMERCADISTA 113

Capíutulo 3. Histórico de embates pelo poder no varejo supermercadista 115

    3.1 Histórico geral de embates pelo poder no varejo supermercadista   117

    3.2 Histórico de embates pelo poder no varejo supermercadista no Brasil 125

Conclusão do Capítulo 3 137

Capítulo 4. Fontes do poder no varejo supermercadista 139

    4.1 Concentração econômica 140

4.2 Barreiras à entrada e à expansão 144

4.3 Transparência 149

4.4 Lealdade do consumidor final ("lock-in") 151

4.5 Gôndolas 157

4.6 Dependência econômica dos fornecedores e receio de retirada da lista de compras ("*delist*") 161

4.7 Aliança de compra de supermercados 172

4.8 Marcas próprias 181

    4.8.1 Breve teoria geral sobre marcas próprias no varejo supermercadista 182

    4.8.2 Marcas próprias no Brasil 193

    4.8.3 Da visão antitruste tradicional a uma proposta de moderna análise antitruste das marcas próprias no varejo supermercadista 197

Conclusão do Capítulo 4 205

PARTE III
PRÁTICAS COMERCIAIS NO VAREJO SUPERMERCADISTA: CATEGORIZAÇÃO E CONDUTAS POTENCIALMENTE ANTICOMPETITIVAS... 209

Capítulo 5. Categorização das práticas comerciais no varejo supermercadista 211

5.1 Relação vertical entre varejista e fornecedor 226

    5.1.1 Varejista como prestador de serviços ao fornecedor para acesso à plataforma (comprador do fornecedor) 226

        5.1.1.1 Práticas verticais do varejista que caracterizam transferência de custos do varejista ao fornecedor ... 227

        5.1.1.2 Práticas verticais do varejista que caracterizam transferência de riscos do varejista ao fornecedor . 229

        5.1.1.3 Práticas verticais do varejista que alteram o ambiente contratual de modo retroativo 230

　　　　　5.1.1.4　Práticas verticais do varejista que impactam nos fornecedores do fornecedor 233

　　5.1.2　Varejista como prestador de serviços ao fornecedor dentro da plataforma (fornecedor da indústria fornecedora) 233

　　　　　5.1.2.1　Práticas verticais do varejista que impõem aos fornecedores pagamentos de taxas e condições de acesso para espaço em gôndola 234

　　5.1.3　Varejista como concorrente do fornecedor (concorrente do fornecedor) 237

　　　　　5.1.3.1　Práticas verticais do varejista que alteram a dinâmica de acesso à e dentro da plataforma para fornecedores concorrentes das marcas próprias 238

5.2　Relação horizontal entre varejista e varejista 238

　　5.2.1　Varejista concorrente do varejista 238

　　　　　5.2.1.1　Práticas horizontais dos varejistas que impactam diretamente em outros varejistas 239

5.3　Relação horizontal entre fornecedor e fornecedor 240

　　5.3.1　Fornecedor concorrente do fornecedor 240

　　　　　5.3.1.1　Práticas horizontais de fornecedores que impactam diretamente em outros fornecedores 240

Conclusão do Capítulo 5 241

Capítulo 6. Práticas comerciais no varejo supermercadista potencialmente violadoras da ordem econômica nos termos da Lei 12.529/2011 .. 245

6.1　Taxas e condições de acesso ("*acess fees and terms*") para espaço em gôndola 246

6.2　Uso indevido de informações comercialmente sensíveis: colusão e marcas próprias de imitação ("*copycat*") 269

6.3　Gestão de categorias ("*category management*") 283

6.4　Cláusula do comprador mais favorecido ("*Most-Favoured Nation clause*" – MFN) 301

Conclusão do Capítulo 6 327

PARTE IV
EFEITOS DANOSOS À CONCORRÊNCIA DAS PRÁTICAS COMERCIAIS NO VAREJO SUPERMERCADISTA 333

Capítulo 7. Efeitos anticompetitivos no mercado de venda (varejista): impacto nos varejistas e nos consumidores finais 339

7.1   Aumento do custo dos rivais e efeito "colchão d'água" 339

7.2   Fechamento de varejistas, redução das opções ao consumidor final, novo aumento da concentração econômica e redução da eficiência varejista 345

7.3   Aumento de preços ao consumidor final 348

7.4   Colusão entre os varejistas 351

Conclusão do Capítulo 7 355

Capítulo 8. Efeitos anticompetitivos no mercado de compra (aprovisionamento): impacto nos fornecedores e nos consumidores finais 359

8.1   Aumento de barreiras à entrada e à expansão de fornecedores/marcas independentes 359

8.2   Exclusão de e fechamento de mercado a fornecedores/marcas independentes 362

8.3   Redução da inovação, qualidade e variedade/opções 366

8.4   Colusão entre os fornecedores 372

Conclusão do Capítulo 8 376

PARTE V
PROPOSTAS CONCORRENCIAIS E REGULATÓRIAS PARA O VAREJO SUPERMERCADISTA 381

Capítulo 9. Propostas concorrenciais 385

9.1   Proposta em sede de controle de condutas: fluxo de análise de práticas comerciais no varejo supermercadista potencialmente violadoras da ordem econômica nos termos da Lei 12.529/2011 386

    9.1.2   ETAPA 1: Definição do mercado relevante pela ótica da compra – mercado de aprovisionamento 392

    9.1.3   ETAPA 2: Aferição do poder de mercado do varejista no mercado relevante pela ótica da compra – mercado de aprovisionamento 395

    9.1.4   ETAPA 3: Aferição do poder de mercado do fornecedor no mercado relevante pela ótica da compra – mercado de aprovisionamento 398

    9.1.5   ETAPA 4: Definição do mercado relevante pela ótica da venda – mercado varejista (venda) 402

    9.1.6   ETAPA 5: Aferição do poder de mercado do varejista no mercado relevante pela ótica da venda – mercado varejista (venda) 404

    9.1.7   ETAPA 6: Eficiências constitucionalizadas 409

    9.1.8   ETAPA 7: Ponderação entre as eficiências constitucionalizadas e os efeitos anticompetitivos resultantes da prática .. 416

    9.1.9   Remédios antitruste 417

9.2   Propostas em sede de controle de atos de concentração e de alianças de compra entre supermercados 420

Conclusão do Capítulo 9 428

Capítulo 10. Propostas regulatórias 431

Conclusão do Capítulo 10 440

CONCLUSÃO 443

REFERÊNCIAS BIBLIOGRÁFICAS 449

Introdução

Nos termos da Constituição da República Federativa do Brasil de 1988, "os princípios da livre iniciativa e da livre concorrência são instrumentais à promoção da dignidade humana".[1] Trata-se de compreensão em conformidade com o art. 170, cujo *caput* é claro no sentido de que "a ordem econômica, fundada na valorização do trabalho humano e na livre iniciativa, tem por fim assegurar a todos existência digna, conforme os ditames da justiça social", em obediência aos demais princípios elencados em seus incisos. O princípio da livre concorrência, assegurado em um dos incisos deste artigo da Constituição, não é tido então como um fim em si mesmo, mas "um valor-meio a servir o valor-fim, que vem a ser o bem comum e o interesse da coletividade".[2] Há que se reconhecer, portanto, a centralidade da Constituição na condução de questões relacionadas ao Direito da Concorrência no Brasil, "colocando-a como a base e o centro valorativo fundamental do discurso antitruste".[3]

A questão consiste então em "criar e preservar, nos ditames constitucionais, ambiente no qual as empresas tenham incentivos para competir, inovar e satisfazer as demandas dos consumidores; proteger o processo competitivo e evitar que os mercados sejam fossilizados pelos agentes com elevado grau de poder econômico".[4] Para tanto, o art. 173, §4º, da Constituição determina que "a lei reprimirá o abuso do poder econômico que vise à eliminação da concor-

---

1   GRAU, Eros Roberto; FORGIONI, Paula A. *O estado, a empresa e o contrato*. São Paulo: Malheiros, 2005. p. 123.
2   GUERREIRO, José Alexandre Tavares. Formas de abuso do poder econômico. *Revista de Direito Mercantil, Industrial, Econômico e Financeiro*, ano XXVI (nova série), n. 66, p. 49. São Paulo: RT, abr.-jun. 1987.
3   FRAZÃO, Ana. A necessária constitucionalização do direito da concorrência. In: CLÈVE, Clèmerson Merlin; FREIRE, Alexandre (Org.). *Direitos fundamentais e jurisdição constitucional*. São Paulo: RT, 2014. p. 139-158. A autora traz como base do seu artigo a discussão inicialmente proposta por: SCHUARTZ, Luis Fernando. A desconstitucionalização do direito de defesa da concorrência. *Law Review*, v. 106, p. 741-791, 1993.
4   FORGIONI, Paula A. *Os fundamentos do antitruste*. 7. ed. São Paulo: RT, 2014. p. 189.

rência, do domínio de mercados e ao aumento arbitrário dos lucros". Não basta, assim, que o exercício do poder econômico se adéque a determinada política econômica ou seja geradora de eficiências para estar conforme à ordem econômica constitucional. É necessária a "constitucionalização do direito concorrencial", de modo que "o controle do exercício do poder econômico não pode ficar sujeito tão somente a critérios econômicos ou consequencialistas".[5]

Para criar e preservar o ambiente concorrencial e proteger os interesses da coletividade consubstanciados nos princípios constitucionais, a Lei 12.529/2011 é o instrumental da disciplina da concorrência no Brasil. Considerada no bojo do conjunto de valores delineados na Constituição, esta Lei, em seu art. 1º, define que seu objeto é "a prevenção e a repressão às infrações contra a ordem econômica, orientada pelos ditames constitucionais de liberdade de iniciativa, livre concorrência, função social da propriedade, defesa dos consumidores e repressão ao abuso do poder econômico". Observa-se, portanto, que o direito da concorrência e o controle do poder econômico está intimamente relacionado aos princípios da ordem econômica constitucional.

Dito isso, tem-se como pressuposto deste livro que o fim último da concorrência sob a égide constitucional no Brasil não é uma competição apenas por preços, mas sim uma concorrência qualitativa, que também leva em conta fatores como inovação, qualidade e variedade. Ou seja, uma concorrência que resulte na redistribuição dos efeitos concorrenciais para os consumidores e para a sociedade brasileira, atingindo o fim último da justiça social apregoada na Constituição brasileira. É nesse sentido que se busca a superação de critérios meramente quantitativos das análises antitruste tradicionais de infrações à ordem econômica, para que se incorporem elementos qualitativos do que propomos ser uma *"eficiência constitucionalizada"*. Nesse pressuposto, apresenta-se a preocupação concorrencial especificamente com o poder econômico das grandes cadeias de distribuição no varejo supermercadista. Esta preocupação se agrava pela dimensão social do varejo

---

5   FRAZÃO, Ana. A necessária constitucionalização do direito da concorrência. In: CLÈVE, Clèmerson Merlin; FREIRE, Alexandre (Org.). *Direitos fundamentais e jurisdição constitucional*. São Paulo: RT, 2014. p. 139-158.

Introdução

alimentar,[6] dado que suas possíveis consequências podem ser severas ao mercado e a todos os níveis de consumidores[7] da população brasileira.

A chamada "cadeia global alimentar de valor" ("*global food value chain*"), que inclui o varejo supermercadista,[8] passou por um drástico processo de transformação ao longo dos últimos anos, tanto ao redor do mundo[9] quanto no Brasil.[10] A expansão do modelo de negócios dos supermercados e seu impacto no varejo tradicional, a concentração econômica e a consolidação no mercado, a mudança nos hábitos dos consumidores com a adesão ao *one-stop*

---

6   Conforme apontado pela UNCTAD em 2014, o setor do varejo alimentar trata de uma das necessidades mais básicas do ser humano – qual seja, comida – e suas implicações sociais são imensas, de modo que é crítico para a economia e para a sociedade a avaliação se o poder dos grandes varejistas estaria melhorando o bem-estar do consumidor ou, ao revés, deteriorando a concorrência. UNCTAD. *Competition Issues in the Food Chain*: Possible Measures to Address Buyer Power in the Retail Sector, 2014. p. 2.

7   Nos termos do art. 2º do Código de Defesa do Consumidor, "[c]onsumidor é toda pessoa física ou jurídica que adquire ou utiliza produto ou serviço como destinatário final Parágrafo único. Equipara-se a consumidor a coletividade de pessoas, ainda que indetermináveis, que haja intervindo nas relações de consumo". Esta obra não se entende como adequada a extensão da aplicação do CDC a relações empresariais entre empresas. Assim, utilizar-se-á o termo "consumidor" como sinônimo de "consumidor final", salvo expressa distinção em contrário.

8   Utiliza-se o termo varejo supermercadista como sinônimo de "supermercado" ("*supermarket*") e de "varejista" ("*retailer*"), mesmo quando se está referindo a apenas supermercados e hipermercados de autosserviço no varejo supermercadista. Sabe-se que o conceito de varejo engloba diversas outras subcategorias, dentre elas o varejo alimentar ("*grocery*"). Este, por sua vez, engloba o varejo supermercadista e também o varejo alimentar tradicional. Especificamente no varejo supermercadista é que se encontram, assim, os supermercados e hipermercados. Assim, apesar de o conceito de "varejista" ser mais amplo e abarcar outras categorias para além do varejo supermercadista, se utilizará ambos como sinônimos. Este termo, por sua vez, é utilizado normalmente em contraponto com o termo "fabricante", que também é utilizado como sinônimo de "fornecedor", "indústria", "produtores" e "manufatores". Essa nomenclatura também é adotada de modo análogo por FORGIONI, que trata indistintamente fabricante, fornecedor ou concedente, aquele que vende o produto para o distribuidor, concessionário ou revendedor, que, por sua vez, o adquire com fins de revenda (FORGIONI, Paula A. *Contrato de distribuição*. 2. ed. São Paulo: RT, 2008. p. 57).

9   SWINNEN, Johan FM (Ed.). *Global supply chains, standards and the poor*: how the globalization of food systems and standards affects rural development and poverty. Cabi, 2007.

10 Essa constatação foi feita inclusive pelo ex-Conselheiro do CADE Luiz Delorme Prado, em seu voto no julgamento do Ato de Concentração 08012.004897/2002-93, no interesse das empresas CBD/Sé Supermercados.

shopping e a redução da fidelidade às marcas comparativamente aos supermercados, a adoção de práticas comerciais[11] limiares junto aos fornecedores da indústria, especialmente quando do lançamento de marcas próprias[12] e da cobrança por espaços em gôndola, dentre outras, são algumas das preocupações concorrenciais que surgem no varejo supermercadista. Abandona-se então o foco apenas nas questões tradicionais de poder de mercado horizontal e de concentração econômica em cada segmento da *global food value chain*. Encaram-se também as relações verticais e diagonais entre os diversos atores nesse mercado.

No varejo supermercadista, a implementação da concorrência instrumental pode ser viabilizada tanto em termos preventivos (controle de estruturas[13]) quanto em termos repressivos (controle de condutas[14]). Em que pese isso, tem-se a opinião de que até o presente momento o Conselho Administrativo de Defesa Econômica (doravante "CADE") apenas teve atuação relevante neste setor em sede de controle de estruturas, por meio da análise de atos de concentração. Ainda não há, por meio do controle de condutas, Processo Administrativo instaurado ou julgado pelo Plenário do Tribunal do CADE que avalie com profundidade as preocupações concorrenciais com as práticas

---

11 Utiliza-se a expressão "prática comercial" para abranger todo tipo de solicitação, exigência, cobrança, conduta, pedidos e/ou demanda, sem levar em consideração argumentos de que haveria uma diferença em termos de nível de obrigatoriedade, já que no varejo supermercadista um fornecedor dependente do varejista dificilmente conseguirá distinguir – e consequentemente resistir – uma exigência de um pedido, ainda que denominada sob sua forma mais suave. Vide Capítulo 5, *infra*.

12 Utiliza-se o termo marcas próprias ("*private labels*") para se referir às marcas dos supermercados ou marcas de distribuidor. Este termo é utilizado normalmente em contraponto à expressão "marcas independentes", que são as marcas dos fabricantes. Nos termos de AZEVEDO, a função econômica de uma marca é transmitir alguma informação relevante ao processo de compra. Uma marca pode transmitir essa informação, substituindo o custo de mensuração dos atributos do produto por parte dos consumidores. Para o autor, portanto, o valor de uma marca reside justamente nessa economia de custos (AZEVEDO, P. F. *Complementaridade de estruturas de governança na comercialização de marca*. Complementaridade de Estruturas de Governança na comercialização de marca. In: XXX Encontro Nacional de Economia – ANPEC, 2002, Nova Friburgo-RJ. Anais do XXX Encontro Nacional de Economia – ANPEC, 2002. v. 1. p. 2).

13 Para maiores informações sobre o controle de estruturas, sugere-se: SALOMÃO FILHO, Calixto. *Direito concorrencial:* as estruturas. São Paulo: Malheiros, 2002.

14 Para maiores informações sobre o controle de condutas, sugere-se: SALOMÃO FILHO, Calixto. *Direito concorrencial:* as condutas. São Paulo: Malheiros, 2008.

comerciais – sobretudo verticais, mas também horizontais e diagonais – implementadas neste mercado. Tais práticas empresariais resultantes do poder econômico[15] das grandes cadeias de distribuição ainda passam ao largo das preocupações concorrenciais, travestidas como simples lides privadas, arquivadas em investigações preliminares e sem levar em conta a evolução do pensamento antitruste jurídico e econômico no varejo supermercadista. Essa constatação fática da permissividade da autoridade antitruste no setor talvez se justifique, a nosso ver, pela fase do antitruste no Brasil.

Apresenta-se a visão de que *o Direito da Concorrência no Brasil é marcado por três "ondas"*. A primeira "onda" foi aquela marcada pela consolidação institucional do CADE e pela aplicação das regras do controle de estruturas. Apesar de o Direito da Concorrência encontrar fundamento constitucional no Brasil desde a Constituição de 1946 (cujo marco legislativo foi a Lei 4.137/1962) e ter permitido o início do posicionamento institucional do Conselho, sabe-se que o fortalecimento da proteção à ordem econômica e do próprio papel do CADE se deu com a Constituição de 1988 e, posteriormente, com a Lei 8.884/94. Nessa fase, dado que o controle de atos de concentração era posterior (art. 54) e a análise era realizada tanto pelas Secretarias de Direito Econômico (SDE) e de Acompanhamento Econômico (SEAE) quanto pelo CADE, as autoridades antitruste brasileiras dispendiam maior parte do tempo e dos recursos no controle de estruturas. Dados estatísticos oficiais indicam que, entre os anos 2000 e 2012, aproximadamente 95% dos julgamentos do Conselho diziam respeito a atos de concentração, ao passo que 3% diziam respeito a condutas unilaterais e 2% a condutas coordenadas. [16-17] Em que pesem as

---

15 Para maiores informações sobre a estruturação do poder econômico, sugere-se: RODRIGUES, Eduardo Frade. *O direito societário e a estruturação do poder econômico*. São Paulo: Singular, 2016.

16 Dados estatísticos disponíveis em: <www.cade.gov.br/cadeemnumeros>. Disponível também em: Contribution from Brazil, Session I: Cartels: Estimation of Harm in Public Enforcement Actions. OECD Latin American and Caribbean Competition Forum 2017. <https://one.oecd.org/document/DAF/COMP/LACF(2017)21/en/pdf>.

17 Sobre a diferenciação entre condutas coordenadas e condutas unilaterais: "A classificação usualmente adotada pela literatura antitruste para a análise de condutas anticoncorrenciais tem por critério inicial a caracterização da conduta como uma prática coordenada entre as empresas (i.e., acordo) ou como uma prática unilateral de apenas uma empresa. Condutas coordenadas ou unilaterais, por sua vez, podem ser classificadas como (i) *horizontais*, quando envolvem empresas que atuam em um mesmo mercado (i.e., se envolve concor-

importantes iniciativas de iniciação de novas investigações de condutas anticompetitivas pela SDE, poucos desses casos eram julgados pelo CADE – e, quando eram julgados, demoravam anos para tanto, que perdiam parte do seu fator dissuasório.

Esse cenário se altera com a edição da Lei 12.529/2011, que permite o início de uma *segunda "onda"* do antitruste no Brasil. A nova Lei de Defesa da Concorrência prevê o controle preventivo de atos de concentração e a possibilidade de aprovação desses atos pela Superintendência-Geral, sem a necessária revisão do Tribunal do CADE.[18] Essa configuração institucional deu agilidade à análise concorrencial e permitiu que o Conselho reduzisse o volume de atos de concentração analisados. Esse movimento também permitiu que o Plenário do Tribunal do CADE julgasse importantes casos de condutas anticompetitivas que constavam em seu estoque, pendentes de decisão. A partir dessa alteração legislativa e institucional, foi possível observar julgamentos relevantes de Processos Administrativos investigando, sobretudo, condutas coordenadas. Dados estatísticos indicam que, em 2013, 73% dos julgamentos do Conselho

---

rentes diretos) ou (ii) *verticais*, quando afetam elos distintos de uma cadeia produtiva (i.e., empresas com relação fornecedor-cliente)". PEREIRA NETO, Caio Mário S.; CASAGRANDE, Paulo L. *Direito concorrencial* – Doutrina, jurisprudência e legislação. São Paulo: Saraiva, 2016. p. 80. Ademais, a respeito dessa diferenciação: "Como anota corretamente Paolo Buccirossi, as 'condutas unilaterais' são, no fundo, uma categoria conceitual construída a partir da típica divisão tripartitite feita pelas legislações antitruste mais tradicionais entre possíveis ações danosas ao mercado, divisão essa que constuma submeter a regimes de análise distintos (i) as fusões, (ii) os acordos entre concorrentes e (iii) as ações unilaterais das empresas no mercado. (...) É claro que essa distinção comporta diversos temperamentos e, como alerta o próprio autor acima citado, é possível analisar restrições verticais, por exemplo, tanto como acordos anticompetitivos como sob a ótica dos abusos de posição dominante. Contudo, há algo de muito próprio às condutas unilaterais, que é seu tratamento, sempre, sob a ótica do abuso de direito. Ao contrário de muitos acordos anticompetitivos, que podem ter a restrição à concorrência como seu próprio objeto, as condutas unilaterais, de seu turno, em geral são expressões genuínas da própria agressividade empresarial em um contexto de mercado". VERÍSSIMO, Marcos Paulo. As condutas unilaterais e o mecanismo de consultas administrativas ao Cade. In: CARVALHO, Vinícius M. (Org.) *A nova Lei 12.529/2011 e a nova política de defesa da concorrência*. São Paulo: Singular, 2015.

18 Para maiores informações sobre a mudança do controle posterior para o controle prévio dos atos de concentração no Brasil, a partir do advento da Lei 12.529/2011, sugere-se: CORDOVIL, Leonor et al. *Nova Lei de Defesa da Concorrência Comentada*: Lei 12.529, de 30 de novembro de 2011. São Paulo: Singular, 2012. p. 195-216.

ainda diziam respeito a atos de concentração, 10% tratava de condutas unilaterais e 17% de condutas coordenadas. Se esses dados já representariam uma alteração significativa no padrão de julgamentos da autoridade antitruste brasileira (pelo aumento significativo dos julgamentos referentes a condutas anticompetitivas), os anos seguintes confirmam com maior veemência essa mudança no padrão de julgamento do CADE. Entre 2014 e 2016, o Plenário do Tribunal do CADE julgou aproximadamente 30% de casos referentes a atos de concentração, 15% de condutas unilaterais e 55% de condutas coordenadas.[19] Tem-se, assim, foco da persecução de condutas coordenadas (sobretudo de cartéis).

É possível entender que ainda estamos, em 2017, nessa segunda "onda" do antitruste no Brasil. A Superintendência-Geral prioriza a análise dos atos de concentração, dado que possuem prazos não suspensivos de análise (art. 88 da Lei 12.529/2011) e configuram instrumento essencial para a continuidade da atividade econômica no país. Ademais, são priorizadas as investigações de cartéis (art. 36, §3º, I e II, da Lei 12.529/2011), dado serem consideradas as condutas mais deletérias à sociedade e cuja responsabilização dos agentes econômicos se dá pela regra da conduta pelo objeto – em contraposição ao tipo de ilícito pelos efeitos.[20] As condutas unilaterais, por sua vez, ainda tendem a não serem prioritárias.

---

19 Dados estatísticos disponíveis em: <www.cade.gov.br/cadeemnumeros>. Disponível também em: Contribution from Brazil, Session I: Cartels: Estimation of Harm in Public Enforcement Actions. OECD Latin American and Caribbean Competition Forum 2017. <https://one.oecd.org/document/DAF/COMP/LACF(2017)21/en/pdf>.

20 A discussão a respeito da diferenciação entre as condutas pelo objeto e as condutas pelos efeitos possui origem legal, dado que o art. 36 da Lei 12.529/2011 (que era também reproduzido, em parte, no art. 20 da anterior Lei 8.884/94) prevê expressamente que "[c]onstituem infração da ordem econômica, independentemente de culpa, os atos sob qualquer forma manifestados, *que tenham por objeto ou possam produzir os seguintes efeitos, ainda que não sejam alcançados*". A respeito dessa diferenciação, sugere-se a leitura do voto paradigmático do Conselheiro Marcos Paulo Veríssimo no Processo Administrativo 08012.006923/2002-18 (ABAV). Segundo o Conselheiro, trata-se de sistema de previsões normativas inspirado no regime comunitário europeu de proteção e defesa da concorrência. Para as condutas consideradas ilícitas pelo objeto, este próprio objeto (economicamente considerado) colocaria em risco a concorrência, e independe de qualquer análise de efeitos para serem presumidas como ilícito – presunção esta *iuris tantum*. A caracterização da ilicitude pelo objeto independeria, ademais, de qualquer elemento subjetivo, sendo aferida objetivamente, como a própria lei indica. É nesse sentido que o então Conselheiro

afirmou que seria absurdo exigir da autoridade investigante prova específica da potencialidade de efeitos anticompetitivos decorrente de condutas que aparentemente não têm nenhum outro propósito senão restringir a concorrência. Dessa forma, a análise de condutas pelo objeto dispensaria quaisquer considerações *a priori* sobre a potencialidade de efeitos, ou sobre a produção concreta destes. "(...) ao fazer desde logo uma distinção entre condutas ilícitas pelo objeto e condutas ilícitas pelos efeitos, a lei impõe ao aplicador, também desde logo, que faça uma primeira distinção entre dois regimes de persecução distintos. No primeiro, a ilicitude de certas condutas se presumirá por seu próprio conteúdo objetivo, cabendo demonstrar, apenas, que a conduta em questão se insere nessa grande categoria. No segundo, a ilicitude depende de prova dos efeitos, ainda que esses possam ser, como diz a lei, meramente potenciais. Em ambos os casos, dispensa-se, como visto, qualquer prova de elemento volitivo por parte do agente, já que a lei fala em responsabilidade independente de culpa". Em voto anterior do mesmo Conselheiro Marcos Paulo Veríssimo, no julgamento do Processo Administrativo 08012.001271/2001-44: "Nesse sentido, o primeiro ponto a destacar é a redação do artigo 20, que caracteriza como infração à ordem econômica, independentemente de culpa, atos de duas naturezas distintas: (i) os que tenham por objeto quaisquer das condutas tipificadas em seus incisos, entre as quais a de limitar ou prejudicar a concorrência, que mais importa ao caso em análise, e (ii) os que, mesmo não tendo tal escopo em seu próprio objeto, podem tê-lo, direta ou indiretamente, em seus efeitos. (...) Compreender o significado dessa distinção em duas grandes categorias de condutas é tarefa sobre a qual muito se tem debatido. Particularmente, tenho enorme tendência em ler a distinção à luz da já citada tradição do *common law* de distinguir os atos de restrição à concorrência em duas categorias, apartando os atos que objetivam diretamente restringi-la (que tem esse como seu propósito e objeto principal, e que quais devem merecer, portanto, tratamento mais rigoroso), daqueles que apenas indiretamente a restringem, sendo, na verdade, acessórios a um propósito de negócio independente e em princípio lícito, e guardando com este uma relação estrita de adequação, necessidade e proporcionalidade em sentido estrito". Ademais, indica-se o trecho reiterado dos pareceres da Superintendência-Geral sobre o tema: "O que se tem, portanto, é que uma conduta é anticompetitiva se (i) tiver objeto lícito, mas possuir potencialidade lesiva ou (ii) se tiver objeto ilícito. A interpretação desta estrutura normativa permite, pois, que se possa classificar as condutas em dois tipos: condutas por objeto e condutas por efeitos. O resultado prático e útil desta classificação na aplicação da lei antitruste é evidente. Quando uma conduta for considerada anticompetitiva porque possui objeto ilícito, ou seja, sua mera existência a torna ilícita já que dela nunca decorreriam efeitos positivos concorrenciais, existe uma presunção de ilegalidade, aplicando-se aquilo que se convencionou chamar de regra *per se*. Neste caso, repise-se, a mera existência de uma conduta com determinado objeto é anticompetitiva, não sendo necessárias análises posteriores sobre efeitos ou detalhadas sobre o mercado. Por outro lado, quando o que torna uma conduta anticompetitiva são seus potenciais efeitos, é necessário que a decisão sobre a existência ou não da conduta perpasse algumas etapas relacionadas a estes potenciais efeitos, considerando-se, por exemplo, variáveis como eficiências geradas, racionalidade econômica ou justificativa para a condu-

Nesse sentido, a *"terceira onda"* do antitruste no Brasil deve ser caracterizada pela retomada das investigações e dos julgamentos de condutas unilaterais. Uma vez consolidado o novo método de análise prévia dos atos de concentração, bem delineado o padrão de investigação e condenação de cartéis nacionais e internacionais[21], o CADE poderá voltar suas atenções àquelas condutas mais dispendiosas de tempo de análise, que necessariamente devem ser estudadas como condutas pelos efeitos, compreendidas sob a regra da razão[22]. A nosso ver, a maturação da Superintendência-Geral e do Tribunal do

---

ta, entre outros. Na doutrina tradicional, diz-se que as condutas cuja ilicitude se define pela potencialidade de efeitos devem ser analisadas sob o jugo da regra da razão". Vide, por exemplo: CADE. Processo Administrativo 08012.003321/2004-71.

21 Sobre as investigações de cartéis internacionais pelo Brasil, sugere-se: ATHAYDE, Amanda; FERNANDES, Marcela. A glimpse into Brazil's experience in international cartel investigations: legal framework, investigatory powers and recent developments in Leniency and Settlements Policy, *Concurrences Review* n. 3-2016.

22 A respeito da diferenciação entre a regra da razão e a regra *per se* como formas de análise dos ilícitos, sugere-se: MENDES, Francisco S. *O controle de condutas no direito concorrencial brasileiro*: características e especificidades. Brasília: UnB, 2013. p. 60-64. "Apesar de existente há quase um século, o debate acerca da regra *per se* e da regra da razão continua a despertar grande atenção na literatura especializada. (...) *A análise da origem jurisprudencial da regra da razão e da regra per se demonstra que elas não representam dois tipos distintos de infrações concorrenciais, mas apenas formatos de análise e de decisão diferentes para constatação do ilícito antitruste*. A diferenciação entre as duas regras não diz respeito a definições distintas do conceito de infração concorrencial (Krattenmaker 1988, 165), mas à estruturação jurisprudencial de *standards* analíticos e probatórios adequados para o exame dos vários tipos de práticas empresariais submetidas ao escrutínio das autoridades antitruste. Em outras palavras, apesar das razões de fundo que justificam a condenação de uma prática empresarial serem as mesmas independentemente da natureza da conduta, não é necessário que haja sempre a comprovação plena de todos os elementos configuradores do ilícito concorrencial, o que se mostraria extremamente complicado e custoso (Hovenkamp 2008, 104).(...) De uma forma geral, pode-se afirmar que a regra *per se* consiste num agregado de presunções e atalhos probatórios voltados a reduzir os altos custos administrativos e as incertezas existentes em investigações antitruste (Hovenkamp 2008, 56 e 104). Dado que a criação da regra *per se* justifica-se justamente pela necessidade de se facilitar a condenação de determinadas categorias de práticas empresariais, que a experiência das autoridades antitruste indica como altamente lesivas aos bens protegidos pelo direito concorrencial, sua aplicação a casos concretos tem por principal efeito a redução das possibilidades de defesa que são colocadas à disposição do agente econômico investigado (...) A simplificação probatória e processual trazida pelo uso de regras *per se* em investigações antitruste se faz sentir na supressão de algumas etapas de análise que em geral devem ser empreendidas antes que se conclua pela configuração da infração antitruste. Em primeiro lugar, regras *per*

CADE permitirão, nessa terceira onda, a retomada de uma acepção mais ampla de antitruste no Brasil, não concentrada quase que exclusivamente em atos de concentração e combate a cartéis. Também nessa esperança, FORGIONI aguarda "que, nos próximos anos, o CADE passe a efetivamente coibir abusos de posição dominante e outras práticas bastante lesivas aos consumidores e à fluência de relações econômicas"[23]. Especificamente no contexto de expansão do novo modelo de varejo supermercadista, acreditamos que essa terceira "onda" permita, em um futuro próximo, a análise dessas condutas sobretudo unilaterais – e também de eventuais condutas horizontais – potencialmente anticompetitivas.

Essa preocupação antitruste mostra-se pertinente na medida em que os supermercados no Brasil e no mundo se tornaram gargalos para produtos alimentícios, sendo que atualmente, no Brasil, 60% do mercado brasileiro é detido basicamente por quatro grupos econômicos.[24] Tais varejistas atuam como plataformas de dois lados para fornecedores e para consumidores finais, e observa-se uma drástica alteração na balança de poder entre supermercados e fornecedores. Em linha com as preocupações apontadas, estudos acadêmicos e de autoridades de defesa da concorrência estrangeiras vêm evoluindo em

---

se dispensam um exame específico acerca do nível de poder de mercado do agente investigado (Kaplow e Shapiro 2007, 2). Elas também tornam desnecessária uma análise detalhada do efetivo impacto da conduta investigada sobre o mercado, sendo dispensável a comprovação de aumentos de preços ou de reduções na oferta diretamente decorrentes da prática empresarial (Anderson, Bolema, e Geckil 2007, 1). Além disso, a análise *per se* permite a rejeição sumária de possíveis explicações ou justificativas oferecidas pelas empresas investigadas para a implementação da conduta investigada (Krattenmaker 1988, 172)". Ademais, na doutrina internacional, sugere-se a leitura de minuta de ensaio publicado em dezembro de 2016 por HOVENKAMP, especificamente sobre a *"The rule of reason"* nos Estados Unidos. HOVENKAMP, Herbert. The rule of reason. (December 16, 2016). Available at SSRN: https://ssrn.com/abstract=2885916. Para FORGIONI, a regra da razão seria uma primeira "válvula de escape" antitruste, destinada a viabilizar a realização de determinada prática, ainda que restritiva à concorrência, afastando-se barreiras legais à sua concretização. FORGIONI, Paula A. *Os fundamentos do antitruste*. 7. ed. São Paulo: RT, 2014. p. 194-201.

23 FORGIONI, Paula A. *Os fundamentos do antitruste*. 7. ed. São Paulo: RT, 2014. p. 125.
24 Os quatro grupos econômicos que detêm 60% do Mercado brasileiro são Casino/CDB, Carrefour, Walmart e Cencosud/Gbarbosa. DELGADO, Juan. Market Structure, Growth and Competition in the Supermarket Sector in Latin America. OECD Latin American Competition Forum. *Growth and Competition in the Supermarket Sector in Latin America* (September 3, 2015), 2015.

escopo, conteúdo e profundidade ao longo dos anos, uma vez que a preocupação com essas possíveis condutas não é necessariamente nova.

Importa esclarecer, então, que não se tem neste livro uma proposta de análise de condutas unilaterais no varejo supermercadista pela regra *per se*[25]. A partir de uma análise sob a regra da razão, objetiva-se alertar sobre as possíveis infrações à ordem econômica que podem ter sido – e podem estar sendo – praticadas no Brasil, ao largo das preocupações concorrenciais. Não se parte de um extremo (que é o reiterado arquivamento das denúncias de condutas contra supermercados) para um outro extremo (que seria o enquadramento imediato e *per se* de condutas desses varejistas). Evidencia-se que as preocupações concorrenciais não se cingem tão somente às práticas dos fornecedores – que tendem a ser o foco das análises antitruste tradicionais em condutas unilaterais –, mas que há também elementos de preocupação antitruste com as práticas dos varejistas no varejo supermercadista. Propõe-se, portanto, uma alteração no foco de análise, não uma guidana extrema de enquadramentos taxativos de comportamentos comerciais enquanto infrações à ordem econômica.

Diante do exposto, o livro será organizado da seguinte forma:

A Parte I, composta pelos Capítulos 1 e 2, tratará da evolução da análise tradicional para a moderna análise antitruste do varejo supermercadista.

No Capítulo 1 será inicialmente apresentada a análise tradicional do varejo supermercadista, segundo a qual o supermercado é um agente neutro, que ou não possui poder de mercado ou, se o possui, o exerce para o estrito benefício do consumidor final. Aos poucos serão apontadas as primeiras evidências de uma evolução dessa análise antitruste. Para tanto, detalhar-se-ão estudos de autoridades estrangeiras de defesa da concorrência, dentre elas aquelas da Organização para Cooperação e Desenvolvimento Econômico – OCDE (1981, 1999, 2015), da Comissão Europeia (1999, 2009, 2011, 2012, 2013 e 2014), da *Competition Commission* da Inglaterra (2000 e 2008), da *Federal Trade Commission* dos Estados Unidos (2000, 2001, 2003, 2007), do Grupo de Trabalho formado pelas Autoridades de Defesa da Concorrência dos Países Nórdicos – Dinamarca, Noruega, Islândia, Finlândia, Groelândia e Suécia – (2005), do *Bundeswettbewerbsbehörde* na Áustria (2007), da *Fiscalía*

---

25 A respeito da diferenciação entre a regra da razão e a regra *per se* como formas de análise dos ilícitos, vide nota de rodapé 23.

Nacional Económica no Chile (2007), da *Australian Competition and Consumer Commission* na Austrália (2008), da *The Competition Authority* da Irlanda (2008), da autoridade de concorrência da Romênia (2009), do *Tribunal Vasco de Defensa de la Competencia* (2009), da *Autoridade de Concorrencia* de Portugal (2006, 2010), da *Autorité de la Concurrence* da França (2008, 2010, 2012 e 2015), da *Comisión Nacional de la Competencia* da Espanha (2011), da *Konkurrensverket* na Suécia (2011), da *Finnish Competition Authority* da Finlândia (2012), da *Autorità Garante dela Concorrenza e del Mercato* da Itália (2013), da *Superintendencia de Industria y Comercio* da Colômbia (2013), do *Hong Kong Consumer Council* em Hong Kong (2013), da Conferência das Nações Unidas sobre o Comércio e Desenvolvimento – UNCTAD (2014, 2016), do *Bundeskartellamt* da Alemanha (2014), da *Comisión Federal de Competencia Economica* do México (2015), da *Federal Antimonopoly Service* (FAS) da Rússia (2016) e da *Croatian Competition Agency* da Croácia (2016).

Em seguida, no Capítulo 2, será proposto um novo paradigma de caracterização dos supermercados. Propõe-se a superação da análise antitruste tradicional e a adesão à moderna análise antitruste do varejo supermercadista. Segundo tal, os supermercados são plataformas de dois lados com características de gargalo à concorrência ("*gatekeeper*"). Os supermercados prestam, de um lado da plataforma, serviços de acesso à indústria fornecedora de produtos de marca independente. Do outro lado da plataforma, os supermercados prestam serviços de *one-stop-shop* aos consumidores finais. Em seguida, será proposto um novo modo de compreensão das diversas relações e das relações jurídicas possivelmente conflitantes exercidas nesse setor, tanto no âmbito horizontal quanto vertical. Para além das tradicionais relações horizontais entre varejistas (concorrentes) e entre fornecedores (concorrentes), e das relações verticais entre varejista e fornecedor (comprador/prestador de serviços de acesso à plataforma), há dois novos paradigmas "híbridos" de relação vertical entre varejista e fornecedor que são pouco mencionados. O primeiro é do supermercado concorrente dos seus fornecedores (detentor de marcas próprias), e o segundo é do supermercado fornecedor da indústria fornecedora (detentor do espaço nas gôndolas/ prestador de serviços dentro da plataforma). Estes dois últimos paradigmas da relação vertical, por sua vez, podem também ter repercussões horizontais e diagonais, como se estudará adiante.

Na Parte II deste livro, composta pelos Capítulos 3 e 4, é retratada toda essa evolução da análise antitruste, embasada na própria evolução histórica de embates pelo poder e na análise da alteração das fontes do poder do varejo supermercadista.

No Capítulo 3, será exposto o caminho que os supermercados percorreram historicamente para se tornarem gargalos à concorrência, em uma perspectiva de embates entre os agentes na cadeia de distribuição. Também, especificamente sobre o Brasil, será realizada retrospectiva histórica do varejo supermercadista, evidenciando o processo de reestruturação e concentração de mercado.

Posteriormente, no Capítulo 4, serão apresentados elementos factuais da transferência do poder dos fabricantes para os supermercados, sendo diversos destes elementos indicados nos estudos das autoridades antitruste estrangeiras já mencionados. Nesse emaranhado de relações jurídicas, o poder dos varejistas pode ser evidenciado por pelo menos oito principais fontes de poder: a concentração econômica, as barreiras à entrada e à expansão no setor, a transparência do mercado, a lealdade do consumidor final ao supermercado (por vezes denominada "*lock-in*"), as gôndolas, a dependência econômica dos fornecedores e o receio de retaliações como a retirada da lista de compras ("*delist*"), as alianças de compra de supermercados e as marcas próprias. Especial atenção é dada às marcas próprias como fonte de poder no varejo supermercadista, pois esse elemento traz ao supermercado o já mencionado novo paradigma da relação vertical no setor: ser o supermercado concorrente dos seus fornecedores.

Na Parte III, composta pelos Capítulos 5 e 6, são apresentadas, de modo categorizado, as práticas comerciais no varejo supermercadista que podem ser anticompetitivas.

No Capítulo 5 será proposta uma inovadora categorização de práticas comerciais no varejo supermercadista. Uma lista de 60 práticas é então organizada em 8 categorias, apresentadas de modo correlacionado às relações jurídicas exercidas pelos agentes no varejo supermercadista. Na relação jurídica do varejista como prestador de serviços ao fornecedor para acesso à plataforma (comprador do fornecedor), são apresentadas quatro categorias de práticas verticais do varejista: (i) transferência de seus custos ao fornecedor; (ii) transferência de seus riscos ao fornecedor; (iii) que alteram o ambiente contratual de modo retroativo; e (iv) que impactam nos fornecedores do fornecedor. Já na relação jurídica do varejista como prestador de serviços ao fornecedor dentro da plataforma (fornecedor da indústria fornecedora), é apresentada a quinta categoria, das práticas verticais do varejista (v) que impõem aos fornecedores pagamentos de taxas e condições de acesso para espaço em gôndola. Por sua vez, na relação jurídica do varejista como concorrente do fornecedor, apresenta-se a sexta categoria, das práticas verticais do varejista (vi) que alteram a dinâmica de acesso à e dentro da plataforma para fornecedores concorrentes das marcas próprias. Finalmente, na relação jurídica do varejista concorrente do varejista, é apresentada a sétima categoria, das práticas horizontais (vii) dos varejistas que impactam em outros varejistas, e na relação jurídica do fornecedor concorrente do fornecedor, e, por fim, a oitava categoria, das práticas horizontais (viii) de fornecedores que impactam diretamente em outros fornecedores.

Dessa lista categorizada de práticas comercias, 28 delas, consolidadas em 4 tipos genéricos, são indicadas no Capítulo 6 com potencial especialmente violador à ordem econômica, nos termos da Lei 12.529/2011. Passa-se a discutir quais os riscos concorrenciais especificamente de quatro delas: cobrança/pagamento de taxas e condições de acesso, gestão de categorias ("*category management*"), uso indevido de informação comercialmente sensível para colusão e/ou para criação de marcas próprias de imitação ("*copycat*") e cláusula do comprador mais favorecido ("MFN"). Para a análise de cada uma dessas práticas, são apresentados argumentos doutrinários e de autoridades antitruste estrangeiras sobre seus possíveis efeitos pró e anticoncorrenciais, bem como os casos concretos em que essas práticas eventualmente já tenham sido discutidos no Brasil e no mundo. Assim, para cada uma dessas quatro práticas será realizada proposta dos seus possíveis enquadramentos – sob a égide da regra da razão, salvo no caso de condutas colusivas, analisadas como conduta pelo objeto – enquanto possível conduta anticompetitiva nos termos da Lei 12.529/2011.

Fundamentando-se nas teorias do dano à concorrência, a Parte IV, composta pelos Capítulos 7 e 8, busca mostrar, de forma organizada e compilada, os principais efeitos anticompetitivos das mencionadas práticas comerciais.

Quanto aos possíveis efeitos danosos à concorrência no mercado de venda (varejista), com impacto nos varejistas e nos consumidores finais, serão discutidos no Capítulo 7 quatro efeitos principais: o aumento do custo dos rivais ("*raising of rivals costs*") decorrente, sobretudo, do efeito colchão d'água ("*waterbed effect*"); o fechamento de varejistas, a redução das opções ao consumidor final, o novo aumento da concentração econômica e a redução da eficiência varejista; o aumento de preços ao consumidor final; e a colusão entre varejistas.

Por sua vez, quanto aos possíveis efeitos danosos à concorrência no mercado de compra (aprovisionamento), com impacto nos fornecedores e nos consumidores finais, serão discutidos no Capítulo 8 também quatro efeitos principais: o crescimento das barreiras à entrada e à expansão de novos fornecedores e de marcas independentes; a exclusão e o fechamento de mercado a fornecedores e marcas independentes; a redução da inovação, da qualidade da variedade/das opções; e a colusão entre fornecedores.

Desse modo, com fundamento em todo o arsenal teórico e prático estudado, a Parte V, composta pelos Capítulos 9 e 10, apresenta propostas concorrenciais e regulatórias para os problemas apresentados ao longo do livro.

No Capítulo 9 será possível apresentar a proposta de um inovador fluxo de análise das práticas comerciais no varejo supermercadista, composto de sete etapas. Postula-se pelo desprendimento das amarras da análise tradicional e pela utilização de novos instrumentos da moderna visão antitruste do setor. Propõe-se que a análise antitruste dessas práticas comerciais deve superar análises quantitativas e caminhar em direção a respostas qualitativas. Sobre a aferição de poder dos varejistas pela ótica da compra, supera-se a necessidade de definição de um *quantum* de poder de mercado pela constatação da efetiva implementação das práticas que reflitam a existência de poder de mercado (tais como aquelas da lista de 60 práticas comerciais apresentadas no Capítulo 5). Sobre a aferição de poder dos fornecedores pela ótica da compra, supera-se também a exigência de definição de *market share* pela constatação da dependência econômica dos fornecedores junto aos varejistas, tendo em vista o poder relacional entre esses agentes econômicos. Sobre a aferição de poder dos varejistas pela ótica da venda, supera-se novamente a necessidade de definição de *market share* pela constatação do papel do supermercado como gargalo à concorrência ("*gatekeeper*"). Ao final, será possível avaliar se os efeitos anticompetitivos de tais práticas comerciais são superiores a eventuais justificativas de "eficiências constitucionalizadas". Se sim, será possível enquadrar como conduta nas hipóteses exemplificativas do art. 36, §3º, da Lei 12.529/2011.

Quanto aos remédios antitruste aplicáveis, para além daqueles tradicionais em sede do controle de condutas, é possível se vislumbrar pelo menos duas outras medidas alternativas. O primeiro remédio antitruste alternativo diz respeito à adoção de compromissos voluntários pelos varejistas com a autoridade antitruste. Ademais, um segundo remédio antitruste alternativo diz respeito ao envio de "cartas alerta" pela autoridade antitruste para os agentes de mercado, que voluntariamente alteram suas práticas comerciais. Apesar de o controle de estruturas (*ex ante*) não ser o objeto principal de análise deste livro, foram também apresentados brevemente argumentos e casos concretos para uma nova análise também em sede de atos de concentração e de alianças de compra entre supermercados.

Para finalizar, apresentar-se-ão, em linhas gerais, no Capítulo 10, algumas propostas em sede regulatória que podem ser implementadas, apesar de também não serem o foco deste livro. Nesse sentido, serão expostas experiências internacionais de adoção dos chamados "Códigos de Boas Práticas", de legislações específicas sobre o relacionamento comercial entre varejistas e fornecedores sobre a dependência econômica, o Direito do Consumidor e a Concorrência Desleal, para aqueles casos em que se constatar efeito aos concorrentes, mas não à concorrência.

Toda a construção jurídica teórica e prática que será apresentada se mostra imprescindível para o Brasil. Ainda não há, no país, estudo setorial antitruste sobre o varejo supermercadista, havendo amplo caminho para aperfeiçoamento na análise desse setor, em especial em sede do controle repressivo das infrações à ordem econômica (condutas anticompetitivas). Almeja-se que empresários, advogados, acadêmicos, o CADE e a sociedade brasileira levem em consideração essa nova realidade do varejo supermercadista. Assim, quanto às práticas comerciais no varejo supermercadista que configurem condutas potencialmente violadoras à ordem econômica nos termos da Lei 12.529/2011, entende-se que, caso uma postura ativa e incisiva não seja adotada, corre-se o sério risco de anuir com distorções do mercado[26], inclusive com repercussões econômicas e sociais deletérias para o mercado e para os consumidores brasileiros.[27]

26 BORGHESANI JR.; William H. CRUZ, Peter L. de La; BERRY, David. Food for thought: the emergence of power buyers and its challenge to competition analysis. *Stan. JL Bus. & Fin.*, v. 4, p. 39, 1998.

27 Agradeço aos comentários e contribuições dos Professores Vinícius Marques de Carvalho e Paulo de Azevedo Furquim, membros da banca de qualificação do doutorado, bem como dos preciosos questionamentos dos Professores Ana Frazão, Amanda Flávio de Oliveira, Marcos Paulo Veríssimo e Celso Campilongo, na banca de defesa do doutorado. A Professora Paula Forgioni, minha orientadora, participou ativamente de toda essa discussão ao longo dos cinco anos, a quem agradeço imanesamente pelos ensinamentos e pelas instigantes perguntas.

PARTE I

A EVOLUÇÃO DA TRADICIONAL PARA A MODERNA ANÁLISE ANTITRUSTE DO VAREJO SUPERMERCADISTA

CAPÍTULO **1**

A evolução da tradicional análise antiruste do varejo supermercadista

A análise tradicional do varejo supermercadista, centrada na visão pró-varejista e nos efeitos estáticos de curto prazo relacionados a preço, tem passado por uma significativa evolução. Autoridades antitruste estrangeiras, organismos internacionais e acadêmicos estrangeiros e brasileiros aportam evidências práticas para uma mudança de paradigma, que sugerem a necessidade de aprofundar tais estudos no Brasil em direção a uma evolução da análise antitruste no setor.

1.1 A análise antitruste tradicional do varejo supermercadista e os primeiros argumentos para uma evolução

A análise antitruste tradicional do varejo supermercadista possui um viés pró-varejista (*"pro-retailer bias"*[28]), sugerindo ser o*supermercado um agente neutro no mercado,*[29] que simplesmente transmite a demanda do consumidor final aos fabricantes da indústria. A visão favorável aos varejistas decorre da concepção de

---

[28] BERASATEGI, Javier. *Supermarket power: serving consumers or harming competition*, 2014. p. 21. Disponível em: <http://www.supermarketpower.eu/documents/38179/39950/ Supermarket+Power.pdf/ 9c0ed73f-37db-4d23-bd2d-1f583bf501e9>. Acesso em: 24 maio 2015.

[29] Nos termos da UNCTAD: *"Traditionally, supermarkets have been portrayed as neutral traders who simply channelled consumers' demand to suppliers"*. Nesse sentido, a análise tradicional enxerga o varejista como um agente/representante dos consumidores quando decide adquirir mercadorias dos fornecedores. Iguala, portanto, os compradores e revendedores como consumidores. UNCTAD. *Competition Issues in the Food Chain: Possible Measures to Address Buyer Power in the Retail Sector,* 2014. p. 1. Disponível em: <http://unctad.org/meetings/en/Contribution/ tdb61_c01_UNCTAD.pdf>. Acesso em: 11 fev. 2016.

que, ou o supermercado não possui poder de mercado,[30] ou, se o possui, o exerce para o estrito benefício do consumidor final. Sob tal prisma, o exercício desse

---

30 A Organização de Cooperação e Desenvolvimento Econômico (OCDE) entende que um varejista detém poder de compra se, em relação a pelo menos um ofertante, aquele pode, de maneira crível, ameaçar impor a este um custo de oportunidade de longo prazo e se, em executando tal ameaça, este custo imposto ao ofertante seja significativamente desproporcional a qualquer custo de oportunidade de longo prazo que venha a ocorrer. OCDE. Background Paper by the Secretariat. *Buying power of multiproduct retailers*. 1998. Para a Comissão Europeia, poder de compra é a habilidade de um ou mais compradores, com base em sua importância econômica no mercado em questão, obter melhores condições de compra dos seus fornecedores. Assim, para além da habilidade de obter descontos nas transações com seus fornecedores, o poder de compra se manifestaria nas próprias cláusulas contratuais (como acordos verticais) que os varejistas são capazes de impor aos fornecedores. EUROPA. European Commission. *Buyer power and its impact on competition in the food retail distribution sector of the European Union*. 1999. p. 3. O *Federal Trade Commission* (FTC) entende que o uso do poder de compra – por vezes denominado "poder de monopsônio" – tem efeitos adversos comparáveis àqueles associados ao uso do poder de mercado pelos vendedores. Estados Unidos. Federal Trade Commission. *Horizontal Merger Guidelines*, 2010. p. 2. Na seara acadêmica, DOBSON, WATERSON e CHU definem o poder de compra como a situação que ocorre quando uma firma ou grupo de firmas, seja por sua posição dominante como compradora de um produto ou sérvio, seja por suas vantagens estratégicas ou mesmo pelo seu tamanho ou características, é capaz de obter de um ofertante os termos mais favoráveis que os disponíveis para outros compradores. DOBSON, Paul; WATERSON, Michael; CHU, Alex. *The welfare consequences of the exercise of buyer power*, Office of Fair Trading Research Paper 16, 1998. DOBSON conceitua poder de compra como a habilidade dos grandes varejistas em obter termos mais favoráveis junto a fornecedores se comparado àqueles conseguidos pelos pequenos e médios varejistas, conseguindo assim ditar os termos e as condições do mercado. DOBSON Consulting. *Buyer power and its impact on Competition in the food retail distribution sector of the European Union*, 1999. O exercício desse poder de compra, para o autor, pode se manifestar de diversas maneiras, mas seu principal objetivo permaneceria único, que seria o de assegurar melhores termos ao comprador quanto a preços e outras condições de negociação que conferem a estes benefícios financeiros e competitivos adicionais. DOBSON, Paul. Exploiting buyer power: lessons from the British grocery trade. 72 *Antitrust Law Journal*, 2005. p. 529-562. NOLL entende o conceito como referente à circunstância na qual o lado da demanda de um mercado é suficientemente concentrado, a ponto de conferir aos compradores possibilidade de exercerem poder de mercado perante os vendedores. NOLL, Roger G. Buyer Power and Economic Policy. *Antitrust Law Journal*, v. 72, Issue 2, 2005. p. 589-624. CHEN, por sua vez, o define como a habilidade que um comprador possui de reduzir a lucratividade relativa ao preço de um ofertante, ao pagar um preço abaixo do normalmente cobrado, ou, de forma mais geral, a habilidade de obter termos comerciais mais favoráveis que os normalmente oferecidos por um ofertante aos seus clientes. CHEN, Zhiqi. Buyer power, Competition Policy and Antitrust: the competitive effects of discrimination among suppliers. *Research in Law and Economics*, v. 22, p. 17-22, 2007.

Capítulo 1   A evolução da tradicional análise antiruste do varejo supermercadista

poder resultaria em menores preços de compra, que seriam repassados na forma de menores preços de venda no varejo, o que aumentaria a demanda do consumidor final sem restringir a oferta no mercado. Eventual tensão entre os fabricantes e os varejistas teria um resultado final neutro[31] ou positivo[32] para os consumidores finais. Sustenta-se que as autoridades de defesa da concorrência deveriam então se preocupar menos com o exercício do poder de mercado pela ótica da compra do que da venda, presumindo-se que pela primeira o poder de mercado seria utilizado como um mecanismo compensatório.[33]

A *análise antitruste tradicional aplica uma visão benéfica sobre poder de compra*("*buyer power*"[34]), até mesmo em termos de nomenclatura.[35] No varejo

---

31   SULLIVAN, Lawrence A.; GRIMES, Warren S. *The law of antitrust*. An Integrated Handbook. St. Paul, MN: West Publishing, 2006. p. 300.

32   KIRKWOOD explica que, para aqueles que entendem o poder compensatório como positivo para a concorrência, mesmo que as reduções de preço não sejam difundidas para os pequenos varejistas (que não conseguem obter menores preços de compra dos seus fornecedores), os consumidores ainda assim seriam beneficiados porque os grandes varejistas repassariam essa redução de preço. KIRKWOOD, John B. Buyer power and merger policy. Seattle University School of Law. *Working Paper*, Draft 1, 1 April 2011.

33   SPECTOR, David et al. *Addressing buyer power in merger control*. 2008.

34   Para maiores informações a respeito do conceito de poder de compra, sugere-se: OCDE. *Roundtable on Monopsony and Buyer Power*, Competition Committee, DAF/COMP (2008)38, 17.12.2009. Neste documento argumenta-se pela diferenciação entre dois tipos de poder de compra: o poder de monopsônio (com viés anticompetitivo) e o poder de barganha (com viés pró-competitivo). "*The distinction between the two types of buyer power is based on their source and the effect of their exercise. A firm has monopsony power if its share of purchases in the upstream input market is sufficiently large that it can cause the market price to fall by purchasing less and cause it to rise by purchasing more. When there are relatively few suppliers and buyers and the terms of trade are determined by bilateral bargaining, bargaining power determines the extent to which a buyer is able to extract surplus from a supplier. Differences in bargaining power are reflected in differences in individually negotiated discounts. Bargaining power refers to the bargaining strength that a buyer has with respect to its suppliers. Both types of buyer power result in lower prices, though the lower price obtained from monopsony power is achieved through the act of purchasing less, whereas the lower price obtained from bargaining power is achieved through the threat of purchasing less. A key difference is that the exercise of monopsony power results in prices being depressed below competitive levels, whereas the exercise of bargaining power might countervail seller market power and push prices toward competitive levels*".

35   Até mesmo em termos de nomenclatura tem-se um tratamento diferenciado dado ao poder de mercado na compra (viés positivo) daquele na venda. Ao passo que o poder de mercado na venda é denominado genericamente como poder de mercado ("*market power*"), o poder

supermercadista, essa análise tradicional pressupõe que os menores preços de compra resultantes do poder dos varejistas seriam totalmente repassados aos consumidores finais, significando maior *output* e bem-estar do consumidor. O poder de compra é visto como oriundo da habilidade de o varejista obter de seus fornecedores condições mais favoráveis do que aqueles disponíveis a outros compradores ou ao mercado em uma condição normal de competição.[36] Estes termos mais favoráveis, por sua vez, dizem respeito tanto a preço quanto a condições contratuais que digam respeito, por exemplo, a pagamento, qualidade, rotulagem, embalagem ou qualquer atividade de marketing/promoção.[37]

GALBRAITH foi quem identificou pela primeira vez as possibilidades de benefícios sociais associados ao poder compensatório.[38] Para o autor, poder-se-ia gerar aumento de bem-estar por meio do poder compensatório, pois haveria o enfrentamento aos efeitos negativos do poder de mercado existente,

---

de mercado na compra é denominado especificamente como poder de compra (*"buyer power"*), poder compensatório (*"countervailing power"*) ou poder de monopsônio (*"monopsony power"*). Essa diferença de nomenclatura é observada, por exemplo, na medida em que, por um lado, para se avaliar o poder de mercado de um fabricante (vendedor) de produtos, a linguagem utilizada é simplesmente de poder de mercado, sem se definir que é o poder de mercado na venda. Por outro lado, para se avaliar o poder de mercado de um distribuidor (atacadista/varejista) na compra, o termo utilizado não é o do poder de mercado, mas sim a nomenclatura específica do poder de compra ou do poder de barganha, em contraposição implícita ao poder dos fabricantes (poder compensatório). Essa diferenciação, por sua vez, leva a diversas tentativas de delimitação e aprofundamento sobre o conceito de poder de compra e sobre suas relações jurídicas, em contraposição à reconhecida – ainda que não necessariamente pacífica em todos os aspectos – definição do conceito de poder de mercado na venda.

36 EUROPA. European Commission. *Buyer power and its impact on competition in the food retail distribution sector of the European Union*, 1999. p. 3. Disponível em: <http://bookshop.europa.eu/en/buyer-power-and-its-impact-on-competition-in-the-food-retail-distribution-sector-of-the-european-union-pbCV259964 9/downloads/CV-25-99-649-EN-C/CV2599649 ENC_001.pdf?FileName=CV2599649ENC_001.pdf&SK U=CV2 599649ENC_PDF& CatalogueNumber=CV-25-99-649-EN-C>. Acesso em: 23 maio 2015.

37 MILLS, Gordon. Buyer Power of Supermarkets. *Agenda: A Journal of Policy Analysis and Reform*, p. 145-162, 2003.

38 GALBRAITH, John Kenneth. *American capitalism: The concept of countervailing power*. v. 619. Transaction Publishers, 1970. Sob o prisma da demanda, a união de compradores, seja via associações de compra, seja via fusões, seria um novo mecanismo "autorregulador" do mercado, pois equilibraria forças com os fornecedores.

Capítulo 1   A evolução da tradicional análise antiruste do varejo supermercadista

bem como resultaria em ganhos que seriam repassados aos consumidores finais.[39] Similarmente, MAITLAND-WALKER sustenta que os grandes varejistas valer-se-iam do seu poder de compra para pressionar os fabricantes ao rebaixamento de preços ou a melhores condições de comercialização, que acabariam sendo revertidos ao consumidor.[40]

Especificamente sobre o varejo supermercadista, a análise tradicional indica que os possíveis efeitos negativos do poder de compra ao bem-estar do consumidor surgiriam apenas em situações bastante restritas.[41] No mercado varejista ("*output market*"),[42] tais efeitos negativos seriam observados unicamente se o menor preço de compra obtido por um varejista resultasse na saída

---

[39] A tese de GALBRAITH foi e continua sendo contestada na definição de como os ganhos derivados do poder de compra seriam repassados para os consumidores. Um dos primeiros críticos à tese de Gaibraith foi Simon Whitney, em seu texto: WHITNEY, S. Erros in the concept of countervailing power. *The Journal of Business of the University of Chicago*, v. 26, n. 4, p. 238-253, 1953.

[40] MAITLAND-WALKER, Julian, *Buyer power* European Competition Law Review. 21(3), p. 170, (March), 2000. Ainda, segundo o autor, o desenvolvimento de marcas próprias resultaria na comercialização de produtos a preços mais convenientes aos consumidores, e essa maior diversidade de produtos nas gôndolas representaria mais opções aos consumidores, que se beneficiariam da concorrência entre os produtos. Assim, a realização de guerras de preços e promoções entre os varejistas seria benéfica ao bem-estar do consumidor.

[41] BERASATEGI, Javier. *Supermarket power*: serving consumers or harming competition, 2014. p. 24. "*In the output (retail) market, it is considered that negative effects on consumer welfare can only arise in the long term under very stringent conditions: (i) the lower wholesale prices obtained from this conduct lead to lower downstream market prices that decrease the profitability of a buyer's competitors, leading to their market exit; and/or (ii) the lower wholesale prices obtained from this conduct by a buyer with market power results in an increase in the wholesale price to other buyers. These two scenarios are almost impossible to distinguish from competition on the merits and, therefore, this analysis leads to a dead-end as far as competition authorities are concerned. In the input (procurement) market, it is considered that negative effects on consumer welfare can only arise if suppliers exit the market or reduce their investments up to a point where input prices go up and materially affect output (retail) prices and, 'perhaps, variety'. However, the short-term benefits of price competition are accorded preference over the long-term restriction of competition. Therefore, the analysis hits a dead-end again*".

[42] O termo "mercado varejista" será utilizado para referir-se ao mercado pela ótica da venda, cujas expressões em inglês são "*output market*" ou "*downstream market*". Este termo é normalmente utilizado como contraponto ao termo "mercado de aprovisionamento", que se refere ao mercado pela ótica da compra dos supermercados – em que os fabricantes realizam suas vendas. Esse termo reflete as expressões em inglês "*input market*" e "*upstream market*".

de outros varejistas do mercado ou no aumento de preços a outros varejistas. Por sua vez, no mercado de aprovisionamento ("*input market*"), os efeitos negativos apenas apareceriam nas hipóteses restritas de saída dos fabricantes do mercado ou de redução de seus investimentos a ponto de aumentar os preços de venda ao consumidor. É dada preferência, pela ótica tradicional, aos benefícios estáticos de curto prazo relacionados a preço, sem levar necessariamente em conta os efeitos dinâmicos de médio e longo prazos na concorrência no mercado, tais como os relacionados a qualidade, inovação e variedade.

BERASATEGI[43] argumenta que esse tipo de análise negligencia evidências do exercício de poder de mercado pelos varejistas e que, com base nesses argumentos tradicionais, as autoridades de concorrência estariam restringindo sua atuação no setor do varejo supermercadista (por vezes denominado como varejo alimentar) a atos de concentração econômica ou a tarefas de advocacia da concorrência, sem se adentrar à análise de eventuais condutas anticompetitivas praticadas neste mercado.[44] Essa restrição apontada pelo autor é realidade no Brasil. A *normativa*[45-19] *e a jurisprudência administrativas brasileira a*

---

43 BERASATEGI, Javier. *Supermarket power:* serving consumers or harming competition, 2014. p. 26.

44 Note by the European Commission, p. 255-256, Section 2. Should the Commission address buyer power? In: OCDE. *Roundtable on Monopsony and Buyer Power*, Competition Committee, DAF/COMP (2008)38, 17.12.2009.

45 O Guia de Análise Econômica dos Atos de Concentração Horizontal das Secretarias de Acompanhamento Econômico (doravante "SEAE") e de Direito Econômico (doravante "SDE") encampava a visão, ainda que implícita, de que o poder de compra, como poder compensatório, seria positivo para a concorrência, tratado como uma eficiência da operação. Brasil. *Guia de Análise de Atos de Concentração Horizontal*. Portaria Conjunta SEAE/SDE n. 50, de 01.08.2001. No parágrafo 74, que trata da análise das eficiências econômicas resultantes da operação, aponta-se que pode ser considerada como eficiência específica da operação a geração de um poder de mercado compensatório. Esse posicionamento também parece ser adotado, por exemplo, nos Guias de Restrições Verticais e de Acordos Anticoncorrenciais da União Europeia, em que o poder de compra é sinalizado sob o viés positivo. O Guia de Análise de Restrições Verticais da União Europeia avança um pouco ao mencionar, no Capítulo relativo aos acordos de gestão de categoria, a possibilidade de fechamento de mercado aos fabricantes detentores de marcas independentes em decorrência das práticas dos supermercados detentores de poder de compra relacionadas a acesso às lojas. Europa. European Commission. *Guidelines on Vertical Restraints*, 2010. Disponível em: <http://ec.europa.eu/competition/antitrust/legislation/guidelines_vertical_en.pdf>. Acesso em: 24 maio 2015. "*(116) The market position of customers of the parties provides an indication of whether or not one or more of these customers possess buyer power. The first indicator of buyer*

Capítulo 1   A evolução da tradicional análise antiruste do varejo supermercadista

respeito do poder de compra (e, consequentemete, no poder de compra no varejo supermercadista) praticamente se restringem aos atos de concentração, e parecem se alinhar à visão tradicional. Mesmo nas operações de concentração econômica nas quais se esboçou alguma preocupação em relação ao poder de compra no Brasil, a análise realizada não foi aprofundada.[47] Ademais, não há Processo Administrativo instaurado ou julgado pelo Plenário do CADE que avalie com profundidade as preocupações concorrenciais com as práticas comerciais horizontais ou verticais praticadas por supermercados.[48] Em que pese terem sido

> *power is the market share of the customer on the purchase market. This share reflects the importance of its demand for possible suppliers. Other indicators focus on the position of the customer on its resale market, including characteristics such as a wide geographic spread of its outlets, own brands including private labels and its brand image amongst final consumers. In some circumstances buyer power may prevent the parties from exercising market power and thereby solve a competition problem that would otherwise have existed.*", par. 116, p. 209-2013. Ainda na União Europeia, o Guia de Acordos Anticoncorrenciais da União Europeia associa o termo consumidor ao termo distribuidor (atacadista/varejista), implicitamente considerando-o como um intermediário neutro no mercado. Europa. European Commission. *EU Guidelines on Article 101(3) TFUE*". par. 84.

46   A versão preliminar do novo Guia de Análise dos Atos de Concentração Horizontal ("doravante Guia H") ainda corrobora essa visão tradicional, em que pese dar um passo adiante e mostrar atenção ao tema do poder de compra, com um capítulo específico subdivido entre poder compensatório e poder de monopsônio. Brasil. CADE. *Guia de Análise dos Atos de Concentração Horizontal*. Março 2016. Capítulo 2.6, Poder de Compra. Disponível em: <http://www.cade.gov.br/acesso-a-informacao/publicacoes-institucionais/guias_do_Cade/guia-guia-de-ac-horizontal.pdf>.

47   Os principais motivos para levarem essa constatação pelos autores seriam: foco das análises na oferta, em detrimento da avaliação sobre a demanda (compra); participação na compra era considerada insuficiente para causar danos sobre o mercado; desnecessidade de avaliação dos efeitos do poder de compra quando comprovado o cartel; e celebração de Termo de Cessação de Conduta que resulta no arquivamento do caso sem aprofundamento sobre o tema. RAGAZZO, Carlos Emmanuel Joppert; MACHADO, Kenys Menezes. O CADE e o poder de compra no setor agropecuário. *Economic Analysis of Law Review*, v. 4, n. 2, p. 295-314, jul.-dez. 2013.

48   Essa informação também é corroborada pelas pesquisas de casos realizada por BERARDO, José. C. M.; BECKER, Bruno Bastos. Brazil. In: KOBEL, Pierre; KËLLEZI, Pranvera; KILPATRICK, Bruce (Ed.). *Antitrust in the Groceries Sector & Liability Issues in Relation to Corporate Social Responsibility*. Springer, 2015. p. 95-106. *"In the grocery sector, however, there is no record of a decision or even an investigation for any type of horizontal conduct, such as collective boycotts or price-fixing practices. No investigation of cases involving joint retaliation from suppliers, especially small-sized ones, has actually taken place, at least publicly"*. *"There have been no precedents recommended resale prices in the retail grocery sector. The CADE, however, has recently condemned*

realizadas algumas poucas investigações preliminares, estas não prosseguiram sob o argumento de supostamente serem relações privadas, que não caracterizariam infração à ordem econômica. É o que se passa a expor.

A primeira importante manifestação do CADE apontando preocupações sobre o poder de compra se deu justamente em um caso envolvendo o mercado do varejo supermercadista. Em 2003, no ato de concentração referente à compra da *rede de supermercados GBarbosa-Grupo Royal Ahold ("Bompreço")*,[49] o Conselheiro Relator mencionou os efeitos ambíguos do poder de compra pelo varejo e os riscos do exercício desse poder decorrente da operação. Tais riscos concorrenciais seriam consequência da: (i) grande participação das empresas no mercado relevante local (cerca de 70%); (ii) existência de expressivo número de fornecedores de pequeno porte (por exemplo, de alimentos) com baixo poder de barganha junto às requerentes; (iii) inexistência de evidência de possibilidade de outros canais de venda serem suficientes para atender a um desvio de oferta dos fornecedores a um possível abuso de poder de compra; e (iv) indício de práticas comerciais que demonstravam o poder de compra do Bompreço sobre seus fornecedores.[50]

---

a company for resale price fixing [SKF Brasil Ltda., Administrative Proceeding n. 08012.001271/2001-44]". "The CADE has never, however, found an infringement of the competition law on the basis of an abuse of buying power. (...) In the past, several cases have dealt with dependency, but the CADE highlighted that dependency, i.e. one seller depending exclusively or almost exclusively on purchases made by one purchaser, does not in itself necessarily correspond to buying power, which obviously depends on aggregate market output and purchases. Nonetheless, there is no precedent regarding infringements involving buying power or dependency. There have been a number of dependency cases in the early 2000s that superficially discuss the manufacturer-distributor relationship. These cases discuss the extent to which the private relation should be governed by competition law and state that it the plaintiff cannot show harm or potential harm to competition (as opposed to private harm to a single distributor), it should not be subject to the CADE's analysis. At the same time, there has been no case of 'waterbed effect' related to retailers in Brazil".

49 Brasil. CADE. Ato de Concentração 08012.006976/2001-58, de interesse da BR Participações e Empreendimentos, G. Barbosa e Cia. Ltda., Seringy Participações e Empreendimentos Ltda, julgado em 17.12.2003.

50 RAGAZZO e MACHADO destacam que as práticas comerciais da Bompreço que demonstravam poder de compra sobre seus fornecedores foram consideradas confidenciais pelo relator. A respeito delas foi determinada a abertura de investigação dessas práticas pela Secretaria de Direito Econômico (SDE). RAGAZZO, Carlos Emmanuel Joppert; MACHADO, Kenys Menezes. O CADE e o poder de compra no setor agropecuário. *Economic Analysis of Law Review*, v. 4, n. 2, p. 295-314, jul.-dez. 2013. Ademais, foi solicitada a elaboração de um estudo, pela SEAE, visando a verificar o impacto do processo de concentração re-

Capítulo 1   A evolução da tradicional análise antitruste do varejo supermercadista

Apesar disso, o ato de concentração foi aprovado – com restrições –, sem a realização de análise aprofundada sobre as preocupações aduzidas. O CADE tinha em mãos uma excelente oportunidade para sinalizar uma evolução no entendimento da autoridade de concorrência brasileira sobre o poder no varejo supermercadista. Poderia ter aprofundando temas, por exemplo, como a dependência econômica dos fornecedores diante dos supermercados e os efeitos anticoncorrenciais de práticas comerciais dos varejistas, mas não o fez, atrelado a critérios tradicionais de participação de mercado.

Anos após, em 2011, na operação referente à aquisição da *Sadia--Perdigão*,[51] os mercados relevantes foram definidos pela ótica da demanda, e buscou-se avaliar os efeitos negativos da operação decorrentes da elevada participação dos requerentes na compra. Para tanto, adotou-se três passos. Primeiro, avaliação se de fato havia poder de compra. Para isso, seria necessário verificar se havia outros compradores ou mercados para os quais os criadores poderiam ofertar seus produtos, tendo sido levantadas questões como custos de transação para a mudança de comprador e a necessidade de capacidade ociosa ou de ampliação da capacidade instalada dos concorrentes compradores. Segundo, existindo poder de compra, seria necessário verificar se as empresas possuíam incentivos para exercê-lo. Havendo tais incentivos, se eles seriam aumentados em função da operação. Nesta análise, apontou-se a relação de interdependência entre os vendedores e compradores. E no terceiro passo, havendo poder de compra e incentivos para exercê-lo, seria necessário verificar a probabilidade de exercício de poder de mercado (condições de entrada e rivalidade), focando no poder de compra. A operação foi aprovada por meio da celebração de Termo de Compromisso de Desempenho (TCD)[52] condicionado à alienação de ativos, apesar dos problemas concorrenciais apontados.

cente do setor de supermercados sobre seus fornecedores, de modo a subsidiar as decisões do CADE nessa matéria, e ainda que SEAE e SDE avaliassem em todos os atos de concentração à época, a existência de poder de monopsônio e seu impacto sobre a concorrência. Esse encaminhamento à SDE resultou na instrução da investigação em sede da Averiguação Preliminar 08012.005647/2004-32.

51   Brasil. CADE. Ato de Concentração 08012.004423/2009-18, no interesse das empresas BRF – Brasil Foods (ex-Perdigão S.A.) e Sadia S.A, julgado em 13.07.2011. Termo de Compromisso de Desempenho disponível em: <http://www.cade.gov.br/upload/BRFoods_TCD_13_07_11.pdf>. Acesso em: 17 fev. 2016.

52   O Termo de Compromisso de Desempenho estava previsto nos termos do art. 58 da Lei 8.884/94. Sobre a celebração desses acordos em atos de concentração envolvendo casos

Ainda em 2011, no ato de concentração *Fischer-Citrovita*,[53] que envolveu a criação da maior empresa de suco de laranja concentrado do mundo, também foram trazidas preocupações em termos de poder de compra da nova empresa. Para avaliar a possibilidade de exercício do poder de compra, empregou-se análise semelhante à empreendida no caso Sadia-Perdigão, consistente nos três passos supramencionados. Tendo em vista a ausência de alternativas de desvio da oferta para os citricultores, a existência de elevados estoques de suco de laranja concentrado e a elevada assimetria de informação, o Conselheiro Relator concluiu pela existência de poder de compra. Estudou então a dependência dos produtores em relação à indústria, a probabilidade de entrada, o risco de elevação de preços aos consumidores e a possibilidade de exercício de poder coordenado, e as eficiências decorrentes da operação, que foram consideradas insuficientes. Ao final, diante desses problemas concorrenciais encontrados pela ótica da compra, foram negociados remédios antitruste e assinado um TCD, que buscou aumentar o poder de mercado dos produtores e reduzir o poder de compra da indústria, por meio da diminuição da assimetria de informação entre as partes e o aumento da interdependência no setor.

Em 2013, no ato de concentração referente à fusão entre as empresas *JBS-Bertin*,[54] os mercados relevantes foram definidos pela ótica da demanda e

---

alimentícios, sugere-se a contribuição do Brasil na discussão realizada pela OCDE em 2013, vide: OCDE. *Competition Issues in the Food Chain Industry*. DAF/COMP(2014)16. Contribution from the Brazilian Delegation. p. 81-88.

53 Brasil. CADE. Ato de Concentração 08012.005889/2010-74, de interesse das empresas Fischer S/A Comércio, Industria e Agricultura e Citrovita Agro Industrial Ltda, julgado em 14.12.2011. "Assim, a primeira questão a ser analisada é se as empresas de fato possuem poder de compra, sendo, então, capazes de exercê-lo em relação aos produtores. Para isso as participações de mercado das Requerentes e das concorrentes na compra são avaliadas em relação ao mercado total; ou seja, se as concorrentes são: capazes de absorver o desvio de oferta, caso as requerentes impusessem condições negociais desvantajosas para os produtores. Apenas após a verificação da existência de condições de exercer poder de compra por parte das Requerentes, passa-se à análise da existência de incentivos para que a empresa, de fato, o exerça. Havendo esses incentivos, avalia-se se eles são reforçados pela operação. Concluindo-se pela existência de incentivos ao exercício de poder de monopsônio e havendo nexo de causalidade entre este poder e a operação, deve ser realizada a análise da probabilidade de exercício de poder de mercado pelas requerentes, mas com foco nos efeitos no mercado *upstream* (compra de laranja *in natura*)".

54 Brasil. CADE. Ato de Concentração 08012.008074/2009-11, no interesse das empresas JBS S.A. e Bertin S.A., julgado em 17.04.2013.

Capítulo 1 A evolução da tradicional análise antitruste do varejo supermercadista

se considerou que havia problemas de poder de compra. A preocupação surgiu tendo em vista os níveis de concentração de mercado (acima de 20%), combinado com a reduzida probabilidade de entrada e baixa rivalidade. A Superintendência-Geral do CADE (doravante "SG/CADE") apontou preocupações quanto a uma possível estratégia de fechamento de mercado, que poderia estar sendo adotada mediante a aquisição e arrendamento de unidades desativadas, de sorte a retirar esses ativos do mercado e impedir assim o acesso a terceiros. Ao final, foi celebrado TCD para mitigar os problemas concorrenciais apontados, finalmente autorizando a operação de concentração econômica.

O poder de compra também foi considerado uma preocupação concorrencial derivada da operação de concentração econômica em dois pareceres envolvendo o varejo – de bens duráveis, notadamente as linhas branca e marrom, móveis e telefonia, e não supermercadista. Em ambos os pareceres exarados em 2013, a SEAE se manifestou no sentido de que o poder de compra, refletido em descontos e outros benefícios, poderia representar um elemento de elevação das barreiras à entrada a novos concorrentes, na medida em que possibilitasse uma vantagem absoluta de custos às requerentes. Refere-se ao ato de concentração relativo à aquisição do *Ponto Frio* pelo *Grupo Pão de Açúcar*[55] e, posteriormente, na operação de associação deste grupo com as *Casas Bahia ("Via Varejo")*[56]. O CADE, quando do julgamento, confirmou entendimento de que o poder de compra representaria, no caso, importante barreira à entrada de competidores no segmento e tornaria improvável o surgimento de novos competidores que não estivessem bem estabelecidos ao menos em nível regional. Para endereçar as preocupações concorrenciais, foi então celebrado TCD, em que as partes concordaram em alienar pontos comerciais nos municípios em que foi identificada a possibilidade de exercício do poder de mercado.

---

55 Brasil. CADE. Ato de Concentração 08012.004857/2009-18, de interesse das empresas Companhia Brasileira de Distribuição (integrante do "Grupo Pão de Açúcar) e Globex Utilidades S.A. ("Ponto Frio"). Operação aprovada sem restrições em 17.04.2013.
56 Brasil. CADE. Atos de Concentração 08012.010473/2009-34, 08012.008074/2009-11, 08012.002148/2012-01, 08012.002149/2012-48, 08012.003367/2012-08, 08700.004230/2012-12 e 08700.004226/2012-46, e de interesse das empresas Companhia Brasileira de Distribuição (integrante do "Grupo Pão de Açúcar) e Casa Bahia Comercial Ltda. Operação aprovada submetida à assinatura de Termo de Compromisso de Desempenho em 17.04.2013.

Também em 2013, no ato de concentração entre a *Insinuante* e a *Ricardo Eletro* ("*Máquina de Vendas*"),[57] tratou-se do poder de compra. Curiosamente, uma das justificativas da operação foi justamente a de aumentar o poder de compra para ter condições de enfrentar a concorrência da "Via Varejo", resultante da associação entre Ponto Frio, Pão de Açúcar e Casas Bahia, cujas operações foram mencionadas anteriormente. A análise realizada apontou que, apesar do porte da operação (que envolvia dois dos principais varejistas nacionais de bens duráveis), a participação de mercado das empresas na aquisição de produtos junto aos principais fornecedores não era grande o suficiente para causar preocupações concorrenciais. Quando da análise, o Conselheiro Relator entendeu que a presença local de grandes grupos de varejo de bens duráveis, ou mesmo de grupos regionais, de médio porte, poderia ser suficiente para mitigar o possível exercício de poder de mercado, dada a capacidade estrutural que esses concorrentes teriam de reagir à tentativa de abuso e garantir a rivalidade nos mercados. A conclusão foi no sentido de que, com exceção de um município, todos os demais contariam com a presença de pelo menos três grandes empresas, cujos poder de barganha e de compra seriam bem próximos. Concluiu-se, então, pela não observância de risco de possível exercício de poder de mercado, e a operação foi aprovada.

Ainda que não voltado ao varejo, também houve discussão sobre os efeitos do poder de compra em outros casos de atos de concentração,[58] em especial no setor de saúde suplementar,[59] como o caso *Unidas,* julgado em 2014.[60] Neste, a Conselheira Relatora considerou que o exercício do poder de

---

57 Brasil. CADE. Ato de Concentração 08012.008449/2011-50, no interesse das empresas Loja Insinuante Ltda., RN Comércio Varejista S.A. e Eletro Shopping Casa Amarela Ltda, julgado em 09.10.2013. Aprovado sem restrições.

58 Outros casos no Brasil que envolveram o argumento do poder compensatório, segundo RAGAZZO e MACHADO, foram: Ato de Concentração 08012.006008/2005-75, de interesse das empresas Diagnósticos da América S/A e Laboratório Frischmann Aisengart S/A, julgado em 2006 e o Ato de Concentração n. 08012.010968/2008-82, envolvendo as empresas Diagnósticos da América S.A. e Maxidiagnósticos Participações Ltda. julgado em 03.11.2010. *Apud* RAGAZZO, Carlos Emmanuel Joppert; MACHADO, Kenys Menezes. O CADE e o poder de compra no setor agropecuário. *Economic Analysis of Law Review,* v. 4, n. 2, p. 295-314, jul.-dez. 2013, especialmente p. 300, nota de rodapé 21.

59 CADE. *Cadernos do Cade*. Mercado de Saúde Suplementar: Condutas, 2015.

60 CADE. Processo Administrativo 08012.005135/2005-57 (Representados: Associação Médica do Rio Grande do Norte, Sindicato dos Médicos do Rio Grande do Norte, Conselho

Capítulo 1   A evolução da tradicional análise antitruste do varejo supermercadista

compra (explicitado pela implementação de uma tabela de preços) deveria ser punido, porque não haveria correlação entre a diminuição nos custos e um benefício geral a longo prazo para os consumidores. Também seria punível porque o exercício do poder de compra diminuiria a quantidade de serviços médicos a longo prazo, uma vez que o exercício do poder de monopsônio diminuiria o lucro dos prestadores, incentivando-os a reduzirem a oferta a longo prazo. O poder de compra diminuiria, então, a qualidade do serviço, o que não seria compensado por eventual redução de preço. Por estas e outras razões, ao final, a prática foi condenada pelo Tribunal do CADE. Outros casos relacionados à prestação de serviços médicos também foram objeto de discussão a respeito da adequação ou não da tese de poder compensatório[61] – ainda atrelados, porém, à visão antitruste tradicional.

A questão do poder de compra também foi analisada, em 2014, em sede do contrato associativo submetido ao CADE para a aquisição conjunta de insumos pelas empresas *COMGÁS e CEG*.[62] A preocupação surgiu diante do fato de que as Requerentes eram as duas maiores compradoras dos insumos no Brasil, detendo conjuntamente 49,6% de participação de mercado. Com o objetivo de determinar a existência de poder de compra, a SG/CADE procedeu a três passos: (i) avaliação da representatividade das compras das requerentes em relação aos seus fornecedores em cada um dos mercados relevantes identificados na operação; (ii) avaliação da possibilidade de desvio da oferta dos produtos para empresas atuantes no mercado de distribuição de gás ou para outras aplicações; e (iii) caso constatado que as ofertantes teriam dificuldade

---

Regional de Medicina do Rio Grande do Norte e União Nacional das Instituições de Autogestão em Saúde – UNIDAS), julgado em 15.10.2014.

61   CADE. Processo Administrativo 08012.001591/2004-47. Processo Administrativo 08012.008477/2004-48. Processo Administrativo 08012.006552/2005-17. Processo Administrativo 08012.005374/2002-64. Processo Administrativo 08012.002381/2004-76. Processo Administrativo 08012.005101/2004-81. Processo Administrativo 08012.001790/2004-55. Processo Administrativo 08012.003568/2005-78. Processo Administrativo 08012.002866/2011-99. Processo Administrativo 08012.007833/2006-78. Processo Administrativo 08012.005135/2005-57. Processo Administrativo 08012.002985/2004-12. Processo Administrativo 08012.004020/2004-64. Processo Administrativo 08012.001020/2003-21.

62   CADE. Ato de Concentração 08700.009334/2014-77, no interesse das empresas Companhia de Gás de São Paulo – COMGÁS e Companhia Distribuidora de Gás do Rio de Janeiro – CEG, no mercado de tubos de aço, tubos de PEAD e medidores de gás tipo diafragma, julgado em 02.12.2014.

para fornecer seus produtos, de modo suficiente, para as demais empresas, avaliação da estrutura da oferta e de outras características dos mercados relevantes, para verificar os potenciais efeitos da operação no mercado. Ao final, em que pesem as ponderações em um submercado relevante específico, a operação foi aprovada sem restrições.

Observa-se que, apesar de o tema do poder de compra não passar despercebido nos atos de concentração no Brasil, ainda se adota, pelo menos em parte dos casos, o viés tradicional pró-comprador. O poder de compra nunca foi considerado um grave problema concorrencial que afetasse os consumidores brasileiros ou um fator impeditivo para a aprovação da operação. Especificamente sobre condutas anticompetitivas no varejo supermercadista, no exercício desse poder de mercado pela ótica da compra, as investigações preliminares que já foram realizadas pelo CADE não prosseguiram, sob o argumento de que seriam apenas relações privadas, não caracterizadoras de infração à ordem econômica. Tampouco se realizou estudo aprofundado dos possíveis efeitos anticoncorrenciais (sobretudo os dinâmicos de médio e longo prazo) das práticas comerciais impostas pelos supermercados. É possível apontar, a partir de referências cruzadas em pareceres da SDE, SEAE e dos votos de Conselheiros do CADE disponibilizados publicamente, a existência de *pelo menos 12 (doze)*[63] *investigações de condutas anticompetitivas no varejo supermercadista*. Entretanto, em quatro delas o acesso ao conteúdo é restrito e não foi disponibilizado ao público externo no sistema eletrônico do CADE, razão pela qual não se pode apresentar os motivos do seu arquivamento.

No Procedimento Preparatório 08012.007997/2010-81,[64] questionou-se a prática de comercialização de espaços em gôndolas. A versão pública da

---

[63] As 12 (doze) investigações preliminares de condutas anticompetitivas no varejo supermercadista que se têm referência cruzada em pareceres da SDE, SEAE e dos votos de Conselheiros do CADE disponibilizados publicamente são as seguintes: Averiguação Preliminar 08012.005647/2004-32. Averiguação Preliminar 08012.000073/2002-44. Averiguação Preliminar 08012.006975/2000-22. Procedimento Preparatório 08012.007997/2010-81. Averiguação Preliminar 08012.009270/2007-33. Procedimento Preparatório 08700.000353/2015-19. Procedimento Preparatório 08700.001898/2015-42. Procedimento Preparatório 08700.007098/2015-35. Procedimento Preparatório 08700.007456/2014-29. Procedimento Preparatório 08700.009842/2015-36. Procedimento Preparatório 08700.010391/2015-80.

[64] CADE. Procedimento Preparatório 08012.007997/2010-81. Representante: CADE *ex-officio*. Representada: Bompreço Supermercados do Nordeste Ltda (WalMart).

Capítulo 1   A evolução da tradicional análise antiruste do varejo supermercadista

Nota Técnica da SG/CADE informa que, de acordo com a denúncia, o varejista estaria vendendo 71% do espaço das gôndolas da categoria de desodorantes à Unilever. Durante a instrução, a SG/CADE entendeu não ter restado demonstrada a celebração de contratos de fornecimento de produtos com exclusividade de exposição ou com qualquer outra cláusula restritiva de comercialização e exposição dos produtos concorrentes. A investigação foi então arquivada em 2010, sob o argumento de falta de indícios de infração à ordem econômica. Por sua vez, no Procedimento Preparatório 08700.009515/2014-01[65], foi investigada denúncia de que os supermercados associados à Associação Capixaba de Supermercados (ACAPS) iriam conjuntamente suspender o recebimento de um cartão alimentação. A denúncia centrou-se na suposta influência de conduta uniforme exercida pela associação, e foi encerrada por meio da celebração de TCC, em 2015. Mediante acordo, obrigou-se a cessação de toda e qualquer ação por parte da ACAPS no sentido de influenciar terceiros e/ou seus afiliados em suas decisões comerciais, especificamente no tocante às negociações com operadoras de cartões alimentação, que imponham e/ou estabeleçam constrangimentos ou boicotes com potencial de trazer prejuízos aos consumidores, pessoas físicas ou jurídicas.[66]

Da exposição dos atos de concentração e das investigações de condutas anticompetitivas relacionadas a poder de compra no Brasil, constata-se a pertinência do alerta de FORGIONI, para quem *a repressão antitruste vem sendo afastada de casos envolvendo o poder de compra.*[67] A passividade das autoridades de defesa da concorrência – tal como no Brasil –, para alguns,[68] recai na suposta inabilidade de as regras concorrenciais endereçarem práticas comerciais em mercados oligopolizados em que uma única firma não possui posição dominante. Nesse ponto, GORDILHO[69] faz interessantes *questionamentos sobre qual o limite para se considerar, em qualquer caso, uma visão positiva do poder de compra.* Segundo o autor, *in verbis*:

---

65 CADE. Procedimento Preparatório 08700.009515/2014-01. Representante: CADE *ex-officio*. Representada: Associação Capixaba de Supermercados (ABECS).
66 CADE. Requerimento 08700.008213/2015-99 (ref. Processo 08700.009515/2014-01).
67 FORGIONI, Paula A. *Contrato de distribuição.* 2. ed. São Paulo: RT, 2008. p. 569.
68 Tribunal Vasco de Defensa de la Competencia. *Distribution of daily consumer goods:* Competition, oligopoly and tacit collusion, 2009. p. 6.
69 GORDILHO JR., Mário Sérgio Rocha. Análise de poder de compra no mercado de varejo de bens duráveis – Desafios para o novo CADE. *Boletim Latino-Americano de Concorrência*, n. 31, p. 23, abr. 2012.

até que ponto o incremento do poder de barganha das empresas que atuam no varejo pode, ao invés de gerar benefícios ao consumidor, tornar a concorrência menos efetiva e, dessa forma, reverter esse poder de barganha para as próprias varejistas, propiciando às mesmas maiores lucros? Será mesmo verdade que todo incremento no poder de barganha do lado varejista se reverte em menores preços aos consumidores? E se esse poder de barganha for tal que torne a concorrência no setor desigual, privilegiando as grandes e expulsando do setor as pequenas e, ainda, tornando novas entradas cada vez mais difíceis? Até que ponto ganhos no poder de barganha podem afetar a rivalidade desse setor? E quanto a possíveis efeitos dinâmicos negativos nos mercados dos fornecedores, afetando a qualidade dos produtos e o lançamento dos novos?

Todos esses questionamentos não são respondidos pela análise tradicional do varejo supermercadista, voltada aos efeitos estáticos de curto prazo relacionados a preço, que desconsidera os efeitos dinâmicos de médio e longo prazo relacionados a inovação, qualidade e variedade. Desconsidera-se, assim, o pressuposto constitucional no Brasil da busca por uma concorrência qualitativa, e não apenas voltada a preços.

AZEVEDO e ALMEIDA também criticam as análises tradicionais das autoridades antitruste envolvendo o poder compensatório, que o relegariam a um papel secundário. Os autores asseveram que dois seriam os principais problemas na interpretação dos resultados da teoria econômica pela jurisprudência antitruste: (i) a interpretação do poder compensatório como fonte de eficiências; e (ii) o entendimento de que o uso do poder compensatório contra monopsônios geraria possíveis benefícios aos consumidores finais. Quanto ao primeiro problema, os autores argumentam que essa abordagem enxerga o poder compensatório como um mecanismo de atenuação dos efeitos do poder de mercado previamente existente. O objetivo seria então apenas atenuar diretamente os efeitos do poder de mercado, sem nenhuma implicação de reduções de custos de produção ou de transação. O poder de compra não seria, portanto, uma fonte clara de eficiências. Quanto ao segundo problema, os autores entendem que o foco apenas nos preços ignoraria os efeitos na quantidade.[70]

---

70 ALMEIDA, Silvia Fagá de; AZEVEDO, Paulo Furquim de. *Poder compensatório e política de defesa da concorrência*: referencial geral e aplicação ao mercado de saúde suplementar brasileiro, 2009. Os autores também defendem que os efeitos da criação de poder compensatório poderão ser positivos a depender da relação entre as elasticidades-preço da oferta e

Capítulo 1   A evolução da tradicional análise antiruste do varejo supermercadista

CARSTENSEN também é cético quanto às vantagens sociais derivadas de descontos obtidos por grandes varejistas utilizando-se do seu poder de compra. O autor defende que, quando não justificáveis por meio de economias de custo, os descontos serviriam primordialmente para criar desvantagens competitivas a seus concorrentes e para aumentar o poder de monopsônio, que poderia resultar em conduta exclusionária.[71] Semelhantemente, para

---

da demanda, assim como da cooperação entre as partes na negociação de forma a configurar um processo de barganha bilateral. AZEVEDO, Paulo Furquim de; ALMEIDA, Sílvia Fagá de. *Poder compensatório: coordenação horizontal na defesa da concorrência*. Estudos Econômicos (São Paulo), v. 39, n. 4, p. 737-762, 2009.

71   CARSTENSEN, Peter. *Buyer power and merger analysis:* the need for different metrics. Statement at the DOJ/FTC Merger Workshop (Feb. 17, 2004). Nesse sentido também aponta KIRKWOOD, para quem o exercício do poder compensatório pode reduzir o bem-estar dos consumidores quando os grandes varejistas forçam seus fornecedores por melhores preços e condições e quando o resultado dessa pressão é uma vantagem substantiva, persistente e não justificada em custos quando comparada com os pequenos varejistas. KIRKWOOD, John B. *Buyer power and merger policy*. Seattle University School of Law. Working Paper, Draft 1, 1 April 2011. Essa discriminação injustificada de preços entre o grande varejista detentor de poder de compra e o pequeno varejista sem tal poder pode inclusive causar danos aos consumidores, conforme estudo do Grupo de Trabalho da American Antitrust Institute. Segundo o Grupo de Trabalho do American Antitrust Institute, a uma discriminação contínua e injustificada de preços e condições ao grande varejista em detrimento do pequeno varejista pode prejudicar o consumidor de cinco principais maneiras. Primeiro, porque essa situação permite que o grande varejista, beneficiado, tome negócios e lucros dos pequenos varejistas, prejudicados, o que reduz seu número ou vigor e prejudica consumidores pela redução da oferta de lojas de varejo em locais convenientes, com serviços diferenciados, com uma seleção superior de produtos e com outras ferramentas de atração. Segundo, porque a redução de preços induzida pelo grande varejista pode levar a maiores preços aos consumidores se o grande varejista utilizar essa vantagem injustificada para ganhar participação de mercado (individualmente ou em conjunto) ou para criar barreiras à entrada e à expansão de outros varejistas. Terceiro, porque a redução de preços induzida pelo grande varejista pode levar a maiores preços aos consumidores quando o grande varejista induz o fornecedor a discriminar por meio do aumento de preços para os pequenos varejistas, o que aumenta os custos dos rivais e favorece o grande varejista. Quarto, porque a redução de preços induzida pelo grande varejista pode levar à ineficiência do grande varejista, pois este pode tentar compensar seus altos custos com os benefícios de menores preços obtidos junto aos fornecedores, o que tende a tornar estes grandes varejistas menos inovadores e menos responsáveis pela mudança de gostos dos consumidores. Quinto, porque a redução de preços induzida pelo grande varejista pode levar à redução de lucratividade dos fabricantes e, como consequência, à redução dos investimentos da indústria e ao aumento dos preços ou a redução da variedade de produtos.

THOMAS, a discriminação de preços entre um grande comprador só não atrairia preocupações antitruste se refletisse eficiências criadas no próprio mercado de aprovisionamento.[72]

Sobre as vantagens sociais resultantes do poder de compra, há também quem critique o argumento tradicional de repasse puro e simples das reduções de custo obtidas pelo varejista detentor de poder de compra. SALOMÃO[73] argumenta que "não é de modo algum certo que o monopolista queira dividir seus lucros com o consumidor, baixando os preços na mesma proporção do ganho de eficiência incorrido". LIANOS e LOMBARDI apontam para uma transmissão assimétrica de preços aos consumidores finais.[74] Esse não repasse aos consumidores seria agravado em um contexto de crescimento das marcas próprias dos supermercados, em que os varejistas passariam a ter incentivos ainda maiores a reter os benefícios obtidos na compra dos produtos de marca independente e não os repassar aos consumidores na forma de menores preços.[75]

Ocorre que, apesar da análise tradicional de viés pró-varejista sobre o poder de compra, *autoridades de defesa da concorrência nacionais e legisladores nacionais aos poucos vêm se mostrando menos enviesados por perspectivas teóricas tradicionais*.[76] A preocupação com o poder de mercado no varejo supermerca

---

American Antitrust Institute. *The Robinson-Patman Act should be reformed, not repealed, Comments of the American Antitrust Institute Working Group on the Robinson-Patman Act*. 2005, p. 13-14.

72 THOMAS, Stefan. Ex-ante and ex-post control of buyer power. *Eberhard Karls University Tübingen*. 2015. p. 17.

73 SALOMÃO FILHO, C. *Direito concorrencial:* as estruturas. 3. ed. São Paulo: Malheiros, 2007. p. 20.

74 LIANOS, Ioannis; LOMBARDI, Claudio. Superior Bargaining Power and the Global Food Value Chain: The Wuthering Heights of Holistic Competition Law? *CLES Research Paper Series, ISBN*, p. 978-1, 2016. Também nesse sentido, GAUDIN conclui que o exercício do poder compensatório geralmente não seria traduzido em menores preços aos consumidores e que dependeria do grau de diferenciação dos produtos. GAUDIN, Germain. Vertical bargaining and retail competition: What drives countervailing power? *Available at SSRN*, 2015.

75 Austrália. Australian Competition and Consumer Commission. *Report of the AACC inquiry into the competitiveness of retail prices for standard groceries*, 2008. p. 359.

76 LIANOS, Ioannis; LOMBARDI, Claudio. Superior Bargaining Power and the Global Food Value Chain: The Wuthering Heights of Holistic Competition Law? *CLES Research Paper Series, ISBN*, p. 978-1, 2016.

dista e com seus efeitos na concorrência no mercado tem passado por uma significativa evolução ao longo dos anos, atraindo a atenção tanto de autoridades antitruste estrangeiras e de organismos internacionais quanto de acadêmicos estrangeiros e brasileiros. Essa evolução, porém, ainda não é sentida com vigor no Brasil, em que o CADE praticamente se restringe à análise dos atos de concentração nesse mercado, conforme supramencionado. Objetiva-se, no próximo Capítulo, apresentar evidências concretas de uma evolução na análise antitruste do varejo supermercadista, bem como alertar para a premência de maior aprofundamento dos estudos sobre o tema no Brasil.

1.2 Evidências concretas de uma análise antitruste do varejo supermercadista em evolução

Autoridades antitruste e organismos internacionais têm, ao longo dos anos, chamado atenção para as questões concorrenciais controvertidas que emergem da análise do varejo supermercadista. Tendo em vista a importância desses estudos, publicados desde 1981 até 2016, cada um deles será apresentado brevemente. Alguns desses constituem evidências concretas da evolução na análise antitruste do varejo supermercadista. Observar-se-á que, pouco a pouco, os estudos se libertam do viés pró-varejista e passam a alertar para os possíveis problemas concorrenciais que podem surgir neste mercado, apontando para soluções concorrenciais e regulatórias.

A *Organização para Cooperação e Desenvolvimento Econômico* (doravante "OCDE") foi a primeira a mencionar, já em 1981,[77] o risco de efeitos anticompetitivos decorrentes do poder de compra no mercado de distribuição varejista. Em 1998, a realização de uma mesa redonda para discussão com os Estados-Membros resultou na publicação, em *1999*, do pioneiro estudo intitulado "*Buying Power of Multiproduct Retailers*".[78] Um dos pontos mencionados foi que o varejista não poderia mais ser visto como um mero distribuidor de produtos aos consumidores, tendo em vista o crescimento da concentração no mercado e das marcas próprias, que davam a ele a característica de concorrente no mercado. Outro ponto destacado foi o efeito ambíguo do poder de compra e a

---

[77] OECD, *Report of the Committee of Experts on Restrictive Business Practices*, Buying Power of Large-Scale Multiproduct Retailers, 1981.

[78] OECD, *Buying Power of Multiproduct Retailers,* Committee on Competition Law and Policy, DAFFE/CLP (99) 21, 1999.

dificuldade das autoridades nacionais de defesa da concorrência em lidar com o tema. Identificou-se que a alteração no padrão de compra dos consumidores voltado ao *one-stop shopping* faz com que estes prefiram trocar as marcas independentes dos produtos do que trocar de supermercado, o que significaria importante poder de mercado dos varejistas, mesmo se detentores de percentuais de participação de mercado abaixo dos níveis de dominância tradicionalmente considerados. Apontou-se que, apesar de os efeitos do poder de compra no curto prazo serem neutros ou positivos, no longo prazo eles não seriam claros, tendo em vista a possibilidade de interferir nas relações entre fornecedores e também entre varejistas concorrentes. Adicionalmente, apontou-se que, nas análises de atos de concentração que endereçassem o problema do poder de compra, dever-se-ia ter cuidado com definições de mercado relevante muito amplas. Para além da análise de atos de concentração, sinalizou-se que outra opção às autoridades antitruste seria endereçar esse problema por meio da aplicação das leis contra discriminação (como abuso de posição dominante individual ou coletiva), leis contra acordos horizontais e leis contra a fixação de preço de revenda. Finalmente, indicou-se que legislações diretamente referentes ao poder de compra (como proibições de abuso de dependência econômica), teriam pouco sucesso e tenderiam a ser reforçadas por proibições *per se*, que poderiam reduzir o nível de concorrência no mercado varejista e prejudicar os consumidores.

No mesmo ano, em 1999, a *Comissão Europeia* publicou o estudo intitulado *"Buyer power and its impact on competition in the food retail distribution sector of the European Union"*,[79] em que expôs a sua preocupação com os impactos do poder de compra no varejo alimentar da Europa. Foram analisados o conceito do poder de compra (e as diferenciações entre poder de monopsônio e poder de barganha), seus argumentos positivos e negativos e implicações em termos de política de defesa da concorrência (Parte I). Foram realizadas análises estatísticas (Parte II) e estudos de caso do varejo na França, na Alemanha, na Espanha e no Reino Unido (Parte III). O estudo propôs um

---

[79] Europa. European Commission. *Buyer power and its impact on competition in the food retail distribution sector of the European Union*, 1999. Disponível em: <http://bookshop.europa.eu/en/buyer-power-and-its-impact-on-competition-in-the-food-retail-distribution-sector-of-the-european-union-pbCV2599649/downloads/CV-25-99-649-EN-C/CV2599649ENC_001.pdf?FileName=CV2599649ENC_001.pdf&SKU=CV2599649ENC_PDF&CatalogueNumber=CV-25-99-649-EN-C>. Acesso em: 23 maio 2015.

Capítulo 1 A evolução da tradicional análise antiruste do varejo supermercadista

"*checklist*"[80] para a análise concorrencial do poder de compra, aplicável ao setor varejista ou qualquer outro. Por meio desse *checklist* seria possível avaliar, no caso concreto, a ponderação entre eficiências e abuso de posição dominante. Em termos factuais, foram apontados dados de que: (i) a concentração de mercado agregada do varejo alimentar na União Europeia era maior do que aquela da indústria; (ii) a concentração de mercado dos supermercados (enquanto vendedores no mercado varejista) também era alta e crescente; (iii) a concentração de mercado dos supermercados (enquanto compradores no mercado de aprovisionamento) seria ainda maior; (iv) as operações transfronteriças estavam se expandindo, especialmente de varejistas oriundos da França, Alemanha e Inglaterra; (v) os varejistas focados em desconto ("*hard discounters*") teriam um papel central para forçar a intensa concorrência no mercado; e (vi) a concentração de mercado estaria sendo realizada via atos de concentração, consolidando o varejo supermercadista europeu.

Concluiu-se no sentido de que haveria uma clara diferenciação nos impactos do exercício do poder de compra com relação a pequenos fornecedores em oposição aos grandes fornecedores multinacionais. O poder de compra, quando voltado a pequenos fornecedores, mesmo quando exercido por varejistas sem poder de mercado na venda, teria impactos negativos, pois poderia restringir a capacidade de tomada de decisão destes fornecedores quanto à variedade e à inovação de seus produtos. Já o poder de compra quando voltado a grandes fornecedores multinacionais seria menos provável de causar problemas concorrenciais, pelo menos no curto prazo, pois seria capaz de reduzir os preços de compra e de revenda nos supermercados.

Outra conclusão do estudo de 1999 da Comissão Europeia diz respeito às marcas próprias. No curto prazo, elas seriam positivas, por aumentarem as opções dos consumidores, especialmente em termos de preço. A médio e longo prazo, porém, seria possível – ainda que não houvesse naquele momento

---

[80] Europa. European Commission. *Buyer power and its impact on competition in the food retail distribution sector of the European Union*, 1999. p. 18-23; 146-154. O fluxo proposto pela Comissão Europeia para a análise concorrencial do poder de compra se baseia em cinco passos: "1) *Is there significant buyer power? 2) Is buying power against relatively powerless suppliers? 3) Does the buyer itself have significant selling power? 4) Are there significant productive gains associated with buyer power? 5) Does de buyer attempt to constrain its suppliers' other actions or deliberately create a dependency relationship?* ". Essa proposta de fluxo para a análise concorrencial do poder de compra dos varejistas será explorada, adaptada e aprimorado no Capítulo 9.1 desta obra.

evidências – que as marcas próprias fossem usadas pelos varejistas como uma arma de negociação, prejudicando especialmente fornecedores secundários que não conseguiriam resistir às ameaças e que teriam que se adequar às exigências do varejista. Foi então observada preocupação com os efeitos do poder de compra no longo prazo, notadamente em termos de produtos e variedade. Tais efeitos seriam mais graves no varejo supermercadista, dadas as elevadas barreiras à entrada, tanto por razões institucionais (como as regulações de plano diretor das cidades e as restrições de zoneamento) quanto por razões estratégicas (como as vantagens do agente de mercado incumbente em termos de experiência, reputação e custos afundados em capital físico e humano, associado à eficiência logística e rede de distribuição). Houve também o entendimento no sentido de que haveria uma correlação entre o poder de compra e a concentração do varejo. Na medida em que grandes varejistas sejam capazes de explorar o poder de barganha que detêm com os fornecedores e os varejistas de menor porte não, as diferenças de custo obtidas entre eles levariam a uma tendência de concentração no mercado. A conclusão geral do estudo foi no sentido de que não estariam claros, *a priori*, os efeitos líquidos ao bem-estar social decorrentes do poder de compra, recomendando-se uma análise casuística.

Em 2000, no Reino Unido, a *Competition Commission* realizou o amplo estudo, denominado "*Supermarkets: A report on the supply of groceries from multiple stores in the United Kingdom*".[81] Foram analisadas detalhadamente 5 práticas dos varejistas relacionadas a preços e outras 52 relacionadas ao comportamento dos varejistas (não relacionado a preços) perante seus fornecedores. A autoridade antitruste concluiu que pelo menos 30 delas[82] seriam capazes de distorcer a concorrência tanto no mercado de aprovisionamento (compra)

---

[81] Reino Unido. Competition Commission. Office of Fair Trading. *Supermarkets: A report on the supply of groceries from multiple stores in the United Kingdom*, 2000. Disponível em: <http://webarchive.nationalarchives.gov.uk/+/http:/www.competition-commission.org.uk/rep_pub/reports/2000/446super.htm>. Acesso em: 23 maio 2015. O Office of Fair Trading já havia conduzido uma análise inicial do mercado em 1998/1999 e identificado pontos de preocupação, como as barreiras à entrada que limitavam a concorrência, o nível de lucratividade dos supermercados, o aumento do preço dos terrenos e o impacto adverso no custo das lojas dos supermercados, a intensidade da competição por preços entre os supermercados e a relação destes supermercados com seus fornecedores.

[82] Dessas 30 (trinta) práticas consideradas capazes de distorcer a concorrência, 3 (três) eram relacionadas a preço e 27 (vinte e sete) não relacionadas a preço. Reino Unido. Competi-

Capítulo 1   A evolução da tradicional análise antiruste do varejo supermercadista

quanto no mercado varejista (venda), quando implementadas por um dos cinco supermercados líderes (Asda, Safeway, Sainsbury, Somerfield e Tesco), cada um detentor de pelo menos 8% de participação de mercado no aprovisionamento. As conclusões da *Competition Commission* foram no sentido de que essas práticas, quando implementadas por grandes compradores com pelo menos 8% de *market share* no mercado de aprovisionamento de alimentos, podem afetar negativamente a concorrência.[83] A competitividade no mercado de aprovisionamento seria afetada porque os fornecedores tenderiam a investir e a desembolsar menos no desenvolvimento de novos produtos e em inovação. Isso levaria à redução da qualidade dos produtos e das opções do consumidor, o que possivelmente resultaria em menos fornecedores entrantes nesse mercado. A competitividade no mercado varejista também seria afetada, porque permitiria ao grande comprador uma vantagem substancial com relação a varejistas de menor porte, o que prejudicaria a atividade dos concorrentes. Isso possivelmente reduziria as opções dos consumidores também em termos de supermercados. Inspirada nessa listagem, BAETA[84] compilou diversas dessas práticas e advertiu para suas consequências concorrenciais.

DOBSON[85] sugere, com base neste estudo da *Competition Commission* de 2000, que os consumidores finais, mesmo que beneficiados por menores preços no curto prazo, podem vir a ser prejudicados, no médio e longo prazos,

---

tion Commission. Office of Fair Trading. *Supermarkets: A report on the supply of groceries from multiple stores in the United Kingdom*, 2000.

83   Reino Unido. *Competition Commission*. Office of Fair Trading. Supermarkets: A report on the supply of groceries from multiple stores in the United Kingdom, 2000. *"These practices, when carried on by any of the major buyers, adversely affect the competitiveness of some of the suppliers with the result that the suppliers are likely to invest less and spend less on new product development and innovation, leading to lower quality and less consumer choice. This is likely to result in fewer entrants to the supplier market than otherwise. Certain of the practices give the major buyers substantial advantages over other smaller retailers, whose competitiveness is likely to suffer as a result, again leading to a reduction in consumer choice. We took into account the advantages that can result from buyer power in relation to those suppliers with market power, and other offsetting benefits in relation to certain of the practices. We nonetheless conclude that the exercise of 27 of these practices by the five major buyers meeting 8 per cent criterion operates against the public interest".*

84   Cavalcante, Léia Baeta. *Poder de compra do varejo supermercadista:* uma abordagem antitruste. SEAE/MF Documento de Trabalho n. 30. Brasília, 2004. p. 4.

85   DOBSON, Paul. Exploiting buyer power: lessons from the british grocery trade. 72 *Antitrust Law Journal*, 2005. p. 529-562.

pela redução das opções e da qualidade de produtos, bem como pela redução de opções de lojas de supermercados. O poder de compra seria capaz de distorcer a concorrência em ambos os mercados de aprovisionamento e varejista, sem se ter certeza, *a priori*, de que os resultados final e geral seriam positivos aos consumidores. A *Competition Commission* então sinalizou que a maneira mais efetiva de endereçar essas questões seria a implementação de um Código de Boas Práticas, elaborado pelos varejistas e representantes dos fornecedores, aprovado pela Autoridade Antitruste.[86]

Também em 2000, nos Estados Unidos, foi realizado evento na sede da *Federal Trade Commission* (doravante "FTC") para tratar do tema de "*Slotting Allowances and Other Grocery Marketing Practices*".[87] No discurso inicial a respeito das "*slotting fees*" (ou seja, dessas taxas e condições de acesso às gôndolas dos supermercados), o Professor Greg GAULACH[88] apontou alguns dos argumentos positivos e negativos relacionados à prática. Os argumentos positivos adviriam da escola da eficiência, que aponta pelo menos quatro razões benéficas das "*slotting fees*": sinalização e seleção ("*signaling and screening*"), transferência do risco ("*risk shifting*"), compartilhamento dos custos ("*cost sharing*") e alocação ótima das gôndolas. Por outro lado, os argumentos negativos adviriam da escola do pensamento do poder de mercado, que sustenta que as "*slotting fees*" teriam pelo menos quatro efeitos deletérios: reforço do poder de mercado e mitigação da concorrência; discriminação entre fornecedores – sobretudo entre grandes e pequenas empresas –, que permitiria o fechamento de mercado dos grandes fornecedores em face dos pequenos concorrentes; deterioração do relacionamento entre varejistas e fornecedores, que levaria preocupações sobre a eficiência desse canal de distribuição; e do aumento de preços no varejo e de redução da concorrência. GAULACH apontou ainda que, por mais que fossem frequentes, as "*slotting fees*" não costumariam constar em contratos escritos.

---

[86] Esse Código de Boas Práticas, denominado "Supermarket Code of Practice", entrou em vigor em 2002 no Reino Unido.

[87] Estados Unidos. Federal Trade Commission. *Workshop on Slotting Allowances and Other Grocery Marketing Practices*, 2000. Disponível em: <https://www.ftc.gov/news-events/events-calendar/2000/05/workshop-slotting-allowances-other-grocery-marketing-practices>. Acesso em: 11 fev. 2016.

[88] GAULACH, Greg. Apud. Federal Trade Commission. *Workshop on Slotting Allowances and Other Grocery Marketing Practices*, 2000. p. 17-22.

Capítulo 1   A evolução da tradicional análise antiruste do varejo supermercadista

Em seguida, no Painel 1 do evento da FTC, passou-se para a discussão, com a presença de representantes da indústria, dos varejistas, de consultorias, de acadêmicos e de autoridades antitruste sobre os mecanismos, tendências e efeitos das *"slotting allowances"*. Neste painel, Steve SALOP[89] discorreu sobre a possibilidade de as *"slotting fees"* serem, na verdade, um mecanismo indireto de exclusividade. Por meio dessas cobranças, basicamente se compraria o direito de o varejista não distribuir outros produtos concorrentes e de excluir possíveis entrantes nas gôndolas. Haveria então o risco de serem usadas para o aumento de custo dos rivais e elevação de barreiras à entrada. No Painel 4[90], por sua vez, a discussão centrou-se na prática da gestão de categorias e no papel do "capitão" da categoria. O Professor Greg GAULACH[91] indicou a pouco mencionada relação entre a gestão de categorias e a existência de marcas próprias. STEINER[92] mencionou a possibilidade de o "capitão" da gestão de categorias ter essa função também em outros varejistas, de modo que este agente poderia então ser um elo de troca de informações entre os varejistas, facilitando a colusão (tácita ou explícita) entre eles. Finalmente, no Painel 5 foram feitas recomendações em termos de política pública mais ampla, e SAVRIN[93] discutiu o papel dos grandes varejistas como *"gatekeepers"* no mercado, intermediando relações tanto com os fornecedores no lado do aprovisionamento quanto com os consumidores do lado da venda.

A realização desse evento resultou na publicação, em *2001*, de um relatório pela *FTC* intitulado *"Report on the Federal Trade Commission Workshop on Slotting Allowances and Other Marketing Practices in the Grocery Industry"*.[94]

---

89   SALOP, Steve. Apud. Federal Trade Commission. *Workshop on Slotting Allowances and Other Grocery Marketing Practices*, 2000. p. 126-137.
90   No Painel 2 do evento do FTC, tratou-se dos possíveis efeitos das *"slotting allowances"* em termos de exclusão e de negociações de exclusividade. O Painel 3 focou nos possíveis efeitos em termos de preço, opção e inovação.
91   GAULACH, Greg. Apud. Federal Trade Commission. *Workshop on Slotting Allowances and Other Grocery Marketing Practices*, 2000. p. 344.
92   STEINER, Bob. Apud. Federal Trade Commission. *Workshop on Slotting Allowances and Other Grocery Marketing Practices*, 2000. p. 367-368.
93   SAVRING, Dan. Apud. Federal Trade Commission. *Workshop on Slotting Allowances and Other Grocery Marketing Practices*, 2000. p. 386-387.
94   Estados Unidos. Federal Trade Commission. *Report on the Federal Trade Commission Workshop on Slotting Allowances and Other Marketing Practices in the Grocery Industry*. 2001. Disponível em: <https://www.ftc.gov/sites/default/files/documents/reports/report-federal-

Identificou-se pelo menos quatro tipos de pagamentos realizados nesse mercado: (i) "*slotting allowances*"; (ii) "*pay-to-stay fees*"; (iii) pagamentos para limitar o acesso dos rivais às gôndolas; e (iv) pagamento discriminatório de "*acess fees*". O principal foco do relatório foi com relação ao primeiro tipo de pagamento, em que se pontuou seus potenciais benefícios e danos. Dentre os benefícios, foram citados os seguintes: sinalização a respeito da chance de sucesso do produto e transferência do risco em caso de um produto sem sucesso. Quanto aos possíveis danos, foram citados os seguintes: exclusão de pequenos fornecedores, redução da inovação e da variedade de produtos e aumento dos preços aos consumidores. Uma parte específica do relatório tratou da gestão de categorias e do seu "capitão", levantando questões problemáticas como o acesso a informações sobre os planos dos concorrentes, a exclusão ou a diminuição da expansão dos rivais, a promoção da colusão entre fornecedores e também entre varejistas.

Esse relatório sobre "*slotting allowances*" foi atualizado pela FTC em 2003,[95] especificamente para cinco categorias de produtos. Constatou-se que a probabilidade e a magnitude do pagamento em *slotting fees* variam conforme o tipo de produto (em produtos refrigerados, por exemplo, para os quais o espaço nas gôndolas é mais escasso, as *slotting fees* seriam mais frequentes e tenderiam a ser mais altas). Apontou-se que o valor gasto em *slotting fees* corresponde a uma grande fração das receitas obtidas no primeiro ano de venda do produto, mas que esse montante seria inferior ao valor gasto em propaganda e taxas promocionais. O relatório absteve-se, porém, de indicar se alguma teoria econômica melhor descreveria a prática.

Já em 2005, foi publicado o estudo pelas autoridades de defesa da concorrência nórdicas – *Dinamarca, Noruega, Islândia, Finlândia, Groelândia e Suécia* – intitulado "*Nordic Food Markets – a taste for competition*".[96] Foram feitas considerações sobre os preços e as opções de produtos alimentícios, os hábi-

---

-trade-commission-workshop-slotting-allowances-and-other-marketing-practices-grocery/slottingallowancesreportfinal_0.pdf>. Acesso em: 11 fev. 2016.

[95] Estados Unidos. Federal Trade Commission. *Slotting Allowances in the Retail Grocery Industry: November 2003 Selected Case Studies in Five Product Categories*. 2003. Disponível em: <https://www.ftc.gov/sites/default/files/documents/reports/use-slotting-allowances-retail--grocery-industry/slottingallowancerpt031114.pdf>. Acesso em: 11 fev. 2016.

[96] AUTHORITIES, Nordic Competition. Nordic Food Markets–a taste for competition. *Report from the Nordic competition authorities*, v. 1, 2005.

tos, tradições e preferências dos consumidores, a concorrência no mercado varejista e a concorrência na indústria. Estudou-se o mercado de aprovisionamento e a concorrência nas gôndolas, tratando especificamente de temas como "*slotting allowances*", marcas próprias, gestão de categorias e sistemas de desconto e fidelidade. No ano seguinte, em 2006, foi lançado o primeiro documento de trabalho de *Portugal* para estudar o tema.[97]

Em 2007, realizou-se novo evento na sede da *FTC* nos Estados Unidos, dessa vez para tratar do tema de "*Grocery story antitruste: historical retrospective and current developments*".[98] Nesse evento foram tratados tópicos como a análise histórica do setor, as fusões e aquisições, questões relacionadas a preço, e também perspectivas futuras para o varejo supermercadista. Também abordou-se a questão de como o avanço tecnológico impactaria na dinâmica concorrencial do mercado. No mesmo ano, a *Bundeswettberbsbehörde* da Áustria[99] concluiu estudo sobre concentração de mercado no varejo alimentar.[100] Apesar de não encontrar provas de comportamento abusivo, a autoridade antitruste sinalizou que o setor continuaria sob escrutínio, dado que as investigações evidenciaram que os fornecedores são muito relutantes em apresentar informações sobre o mercado, com receio de medidas de retaliação por parte dos supermercados, tal como a decisão de retirada da lista de compra (*de-listing*).

Ainda no mesmo ano de 2007, a *Fiscalía Nacional Económica* (doravante "FNE") do Chile foi o primeiro país da América Latina a realizar estudo para analisar a indústria do varejo alimentar, intitulado "*Análisis Económico de*

---

97 RODRIGUES, Jorge. Buying power and pass-through of the large retailing groups in the Portuguese Food Sector. *Autoridade da Concorrência Working Paper* 14, 2006.
98 Estados Unidos. Federal Trade Commission. *Grocery story antitruste: historical retrospective and current developments,* 2007. Disponível em: <https://www.ftc.gov/sites/default/files/documents/public_events/grocery-store-antitrust-historical-retrospective-current-developments/groscript.pdf>. Acesso em: 11 fev. 2016.
99 Áustria. Federal Competition Authority. Bundeswettbewerbsbehörde. *Apud* ICN, *ICN Market Studies Information Store.* p. 2. Disponível em: <http://www.internationalcompetitionnetwork.org/uploads/advocacy%20teleseminars /icn%20information%20store%20-%20sorted%20 by%20jurisdiction%20final%20searchable.pdf>. Acesso em: 7 nov. 2015.
100 Áustria. Bundeswettberbsbehörde. Allgemeine Untersuchung des österreichischen Lebensmittelhandels *unter besonderer Berücksichtigung des Aspekts der Nachfragemacht.* Disponível em: <http://www.bwb.gv.at/Untersuchungen/Lebensmittelhandel/Documents/Lebensmittelhandel%20Endbericht.pdf>. Acesso em: 9 jul. 2016.

la Industria de Supermercados en el marco de la Causa Rol n. 101/2006".[101] No que se refere ao mercado varejista (venda), a conclusão do estudo foi no sentido de que o setor seria caracterizado por constantes reduções de preços, dada a expansão das cadeias varejistas, e pela concorrência entre os supermercados entrantes e os incumbentes regionais. No entanto, apontou-se que, uma vez que o mercado fosse capturado pelas principais redes varejistas, o efeito em preços seria o contrário, ou seja, a tendência seria de aumento de preços para os consumidores finais. Ademais, indicou-se que a concentração de mercado ocorrida por volta do ano de 2005 teria levado a maiores preços e margens. O estudo tratou, ainda, de temas como marcas próprias, condições de entrada no mercado varejista e práticas comerciais entre supermercados e fornecedores. A FNE fez três recomendações ao setor do varejo supermercadista: (i) que os pagamentos dos fornecedores para os supermercados fossem limitados a situações específicas, a fim de se restringir relações de dependência econômica; (ii) que os contratos entre fornecedores e supermercados sempre fossem por escrito, para garantir transparência nas relações de mercado; e (iii) que os pagamentos dos supermercados aos fornecedores não excedessem a 30 (trinta) dias.

Em 2008, o mencionado estudo *Competition Commission* no Reino Unido de 2000 foi atualizado. Denominado "*The supply of groceries in the UK market investigation*",[102] o estudo reanalisou a estrutura do varejo supermercadista e suas tendências em termos de preço e variedade, a visão dos consumidores, a definição do mercado relevante na dimensão do produto e geográfico, a questão da concentração de mercado local do varejo, as barreiras à entrada no varejo supermercadista, as possíveis distorções ao mercado resultantes de práticas dos grandes supermercados e do seu poder de compra, a possibilidade de

---

101 Chile. Fiscalía Nacional Económica. *Análisis Económico de la Industria de Supermercados em el marco de la Causa Rol n. 101/2006*. Disponível em: <http://www.fne.gob.cl/wp-content/uploads/2013/02/Analisis-economico.pdf>. Acesso em: 8 nov. 2015.

102 Reino Unido. Competition Commission. *Final report of the supply of groceries in the UK market investigation*, 30.04.2008. Disponível em: <http://webarchive.nationalarchives.gov.uk/20140402141250/ http://www.competition-commission.org.uk/our-work/directory-of-all-inquiries/groceries-market-investig ation-and-remittal/final-report-and-appendices-glossary-inquiry>. Acesso em: 23 maio 2015. Esse estudo foi resultado da solicitação, pelo *Office of Fair Trading* do Reino Unido, em 09.05.2006, para que a *Competition Commission* investigasse e fizesse um relatório sobre o mercado do varejo alimentar no Reino Unido.

Capítulo 1   A evolução da tradicional análise antiruste do varejo supermercadista

colusão entre supermercados, os possíveis remédios a serem aplicados, entre outros tópicos. Em específico, foram levantadas duas principais preocupações. A primeira com a posição detida por diversos supermercados em suas áreas locais e com as barreiras à entrada, que poderiam resultar em prejuízo à oferta de produtos ao consumidor em termos de preço, qualidade e serviços. A segunda foi com a transferência excessiva de riscos e de custos do varejista para o fornecedor, que poderia causar efeitos adversos nos investimentos (capacidade, produtos e processos de produção) e na inovação na cadeia de fornecimento. Ao final, seriam causados danos aos consumidores. Ainda, indicou-se que determinadas práticas comerciais, entre elas a gestão de categorias, podem facilitar a colusão ou a coordenação tácita, dada a troca de informações entre os agentes no mercado.

Neste estudo foram reanalisadas as 52 práticas comerciais (não relacionadas a preço)[103] listadas anteriormente no estudo do ano 2000. A conclusão foi no sentido de que 26 delas ainda apresentavam o potencial de ser fonte de incerteza para os fornecedores em termos de custos ou receitas, em consequência da transferência de riscos excessivos ou de despesas inesperadas para os fornecedores. Essas práticas incluíam a alteração retroativa de preços, o financiamento retrospectivo das promoções ou outras práticas que conduziam a ajustamentos retrospectivos de acordos de fornecimento anteriormente celebrados. Apontou-se, ainda, que os três requisitos que facilitam a colusão tácita estariam presentes no mercado do varejo supermercadista britânico: (i) alta concentração de mercado com transparência de preços; (ii) mecanismo de punição para verificar se nenhum desvio estaria sendo praticado; e (iii) ausência de entraves competitivos externos por concorrentes menores ou entrantes, ainda que não tenha se constatado a real ocorrência dessa conduta.

A *Competition Commission* realizou diversas recomendações, entre elas a aplicação de remédios estruturais e comportamentais no mercado varejista britânico, em uma tentativa de reconciliar o poder dos supermercados com a eficiência econômica e a livre concorrência na cadeia de fornecimento. Recomendou-se também que os varejistas não fossem autorizados a solicitar exclusividade dos seus fornecedores. Houve também a recomendação de alteração

---

103   Reino Unido. Competition Commission. Final report of the supply of groceries in the UK market investigation, 30.04.2008. p. 166-173.

do Código então existente de Práticas dos Supermercados pelo "*Grocery Supply Code of Practice*" – GSCOP,[104] para que se criasse um órgão regulador com poder de execução e de aplicação de multas. Aprovado em 2009, esse Código avançou ainda mais em 2013, ao prever a arbitragem como método de solução de conflitos no âmbito do GSCOP ("*Groceries Code Adjudicator Act*").[105]

No mesmo ano de 2008, *Australian Competition and Consumer Commission* (doravante "AACC") publicou estudo sobre a competitividade dos preços no varejo alimentar, intitulado "*Report of the AACC inquiry into the competitiveness of retail prices for standard groceries*".[106] Analisou-se a estrutura da indústria, a concentração do varejo alimentar e as perspectivas de crescimento, bem como a natureza da concorrência nesse mercado. Avaliou-se a competição entre os agentes de mercado presentes no país, passando-se em seguida para as barreiras à entrada e à expansão no varejo alimentar. Ainda, aprofundou-se na questão da cadeia de fornecimento e suas relações verticais, do poder de compra e suas evidências, e dos produtos de marca própria. Foi reconhecido o potencial de as marcas próprias distorcerem a concorrência no mercado. As conclusões foram no sentido de que havia razoável concorrência no mercado, mas com fatores limitadores da concorrência. Entre os fatores limitadores estariam as altas barreiras à entrada e à expansão no varejo alimentar (particularmente relacionadas à dificuldade de se encontrar novos locais para as lojas), os baixos incentivos para a concorrência em termos de preço entre as duas principais redes varejistas no país, além da baixa rivalidade oferecida pelos supermercados independentes. Também foi indicada a dependência econômica dos fornecedores diante dos varejistas e o papel destes como "*gatekeepers*" no mercado.

---

104 Reino Unido. Competition Commission. *Grocery Supply Code of Practice* (GSCOP), 2009. Disponível em: <https://www.gov.uk/government/publications/groceries-supply-code-of-practice/groceries-supply-code-of-practice> e <http://webarchive.nationalarchives.gov.uk/20111108202701/http://competition-commission.org.uk/inquiries/ref2006/grocery/pdf/revised_gscop_order.pdf>. Acesso em: 23 maio 2015.

105 Reino Unido. Competition Commission. *Groceries Code Adjudicator Act*, 2013. Disponível em: <http://www.legislation.gov.uk/ukpga/2013/19/contents/enacted>. Acesso em: 23 maio 2015.

106 Austrália. Australian Competition and Consumer Commission. *Report of the AACC inquiry into the competitiveness of retail prices for standard groceries*, 2008. Disponível em: <https://www.accc.gov.au/publications/report-of-the-accc-inquiry-into-the-competitiveness-of-retail-prices-for-standard-groceries-july-2008>. Acesso em: 23 maio 2015.

Capítulo 1   A evolução da tradicional análise antiruste do varejo supermercadista

Ainda em 2008, na França, foi promulgada a "*Loi n. 2008-776 du 4 août 2008 de modernisation de l'économie*",[107] que alterou o art. 442-6 do Capítulo 2 do Código Comercial francês sobre as práticas anticompetitivas. A alteração legislativa reforçou a lista de práticas comerciais proibidas entre varejistas e fornecedores, entre elas: (i) a cobrança, pelos varejistas, de taxas e condições de acesso para constar na lista de fornecedores ("*listing fees*"); (ii) as ameaças de retirada dessa lista; (iii) o rompimento das relações comerciais sem aviso prévio; (iv) os pagamentos relacionados a atividades não comerciais; (v) as cláusulas do consumidor mais favorecido ("*most favoured customer clause*"); e (vi) a não aposição do nome do fabricante nos produtos de marca própria. Foi instituída na França, também, uma Comissão para o Exame das Práticas Comerciais, que faz recomendações e publica relatórios anuais.[108]

Nesse mesmo ano de 2008, foi publicado pela *The Competition Authority* da Irlanda dois relatórios sobre o setor varejista. O primeiro relacionado à estrutura e às operações no mercado ("*A description of the structure and Operation of Grocery Retailing and Wholesaling in Ireland: 2001 to 2006*"[109]), e o segundo à evolução dos preços ("*Price trends in the Irish Retail Grocery Sector: A description of the evolution of retail grocery prices between 2001 and 2007*"[110]). Especificamente quanto ao primeiro relatório, indicou-se que, em virtude da vigência no país de um sistema de planejamento do setor, há dificuldades na entrada de novos varejistas e na expansão dos varejistas já existentes, pois as restrições existentes quanto ao tamanho, à localização e às permissões de instalação atuariam como barreiras à concorrência no mercado.

---

107 França. *Loi n. 2008-776 du 4 août 2008 de modernisation de l'économie*, 2008, que alterou o art. 442-6 do Capítulo 2 do Código Comercial Francês sobre práticas anticompetitivas. Disponível em: <http://www.legifrance.gouv.fr/affichTexte.do?cidTexte=JORFTEXT000019283050>. Acesso em: 23 maio 2015.
108 França. *Commission d'examen des pratiques comerciales*. Disponível em: <http://www.economie.gouv.fr/cepc/Les-rapports-de-la-Commission-d-examen-des-pratiqu>. Acesso em: 23 maio 2015.
109 Austria. The Competition Authority. *A description of the structure and Operation of Grocery Retailing and Wholesaling in Ireland: 2001 to 2006*. 2008. Disponível em: <http://www.ccpc.ie/sites/default/files/documents/grocery_monitor_report_1.pdf>. Acesso em: 11 fev. 2016.
110 Austria. The Competition Authority. *Price trends in the Irish Retail Grocery Sector: A description of the evolution of retail grocery prices between 2001 and 2007*. 2008. Disponível em: <http://www.ccpc.ie/sites/default/files/documents/grocery_monitor_report_2.pdf>. Acesso em: 11 fev. 2016.

Em *2009*, a *Comissão Europeia* voltou a publicar sobre o tema no comunicado intitulado "*A better funciotioning food supply chain in Europe*",[111] acompanhado do documento de trabalho "*Competition in the food supply chain*".[112] Neste, após um estudo preliminar sobre o poder de compra, passou-se à análise das práticas no varejo alimentar que poderiam ser consideradas anticompetitivas, as quais foram divididas em três tipos: (i) práticas direcionadas ao mercado varejista; (ii) práticas direcionadas ao mercado de aprovisionamento; e (iii) práticas relacionadas à concorrência desleal. Ainda, foram discorridos temas como as alianças de compra entre os varejistas, os possíveis efeitos deletérios à concorrência das marcas próprias, os riscos concorrenciais oriundos de práticas comerciais como acordos de exclusividade, certificação privada, cobrança de taxas e condições de acesso ("*slotting allowances*") e gestão de ca-

---

111 Europa. European Commission. *A better funciotioning food supply chain in Europe*, 28.10.2009. Disponível em: <http://ec.europa.eu/economy_finance/publications/publication16061_en.pdf>. Acesso em: 23 maio 2015.

112 Europa. European Commission. *Competition in the food supply chain*, 28.10.2009. Disponível em: <http://eur-lex.europa.eu/legal-content/EN/ALL/?uri=CELEX:52009SC1449>. Acesso em: 23 maio 2015. Este estudo foi precedido pelos comunicados de dezembro de 2008, intitulado *Communication on "Food prices in Europe"* e de maio de 2008, intitulado *Communication on "Tackling the challenge of rising food prices. Directions for EU action"*, ambos disponíveis em <http://ec.europa.eu/competition/sectors/agriculture/documents_en.html>. Acesso em: 23 maio 2015. Em maio de 2012 a *European Competition Network* publicou relatório sobre a aplicação da legislação de concorrência e sobre o monitoramento das atividades do mercado pelas autoridades antitruste europeias no setor alimentar. *ECN Activities In The Food Sector – Report on competition law enforcement and market monitoring activities by European Competition authorities in the food sector*, 2012. Disponível em: <http://ec.europa.eu/competition/ecn/food_report_en.pdf>. Acesso em: 23 maio 2015. Nesse estudo, foi constatado que apenas poucos países perseguiam condutas anticompetitivas relacionadas ao abuso de posição dominante em termos de dependência econômica, sendo que aquelas que o faziam, tinha como fundamento suas legislações nacionais. Ademais, sobre as práticas comerciais que refletiriam um descompasso no poder de compra entre o varejista e o fornecedor, o estudo constatou que alguns países entenderam que o melhor caminho para endereçar essas práticas era por meio da utilização das leis que proíbem a concorrência desleal ou de códigos de conduta/de boas práticas. Pontuou-se também que alguns países têm preocupações com essas práticas e seus potenciais efeitos anticompetitivos a longo prazo, ao considerarem que ao final as práticas comerciais do varejista poderiam afetar negativamente o processo concorrencial na cadeia de fornecimento e/ou o bem-estar do consumidor, ao reduzir investimento e inovação e, consequentemente, reduzir as opções do consumidor.

tegoria.[113] Em 2009 também foi lançado um relatório na Romênia com os resultados da investigação do setor.[114]

No mesmo ano de 2009, o *Tribunal Vasco de Defensa de la Competencia* publicou o estudo intitulado *"Distribution of daily consumer goods: Competition, oligopoly and tacit collusion"*.[115] Estudou-se os modos de definição do mercado relevante nas dimensões do produto e geográfica, tanto na venda (varejista) quanto na compra (aprovisionamento). O mercado varejista foi caracterizado pela alta concentração do mercado, transparência, capacidade de dissuasão dentro do oligopólio e ausência de reação competitiva externa (notadamente dadas as barreiras legais e econômicas à entrada e à inelasticidade da demanda). O mercado de aprovisionamento, por sua vez, foi caracterizado pela presença das taxas e condições de acesso, gestão de categorias e marcas próprias.

Foram propostos os seguintes remédios concorrenciais e regulatórios para se alcançar concorrência nestes mercados varejista e de aprovisionamento: (i) eliminação de restrições legais em termos de desenvolvimento de estabelecimentos, horários de abertura e preços; (ii) aplicação de sanções a práticas anticompetitivas; (iii) prevenção ao surgimento de monopólios locais e eliminação de tais monopólios pela imposição de medidas de desinvestimento; (iv) análise mais rigorosa sobre as concentrações econômicas, considerando a estrutura oligopolizada do mercado; (v) encorajamento às vendas pela internet; (vi) eliminação dos pagamentos abusivos e condução do mercado para um cenário de transferência dos menores preços obtidos pelo varejista ao consumidor final; e (vii) garantia de posições equânimes entre marcas

---

113 Europa. European Commission. *Competition in the food supply chain*, 28.10.2009. Disponível em: <http://eur-lex.europa.eu/legal-content/EN/ALL/?uri=CELEX:52009SC1449>. Acesso em: 23 maio 2015. *"However, when the extensive use of private labels leads a retailer and its competing leading brand supplier to coordinate their respective pricing and assortment strategies, in-store competition between brands may be restricted and, absent a sufficient competitive pressure from other retailers, consumers may suffer from higher prices or reduced choice for the relevant products"*.

114 Romênia. Consilul Concurentei. *Asupra Investigatieti Declansate Pentru Analizarea Sectoruluil Comercialzarii Produselor Alimentare*. Disponível em: <http://www.consiliulconcurentei.ro/uploads/docs/items/id2968/raport.pdf>. Acesso em: 9 jul. 2016.

115 Tribunal Vasco de Defensa de la Competencia. *Distribution of daily consumer goods: Competition, oligopoly and tacit collusion*, 2009. Disponível em: <http://www.supermarketpower.eu/documents/38179/39950/Study+Basque+Competition+Authority+April+2009.pdf/fee2dd0e-2e13-4642-8c4f-de512f336889>. Acesso em: 11 fev. 2016.

próprias e independentes, de modo a propiciar que a eficiência do negócio e a demanda dos consumidores sejam os fatores decisivos para o sucesso ou não de um produto.

Em 2010, a *Autoridade de Concorrencia de Portugal* publicou o *"Relatorio Final sobre Relações Comerciais entre a Distribuição Alimentar e os seus Fornecedores"*.[116] Foram identificadas práticas que poderiam trazer consequências negativas do ponto de vista da concorrência e do bem-estar dos consumidores (como a imposição unilateral de condições, a concessão de descontos e outras contrapartidas, a imposição de penalizações e os prazos de pagamento). Também se identificaram práticas injustas, desleais ou indesejáveis, que deveriam ser analisadas sob o escrutínio de outras legislações que não a da concorrência (como a venda com prejuízo e as práticas negociais abusivas). O relatório também apontou para a caracterização dos grandes varejistas como *"gatekeepers"* no mercado, uma vez que estes se revelariam como verdadeiros "porteiros" de acesso ao mercado (consumidor final) e dos produtos de marca da indústria de aprovisionamento. Não se poderia concluir, porém, que seriam eles uma infraestrutura essencial (*"essential facility"*). A autoridade entendeu que não havia indícios de dependência econômica dos fornecedores de Portugal diante dos grandes varejistas no país, mas mostrou haver um relevante desequilíbrio negocial entre eles. Ao final, foi feita a recomendação de se reativar o Código de Boas Práticas de 1997 ou adotar um novo Código de Conduta no setor. Entre outras recomendações complementares, manifestou-se interesse em analisar o impacto sobre o bem-estar social da introdução de produtos de marca própria *"copycat"*.

Ainda em 2010, a *Autorité de la Concurrence na França* emitiu a opinião *"Avis n. 10-A-25 relatif aux contrats de 'management catégoriel' entre les opérateurs de la grande distribuition à dominante alimentaire et certaines de leurs fournisseurs"*.[117] O objetivo foi analisar os efeitos à concorrência da gestão de

---

116 Portugal. Autoridade de Concorrencia. *Relatorio Final sobre Relações Comerciais entre a Distribuição Alimentar e os seus Fornecedores*, 2010. Disponível em: <http://www.concorrencia.pt/ SiteCollectionDocuments/Estudos_e_Publicacoes/Outros/AdC_Relatorio_Final_Distribuicao_Fornecedores_Outubro_2010.pdf>. Acesso em: 23 maio 2015. Este estudo foi precedido pelo *Relações comerciais entre a grande-distribuição agroalimentar e os seus fornecedores*, consistente em um relatório preliminar publicado em dezembro de 2009. Disponível em: <http://www.concorrencia.pt/SiteCollection Documents/Estudos_e_Publicacoes/Outros/02_GGR_Fornecedores_Dez2009.pdf>. Acesso em: 23 maio 2015.

117 França. Autorité de la Concurrence. Avis n. 10-A-25 relatif aux contrats de "management catégoriel" entre les opérateurs de la grande distribuition à dominante alimentaire et cer-

Capítulo 1   A evolução da tradicional análise antitruste do varejo supermercadista

categorias. Para tanto, estimou-se a frequência e o porte dos acordos de gestão de categoria na França, as motivações dos operadores no mercado de aprovisionamento e do varejista em recorrer a esse tipo de delegação de atividades, e o poder de influência do "capitão" da categoria sobre o distribuidor. A propósito, foram analisados os riscos que esses acordos poderiam causar à concorrência e os efeitos da implementação dessa forma de acordo comercial entre indústria e distribuidores no mercado. A Autorité constatou que, apesar de a gestão de categorias estar presente desde o início dos anos 2000, sua verdadeira aparição no país teria se dado a partir de 2007/2008. Seus efeitos seriam então de médio e longo prazos, tanto assim que até aquele momento não havia nenhuma queixa à autoridade de concorrência sobre o tema. A opinião emanada pela autoridade foi de que a gestão de categorias pode facilitar uma prática concertada entre os distribuidores, mas que os possíveis efeitos negativos à concorrência dependem do poder de mercado da "marca capitã", da transparência ou não desses acordos e da amplitude da categoria sob análise.

Em 2011, foi publicado pela Comissão Europeia o documento intitulado "The impact of private labels on the competitiveness of the European food supply chain".[118] O objetivo era avaliar o impacto das marcas próprias na competitividade da indústria de processamento de alimentos na Europa. Dois

---

taines de leurs fournisseurs, 2010. Disponível em: <http://www.autoritedelaconcurrence.fr/pdf/avis/10a25.pdf>. Acesso em: 23 maio 2015. Em linhas gerais, a autoridade francesa de concorrência define a gestão de categorias como a comparação relativamente próxima entre o fornecedor – normalmente o líder da sua categoria de produtos – e um distribuidor. O objetivo dessa colaboração seria o de permitir ao distribuidor uma melhor adaptação às evoluções de demanda e oferta e de encorajar o crescimento conjunto da categoria de produtos. "Tel que mis en œuvre dans le secteur français de la grande distribution à dominante alimentaire, le management catégoriel consiste en une collaboration plus ou moins étroite entre un fournisseur, fréquemment, mais pas systématiquement, choisi parmi les leaders de sa catégorie de produits, et un distributeur. L'objectif de telles collaborations serait de permettre aux distributeurs de mieux s'adapter aux évolutions de la demande (variabilité saisonnière, émergence de nouveaux besoins etc.) et de l'offre (apparition de nouveaux produits) et d'encourager ainsi la croissance de l'ensemble de la catégorie de produits".

118   Europa. European Commission. *The impact of private labels on the competitiveness of the European food supply chain*, 2011. Disponível em: <http://ec.europa.eu/enterprise/sectors/food/files/study_ privlab04042011_en.pdf>. Acesso em: 23 maio 2015. Este estudo foi solicitado pelo "High Level Group on the Competitiveness of the Agro-Food Industry". Em 2011 também foi publicado o documento *Vertical relationship in the Food Supply Chain: Principles of Good Practice*, em que se discutiu as práticas leais/desleais na cadeia de fornecimento.

foram os principais focos do estudo: (i) o desenvolvimento das empresas em termos de quantidade e de lucratividade, e (ii) a inovação no setor. Realizou-se revisão de literatura sobre os efeitos positivos e negativos do poder de compra, bem como das práticas decorrentes desse poder relacionadas e não relacionadas a preço. Quanto às marcas próprias, foram analisadas as opções ao consumidor, a concorrência entre o varejista e o fornecedor, bem como os efeitos na inovação e nos preços. Após análise empírica, realizou-se estudo jurídico sobre como prevenir a concorrência desleal nos temas de "*copycat*", contratação desleal e responsabilidade do produto de marca própria. A conclusão foi de que as marcas próprias não são, *per se*, prejudiciais à concorrência, mas de que determinadas práticas do varejista, como "*copycat*" e atrasos de pagamentos, poderiam distorcer a concorrência e afetar a viabilidade econômica dos fornecedores.

Nesse ano de 2011, na *Espanha*, a *Comisión Nacional de la Competencia* (doravante "CNC") publicou o relatório denominado "*Report on the relations between manufacturers and retailes in the food sector*".[119] Foram identificados pelo menos seis fatores como determinantes para o poder[120] de compra dos supermercados sobre os seus fornecedores: (i) o tamanho do supermercado; (ii) o papel de gargalo no mercado local do supermercado; (iii) a dependência econômica relativa do fornecedor; (iv) as marcas próprias do supermercado; (v) a concorrência entre os fornecedores; e (vi) a lealdade dos fornecedores aos supermercados, contraposta à lealdade dos consumidores à marca dos produtos. Esses fatores, adicionados a fatores estruturais do varejo espanhol – tais como a prevalência de supermercados de sortimento limitado e a existência de barreiras à entrada – apontariam para o aumento notável do poder de compra dos varejistas *vis-a-vis* ao dos fornecedores. O estudo sinalizou que esta alteração

---

119 Espanha. Comisión Nacional de la Competencia. *Report on the relations between manufacturers and retailes in the food sector*, 2011. Disponível em: <http://ec.europa.eu/internal_market/consultations/2013/ unfair-trading-practices/docs/contributions/public-authorities/spain-comision-nacional-de-la-competencia -2-report_en.pdf>. Acesso em: 23 maio 2015. Anteriormente, em 2009, foi publicado também pelo "*Tribunal Vasco de Defensa de la Competencia*" o estudo intitulado *Distribution of daily consumer goods: competition, oligopoly and tacit collusion*. Disponível em: <http://www.avpd.euskadi.eus/s04-5273/eu/contenidos/informacion/imformes_mercados/eu_infomerc/090519%20ESTUDIO%20DISTRIBUCION%20COMERCIAL%20ENGLISH%20VERSION.pdf>. Acesso em: 23 maio 2015.

120 O poder de compra pela CNC foi entendido como sinônimo de poder de barganha, e não como poder de monopsônio.

Capítulo 1   A evolução da tradicional análise antiruste do varejo supermercadista

no balanço de forças no varejo supermercadista poderia até trazer implicações positivas ao bem-estar, a curto prazo, mas teria efeitos ambíguos a médio e longo prazos.

Uma das principais preocupações concorrenciais referida pela CNC foi com um dos argumentos da análise tradicional de viés pró-varejista: o de que os menores preços obtidos pelos supermercados como decorrência do poder de compra em face dos fornecedores seriam repassados aos consumidores. A autoridade antitruste apontou que esses menores preços obtidos pelo varejista detentor no mercado de aprovisionamento estariam, cada vez menos, sendo passados aos consumidores. Outra importante preocupação da CNC diz respeito às marcas próprias. Apesar de terem pontos positivos, ao refletirem redução de custos e menores preços, apontou-se que elas poderiam também ter pontos negativos, se gerassem como resultado no mercado um aumento artificial dos preços dos produtos concorrentes (marcas independentes). A terceira preocupação mencionada pela CNC diz respeito ao fechamento de mercado, a médio prazo, das marcas independentes secundárias, e também à colusão tácita ou explícita entre as marcas próprias e as marcas líderes independentes. A quarta preocupação sinalizada pela CNC foi com a redução da concorrência no mercado varejista a longo prazo, como decorrência do que se chamou de "efeito colchão d'água" (*"waterbed effect"*)[121] Finalmente, a quinta preocupação da CNC foi com o reconhecimento de que as marcas independentes estariam tendo menores incentivos e capacidade de investirem e inovarem a longo prazo.

Ainda, o relatório da CNC categorizou quatro grandes tipos de práticas comerciais entre varejistas e fornecedores, listando ao total 17 práticas preocupantes neste setor. A análise concentrou-se naquelas consideradas mais relevantes, tendo sido avaliados os efeitos concorrenciais de dez delas, quais sejam: (i) os pagamentos para acesso às lojas (*"payments access"*); (ii) gestão de categorias e troca de informações; (iii) uso da imagem e das informações

---

121 Esta preocupação da CNC está em linha com INDERST e MAZZAROTTO, que advertem para o *"waterbed effect"* e para o fechamento de mercado derivados do poder de monopsônio dos supermercados. INDERST, Roman; MAZZAROTTO, Nicola. Buyer power in distribution. 3 *Issues in Competition Law and Policy*. W. Dale Collins ed., 2008. Em que pese isso, os autores entendem que, no curto prazo, um varejista pode passar adiante os descontos obtidos a depender de alguns fatores, como o formato da contratação com seus fornecedores, o nível de competição no seu mercado de atuação e a forma da curva de demanda do mercado.

comercialmente sensíveis das marcas independentes pelos varejistas para beneficiar suas marcas próprias ("*copycats*"); (iv) ausência de contratos escritos e suas alterações/rompimentos retroativos; (v) cláusulas do comprador mais favorecido ("*most favoured customer clause*"); (vi) "*loss leading*"; (vii) "*blind auctions*"; (viii) cláusulas de fornecimento exclusivo; (ix) imposição de contratação obrigatória de terceiros; e (x) vinculação da relação de fornecimento da marca independente com a obrigação de produção do produto de marca própria. Os efeitos anticompetitivos dessas práticas poderiam ser diversos, segundo a CNC. Seria possível a redução da concorrência intermarcas e intramarca e a redução dos investimentos em inovação pelos fornecedores. A conclusão final foi de que, dadas as condições estruturais do mercado, os efeitos anticompetitivos decorrentes do poder dos supermercados poderiam ser superiores aos alegados efeitos positivos no mercado. Na Suécia, a autoridade antitruste *Konkurrensverket* também publicou estudo em 2011 sobre o varejo alimentar, mas não encontrou problemas concorrenciais.[122]

Em 2012, foi publicada uma nova opinião da Autorité de la Concurrence da França,[123] específica sobre a situação concorrencial do varejo alimentar em Paris. Intitulada "*Avis n. 12-A-01 du 11 janvier 2012 relatif à la situation concurrentielle dans le secteur de la distribution alimentaire à Paris*", foram estudadas as características da demanda, da oferta e dos agentes de mercado no varejo alimentar em Paris. Constatou-se que o supermercado Casino era capaz de distorcer a concorrência no mercado local, mesmo com uma participação de mercado nacional modesta. A Autorité também apontou que o supermercado seria capaz de cobrar mais pelas marcas independentes, ao mesmo tempo em que garantiria preços menores e mais competitivos para suas marcas próprias. Trata-se de um cenário de utilização estratégica das marcas próprias para aumentar preços no mercado varejista (prática consistente em possível discriminação). Esse apontamento contraria o viés pró-varejista da análise tradicional do varejo supermercadista de que as reduções de custo obtidas pelo varejista seriam automaticamente repassadas em benefício do consumidor final.

---

122 Suécia. Konkurrensverket, KKV – Swedish Competition Authority. *Mat och marknad – frå n bonde till bord*, 2011. Disponível em: <http://www.kkv.se/globalassets/aktuellt/nyheter/mat-och-marknad---fran-bonde-till-gard.pdf>. Acesso em: 23 maio 2015.

123 França. Autorité de la Concurrence. Avis n. 12-A-01 du 11 janvier 2012 relatif à la situation concurrentielle dans le secteur de la distribution alimentaire à Paris, 2012. Disponível em: <http://www.autoritedelaconcurrence.fr/pdf/avis/12a01.pdf>. Acesso em: 23 maio 2015.

Capítulo 1 A evolução da tradicional análise antiruste do varejo supermercadista

Ademais, constatou-se que, mesmo diante do aumento da concorrência no mercado local, os preços praticados pelo supermercado Casino não reduziam. Ainda, a Autorité destacou que as barreiras legais e econômicas à entrada e expansão de grandes varejistas em Paris eram muito altas, e que o crescimento do formato de pequenos mercados foi liderado pelo próprio Casino, o que representaria uma barreira adicional à entrada de novos concorrentes no mercado varejista, dada a saturação do mesmo agente econômico no mercado. A recomendação final da autoridade foi no sentido de reforçar o controle *ex post* das estruturas de mercado (ou seja, realizar o controle de condutas anticompetitivas), uma vez que o controle *ex ante* (via atos de concentração) seria ineficaz para promover uma estrutura de mercado mais competitiva, diante do cenário já consolidado de alta concentração de mercado.

Também em 2012, a *Finnish Competition Authority* da Finlândia publicou o estudo intitulado "*Study on Trade in Groceries – How does buyer power affect the relations between trade and industry?*".[124] Objetivou-se responder a questões relacionadas às manifestações do poder de compra e do poder de barganha em negociações contratuais entre os fabricantes e os varejistas, bem como seus impactos no cenário concorrencial ao longo de toda a cadeia de distribuição de alimentos. Inicialmente, o estudo avaliou o setor alimentar na Finlândia, indicando os atos, a estrutura, o desenvolvimento das participações de mercado, a situação concorrencial e as opções disponíveis na indústria. Após, quando da análise sobre o poder de compra, apontou-se para o papel de *gatekeeper* dos varejistas no mercado. Se por um lado o supermercado era comprador de produtos dos fornecedores, de outro seria um gestor das opções de produtos disponíveis aos consumidores, definindo a organização das gôndolas, a seleção e a comercialização ou não de produtos. A autoridade também apontou que o varejista teria um novo papel, o de concorrente, ao ser detentor de marcas próprias que concorrem com os produtos dos fornecedores de marcas independentes.

Entre as manifestações do poder de compra, a autoridade de concorrência finlandesa elencou pelo menos os quatro exemplos de práticas: (i) exigências de termos de compra condicionais, tais como fornecimento exclusivo,

---

[124] Finlândia. Finnish Competition Authority. *Study on Trade in Groceries – How does buyer power affect the relations between trade and industry?*, 2012. Disponível em: <http://www2.kkv.fi/file/cd1a09b5-f5b7-4483-a18f-6673dead8182/FCA-Reports-1-2012-Study-on-Trade-in-Groceries.pdf>. Acesso em: 23 maio 2015.

quotas mínimas ou vendas casadas; (ii) solicitação de pagamentos[125] ou descontos especiais como condição para que o fornecedor e seus produtos sejam inseridos ou mantidos na lista; (iii) pedidos de que o fornecedor concedesse ao comprador termos que fossem no mínimo similares àqueles providos a outros compradores ou que auxiliassem tais compradores na concorrência efetiva com outros compradores (notadamente por meio das cláusulas "*most favoured customer*"); e (iv) a recusa de compra como meio para se alcançar outras estratégias, como a recusa de negociar, rescisão de contratos de longa duração sem aviso prévio e remoção de produtos da seleção da categoria. Finalmente, a autoridade de concorrência finlandesa se debruçou em quatro principais fenômenos no varejo alimentar, considerados preocupantes sob a ótica concorrencial. Primeiro, a gestão de categorias; segundo, as marcas próprias; terceiro, as taxas e condições de acesso para manutenção de espaço em gôndola ("*slotting fees*"); e quarto, a transferência de riscos do varejista para o fornecedor. Conjuntamente, essas práticas foram consideradas como uma zona cinzenta do ponto de vista concorrencial, chegando-se à conclusão de que essa situação demandaria o prosseguimento das investigações.

Em 2013, na *Itália*, a *Autorità Garante dela Concorrenza e del Mercato* publicou o estudo preliminar "*Indagine cognoscitiva sul settore dela Grande Distribuzione Organizzata*".[126] Foi noticiado o aumento do poder das grandes cadeias varejistas, suas relações conflituosas com os fornecedores e os efeitos incertos aos consumidores. Quanto aos conflitos entre varejistas e fornecedores, indicou-se que estes teriam se tornado ainda mais evidentes no contexto das centrais de compra e dos pagamentos como remuneração para serviços promocionais/de distribuição/de venda, denominados "*trade spending*". Ademais,

---

125 Os pagamentos seriam realizados por meio, por exemplo, de "*shelf space fees, marketing allowances, additional compensation and other special fees*", da transferência e do pagamento em atraso e devolução indevida de produtos.

126 Itália. Autorità Garante dela Concorrenza e del Mercato (AGCM). *Indagine cognoscitiva sul settore dela Grande Distribuzione Organizzata*, 2013. Disponível em: <http://www.agcm.it/trasp-statistiche/doc_download/ 3796-ic43.html>. Acesso em: 23 maio 2015. A nota à imprensa encontra-se em inglês: Itália. Autorità Garante dela Concorrenza e del Mercato (AGCM). *Agri-foodstuffs: the Antitrust Authority reports the strengthening of market power of the large-scale retail*, 2013. Disponível em: <http://www.agcm.it/en/newsroom/press-releases/2076-agri-foodstuffs-the-antitrust-authority-reports-the-strengthening-of-market-power-of-the-large-scale-retail-channel-conflictual-relationships-with-suppliers-and-uncertain-effects-on-consumers.html>. Acesso em: 16 fev. 2016.

Capítulo 1 A evolução da tradicional análise antitruste do varejo supermercadista

apontou-se o risco de haver troca de informações entre os varejistas por meio dos fornecedores e entre os fornecedores por meio dos varejistas (acordo do tipo "*hub-and-spoke*"). A *Autorità* concluiu que a estrutura de mercado e o desempenho verificado dos agentes econômicos demandaria uma nova análise de bem-estar do consumidor, mais voltada para considerações de médio e longo prazos e mais preocupada com a implementação de novos remédios que endereçassem situações de dependência econômica – além da legislação nacional contra o abuso da dependência econômica existente. Apontou também possibilidade de sancionar condutas que representassem execução ilegal de poder contratual favorável à demanda e prejudicial aos fornecedores, para além da capacidade de avaliar atos de concentração e investigar/punir acordos horizontais ou abusos de posição dominante.

Também em 2013, a *Comissão Europeia* publicou o "*Green Paper on unfair trading practices in the business-to-business food and non-food supply chain in Europe*".[127] Classificaram-se como práticas desleais de comércio o uso ambíguo de termos contratuais, a ausência de contratos escritos, as alterações retroativas dos contratos, a transferência desleal de risco comercial, o uso desleal de informação, a rescisão desleal de relação comercial e as restrições territoriais de fornecimento. Apontou-se que 87% dos fornecedores não tomam quaisquer medidas diante das práticas do varejista, tendo em vista o receio de que isso prejudique a relação comercial de fornecimento entre ambos. Destes, 65% não tomam medidas por recearem represálias e 50% por dúvidas quanto à eficácia do sistema de recurso. A Comissão Europeia também buscou delinear a distinção entre as práticas que são objeto da proteção do direito da concorrência e aquelas que são objeto da legislação sobre as práticas comerciais desleais, tendo afirmado que o direito da concorrência poderia englobar algumas dessas práticas, mas não a totalidade das condutas praticadas no mercado do varejo supermercadista.

Ainda em 2013, a *Superintendencia de Industria y Comercio* (doravante "SIC") da Colômbia concluiu o estudo "*Estudio económico del sector Retail em*

---

127 Europa. European Commission. *Green Paper on unfair trading practices in the business-to--business food and non-food supply chain in Europe*, 2013. Disponível em: <http://eur-lex.europa.eu/legal-content/EN/TXT/PDF/?uri=CELEX:52013DC0037&from=EN>. Acesso em: 24 maio 2015. O acompanhamento desse documento foi feito pela Comissão Europeia em 15.07.2014, ao publicar o *Tackling unfair trading practices in the business-to-business food supply chain*, 2014. Disponível em: <http://ec.europa.eu/internal_market/retail/docs/140715-communication_en.pdf>. Acesso em: 24 maio 2015.

Colombia 2010-2012".[128] O objetivo foi avaliar os potenciais efeitos negativos derivados da consolidação e da concentração de mercado no setor, afetando tanto consumidores quanto fornecedores. Algumas condições estruturais do mercado foram apontadas pela SIC como garantidoras do contexto favorável à implementação de possíveis práticas restritivas à concorrência. Dentre elas está a discriminação entre distribuidores, o abuso de posição dominante e a diminuição da variedade de produtos pela falta de inovação. A conclusão da SIC foi de que, apesar das eficiências introduzidas no mercado pela presença das grandes redes de supermercados, dever-se-ia ficar vigilante com o crescimento da concentração de mercado, que poderia levar a potenciais abusos de poder de compra pelos varejistas, em especial diante da existência de marcas próprias e cartões fidelidade.

Ademais, também em 2013 o *Hong Kong Consumer Council* publicou estudo de mercado denominado "*Market power of supermarket chains under scrutiny*".[129] A intenção era examinar o cenário concorrencial em Hong Kong no mercado de gêneros alimentícios e artigos domésticos no setor varejista, levando em consideração fatores geográficos, a dimensão do produto e os serviços correlatos, bem como examinar a possibilidade de existência de poder de mercado dos *players* e determinar se existiriam elementos de prova de práticas anticompetitivas. Avaliou-se que, em alguns casos no país, havia a exigência de exclusividade no fornecimento e também tentativas de se evitar que os fornecedores oferecessem descontos para varejistas concorrentes por meio de ameaças ou reclamações. Existiria, ainda, em determinadas hipóteses, a possibilidade de os varejistas tentarem usar os fornecedores para coordenar preços com outros varejistas (colusão entre varejistas). Ademais, as taxas e condições de acesso cobradas dos fornecedores, tais como "*slotting fees*", contribuições para atividades promocionais e devolução de produtos não vendidos, colocariam os fornecedores em posição de desvantagem no mercado de aprovisionamento, especialmente diante da competição com os produtos de

---

128 Colombia. Superintendencia de Industria y Comercio. *Estudio económico del sector Retail em Colombia 2010-2012*. 2013. Disponível em: <http://www.sic.gov.co/recursos_user/documentos/ promocion_competencia/Estudios_Economicos/Retail2012.pdf>. Acesso em: 8 nov. 2015.

129 Hong Kong. Hong Kong Consumer Council. *Market power of supermarket chains under scrutiny*, 2013. Disponível em: <https://www.consumer.org.hk/sites/consumer/files/competition_issues/20131219/GMSReport20131219.pdf>. Acesso em: 11 fev. 2016.

marca própria. A recomendação do estudo – tendo em vista as limitações de competência do *Council* na recentemente inserida legislação de defesa da concorrência em Hong Kong – foi no sentido de introduzir e reforçar medidas autorreguladoras do setor.

No ano de 2014, foi realizado evento na UNCTAD que resultou na publicação do vanguardista documento para discussão denominado "*Competition Issues in the Food Chain: Possible Measures to Address Buyer Power in the Retail Sector*".[130] Apontou-se no documento que, entre todas as áreas do varejo, o varejo alimentar teria sido aquele que vivenciou a alteração mais significativa nos últimos 20 a 30 anos. Os supermercados teriam surgido como o canal de escolha dos consumidores para a aquisição de produtos e a demanda teria evoluído para o modelo de *one-stop-shop*. A proeminência dos supermercados sobre as lojas tradicionais e especializadas teria alterado a balança de poder na cadeia de fornecimento alimentar, e essa dominação dos supermercados chegaria a ponto de fazer com que suas decisões de lista de compras afetassem a viabilidade econômica dos fornecedores. No contexto de surgimento das marcas próprias, os grandes supermercados teriam se tornado os concorrentes mais importantes dos fornecedores, chegando a utilizarem segredos de negócios dos seus fornecedores na criação de marcas próprias de imitação ("*copycat*").

O documento enunciou que a visão tradicional dos supermercados retratados como agentes neutros de mercado, que simplesmente transmitiriam a demanda dos consumidores aos fornecedores, já estaria ultrapassada. Esta visão tradicional deveria ser substituída por um novo paradigma econômico: dos supermercados como plataformas, que fornecem serviços não apenas para os consumidores, mas também aos fornecedores, refletidos na máxima "*whoever owns the shelf, owns the market*". Nessa condição, os supermercados teriam se transformado em prestadores de serviços aos fornecedores de marcas independentes, e maximizariam seus lucros por meio de práticas relacionadas ao acesso e à concorrência dentro das plataformas.

Os supermercados teriam se transformado em gargalos à concorrência ("*competitive bottlenecks*"), em consonância com a teoria econômica. Por um lado, as práticas dos supermercados que distorceriam o acesso à plataforma

---

[130] UNCTAD. *Competition Issues in the Food Chain: Possible Measures to Address Buyer Power in the Retail Sector*, 2014. p. 1-10. Disponível em: <http://unctad.org/meetings/en/Contribution/tdb61_c01_UNCTAD.pdf>. Acesso em: 11 fev. 2016.

poderiam ser, por exemplo: (i) de uso indevido dos segredos de negócios dos fornecedores de marcas independentes em favor das marcas próprias do supermercado; (ii) de cobrança de taxas para impedir a distribuição de marcas independentes; (iii) de rescisão abrupta de acesso que mina a viabilidade econômica da marca independente; e (iv) de recusa imediata de produtos e inovações em marcas independentes que concorrem com as marcas próprias. Por outro lado, as práticas dos supermercados que distorceriam a concorrência dentro da plataforma – ou seja, dentro da loja – poderiam ser tanto relacionadas a preço quanto não relacionadas a preço. Dentre aquelas relacionadas a preço estariam as de (i) manutenção artificial de diferença de preços entre as marcas independentes e a marca própria; (ii) "*loss leading*" do preço da marca independente que objetiva minar a percepção de qualidade desta; (iii) recusa a repassar as reduções de preços das marcas independentes dos preços no mercado varejista; e (iv) proibição de utilização de embalagens promocionais. Ainda, entre aquelas práticas não relacionadas a preço que distorcem a concorrência dentro da plataforma, estariam as de (i) degradação dos serviços dentro da loja às marcas independentes; (ii) troca das técnicas de marketing a favor das marcas próprias; (iii) melhor posicionamento das marcas próprias e alocação desproporcional de espaço nas gôndolas; e (v) imitação das marcas independentes pelas marcas próprias ("*copycat*").

Similarmente, BERASATEGI alerta para o risco de o varejista degradar os serviços dos fornecedores concorrentes, por exemplo, via manutenção indevida de estoques do produto de marca independente para dificultar a reposição dos produtos, denegrir a imagem do produto junto aos consumidores e forçar a substituição por um produto similar (de preferência, pela marca própria),[131] especialmente diante de um cenário de lealdade do consumidor final ("*lock in*") ao varejista.

O documento da UNCTAD ainda indica que a exploração dos fornecedores pelos supermercados se sobreporia a qualquer possível benefício transferido aos consumidores em uma perspectiva de bem-estar social. Considerando que o bem-estar do consumidor não seria medido apenas em termos de preço, mas do conjunto de inovação, qualidade, variedade e preço, a conclu-

---

131 BORGHESANI JR., William H.; CRUZ, Peter L. de La; BERRY, David. Food for thought: the emergence of power buyers and its challenge to competition analysis. *Stan. JL Bus. & Fin.*, v. 4, p. 39-82, 1998.

são inevitável seria de que os abusos dos supermercados em face dos fornecedores de marcas independentes minavam não só o bem-estar do consumidor, mas também o social. Finalmente, foram levantadas propostas de remédios concorrenciais e regulatórios, pois seria justificável essa suplementação de esforços no setor do varejo alimentar.

Ainda em 2014, foi publicado novo e amplo estudo pela *Comissão Europeia*, intitulado "*The economic impact of modern retail on choice and innovation in the EU food sector*".[132] Buscou-se avaliar se as opções e as inovações disponíveis no mercado europeu tinham decrescido na última década. Se sim, se esse decréscimo poderia ser relacionado ao aumento do poder de compra dos varejistas *vis-a-vis* os fornecedores, obtido por meio da concentração de mercado e das marcas próprias. O foco do estudo foi, portanto, com relação aos efeitos em termos de opção e inovação, não preocupado necessariamente com o preço isoladamente. O resultado do estudo econômico foi no sentido de que não teriam sido constatados econometricamente os efeitos negativos do poder de compra de supermercados em termos de redução das opções ofertadas ao consumidor. Foram constatados, porém, efeitos negativos do poder de compra dos supermercados em termos de inovações, que tiveram, sim, decréscimo na maioria das categorias de produtos. Os resultados sugeriram que uma maior concentração de mercado estaria associada a menos inovação. Ou seja, quanto maior a concentração no varejo supermercadista, menor seria a inovação no mercado. Os resultados econométricos também indicaram que um alto percentual de participação de mercado das marcas próprias seria associado a menos inovação, e que seus efeitos seriam não lineares. Ou seja, quanto maior a participação das marcas próprias no varejo supermercadista, menor a inovação no mercado.

Também em 2014, o *Bundeskartellamt* da Alemanha concluiu amplo estudo no setor do varejo alimentar.[133] Ao longo de três anos a autoridade

---

132 Europa. European Commission. *The economic impact of modern retail on choice and innovation in the EU food sector*, 2014. Disponível em: <http://ec.europa.eu/competition/publications/ KD0214955ENN.pdf>. Acesso em: 23 maio 2015.

133 Alemanha. Bundeskartellamt. *Sektoruntersuchung „Nachfragemacht im Lebensmitteleinzelhandel*. Disponível em: <http://www.bundeskartellamt.de/Sektoruntersuchung_LEH. pdf?__blob=publicationFile&v=7>. Acesso em: 9 jul. 2016. Para o press release: <http:// www.bundeskartellamt.de/SharedDocs/Meldung/EN/Pressemitteilungen/2014/ 24_09_2014_SU_LEH.html?nn=3589760>. Acesso em: 9 jul. 2016.

examinou a estrutura de mercado e concentrou esforços na análise das negociações entre varejistas alimentares e fornecedores de marcas independentes. A avaliação abrangeu mais de 200 fornecedores e 21 varejistas do país. O estudo apontou a alta concentração de mercado do varejo supermercadista alemão, em que quatro redes detêm aproximadamente 85% de participação de mercado. Indicou-se que tais redes, que já têm grande vantagem competitiva em relação aos concorrentes de médio e pequeno porte poderiam utilizar tais vantagens estruturais nas negociações com seus fornecedores. Essa situação ocorreria até mesmo com relação a fornecedores de produtos de marcas renomadas, caso não exista uma alternativa para o redirecionamento das vendas do fornecedor a outras redes varejistas. O desprendimento dos conceitos teóricos tradicionais de mercado relevante e poder de mercado também foi sugerido pela autoridade antitruste alemã, que indicou a possibilidade de utilização do conceito de *"relative and superior market power"* em suas análises.[134] O estudo também indicou a importância das marcas próprias nas negociações realizadas entre varejistas e fornecedores quanto a termos e condições de compra. A conclusão foi no sentido de que uma abordagem estrita deve ser consistentemente almejada pelo *Bundeskartelamt* no varejo alimentar.

  Em *2015*, a *Autorité de la Concurrence* da França emitiu novo comunicado, denominado *"Rapprochements à l'achat dans le secteur de la grande distribution"*.[135] Analisou-se especificamente a questão do impacto concorrencial da formação de centrais de compra e de referenciamento no setor da grande distribuição alimentar. Foram identificados pela autoridade de concorrência francesa possíveis riscos decorrentes dessas alianças de compra no mercado de venda (varejista) e no mercado de compra (aprovisionamento). Finalmente, a *Autorité*, diante das limitações típicas de um comunicado, emitiu recomendações para o setor. Em dezembro do mesmo ano, a *Comisión Federal de Competencia Economica* do *México* (doravante "COFECE") publicou amplo estudo sobre o setor agroalimentar ("*Reporte sobre las condiciones de competencia en el*

---

134 Alemanha. §20 da Lei Alemã contra Restrições à Concorrência (*"relative und absolute Martmach"*).

135 França. Autorité de la Concurrence. *Communiqués de 2015 1er avril 2015: Rapprochements à l'achat dans le secteur de la grande distribution*. 2015. Disponível em: <http://www.autoritedelaconcurrence.fr/user/standard.php?id_rub=606&id_article=2519>. Acesso em: 11 fev. 2016.

sector agroalimentario"[136]). O varejo supermercadista foi tratado apenas incidentalmente, tendo sido sinalizado que uma expansão dos supermercados no México deveria ser realizada sem um processo de concentração econômica no mercado, para que ainda exista pressão competitiva e para que as eficiências obtidas sejam transferidas para os consumidores.

Nesse mesmo ano de 2015, foi realizado, pela *OCDE*, o Fórum de Concorrência da América Latina, em que se discutiram aspectos concorrenciais (em especial condutas), no varejo supermercadista. Ao final do Fórum foi publicado um documento de apoio intitulado "*Market structure, Growth and Competition in the Supermarket Sector in Latin America*",[137] elaborado por Juan DELGADO, com contribuições de Paulo Furquim de AZEVEDO, Héctor OTERO e Alexis PIRCHIO. Foram apresentados pontos relativos à estrutura de mercado, ao crescimento e à concorrência no setor supermercadista na América Latina. Indicou-se que os supermercados na América Latina desempenham um papel limitado, mas de crescente importância no varejo alimentar. Apesar de o varejo tradicional ainda exercer um papel relevante na maioria dos países da América Latina e a sua concentração de mercado ainda ser menor que dos países desenvolvidos, quando se observa internamente o setor supermercadista, a concentração seria alta e com poucos *players*, que atuam em diversos países. A expectativa seria, nesse sentido, de que os supermercados se tornem o principal gargalo ("*gatekeeper*") para os produtos alimentícios, considerando fatores como o aumento da renda da população, o crescimento da classe média e o desenvolvimento da infraestrutura de logística e transporte. Apesar de ainda se estar no processo de transferência de poder dos fornecedores para os supermercados na América Latina, casos recentes e práticas comerciais adotadas pelos supermercados sugeririam que esse poder de mercado estaria tendendo em favor das grandes redes de supermercados, alterando a dinâmica concorrencial no varejo no sentido do chamado "moderno varejo".

---

136 México. Comisión Federal de Competencia Economica – COFECE. *Reporte sobre las condiciones de competencia en el sector agroalimentario*, 2015. p. 37. Disponível em: <https://www.cofece.mx/cofece/index.php/prensa/historico-de-noticias/reporte-sobre-las-condiciones-de-competencia-en-el-sector-agroalimentario>. Acesso em: 10 fev. 2016.

137 DELGADO, Juan. Market Structure, Growth and Competition in the Supermarket Sector in Latin America. OECD Latin American Competition Forum. *Growth and Competition in the Supermarket Sector in Latin America* (September 3, 2015), 2015.

Em 2016 foi divulgado que a autoridade de defesa da concorrência da Rússia, *Federal Antimonopoly Service* (doravante "FAS"), publicou um código de boas práticas comerciais entre cadeias varejistas e fornecedores.[138] O documento lista práticas comerciais adotadas neste setor e sinaliza preocupações concorrenciais. A respeito da gestão de categorias, por exemplo, a FAS indica que, apesar de possível e eventualmente justificável em termos de gestão do negócio, as partes deveriam se comprometer a não disponibilizar a terceiros as informações que tenham tido acesso em virtude da gestão de categorias. Também em 2016 foi publicado, pela autoridade antitruste da *Croácia,* estudo sobre o varejo alimentar, não tendo sido encontradas preocupações concorrenciais no país.[139]

Também em 2016, a *UNCTAD* promoveu um encontro intergovernamental de *experts* em Direito da Concorrência, sendo que o tema de um dos painéis foi justamente os aspectos concorrenciais do varejo supermercadista ("*Round Table on Enforcement of competition policy in the food retail sector: buyer power and consumer welfare*").[140] A painelista An Renckens da Comissão Europeia[141] apresentou o cenário de concentração econômica na Europa e discutiu temas como as alianças de compra, as marcas próprias e o poder de compra dos varejistas em face aos produtores do setor agrícola. O painelista Javier Berasategi[142] indicou a existência do dilema "*love-trouble-divorce*" entre os produtores e os distribuidores nesse setor. Primeiramente, haveria uma fase de

---

138 Russia. Federal Antimonopoly Service (FAS). *Code of good business practices between retail chains and consumer product suppliers*, 2016.

139 Croácia. Croatian Competition Agency. *No takeovers but dynamic divestitures marked 2015 groceries retail*. Disponível em: http://www.aztn.hr/en/no-takeovers-but-dynamic-divestitures-marked-2015-groceries-retail/. Acesso em: 17 dez. 2016.

140 UNCTAD. 15th Session of the Intergovernmental Group of Experts on Competition Law and Policy 19 -21 October 2016, Geneva, Switzerland. Round Table on "*Enforcement of competition policy in the retail sector: competition issues in the food retail sector*". Disponível em: http://unctad.org/meetings/en/SessionalDocuments/ciclp2016progRT2_en.pdf. Acesso em: 17 dez. 2016.

141 RENCKENS, An. *Competition policy in the food retail sector in the EU*. 15th Session of the IGE on Competition Law and Policy, 20 October 2016, Geneva. Disponível em: http://unctad.org/meetings/en/Presentation/cicplp2016c17_ccAnRenckens_en.pdf. Acesso em: 17 dez. 2016.

142 BERASATEGI, Javier. *Supermarkets and Competitive Bottlenecks: Competition and Regulatory Issues*. 15th Session of the IGE on Competition Law and Policy, 20 October 2016, Geneva. Disponível em: http://unctad.org/meetings/en/Presentation/cicplp2016c16_ccBerasategi_en.pdf. Acesso em: 17 dez. 2016.

Capítulo 1   A evolução da tradicional análise antitruste do varejo supermercadista

encantamento entre os dois agente econômicos ("*love*"), na medida em que os produtores agradeceriam e apoiariam as plataformas de distribuição. Em um segundo momento, porém, os produtores começariam a questionar ("*trouble*") os termos abusivos de acesso às plataformas, consistentes em exploração vertical de um agente pelo outro. Finalmente, o terceiro momento ("*divorce*") seria dos questionamentos dos produtores quanto ao fechamento de acesso às plataformas, consistentes em exclusão horizontal desses agentes de mercado. O painelista Juan Luis CRUCELEGUI[143] apresentou algumas propostas de endereçamento aos problemas concorrenciais no varejo alimentar: (i) aplicação de remédios concorrenciais; (ii) aplicação de remédios regulatórios, tais como (ii.1.) acesso e concorrência dentro das lojas dos supermercados, (ii.2.) separação de atividades das marcas próprias com as marcas independentes, (ii.3.) confidencialidades das reclamações dos fornecedores em face dos supermercados e análise por uma autoridade independente; e (iii) iniciativas voluntárias da própria cadeia de distribuição, tais como a instituição de Códigos de Boas Práticas. Por sua vez, a painelista Kurnia SYA'RANIE da autoridade antitruste da Indonesia[144] indicou que, naquele país, a autoridade de defesa da concorrência estaria adotando a prática de monitorar os contratos entre os pequenos fornecedores e os grandes varejistas com o fim de impedir que o pagamento de taxas e condições de acesso ("*listing fees*") fossem um impeditivo para o crescimento dos negócios no mercado de aprovisionamento e para impedir prejuízos aos consumidores do país. Por fim, Oscar García CARDOZE,[145] da autoridade antitruste do Panamá, apresentou o cenário concorrencial do varejo no país.

Esses estudos estrangeiros supradescritos, em maior ou menor medida, aportam evidências concretas de que há uma análise antitruste em evolução

---

143 CRUCELEGUI, Juan L. *Competition policy in the food retail sector.* 15th Session of the IGE on Competition Law and Policy, 20 October 2016, Geneva. Disponível em: http://unctad.org/meetings/en/Presentation/cicplp2016c15_ccCrucelegui_en.pdf. Acesso em: 17 dez. 2016.

144 SYA'RANIE, Kurnia. *Recent development of Indonesian Food Retail Industry.* 15th Session of the IGE on Competition Law and Policy, 20 October 2016, Geneva. Disponível em: http://unctad.org/meetings/en/Presentation/cicplp2016c19_ccKuniaSyriane_en.pdf. Acesso em: 17 dez. 2016.

145 CARDOZE, Oscar García. *Competition policy in the food retail sector – ACODECO Autoridad de Protección al Consumidor y Defensa de la Competencia..* 15th Session of the IGE on Competition Law and Policy, 20 October 2016, Geneva. Disponível em: http://unctad.org/meetings/en/Presentation/cicplp2016c18_ccGraciaCardoze_en.pdf. Acesso em: 17 dez. 2016.

do varejo supermercadista. Essa evolução, porém, até o momento, não alcançou o Brasil. Conforme já apontado, o CADE ainda se restringe à análise dos atos de concentração nesse mercado, e nem nestes se adentra à avalição dos possíveis problemas concorrenciais constatados pelos estudos das autoridades estrangeiras. Se tampouco endereça o tema em sede do controle de estruturas, quiçá no bojo de um amplo estudo setorial. A descrição detalhada desses estudos estrangeiros evidencia a tendência de deixar para trás a análise tradicional dos supermercados como agentes neutros no mercado e de se adotar uma moderna visão do varejo supermercadista. Propõe-se que empresários, advogados, acadêmicos, o CADE e a sociedade brasileira levem em consideração essa nova realidade do varejo supermercadista, que constitui pilar da proposta de uma moderna análise deste. Se assim não ocorrer, alerta-se para o sério risco de se adotar uma postura insensível diante das distorções do mercado,[146] que pode permitir geração de efeitos danosos ao mercado e aos consumidores brasileiros.

Conclusão do Capítulo 1

A análise antitruste tradicional do varejo supermercadista possui um viés pró-varejista, que entende o supermercado como um agente neutro no mercado. Essa visão favorável decorre da concepção de que, ou o varejo supermercadista não possui poder de mercado, ou, se o possui, o exerce para o estrito benefício do consumidor final. Há uma presunção de que os resultados aos consumidores finais seriam ou neutros ou positivos (na forma de menores preços). É dada preferência, pela ótica tradicional, aos benefícios estáticos de curto prazo relacionados a preço, sem levar em conta os possíveis efeitos dinâmicos de médio e longo prazos na concorrência.

Apesar dessa análise tradicional – adotada no Brasil, conforme se constata nos atos de concentração julgados pelo CADE ao longo dos anos e nas poucas investigações de condutas anticompetitivas –, a preocupação com o poder de mercado no varejo supermercadista e com seus efeitos na concorrência tem passado por uma significativa evolução, atraindo a atenção tanto de

---

146 BORGHESANI JR.; William H.; CRUZ, Peter L. de La; BERRY, David. Food for thought: the emergence of power buyers and its challenge to competition analysis. *Stan. JL Bus. & Fin.*, v. 4, p. 39, 1998.

Capítulo 1 A evolução da tradicional análise antiruste do varejo supermercadista

autoridades antitruste estrangeiras, organismos internacionais e acadêmicos estrangeiros e brasileiros. Dentre estes, destacam-se como principais os seguintes estudos de autoridades de defesa da concorrência estrangeiras: Organização para Cooperação e Desenvolvimento Econômico – OCDE (1981, 1999, 2015), da Comissão Europeia (1999, 2009, 2011, 2012, 2013 e 2014), da Competition Commission da Inglaterra (2000 e 2008), da Federal Trade Commission dos Estados Unidos (2000, 2001, 2003, 2007), do Grupo de Trabalho formado pelas Autoridades de Defesa da Concorrência dos Países Nórdicos – Dinamarca, Noruega, Islândia, Finlândia, Groelândia e Suécia – (2005), do Bundeswettbewerbsbehörde na Áustria (2007), da Fiscalía Nacional Económica no Chile (2007), da Australian Competition and Consumer Commission na Austrália (2008), da The Competition Authority da Irlanda (2008), da Romênia (2009), do Tribunal Vasco de Defensa de la Competencia (2009), da Autoridade de Concorrencia de Portugal (2006, 2010), da Autorité de la Concurrence da França (2008, 2010, 2012 e 2015), da Comisión Nacional de la Competencia da Espanha (2011), da Konkurrensverket na Suécia (2011), da Finnish Competition Authority da Finlândia (2012), da Autorità Garante della Concorrenza e del Mercato da Itália (2013), da Superintendencia de Industria y Comercio da Colômbia (2013), do Hong Kong Consumer Council em Hong Kong (2013), da Conferência das Nações Unidas sobre o Comércio e Desenvolvimento – UNCTAD (2014, 2016), Bundeskartellamt da Alemanha (2014), da Comisión Federal de Competencia Economica do México (2015), da Federal Antimonopoly Service (FAS) da Rússia (2016) e da Croatian Competition Agency da Croácia (2016). Esses estudos, em maior ou menor medida, aportam evidências concretas de que há uma análise antitruste do varejo supermercadista em evolução.

CAPÍTULO **2**

Proposta: a moderna análise antitruste do varejo supermercadista

Considerando a evolução gradual da visão tradicional, será proposta uma moderna análise antitruste do varejo supermercadista, que analisará os supermercados como plataformas de dois lados com características de gargalo à concorrência. Nos termos da teoria da plataforma de dois lados, propõe-se que os supermercados sejam analisados como prestadores de serviços para consumidores finais e para fornecedores, caracterizando-se como plataforma de dois lados no mercado. Essa proposta traz consigo um novo modo de compreensão das possíveis relações jurídicas dos agentes no varejo supermercadista, tanto em suas relações verticais quanto horizontais.

2.1 Supermercados como plataformas de dois lados

2.1.1 Breve teoria da plataforma de dois lados

A teoria da plataforma de dois lados tem como alguns de seus principais autores ROCHET e TIROLE (2002,[147] 2003,[148] 2004[149] e 2006[150]), EVANS (2003[151]),

---

[147] ROCHET, Jean-Charles; TIROLE, Jean. Cooperation among competitors: Some economics of payment card associations. *Rand Journal of economics*, p. 549-570, 2002.
[148] ROCHET, Jean-Charles; TIROLE, Jean. Platform competition in two-sided markets. *Journal of the European Economic Association* 1(4), p. 990-1029, 2003.
[149] ROCHET, Jean-Charles; TIROLE, Jean. *Defining two-sided markets*. Mimeo, IDEI, Toulouse, France, January, 2004.
[150] ROCHET, Jean-Charles; TIROLE, Jean. Two-sided markets: a progress report. *RAND Journal of Economics*, RAND Corporation, v. 37(3), p. 645-667, 2006.
[151] EVANS, David S. Some empirical aspects of multi-sided platform industries. *Review of Network Economics*, v. 2, n. 3, 2003. EVANS, David S. The antitrust economics of multi-

PARKER e VAN ALSTAYNE (2005[152]), CAILLAUD e JULLIEN (2001[153] e 2003[154]), ARMSTRONG (2006[155]) e SCHMALENSEE (2016[156]). A expressão, oriunda do inglês "*two-sided platforms*", foi usada inicialmente por ROCHET e TIROLE,[157] para se referir a situações em que as empresas atendem, simultaneamente, dois grupos interdependentes de adquirentes. Para os autores, a plataforma pode afetar o volume de transações ao cobrar mais de um lado do mercado e reduzir o preço pago do outro lado na mesma proporção. Ou seja, haveria uma adaptação da estrutura de preço,[158] sob a presunção de manutenção do "*price level*" geral. Um dos lados da plataforma, portanto, subsidiaria o negócio do outro lado ("*loss leader*").[159] Segundo os autores, a plataforma existiria, então, quando houvesse (i) dois grupos distintos que precisam interagir um com o outro, e (ii) externalidades indiretas positivas entre esses dois grupos de consumidores.

Por sua vez, EVANS[160] usa o conceito de plataforma de dois lados para se referir genericamente a situações em que existem dois grupos de consumi-

---

sided platforms markets. *Yale Journal of Regulation*, 20, p. 325-381, 2003. E também EVANS, David S.; SCHMALENSEE, Richard. Markets with Two-Sided Platforms, in *Issues In Competition Law And Policy* 667, ABA Section of Antitrust Law 2008.

152 PARKER, Geoffrey G.; VAN ALSTYNE, Marshall W. Two-sided network effects: A theory of information product design. *Management Science*, v. 51, n. 10, p. 1494-1504, 2005.
153 CAILLAUD, Bernard; JULLIEN, Bruno. Competing cybermediaries. *European Economic Review*, v. 45, n. 4, p. 797-808, 2001.
154 CAILLAUD, Bernard; JULLIEN, Bruno. Chicken & egg: competition among intermediation service providers. *RAND Journal of Economics*, v. 34, n. 2, p. 309-328, Summer 2003.
155 ARMSTRONG, Mark. Competition in two-sided markets. *RAND Journal of Economics*, v. 37, n. 3, p. 668-691, Autumn 2006. E também ARMSTRONG, M.; WRIGHT, J. Two-sided markets, Competitive Bottlenecks and Exclusive Contracts. *Economic Theory*, 32, p. 353-380, 2005.
156 EVANS, David S.; SCHMALENSEE, Richard. Matchmakers: The new economics of multi-sided platforms. *Harvard Business Review Press*, 2016.
157 ROCHET, Jean-Charles; TIROLE, Jean. *Defining two-sided markets*. Mimeo, IDEI, Toulouse, France, January, 2004.
158 A respeito da diferenciação entre a estrutura de preços quando os contratos têm informações públicas ou privadas, sugere-se: LLANES, Gaston; RUIZ-ALISEDA, Francisco. *Private Contracts in Two-Sided Markets*. Available at SSRN, 2015.
159 ROCHET, Jean-Charles; TIROLE, Jean. Two-sided markets: a progress report. *RAND Journal of Economics*, RAND Corporation, v. 37(3), p. 645-667, 2006.
160 EVANS, David S. Some empirical aspects of multi-sided platform industries. *Review of Network Economics*, v. 2, n. 3, 2003. EVANS, David S. The antitrust economics of multi-sided platforms markets. *Yale Journal of Regulation*, 20, p. 325-381, 2003.

dores que se beneficiam da interação e para quem a plataforma pode oferecer uma intermediação eficiente de serviços. Assim, seriam *condições para uma plataforma de dois lados*: (i) dois ou mais grupos distintos de consumidores; (ii) externalidades associadas ao fato de dois ou mais grupos estarem conectados ou coordenados de algum modo; e (iii) um intermediário que internalize as externalidades criadas por um grupo ao outro grupo.

Ainda, WEYL[161] adota uma definição mais flexível, segundo a qual mercados de dois lados seriam modelos de comportamentos de empresas em que a interdependência entre eles se mostra uma importante ferramenta de análise. Em termos de interdependência, a plataforma precisa que os dois grupos estejam "a bordo" para propriamente operar, uma vez que, sem um lado da plataforma, o outro lado não aderiria. Em termos simples, um mercado de dois lados seria aquele em que uma empresa vende produtos ou presta serviços distintos a dois grupos diferentes de consumidores, e reconhece que vender mais para um grupo afeta a demanda do outro, e vice-versa.[162] Geralmente, esses grupos – ou um deles – não conseguem obter o mesmo valor, ou pelo menos não conseguem obtê-lo na mesma extensão, sem se utilizarem da plataforma. É nesse sentido que CAILLAUD e JULLIEN[163] definem essa situação como o problema da "galinha e do ovo", pois, para atrair compradores, o intermediário deve ter uma grande base de vendedores, porém, para que os vendedores possam aderir à plataforma, é necessário ter, no mínimo, expectativa de que há ou haverá compradores do outro lado.

FILISTRUCCHI, GERADIN e VAN DAMME,[164] após analisarem as definições da literatura, apontam para as seguintes características identificadoras dos mercados de dois lados: (i) a existência de uma empresa intermediadora que vende mais de um produto ou serviço; (ii) a presença de dois grupos distintos, cada um comprando diferentes produtos ou serviços; e (iii) a interdependência entre as demandas e a ausência de completa transferência dos benefícios (*"pass-through"*) entre os grupos no caso de transações no mercado.

---

161 WEYL, G. *Monopolies in two-sided markets:* comparative statics and identification. Harvard University, 2008.
162 FILISTRUCCHI, Lapo; GERADIN, Damien; VAN DAMME, Eric. *Identifying two-sided markets.* Londres: TILEC Discussion Paper No. 2012-008, 2012.
163 CAILLAUD, Bernard; JULLIEN, Bruno. Chicken & egg: competition among intermediation service providers. *RAND Journal of Economics,* v. 34, n. 2, p. 309-328, Summer 2003.
164 FILISTRUCCHI, Lapo; GERADIN, Damien; VAN DAMME, Eric. *Identifying two-sided markets.* Londres: TILEC Discussion Paper No. 2012-008, 2012.

Finalmente, HAGIU[165] alerta no sentido de que há uma miríade de cenários entre os dois extremos que caracterizam uma relação de compra e venda simples e uma plataforma de dois lados. A caracterização de um intermediário como plataforma de dois lados, portanto, estaria menos ligada à natureza da plataforma e mais ligada às decisões que são tomadas pelas empresas que dela fazem parte. É por esse motivo que RYSMAN[166] propõe a utilização da expressão "estratégias de dois lados" em vez de "mercados de dois lados".

A OCDE,[167] com fundamento na doutrina e na experiência das autoridades antitruste ao redor do mundo, realizou amplo estudo em 2009 sobre essa teoria, e apontou que não há uma definição universalmente aceita para o conceito de "mercado de dois lados". Existiria, porém, um consenso a respeito dos *três aspectos fundamentais que caracterizariam uma plataforma de dois lados*: (i) a existência de dois grupos distintos, que precisam um do outro de alguma maneira e que confiam na plataforma para intermediar as transações entre eles, sendo a plataforma o provedor de produtos e/ou serviços simultaneamente; (ii) a existência de externalidades indiretas[168] entre os grupos de adquirentes, de modo que o valor que um dos lados da plataforma atribui a ela aumenta o número do outro lado da plataforma; e (iii) a não neutralidade da estrutura de preço, ou seja, a plataforma afeta o volume das transações – por exemplo, aumentando os preços de um lado para diminuir do outro e induzindo ambos a aderir à plataforma –, não sendo um intermediário neutro no mercado.

---

165 HAGIU, Andrei. Merchant or two-sided platform? *Review of Network Economics*, v. 6, n. 2, 2007.

166 RYSMAN, Marc. The economics of two-sided markets. *The Journal of Economic Perspectives*, v. 23, n. 3, p. 125-143, 2009.

167 OCDE. *Roundtable on two-sided markets*. Competition Committee, DAF/COMP (2009)69, 2009. Background note by Daniel EVANS. p. 11.

168 Segundo a OCDE, a respeito da diferença entre externalidades diretas e indiretas: "Direct Network effects arise when the value of a good to a consumer increases directly with the number of people using that good. Telephony services are more valuable for a given consumer, the larger the number of other consumers that also use them, because he can communicate with more people. Indirect Network effects arise when the value of a good to a consumer increases with the number of people using that good, but only indirectly". OCDE. *Roundtable on two-sided markets*. Competition Committee, DAF/COMP (2009)69, 2009. p. 29. Nos termos de LIM, a diferença estaria no fato de que as externalidades diretas seriam encontradas dentro do grupo ("within"), ao passo que as externalidades indiretas seriam encontradas entre os grupos ("between"). LIM, Youngsik. *Market Definition/Market Power in Two-Sided Markets*. ICN Webnar, 08.10.2015.

Capítulo 2   Proposta: a moderna análise antitruste do varejo supermercadista

Ademais, a OCDE sinaliza a necessidade de se considerar ambos os lados na definição e na análise concorrencial dos mercados relevantes. Sugere-se a superação dos métodos de análise tradicionais e das fórmulas aplicáveis a análises de mercados de um lado, tais como o teste do monopolista hipotético. Estes, segundo se indica, não se aplicariam aos mercados de dois lados, a não ser que fossem reformulados/adaptados.[169] Algumas condutas anticompetitivas que poderiam surgir no bojo de plataformas de dois lados, relacionadas a preço – como, por exemplo, preços predatório ou excessivos –, deveriam considerar os níveis de preços somando os praticados em ambos os lados da plataforma, e não os preços individuais ou a estrutura de preços separadamente. Por sua vez, condutas não relacionadas a preço – como, por exemplo, acordos de exclusividade e venda casada – estariam no centro das discussões antitruste, pelos riscos de limitação da concorrência e do fechamento de mercado para rivais. Nesses casos, a análise deveria considerar como a conduta em um lado da plataforma afeta o outro lado do mercado, bem como o efeito geral da prática para o bem-estar da sociedade.

O compilado da OCDE também indica que algumas atividades econômicas foram consideradas como plataformas de dois lados pelas autoridades antitruste ao redor do mundo, sendo objeto de análise concorrencial e/ou de remédios concorrenciais e/ou regulatórios por autoridades. Dentre elas, citam-se as seguintes: sistemas operacionais de computador (intermediam desenvolvedores de software e usuários de computador); sistemas informatizados de reserva ("*computerized reservation systems*"),[170] cartões de crédito (intermediam possuidores de cartões e comerciantes) ("*card payment networks*");[171]

---

169   WRIGHT, Julian. One-sided logic in two-sided markets. *Review of Network Economics*, v. 3, n. 1, 2004.
170   Sobre o mercado de sistemas informatizados de reserva ("*computerized reservation systems*") como plataforma de dois lados: Europa. *Council Regulation 2299/1989*, de 24.07.1989, subsequentemente emendada pelas *Regulations 3089/1993* e *323/1999*. Essa regulamentação setorial foi recentemente revogada pela *Regulation 80/2009 of the European Parliament and of the Council of 14 January 2009 on a Code of Conduct for computerized reservation systems*.
171   Sobre o mercado de redes de pagamento por cartão ("*card payment networks*") como plataforma de dois lados, Europa e Estados Unidos interviram para suprimir ou reduzir as restrições impostas. Na Europa, inclusive, foi proposta uma regulamentação dos pagamentos neste mercado na *Commission Green Paper, "Towards an integrated European market for card, internet and mobile payments", COM/2011/0941 final, 11.01.2012, Proposal for a Regulation of the European Parliament and of the Council on interchange fees for card-based payment transactions, COM/2013/5503, 24.07.2013*.

corretagem imobiliária (intermediam inquilinos e proprietários), provedores de serviço de internet ("*internet service providers*"),[172] portais de internet e sistemas de busca (intermediam *sites* e internautas) ("*internet search engines*");[173] registro de nome de domínio na internet ("*internet domain name registration*"),[174] plataformas de mídia ("*media platforms*"),[175] redes de comunicação móveis ("*mobile communications networks*"),[176] revistas (intermediam leitores e escrito-

---

[172] Sobre o mercado de provedores de serviço de internet ("*internet service providers*") como plataforma de dois lados, observa-se a tentativa da European Commission de expressamente regular a denominada "neutralidade das redes" no *European Parltiament Resolution of 17 November 2011 on the open internet and net neutrality in Europe, P7_TA-PROV(2011)0511 and Connected Continent legislative package*. Por sua vez, nos Estados Unidos, também há a imposição da neutralidade das redes. Estados Unidos. Federal Communications Commission Report and Order. *Preserving the Open Internet, Broadband Industry Practices, 10-201*, 23.12.2010.

[173] Sobre o mercado de sites de busca na internet ("*internet search engines*") como plataforma de dois lados, existe investigação sobre práticas do Google na Europa (Europa. European Commission. *Commission probes allegations of antitrust violations by Google*, IP/10/1624, 30.11.2010 e também *Commission seeks feedbacks on commitments offered by Google to address competition concerns*, IP/13/371, 25.04.2013) e também no Brasil (no Brasil há três casos instaurados para investigar conduta anticompetitiva do Google nesse Mercado: o Processo Administrativo 08700.009082/2013-03, que investiga conduta de *screping*; o Processo Administrativo 08700.010483/2011-94, que investiga a conduta de *search bias* e de restrições de anúncios com foto, em detrimento de sites de comparação de preço; e o Processo Administrativo 08700.005694/2013-19, que investiga restrições à interoperabilidade entre plataformas de busca patrocinada que o Google teria imposto por meio dos Termos e Condições da API do AdWords).

[174] Sobre o mercado de registro de nome de domínio na internet ("*internet domain name registration*") como plataforma de dois lados, houve discussão nos Estados Unidos e na Europa sobre a eficiência ou não da proibição da *Internet Corporation for Assigned Names and Numbers* (ICANN) sobre os riscos concorrenciais da integração vertical das atividades de registro.

[175] Sobre o mercado de plataformas de mídia ("*media platforms*") como plataforma de dois lados, autoridades de concorrência consideram que as empresas que fazem propaganda na plataforma de mídia estão em posição igualitária em comparação com os usuários que leem, escutam ou visualizam a plataforma. No Canadá, inclusive, para a aprovação da fusão entre *Carlton/Granada*, foram impostas regras de proteção contra práticas desleais e discriminatórias.

[176] Sobre o mercado de redes de comunicação móveis ("*mobile communications networks*") como plataforma de dois lados: Europa. *Regulation 531/2012 of the European Parliament and of the Council of 13 June 2012, on roaming on public mobile communication networks within the Union*, que revogou a legislação anterior, *Regulation 717/2007 of the European Parliament and*

res); páginas amarelas (intermediam leitores e empresas); shoppings (intermediam lojas e compradores), softwares de publicação (intermediam autores e leitores), consoles de videogame (intermediam jogadores e desenvolvedores), mercados de reposição de peças (*"aftermarkets"*),[177] bem como vários tipos de serviços de intermediação, como agências de correspondência e de emprego, casas de leilão, redes de *vouchers* de serviços, sistemas de pagamento, alguns sistemas de telecomunicações, publicações científicas, das redes de pagamento por cartão. EVANS e SCHMALENSEE[178] indicam algumas das *"multisided platforms"* mais recentes, tais como Facebook, Visa, Open Table, Airbnb, Uber etc., e descrevem seu modo de funcionamento e sucesso.

2.1.2 Supermercados como plataformas de dois lados: prestadores de serviços para consumidores finais e para fornecedores

Acadêmicos como ARMSTRONG (2006[179] e 2007[180]) e BERASATEGI,[181] bem como autoridades antitruste estrangeiras, como o *Tribunal Vasco de Defensa*

---

of the Council of 27 June 2007, on public mobile telephone networks within the Community and amending Directive 2002/21/EC.

177 Sobre o mercado de mercados de reposição de peças (*"aftermarkets"*) como plataforma de dois lados, na Europa já se determinou, no mercado automotivo especificamente, a obrigação de acesso não discriminatório a oficinas por parte das fabricantes de peças automotivas para reposição.

178 EVANS, David S.; SCHMALENSEE, Richard. Matchmakers: The new economics of multi-sided platforms. *Harvard Business Review Press*, 2016.

179 ARMSTRONG, Mark. Competition in two-sided markets. *RAND Journal of Economics*, v. 37, n. 3, p. 668-691, Autumn 2006. *"Other examples of this competitive bottleneck framework include: (...); consumers might visit a single supermarket, but suppliers might wish to place their products on the shelves of several supermarkets".*

180 ARMSTRONG, Mark. Two-sided markets: economic theory and policy implications. *Recent Developments in Antitrust*: Theory and Evidence Cambridge: The MIT Press, 2007. p. 39-59. *"A closely related example is that of supermarkets, which deal with suppliers on one side and which compete to attract consumers on the other site. The principal difference between shopping malls and supermarkets is that in the former case the 'platform owner' does not directly control the retail prices (which are chosen by the individual shops), whereas a supermarket sets all its retail prices. A common perception is that supermarkets often offer rather low prices to consumers, but deal quite aggressively with their suppliers (paying them only a low charge for their suppliers)"*.

181 BERASATEGI, Javier. *Supermarket power: serving consumers or harming competition*, 2014. Disponível em: <http://www.supermarketpower.eu/documents/38179/39950/

de la Competencia (2009),[182] a Autoridade Russa de Concorrência (2009),[183] a Comissão Europeia (2010),[184] o documento para discussão da UNCTAD (2014),[185] sinalizam no sentido de caracterizar os supermercados como plataformas de dois lados. Similarmente, propõe-se neste livro que se tenham os supermercados como plataformas de dois lados nas análises concorrenciais, pois preenchem as três características fundamentais desse conceito: (i) a existência de dois grupos distintos que precisam um do outro de alguma maneira e que confiam na plataforma para intermediar as transações entre eles; (ii) a existência de externalidades indiretas entre os grupos de consumidores; e (iii) a não neutralidade da estrutura de preço.

Quanto à característica (i) *de fornecer produtos e/ou serviços simultaneamente para dois grupos distintos* que precisam um do outro de alguma maneira e que confiam na plataforma para intermediar as transações entre eles, verifica-se que os supermercados prestam serviços a dois grupos: os consumidores finais e os fornecedores de marcas independentes. Ambos precisam uns dos

---

Supermarket+Power.pdf/ 9c0ed73f-37db-4d23-bd2d-1f583bf501e9>. Acesso em: 24 maio 2015.

182 Tribunal Vasco de Defensa de la Competencia. Distribution of daily consumer goods: Competition, oligopoly and tacit collusion, 2009.

183 OCDE. *Roundtable on two-sided markets*. Competition Committee, DAF/COMP (2009)69, 2009. Note by the Russian Federation, p. 201. *"The retail networks are one of the best examples of 'two-sided platforms' that allow members of two different groups (suppliers, producers and retail consumers) to interact with each other. Thus retail networks provide for a platform, a sort of infrastructure which allows facilitating access for consumers to the product ensuring a wide range of products and comfort buying facilities, but at the same time they provide suppliers with the access to distribution channels securing volumes of purchases under the adjusted schedules"*.

184 Europa. European Commission. *Staff Working Document on Retail Services in the Internal Market*, 2010. p. 6. *"Retail services are provided to two different kinds of customers i.e. downstream customers who are final consumers of retail products and upstream customers who are suppliers of products"*.

185 UNCTAD. *Competition Issues in the Food Chain: Possible Measures to Address Buyer Power in the Retail Sector*, 2014. Disponível em: <http://unctad.org/meetings/en/Contribution/tdb61_c01_UNCTAD.pdf>. Acesso em: 11 fev. 2016. Neste arrojado documento para discussão, enunciou-se um novo paradigma econômico: os supermercados enquanto plataformas. Os supermercados seriam plataformas que fornecem serviços não apenas para os consumidores, mas também aos fornecedores, a quem conseguiriam inclusive transferir custos operacionais, impor termos desequilibrados de fornecimento e práticas unilaterais desconectadas com os contratos e as normas jurídicas, sob a ameaça da retirada da lista.

outros – os consumidores precisam dos produtos e os fabricantes precisam escoar sua produção de produtos de marca independente no mercado –, de modo que o supermercado intermedia um e outro.

De um lado da plataforma, o supermercado presta serviços aos consumidores finais consistentes na disponibilização de produtos no modelo de negócios *one-stop shopping*. Esse modo de fazer compras influenciou a mudança no padrão de compra dos consumidores, pois permite realizá-las em um só local, com maior variedade de produtos. Também permite comparar preços, obter economias de custos e ganho de tempo (por exemplo, decorrente da intensificação do trânsito), evitar riscos com a inflação e usufruir de estacionamento gratuito, entre outras facilidades.[186] A maior ou menor valorização do modelo *one-stop stopping* pelos consumidores varia de acordo com fatores como tempo, acesso a transporte e habilidade de estocar itens perecíveis até a próxima ida aos supermercados. Assim, mesmo oferecendo esse modelo *one-stop shopping*, nenhum supermercado disponibiliza aos consumidores exatamente a mesma experiência de compra, pois esta resulta da combinação de fatores como localização, preços, seleção (pluralidade de produtos), qualidade e outras variáveis que afetam a escolha do consumidor.[187]

Do outro lado da plataforma, o supermercado presta serviços aos fornecedores de marcas independentes. Essa prestação de serviços está relacionada ao acesso à loja e também aos serviços dentro da loja ("*acess to and competition within supermarket platform*"[188]). O preço cobrado pelos supermercados de seus fornecedores é, então, uma tarifa bipartite, exigida não apenas por aderir à plataforma, mas também por usá-la, nos termos de FILISTRUCCHI, GERADIN e VAN DAMME.[189] Esses fornecedores apenas atingirão os consumidores – ou apenas os alcançarão na mesma extensão – se intermediados pela plataforma dos supermercados.

---

186 FORGIONI, Paula A. *Contrato de distribuição*. 2. ed. São Paulo: RT, 2008. p. 573.
187 BASKER, Emek; NOEL, Michael. Competition Challenges in the Supermarket Sector with an Application to Latin American Markets. *Centro Regional de Competencia para América Latina (CRCAL)*, 2013.
188 BERASATEGI, Javier. *Supermarket power: serving consumers or harming competition*, 2014. Disponível em: <http://www.supermarketpower.eu/documents/38179/39950/Supermarket+Power.pdf/ 9c0ed73f-37db-4d23-bd2d-1f583bf501e9>. Acesso em: 24 maio 2015.
189 FILISTRUCCHI, Lapo; GERADIN, Damien; VAN DAMME, Eric. *Identifying two-sided markets*. Londres: TILEC Discussion Paper No. 2012-008, 2012.

Assim, essa intermediação de transações realizada pelos supermercados a ambos os lados da plataforma, com as demais características a seguir mencionadas, os qualificam como plataforma de dois lados, por seu papel de prestador de serviços *one-stop shopping* aos consumidores e também de prestador de serviços de acesso à e dentro da plataforma aos fornecedores.

Quanto à característica (ii) de existirem externalidades indiretas entre os grupos, tem-se que o valor que um grupo atribui à plataforma de um lado aumenta o número de consumidores do outro lado. Por um prisma, verifica-se que os consumidores finais valorizam o supermercado pelo modelo de negócios *one-stop shopping*, que reúne variedade e conforto em uma única localidade, consistente em uma das explicações da emergência global dos supermercados.[190] Por outro lado, os fabricantes fornecedores valorizam os supermercados pela habilidade de atrair a maior quantidade possível de clientes, sendo que o maior número de consumidores finais em uma cadeia de supermercados tende a atrair o fornecimento por parte de mais fabricantes de produtos de marca independente.[191] Assim, quanto maior seu alcance junto aos consumidores finais, maior o poder dos supermercados perante seus fornece-

---

[190] RICHARDS, Timothy; HAMILTON, Stephen F. Network externalities in supermarket retailing. *Working Paper*, p. 2-3, 2007. E também RICHARDS, Timothy; HAMILTON, Stephen F. Network externalities in supermarket retailing. *European Review of Agricultural Economics*, p. 11, 2012. "*Rather, we argue that much of the advantage is likely due to demand-side scale economies, in particular, to a form of indirect network effect generated by a two-sided demand for retail shelf space. Retailers are platforms that exist only to connect consumers and manufacturers. Consumers prefer a variety of products, so value platforms that are able to attract a larger number of manufacturers. On the other side, manufacturers benefit by selling through a platform that is able to attract the greatest number of consumers. Both consumers and manufacturers pay a price for access – the retail price for consumers, and either access fees (slotting fees, promotional allowances etc.) or comparatively low wholesale prices for retailers who do not charge slotting (Hamilton, 2003; Sudhir and Rao, 2006). In this study, we describe a general model wherein retail supermarkets serve as platforms in a two-sided market that consists of consumers on one side and manufacturers on the other. Because consumers are assumed to demand variety (Draganska and Jain, 2005; Richards and Hamilton, 2006) and manufacturers prefer more shelf-space, the price retailers charge to both sides must take the demand from the other into account. Recognizing the two-sided nature of retail markets explains many of the trends toward consolidation and off-invoice pricing activity, or lack thereof, in the supermarket industry over the last decade*".

[191] VIANNINI, Stefano. Bargaining and two-sided markets: the case of Global Distribution Systems (GDS) in Travelport's acquisition of Worldspan. *Competition Policy Newsletter*, n. 2, 2008.

dores.¹⁹² Essas externalidades indiretas promovidas pelos varejistas, com as demais características supra e inframencionadas, os qualificam como plataforma de dois lados, pelo valor dado ao *one-stop shopping* pelos consumidores e pelas repercussões geométricas de atração de fornecedores.

Finalmente, *quanto à característica (iii) da estrutura de preço da plataforma* afetar a dimensão das transações, os supermercados alteram a estrutura de preços dos fornecedores aos consumidores finais. Os varejistas tendem a cobrar dos consumidores finais menores preços para enfrentar a concorrência horizontal a jusante. Ao mesmo tempo, porém, tendem a cobrar dos fornecedores taxas e condições de acesso cada vez mais altas, bem como exigir o cumprimento de cláusulas/práticas que aumentam sua rentabilidade. O supermercado atua, então, como um intermediário não neutro no mercado, que altera a estrutura de preços ao longo da plataforma, possuindo a capacidade de defini-los em praticamente em ambos os lados.¹⁹³ A análise passa a ter contornos ainda mais cinzentos ao se levar em conta o crescimento das marcas próprias, que concorrem com os produtos das marcas independentes dos fornecedores e que podem suscitar alterações ainda mais significativas na estrutura de preços na plataforma. Essa diferenciação na estrutura de preços realizada pelos supermercados a ambos os lados da plataforma, juntamente com as demais características supramencionadas, os qualifica como plataforma de dois lados, em que os preços menores obtidos pelos supermercados na compra de produtos nem sempre são repassados para os consumidores. Nesse sentido, FILISTRUCCHI, GERADIN e VAN DAMME¹⁹⁴ entendem que, quanto

---

192 GORDILHO JR., Mário Sérgio Rocha. Análise de poder de compra no mercado de varejo de bens duráveis – desafios para o novo CADE. *Boletim Latino-Americano de Concorrência*, n. 31, p. 51, abr. 2012.

193 ARMSTRONG, Mark. Two-sided markets: economic theory and policy implications. *Recent Developments in Antitrust:* Theory and Evidence. Cambridge: The MIT Press, 2007. p. 39-59. "*A closely related example is that of supermarkets, which deal with suppliers on one side and which compete to attract consumers on the other site. The principal difference between shopping malls and supermarkets is that in the former case the 'platform owner' does not directly control the retail prices (which are chosen by the individual shops), whereas a supermarket sets all its retail prices. A common perception is that supermarkets often offer rather low prices to consumers, but deal quite aggressively with their suppliers (paying them only a low charge for their suppliers)*".

194 FILISTRUCCHI, Lapo; GERADIN, Damien; VAN DAMME, Eric. *Identifying two-sided markets*. Londres: TILEC Discussion Paper No. 2012-008, 2012. p. 10.

menor a taxa de transferência dos benefícios, mais importante é a natureza da plataforma como de dois lados.

A evidência de ser o supermercado uma plataforma de dois lados torna os instrumentos tradicionais da análise antitruste ou inválidos ou, no mínimo, demandantes de reformulação.[195] *A visão tradicional dos supermercados como agentes neutros de mercado evolui e dá lugar a um novo paradigma, em que os serviços oferecidos pelos supermercados transcendem a uma relação comercial*[196] *e devem ser vistos sob a ótica dos dois mercados da plataforma.*

2.2 Plataforma de dois lados com características de "gargalo à concorrência"

2.2.1 Breve teoria do "gargalo à concorrência" ("competitive bottleneck model"/"gatekeeper")

A teoria do gargalo à concorrência foi desenvolvida inicialmente por ARMSTRONG[197] (*"competitive bottleneck model"*), em seu artigo sobre platafor-

---

195 OCDE. *Roundtable on two-sided markets*. Competition Committee, DAF/COMP (2009)69, 2009. "*In our discussion of the implications of the economics of two-sided platforms for competition policy we emphasize how traditional tools of competition analysis, such as the small but significant and nontransitory increase in price test, or the critical loss analysis, are either invalid or should be reformulated*". WHIGHT, J. One-sided Logic in Two-Sided Markets. *Review of Network Economics*, v. 3, p. 42-63, 2004.

196 Alguns dos exemplos que justificam a afirmação de que a relação entre supermercados e fornecedores transcende a uma mera relação comercial e passa a ser de intermediação na base de uma plataforma de dois lados. Em um primeiro exemplo, os supermercados alugam espaço em gôndola para os fornecedores, sem necessariamente passar a deter a propriedade dos bens que distribui. Em outro exemplo, os supermercados começam a alocar produtos de marca própria e de marcas independentes com base em fatores variados, que não apenas preço. Em um terceiro exemplo, os supermercados, além de comprarem os produtos dos fornecedores de marcas independentes após uma negociação bilateral, oferecem outros serviços remunerados, o que faz com que a escolha do produto do fornecedor pelo supermercado vá além do preço de compra do produto, e leve em conta – principalmente, a nosso ver – os outros serviços que são por ele prestados e a ele remunerados ("serviços de acesso", que podem ser incluir serviços logísticos, serviços de "listagem", serviços dentro da loja).

197 ARMSTRONG, Mark. Competition in two-sided markets. *RAND Journal of Economics*, v. 37, n. 3, p. 668-691, Autumn 2006. Neste documento o autor explica cenários em que a plataforma consiste em dois lados *single-home*, dois lados *multi-home* e também um lado *single-home* e outro *multi-home*, sendo que nesta última hipótese é que surge a teoria do gargalo à concorrência.

mas de dois lados que servem a dois grupos diferentes de consumidores. Segundo essa teoria, enquanto um primeiro grupo tem acesso a diversas plataformas ("*multi-home*"), um segundo tem acesso apenas a uma plataforma ("*single-home*"). O primeiro grupo, que costuma ser dos vendedores, só consegue acessar o segundo grupo, que tende a ser dos compradores, por meio da plataforma escolhida pelo grupo *single-home*. A plataforma passa, então, a deter o poder monopolista de prover ou não acesso dos *multi-home* aos *single-home*. A plataforma se torna, dessa forma, um "*competitive bottleneck*", ou seja, um gargalo à concorrência, que pode cobrar e explorar o primeiro grupo (*multi-home*) para o benefício – ou não – do segundo grupo (*single-home*).

Ilusta-se um gargalo à concorrência da seguinte forma:

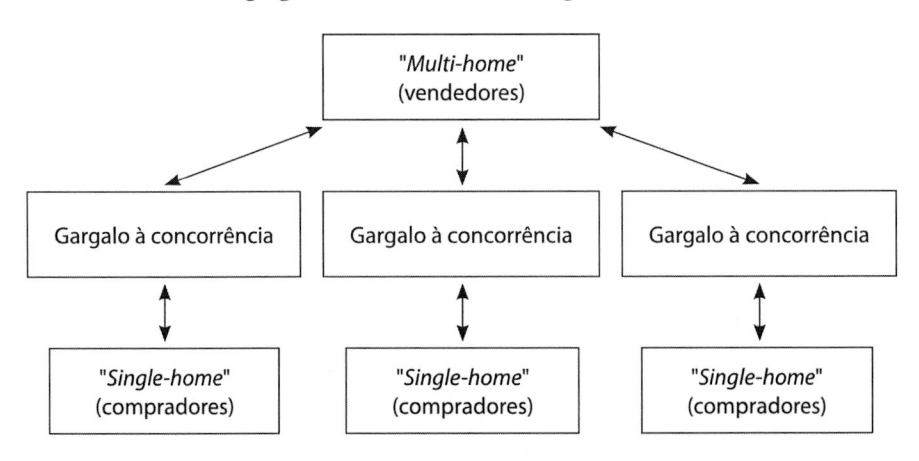

```
                    ┌─────────────────┐
                    │  "Multi-home"   │
                    │   (vendedores)  │
                    └─────────────────┘
                   ↗         ↑         ↖
                  ↙          ↓          ↘
    ┌──────────────┐  ┌──────────────┐  ┌──────────────┐
    │   Gargalo à  │  │   Gargalo à  │  │   Gargalo à  │
    │  concorrência│  │  concorrência│  │  concorrência│
    └──────────────┘  └──────────────┘  └──────────────┘
           ↕                 ↕                 ↕
    ┌──────────────┐  ┌──────────────┐  ┌──────────────┐
    │ "Single-home"│  │ "Single-home"│  │ "Single-home"│
    │ (compradores)│  │ (compradores)│  │ (compradores)│
    └──────────────┘  └──────────────┘  └──────────────┘
```

Nos termos de ARMSTRONG, as plataformas de dois lados com gargalos à concorrência teriam três características principais: (i) operam em mercados concentrados e que possuem algum poder de mercado, ainda que pela análise tradicional não tenham posição dominante; (ii) possuem alto nível de fidelidade dos compradores de um lado da plataforma ("*single-home*"); e (iii) são capazes de explorar o grupo do outro lado da plataforma ("*multi-home*"), pois os vendedores precisam de acesso à plataforma para alcançar os consumidores finais de maneira economicamente viável.

O próprio autor alude que sua teoria do gargalo à concorrência é análoga ao chamado "*mixed equilibria*" proposto por CAILLAUD e JULLIEN[198]. Estes

---

[198] CAILLAUD, Bernard; JULLIEN, Bruno. Chicken & egg: competition among intermediation service providers. *RAND Journal of Economics*, v. 34, n. 2, p. 309-328, Summer 2003.

autores argumentam que o grupo *single-home* é beneficiado pela plataforma quanto a preços, ao passo que se extrai ao máximo o lucro do grupo *multi-home*, com o que ARMSTRONG concorda. ROCHET e TIROLE[199] também possuem argumentação semelhante – mesmo que específica para o mercado de cartão de crédito, mas que pode ser aplicada de modo mais abrangente – no sentido de que é característica da teoria do gargalo à concorrência a verificação de que o grupo *single-home* é privilegiado, enquanto os interesses do grupo *multi-home* são ignorados em uma situação de equilíbrio.[200] Similarmente, ARMSTRONG e WRIGHT[201] discorrem que, nestes casos de gargalo à concorrência, as plataformas competem agressivamente para atrair compradores (*single-home*). Os compradores, então, pagam pouco ou até mesmo nada para se registrarem à plataforma, e os lucros são advindos dos vendedores (*multi-home*), que, para acessarem tais compradores, precisam se utilizar da plataforma. GRIMES[202] também denomina essa situação de "*gatekeeper power*",[203] em sintonia com as terminologias mencionadas por algumas autoridades antitruste estrangeiras. Certos mercados são identificados na literatura como gargalos à concorrência, entre eles jornais;[204] agências de turismo[205] e supermercados, como se passa a expor e propor a seguir.

---

199 ROCHET, Jean-Charles. TIROLE, Jean. Platform competition in two-sided markets. *Journal of the European Economic Association* 1(4), p. 990-1029, 2003.

200 ARMSTRONG, Mark. Competition in two-sided markets. *RAND Journal of Economics*, v. 37, n. 3, p. 678, Autumn 2006.

201 ARMSTRONG, M.; WRIGHT, J. Two-sided markets. Competitive Bottlenecks and Exclusive Contracts. *Economic Theory*, 32, p. 353-380, 2005.

202 GRIMES, Warren S. Buyer power and retail gatekeeper power: protecting competition and atomistic seller. *Antitrust Law Journal*, 72, n. 2, p. 578, 2005.

203 FTC. *Workshop on slotting allowances and other marketing practices in the grocery industry*. 2001. p. 55-58. "*Gatekeepers power as the leverage of a retailer who is so importante a parto f the retail market that its refusal to carry a product will by itself make it too costly for the supplier to effectively enter*".

204 Os jornais seriam *competitive botllenecks*, pois as pessoas leem normalmente apenas um jornal, devido a restrições de tempo (*single-home*), ao passo que os anunciantes colocam anúncios em todos os jornais possíveis (*multi-home*). ARMSTRONG, Mark. Competition in two-sided markets. *RAND Journal of Economics*, v. 37, n. 3, p. 678, Autumn 2006.

205 As agências de turismo seriam *competitive botllenecks*, pois os agentes de turismo podem usar apenas um sistema aéreo de reserva (*single-home*), ao passo que as companhias aéreas são forçadas a transacionar com todas as plataformas possíveis para ter acesso aos clientes dos agentes de turismo (*multi-home*) (ARMSTRONG, Mark. Competition in two-sided markets. *RAND Journal of Economics*, v. 37, n. 3, p. 678, Autumn 2006).

Capítulo 2 Proposta: a moderna análise antitruste do varejo supermercadista

2.2.2 Supermercado como "gargalo à concorrência" para consumidores finais e para fornecedores

Acadêmicos e autoridades de defesa da concorrência já destacaram a característica dos supermercados como gargalos à concorrência, utilizando para tanto a nomenclatura "*competitive bottleneck*" ou "*gatekeepers*". Entre os acadêmicos mencionam-se, por exemplo, ARMSTRONG,[206] SAVRIN[207] e BERASATEGI.[208] Entre as autoridades antitruste estrangeiras citam-se, por exemplo, a *Australian Competition and Consumer Commission* (2008),[209] a Autoridade de Concorrencia de Portugal (2010),[210] a *Finnish Competition Authority* (2012)[65] e o documento para discussão da UNCTAD (2014).[66]

---

[206] ARMSTRONG, Mark. Competition in two-sided markets. *RAND Journal of Economics*, v. 37, n. 3, p. 668-691, Autumn 2006.

[207] SAVRIN, Dan. *Apud* Federal Trade Commission. *Workshop on Slotting Allowances and Other Grocery Marketing Practices*, 2000. p. 386-387. Disponível em: <https://www.ftc.gov/sites/default/files/ documents/public_events/public-workshop-slotting-allowances--and-other-grocery-marketing-practices/slotting61.pdf>. Acesso em: 13 fev. 2016. O autor, no evento organizado pela *Federal Trade Commission*, em 2000, mencionou a discussão do papel dos grandes varejistas como "*gatekeepers*", pelo papel exercido tanto com os fornecedores no lado do aprovisionamento quanto com os consumidores do lado da venda. Para essa análise, apontou – mencionando a discussão na União Europeia envolvendo o caso Kesko/Tuko na Finlândia –, que do lado do aprovisionamento havia sido realizada análise a respeito da existência de alternativas apropriadas para os fornecedores para as suas vendas aos varejistas.

[208] BERASATEGI, Javier. *Supermarket power: serving consumers or harming competition*, 2014. Disponível em: <http://www.supermarketpower.eu/documents/38179/39950/ Supermarket+Power.pdf/ 9c0ed73f-37db-4d23-bd2d-1f583bf501e9>. Acesso em: 24 maio 2015.

[209] Austrália. Australian Competition and Consumer Commission. *Report of the AACC inquiry into the competitiveness of retail prices for standard groceries*, 2008. p. 335-336. A autoridade apontou o papel do varejista como um "*gatekeeper*" no mercado, dada sua habilidade de controlar o acesso às gôndolas, ditar o posicionamento dos produtos nas gôndolas e ainda definir os preços praticados pelo supermercado. Esse papel, por sua vez, contribuiria para seu poder de mercado, permitindo que realizasse ameaças críveis de retirada da lista a seus fornecedores como meio de obter taxas e condições mais favoráveis do que os demais concorrentes.

[210] Portugal. Autoridade de Concorrencia. *Relatorio Final sobre Relações Comerciais entre a Distribuição Alimentar e os seus Fornecedores*, 2010. Disponível em: <http://www.concorrencia. pt/ SiteCollectionDocuments/Estudos_e_Publicacoes/Outros/AdC_Relatorio_Final_Distribuicao_Fornecedores_Outubro_2010.pdf>. Acesso em: 23 maio 2015. Este estudo foi precedido pelo *Relações comerciais entre a grande-distribuição agroalimentar e os seus*

Similarmente à ilustração acima apresentada, identifica-se da seguinte maneira o supermercado como um gargalo à concorrência:

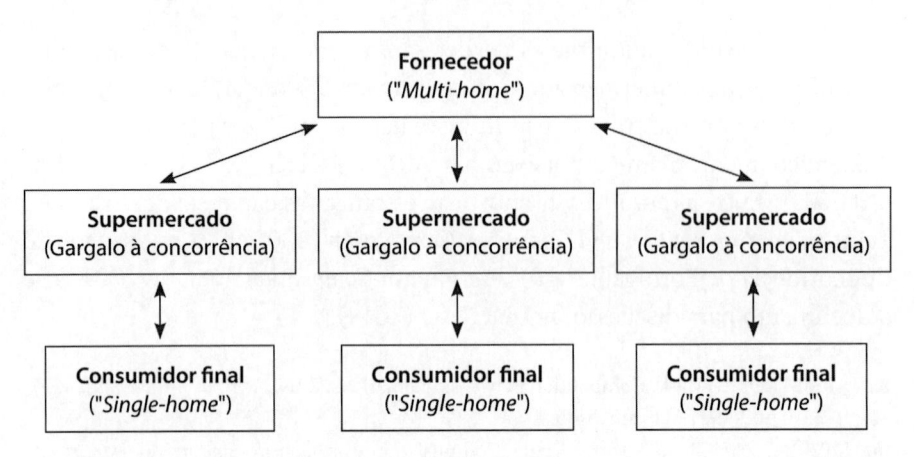

```
                    Fornecedor
                    ("Multi-home")
        ↙              ↕              ↘
  Supermercado    Supermercado    Supermercado
  (Gargalo à      (Gargalo à      (Gargalo à
  concorrência)   concorrência)   concorrência)
        ↕              ↕              ↕
  Consumidor      Consumidor      Consumidor
     final          final           final
  ("Single-home") ("Single-home") ("Single-home")
```

Propõe-se que os supermercados sejam analisados concorrencialmente como plataformas de dois lados com características de gargalo à concorrência, pois preenchem as três características fundamentais desse conceito. Primeiro porque (i) operam em mercados concentrados e possuem poder de mercado, ainda que pela análise tradicional não tenham posição dominante. Segundo porque (ii) têm alto nível de fidelidade dos consumidores de um lado da plataforma ("*single-home*"). E terceiro porque (iii) são capazes de explorar os gru-

---

fornecedores, consistente em um relatório preliminar publicado em dezembro de 2009. Disponível em: <http://www.concorrencia.pt/SiteCollection Documents/Estudos_e_Publicacoes/Outros/02_GGR_Fornecedores_Dez2009.pdf>. Acesso em: 23 maio 2015.

211 Finlândia. Finnish Competition Authority. *Study on Trade in Groceries – How does buyer power affect the relations between trade and industry?*, 2012. Disponível em: <http://www2.kkv.fi/file/cd1a09b5-f5b7-4483-a18f-6673dead8182/FCA-Reports-1-2012-Study-on-Trade-in-Groceries.pdf>. Acesso em: 23 maio 2015. p. 23. "*It acts as a gatekeeper in managing shelfspace and selection and in deciding which products should be marketed*"; "*Private labels emphasize the role of the trade as a gatekeeper. The trade manages selection, pricing and display. The trade also obtains information on the cost structure of products through the private labels. Considering all these things it may be stated that private labels do not necessarily compete with branded products in a competition neutral way*".

212 UNCTAD. *Competition Issues in the Food Chain: Possible Measures to Address Buyer Power in the Retail Sector*, 2014. Disponível em: <http://unctad.org/meetings/en/Contribution/tdb61_c01_UNCTAD.pdf>. Acesso em: 11 fev. 2016. Neste arrojado documento para discussão aponta-se que os supermercados teriam se transformado em gargalos à concorrência ("*competitive bottlenecks*").

Capítulo 2 Proposta: a moderna análise antitruste do varejo supermercadista

pos do outro lado da plataforma ("*multi-home*"), pois vendedores precisam de acesso à plataforma para alcançarem os consumidores finais de maneira economicamente viável.

Quanto ao (i) poder de mercado, os supermercados operam em mercado com histórico e tendência de consolidação, cujas práticas comerciais evidenciam o poder destes tanto nos mercados varejistas (venda) quanto nos de aprovisionamento (compra), ainda que pela análise tradicional não tenham posição dominante. O histórico dos embates pelo poder no varejo supermercadista será detalhado adiante, no Capítulo 3, seguido pela análise do processo de concentração econômica que se evidencia no setor, no Capítulo 4. Essa concentração de mercado é um importante poder de mercado dos varejistas, mesmo que os percentuais de participação de mercado individualmente considerados sejam abaixo dos níveis de dominância tradicionais.

Quanto à (ii) fidelidade dos consumidores de um lado da plataforma, tem-se que os consumidores finais tendem a visitar apenas um supermercado (*single-home*) e tê-lo como um gargalo por diversos fatores cumulados. Os consumidores tendem a se fidelizar a um único varejista por diversos fatores, dentre eles: (i) pela restrição das opções de supermercados, tendo em vista a concentração econômica e as barreiras à entrada e à expansão nos mercados locais; (ii) pela redução da percepção sobre diferenças de preços, decorrente da transparência das condições de mercado e também da entrada das marcas próprias; (iii) pela crescente tomada de decisões dentro da loja do supermercado e diante das gôndolas, o que aumenta a influência das práticas comerciais implementadas pelo varejista; e (iv) pela crescente aceitação das marcas próprias pelos consumidores finais. Esses fatores, que evidenciam seu poder perante os consumidores, serão pormenorizadamente detalhados adiante, no Capítulo 4.

Ainda, *quanto à (iii) capacidade de explorar o grupo do outro lado da plataforma*, tem-se que os supermercados conseguem estrangular os fornecedores (*multi-home*) que desejam inserir seus produtos nas gôndolas dos supermercados. O modelo exitoso de *one stop shop* faz com que os fornecedores de produtos de marcas independentes não consigam alcançar os consumidores finais senão por meio da plataforma do supermercado. Uma vez acessada a plataforma, diversas variáveis importantes para a competitividade de um produto (como preço, apresentação e *marketing*) são controladas pelos supermercados dentro da loja, que podem influenciar os consumidores finais a favor das marcas próprias, em detrimento das marcas independentes do fornecedor. Em que pese isso, há o risco de retaliações, que deixa os fornecedores sem alternativas razoáveis para escoamento dos seus produtos senão pelos supermercados, em especial diante de um varejo *on-line* ainda ser incipiente.[213] Alguns desses fatores, que evidenciam seu poder perante os fornecedores, serão pormenorizadamente detalhados adiante, no Capítulo 4.

Assim, sob a perspectiva dos fornecedores, BERASATEGI[214] assevera que os produtos de marcas independentes precisam superar pelo menos duas dificuldades para alcançar sucesso no mercado: primeiro, o acesso aos supermercados, para em seguida passar ao segundo, que é a própria aceitação do produto pelos consumidores finais. O acesso a uma rede de distribuição é condição *sine qua non* para um negócio viável da indústria, para que, assim, possa alcançar um número suficiente de consumidores. A aceitação do produto pelos consumidores finais, porém, depende não apenas de suas características intrínsecas, mas também de diversas outras variáveis (como preço, apresentação e *marketing*), que são controladas pelos supermercados dentro da loja. Como já observado, esse mesmo supermercado é não apenas um simples comprador, mas sim um prestador de serviços para acesso à loja, com interesses possivelmente obtusos, em um cenário de marcas próprias. Assim, a superação de ambas as dificuldades depende do relacionamento dos fornecedores com os supermercados, o que dá a estes significativo poder e reforça seu papel de gargalo quase que intransponível à concorrência entre produtos de marca. BELL alude que esse gargalo surge tanto em casos de novos produtos, que precisam de uma ampla rede de distribuição para serem capazes de alcançar os consumidores finais e crescer, quanto em caso de produtos existentes, quando qualquer perda repentina de acesso e/ou de vendas para um supermercado específico não é compensada por eventual aumento de vendas para outro supermercado, de modo que a rentabilidade é drasticamente reduzida.[215]

---

213 A respeito das alterações recentes do *e-commerce* no varejo, ainda que não específica para o varejo supermercadista: FRIEDERISZICK, Hans W.; GŁOWICKA, Ela. Competition policy in modern retail markets. *Journal of Antitrust Enforcement*, p. 30, 2015.

214 BERASATEGI, Javier. *Supermarket power: serving consumers or harming competition*, 2014. p. 118. Disponível em: <http://www.supermarketpower.eu/documents/38179/39950/Supermarket+Power.pdf/ 9c0ed73f-37db-4d23-bd2d-1f583bf501e9>. Acesso em: 24 maio 2015.

215 BELL, Dick. The business model for manufacturers' brands. *Private Label, Brands and Competition Policy*: The Changing Landscape of Retail Competition. Oxford: Ariel Ezrachi and Ulf Bernitz, 2009.

Capítulo 2 **Proposta: a moderna análise antitruste do varejo supermercadista**

Essa característica de gargalo à concorrência foi mencionada, por exemplo, no caso concreto da fusão entre as redes varejistas finlandesas Kesko/Tuko[216], analisada pela Comissão Europeia. Naquela análise, foi utilizada a expressão *"gatekeepers"* para representar o poder único que os supermercados, em um cenário pós-operação de concentração econômica, deteriam no mercado. O anúncio da fusão entre as duas varejistas de alimentos da Finlândia foi realizado em maio de 1996, sendo que, em novembro, a Comissão determinou sua reprovação. Em sua análise, apontou-se que a empresa resultante da fusão teria a habilidade de exercer seu poder de mercado para determinar a extensão do acesso que um fornecedor teria no mercado varejista e em quais termos esse acesso estaria disponível. Esse *"gatekeeper effect"* seria ainda maior diante da existência dos produtos de marca própria da Tuko, que poderiam ser utilizados como uma ferramenta de negociação em face dos fornecedores para conseguir concessões adicionais, o que poderia servir como uma barreira à entrada e permitiria à empresa adquirente Kesko atuar no mercado varejista sem preocupações com os demais concorrentes. A maioria dos fornecedores – com exceção de multinacionais, que têm marcas altamente reconhecidas dos seus produtos – estaria, então, dependente dos dois supermercados e não seria capaz de resistir ao poder de mercado das compradoras.

Na opinião de CURTIN, GOLDBERG e SAVRIN,[217] o modo pelo qual a Comissão Europeia analisou essa fusão superou a maneira tradicional – voltada para a perspectiva dos consumidores e dos competidores – e alcançou um novo paradigma, voltado para a perspectiva dos fornecedores das empresas em concentração econômica.

Considerando tanto a doutrina acadêmica quanto a experiência antitruste internacional, propõe-se neste livro que o supermercado é uma plataforma de dois lados com características à concorrência, e que as tradicionais funções por ele exercidas não refletem toda a sua extensão de relações jurídicas, pelo que se passa a expor a seguir.

---

216 EUROPA. European Commission. *Commission Decision of 20 November 1996 declaring a concentration to be incompatible with the common market* (Case No IV/M.784 – Kesko/Tuko). Disponível em: <http://europa.eu.int/smartapi/cgi/sga_doc?smartapi!celexplus!prod!CELEXnumdo c&lg=en>.

217 CURTIN JR., John J.; GOLDBERG, Daniel L.; SAVRIN, Daniel S. EC's Rejection of the Kesko/Tuko Merger: Leading the Way to the Application of a Gatekeeper Analysis of Retailer Market Power under US Antitrust Laws. *The. BCL Rev.*, v. 40, p. 537, 1998.

2.3 As relações jurídicas do varejo supermercadista

No contexto de uma moderna análise antitruste que visualiza os supermercados como plataformas de dois lados com características de gargalo à concorrência, será proposto um novo modo de compreensão das possíveis relações jurídicas dos agentes no varejo supermercadista. Para além das tradicionais relações horizontais entre varejista e varejista (concorrentes) e fornecedor e fornecedor (concorrentes), e vertical entre varejista e fornecedor (comprador/prestador de serviços de acesso à plataforma), há também dois novos paradigmas "híbridos"[218] de relação vertical entre varejista e fornecedor que são pouco mencionados: primeiro do supermercado concorrente dos seus fornecedores (detentor de marcas próprias), e segundo do supermercado como fornecedor da indústria fornecedora (detentor do espaço nas gôndolas/prestador de serviços dentro da plataforma). Estes dois últimos paradigmas da relação vertical, por sua vez, podem também ter repercussões horizontais e diagonais. Esse emaranhado de relações jurídicas, possivelmente conflitantes, pode ser observado da seguinte maneira:

---

[218] Esse emaranhado "híbrido" de relações horizontais e verticais foi estudado em: LIANOS, Ioannis. The vertical/horizontal dichotomy in competition law: some reflections with regard to dual distribution and private labels. *Private Labels, Brands and Competition Policy:* the challenging landscape of retail competition. Oxford: Ariel Ezrachu abd Ulf Bernitz, 2009. p. 99-124. "*The competition assessment of hybrid commercial practices in distribution, such as dual distribution and private labels, unveils the conceptual weakness of the vertical/horizontal dichotomy and the risks of a formalistic approach in characterizing the restraints. The main reason for introducing this dichotomy was the shift towards an effects-based economic oriented approach. The labels, vertical and horizontal, do not, howevwe, always correspond to clear presumptions of anti- or pro-competitive effects and are subject to manipulation. The risk is that competition authorities and courts focus on the vertical or horizontal character of the restriction, instead of examining the actual or potential anticompetitive effects and the economic context of the agreement*". Outro autor que tratou do tema, especificamente sob a perspectiva da comunidade europeia foi GILO, David. Private labels, dual distribution, and vertical restraints – na analysis of the competitive effects. *Private Labels, Brands and Competition Policy:* the challenging landscape of retail competition. Oxford: Ariel Ezrachu abd Ulf Bernitz, 2009. p. 140-160.

Capítulo 2 Proposta: a moderna análise antitruste do varejo supermercadista

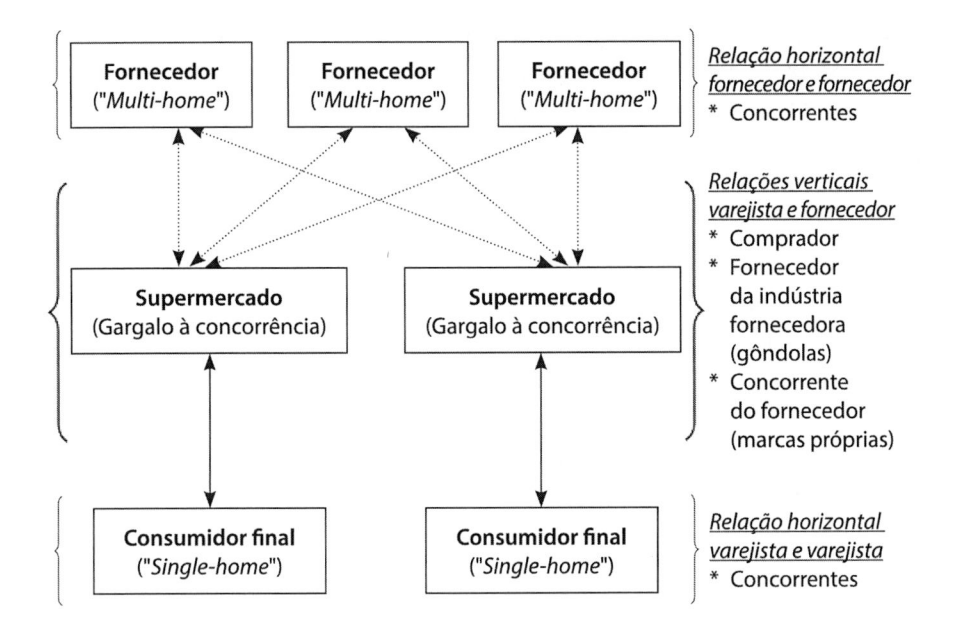

```
┌ Fornecedor      Fornecedor      Fornecedor   ┐  Relação horizontal
│ ("Multi-home")  ("Multi-home")  ("Multi-home")│  fornecedor e fornecedor
└                                                ┘  * Concorrentes

                                                   Relações verticais
                                                   varejista e fornecedor
                                                   * Comprador
   Supermercado              Supermercado         * Fornecedor
   (Gargalo à concorrência)  (Gargalo à concorrência)  da indústria
                                                   fornecedora
                                                   (gôndolas)
                                                   * Concorrente
                                                   do fornecedor
                                                   (marcas próprias)

   Consumidor final          Consumidor final     Relação horizontal
   ("Single-home")           ("Single-home")      varejista e varejista
                                                  * Concorrentes
```

2.3.1 As relações jurídicas do varejo supermercadista nas relações verticais

Diversos acadêmicos, como DOBSON[219] e GORDILHO,[220] e autoridades antitruste estrangeiras, como a Comissão Europeia (2010),[221] apontam no sentido de que os supermercados não podem mais ser vistos como meros compradores no mercado, nos termos da tradicional análise do varejo supermercadista. Em uma moderna visão do setor, considerando o supermercado como plataforma de dois lados com características de gargalo à concorrência, observa-se que,

---

219 DOBSON, Paul. Exploiting buyer power: lessons from the british grocery trade. 72 *Antitrust Law Journal*, p. 529-562, 2005.
220 GORDILHO JR., Mário Sérgio Rocha. Análise de poder de compra no mercado de varejo de bens duráveis – desafios para o novo CADE. *Boletim Latino-Americano de Concorrência*, n. 31, p. 22, abr. 2012.
221 Europa. European Commission. *The impact of private labels on the competitiveness of the European food supply chain*, 2010. p. 160. "Retailers derive bargaining power from the fact that they perform three interlinked roles in the supplier-retailer relation: they act as customers, they compete directly with suppliers (since they supply competing retail labels) and they supply the most crucial asset in the food supply chain, namely shelf space or access to consumers". Disponível em: <http://ec.europa.eu/enterprise/sectors/food/files/study_privlab04042011_en.pdf>. Acesso em: 23 maio 2015.

nas relações verticais entre varejista e fornecedor, o supermercado possui a capacidade de exercer, individual ou conjuntamente, pelo menos três relações jurídicas: comprador/prestador de serviços de acesso à plataforma, fornecedor da indútria fornecedora/ prestador de serviços dentro da plataforma e concorrente/detentor de marcas próprias. No exercício dessas três relações jurídicas, os objetivos do varejista podem não ser coincidentes – ou seja, podem ser conflitantes –, o que pode trazer questionamentos concorrenciais e reforça o papel não neutro desse agente no mercado.

É possível visualizar as três relações jurídicas do varejista com o fornecedor nas relações verticais – que podem também ter repercussões horizontais – na tabela a seguir:

2.3.1.1 Varejista como prestador de serviços ao fornecedor para acesso à plataforma (comprador do fornecedor)

A primeira relação jurídica do varejista na relação vertical com os fornecedores é a mais comumente mencionada pela visão tradicional, do supermercado como comprador de produtos de marca independente do fornecedor. Considerando o novo paradigma dos supermercados como plataformas de dois lados com características de gargalo à concorrência, essa função dissocia-se apenas da sua visão enquanto comprador e alia-se à visão do varejista como prestador de serviços para fornecedores e consumidores finais na plataforma. Isso significa que o supermercado não simplesmente compra o produto, embute sua margem de lucro e revende, como um simples revendedor. O supermercado, sob essa moderna visão, tem uma atuação mais abrangente, *de prestador de serviços*, autorizando ou não, em cada caso e a partir do cumprimento ou não de determinadas exigências, que produtos entrem em sua plataforma – ou seja, em suas lojas.

No exercício dessa primeira relação jurídica, o varejista implementa práticas comerciais verticais possivelmente questionáveis em termos concorrenciais, como as transferências de custos e de riscos, a alteração de cláusulas contratuais de modo retroativo e a influência nos fornecedores dos fornecedores. Essas categorias de práticas serão descritas mais à frente, no Capítulo 5.

2.3.1.2 Varejista como prestador de serviços ao fornecedor dentro da plataforma (fornecedor da indústria fornecedora)

Uma segunda relação jurídica do varejista na relação vertical com os fornecedores diz respeito à sua atuação ao comercializar espaços em gôndolas

Capítulo 2 **Proposta: a moderna análise antitruste do varejo supermercadista**

para a venda dos produtos de marca independente. O supermercado, ao ser o gargalo à concorrência que intermedia consumidores finais e fornecedores, controla elementos essenciais para o sucesso de um produto (como preço, apresentação e *marketing*), e passa a ser um prestador de serviços dentro da plataforma, ou seja, dentro da loja.

No exercício dessa segunda relação jurídica, o varejista implementa práticas comerciais verticais possivelmente questionáveis em termos concorrenciais, genericamente denominadas pagamentos de taxas e condições de acesso ("*acess fees and terms*") para espaço em gôndola, que incluem não apenas os efetivos pagamentos, mas também práticas como a gestão de categorias, relacionadas também ao modo de exposição dos produtos nas prateleiras de suas lojas ("*planogram*"[222]). Essa categoria de prática será descrita a seguir, no Capítulo 5.

2.3.1.3 Varejista como concorrente do fornecedor (concorrente do fornecedor)

A terceira relação jurídica do varejista na relação vertical com os fornecedores surge com a criação das marcas próprias, por meio da qual os grandes supermercados se tornaram um dos concorrentes mais importantes da indústria fornecedora. O varejista deixa de ser um mero distribuidor de produtos aos consumidores e sua atuação como detentor de produtos de marcas próprias o leva, automaticamente, a ser concorrente dos fornecedores detentores de produtos de marca independente. Os incentivos do supermercado, portanto, evidenciam-se ainda mais conflitantes, na medida em que, de uma relação verticial, passa-se a repercussões horizontais no mercado.

No exercício dessa terceira relação jurídica, o varejista implementa práticas comerciais verticais possivelmente questionáveis em termos concorrenciais, como aquelas que alteram a dinâmica de acesso à e dentro da plataforma

---

222 Por "*planogram*" entende-se a representação gráfica do *layout* dos produtos de uma categoria em determinada área (gôndola) da loja. Espanha. Comisión Nacional de la Competencia. *Report on the relations between manufacturers and retailes in the food sector*, 2011. p. 93. Ademais, pode ser entendida como a diagramação ilustrativa da localização dos produtos nas gôndolas do varejista, a quantidade de espaço em que o produto será alocado e quantas faces/exposições cada produto vai ter na ilha da categoria. Austrália. Australian Competition and Consumer Commission. *Report of the AACC inquiry into the competitiveness of retail prices for standard groceries*, 2008. p. 337.

para fornecedores concorrentes das marcas próprias. Essa categoria de prática será descrita mais à frente, no Capítulo 5.

2.3.2 As relações jurídicas do varejo supermercadista nas relações horizontais

Além das relações verticais entre varejista e fornecedor, existem no varejo supermercadista as tradicionais relações horizontais entre os agentes econômicos no mercado, como se pode visualizar na tabela a seguir:

AS RELAÇÕES JURÍDICAS DO VAREJO SUPERMERCADISTA	
Relação horizontal varejista e varejista	Varejista concorrente do varejista
Relação horizontal fornecedor e fornecedor	Fornecedor concorrente do fornecedor

2.3.2.1 Varejista concorrente do varejista

Uma quarta relação jurídica, na relação horizontal no mercado de varejista (venda), diz respeito ao fato de os supermercados se encontrarem em posição de concorrência horizontal com os demais supermercados. Nesse exercício, os varejistas são capazes de implementar práticas que podem prejudicar a concorrência horizontal. Essa categoria de prática será descrita a seguir, no Capítulo 5.

2.3.2.2 Fornecedor concorrente do fornecedor

Uma quinta relação jurídica, na relação horizontal no mercado de aprovisionamento (compra), diz respeito aos fornecedores que se encontram em posição de concorrência horizontal com os demais fornecedores. A visão antitruste tradicional centra suas preocupações nesta área, considerando as eventuais restrições impostas pelos fabricantes no mercado em termos de oferta no mercado.[223] No exercício dessa quinta relação jurídica os fornecedores são

---

[223] BORCHESANI, CRUZ e BERRY apontam que, historicamente, as preocupações concorrenciais se concentravam nas discrepâncias causadas pelos fabricantes no mercado (*manufacturer push market*). Porém, de maneira crescente, estar-se-ia observando que a mudança de poder está tendendo sua balança para os varejistas (*consumer pull market*). Adverte, porém, que as políticas antitruste e seus casos julgados, no entanto, refletiriam

Capítulo 2   Proposta: a moderna análise antitruste do varejo supermercadista

capazes de implementar práticas que podem prejudicar a concorrência horizontal. Essa categoria de prática será descrita mais à frente, no Capítulo 5.

Conclusão do Capítulo 2

A proposta de uma moderna análise antitruste pressupõe a superação da tradicional visão do varejo supermercadista, atualmente em evolução. Propõe-se que os supermercados sejam analisados concorrencialmente como plataformas de dois lados, enquanto prestadores de serviços para consumidores finais e para fornecedores, com características de gargalo à concorrência.

Pela teoria, plataformas de dois lados possuem três características fundamentais: (i) a existência de dois grupos distintos que precisam um do outro de alguma maneira e que confiam na plataforma para intermediar as transações entre eles; (ii) a existência de externalidades indiretas entre os grupos de consumidores; e (iii) a não neutralidade da estrutura de preço. Por sua vez, essas plataformas de dois lados se configuram como gargalos à concorrência se: (iv) operam em mercados concentrados e que possuem algum poder de mercado, ainda que pela análise tradicional não tenham posição dominante; (v) possuem alto nível de fidelidade/*lock in* dos consumidores de um lado da plataforma (*"single-home"*); e (vi) são capazes de explorar o grupo do outro lado da plataforma (*"multi-home"*), pois estes vendedores precisam de acesso à plataforma para alcançar os consumidores finais de maneira economicamente viável.

A evolução da análise antitruste do varejo supermercadista se imbui do novo paradigma dos supermercados como plataformas de dois lados. De um lado da plataforma, o supermercado presta serviços de *one-stop shopping* aos consumidores finais. Do outro, o supermercado também presta serviços de acesso à e dentro da loja aos fornecedores. A existência desses dois grupos distintos que precisam um do outro e que confiam na plataforma do supermercado para intermediar as transações entre eles marca uma das características fundamentais da plataforma de dois lados. Outro ponto marcante dessa plataforma dos supermercados é a existência de externalidades

---

apenas o poder dos fabricantes, sem se atentar para essa alteração no jogo de poder. BORGHESANI JR., William H.; CRUZ, Peter L. de La; BERRY, David. Food for thought: the emergence of power buyers and its challenge to competition analysis. *Stan. JL Bus. & Fin.*, v. 4, p. 40-43, 1998.

indiretas entre os dois grupos, uma vez que o valor dos supermercados para os consumidores finais aumenta o seu valor para os fornecedores, e vice-versa. Quanto à característica da não neutralidade da estrutura de preço das plataformas de dois lados, foi possível notar que os supermercados alteram a estrutura de preços dos fornecedores aos consumidores finais e não são agentes neutros nesse mercado.

Os supermercados, enquanto plataformas de dois lados, também possuem características de gargalo à concorrência ("*gatekeepers*"). Estão em mercados concentrados, possuem alto nível de fidelidade/*lock in* dos consumidores finais ("single-home") e são capazes de explorar os fornecedores ("*multi-home*").

Nesse contexto, propõe-se um novo modo de compreensão das possíveis relações jurídicas dos agentes no varejo supermercadista. Para além das tradicionais relações horizontais entre varejista e varejista (concorrentes) e fornecedor e fornecedor (concorrentes), e vertical entre varejista e fornecedor (comprador/prestador de serviços de acesso à plataforma), há também dois novos paradigmas "híbridos" de relação vertical entre varejista e fornecedor que são pouco mencionados: primeiro, o paradigma do supermercado concorrente dos seus fornecedores (detentor de marcas próprias), e, segundo, o do supermercado como fornecedor da indústria fornecedora (detentor do espaço nas gôndolas/prestador de serviços dentro da plataforma).

PARTE II

HISTÓRICO E FONTES DO PODER NO VAREJO SUPERMERCADISTA

CAPÍTULO **3**

Histórico de embates pelo poder no varejo supermercadista

A história do comércio é marcada pelo embate do controle dos lucros entre fabricantes, distribuidores e varejistas.[224] O histórico da relação entre varejistas e fabricantes é marcado por conflitos,[225] sendo que cada um deles buscará a melhor forma de extrair algo do outro.[226] Essa perspectiva histórica[227]

---

[224] THAIN, Greg; BRADLEY, John. *Store Wars* – The Worldwide Battle for Mindspace and Shelfspace, Online and In-store. 2. ed. United Kingdom: Wiley, 2012. p. 16.

[225] Cavalcante, Léia Baeta. Poder de compra do varejo supermercadista: uma abordagem antitruste. *SEAE/MF Documento de Trabalho*, n. 30, p. 3, Brasília, 2004.

[226] GORDILHO JR., Mário Sérgio Rocha. Análise de poder de compra no mercado de varejo de bens duráveis – desafios para o novo CADE. *Boletim Latino-Americano de Concorrência*, n. 31, p. 22, abr. 2012.

[227] AZEVEDO pontua que o estudo da história de empresas e de outras formas de organização da produção, como contratos interfirmas, adquiriu um papel adicional com a introdução de novos instrumentos para nortear as intervenções do sistema de defesa da concorrência, estando a Nova Economia Institucional (NEI) e a Teoria dos Contratos Relacionais (TCR) na base dessa mudança. Por um lado, na NEI, a pesquisa do contexto histórico permite que se identifique o desenho institucional, sua evolução e efeitos sobre o desempenho econômico, dado a história determinar, por meio de mecanismos de autoafirmação e autodestruição, o quadro institucional presente. Nesse sentido, considerando que a firma e os contratos são também instituições – na medida em que constituem as "regras do jogo" que disciplinam um conjunto de transações entre particulares –, acontecimentos passados condicionam as escolhas presentes das firmas e, por consequência, determinam sua trajetória e evolução, assim como a de seus contratos. Por sua vez, na TCR, a pesquisa histórica tem implicações normativas à Defesa da Concorrência: (i) a transação se prolonga no tempo; (ii) elementos de troca não podem ser mensurados ou especificados precisamente – por ocasião da celebração do contrato –; e (iii) a interdependência das partes com relação à troca transcende, em alguns momentos, uma única transação, passando a um conjunto de inter-relações sociais. Assim, os termos do contrato devem ser avaliados em uma perspectiva histórica, que possa identificar o modo como essa instituição (o contrato ou a

acerca da evolução do varejo supermercadista, nos termos de GRIMES,[228] pode ajudar a explicar o poder dos varejistas e a falha dos modelos econômicos em prever a atual configuração do mercado. Tradicionalmente, tais agentes econômicos teriam pelo menos um interesse convergente, consistente na colocação do produto junto ao mercado consumidor. Ocorre que, segundo FORGIONI,[229] esses agentes econômicos têm como conflito central a diversidade de atividades econômicas desenvolvidas e, por consequência, de objetivos. Esses objetivos diversos, e em alguns casos conflitantes, ficam ainda mais evidentes diante de uma moderna análise do varejo supermercadista. Posto de maneira simples, enquanto os fornecedores querem vender ao maior preço possível, os distribuidores varejistas querem comprar ao menor preço possível[230] e obter maiores vantagens quando na venda ao mercado. Assim, esse conflito de interesses pode se manifestar sob a forma da "cobiça pelo mercado do produto distribuído",[231] em sede de um contrato de distribuição,[232] explici-

---

firma) surgiu. AZEVEDO, Paulo Furquim de. *A nova economia institucional e a defesa da concorrência:* re-introduzindo a história. 2006.

228 GRIMES, Warren S. Buyer power and retail gatekeeper: protecting competition and the atomistic seller. 72 *Antitrust Law Journal,* p. 577, 2005.

229 Segundo FORGIONI, o fabricante tem em mente a distribuição global do seu produto, ao passo que o distribuidor, assim como o varejista, objetivam as vendas que eles próprios concretizam (FORGIONI, Paula A. *Direito concorrencial e restrições verticais.* São Paulo: RT, 2007. p. 41-51).

230 INGLATERRA. Office of Fair Trade. Competition Commission, *Supermarkets: A Report on the Supply of Groceries from Multiple Stores in the United Kingdom.* Cm 4842 (Oct. 2000). p. 65.

231 Algumas das bases do conflito de interesses entre fornecedor e distribuidor seriam as seguintes, segundo FORGIONI: (i) estímulo à concorrência intramarca; (ii) imposição de preços de revenda; (iii) quebra de territórios; (iv) imposição de aquisição de estoques mínimos; (v) obrigatoriedade de aquisição de outros bens ou serviços não relacionados com o objeto principal da distribuição; (vi) proibição de abastecimento paralelo de peças de reposição; (vii) cobiça pelo mercado do produto distribuído; (viii) cobiça pelo mercado de prestação de serviços pós-venda; (ix) interesse do fornecedor em cimentar uma rede de distribuição para impedir sua utilização por concorrente (FORGIONI, Paula A. *Contrato de distribuição.* 2. ed. São Paulo: RT, 2008. p. 122-124).

232 Segundo FORGIONI, o contrato de distribuição é, ao mesmo tempo, "um contrato de comunhão de escopos e de intercâmbio". É um contrato de comunhão de escopos na medida em que a base dos interesses comuns é o sucesso da colocação do produto no mercado, o que faz com que fabricantes e distribuidores busquem o bem recíproco das atividades econômicas. É também um contrato de intercâmbio porquanto perfaz um conflito interno,

Capítulo 3 Histórico de embates pelo poder no varejo supermercadista

tado pela cobiça dos supermercados para serem detentores de produtos, como aqueles de marcas próprias.

A proposta de uma moderna análise antitruste pressupõe a superação da tradicional visão do varejo supermercadista, atualmente em evolução. O novo modelo de análise antitruste incorpora a compreensão das diversas relações jurídicas dos agentes no varejo supermercadista. Para além das tradicionais relações horizontais entre varejista e varejista (concorrentes) e fornecedor e fornecedor (concorrentes), e vertical entre varejista e fornecedor (comprador/prestador de serviços de acesso à plataforma), há também dois novos paradigmas "híbridos" de relação vertical entre varejista e fornecedor que são pouco mencionados: primeiro, o paradigma do supermercado concorrente dos seus fornecedores (detentor de marcas próprias), e, segundo, o do supermercado como fornecedor da indústria fornecedora (detentor do espaço nas gôndolas/prestador de serviços dentro da plataforma). Estes dois últimos paradigmas da relação vertical, por sua vez, podem também ter repercussões horizontais e diagonais.

Todos esses interesses convergentes e conflitantes concomitantemente serão a base para se analisar o histórico desses embates entre fabricantes, distribuidores e varejistas, com origem remota, que começou dominado pelos varejistas e pelos distribuidores em detrimento dos fabricantes. Ao longo dos anos, porém, o poder neste mercado foi sendo exercido por agentes de modo alternado. Para tanto, passar-se-á pelo histórico geral de embates pelo poder de mercado no varejo supermercadista para, em seguida, estudar o histórico de embates pelo poder de mercado no varejo supermercadista especificamente no Brasil.

3.1 Histórico geral de embates pelo poder no varejo supermercadista

THAIN e BRADLEY[233] apresentam a história sobre o varejo supermercadista aludindo que, inicialmente, os distribuidores intermediavam de modo

---

caracterizado pelo objetivo de maximização dos ganhos individuais, que é a base dos interesses conflitantes (FORGIONI, Paula A. *Contrato de distribuição*. 2. ed. São Paulo: RT, 2008. p. 122-123).

233 THAIN, Greg; BRADLEY, John. *Store Wars* – The Worldwide Battle for Mindspace and Shelfspace, Online and In-store. 2. ed. United Kingdom: Wiley, 2012.

monopolístico a distribuição dos produtos aos varejistas. Vários distribuidores vendiam produtos oriundos de uma multiplicidade de fabricantes de pequena escala, que, anônimos, não prestavam conta da qualidade de seus produtos. Exerciam poder nas relações verticais tanto com os varejistas quanto com os fornecedores.[234] Os consumidores, por sua vez, ainda não se importavam em saber quem eram os fabricantes, e aos poucos os varejistas, último elo da cadeia de distribuição, passaram a se responsabilizar pela qualidade do produto. Com isso, apesar de terem seu poder mitigado pela necessidade de se relacionarem com os distribuidores, os varejistas passaram a ser capazes de definir preços, o que lhes conferia o controle dos lucros. Nesse contexto, os varejistas perceberam que podiam aumentar seu volume de negócios e, em consequência, seus lucros, tornando-se um destino atrativo para os consumidores finais, o que resultou no surgimento de *shoppings centers* e de supermercados com estruturas de loja diferenciadas.

Os autores indicam que uma primeira *alteração nesse jogo de forças* teve início quando a indústria fornecedora começou a fazer frente a esse novo posicionamento dos varejistas e a trazer para si a responsabilidade pela qualidade dos seus produtos. Para tanto, criaram sua própria reputação, por meio da aposição de marca em seus produtos (marcas independentes). Ao serem capazes de informar aos consumidores a marca dos seus produtos e distingui-los dos demais – que eram genericamente produzidos, sem marca e sem confiabilidade atestada –, a indústria fornecedora visava a criar uma demanda específica pelo seu produto, identificado por uma embalagem considerada segura, que garantiria sua qualidade.[235] Os varejistas deixaram de ser, portanto, os responsáveis pela qualidade dos produtos, transferindo essa função à indústria fornecedora, que passou a ter maior controle da demanda dos consumidores pelos produtos de sua marca e se tornou o lado mais forte no embate de forças com os varejistas.

THAIN e BRADLEY também indicam que os fabricantes se aproveitaram, no final do século XIX, das economias de escala decorrentes da produção

---

234 STRASSER, Susan. *Satisfaction Guaranteed:* The making of an American Mass Market, New York: Pantheon, 1989. p. 18-18, 29-32.

235 Algumas das primeiras marcas famosas, como Ivory Soap da Procter & Gamble's (P&G) nos Estados Unidos, e Pers's Soap na Grã-Bretanha, surgiram nesse contexto de tentativa de diferenciação dos produtos pela qualidade. THAIN, Greg; BRADLEY, John. *Store Wars –* The Worldwide Battle for Mindspace and Shelfspace, Online and In-store. 2. ed. United Kingdom: Wiley, 2012. p. 16-37.

Capítulo 3 Histórico de embates pelo poder no varejo supermercadista

em massa e do desenvolvimento de tecnologias em embalagens e em transporte para estabelecer um vínculo de confiança diretamente com os consumidores, visando a eliminar intermediários, como os distribuidores. Os fabricantes mais desenvolvidos passaram, então, a distribuir seus produtos diretamente aos varejistas.[236] Os distribuidores foram praticamente eliminados do mercado, e a distribuição indireta se tornou uma alternativa para os pequenos e médios fabricantes e varejistas incapazes de, respectivamente, vender ou comprar diretamente, ou que considerassem a venda indireta mais vantajosa para o seu negócio.[237]

O embate parecia, então, tender a favor dos fabricantes. Indicam THAIN e BRADLEY que teria sido por volta dos anos 1960 que os varejistas se viram realmente dependentes dos fabricantes da indústria fornecedora. Estes, detentores dos produtos de marca independente, determinavam o que deveria ser estocado, como e onde os produtos deveriam ser dispostos, o preço de venda,

---

[236] Esse movimento de retomada de poder pelos fabricantes no embate com os distribuidores e varejistas pode ser verificado, por exemplo, no caso da marca de sabonetes Ivory, da Procter & Gamble (P&G). A campanha publicitária do produto visou a fixar a marca de sabonete no mercado, de modo que os consumidores, ao realizarem suas compras, buscassem especificamente a marca Ivory ao comprarem um sabonete. Tratava-se de uma tentativa de diferenciação do produto e de fidelização à marca. Essa iniciativa começou a favorecer o fabricante, detentor da marca, em detrimento dos varejistas, mas, apesar disso e de os resultados nas vendas do sabonete Ivory terem sido positivos para o fabricante, a P&G ainda percebia que o substancial dos lucros permanecia com os varejistas e com os distribuidores. Diante disso, em 1913, a P&G experimentou eliminar o intermediário e distribuir seus produtos diretamente aos varejistas, o que se mostrou exitoso. Tanto foi assim que a estratégia foi seguida pelos maiores fabricantes de produtos de marca, sendo que essa decisão favoreceu os fabricantes no embate com os distribuidores. Observa-se, com esse exemplo, que os fabricantes, ao criarem uma demanda específica para seus produtos e assumirem a qualidade destes, tornaram-se o lado mais forte também no embate de forças com os distribuidores. DYER, D.; DALZELL, F.; OLEGARIO, R. *Rising Tide:* Lessons from 165 years of brand building at Procter and Gamble. Boston: Harvard School Press, 2004. p. 35.

[237] Segundo FORGIONI, diversos fatores influenciarão a análise da distribuição direta ou indireta ser vantajosa, como os seguintes: (a) necessidade e disponibilidade de recursos; (b) tamanho médio do pedido ou valor unitário do bem; (c) número de produtos de linha; (d) bens industriais ou bens de consumo; (e) perecibilidade; (f) margem de lucro; (g) necessidade de estocagem; (h) situação do ciclo de vida do produto; (i) número de clientes e a sua concentração em cada segmento; (j) serviços necessários ao consumidor; (k) métodos empregados pela concorrência e intensidade da competição (FORGIONI, Paula A. *Contrato de distribuição.* 2. ed. São Paulo: RT, 2008. p. 44-49).

a quantidade de pedidos e a margem de lucro dos varejistas. Houve, porém, uma tentativa de alteração nesse jogo de forças, com a reação dos varejistas visando a retomar o poder de mercado na cadeia de fornecimento e distribuição. Essa reação foi realizada por meio de duas principais estratégias dos varejistas: o foco em descontos nos produtos de marca independente e a criação de marcas próprias.[238] Inicialmente, o foco em descontos prevaleceu e se mostrou exitoso, sendo que, diante de um cenário posterior de estagnação, retomou-se a tentativa de criação de marcas próprias.

Para a implementação dessa estratégia de foco em descontos nos produtos de marca independente (*"discounters"*), explicam THAIN e BRADLEY que os varejistas desenvolveram grandes lojas, maximizaram eficiência, movimentaram um grande volume de produtos a baixos preços, investiram em tecnolo-

---

[238] Explicam THAIN e BRADLEY as principais estratégias dos varejistas: o foco em descontos nos produtos de marca independente e a criação de marcas próprias. A primeira estratégia – (i) foco em descontos nos produtos de marca dos fabricantes – foi a adotada, por exemplo, pela King Kullen Grocery Company, rede de varejo criada por Michael J. Cullen, nos Estados Unidos. Diante do surgimento e do fortalecimento das marcas dos fabricantes, bem como da fidelização dos consumidores a estas marcas, influenciados pelas propagandas do rádio (que era o meio de comunicação mais poderoso até então visto), a ideia do Sr. Cullen era aproveitar-se dessas marcas para fortalecer a sua rede varejista. Para tanto, suas lojas seriam aquelas capazes de vender as marcas mais famosas com os maiores descontos, mediante a fixação de uma baixa ou de nenhuma margem de lucro. Os consumidores, que começavam a desejar suas marcas preferidas de produtos, passaram a encontrar os menores preços nesta rede de varejo, que vencia os concorrentes varejistas pelo volume de vendas. Aponta-se, ainda, para o efeito dos meios de comunicação à época, que começaram a anunciar os produtos de marca dos fabricantes a milhares de consumidores de uma única vez e criaram demanda para tais produtos, resultando na necessidade de se ter tais produtos nas gôndolas. Por sua vez, a segunda estratégia – (ii) tentativa de criação de marcas próprias dos varejistas – foi a adotada, por exemplo, pela Great Atlantic and Pacific Tea Company (A&P), nos Estados Unidos. Esse varejista eliminou, desde 1859, a participação dos distribuidores na aquisição de chá da China e do Japão. Ao realizar suas compras diretamente e eliminar o intermediário, a A&P era capaz de praticar preços mais baixos, razão pela qual, aos poucos, foi expandindo a estratégia para a aquisição de outros produtos, como os de mercearia. Esses produtos, adquiridos diretamente de fabricantes não diferenciados, passaram então a ser vendidos sob uma marca própria da varejista. Assim, a A&P foi capaz de se integrar verticalmente com os fabricantes, eliminar os distribuidores e se tornar, em 1930, a maior varejista do mundo. Na época, a A&P comercializava não apenas os produtos de marca própria, mas também os produtos das marcas mais populares, o que lhe conferia um diferencial no mercado perante os demais varejistas. THAIN, Greg; BRADLEY, John. *Store Wars* – The Worldwide Battle for Mindspace and Shelfspace, Online and In-store. 2. ed. United Kingdom: Wiley, 2012. p. 16-37.

gias e reduziram custos logísticos. Essa estratégia funcionou em diversos países, como na Austrália com a Coles, no Brasil com o Carrefour e no Canadá com a Loblaws. Além disso, considerando que só eles seriam bem-sucedidos enquanto houvesse parcela de mercado a ser conquistada dos concorrentes (parcela até então detida pelos pequenos varejistas, menos eficientes – ou seja, pela "franja competitiva"), a corrida era para ser o primeiro a instalar suas lojas, oferecendo uma ampla diversidade de produtos a baixos preços aos consumidores finais. Os lucros dos varejistas advinham, assim, da venda a preços baixos e da variedade de produtos oferecida, o que resultava em baixas margens percentuais sobre um grande volume, aumentando sua eficiência e seu poder de compra perante os fabricantes. Aos poucos, porém, os varejistas perceberam que suas ofertas tinham se tornado similares, as lojas similares, os produtos similares e os preços similares. A corrida pela instalação de lojas havia saturado os locais mais lucrativos, e as novas lojas teriam de ser instaladas em áreas que possuíssem um varejista focado em descontos. A expansão de modo lucrativo, portanto, tornara-se quase impossível.

Diante desse cenário de estagnação (em que o poder de mercado e as maiores margens de lucro ainda permaneciam com os fabricantes na indústria fornecedora), os varejistas passaram a adotar novas estratégias orientadas para vendas. Lançaram reduções de preços, novas promoções, dias especiais de descontos, *stands* de vendas, telas nos *check-outs*, empilhamento do estoque no centro da loja com desconto especial etc.[239] Para vender assim, os varejistas começaram a estrangular ao máximo os fabricantes, para que estes não fossem capazes de oferecer melhores condições a outros varejistas concorrentes. Esse excessivo foco dos varejistas em preço encorajou também a troca de marcas e a substitutibilidade entre os produtos pelos consumidores, numa gradual "comoditização"[240] das marcas independentes, o que se mostrou contrário aos interesses dos fabricantes, mas favorável aos interesses dos varejistas. O embate se segmentou, então, em diversos ambientes de "luta".

Esses ambientes de "luta" retratam com nitidez a afirmação de STEINER,[241] para quem, *no mercado de distribuição, seria inegável que a concorrência possui*

---

[239] THAIN, Greg; BRADLEY, John. *Store Wars* – The Worldwide Battle for Mindspace and Shelfspace, Online and In-store. 2. ed. United Kingdom: Wiley, 2012. p. 16-37.
[240] A expressão "comoditização" é utilizada no sentido de "tornar-se *commodity*", ou seja, um produto sem diferenciação no mercado, homogêneo.
[241] STEINER, Robert. The third relevant Market. *The Antitrust Bulletin*, n. 143, p. 719, 1985.

uma dimensão horizontal e outra vertical. Os varejistas concorreriam entre si para oferecer os produtos de marca pelos melhores preços aos consumidores finais (relação horizontal no mercado varejista). Já os fabricantes concorreriam entre si na venda dos produtos de marca independente (relação horizontal no mercado de aprovisionamento), uma vez que detentores dos produtos de marca independente desejados pelos consumidores, cuja comercialização nas gôndolas se mostrava imprescindível para as redes varejistas (relação vertical). Nessa relação vertical, o objetivo dos varejistas era – pelo menos até aquele momento – obter condições privilegiadas desses fornecedores, maiores descontos, bônus, apoio em promoções, prorrogações nos prazos de pagamento etc., pois só assim poderiam se sobressair na concorrência horizontal com os demais varejistas. Constatam THAIN e BRADLEY,[242] portanto, que o poder de mercado e o controle dos lucros ainda eram detidos pelos fabricantes da indústria fornecedora de produtos de marca independente. Assim, aqueles varejistas que não conseguiram obter condições privilegiadas dos fornecedores foram estrangulados e saíram do mercado ou foram adquiridos pelos grandes varejistas.

Começou então o *processo de concentração de mercado e de consolidação*, consistente em mais uma tentativa de reforço do poder dos varejistas em face dos fabricantes da indústria fornecedora. DOBSON[243] esclarece que, especialmente nos países desenvolvidos, essa concentração econômica foi resultado de um processo de crescimento orgânico e de fusões entre os principais varejistas. Especialmente no final dos anos 1990, o ritmo de fusões se tornou bastante intenso em todo o mundo, impulsionado pela aquisição de empresas de varejo de porte regional.[244] Esse processo foi verificado, por exemplo, na Europa,[245]

---

242 THAIN, Greg; BRADLEY, John. *Store Wars* – The Worldwide Battle for Mindspace and Shelfspace, Online and In-store. 2. ed. United Kingdom: Wiley, 2012. p. 16-37.
243 DOBSON, Paul. Exploiting buyer power: lessons from the british grocery trade. 72 *Antitrust Law Journal*, p. 529-562, 2005.
244 BORGHESANI JR., William H.; CRUZ, Peter L. de La; BERRY, David. Food for thought: the emergence of power buyers and its challenge to competition analysis. *Stan. JL Bus. & Fin.*, v. 4, p. 46, 1998.
245 Na Europa Ocidental, os supermercados representam entre 70 e 80% das vendas do varejo alimentar. DELGADO, Juan. Market Structure, Growth and Competition in the Supermarket Sector in Latin America. OECD Latin American Competition Forum. *Growth and Competition in the Supermarket Sector in Latin America* (September 3, 2015), 2015. Ademais, essa tendência de consolidação também foi indicada pela Comissão Europeia desde 1999,

Capítulo 3 Histórico de embates pelo poder no varejo supermercadista

nos Estados Unidos,[246] na Austrália,[247] na América Latina[248] e no Brasil, como se analisará adiante. Os varejistas se tornaram, dessa forma, um dos mais importantes *players* da economia mundial.[249]

Segundo o estudo da OCDE de 1999,[250] as três principais causas desse alto nível de concentração de mercado seriam: (i) pelo lado da demanda,

---

tendo sido apontada preocupação com as práticas comerciais nesse mercado, incluindo acordos verticais entre varejistas e fornecedores, decorrentes da consolidação. Europa. European Commission. *Buyer power and its impact on competition in the food retail distribution sector of the European Union*, 1999. p. 2.

246 Nos Estados Unidos, os varejistas possuem alto nível de concentração econômica no mercado, de modo que as cinco maiores redes têm índice de concentração acima de 65% do mercado, e as dez maiores redes possuem 78% de concentração. ABRAS. *Revista Super Hiper*, ano 40, n. 458, p. 10, ago. 2014. "Top 10 americanos – varejo alimentar – (1) Walmart, 35,9%; (2) Kroger, 11,3%; (3) Target, 10,4%; (4) Safeway, 4,9%; (5) Publix (3,6%); (6) Ahold, 3,4%; (7) AB Aquisition, 2,6%; (8) H E Butt, 2,5%; (9) Delhaise, 2,4%; e (10) Meijer, 1,9%".

247 Na Austrália, o mercado era dividido entre a Coles e a Woolworths.

248 Na América Latina, apesar de ainda haver uma presença importante do varejo tradicional, quando se considera a concentração de mercado no setor supermercadista em si – ou seja, desconsiderando a parcela de mercado ainda detida pelo varejo tradicional –, observa-se que essa tendência de concentração também é forte, e que o mercado é dominado por poucos *players*, atuantes em diversos países, segundo documento de apoio publicado no Fórum realizado pela OCDE de 2015. Nesse sentido, a concentração de mercado das redes supermercadistas é de 80% na Argentina (detida por Carrefour, Cencosud/Jumbo e Walmart), 60% no Brasil (detida por Casino/CDB, Carrefour, Walmart e Cencosud/Gbarbosa), 70% na Colômbia (detida por Casino/Êxito, Cencosud/Jumbo e Olimpica), 90% no Chile (detida por Walmart, Ceconsud/Sta. Isabel, Falabella/Tottus e SMU/Unimarc), 95% em Honduras (detida por Walmart, La Colonia e Price Smart), 90% no México (detida por Walmart, Soriana-Comercial Mexicana e Chedraui) e 95% no Peru (Cencosud/Wong, Iberbank e Falabella). DELGADO, Juan. Market Structure, Growth and Competition in the Supermarket Sector in Latin America. OECD Latin American Competition Forum. *Growth and Competition in the Supermarket Sector in Latin America* (September 3, 2015), 2015.

249 Dentre os dez maiores varejistas do mundo, apenas um deles não vende alimentos. ABRAS. *Revista Super Hiper*, ano 40, n. 457, p. 16, jul. 2014. "Top 10 mundial – varejo total – (1) Walmart; (2) Carrefour; (3) Costco; (4) Tesco; (5) Kroger; (6) Schwars; (7) Seven & holding; (8) Metro; (9) Home Depot; (10) Target". Destas, apenas a Home Depot não é varejista de alimentos. Por sua vez, os dez maiores varejistas de alimentos no mundo são: 1) Walmart; 2) Tesco; 3) Carrefour; 4) Costco; 5) Kroger; 6) Schwarz; 7) Metro; 8) Aldi; 9) Target; e 10) Aeon, sendo estes quatros americanos, três alemães, um inglês e um japonês. ABRAS. *Revista Super Hiper*, ano 39, n. 446, p. 24, ago. 2013.

250 OCDE. *Policy roundtables:* buying power of multiproduct retailes, background note. Paris, 1998. p. 16.

mudança de hábito dos consumidores, que desejam o *"one-stop shopping"*; (ii) pelo lado da oferta, inovações tecnológicas em logística e distribuição que criaram ou reforçaram economias de escala (redução dos custos de distribuição e melhor gestão dos estoques); e (iii) estratégias mais sofisticadas de *marketing* e marcas próprias das grandes redes. Esta estratégia até então preterida, portanto, de criação de marcas próprias, voltou com toda a força e alterou sobremaneira a dinâmica concorrencial no mercado.

As gôndolas passaram a ter papel essencial no mercado, pois se tratava do meio físico no qual os produtos eram inseridos para alcançar os consumidores finais. O papel dos supermercados como gargalos à concorrência, portanto, ficava cada vez mais evidente. Esse processo de transformação do varejo supermercadista, segundo READON,[251] pode ser constatado com maior ou menor rapidez nos países a depender de fatores relacionados à demanda e também à oferta. Pelo lado da demanda,[252] o desenvolvimento com maior ou menor rapidez dos supermercados seria influenciado por fatores socioeconômicos, tais como o grau de urbanização do país (pois supermercados seriam um fenômeno urbano), o nível de renda da população (pois a população de baixa renda não teria o hábito do *one-stop shopping* por restrições orçamentárias), o tamanho da classe média (pois esse seria o público-alvo dos supermercados) e a incorporação das mulheres no mercado de trabalho. Já pelo lado da oferta,[253] o desenvolvimento com maior ou menor rapidez dos supermercados seria influenciado por fatores como o desenvolvimento da infraestrutura de transporte, a modernização da cadeia de fornecimento, a existência de uma regulação favorável aos supermercados no país (como a existência de poucas restrições regulatórias) e o nível de investimento estrangeiro direto no país.

Como resultado, sobretudo desse processo de concentração de mercado e da adoção da estratégia de criação de marcas próprias, os varejistas tiveram seu poder de mercado fortalecido na relação vertical com os seus fornecedores de produtos de marca independente. Ao mesmo tempo, essa concentração de mercado resultou, em muitos países, na marginalização do

---

[251] REARDON, T.; GULATI, A. The supermarket revolution in developing countries. *IFPRI Policy Brief 2*, june 2008.

[252] DELGADO, Juan. Market Structure, Growth and Competition in the Supermarket Sector in Latin America. OECD Latin American Competition Forum. *Growth and Competition in the Supermarket Sector in Latin America* (September 3, 2015), 2015.

[253] Idem, ibidem.

Capítulo 3   Histórico de embates pelo poder no varejo supermercadista

pequeno varejo, que ficou restrito a lojas de conveniência. Essas mudanças teriam permitido, segundo DOBSON,[254] que os grandes varejistas ganhassem poder suficiente em face dos fabricantes, a ponto de poder negociar e até mesmo ditar termos e condições mais vantajosos. FORGIONI[255] explica que essa situação levou a uma política agressiva, que, por vezes, implica exploração da situação de dependência econômica em relação aos fornecedores de menor porte, denominada pela autora "efeito Wal-Mart".[256] A posse desse poder, pelos varejistas, resulta na adoção de práticas comerciais consistentes com o exercício desse poder de mercado, ainda que pela análise tradicional não tenham posição dominante.

A evolução histórica, portanto, evidencia o caminho que os supermercados têm percorrido para se tornarem gargalos à concorrência, atuando finalmente como plataformas de dois lados que prestam serviços aos fornecedores e aos consumidores finais. Essa crucial alteração na dinâmica de poder no varejo supermercadista também se verifica no Brasil, conforme se poderá observar a seguir.

3.2 Histórico de embates pelo poder no varejo supermercadista no Brasil

Conforme classificação de READON,[257] a chegada no Brasil do moderno modelo de varejo supermercadista ocorreu apenas em meados dos anos 1990.

---

[254] Esses termos e condições mais vantajosos se refletem não só na obtenção de menores preços, mas também em outros benefícios financeiros que tendem a extrair lucros dos fabricantes em favor dos varejistas. DOBSON, Paul. Exploiting buyer power: lessons from the british grocery trade. 72 *Antitrust Law Journal*, p. 529-562, 2005.

[255] FORGIONI, Paula A. *Direito concorrencial e restrições verticais*. São Paulo: RT, 2007. p. 297.

[256] Há autores que estudam especificamente o efeito concorrencial da entrada do Wal-Mart na indústria de supermercados. BASKER, Emek; NOEL, Michael. The evolving food chain: competitive effects of Wal-Mart's entry into the supermarket industry. *Journal of Economics & Management Strategy*, v. 18, n. 4, p. 977-1009, 2009.

[257] Sobre o surgimento dos supermercados na América Latina, alguns dos artigos de Thomas Reardon são indicados, dentre eles: REARDON, Thomas; HOPKINS, Rose. The supermarket revolution in developing countries: Policies to address emerging tensions among supermarkets, suppliers and traditional retailers. *The European Journal of Development Research*, v. 18, n. 4, p. 522-545, 2006. REARDON, Thomas; BERDEGUÉ, Julio A. *The retail-led transformation of agrifood systems and its implications for development policies*. Washington, DC: World Bank, 2008. Segundo o autor, a chegada do modelo moderno de varejo supermercadista ocorreu em três ondas sucessivas: a primeira, em meados dos anos

Antes disso, o país ainda vivia em um cenário de varejo tradicional, não adaptado à moderna dinâmica concorrencial do setor, como se passa a detalhar.

Até a década de 1940, o varejo de alimentos no Brasil era composto basicamente por armazéns, empórios e mercearias, contando apenas com experiências embrionárias de supermercados.[258] Na década de 1950 surgiu o primeiro supermercado do país, e essa modalidade do varejo começou pontualmente a aparecer.[259] Em 1960, iniciaram-se as atividades das lojas que deram

---

1990, que chegou na América do Sul (Argentina, Brasil e Chile); a segunda, no final dos anos 1990, que chegou no México e na América Central (Equador, Colômbia e Guatemala); e a terceira, entre o final dos anos 1990 e início dos anos 2000, que chegou em alguns países das Américas do Sul e Central (Nicarágua, Peru e Bolívia).

[258] As experiências embrionárias de supermercados surgiram inicialmente em 1947, com o Frigorífico Wilson em São Paulo. O Frigorífico Wilson, surgido em 1947 em São Paulo e apontado como uma das primeiras experiências dos supermercados no Brasil, trabalhava na venda dos tradicionais produtos de mercearia por meio do sistema de autosserviço, ficando as carnes em um balcão frigorífico fechado e com atendimento pessoal – mesclava, portanto, o autosserviço na mercearia com o atendimento pessoal no segmento de carnes. Posteriormente, em 1949, teria surgido o Depósito Popular em São Paulo, apontado como uma das primeiras experiências dos supermercados no Brasil, que trabalhava na venda de alimentos no sistema de autosserviço. Houve, também, em 1951, a adoção do sistema de autosserviço nas mercearias da família Demeterco em Curitiba, bem como a organização de um estabelecimento similar a um supermercado, denominado Campal, em Porto Alegre. VAROTTO, Luis Fernando. História do varejo. *Revista de Administração de Empresas da Fundação Getulio Vargas*, v. 5, n. 1, p. 85-90, São Paulo: FGV, fev.-abr. 2006. ABRAS. *Revista Super Hiper*, ano 40, n. 2 "Formatos", p. 6, 2014.

[259] No ano de 1953, o armazém Pereira e Oliveira foi transformado em autosserviço, foi inaugurado o Supermercado Americano S.A. em São Paulo e foi fundado o Supermercados Sirva-se S.A, que alterou o paradigma de compras no Brasil, incorporando a experiência norte-americana de varejo. Em entrevista ao *Jornal Folha da Noite*, datada de 23.04.1953, o então diretor do Sirva-se explicou algumas das razões pelas quais acreditava que os supermercados mudariam o estilo de compras da população brasileira. Apontou que a dona de casa, sob um mesmo teto e com uma única visita, poderia suprir-se de tudo – desde produtos alimentícios e domésticos, a verduras frescas, panelas ou artigos para limpeza –, poupando, portanto, seu precioso tempo e dinheiro (ou seja, havia uma influência para a adoção do hábito de *one-stop shopping*). Ademais, aludiu-se, assim, à nova experiência a ser vivida nos supermercados: "(...) num simples passeio a dona de casa pode comprar tudo de que necessita para abastecer sua despensa ou cozinha. Realmente, é muito simples a operação de compra. As mercadorias estão colocadas à vista e no alcance do público, em prateleiras ou gôndolas que correm ao longo da loja, agrupadas de acordo com os tipos. Em tudo há etiquetas determinando preço, peso ou quantidade. Logo à entrada, há carrinhos metálicos destinados à coleta. Neles a dona de casa, à medida que percorre as várias

origem a duas redes varejistas nacionais, tendo iniciado a alteração dos hábitos dos consumidores brasileiros.[260]

> seções, vai colocando suas escolhas. Uma vez terminada a coleta, dirige-se ao balcão onde se encontram caixas registradoras que acusam a importância a ser paga" (*Jornal na Folha da Noite*, quinta-feira, 23.04.1953. Disponível em: <http://almanaque.folha.uol.com.br/dinheiro_23abr1953.htm>. Acesso em: 20 fev. 2013). Além disso, o então diretor do Sirva-se S.A. acentuou dois pontos considerados a base do futuro sucesso: "os preços baixos e uniformes e a higiene". Ao operar com grandes volumes e velocidade de venda, os preços tenderiam a baixar. Esses preços, por sua vez, seriam mantidos uniformes, para facilitar a aquisição. A higiene e o asseio seriam decorrência de boas práticas de qualidade, de modo que todos os produtos manuseados para empacotamento seriam trabalhados à vista do público, em compartimentos dotados de ar refrigerado, isentos de moscas e pó. Já nas lojas, permaneceriam expostos unicamente produtos empacotados, que não se alterariam com a possibilidade de serem tocados diretamente ou atingidos pela poeira. Ainda, haveria uma proteção eficiente aos diversos produtos que necessitassem de frio, em câmaras frigoríficas e nas dependências equipadas com ar-condicionado. O Sirva-se visava, portanto, se diferenciar e substituir seus concorrentes, que eram as feiras, os armazéns e, principalmente, os açougues. Foi, portanto, o primeiro a utilizar o *layout* e equipamentos similares aos norte-americanos, e com 800 metros quadrados de área de vendas, foi o pioneiro a vender, no mesmo local, carne, frutas e verduras, além da linha de mercearia. Em seguida surgiram outras lojas, como a Peg-Pag, em 1954, o Supermercado Disco, em 1956, o Mapps, em 1957, e o Pão de Açúcar, em 1959. Esses supermercados, porém, tinham escala reduzida, volume pequeno e preços elevados, visando a atingir o público alvo bastante restrito da população de alta renda do país. VAROTTO, Luis Fernando. História do varejo. *Revista de Administração de Empresas da Fundação Getulio Vargas*, v. 5, n. 1, São Paulo: FGV, fev.-abr. 2006, p. 85-90. ABRAS. *Revista Super Hiper*, ano 40, n. 2 "Formatos", p. 6, 2014. CYRILLO, D. C. *O papel dos supermercados no varejo*. São Paulo: Instituto de Pesquisas Econômicas – IPE, 1987. (Série Ensaios Econômicos, n. 68). Aula da Profa. Sílvia Fagá, no curso de pós-graduação do CADE em Direito da Concorrência (aula de 12.11.2010).

[260] As duas redes varejistas nacionais foram o Paes Mendonça e o Sendas. Nesta década de 1960, sob o regime militar, os supermercados passaram a ser vistos pelos governantes como uma solução para os problemas de abastecimento no país, tendo sido adotadas pelo menos duas importantes medidas de fomento. A primeira delas foi a substituição do Imposto sobre Venda e Consignação (IVC) pelo Imposto de Circulação de Mercadoria (ICM), que permitiu que cada rede de supermercado tivesse diversas lojas, dado que antes as operações de transferência de uma mesma empresa entre suas diversas lojas eram tributadas. A segunda medida de fomento foi a promulgação da lei que reconhecia os supermercados como estabelecimento comercial, e com esse enquadramento legal houve a redução da incerteza que envolvia os projetos de investimento no setor, o que fomentou o crescimento no número de supermercados no Brasil. O Decreto-Lei 7.208/1968 definiu o supermercado como "*estabelecimento comercial varejista explorado por uma única pessoa física ou jurídica, que adotando o sistema de autosserviço expõe e vende no mesmo local, permanentemente,*

Na década de 1970,[261] verificou-se a expansão do setor de varejo de alimentos, ao mesmo tempo em que se observou um início de aumento da concentração econômica, com o aparecimento dos primeiros hipermercados. Eram raríssimos, porém, os supermercados detentores de várias lojas,[262] o que tornava o poder destes em relação à indústria quase nulo. Ademais, os programas de marcas próprias iniciaram-se nesse período por meio de produtos genéricos, mas não obtiveram sucesso porque os produtos eram de baixa qualidade e não foram bem trabalhados pelo canal varejista, que não contavam com o apoio de planejamento eficiente de embalagem ou *marketing*.[263] O embate no

---

gêneros alimentícios e outras utilidades da vida doméstica". O supermercado voltou-se, então, a grupos sociais ligados ao segmento de serviços e profissões liberais, mais receptivos às inovações e financeiramente aptos a absorver as compras por impulso. ABRAS. *Revista Super Hiper*, ano 40, n. 2 "Formatos", p. 7, 2014.

261 Na década de 1970, o período do chamado milagre econômico proporcionou ganho de poder de consumo da classe média e trouxe consigo os primeiros hipermercados, que ocupavam áreas superiores a três mil metros quadrados, incorporando a venda de alimentos, eletrodomésticos, roupas e artigos para presentes, além de restaurantes e lanchonetes, oferecendo estacionamentos amplos, instalações sofisticadas e grande variedade de itens. Privilegiou-se, assim, o aparecimento dos hipermercados – sob a influência francesa – e dos supermercados de rede, que ofereciam maior variedade de produtos, estavam espalhados pela cidade, investiam mais em publicidade e, consequentemente, atraiam mais consumidores, em detrimento dos supermercados independentes e das lojas tradicionais. As lojas pioneiras sob o formato de hipermercado foram, em 1971, a Peg-Peg e a Jumbo, do Grupo Pão de Açúcar, seguidas em 1973 pelo Makro, como o primeiro atacado de autosserviço, e em 1975 pelo hipermercado Carrefour. O hipermercado Carrefour instalado em 1975 trouxe na bagagem um sistema de organização descentralizado que provocaria numerosas transformações no rumo da cultura supermercadista que se desenvolvia no Brasil. Anos mais tarde, esse formato inspiraria o surgimento do supercenter, versão norte-americana de hipermercado, uma combinação de supermercado com uma loja de descontos operando em autosserviço e vendendo a preços baixos. VAROTTO, Luis Fernando. História do varejo. *Revista de Administração de Empresas da Fundação Getulio Vargas*, v. 5, n. 1, p. 85-90, São Paulo: FGV, fev.-abr. 2006. FARINA, E. M. M. Q.; NUNES, R.; MONTEIRO, G. F. de A. Supermarkets and their impacts on the agrifood system of Brazil: The competition among retailers. *Agribusiness*, 21, issue 2, p. 133-147, 2005. ABRAS. *Revista Super Hiper*, ano 40, n. 2 "Formatos", p. 7, 2014.

262 Em 1974, apenas nove empresas possuíam mais do que vinte lojas sob seu comando, de acordo com o Panorama Setorial Gazeta Mercantil: *Supermercados*, v. 1, p. 8-9, 1998. Apud Cavalcante, Léia Baeta. Poder de compra do varejo supermercadista: uma abordagem antitruste. *SEAE/MF Documento de Trabalho*, n. 30, p. 3, Brasília, 2004.

263 LEPSCH, Sérgio L. Estratégias das marcas próprias em supermercados brasileiros. In: ÂNGELO, C. F.; SILVEIRA, J. A. G. (org.). *Varejo competitivo*. São Paulo: Atlas, 1999.

Capítulo 3   Histórico de embates pelo poder no varejo supermercadista

Brasil ao longo da cadeia de distribuição tendia, naquele momento, e em linha com a evolução histórica verificada no exterior, a favor dos fabricantes.

Ocorre que, com a recessão econômica que marcou a transição entre os anos 1970 e 1980, conjugada com o desemprego, a alta inflação e a queda na renda, o modelo de estabelecimento foi alterado[264] e passou a ser mais simples e a ter menor variedade de produtos e marcas.[265] O objetivo era reduzir custos operacionais e oferecer preços mais baixos, de modo a atender a camada da população com menor poder aquisitivo.[266] Contudo, diante da inflação ao longo da década de 1980, o foco em preços baixos deixou de ser atrativo, e os supermercados voltaram então a dar prioridade a lojas maiores, para atrair pelo melhor assortimento de produtos.[267]

---

[264] GUIDOLIN, S. M.; COSTA, A. C. R.; NUNES, B. F. Conectando indústria e consumidor: desafios do varejo brasileiro no mercado global. *Revista do BNDES*, n. 30, p. 3-61, Rio de Janeiro.

[265] Para tanto, o formato dos estabelecimentos modificou-se, com o varejo buscando alternativas, como a adoção de lojas de sortimento limitado (*hard discounts*) pelo Supermercado em 1979, de lojas-depósito pelo Grupo Pão de Açúcar (Minibox e Superbox), Paes Mendonça (Petipreço), Bompreço (Balaio) e CDA (Poko Preço). A loja de sortimento limitado (*hard discounts*) do Supermercado Riachuelo em Joinville/SC baseou-se no modelo alemão Aldi. Embora limitado no tamanho, serviços, equipamentos e sortimento (variedade de marcas), tinha boa diversidade de produtos, e a redução dos custos operacionais permitia a baixa dos preços. A loja-depósito tem como característica ser uma unidade física despojada que vendia alimentos e combinava uma baixa margem com variedade reduzida, mas com todas as seções, baixo nível de serviços e de investimentos, exposição de produtos simples e um foco agressivo em preço baixo. ABRAS. *Revista Super Hiper*, ano 40, n. 2 "Formatos", p. 8, 2014.

[266] Aula da Profa. Sílvia Fagá, no curso de pós-graduação do CADE em Direito da Concorrência (12.11.2010).

[267] O foco em preços deixava de ser atrativo diante da necessidade do consumidor em abastecer a despensa com o maior número de itens possível antes que o poder de compra fosse corroído no mês, e as lojas de sortimento limitado acabaram praticamente desaparecendo. Assim, na década de 1980, verifica-se a inauguração, em 1987, do hipermercado Paes Mendonça em São Paulo e do hipermercado da rede Big Shop em Porto Alegre, em 1990. Ademais, as lojas de conveniência passaram a ser opções para os clientes, localizadas em postos de gasolina ou áreas de fácil acesso, tinham como foco atender às necessidades mais emergenciais dos consumidores, em horários, na época, operacionalmente incabíveis para as lojas tradicionais de varejo. O modelo funcionava 24 horas, todos os dias, inclusive nos fins de semana e feriados. Nesse período surgiram as primeiras lojas de conveniência, como a Stop Shop na Esso e a Mix Comercial na Texaco, ambas em 1989. Outra novidade foi a agregação de uma área de *fast-food*. Os hipermercados também voltaram a ganhar

Na década de 1990, com a estabilidade econômica alcançada pelo Plano Real, o consumidor teve o seu poder de compra aumentado e alterou o padrão de consumo,[268] de modo que os supermercados passaram a ser o principal segmento na distribuição de alimentos (60 a 80% em termos de vendas).[269]

Ademais, nessa fase,[270] com a abertura da economia, vários grupos varejistas internacionais entraram no país,[271] e a estratégia até então implementada

---

força com a ampliação de prestação de serviços adicionais, sendo então chamados de "superloja"/"combo", como foi o caso da inauguração em 1990 da loja da Rede Big em Porto Alegre. A "superloja"/"combo" consistia na combinação entre os serviços oferecidos por um hipermercado com serviços adicionais, como banco, locação de vídeos e revelação de fotos. *Revista Super Hiper*, ano 40, n. 2 "Formatos", p. 9-10, 2014.

[268] Em 1995, surge um novo formato de loja pelo Walmart, consistente em um clube de compras/atacadista, e em 1997 é introduzido o modelo do "supercenter", consistente em uma combinação de supermercado com uma loja de descontos operando em autosserviço e vendendo a preços baixos. O clube de compras/atacadista consistia em uma grande loja de atacado e varejo com ambiente simples e despojado, que vendia apenas para clientes associados a partir do pagamento de uma taxa anual. Operava alimentos e não alimentos com um sortimento limitado de produtos, mas ótima variedade e embalagens institucionais e múltiplas, com apelo para preços muito baixos. *Revista Super Hiper*, ano 40, n. 2 "Formatos", p. 14, 2014. Nessa década, ademais, novas categorias de produtos passam a ser expostas nas gôndolas dos supermercados: hortifrutigranjeiros, flores, plantas, pratos prontos, material fotográfico, CDs e perfumaria. Ocorreu também o grande aumento na automatização das lojas, surgiram o EDI (*Electronic Data Interchange*), o ECR (*Efficient Consumer Response*)   e os códigos de barra, além das lojas virtuais, graças à internet. SANTOS, Angela Maria Medeiros M.; COSTA, Cláudia Soares. Características gerais do varejo no Brasil. *BNDES Setorial*, p. 63, 1997.

[269] Aula da Profa. Sílvia Fagá, no curso de pós-graduação do CADE em Direito da Concorrência (12.11.2010).

[270] Sobre o surgimento dos supermercados na América Latina, alguns dos artigos de Thomas Reardon são indicados, dentre eles: REARDON, Thomas; HOPKINS, Rose. The supermarket revolution in developing countries: Policies to address emerging tensions among supermarkets, suppliers and traditional retailers. *The European Journal of Development Research*, v. 18, n. 4, p. 522-545, 2006. REARDON, Thomas; BERDEGUÉ, Julio A. *The retail-led transformation of agrifood systems and its implications for development policies* Washington, DC: World Bank,, 2008.

[271] Nesta fase, os primeiros grupos varejistas internacionais que entraram no país foram, por exemplo, o Grupo Ahold (que adquire o Bom Preço), o Casino (que se associa ao Pão de Açúcar), os portugueses Jerônimo Martins e Sonae, e o gigante norte-americano Wal-Mart, em 1995. Cavalcante, Léia Baeta. Poder de compra do varejo supermercadista: uma abordagem antitruste. *SEAE/MF Documento de Trabalho*, n. 30, p. 3, Brasília, 2004. VAROTTO, Luis Fernando. História do varejo. *Revista de Administração de Empresas da Fundação Getulio*

Capítulo 3   Histórico de embates pelo poder no varejo supermercadista

de uma única rede ter várias lojas foi complementada pela onda de aquisições de empresas do varejo supermercadista brasileiro por redes internacionais de distribuição[272] ou nacionais de maior porte. Aproximadamente 100 (cem) atos de concentração foram apresentados ao CADE em sede do controle de estruturas, dentre os quais podem ser citados pelo menos os seguintes, compilados na tabela a seguir:

Tabela: Atos de concentração no varejo supermercadista por ano no CADE

ANO	N. ATO DE CONCENTRAÇÃO	PARTES INTERESSADAS	DECISÃO
1997	08012.007653/1997-06	Sé/São Jorge	Aprovado sem restrições
	0129/1997	Bompreço/Supermar	Aprovado sem restrições
1998	08012.008782/1998-67	Americanas/Stoc	Aprovado sem restrições
	08012.009985/1998-80	CBD/Barateiro	Aprovado sem restrições
	08012.009576/1998-19	Modelo/Mercadorama	Aprovado sem restrições
	08012.009902/1998-52	CBD/Freeway	Aprovado sem restrições
	08012.009976/1998-99	CBD/Pat	Aprovado sem restrições
	08012.004729/1998-32	Abastecedora/Serra e Mar	Aprovado sem restrições
	08012.009247/1998-79	ABC/MB/Max Box	Aprovado sem restrições
	08012.009986/1998-42	CBD/Millo's	Aprovado sem restrições
1999	08012.000787/1999-78	CBD/Peralta	Aprovado sem restrições
	08012.005104/1999-51	Bompreço Bahia/Petipreço	Aprovado com restrições
	08012.004249/1999-06	CBD/Novasoc (Paes Mendonça)	Aprovado sem restrições
	08012.001297/1999-34	Nacional/Sonae	Aprovado sem restrições
	08012.004818/1999-41	Carrefour/Planaltão	Aprovado sem restrições
	08012.003081/1999-86	Sonae/Coletão	Aprovado sem restrições

Vargas, v. 5, n. 1, p. 85-90, São Paulo: FGV, fev.-abr. 2006. O processo de concentração de mercado se intensificou, e os grupos tradicionais como Paes Mendonça e Eldorado foram incorporados por outros.

272   CLARKE, R.; DAVIES, S.; DOBSON, P.; WATERSON, M. *Buyer power and competition in European food retailing*. Cheltenham: Edward Elgar, 2002. Para maiores detalhes sobre os contratos de distribuição, sua história e perspectivas comercial e concorrencial, vide FORGIONI, Paula A. *Contrato de distribuição*. 2. ed. São Paulo: RT, 2008.

ANO	N. ATO DE CONCENTRAÇÃO	PARTES INTERESSADAS	DECISÃO
1999	08012.006899/1999-14	Carrefour/Organização Mineira	Aprovado sem restrições
	08012.011757/1999-79	CBD/Shibata/Shirata	Aprovado sem restrições
	08012.008326/1999-99	Carrefour/Continente/ Dallas/Cunha/ Rainha	Aprovado sem restrições
	08012.001296/1999-71	Extra/Sonae	Aprovado sem restrições
	08012.005766/1999-85	Carrefour/Gonçalves	Aprovado sem restrições
	08012.012129/1999-00	Carrefour/Vanderlei/Outros	Aprovado sem restrições
	08012.012130/1999-81	Carrefour/Big Bom	Aprovado sem restrições
	08012.009940/1999-22	Carrefour/Cetelem	Aprovado sem restrições
	08012.008110/1999-60	CBD/Casino	Aprovado sem restrições
	08012.004777/1999-66	ABC/SM/Serra e Mar	Aprovado sem restrições
	08012.005034/1999-77	ABC/Serra e Mar	Aprovado sem restrições
2000	08012.004319/2000-97	CBD/Reimberg	Aprovado sem restrições
	08012.002665/2000-77	CDB/J. Melo	Aprovado sem restrições
	08012.000705/2000-19	CDB/Mogiano	Aprovado sem restrições
	08012.007505/2000-88	CBD/Senff/RLL	Aprovado sem restrições
	08012.004318/2000-24	CBD/Avalon	Aprovado sem restrições
	08012.003489/2000-81	CBD/Nagumo	Aprovado sem restrições
	08012.001687/2000-74	CBD/Itapema	Aprovado sem restrições
	08012.002321/2000-20	CBD/Zeus	Aprovado sem restrições
	08012.002322/2000-74	CBD/Domene	Aprovado sem restrições
	08012.003517/2000-15	ABC/Superal	Aprovado sem restrições
	08012.002440/2000-57	CBD/Cibus	Aprovado sem restrições
2001	08012.003972/2001-18	Bompreço/Carrefour	Aprovação com restrições
	08012.006976/2001-58	BR Participações/G.Barbosa/ Serigy Participações	Aprovado com restrições
	08012.005843/2001-64	Carrefour/Mix Supermercado Rio Preto	Aprovado com restrição da cláusula de não concorrência
	08012.001138/2001-98	Carrefour/Sonae	Aprovado sem restrições
	08012.007422/2001-78	ABC Supermercados/CBD/ Supermercados Mogi	Aprovado sem restrições

Capítulo 3 Histórico de embates pelo poder no varejo supermercadista

ANO	N. ATO DE CONCENTRAÇÃO	PARTES INTERESSADAS	DECISÃO
2001	08012.002439/2001-39	Carrefour/Guri	Aprovado com restrição da cláusula de não concorrência
	08012.005596/2001-64	COOP/Ita Brasil	Aprovado sem restrições
2002	08012.006967/2002-48	BR/Supermercados Lusitana	Aprovado com restrição da cláusula de não concorrência
	08012.004897/2002-93	CBD/Sé Supermercados	Aprovado sem restrições
	08012.004912/2002-01	CBD/Supermercados Mogi	Aprovado com restrição da cláusula de não concorrência
2003	08012.009959/2003-34	CBD/Sendas	Aprovado com restrições
	08012.007406/2003-47	Sendas/Três Poderes	Aprovado sem restrições
	08012.007500/2003-04	Sendas/Unibrás	Aprovado sem restrições
	08012.004997/2003-09	Carrefour/Sendas	Aprovado com restrição da cláusula de não concorrência
2004	08012.010698/2004-86	Farinha Pura/Zona Sul	Aprovado sem restrições
	08012.010736/2004-09	Sendas/AIG	Aprovado sem restrições
	08012.010945/2004-44	Sonae/Ferbenati	Aprovado sem restrições
	08012.003855/2004-05	Sonae/Irmãos Muffato	Aprovado sem restrições
2005	08012.004692/2005-51	Carrefour/Sonae	Aprovado sem restrições
	08012.009328/2005-87	Carrefour/Mercantil São José	Aprovado sem restrições
	08012.004369/2005-87	CBD/Casino	Aprovado sem restrições
	08012.003895/2005-20	Gbarbosa/EGPS	Aprovado sem restrições
	08012.000734/2005-84	Gbarbosa/BR Participações	Aprovado sem restrições
	08012.004052/2005-41	CBD/Sé	Aprovado sem restrições
	08700.000435/2005-91	Bompreço/Petipreço	Aprovado sem restrições
2006	08012.000043/2006-61	Huntail/Modelo Investimento	Aprovado com restrição da cláusula de não concorrência
	08012.010344/2006-01	CBD/Lourenção	Aprovado sem restrições
	08012.002207/2006-95	Holding GG1 Participações/ Supermercado Gimenes	Aprovado com restrição da cláusula de não concorrência.

ANO	N. ATO DE CONCENTRAÇÃO	PARTES INTERESSADAS	DECISÃO
2006	08012.008178/2006-75	Algodoeira Sertaneja/G. Barbosa	Aprovado sem restrições
2007	08012.014128/2007-16	Santa Inês/Mercantil	Aprovado com restrição da cláusula de não concorrência
	08012.006940/2007-60	Carrefour/Atacadão	Aprovado com restrição da cláusula de não concorrência
	08012.006553/2007-23	Gbarbosa/Maratá	Aprovado sem restrições
	08012.013938/2007-47	Gbarbosa/Ceconsud	Aprovado sem restrições
	08012.013792/2007-30	CBD/Assai	Aprovado com restrição da cláusula de não concorrência
	08012.012675/2007-59	Lorenzetti/Lorebox	Aprovado sem restrições
	08012.010903/2007-56	CBD/Supermercados Rossi	Aprovado com restrição da cláusula de não concorrência
2008	08012.009118/2008-31	Sonda/Zimbreira	Aprovado sem restrições
2009	08012.008922/2009-84	Mateus Supermercado e Supermercados Liliane	Aprovado sem restrições
	08012.004259/2009-49	Carrefour/Supermercados Gimenes	Aprovado sem restrições
	08012.009064/2009-95	CBD/API SPE 06	Não conhecimento
	08012.001770/2009-99	Supermercados Gimenes/ Nações Unidas	Aprovado sem restrições
	08012.005839/2009-53	CBD/Barcelona	Aprovado sem restrições
2010	08012.011699/2010-96	Gbarbosa/Serrana	Aprovado sem restrições
	08012.001009/2010-91	Évora/Cidade Canção	Aprovado sem restrições
	08012.009381/2010-45	Gbarbosa/Cencosud/Irmãos Breta	Aprovado com restrição da cláusula de não concorrência
	08012.011752/2010-59	Gbarbosa/Gigo	Aprovado com restrição da cláusula de não concorrência
	08012.009662/2010-06	Actis/CSD	Aprovado sem restrições
	08012.008113/2010-14	CBD/Dunnhumby	Aprovado sem restrições
	08012.005181/2010-13	Gbarbosa/Cencosud	Aprovado sem restrições
	08012.003251/2010-07	Gbarbosa/Super Família	Aprovado sem restrições

Capítulo 3 Histórico de embates pelo poder no varejo supermercadista

ANO	N. ATO DE CONCENTRAÇÃO	PARTES INTERESSADAS	DECISÃO
2011	08012.002916/2011-38	CDB/Sendas	Aprovado com restrição da cláusula de não concorrência
	08012.008984/2011-19	Bompreço/EPL 100/EPL 200	Aprovado sem restrições
	08012.002916/2011-38	CBD/Sendas	Aprovado sem restrições
2013	08700.008256/2013-02	Casino e Península Participações	Aprovado sem restrições
	08700.003340/2013-30	Consulta Abílio Diniz/CDB/Casino	Perda de objeto
2014	08700.004910/2014-90	Companhia Sulamericana de Distribuição/Amigãolins Supermercado	Aprovado sem restrições
	08700.000580/2014-63	Sé Supermercados (CDB)/ Novasoc (Paes Mendonça/CDB)	Aprovado sem restrições
	08700.009406/2014-86	Sabará (Epa, Via Brasil, Martplus)/ Novo Tempo	Aprovado sem restrições
2016	08700.002793/2016-91	Grupo Seta/Grupo Rosado	Aprovado sem restrições

Em paralelo à consolidação no varejo supermercadista, a partir dos anos 2000, as grandes redes varejistas passaram a apostar na diferenciação do formato de lojas. O Brasil passa então a contar com diversos tipos de lojas: supermercados compactos e de proximidade,[273] lojas de sortimento limitado (*hard*

---

273 ASCAR, Antonio Carlos Ascar. Querida, encolhi as crianças. ABRAS. *Revista Super Hiper*, ano 40, n. 462, p. 134-135, dez. 2014. Exemplos no exterior seriam, por exemplo, o Walmart Express, Dia Market, Carrefour City, Spar, Petit Casino e Carrefour Express. No Brasil, seriam exemplos Minuto Pão de Açúcar, Minimercado Extra, Dia %, Econ e Carrefour Express. ABRAS. *Revista Super Hiper*, ano 38, n. 438, p. 50, dez. 2012. "O Petit Casino, assim como o Carrefour Express, é uma loja de proximidade, localizada em centros urbanos e a principal característica dessas bandeiras é o uso racional e levado ao limite dos espaços de exposição dos produtos". ABRAS. *Revista Super Hiper*, ano 40, n. 457, p. 30-34, jul. 2014. O Grupo Pão de Açúcar inaugurou no Itaim Bibi em São Paulo, em março de 2012, o Minimercado Extra. Trata-se de estratégia de criação de loja de proximidade, como o antigo "mercadinho", cuja proposta é ofertar o que o consumidor realmente precisa, a um preço competitivo, com especial enfoque em perecíveis (que precisam ser abastecidos de forma recorrente e em períodos curtos). ABRAS. *Revista Super Hiper*, ano 38, n. 430, p. 15-18, mar. 2012. "Com o lançamento do formato de proximidade, o Carrefour dá um novo passo em direção ao seu crescimento no Brasil, já

discounts), atacados misto ("atacarejo"[274]), supermercados *gourmet* e/ou especializados,[275] dentre outros. Os grandes varejistas passam a competir diretamente com as lojas de vizinhança, que, para concorrer no mercado, passam a tentar migrar para o segmento de supermercados. Ainda, começa-se a identificar, a partir de 2010, o início de utilização do varejo sem lojas (programas de venda pela televisão e catálogos) e do varejo virtual[276] (*e-commerce*[277]), mas ainda se trata de uma realidade incipiente no país.[278]

Como resultado de toda essa evolução histórica, atualmente o varejo supermercadista no Brasil é dominado por poucos *players*, de modo que *60% do mercado são detidos basicamente por quatro grupos econômicos*: (i) Casino/CDB (detentor de marcas como Pão de Açúcar, Extra, Assaí), (ii) Carrefour (deten-

---

que representa a segunda maior operação dentre todos os países onde o grupo atua". ABRAS. *Revista Super Hiper*, ano 40, n. 461, p. 80-82, nov. 2014; e ABRAS. *Revista Super Hiper*, ano 40, n. 461, p. 10-11, set. 2014.

274 O atacarejo ganha força principalmente com o público de baixa renda (no Brasil, Assaí, Maxxi, Todo Dia e "Supeco"). A proposta do atacarejo é diferente do autosserviço tradicional, dado que a prioridade é o preço baixo, enquanto os supermercados atendem principalmente a demanda por indulgência dos consumidores, agregando valor à sua operação por meio de serviços diferenciados. ABRAS. *Revista Super Hiper*, ano 39, n. 448, p. 78-82, out. 2013; e VAROTTO, Luis Fernando. História do varejo. *Revista de Administração de Empresas da Fundação Getulio Vargas*, v. 5, n. 1, p. 85-90, São Paulo: FGV, fev.-abr. 2006.

275 Os supermercados *gourmet* são voltados para um público mais sofisticado. Como exemplos têm-se os seguintes: nos Estados Unidos, o Whole Foods; na França, o Le Bon Marche; em São Paulo, o Santa Luzia, o "Minuto Pão de Açúcar", as lojas do St Marché; em Belo Horizonte, o Verdemar e o Super Nosso Gourmet; na Bahia, o Perini; no Amazonas, o Supermercado Roma. *Revista Super Hiper*, ano 40, n. 2 "Formatos", p. 10, 2014.

276 ABRAS. *Revista Super Hiper*, ano 40, n. 461, p. 76-78, nov. 2014. "Onmichannel" é uma tendência do varejo, segundo a qual os diferentes canais de venda e de comunicação (promoção) se completam e se ajudam. "Segundo a especialista [Sucharita Mulpuru], embora as compras feitas hoje nas lojas físicas do autosserviço não devam migrar tão cedo para o universo virtual, em virtude dos altos custos e da complexidade logística, os supermercados devem adotar ferramentas digitais uma vez que o cenário do varejo mudou significativamente na última década e a excelência em *omnichannel* é essencial para competir com eficiência".

277 ABRAS. *Revista Super Hiper*, ano 38, n. 438, p. 12, dez. 2012; e ABRAS. *Revista Super Hiper*, ano 40, n. 459, p. 134, set. 2014. "A compra pela internet está, aos poucos, se tornando cada vez mais popular no Brasil e a prática do *e-commerce* já é uma realidade em muitas redes varejistas". ABRAS. *Revista Super Hiper*, ano 40, n. 456, p. 89, jun. 2014.

278 SPANHOL, Caroline Pauletto; BENITES, Anderson Teixeira. *Evolução histórica do varejo brasileiro de alimentos e seus fatores competitivos*. Campo Grande: JCEA, 2004.

Capítulo 3 Histórico de embates pelo poder no varejo supermercadista

tor de marcas como Carrefour, Atacadão, Supeco), (iii) Walmart (detentor de marcas como Walmart, Bid, Hiper, Bompreço, Mercadorama, Todo Dia, Maxxi, Sams Club) e (iv) Cencosud/GBarbosa (detentores de marcas como GBarbosa, Perini, Bretas, Prezunic).[279] Mesmo com um varejo tradicional ainda existente no país, assim como verificado em outros países da América Latina,[280] a *expansão do novo modelo de varejo supermercadista no país consolida o poder dos supermercados e os posiciona como o principal gargalo para os produtos alimentícios no Brasil*, atuando como plataforma de dois lados entre fornecedores e consumidores finais.

Conclusão do Capítulo 3

O histórico da relação entre varejistas e fabricantes sempre foi marcado por conflitos. Essa perspectiva histórica dos embates evidencia que a concorrência no mercado de distribuição possui uma dimensão horizontal e uma vertical. Diante do processo de concentração e de consolidação de mercado, aliado à estratégia de criação das marcas próprias, os varejistas tiveram seu poder de mercado fortalecido na relação vertical com os seus fornecedores, fabricantes de produtos de marca independente. O exercício desse poder, pelos varejistas, resulta na adoção de práticas consistentes com o exercício desse poder de mercado, ainda que pela análise tradicional não tenham posição dominante. A evolução histórica evidencia o caminho que os supermercados têm percorrido para se tornarem gargalos à concorrência, atuando como plataformas de dois lados que prestam serviços aos fornecedores e aos consumidores finais.

A chegada ao Brasil desse moderno modelo de varejo supermercadista ocorreu em meados dos anos 1990, e fez parte da "primeira onda" ocorrida na América Latina. Antes disso, o Brasil ainda vivia um cenário de varejo sobretudo tradicional, não adaptado à moderna dinâmica concorrencial do setor. Com o processo de reestruturação e concentração no mercado supermercadista, vários grupos varejistas internacionais entraram no País e iniciaram, junta-

---

[279] DELGADO, Juan. Market Structure, Growth and Competition in the Supermarket Sector in Latin America. OECD Latin American Competition Forum. *Growth and Competition in the Supermarket Sector in Latin America* (September 3, 2015), 2015.
[280] Idem, ibidem.

mente com redes nacionais de maior porte, uma onda de aquisições. Como resultado de toda essa evolução histórica, atualmente o varejo supermercadista no Brasil é dominado por poucos *players*, de modo que 60% do mercado são detidos basicamente por quatro grupos econômicos. Assim, a expansão do novo modelo de varejo supermercadista no Brasil consolida o poder dos supermercados no mercado e os posiciona como o principal gargalo para os produtos alimentícios no país, que atua como plataforma de dois lados entre fornecedores e consumidores finais.

CAPÍTULO **4**

Fontes do poder no varejo supermercadista

A evolução histórica e da análise antitruste sobre o varejo supermercadista trazem a perspectiva do supermercado como plataforma de dois lados com características de gargalo à concorrência. Essa característica reflete os poderes detidos pelos supermercados, na medida em que os fornecedores ("*multi-home*") tornam-se reféns dos supermercados ("plataforma de dois lados") para alcançar, de maneira economicamente viável, o maior número possível de consumidores ("*single-home*"). Essa característica de "*gatekeeper*" acaba por mitigar – ou até mesmo em alguns casos extinguir – as fontes tradicionais de poder dos fabricantes, como a capacidade de segmentar[281] e de definir o *marketing* de seus produtos,[282] a viabilidade de inovar, a le-

---

[281] A estratégia de segmentação consiste em fatiar determinado mercado em subgrupos homogêneos de consumidores, que serão melhor servidos com produtos direcionados. É o caso, por exemplo, da fabricante Head & Shoulders, que tem uma marca de shampoo direcionada para consumidores com caspa. Nesse subgrupo é possível, ainda, realizar mais segmentação, para consumidores com caspa e cabelos oleosos, com caspa e tintos, com caspa e sensíveis etc., o que torna ainda mais homogêneos os grupos segmentados. Esse instrumento é utilizado pelos fabricantes mais do que pelos varejistas, uma vez que os varejistas não conseguem segmentar a um grupo homogêneo de consumidores.

[282] Diversas são as estratégias de *marketing* de produtos que podem, em tese, ser implementadas pelos fabricantes. Em mercados em que tecnologia, imagem e inovação forem importantes, por exemplo, os fabricantes podem adotar estratégias *premium*, caracterizadas por preços mais elevados decorrentes da maior satisfação com a marca. Outra estratégia é o fabricante focar no valor, utilizando suas economias de escala na produção. Ainda, o fabricante deve repensar seus produtos de segunda linha, pois estes podem ser esmagados pelos produtos *premium*, pelos produtos voltados ao valor e pelos produtos de marca própria dos varejistas. Nesse contexto, o fabricante tem algumas alternativas diante de um produto de segunda linha: "reciclar" o nome do produto com um novo desenvolvimento; oferecer o

aldade do consumidor à marca e o *mindspace* dos seus produtos,[283] e as novas tecnologias,[284] entre outros.

Diante desse cenário, diversas são as fontes, cumuladas, que posicionam os supermercados como detentores de poder de mercado, dentre as quais se destacam as seguintes, que serão detalhadas a seguir: concentração econômica, barreiras à entrada e à expansão, transparência, lealdade do consumidor final ("*lock-in*"), gôndolas, dependência econômica e receio dos fornecedores de aplicação de retaliações pelos supermercados, alianças de compra entre supermercados e marcas próprias. Ênfase especial é dada às marcas próprias, uma vez que trazem consigo um novo paradigma da relação vertical entre varejista e fornecedor: atuação dos supermercados como concorrentes da indústria fornecedora.

4.1 Concentração econômica

A concentração econômica é uma das importantes fontes de poder dos supermercados. Segundo a OCDE (1999),[285] diversas são as causas que levam

---

produto exclusivamente para um varejista; direcionar o produto para determinado canal de revenda; tornar-se uma marca de combate; ou direcionar a marca para um nicho de mercado específico, que seja difícil ou antieconômico para os concorrentes usurparem. THAIN, Greg. BRADLEY, John. *Store Wars* – The Worldwide Battle for Mindspace and Shelfspace, Online and In-store. 2. ed. United Kingdom: Wiley, 2012. p. 244-253.

[283] *Mindspace* pode ser entendido como a força da marca nas experiências, associações e hábitos de compra dos consumidores.

[284] Diz-se, por exemplo, que a próxima revolução da informação que se espera ocorrer nesse mercado são os códigos QR ("*quick response*"). Esses códigos, que podem ser adotados tanto por fabricantes quanto por varejistas, são utilizados por consumidores em seus *smartphones* para, a partir do código, serem direcionados para um *site*, um vídeo promocional, um cupom etc. Trata-se, assim, de um novo canal de comunicação surgido no mercado, que pode vir a se tornar um instrumento de poder dos fabricantes. Essa foi a estratégia utilizada em 2013, por exemplo, pela Coca-Cola no Brasil. Por meio de um código QR na parte externa das latas de 350 ml e garrafas de 600 ml, os consumidores, com seu *smartphone*, escaneavam o código e tinham acesso a *playlists* exclusivas contemplando sete estilos musicais diferentes (Metal, MPB, Rock, Pop, Clássicos, Eletrônico e Hip Hop), tendo como ponto de partida o maior festival de música e entretenimento do mundo, o Rock in Rio. Disponível em: <http://comunicadores.info/2013/08/11/latas-de-coca-cola-zero/>. Acesso em: 3 fev. 2014.

[285] OECD, *Buying Power of Multiproduct Retailers*, Committee on Competition Law and Policy, DAFFE/CLP (99) 21, 1999. p. 16-17.

às altas concentrações de mercado nas vendas no varejo (como destacado no Capítulo 3, *supra*), sendo três as principais. A primeira seria a mudança dos hábitos do consumidor, tendo em vista fatores demográficos, de transporte e de renda, que tendem ao *"one-stop shopping"*. A segunda seria a mudança na aplicação de tecnologias, que criou e reforçou as economias de escala no varejo, o acesso aos valiosos dados de consumidores, em conexão com os cartões fidelidade. E a terceira seria a mudança na capacidade e na sofisticação dos grandes varejistas, e em sua maior habilidade e interesse em vender marcas próprias. Conforme se percebe, *a concentração econômica é uma fonte de poder que permite o exercício de outras fontes de poder.*

Esse poder é observado na medida em que a concentração econômica no varejo supermercadista permitiu o surgimento de gigantescas corporações detentoras de participação de mercado significativa, que atualmente constam como as maiores empresas em seus países de origem.[286] Na Europa Ocidental, dados de 2015 indicam que os supermercados representam entre 70 e 80% das vendas do varejo alimentar. Nos Estados Unidos, as cinco maiores redes têm índice de concentração acima de 65% do mercado, e as dez maiores redes possuem 78% de concentração econômica. Na Austrália, o mercado é dominado basicamente por duas redes de supermercados.[287] E esse processo de concentração econômica continua uma tendência no mercado varejista, segundo apontado pela *Comisíon Nacional de la Competencia* da Espanha em 2011.[288]

Na América Latina, os supermercados são agentes econômicos que detinham entre 50-60% do mercado varejista em 2000.[289] Apesar de ainda haver uma presença importante do varejo tradicional na América Latina,

---

[286] Europa. European Commission. *Buyer power and its impact on competition in the food retail distribution sector of the European Union*, 1999.

[287] COTTERILL, Ronald W. Antitrust analysis of supermarkets: global concerns playing out in local markets. *Australian Journal of Agricultural and Resource Economics*, v. 50, n. 1, p. 17-32, 2006.

[288] Espanha. Comisión Nacional de la Competencia. *Report on the relations between manufacturers and retailes in the food sector*, 2011. Disponível em: <http://ec.europa.eu/internal_market/consultations/2013/ unfair-trading-practices/docs/contributions/public-authorities/spain-comision-nacional-de-la-competencia -2-report_en.pdf>. Acesso em: 23 maio 2015.

[289] REARDON, Thomas; BERDEGUÉ, Julio A. The rapid rise of supermarkets in Latin America: challenges and opportunities for development. *Development Policy Review*, v. 20, n. 4, p. 371-388, 2002.

quando se considera a concentração de mercado no setor supermercadista (ou seja, desconsiderando a parcela de mercado ainda detida pelo varejo tradicional), observa-se que o mercado é dominado por poucos *players*, atuantes concomitantemente em diversos países. A concentração das redes supermercadistas é de 80% na Argentina (detida por Carrefour, Cencosud/Jumbo e Walmart), 70% na Colômbia (detida por Casino/Êxito, Cencosud/Jumbo e Olimpica), 90% no Chile (detida por Walmart, Ceconsud/Sta. Isabel, Falabella/Tottus e SMU/Unimarc), 95% em Honduras (detida por Walmart, La Colonia e Price Smart), 90% no México (detida por Walmart, Soriana-Comercial Mexicana e Chedraui) e 95% no Peru (detida por Cencosud/Wong, Iberbank e Falabella).[290]

No Brasil, a consolidação no varejo supermercadista aconteceu tanto por meio de crescimento orgânico quanto por aquisições[291] (vide Capítulo 3, *supra*, que apresentou a tabela com o histórico de atos de concentração apresentados ao CADE). A concentração econômica foi de tal maneira contundente que, entre os 20 maiores *players* nesse mercado, os três primeiros – Grupo Pão de Açúcar (CDB), Carrefour e Walmart – detêm conjuntamente 74% das receitas totais anuais.[292] Dados de 2015 também indicam que a concentração de mercado das redes supermercadistas no Brasil é de pelo menos 60%, se se considerar apenas os quatro primeiros *players*: (i) Casino/CDB (detentor de marcas como Pão de Açúcar, Extra, Assaí), (ii) Carrefour (detentor de marcas como Carrefour, Atacadão, Supeco), (iii) Walmart (detentor de marcas como Walmart, Bid, Hiper, Bompreço, Mercadorama, Todo Dia, Maxxi, Sams Club) e (iv) Cencosud/GBarbosa (detentores de marcas como GBarbosa, Perini, Bretas, Prezunic).[293] *Verifica-se, portanto, que há significativa concentração econômica no mercado varejista (de*

---

290 DELGADO, Juan. Market Structure, Growth and Competition in the Supermarket Sector in Latin America. OECD Latin American Competition Forum. *Growth and Competition in the Supermarket Sector in Latin America* (September 3, 2015), 2015.

291 BERARDO, José C. M.; BECKER, Bruno Bastos. Brazil. In: KOBEL, Pierre; KËLLEZI, Pranvera; KILPATRICK, Bruce (ed.). *Antitrust in the Groceries Sector & Liability Issues in Relation to Corporate Social Responsibility*. Springer, 2015. p. 95-106.

292 OCDE. *Competition Issues in the Food Chain Industry*. DAF/COMP(2014)16. Contribution from the Brazilian Delegation. p. 81-88.

293 Dados de 2014 confirmam que as cinco maiores redes de varejo alimentar de autosserviço no Brasil são, nesta ordem: Grupo Pão de Açúcar (CDB), Grupo Carrefour, Grupo Walmart, Cencosud e Zaffari. ABRAS. *Revista Super Hiper*, ano 40, n. 454, p. 66, abr. 2014.

venda) brasileiro, ainda que desconsiderado pela análise antitruste tradicional do varejo supermercadista.

GORDILHO[294] discorre que essa crescente concentração do mercado no varejo resulta no desaparecimento de pequenas e médias empresas do setor, as quais ou passariam a ser adquiridas pelas grandes, ou se associariam a elas, ou fechariam.[295] Nesse contexto, cumpre relembrar o alerta de JURACY PARENTE, no sentido de que:

> À medida que a concentração se acentua, e com o surgimento de enormes grupos varejistas, a relação de poder entre fornecedores e varejistas começa a pender em favor do varejista. O poder de barganha dos grandes varejistas vem se acentuando. Muitos fornecedores começam a sentir-se bastante vulneráveis, pela dependência excessiva de alguns grandes varejistas, que começam a impor suas condições de fornecimento, definindo desde a forma de abastecimento até os procedimentos de gestão e processos produtivos que o fabricante deve adotar. A participação crescente das marcas próprias sinaliza a disposição do varejista em fortalecer a fidelidade do consumidor para suas próprias marcas e, consequentemente, enfraquecer o poder dos fabricantes.[296]

Tem-se, portanto, que o varejo alimentar no Brasil, assim como no restante do mundo, tende a ser oligopolístico, com poucos *players*, altos *market*

---

294 O autor aponta que as operações mais importantes desse setor de varejo de bens duráveis foram a aquisição do Ponto Frio pela Companhia Brasileira de Distribuição (CDB), em junho de 2009, e seis meses depois, a associação da CDB com a líder do setor, as Casas Bahia, formando um gigante no varejo de eletroeletrônicos no país. Ademais, em setembro de 2009, houve o anúncio da associação entre o Ricardo Eletro e a Insinuante, seguida, em dezembro de 2009, pela aquisição da City Lar, e, em julho de 2011, pela aquisição da Eletro Shopping. Informa, ainda, que outras empresas no setor se movimentaram em busca de mais escala, como a Magazine Luiza, que adquiriu as Lojas Maia e as Lojas do Baú, e que outras operações ainda deveriam acontecer, com os rumores de aquisição do Carrefour pela CDB ou pelo WalMart. GORDILHO JR., Mário Sérgio Rocha. Análise de poder de compra no mercado de varejo de bens duráveis – desafios para o novo CADE. *Boletim Latino-Americano de Concorrência*, n. 31, p. 22, abr. 2012. Ao final, as operações antevistas pelo autor não chegaram a ser concretizadas.

295 SECOR e ÇAKIR também refletem sobre esse tema, especificamente sobre os impactos dessa concentração de mercado resultante de aquisições nos preços de produtos de marca nacional e próprias. SECOR, William; ÇAKIR, Metin. Impacts from a retail grocery acquisition: do national and sotre brands prices respond differently? *Agricultural and Applied Economics Association*, 2016.

296 PARENTE, Juracy. *Varejo no Brasil*: gestão e estratégia. São Paulo: Atlas, 2000. p. 17.

shares, transparência e reconhecimento completo da interdependência mútua dos agentes, reforçada pelos redutos locais.[297] Isso significa que a concentração de mercado é um importante poder de mercado dos supermercados, mesmo que os percentuais de participação de mercado individualmente considerados estejam abaixo dos níveis de dominância tradicionais.

4.2 Barreiras à entrada e à expansão

As barreiras à entrada e à expansão[298] no mercado de venda (varejista) também são importantes fontes de poder dos supermercados. ARMSTRONG[299] alude que, sob a perspectiva do consumidor final, a restrição das opções de supermercados, tendo em vista as barreiras à entrada e à expansão nos mercados locais, é um dos fatores que faz com que o supermercado seja um gargalo à concorrência.

Nos termos da moderna análise do varejo supermercadista, *as barreiras à entrada e à expansão neste mercado são bastante elevadas*. Nessa linha, a Comissão Europeia (1999)[300] apontou para as elevadas barreiras à entrada nesse setor, tanto por razões institucionais (por exemplo, as regulações de plano

---

[297] UNCTAD. *Competition Issues in the Food Chain: Possible Measures to Address Buyer Power in the Retail Sector*, 2014. Disponível em: <http://unctad.org/meetings/en/Contribution/tdb61_c01_UNCTAD.pdf>. Acesso em: 11 fev. 2016.

[298] Nos termos do Guia de Análise de Atos de Concentração Horizontal da SEAE, barreiras à entrada podem ser definidas como qualquer fator em um mercado que ponha um potencial competidor eficiente em desvantagem com relação aos agentes econômicos estabelecidos. Dentre os fatores considerados como importantes barreiras à entrada estão: (a) custos irrecuperáveis; (b) barreiras legais ou regulatórias; (c) recursos de propriedade exclusiva das empresas instaladas; (d) economias de escala e/ou de escopo; (e) o grau de integração da cadeia produtiva; (f) a fidelidade dos consumidores às marcas estabelecidas; e (g) a ameaça de reação dos competidores instalados. Brasil. *Guia de Análise de Atos de Concentração Horizontal*. Portaria Conjunta SEAE/SDE n. 50, de 01.08.2001. p. 13-14.

[299] ARMSTRONG, Mark. Competition in two-sided markets. *RAND Journal of Economics*, v. 37, n. 3, p. 668-691, Autumn 2006.

[300] Europa. European Commission. *Buyer power and its impact on competition in the food retail distribution sector of the European Union*, 1999. Disponível em: <http://bookshop.europa.eu/en/buyer-power-and-its-impact-on-competition-in-the-food-retail-distribution-sector-of--the-european-union-pbCV2599649/downl oads/CV-25-99-649-EN-C/CV2599649ENC_001.pdf?FileName=CV2599649ENC_001.pdf&SKU=CV2599649ENC_PDF&Catalogue Number=CV-25-99-649-EN-C>. Acesso em: 23 maio 2015.

Capítulo 4 **Fontes do poder no varejo supermercadista**

diretor das cidades e as restrições de zoneamento) quanto por razões estratégicas (como as vantagens do incumbente em termos de experiência, reputação e custos afundados em capital físico e humano, associado à eficiência logística e rede de distribuição).

Ademais, em um caso concreto analisado em 2004 pelo Tribunal de Defesa da Livre Concorrência do Chile,[301] ressaltou-se a magnitude dessas barreiras. CORDOVIL e FIGUEIREDO,[302] analisando o posicionamento da autoridade chilena, indicam diversos fatores para a existência de altas barreiras à entrada: (i) a estratégia agressiva de crescimento dos principais supermercados, que barra potenciais entrantes; (ii) a aquisição de terrenos em locais ainda não explorados, para evitar a compra por concorrentes; (iii) a diversificação dos formatos de estabelecimentos, para cobrir vários nichos do setor; e (iv) não ter havido entrada de novas cadeias de supermercados. Esse também foi o posicionamento da *Fiscalía Nacional Económica* no Chile, em 2007,[303] que afirmou de maneira categórica que as condições de entrada nesse mercado seriam tremendamente desfavoráveis, pelos seguintes fatores ao menos: barreiras legais, custos afundados específicos para os supermercados e para fornecedores, a utilização pelos consumidores de cartões de crédito vinculados aos supermercados, a proliferação dos formatos de supermercados, a proliferação das marcas próprias, a capacidade de iniciar e manter guerras de preços, a estratégia de crescimento agressiva dos supermercados incumbentes e o superinvestimento em capacidade instalada/por instalar.

Também nesse sentido apontou a *Competition Commission* no Reino Unido em 2008,[304] para quem os custos de distribuição e de compra representariam dois dos custos de vantagem detidos pelos grandes varejistas, possivelmente atuando como barreiras à entrada de concorrentes no mercado. Assim, em mercados locais concentrados, a tendência seria de não atração de novas

---

301 Chile. Tribunal de Defensa de la Competencia. Autos 4927-04. Sentencia 9/2004. Asociación Gremial de Industrias Proveedoras A.G., Supermercados Líder, Nestlé Chile S.A. Disponível em: <http://www.tdlc.cl/tdlc/wp-content/uploads/sentencias/Sentencia_09_2004.pdf>. Acesso em: 23 fev. 2016.
302 CORDOVIL, Leonor; FIGUEIREDO, Natália. Poder de compra do varejo e os desafios da concorrência: uma visita ao Chile e à Argentina. *Revista do IBRAC*, v. 15, p. 111-126, 2009.
303 Chile. Fiscalía Nacional Económica. *Análisis Económico de la Industria de Supermercados em el marco de la Causa Rol n. 101/2006*. p. 83-93.
304 Reino Unido. Competition Commission. *Final report of the supply of groceries in the UK market investigation*, 30.04.2008. p. 9-11.

entradas. Outra barreira indicada foi a (in)disponibilidade de terreno para a instalação de novas lojas, em linha com a preocupação da *Australian Competition and Consumer Commission* em 2008.[305] Esta autoridade se manifestou no sentido de que há altas barreiras à entrada e à expansão no varejo alimentar, particularmente relacionadas à dificuldade de se encontrar novos locais para as lojas dos supermercados. Ainda, o *Hong Kong Consumer Council* mencionou, em 2013,[306] a grande dificuldade verificada na entrada de novos concorrentes no mercado varejista. Essa dificuldade se daria tendo em vista a restrição das áreas disponíveis para instalação dos supermercados e a existência de acordo comercial entre os grandes varejistas com um fundo de investimento imobiliário detentor dos principais estabelecimentos possíveis de instalação de cadeias varejistas. Em especial, apontou a autoridade para legislações de planejamento e zoneamento das cidades e a existência de cláusulas contratuais entre os supermercados e centros comerciais que exigiam exclusividade, que seriam posteriormente investigados.

Também assim destacou a *Autorité de la Concurrence* da França, em 2012,[307] que as barreiras legais e econômicas à entrada e expansão de grandes varejistas eram muito altas. Apontou que, no país, o crescimento do formato de pequenos mercados teria sido liderado pelo Casino – grande varejista incumbente –, o que representaria uma barreira adicional à entrada de novos concorrentes no mercado varejista, dada a saturação do mesmo agente econômico no mercado. Especificamente com relação ao Brasil, o documento para discussão da OCDE de 2015 mostra que a ausência de agentes distribuidores dificulta ainda mais o acesso ao "moderno varejo" por supermercados independentes e por cadeias varejistas menores, o que reforça as vantagens em termos de custos e o poder de mercado dos grandes varejistas.[308]

---

[305] Austrália. Australian Competition and Consumer Commission. *Report of the AACC inquiry into the competitiveness of retail prices for standard groceries*, 2008. p. 177-208.

[306] Hong Kong. Hong Kong Consumer Council. *Market power of supermarket chains under scrutinity*, 2013. Disponível em: <https://www.consumer.org.hk/sites/consumer/files/competition_issues/20131219/GMSReport20131219.pdf>. Acesso em: 11 fev. 2016.

[307] França. Autorité de la Concurrence. *Avis* n. 12-A-01 du 11 janvier 2012 relatif à la situation concurrentielle dans le secteur de la distribution alimentaire à Paris, 2012. Disponível em: <http://www.autoritedelaconcurrence.fr/pdf/avis/12a01.pdf>. Acesso em: 23 maio 2015.

[308] DELGADO, Juan. Market Structure, Growth and Competition in the Supermarket Sector in Latin America. OECD Latin American Competition Forum. *Growth and Competition in the Supermarket Sector in Latin America* (September 3, 2015), 2015. p. 11.

Entre as diversas barreiras à entrada e à expansão, chama-se a atenção para a combinação de três estratégias: *"brand proliferation"*,[309] *"brand specification"*[310] e *"brand preemption"*.[311] Essa estratégia pode ser combinada com a *"spatial preemption"*, consistente no incremento de opções de formatos de supermercados de uma mesma rede em determinada área geográfica local, para aparentar ao consumidor final a existência de opções. Essas estratégias de diferenciação de produtos vêm sendo adotadas por supermercados incumbentes, que visam a deter a entrada de competidores no mercado. Trata-se da adoção do multiformato por uma mesma rede varejista, de modo que o consumidor acaba tendo a sensação, pelo menos em tese, de ter várias opções de supermercados disponíveis, em vários formatos, mas, na verdade, está diante de uma mesma empresa com suas várias lojas. Esta seria a situação, por exemplo, em um *shopping center*, em que o consumidor constata que um modelo de tênis tem valores idênticos em duas lojas, e, ao tentar negociar valores em uma delas, encontra como justificativa o fato de que ambas as lojas são, de fato, do mesmo grupo econômico, apenas com nomes diferentes. Situação semelhante é a que se verifica com os supermercados, que tentam proliferar as marcas do seu grupo econômico varejista em uma determinada área geográfica a fim de extinguir com a disponibilidade de terrenos na região para eventuais concorrentes. Essa saturação eleva ainda mais as barreiras à entrada e à expansão e pode resultar em efeitos negativos à concorrência.[312]

O sucesso da adoção dessa estratégia foi mencionado, por exemplo, pelo Tribunal de Defensa de la Competencia da Espanha na análise da fusão

---

[309] "A strategy of brand proliferation by na incumment monopolista involves locating its multiple brands such that no niches or locations are available that will support profitable entry". CHURCH, Jeffrey R.; WARE, Roger. *Industrial organization:* a strategic approach. Ontario: Irwin McGraw-Hill, 2000. p. 404.

[310] "As an alternative to brand proliferation, an incumbent may find it more profitable to deter entry by strategic choice of its product specification or location". CHURCH, Jeffrey R.; WARE, Roger. *Industrial organization:* a strategic approach. Ontario: Irwin McGraw-Hill, 2000. p. 404.

[311] "Brand preemption involves introducing brands prior to, or before, and entrant, thereby eliminating the possibility of profitable entry". CHURCH, Jeffrey R.; WARE, Roger. *Industrial organization:* a strategic approach. Ontario: Irwin McGraw-Hill, 2000. p. 407.

[312] A respeito da estratégia de aglomeração dos varejistas por meio da abertura e fechamento de lojas, sugere-se: CLAPP, John M.; ROSS, Stephen L.; ZHOU, Tingyu. Retail Agglomeration and Competition Externalities: Evidence from Openings and Closings of Multiline Department Stores in the US. *Available at SSRN 2590082*, 2015.

Carrefour/Promodès em 2002[313] e por acadêmicos.[314] Também é constatado pelo fortalecimento dos novos formatos de supermercados. HOLMES[315] apresenta estudos econométricos sobre os padrões de competição espacial do Wal-Mart, por meio da estratégia de possuir uma densa rede de lojas, e conclui que dois terços do crescimento do Wal-Mart são advindos de novos formatos de lojas. Fala-se hoje, então, em "revolução dos pequenos supermercados"[316] – constatada no Brasil[317] –, mas não no sentido de fortalecimento do varejo tradicional, e sim na direção do reforço do poder dos supermercados no varejo supermercadista pela diferenciação de formatos, via estratégia de saturação geográfica.

O objetivo da diferenciação dos modelos/formatos de lojas (ou seja, diferentes formatos de lojas para atender aos vários tipos de perfis de consumidor) é que os consumidores não os considerem simples pontos de venda de produtos, substituíveis entre si. Trata-se de aumentar o custo de troca entre supermercados (*"cost of switching stores"* – CSS) e reduzir o custo de troca de produtos (*"cost of switching brands"* – CSB).[318] Para BORGHESANI,

---

313 Espanha. Decision of 04.05.2000 of the Tribunal de Defensa de la Competencia, Case C-52/00, Carrefour/Promodès, p. 61.

314 AGUIRREGABIRIA, Victor; SUZUKI, Junichi. Empirical Games of Market Entry and Spatial Competition in Retail Industries. *Working Paper* 534, University of Toronto, Department of Economics, 02.02.2015. Disponível em: <http://www.economics.utoronto.ca/public/workingPapers/tecipa-534.pdf>. Acesso em: 6 jun. 2015.

315 HOLMES, T. The Diffusion of Wal-Mart and Economies of Density. *Econometrica*, 79(1), p. 253-302, 2011.

316 Essa "revolução do pequeno varejo" estaria sendo inspirada do posicionamento de redes internacionais, como Sainsbury Local, Marks Spencer Simply Food, Tesco Express, Freash & Easy, Fresh & Easy Express, Carrefour City, Walmart Express, Carrefour City, Walmart Express, Rewe To Go, Get Go e Bom Preu Rapid. ABRAS. *Revista Super Hiper*, ano 38, n. 438, p. 163, dez. 2012.

317 No Brasil, também se observa essa tendência de multiformato, sendo que hoje pode-se dizer que o varejo alimentar em autosserviço no Brasil possui pelo menos os seguintes formatos: lojas de conveniência, loja de sortimento limitado (*hard discounters*), supermercado de proximidade, supermercado compacto, supermercado tradicional, supermercado *gourmet* e especializado, superloja (combo), hipermercado, supercenter, loja-depósito, clube atacadista, atacado autosserviço misto ("atacarejo" ou *cash and carry*). ABRAS. *Revista Super Hiper*, ano 40, n. 2 "Formatos", p. 11, 2014.

318 THAIN, Greg; BRADLEY, John. *Store Wars* – The Worldwide Battle for Mindspace and Shelfspace, Online and In-store. 2. ed. United Kingdom: Wiley, 2012. Nesse sentido, também aponta a OCDE que, se os consumidores não mudarem seus hábitos diante da retirada

CRUZ e BERRY,[319] essa mudança no formato do varejo seria, entre outros, uma das principais razões da concentração de poder nos varejistas. A diversificação reflete, nos termos de THAIN e BRADLEY,[320] uma das importantes mudanças de posicionamento estratégico dos varejistas de modo a obter maior poder de mercado.

Tem-se, portanto, que diversas são as barreiras à entrada e à expansão no varejo supermercadista, dentre as quais se apontam pelo menos as seguintes: as barreiras legais (como as regulações de planos diretor das cidades e restrições de zoneamento); as vantagens do supermercado incumbente em termos de experiência, reputação e custos afundados em capital físico e humano, associado à eficiência logística e rede de distribuição; a estratégia agressiva de crescimento dos principais supermercados e de superinvestimento em capacidade instalada/por instalar; a aquisição de terrenos em locais ainda não explorados; a proliferação das marcas próprias; a capacidade de iniciar e manter guerras de preços; os menores custos de compra; a ausência de agentes distribuidores; e a proliferação dos formatos de supermercados por meio da estratégia de "saturação geográfica" ("*spatial pre-emption*").

4.3 Transparência

A transparência no mercado varejista também é considerada uma fonte do poder dos supermercados. Essa transparência, viabilizada sobretudo pela utilização da tecnologia da informação,[321] permite que os preços e os serviços

---

 da lista de um dos fornecedores de produtos, a probabilidade é que eles julguem o CSB maior do que o CSS. OECD, *Buying Power of Multiproduct Retailers*, Committee on Competition Law and Policy, DAFFE/CLP (99) 21, 1999.
319 BORGHESANI JR., William H.; CRUZ, Peter L. de La.; BERRY, David. Food for thought: the emergence of power buyers and its challenge to competition analysis. *Stan. JL Bus. & Fin.*, v. 4, p. 39, 1998. p. 41-48. Sobre os dois terços de crescimento do Wal-Mart, *apud* MARREFIELD, David. The inside story: how Wal-Mart Buys. *Supermarket news*, at 1, Maio 1992.
320 THAIN, Greg. BRADLEY, John. *Store Wars* – The Worldwide Battle for Mindspace and Shelfspace, Online and In-store. 2. ed. United Kingdom: Wiley, 2012. p. 53-59 e 119-138.
321 Segundo BORGHESANI, CRUZ e BERRY, a transparência é viabilizada pela utilização da tecnologia da informação pelos varejistas para fazer produção, distribuição e entrega dos produtos mais eficientes, que representam um dos principais fatores que levam ao poder nos varejistas. A capacidade de obter e comunicar informações em tempo real foi viabiliza-

praticados nesse mercado varejista sejam facilmente observáveis pelos concorrentes, em especial nos itens KVI *"known value itens"*, que são aqueles produtos âncora que chamam a atenção do consumidor final e permitem a comparação de preços entre os diferentes supermercados, o que viabiliza uma rápida adaptação dos supermercados concorrentes.

Ocorre que, sob a perspectiva do consumidor final, a transparência das condições de mercado resulta na redução da percepção dos consumidores sobre diferenças de preços, o que, para ARMSTRONG,[322] é um dos fatores que faz com que o supermercado seja um gargalo à concorrência. Apesar de os

---

da por meio do intercâmbio eletrônico de dados (EDI – *eletronic data interchange*), que permitiu ao varejista saber o que era vendido em todas as suas lojas, quanto estava sendo arrecadado de receita e quem eram os seus consumidores. Ademais, os *check-out scanners* permitiram que os varejistas não mantivessem estoques desnecessários, pois à medida que as vendas eram realizadas, essa informação era repassada aos sistemas de logística, que reabasteciam suas lojas. BORGHESANI JR., William H.; CRUZ, Peter L. de La; BERRY, David. Food for thought: the emergence of power buyers and its challenge to competition analysis. *Stan. JL Bus. & Fin.*, v. 4, p. 39, 1998, especialmente p. 41. Ou seja, a revolução na tecnologia de informação permitiu aos varejistas deter um importantíssimo instrumento de poder na cadeia de distribuição: a informação. Com as novas tecnologias, bem como a introdução do código de barra impresso em embalagens de produtos que podem ser lidas eletronicamente (UPC – *Universal Product Code*), por exemplo, permitiram que os varejistas conhecessem suas vendas em tempo real. Essas novas tecnologias permitiram aos supermercados controlar seus estoques e ter acesso ao perfil de demanda de seus clientes de forma muito superior. Com isso, novas economias de escala teriam surgido ou teriam sido reforçadas, de acordo com a OCDE. OCDE. Background Paper by the Secretariat. *Buying power of multiproduct retailers*, 1998. p. 16. A próxima revolução da informação aventada são os códigos QR (*"quick response"*). Esses códigos, conforme supramencionado, podem ser adotados tanto por fabricantes quanto por varejistas, e são utilizados por consumidores em seus *smartphones* para, a partir do código, serem direcionados para um *site*, um vídeo promocional, um cupom etc. O varejista Tesco Homeplus, na África do Sul, por exemplo, começou a utilizar os códigos QR para que os consumidores realizassem compras fora do supermercado. Para tanto, criou cartazes virtuais em estações de metrô que continham códigos QR para os produtos e os consumidores finais, com seus aplicativos de códigos QR nos celulares, podiam escanear os produtos desejados enquanto esperavam o metrô, sendo que suas compras eram entregues em sua casa em seguida. Outros instrumentos de poder consistentes com a utilização da tecnologia de informação pelos varejistas ainda merecem maior estudo, como a implementação do *e-retailing*. THAIN, Greg; BRADLEY, John. *Store Wars* – The Worldwide Battle for Mindspace and Shelfspace, Online and In-store. 2. ed. United Kingdom: Wiley, 2012. p. 19, 215-237 e 258-259.

322 ARMSTRONG, Mark. Competition in two-sided markets. *RAND Journal of Economics*, v. 37, n. 3, p. 668-691, Autumn 2006.

Capítulo 4 **Fontes do poder no varejo supermercadista**

consumidores terem uma noção geral sobre os níveis de preço nos supermercados, não há facilidade na comparação de todos os itens da cesta de compra e na consequente seleção apenas dos itens com o melhor custo-benefício (incluindo qualidade, inovação etc.) de cada loja. Essa dificuldade de percepção de transparência pelos consumidores é ainda agravada com a inserção das marcas próprias dos supermercados, pois este produto passa a não ter comparativo exato nos supermercados concorrentes, o que faz com que os varejistas possam se utilizar estrategicamente desse produto nas relações de concorrência com os demais supermercados e também com os demais produtos de marca independente. Assim, a assimetria de informação do consumidor quanto aos preços efetivamente praticados pelos supermercados reflete o lado turvo da transparência, que leva ao *lock-in*, conforme se detalha a seguir.

4.4 Lealdade do consumidor final ("lock-in")

A lealdade do consumidor final ao supermercado, por vezes denominada "*lock-in*", também pode ser considerada como uma fonte do poder. Esse fator já vem sendo levantado desde o estudo de 1999 da OCDE,[323] que sinalizou que a lealdade dos consumidores pode ser identificada quando da alteração no padrão de compra dos consumidores voltados ao *one-stop shopping*, que teria feito com que estes preferissem trocar as marcas dos produtos ("*cost of switching brands*" – CSB)[324] do que trocar de supermercado ("*cost of switching stores*" – CSS). Esse cenário reflete importante poder de mercado dos supermercados, mesmo detendo percentuais de participação de mercado abaixo dos níveis de dominância tradicionalmente considerados. Nesse sentido apontou o documento para discussão da UNCTAD de 2014,[325] para

---

[323] OECD, *Buying Power of Multiproduct Retailers*, Committee on Competition Law and Policy, DAFFE/CLP (99) 21, 1999.

[324] THAIN, Greg; BRADLEY, John. *Store Wars* – The Worldwide Battle for Mindspace and Shelfspace, Online and In-store. 2. ed. United Kingdom: Wiley, 2012. Nesse sentido, também aponta a OCDE que, se os consumidores não mudarem seus hábitos diante da retirada da lista de um dos fornecedores de produtos, a probabilidade é que eles julguem o CSB maior do que o CSS. OECD, *Buying Power of Multiproduct Retailers*, Committee on Competition Law and Policy, DAFFE/CLP (99) 21, 1999.

[325] UNCTAD. *Competition Issues in the Food Chain: Possible Measures to Address Buyer Power in the Retail Sector*, 2014. Disponível em: <http://unctad.org/meetings/en/Contribution/tdb61_c01_UNCTAD.pdf>. Acesso em: 11 fev. 2016.

quem os fortes laços entre os consumidores e os supermercados (denominado "poder do hábito" pela NIELSEN), associados às assimetrias de informação e aos custos de mudança, arrefeceriam a pressão competitiva na plataforma que é o supermercado, tornando-se um dos importantes fatores de poder no varejo supermercadista.

De acordo com ARMSTRONG,[326] sob a perspectiva do consumidor final, a lealdade desse consumidor ao supermercado seria um *lock in*, que faria deste um gargalo à concorrência. O *lock in* seria decorrente de diversos fatores – em linha com BORGHESANI, CRUZ e BERRY[327] –, dentre eles: a rotina na execução de uma tarefa de natureza não prioritária que cria "o poder do hábito", a restrição nas opções de supermercados, as barreiras à entrada e à expansão; os cartões fidelidade, a curva de aprendizado na utilização das instalações do supermercado; a assimetria de informação do consumidor quanto aos preços efetivamente praticados; a presença das marcas próprias e a convergência dos preços entre os supermercados. Cada um destes será estudado a seguir.

Especificamente quanto à lealdade/*lock in* do consumidor final devido à rotina na execução de uma tarefa de natureza não prioritária que cria "*o poder do hábito*", estudos de CLARKE[328] e JACKSON[329] em economia comportamental analisam o método adotado pelos consumidores finais para a seleção das lojas de supermercados e dos produtos dentro da loja. Segundo os autores, quando o consumidor final escolhe a loja do supermercado (consistente na "*choice between stores*"), ele observa critérios de conveniência e localização/acesso,

---

[326] ARMSTRONG, Mark. Competition in two-sided markets. *RAND Journal of Economics*, v. 37, n. 3, p. 668-691, Autumn 2006.

[327] BORGHESANI JR., William H.; CRUZ, Peter L. de La; BERRY, David. Food for thought: the emergence of power buyers and its challenge to competition analysis. *Stan. JL Bus. & Fin.*, v. 4, p. 39, 1998. p. 41. BERASATEGI, Javier. *Supermarket power: serving consumers or harming competition*, 2014. p. 96-100. Disponível em: <http://www.supermarketpower.eu/documents/38179/39950/ Supermarket+Power.pdf/9c0ed73f-37db-4d23-bd2d-1f583bf501e9>. Acesso em: 24 maio 2015. Segundo BORGHESANI, CRUZ E BERRY, outro dentre os principais fatores que levam à concentração de poder nos varejistas é o conhecimento que estes detêm sobre o mercado e sobre o comportamento dos consumidores.

[328] CLARKE, Ian et al. Retail restructuring and consumer choice 1: long term local changes in consumer behaviour: Portsmouth 1980-2002. *Environment and Planning A*, v. 38, n. 1, p. 25-46, 2006.

[329] JACKSON, Peter et al. Retail restructuring and consumer choice 2: understanding consumer choice at the household level. *Environment and Planning A*, v. 38, n. 1, p. 47-67, 2006.

tendo em vista seu hábito de *"one-stop shopping"*.[330] Considerando que as atividades de compra em supermercados são rotineiras, pouco valorizadas e dispendiosas de tempo, o consumidor final então concentra suas compras na loja considerada mais conveniente sob a perspectiva de localização e de atendimento às necessidades do seu contexto doméstico.

Uma vez escolhido esse supermercado preferido, a rotina prevaleceria sobre outros fatores, de modo que o comportamento racional das teorias econômicas não mais seria aplicável, em consonância com MORREL, GLOCKNER e TOWFIGH.[331] Assim, essa constrição do comportamento seria resultado de um padrão determinístico que pressiona o consumidor a seguir a sua rotina, definido pela NIELSEN como "o poder do hábito".[332] A alta lealdade do consumidor à sua principal loja do supermercado seria, assim, considerada quase que um princípio universal, nos termos de BERASATEGI,[333] o que o levaria ao *"lock-in"* ao supermercado.

Aliado ao poder do hábito, tem-se a questão da *curva de aprendizado na utilização das instalações do supermercado*, reforçando a lealdade/*lock in* do consumidor final. Sabe-se que esse consumidor precisa de diversas visitas ao supermercado para se acostumar com as comodidades do estabelecimento, o estacionamento e a localização dos produtos nas gôndolas. Assim, a troca do supermercado preferido por outro levaria à sensação de que a curva de aprendizado é dispendiosa, e que isso implica custos de

---

330 OCDE. Background Paper by the Secretariat. *Buying power of multiproduct retailers*, 1998. p. 16.

331 MORELL, Alexander; GLOCKNER, Andreas; TOWFIGH, Emanuel. Sticky rebates: loyalty rebates impede rational switching of consumers. *Jnl of Competition Law & Economics*, 2015.

332 CLARKE, Ian et al. Retail restructuring and consumer choice 1: long term local changes in consumer behaviour: Portsmouth 1980-2002. *Environment and Planning A*, v. 38, n. 1, p. 25-46, 2006.

333 BERASATEGI, Javier. *Supermarket power: serving consumers or harming competition*, 2014. p. 91. Disponível em: <http://www.supermarketpower.eu/documents/38179/39950/Supermarket+Power.pdf/ 9c0ed73f-37db-4d23-bd2d-1f583bf501e9>. Acesso em: 24 maio 2015. Para tanto, o autor cita outros acadêmicos: HOTELLING, Harold. Stability in competition. *The Economic Journal*, v. 39, n. 153, p. 41-57, 1929, que mencionaria o argumento de que os consumidores finais tendem a comprar na localização mais próxima. E também COLOMÉ, Rosa; SERRA, Daniel. Supermarket Key Attributes and Location Decisions: A Comparative Study between British and Spanish Consumers. *Universitat Pompeu Fabra Working Paper*, n. 469, p. 3, jun. 2000.

troca[334] para os consumidores, o que reforçaria novamente sua lealdade aos supermercados.[335]

Ainda, apesar de se constatar uma transparência no mercado – conforme verificado *supra* –, esta não alcança efetivamente os consumidores finais, que têm dificuldade em realizar pesquisas de preços em todos os itens da sua cesta de compras, concentrando-se no máximo em alguns KVIs "*known value itens*".[336] A *assimetria de informação do consumidor final quanto aos preços efetivamente praticados* reforçaria a lealdade/*lock in* do consumidor final. Mencionada assimetria seria ainda maior, por exemplo, diante da *presença das marcas próprias* dos supermercados.[337] Isso porque estas fazem com que as comparações de preço e qualidade dos produtos sejam dificultadas, o que aumenta novamente a lealdade do consumidor final ao supermercado e reduz a concorrência com os pequenos varejistas. O consumidor final tende, então, a se tornar ainda mais leal e fiel à rede varejista na medida em que a marca própria só pode ser encontrada em lojas dessa rede.[338] Essa assimetria também seria cons-

---

[334] A respeito dos custos incorridos pelo supermercado nas suas buscas no varejo supermercadista, RICHARDS, Timothy J. et al. Variety and the cost of search in supermarket retailing. *2014 International Congress*, August 26-29, 2014, Ljubljana, Slovenia. European Association of Agricultural Economists, 2014.

[335] Reino Unido. Competition Commission. *Supermarkets: A Report on the Supply of Groceries from Multiple Stores in the United Kingdom*. Cm 4842 (Oct. 2000). Appendix 4.2, p. 36.

[336] KVIs "*known value itens*" são aqueles produtos âncora que chamam a atenção do consumidor final e permitem a comparação de preços entre os diferentes supermercados.

[337] Para maiores informações a respeito da assimetria de informações dentro das gôndolas dos supermercados e sua relação com as marcas próprias, sugere-se: KUIPERS. Retailer and private labels: asymmetry of information, in-store competition and the control of shelfspace. *Private Labels, Brands and Competition Policy: the challenging landscape of retail competition*. Oxford: Ariel Ezrachu abd Ulf Bernitz, 2009. p. 203. "This chapter reviwed a range of variables which affect the nature of retail competition. These include, among other things, the asymmetry of information (insider knowledge, acquired as customer, provides retailers with a strategic advantage in the competition between their PLs and independent brands), the retailer's control of access to consumers, pricing, and their control over in-sotre positioning of branded and own-label products. Other areas of 'asymemetry' include retailers' lower risks when introducing PL products, room to free-ride on the success and goodwill of independent brands, and PL's 'immunity' from delisting. As to pricing, there is a reasonable case for saying that, in the interest of interbrand competition, resale price maintenance should be treated the same way as other vertical restraints and that, like in the US, the rule of per se illegality of minimum resale price agreements should be replaced by a rule-of-reason type of approach".

[338] No Brasil, a gerente de Marcas Exclusivas do Grupo Pão de Açúcar diz que a empresa enxerga "as marcas próprias como um pilar estratégico para fidelizar clientes a partir

tatada diante de políticas como as de "cubro a oferta do concorrente" ("*price match*"), que levam à sensação de *convergência dos preços entre os supermercados*, o que reforça a lealdade dos consumidores finais aos supermercados. Ainda, a assimetria seria reforçada pela existência de produtos de marcas próprias, que por só serem vendidos por aquele varejista e incorporarem o conceito de individualidade, exclusividade e inovação, dificultam a comparação entre os supermercados pelos consumidores finais.

Ainda, a utilização *dos cartões fidelidade* também funciona como um instrumento de reforço da lealdade do consumidor ao supermercado, porque incentivaria a natureza "*single home*" do consumidor final à plataforma de dois lados escolhida pelo "poder do hábito". Sobre esse tema se manifestou a *Competition Commission* do Reino Unido em 2000,[339] no sentido de que os cartões fidelidade que tenham a característica de oferecer descontos não lineares[340] poderiam gerar questionamentos concorrenciais. No Brasil, a adoção de cartões fidelidade é uma tendência encontrada não apenas em grandes varejistas, mas também naqueles de pequeno e médio porte.[341]

Adicionalmente, a lealdade/*lock in* do consumidor final é reforçada pela *restrição nas opções de supermercados, dadas as barreiras à entrada e à expansão,* conforme apresentado *supra*.

Todos esses fatores consistem em argumentos no sentido de que a lealdade/*lock in* dos consumidores ao supermercado é uma de suas principais fontes de poder no mercado de venda (varejista). Esses fatores, porém, não são absolutos, existindo consumidores finais parcialmente leais aos supermercados, muito sensíveis a preço, que trocam de supermercado ao mudarem de localização da residência, dentre outros. Em que pese isso, ROSCH[342] aponta

---

de um portfólio diferenciado". ABRAS. *Revista Super Hiper*, ano 38, n. 438, p. 70-75, dez. 2012.

339 Reino Unido. Office of Fair Trade. Competition Commission. *Supermarkets: A Report on the Supply of Groceries from Multiple Stores in the United Kingdom*. Cm 4842 (Oct. 2000). p. 65.

340 O desconto não linear pode ser entendido como o desconto que varia de acordo com o montante comprado, para que se incentive o montante de gastos.

341 ABRAS. *Revista Super Hiper*, ano 40, n. 457, p. 10, jul. 2014. ABRAS. *Revista Super Hiper*, ano 40, n. 462, p. 26-38, dez. 2014.

342 ROSCH, J. Thomas. *Behavioral economics*: observations regarding issues that lie ahead. US FTC, 2010. p. 4: "*Third, behavioral economics recognizes that human beings are creatures of habit—we tend to stick with what we have even if that doesn't make sense. This tendency is often referred to as the status quo bias. This means that some people will make very conservative*

que, em regra, todos os fatores supra-analisados de lealdade dos consumidores aos supermercados superam as exceções.

Empiricamente, HAUCAP et al. realizam estudo econômico aplicado ao mercado de fraldas na Alemanha, e constatam que a marca independente líder do mercado tende a ser substituída pela marca própria do supermercado, e não por uma outra marca independente.[343] Tais resultados sugerem fortemente que o *"cost of switching brands"* (ou seja, o custo de trocar os produtos de marca) tenderia a ser menor do que o *"cost of switching stores"* (ou seja, o custo de trocar de supermercados), mesmo para produtos em que se espera um alto padrão de qualidade, como é o caso de fraldas descartáveis. Nesse sentido, é interessante mencionar a análise do *The Logic Group's*[344] sobre a lealdade do consumidor no varejo no Reino Unido e na Espanha. Este estudo concluiu que a lealdade dos consumidores finais aos seus supermercados era tão alta que chegava próximo à lealdade destes com relação aos seus bancos. Nesse mesmo sentido indica o *Temkin Loyalty Rating*, que classificou a lealdade dos clientes[345] e apontou que os supermercados constituem um dos ramos com maior lealdade.[346]

Em face do exposto, e diante de uma moderna análise do varejo supermercadista, constata-se que a lealdade do consumidor final ao supermercado preferido tende a ser, então, maior do que a lealdade à marca dos produtos[347] – o que contraria a análise tradicional que beneficia varejistas e foca suas preocupações no poder de mercado dos fabricantes pela ótica da oferta.

---

financial choices, such as keeping their deposits at one bank even when they are offered a better rate of interest by a bank which is essentially identical in all other respects".

343 HAUCAP, Justus et al. *Inter-Format Competition among Retailers-The Role of Private Label Products in Market Delineation*. Düsseldorf Institute for Competition Economics (DICE), 2013.

344 The Logic Group-Ipsos Mori. *The Imperatives for Customer Loyalty 2011*. Disponível em: <http://www.thelogic-group.com/Product/Loyalty%20Report%202011>. Acesso em: 6 jun. 2015.

345 A lealdade do cliente foi examinada com base em três componentes: (i) probabilidade dos consumidores recomendarem as empresas; (ii) relutância deles em fazerem negócios com outras empresas; e (iii) disposição para comprar produtos e serviços adicionais delas.

346 ABRAS. *Revista Super Hiper*, ano 38, n. 430, p. 48, abr. 2012.

347 BERASATEGI, Javier. *Supermarket power: serving consumers or harming competition*, 2014. p. 100. Disponível em: <http://www.supermarketpower.eu/documents/38179/39950/Supermarket+Power.pdf/ 9c0ed73f-37db-4d23-bd2d-1f583bf501e9>. Acesso em: 24 maio 2015.

Capítulo 4 Fontes do poder no varejo supermercadista

4.5 Gôndolas

As gôndolas no mercado de venda (varejista) também podem ser consideradas fontes do poder dos supermercados. Os fabricantes, que antes detinham controle do espaço em gôndola (*"shelfspace"*) e controlavam o preço, a quantidade e mesmo a localização dos seus produtos nos supermercados – conforme mencionado no Capítulo 3, *supra* –, passam a se ver à mercê dos varejistas quando o assunto é gôndola. Esse poder é refletido, em especial, no (i) poder de influenciar a concorrência pelo espaço nas gôndolas (*"planogram"*), (ii) poder de precificação e (iii) poder de influenciar a tomada de decisões dos consumidores dentro da loja do supermercado.

A exposição dos produtos nas gôndolas é elemento essencial para o sucesso de determinado produto no mercado,[348] havendo até quem argumente que seria uma *essential facility*.[349] O *poder de influenciar a concorrência nas gôndolas (*"planogram"*)* altera no jogo de poder no mercado. Estudos indicam

---

[348] FORGIONI, Paula A. *Os fundamentos do antitruste.* 5. ed. São Paulo: RT, 2012. p. 17.
[349] O campo de aplicação da *essential facilities doctrine* foi definido nos conflitos associados ao acesso a uma infraestrutura possuída por um monopolista, constituindo um subconjunto do problema de concorrência que resulta da "recusa de contratar" por parte do detentor das *facilities*. Sob essas condições, a aplicação da doutrina das *essential facilities* depende da verificação prévia de que o detentor das *facilities* participa no mercado à jusante, havendo superposição entre os mercados relevantes de produto das empresas detentoras e não detentoras da infraestrutura essencial. Na jurisprudência norte-americana, é entendimento sedimentado que o reclamante deve demonstrar que sua viabilidade competitiva depende do recurso cujo acesso lhe é negado. Ainda, a Suprema Corte dos Estados Unidos já reconheceu que uma *facility* é essencial quando apenas pode ser reproduzida em uma alternativa claramente inferior (*vide* Gamco v. Providence Fruit & Produce Building 1952; Hardin v. Houston Chronicle Publishing Co, S.D 1977). De acordo com CANNON e BLOOM, por exemplo, pequenos competidores podem argumentar que *slotting allowances* são utilizadas para negar a eles acesso a uma *essential facility*, que seria, nesse caso, o espaço nas gôndolas dos supermercados (BLOOM, Paul N.; CANNON, Joseph P. Are Slotting Allowances Legal under the Antitrust Laws? *Journal of Public Policy & Marketing*, v. 10, n. 1, p. 167-186, Primavera 1991). O que se discute é a possibilidade de as gôndolas serem consideradas *essential facility*, dado que o detentor da *facility*, o varejista, participa tanto do mercado a jusante (fabricação de produtos) quanto do mercado a montante (varejo supermercadista). Essa conceituação poderia levar à impossibilidade da recusa de contratar dos varejistas, ou seja, a impossibilidade de se negar acesso dos fabricantes de produtos de marca às gôndolas das redes varejistas. O contra-argumento, porém, é que há instalações alternativas, já que as gôndolas existem em diversos supermercados, e não apenas em um.

que o espaço em gôndola na região dos olhos do consumidor ou na altura das mãos é mais valioso do que espaço em gôndola na altura dos pés. Há inclusive estratégias para se ter esse espaço "aumentado" com a criação de *displays* especiais, de ferramentas de fim de corredor ou de sinais com informações de promoções que chamem a atenção do consumidor.

Os varejistas perceberam que as gôndolas são um recurso essencial na comercialização dos produtos, que pode inclusive ser utilizada a favor das marcas próprias dos varejistas em detrimento das marcas independentes. Os supermercados podem ter interesse em deixar seus produtos de marca própria o mais próximo possível do campo visual do cliente, não apenas na altura dos olhos, mas também na sequência ideal para a leitura do cartaz ou da embalagem (da esquerda para a direita).[350] Com isso, possivelmente alteram o ambiente concorrencial, pois o consumidor pode escolher o produto de marca própria simplesmente porque ele está exposto à altura dos olhos e com fácil alcance.[351] INDERST e MAZZAROTTO[352] sugerem que se avalie, então, a correlação entre uma eventual redução na concorrência nas gôndolas ("*on the shelf*") com uma redução/um aumento na concorrência pelas gôndolas ("*for the shelfs*"). Essa correlação seria ainda mais importante diante de marcas próprias que concorrem por espaço nas gôndolas.[353]

Ademais, o poder das gôndolas dos supermercados é refletido em termos do seu *poder de precificação*. Os supermercados são capazes de definir os preços não apenas dos seus produtos de marcas próprias, mas também dos produtos de marca independente concorrentes. Essa situação evidencia o jogo conflitante de interesses dos supermercados, que podem se utilizar estrategicamente do poder de precificação para alterar a dinâmica competitiva no merca-

---

[350] OLIVEIRA, Roberto Nascimento A. *Gestão estratégica de marcas próprias*. 2. ed. Rio de Janeiro: Brasport, 2008. p. 196.

[351] TOILLIER, Ana Luísa. *Análise do mercado supermercadista de marcas próprias sob a perspectiva do fabricante*. Porto Alegre: UFRGS, 2003. Dissertação de mestrado apresentada na faculdade de Administração da UFRGS. p. 51.

[352] INDERST, Roman; MAZZAROTTO, Nicola. Buyer power in distribution. *ABA Antitrust Section Handbook, Issues in Competition Law and Policy*. ABA, 2008. p. 1953-1978.

[353] A respeito das atividades de *marketing* realizadas pelas marcas próprias, sugere-se: EZRACHI, Ariel; REYNOLDS, Jonathan. Advertising, Promotional Campaigns, and Private Labels. *Private Labels, Brands and Competition Policy*: the challenging landscape of retail competition. Oxford: Ariel Ezrachu abd Ulf Bernitz, 2009. p. 259-278.

Capítulo 4 Fontes do poder no varejo supermercadista

do varejista, o que pode levar a preços supracompetitivos,[354] nos termos da *Autorité de la Concurrence* a respeito do Casino em Paris[355] e da *Competition Commission* do Reino Unido[356]. Ademais, essa situação também pode levar à colusão tácita no varejo supermercadista, conforme verificado pela *Comisión Nacional de la Competencia* na Espanha[357] e também pela *Competition Commission*.[358]

Ainda, o poder dos supermercados sobre as gôndolas é refletido pela *crescente tomada de decisões dos consumidores dentro da loja do supermercado*.[359] Dados indicam que todos os dias, no Brasil, cerca de 25 milhões de pessoas entram nos supermercados,[360] e a velocidade média com que os olhos do consumidor percorrem as gôndolas é de 100 km/h. Nesse exercício, o consumidor final vê, no máximo, 10% dos produtos expostos em gôndolas, gastando apenas cinco segundos para decidir sua compra.[361] Nesse sentido, 85% da decisão

---

[354] CIAPANNA, Emanuela; RONDINELLI, Concetta. Retail sector concentration and price dynamics in the euro area: a regional analysis. *Bank of Italy, Questioni di Economia e Finanza*, n. 107, oct. 2011.

[355] França. Autorité de la Concurrence. Avis n. 12-A-01 du 11 janvier 2012 relatif à la situation concurrentielle dans le secteur de la distribution alimentaire à Paris, 2012. Disponível em: <http://www.autoritedelaconcurrence.fr/pdf/avis/12a01.pdf>. Acesso em: 23 maio 2015.

[356] Reino Unido. Competition Commission. Office of Fair Trading. *Supermarkets: A report on the supply of groceries from multiple stores in the United Kingdom*, 2000. Disponível em: <http://webarchive.nationalarchives.gov.uk/+/http:/www.competition-commission.org.uk/rep_pub/reports /2000/446super.htm>. Acesso em: 23 maio 2015.

[357] Espanha. Comisión Nacional de la Competencia. *Report on the relations between manufacturers and retailes in the food sector*, 2011. Disponível em: <http://ec.europa.eu/internal_market/consultations/2013/ unfair-trading-practices/docs/contributions/public-authorities/spain--comision-nacional-de-la-competencia -2-report_en.pdf>. Acesso em: 23 maio 2015.

[358] Reino Unido. Competition Commission. Office of Fair Trading. *Supermarkets: A report on the supply of groceries from multiple stores in the United Kingdom*, 2000. Disponível em: <http://webarchive.nationalarchives.gov.uk/+/http:/www.competition-commission.org.uk/rep_pub/reports /2000/446super.htm>. Acesso em: 23 maio 2015. par. 8.20 a 8.40. O estudo indica que as três condições especiais para se verificar a colusão tácita em termos de preços estariam presentes: (1) alta concentração de mercado e transparência de preços; (2) mecanismos de punição para verificar se nenhum desvio estaria sendo praticado; e (3) ausência de entraves competitivos por concorrentes menores ou entrantes.

[359] ARMSTRONG, Mark. Competition in two-sided markets. *RAND Journal of Economics*, v. 37, n. 3, p. 668-691, Autumn 2006.

[360] Kantar Worldpanel. Cenário ABRAS 2011-2021. Disponível em: <http://www.abras.com.br/palestrasussumu.pdf>. Acesso em: 27 mar. 2013.

[361] EUSTÁQUIO, José. A diferença entre preço e valor. *Gazeta Mercantil*, São Paulo, 15/03/2001.

de compra dos consumidores brasileiros é tomada dentro do supermercado,[362] o que evidencia o poder deste grupo econômico. A concorrência "no ponto" de venda[363] – ou seja, dentro das gôndolas –, e não apenas "pelo ponto" de venda – ou seja, pelo acesso às gôndolas –, passa a ser um importante gargalo para esse mercado, fundamental para o sucesso do produto na plataforma de dois lados que é o supermercado.

Tendo como base estudos que indicam que as decisões de escolha do consumidor final são tomadas, em sua maioria, dento da loja, num lapso de 3 a 6 segundos, THOMASSEN[364] indica a forte influência dos supermercados nas decisões do produto e da marca pelo consumidor final. O autor chega então a afirmar que "quem está nas gôndolas, está no mercado" ("*who owns the shelves, owns the markets*"). Essa expressão também é utilizada no documento para discussão da UNCTAD de 2014, em linha com as discussões em sede da moderna análise do varejo supermercadista.[365] A decisão do consumidor pela troca das marcas de produto acontece, portanto, dentro da loja ("*choice within store*"), oportunidade em que escolhe os produtos por critérios de utilidade, preço e qualidade. Esses critérios de escolha, por sua vez, podem ser influenciados

---

362 FUKUSHIMA, Francisco. Marcas próprias ajudam a fidelizar clientes. *Meio & Mensagem*, 7, p. 55, dez. 1998.

363 FORGIONI, Paula A. *Contrato de distribuição*. 2. ed. São Paulo: RT, 2008. p. 268.

364 THOMASSEN, Lars; LINCOLN, Keith; ACONIS, Anthony. *Retailization* – Brand survival in the age of retailer power Kogan Page Publishers, 2006. p. 20-26. "*What does it all mean? First and foremost, it could mean that shoppers think in 'wants' rather than brands when they plan their shopping. What do they feel like? What do they want? They want orange juice, toothpaste, and a cool computer. Only when they hit the store do shoppers start making decisions between competing brand, between brands and private labels, and start making their choice between competing products, truly making the store the point of action. It also means the convenience rules. As shoppers our need for convenience trumps everything, and very quickly eliminates our immediate preference for a certain brand. For the most part, shoppers are not prepared to waste time going to another store to get that specific brand; in most cases a substitute will do just as well. Therefore, the research also suggests that in the short term no brand is irreplaceable. Now we can start to understand why some retailers cannot resist the temptation to deist some brands in order to teach them a lesson and simultaneously manifest their own power. The importance of owning the point of contact becomes very clear in our research. Whoever owns the place of purchase sets the agenda: that is, the retailer. Or like the previously mentioned quote from a retail CEO: 'Whoever own the shelf, owns the market.' This is squeeze!*".

365 UNCTAD. *Competition Issues in the Food Chain: Possible Measures to Address Buyer Power in the Retail Sector*, 2014. p. 1-10. Disponível em: <http://unctad.org/meetings/en/Contribution/tdb61_c01_UNCTAD.pdf>. Acesso em: 11 fev. 2016.

Capítulo 4 Fontes do poder no varejo supermercadista

por práticas do supermercado dentro da loja,[366] como o *planogram*, supramencionado, dentre outros.

4.6 Dependência econômica dos fornecedores e receio de retirada da lista de compras ("*delist*")

Outra fonte de poder dos supermercados é a dependência econômica dos fornecedores,[367] combinada com o receio de retirada dos fornecedores da lista de compras ("*delist*"). Essa situação de dependência econômica[368] dá aos

---

[366] JACKSON, Peter et al. Retail restructuring and consumer choice 2: understanding consumer choice at the household level. *Environment and Planning A*, v. 38, n. 1, p. 47-67, 2006.

[367] FORGIONI aponta que a diferença entre o conceito de dependência econômica e de posição dominante residiria no fato de que o agente em posição dominante possui indiferença e independência sobre o mercado, ao passo de que o agente em dependência econômica possui indiferença e independência em relação a outro agente específico (ou mesmo sobre um grupo deles, mas que não chegam necessariamente a constituir um mercado relevante em separado). Nesse sentido, LE TOURNEAU refere-se à posição dominante como uma dependência absoluta, ao passo que a dependência econômica seria uma dependência relativa. FORGIONI, Paula A. *Direito concorrencial e restrições verticais*. São Paulo: RT, 2007. p. 107. FORGIONI, Paula A. *Os fundamentos do antitruste*. 5. ed. São Paulo: RT, 2012. p. 328. FORGIONI, Paula A. *Contrato de distribuição*. 2. ed. São Paulo: RT, 2008. p. 273.

[368] Diversos autores estudam o tema da dependência econômica e tentam conceituá-la e identificar as suas causas geradoras. MUSSI, Luiz Daniel Rodrigues Haj. *Abuso de dependência econômica nos contratos interempresariais de distribuição*. Dissertação de mestrado. Orientadora: Professora Paula A. Forgioni, 2007. p. 52. Para MUSSI, a situação de dependência econômica identifica-se com o particular estado de sujeição no qual se encontram uma ou mais sociedades empresas em relação a outra, podendo ocorrer tanto a jusante quanto a montante do processo produtivo. Diversas seriam as fontes geradoras da dependência econômica. MUSSI faz um apanhado geral da doutrina sobre as causas geradoras de dependência econômica. Aponta inicialmente que, para FORGIONI, seriam quatro as fontes de geração da dependência econômica: (a) poder relacional; (b) poder de compra; (c) dependência de marca famosa; (d) período de crise. FORGIONI, Paula A. *Contrato de distribuição*. São Paulo: RT, 2005. p. 348-352. Em seguida, explica que, para SALOMÃO FILHO, as principais hipóteses de dependência relativa seriam: (a) dependência de sortimento; (b) dependência empresarial; e (c) dependência conjuntural. SALOMÃO FILHO, Calixto. *Direito concorrencial – as condutas*. São Paulo: Malheiros, 2003. p. 215-216. Ademais, expõe que, para Cristoforo OSTI, caracterizariam dependência econômica (a) a *dipendenza da assortimento*; (b) a *dipendenza da rapporti commerciali*; (c) a *dipendenza da penúria*; (d) a *dipendenza del fornitore*; e (e) a *dipendenza da avviamento*. OSTI, Cristofoto. *Nuovi obblighi a contrarre*. Torino: G. Giappichelli Editore, 2004. p. 249-250. Por fim, o autor propõe a sua própria classificação de situações das quais a dependência econômica pode originar-se: (a)

supermercados poder de mercado substancial na relação vertical com os fornecedores.[369] Esse poder se verifica, em especial, no contexto dos supermercados como plataformas de dois lados.

Nas relações entre varejista e fornecedor, o *Bundeskartellamnt* da Alemanha identificou quatro *categorias de dependência econômica*: (i) dependência do varejista com relação a sortimento, quando não haveria alternativas com relação a determinado produto ou cesta de produtos ("*must stock*"); (ii) dependência do varejista com relação a escassez, quando uma situação temporária leva à ausência de produtos ou grupo de produtos no mercado; (iii) dependência do relacionamento, quando investimentos específicos são realizados pelo contratante; e (iv) dependência do fornecedor, dado o fato de este produzir uma significativa parcela das suas vendas para um único comprador varejista.[370] A dependência econômica que se analisa neste livro é, em especial, esta última, pouco estudada pela doutrina antitruste no Brasil.

A *Autorité de la Concurrence* da França, por sua vez, apontou quatro critérios para determinar a existência de uma situação de dependência econômica: (i) a importância do percentual das receitas que são originárias do varejista ao fornecedor; (ii) a importância do varejista no *marketing* dos produtos de marca independente; (iii) a ausência de escolha intencional do for-

---

do poder de compra; (b) da marca do produto; (c) de conjunturas econômicas; e (d) de relação contratual entre empresários. Ademais, VIRASSAMY sugere que a noção de dependência econômica nos contratos está atrelada a, pelo menos, três fatores: (i) existência de relação contratual, (ii) importância do vínculo contratual para a sobrevivência do contratante em situação de dependência e (iii) a permanência ou a regularidade da relação contratual, que tende a ser duradoura. VIRASSAMY, Georges J. *Les contrats de dépendence*: essai sur lês activités professionnelles exercées dans une dépendence économique. Paris: Librairie Generale de Droit e Jurisprudence, 1986. p. 133.

369 GRIMES, Warren S. Buyer power and retail gatekeeper power: protecting competition and atomistic seller. *Antitrust Law Journal*, 72, n. 2, p. 580, 2005.
370 Itália. Autorità Garante dela Concorrenza e del Mercato (AGCM). *Indagine cognoscitiva sul settore dela Grande Distribuzione Organizzata*, 2013. Disponível em: <http://www.agcm.it/trasp-statistiche/doc_download/ 3796-ic43.html>. Acesso em: 23 maio 2015. A nota à imprensa encontra-se em inglês: Itália. Autorità Garante dela Concorrenza e del Mercato (AGCM). *Agri-foodstuffs: the Antitrust Authority reports the strengthening of market power of the large-scale retail*, 2013. Disponível em: <http://www.agcm.it/en/newsroom/press-releases/2076-agri-foodstuffs-the-antitrust-authority-reports-the-strengthening-of-market-power-of-the-large-scale-retail-channel-conflictual-relationships-with-suppliers-and-uncertain-effects-on-consumers.html>. Acesso em: 16 fev. 2016.

necedor em concentrar suas vendas em um único varejista; e (iv) a ausência de soluções alternativas ao fornecedor.[371] A preocupação observada por acadêmicos e autoridades antitruste ao redor do mundo é, então, com a dependência econômica dos fornecedores com relação aos varejistas que dá ensejo às ameaças de retirada da lista do produto dos fornecedores e outras formas de retaliação.

DOBSON[372] detalhou essa *situação fática da dependência econômica* no Reino Unido em termos de magnitude do impacto de uma decisão de *"delist"*. Segundo o autor, para os fornecedores, a perda de um contrato com um dos grandes varejistas significaria de 10 a 30% do total das vendas, no caso de ele não conseguir encontrar rotas alternativas para escoar sua produção no mercado. Para o varejista, por sua vez, não haveria uma perda de receitas tão significativa, uma vez que ele poderia rapidamente reabastecer suas gôndolas com um produto alternativo da categoria (e até mesmo com suas marcas próprias, se houver). Mesmo o maior e mais importante fornecedor (incluindo aqueles de marcas *"must stock"*) representaria apenas de 1 a 3% do total das vendas do varejista, o que evidencia a diferença, em termos de magnitude, o impacto que tem uma retirada do fornecedor da lista. Por um lado, o *"delist"* gera efeitos negativos ao supermercado na ordem de 1 a 3%; ao passo que, por outro, os efeitos deletérios ao fornecedor são da ordem de 10 a 30%. Ou seja, a magnitude dos impactos é dez vezes mais gravosa, o que evidencia a desproporção de poder.

Também nesse sentido observa GRIMES,[373] que dá como exemplo um fornecedor de uma marca proeminente de detergentes, com 25% de poder de mercado nacional. Considerando que esse fornecedor vende seus produtos para um varejista com 10% do mercado geográfico, na hipótese de o varejista decidir retirar esse fornecedor da sua lista de compras, a rede de supermercados irá perder algumas vendas devido aos consumidores finais que resolvam ir a outro supermercado para comprar o detergente daquela marca específi-

---

371 França. Autorité de la Concurrence. *1er avril 2015: Rapprochements à l'achat dans le secteur de la grande distribution.* Disponível em: <http://www.autoritedelaconcurrence.fr/user/standard.php?id_rub=606&id_article=2519>. Acesso em: 8 nov. 2015.
372 DOBSON, Paul. Exploiting buyer power: lessons from the british grocery trade. 72 *Antitrust Law Journal*, p. 529-562, 2005.
373 GRIMES, Warren S. Buyer power and retail gatekeeper power: protecting competition and atomistic seller. *Antitrust Law Journal*, 72, n. 2, p. 580, 2005.

ca.[374] Se, porém, a lealdade do consumidor final à marca independente não for tão grande – ou seja, se a lealdade ao supermercado for maior ("*cost of switching brands*" menor do que o "*cost of switching stores*") –, a rede de supermercados poderá substituir essa marca proeminente de detergentes por outras marcas e até mesmo por marcas próprias. A substituição por marcas próprias, inclusive, pode resultar em incremento na sua lucratividade, ainda que com redução no volume de vendas. O autor sugere então que, para o supermercado, a perda de receitas decorrente da retirada do fornecedor da marca proeminente de detergentes pode ser insignificante, ao passo que, para o fornecedor, a perda de acesso ao supermercado representa perda de 10% das suas vendas no mercado geográfico. Novamente se constata a perda substancialmente maior do fornecedor quando de um "*delist*" pelo supermercado.

Ainda nesse sentido, o estudo da *Competition Commission* do Reino Unido (2000)[375] exemplifica que, à época, um grande comprador lidaria com 1.500 a 2.600 fornecedores, referentes a aproximadamente 20.000 produtos. Muitos desses produtos seriam possíveis de se obter por fontes alternativas, ou poderiam mesmo ser trocados por outros substitutos. Os fornecedores, porém, estariam dependentes de alguns poucos ou até mesmo de um único varejista, razão pela qual a retirada do seu produto da lista resultaria em grandes dificuldades para se encontrar uma via alternativa de escoamento. Outros fornecedores, por sua vez, se retirados da lista, também não encontrariam vias alternativas, porque já atenderiam praticamente todos os varejistas por meio da sua ampla cadeia de distribuição. Ademais, o estudo identificou que a produção

---

[374] DOBSON explica que o fabricante pode ter algum poder de barganha nesse contexto se a ausência da marca independente do seu produto nos supermercados resultar na troca entre supermercados pelo consumidor. Se for esse o cenário, na sua ausência temporária, o consumidor pode comprar um produto substituto, como uma marca rival, o produto de marca própria do supermercado ou um outro produto usado para a mesma função (DOBSON, Paul. Exploiting buyer power: lessons from the British grocery trade. 72 *Antitrust Law Journal*, p. 529-562, 2005). Nessa linha, THAIN e BRADLER advertem que, se a sua ausência for definitiva, porém, há o risco de o varejista perceber que, para o consumidor, o custo de trocar de loja (*cost of switching stores* – CSS) é menor do que o custo de trocar de produto (*cost of switching products* – CSP). Nesse caso, o varejista passa a se preocupar com o "*delist*" de seu fornecedor (THAIN, Greg; BRADLEY, John. *Store Wars* – The Worldwide Battle for Mindspace and Shelfspace, Online and In-store. 2. ed. United Kingdom: Wiley, 2012. p. 16).

[375] Reino Unido. Competition Commission. Office of Fair Trading. *Supermarkets: A report on the supply of groceries from multiple stores in the United Kingdom*, 2000. p. 97.

exclusiva para marcas próprias reforça o nível de dependência econômica do fabricante em relação aos varejistas.

Também a *Fiscalía Nacional Económica* no Chile, em seu estudo de 2007,[376] apontou a situação de gradual dependência econômica dos fornecedores em virtude da concentração de mercado e da redução das alternativas de vendas dos seus produtos. Posicionou-se no sentido de que os fornecedores que produzem para as marcas próprias (geralmente pequenas e médias empresas, que não têm suficiente respaldo financeiro, tecnológico e de gestão) são completamente dependentes dos supermercados, pois seriam a única possibilidade de acesso a esse canal. A *Australian Competition and Consumer Commission*, em 2008,[377] sublinhou essa questão, indicando que a dependência econômica seria oriunda da assimetria das consequências que cada parte enfrentaria diante da saída da contraparte da negociação. No caso do varejo supermercadista, a saída do comprador da negociação causaria maiores consequências e problemas financeiros ao fornecedor do que ao comprador, de modo que qualquer ameaça do comprador seria considerada crível.

BERASATEGI[378] assevera que o negócio do fornecedor pode ser destruído diante de uma redução ou do término abrupto de um contrato, até mesmo por parte de um supermercado com modesto *market share*. Isso porque a rentabilidade do fornecedor seria extremamente vulnerável a qualquer perda não prevista de vendas. Nesse sentido, o *Tribunal de Defensa de la Competencia* do Chile[379] verificou, em uma investigação de condutas, que o fornecimento a supermercados constituiria um canal de distribuição não plenamente substituível por outras formas, sob a perspectiva do fornecedor. Esse fato evidenciaria certo grau de dependência do fornecedor em relação ao supermercado,

---

376 Chile. Fiscalía Nacional Económica. *Análisis Económico de la Industria de Supermercados em el marco de la Causa Rol n. 101/2006*. p. 79; 83-93.
377 Austrália. Australian Competition and Consumer Commission. *Report of the AACC inquiry into the competitiveness of retail prices for standard groceries*, 2008. p. 335-336.
378 BERASATEGI, Javier. *Supermarket power: serving consumers or harming competition*, 2014. p. 140. Disponível em: <http://www.supermarketpower.eu/documents/38179/39950/Supermarket+Power.pdf/ 9c0ed73f-37db-4d23-bd2d-1f583bf501e9>. Acesso em: 24 maio 2015.
379 Chile. Tribunal de Defensa de la Competencia. Autos 4927-04. Sentencia 9/2004. Asociación Gremial de Industrias Proveedoras A.G., Supermercados Líder, Nestlé Chile S.A. Disponível em: <http://www.tdlc.cl/tdlc/wp-content/uploads/sentencias/Sentencia_09_2004.pdf>. Acesso em: 23 fev. 2016.

dado que, na maioria das vezes, os fornecedores de médio e pequeno porte forneciam com exclusividade para apenas uma rede de supermercados. Os custos idiossincráticos poderiam então conduzir a um estado de dependência unilateral, uma vez que, quanto maiores os investimentos específicos, mais elevadas as perdas decorrentes da ruptura do contrato. A autoridade antitruste inclusive sinalizou que a crescente concentração no segmento de supermercados nos últimos anos teria feito com que um pequeno número de varejistas representasse as únicas alternativas de compra dos seus produtos.

Essa situação de dependência econômica também já foi sinalizada em casos antitruste analisados no exterior. Na decisão *Rewe/Meinl* da Comissão Europeia de 1998,[380] por exemplo, constatou-se: (i) a forte lealdade dos consumidores finais aos supermercados, em detrimento das marcas independentes (até mesmo das marcas líderes), (ii) que qualquer perda de vendas de um fornecedor para um supermercado seria gravosa nos níveis de 5 a 10% das vendas, e que se tornaria insustentável entre 20 e 22% das vendas; (iii) que o direcionamento das vendas de um supermercado para outro, por parte do fornecedor, em caso de redução ou término das vendas, seria praticamente impossível. Foi com base nessa preocupação de dependência econômica que a Comissão Europeia, em 2000, condicionou a aprovação da fusão entre os varejistas *Carrefour/Promodès*[381] no mercado francês e espanhol à aceitação da obrigação de *"no delisting"*. Segundo a decisão, os varejistas em processo de concentração econômica se obrigariam a não rescindir unilateralmente as relações comerciais de ambos os varejistas com os fornecedores por um período de três anos após a decisão. Ademais, no caso *Kerry/Breeo*, em 2009,[382] a Suprema Corte de Julgamento Irlandesa curiosamente utilizou essa preocupação da dependência econômica dos fornecedores às avessas, para autorizar uma fusão entre as marcas de fabricante. O fundamento da decisão foi que mesmo as marcas independentes detentoras de 50% do mercado não teriam poder para fazer frente ao poder dos supermercados, razão pela qual seria justificável a aprovação do ato de concentração.

Nesse contexto, DOBSON, WATERSON e CHU advertem que até em mercados em que haja competição pode-se cogitar de efeitos anticoncorren-

---

380 Europa. Comissão Europeia. Rewe/Meinl. Case No. IV/M.1221. par. 97-103.
381 Comissão Europeia. Carrefour/Promedès. Case M.1684. 25/01/2000.
382 Irlanda. High Court Judgment of 19.03.2009, Rye Investments Ltd -v- Competition Authority, [2009] IEHC 140.

Capítulo 4   Fontes do poder no varejo supermercadista

ciais decorrentes da situação de dependência econômica, afetando desfavoravelmente o consumidor e o bem-estar social.[383] Em especial diante da moderna análise do varejo supermercadista, em que o varejista atua na posição de prestador de serviços aos produtos de marca independente em um lado da plataforma, constata-se que ele detém poder de mercado e possui a capacidade de fazer exigências aos fabricantes como uma condição para acessar os consumidores finais no outro lado da plataforma. Os fornecedores, em situação de dependência econômica para a distribuição dos seus produtos de marca independente pelos varejistas – dependência esta decorrente do poder de compra[384] ou da relação contratual[385] –, veem-se, então, reféns das exigências dos

---

[383] DOBSON, Paul; WATERSON, Michael; CHU, Alex. The welfare consequences of the exercise of buyer power. *Office of Fair Trading Research Paper* 16, 1998.

[384] Segundo MUSSI, a dependência econômica decorrente do poder de compra (i) se verifica nas hipóteses em que há o estrangulamento de canais de acesso ao mercado alvo, ou seja, nas hipóteses em que o fornecedor não consegue ofertar seus produtos ao destinatário final sem sujeitar-se às condições impostas pelo distribuidor intermediário. MUSSI, Luiz Daniel Rodrigues Haj. *Abuso de dependência econômica nos contratos interempresariais de distribuição*. Dissertação de mestrado. Orientadora: Professora Paula A. Forgioni, 2007. p. 56. A *Competition Commission* do Reino Unido, por sua vez, entendeu que, quando o mercado de varejo é competitivo, o poder de compra pode ser utilizado para contrabalancear o poder de mercado dos grandes fornecedores, o que poderia resultar em menores preços no atacado e, consequentemente, no varejo. Nessa situação, em que pesem os efeitos positivos do poder de compra no mercado competitivo, quando exercido de modo inapropriado, poderia causar danos aos consumidores. Apenas quando o mercado de varejo não fosse competitivo é que essa redução dos preços poderia não ser repassada aos consumidores. Reino Unido. Office of Fair Trade. Competition Commission. *Supermarkets: A Report on the Supply of Groceries from Multiple Stores in the United Kingdom*. Cm 4842 (Oct. 2000). p. 95.

[385] Segundo MUSSI, a dependência econômica decorrente da relação contratual – relacional – entre os empresários está vinculada (i) à existência de relações duradouras e incompletas, expondo o empresário dependente ao risco de comportamentos oportunistas em razão de prestações não únicas e incompletas; (ii) à existência de investimentos específicos para a execução do contrato e a impossibilidade de transferi-los a terceiros sem custos perdidos; e à ausência de alternativas equivalentes (suficientes ou razoáveis), que permite a imposição de condições contratuais gravosas ou discriminatórias. Sobre a alternativa "suficiente", consiste em parâmetro objetivo, consistente na existência de demanda ou oferta de bens ou serviços substitutos aos objetos da relação comercial de dependência. Alternativa "razoável" consiste em parâmetro subjetivo, consistente na disponibilidade de alternativas economicamente sustentáveis se comparadas aos canais de distribuição e fornecimento dos quais habitualmente se serve o empresário supostamente dependente. COLANGELO, Giuseppe. *L'abuso di dipendenza econômica tra disciplina della concorrenza e diritto dei contratti*. Un'analisi

varejistas. BORGHESANI, CRUZ e BERRY sugerem que uma manifestação desse poder se dá pelo número de empresas que têm significativa porcentagem das suas receitas dependentes de um grande varejista.[386]

Essa situação pode ensejar ainda, segundo FORGIONI, atos de *abuso de dependência econômica*,[387] que podem causar prejuízos à concorrência.[388] Há países, como França, Alemanha, Itália, Finlândia, República Tcheca, dentre outros, que possuem legislações específicas sobre o abuso de dependência econômica (*vide* Capítulo 10, a seguir). Esse tema também foi objeto de análise no relatório em 2008 pela *International Competition Network* – ICN, intitulado "*Report on Abuse of Superior Bargaining Position*".[389] A *ratio legis*, na Europa, da repressão ao abuso da dependência econômica, é oferecer condições de resistência diante do poder dos grandes distribuidores/varejistas em situações em que a caracterização de posição dominante, nos pressupostos tradicionais, não se verificaria.

Assim, o que se constata é que, na estrutura de mercado do varejo supermercadista atual, a grande maioria – senão todos – *dos fornecedores está sujeita às práticas/exigências comerciais* dos supermercados (conforme será detalhado nas Capítulos 5 e 6, a seguir). Nesse sentido, *ameaças de retaliações dos supermercados* – ainda que não implementadas – são capazes de fazer com que o fornecedor se adeque às exigências do supermercado. O papel de "*gatekeeper*" dos supermercados contribui, portanto, para o poder destes em ameaçar a retirada do produto da lista de fornecedores ("*delist*") e também

---

economica e comparata. Torino: G. Giappichelli, 2004. p. 114. *Apud* MUSSI, Luiz Daniel Rodrigues Haj. *Abuso de dependência econômica nos contratos interempresariais de distribuição*. Dissertação de mestrado. Orientadora: Professora Paula A. Forgioni, 2007. p. 93-94.

386 BORGHESANI JR., William H; CRUZ, Peter L. de La; BERRY, David. Food for thought: the emergence of power buyers and its challenge to competition analysis. *Stan. JL Bus. & Fin.*, v. 4, p. 50, 1998.

387 Segundo FORGIONI, "pela repressão ao abuso da dependência econômica procura-se impedir que o agente que se encontra em situação de superioridade em relação à sua contraparte use seu poder de forma abusiva" (FORGIONI, Paula A. *Direito concorrencial e restrições verticais*. São Paulo: RT, 2007. p. 275).

388 MUSSI, Luiz Daniel Rodrigues Haj. *Abuso de dependência econômica nos contratos interempresariais de distribuição*. Dissertação de mestrado. Orientadora: Professora Paula A. Forgioni, 2007. p. 105-109.

389 International Competition Network. *Report on Abuse of Superior Bargaining Position*, 2008. Disponível em: <http://www.internationalcompetitionnetwork.org/uploads/library/doc386.pdf>. Acesso em: 11 fev. 2016.

em exigir o pagamento de taxas e condições de acesso para manter o seu produto na lista.[390]

Aos que não "seguem a linha", é aplicada a punição de serem retirados da lista, não deixando *nem as marcas líderes ("must stock"[391]) imunes ao exercício desse poder*. Assim, há exemplos concretos de marcas líderes, que possuem relativamente maior poder de barganha em face dos supermercados e que tradicionalmente eram consideradas imunes ao poder do varejo supermercadista, que se viram sujeitas às ameaças e às práticas implementadas pelos supermercados. No Reino Unido, por exemplo, o varejista Tesco decidiu retirar da sua lista de fornecedores uma das maiores marcas de pão, denominada "Kingsmill", após desavenças comerciais,[392] o mesmo ocorrendo com a marca de alimentos industrializados "Princes".[393] Na Bélgica, também, a Unilever foi retirada da lista de fornecedores pelo varejista Delhaize;[394] e na Espanha e na Alemanha também foi verificada essa exclusão de importantes marcas inde-

[390] Austrália. Australian Competition and Consumer Commission. *Report of the AACC inquiry into the competitiveness of retail prices for standard groceries*, 2008. p. 336-341. "*Retailers have a gatekeeper role between suppliers and final customers as a result of their ability to control access to supermarket shelves, dictate product placement on those shelves and set retail prices. Supermarket shelf space is a valuable and finite resource in the grocery retailing industry. Decisions regarding the allocation of shelf space and the planning of stores have significant implications for the viability and profitability of both suppliers and supermarkets. A retailer's gatekeeper role may contribute to its buyer power by enabling the retailer to credibly threaten to de-list a product unless a supplier offers more favorable terms and conditions. Alternatively, a retailer may credibly threaten to not list a new product unless the supplier agrees to pay new product listing fees and other charges to keep the product on the shelf*".

[391] PETROVIC, Misha; HAMILTON, Gary G. Making global markets: Wal-Mart and its suppliers. In: LICHTENSTEIN, Nelson. *Wal-Mart*: the face of twenty-first century capitalism, 131, 2006. Os autores indicam que mesmo os grandes fabricantes, como Procter and Gamble, Clorox, Revlon, Del Monte, Nabisco e Sara Lee, seriam significativamente dependentes dos varejistas, dado que o total de seus negócios com o Wal-Mart representaria entre 15 e 30% do total de suas vendas.

[392] The Telegraph. *Tesco has made a "mistake" by delisting Kingsmill says ABF*. Disponível em: <http://www.telegraph.co.uk/finance/newsbysector/retailandconsumer/11552887/Tesco--has-made-a-mistake-by-delisting-Kingsmill-says-ABF.html>. Acesso em: 4 jun. 2015.

[393] The Grocer. *Tesco delists 70 Princes product in mystery dispute*. Disponível em: <http://www.thegrocer.co.uk/channels/supermarkets/tesco/tesco-delists-70-princes-products-in-mystery-dispute/350435.article>. Acesso em: 4 jun. 2015.

[394] Financial Times. *Unilever's public dispute with Belgian retailer escalates*. Disponível em: <http://www.ft.com/cms/s/0/f13d9ee6-f7dd-11dd-a284-000077b07658.html#axzz3c79eVKuR>. Acesso em: 4 jun. 2015.

pendentes ("WIPP", de produtos de lavanderia, e "Whiskas", de alimentação para animais) pela decisão unilateral de retirada da lista de fornecedores.[395] Na Suíça, em 2011, o supermercado Co-op também retirou da lista produtos da "Procter&Gamble" para forçar a aceitação de determinadas exigências comerciais.[396] Até os produtos da Coca-Cola já foram retirados da lista de fornecedores como forma de pressão dos varejistas para obter melhores termos e preços de compra, como foi o caso nos Estados Unidos, em 2009, pelo grande varejista Cotsco,[397] na Alemanha, em 2014, pelo varejista Lidl,[398] e no Reino Unido, em 2015, pelo Tesco.[399]

Diante desses fatos, e considerando a expressão latina *"a maiori, ad minus"*, segundo a qual quem pode o mais, pode o menos, nota-se: se os supermercados têm poder até para retirar da lista as marcas líderes de mercado, mais simples seria fazê-lo com as marcas secundárias e terciárias, com pouco ou nenhum poder de mercado em face dos varejistas. Ademais, tendo em vista que a prática mais gravosa de retirar da lista de fornecedores pode ser implementada facilmente, sem complicações financeiras de grande vulto para o supermercado – relembrando que o impacto no fornecedor é dez vezes maior do que no supermercado –, seriam ainda mais facilmente implementadas as práticas comerciais intermediárias em face dos fornecedores no varejo supermercadista.

Essa situação tem uma explicação econômica simples, segundo CARSTENSEN.[400] À medida que os custos de troca[401] a que estão sujeitos os

---

[395] BELL, Dick. The business model for manufacturers' brands. *Private Label, Brands and Competition Policy*: The Changing Landscape of Retail Competition. Oxford: Ariel Ezrachi and Ulf Bernitz, 2009. p. 30.

[396] European Supermarket Magazine. *Coop delists P&G brands*. Disponível em: <http://www.esmmagazine.com/coop-delists-pag-brands/248>. Acesso em: 5 jun. 2015.

[397] RetailWire. *Costco Stops Selling Coca-Cola*. Disponível em: <http://www.retailwire.com/discussion/14137/costco-stops-selling-coca-cola>. Acesso em: 4 jun. 2015.

[398] German Retail. *Lidl re-lists Coke*. Blog. Disponível em: <http://www.retailwire.com/discussion/14137/costco-stops-selling-coca-cola>. Acesso em: 4 jun. 2015.

[399] The Telegraph. *Tesco removes Schweppes from shelves in row with Coca-Cola*. Disponível em: <http://www.telegraph.co.uk/finance/newsbysector/retailandconsumer/11459269/Tesco-removes-Schweppes-from-shelves-in-row-with-Coca-Cola.html>. Acesso em: 4 jun. 2015.

[400] CARSTENSEN, Peter. Buyer power, Competition policy and Antitrust: the competitive effects of discrimination among suppliers. 53, *Antitrust Bulletin*, p. 271-272, 2008.

[401] Nesse sentido, CHEN esclarece que, para uma correta análise do poder de monopsônio, o foco deveria ser na substitutibilidade do lado do comprador, consistente na habilidade de

Capítulo 4 Fontes do poder no varejo supermercadista

fornecedores aumentam, também aumentam as oportunidades de os varejistas explorarem essa fraqueza dos fornecedores. Em que pese os fornecedores saibam que estão sendo explorados – e tentem resistir a isso –, acabam vendo-se reféns dos varejistas, em decorrência da dependência econômica à qual estão submetidos. Têm *receio de questionar em meios administrativos ou judiciais as práticas dos supermercados em relação a eles*, dada a preocupação de serem retirados da lista de fornecedores do supermercado e sofrerem um dano ainda maior.

Assim, o que se verifica é um número bastante restrito de denúncias antitruste. As razões para isso são bastante óbvias. FORGIONI relembra que, "embora, teoricamente, o sistema jurídico ofereça instrumentos para viabilizar a coibição desse abuso, é pouco provável que um 'agente econômico racional' se disponha a atacar seu principal cliente, sujeitando-se a retaliações comerciais".[402] Nesse sentido também indicou a *Competition Commission* do Reino Unido em 2000, de que, apesar de existir nesse mercado uma relação aparentemente saudável (dada a ausência de questionamentos ou de denúncias de práticas anticompetitivas dos varejistas), o ambiente apresenta preocupações concorrenciais sérias.[403] Também assim aponta o documento de discussão da UNCTAD de 2014,[404] para quem os fornecedores, diante de práticas comerciais questionáveis dos supermercados, têm receio de desagradar seus

---

o vendedor encontrar compradores alternativos. Isso porque, quanto maior o custo de troca dos fornecedores, maior o poder de monopsônio dos varejistas. CHEN, Zhiqi. Buyer Power, Competition Policy and Antitrust: the competitive effects of discrimination among suppliers. 22, *Res. Law and Economics*, p. 17-22, 2007.

402 FORGIONI, Paula A. *Os fundamentos do antitruste*. 5. ed. São Paulo: RT, 2012. p. 328.
403 Advertiu a *Competition Commission* que, apesar de se ter a impressão de bom relacionamento entre os varejistas e seus fornecedores e de inclusive ter recebido respostas aos questionários enviados às partes do mercado, a autoridade antitruste não se convenceu dessa suposta realidade. Isso porque, nas perguntas do questionário em que se solicitava identificar se práticas específicas eram implementadas pelas partes, as respostas se mostraram mais críticas, assim como os comentários adicionais voluntários, além de se ter recebido comentários de associações de comércio e de outras partes envolvidas na indústria de fornecimento. A impressão, portanto, foi de que havia um número substancial de sérias preocupações. Reino Unido. Office of Fair Trade. Competition Commission. *Supermarkets: A Report on the Supply of Groceries from Multiple Stores in the United Kingdom*. Cm 4842 (Oct. 2000). p. 100.
404 UNCTAD. *Competition Issues in the Food Chain: Possible Measures to Address Buyer Power in the Retail Sector*, 2014. p. 1-10. Disponível em: <http://unctad.org/meetings/en/Contribution/tdb61_c01_UNCTAD.pdf>. Acesso em: 11 fev. 2016.

maiores compradores e, por isso, as denúncias seriam quase inexistentes. Possivelmente essa é uma das razões que contribui para que ainda não haja, por meio do controle de condutas, Processo Administrativo instaurado ou julgado pelo Plenário do Tribunal do CADE avaliando com profundidade as preocupações concorrenciais com as práticas comerciais implementadas neste mercado.

4.7 Aliança de compra de supermercados

Outros instrumentos de poder dos supermercados são a formação, o crescimento e o fortalecimento das alianças de compra ("*buying aliances*"),[405] também denominadas de grupos de compra ("*buying groups*").[406] O objetivo primário desse tipo de associação econômica, na maioria dos casos, é adquirir produtos ou serviços pagando valores mais baixos do que os que seriam desembolsados se comprados individualmente, tendo em vista o aumento do poder de barganha dos grupos de compra *vis-à-vis* aos fornecedores. Há artigos acadêmicos[407] e estudos de autoridades antitruste[408] recentemente publicados sobre o tema específico das alianças de compra no varejo supermercadista, o

---

[405] Para maior detalhamento sobre a experiência norte-americana e brasileira sobre grupos de compra: CORDOVIL, Leonor. *Buying group* ou grupos de compra: a análise das experiências norte-americana e brasileira. *Compêndio de direito da concorrência:* temas de fronteira. Migalhas, 2015. p. 269-288.

[406] OYSTEIN e KIND, entre outros, escreveram sobre a formação desses "grupos de compra" no mercado europeu. Apontando-o como um fenômeno comum na Europa, diferentes cadeias de supermercados formaram alianças de compra (*buyer groups*) para negociar com fornecedores. A administração do grupo de compras seria separada e independente da dos supermercados, mas a cobrança de *slotting allowances* serviria para transferir o poder do grupo de compras para o mercado de varejo. FOROS, Øystein; JARLE KIND, Hans. Do Slotting Allowances Harm Retail Competition? *The Scandinavian Journal of Economics*, v. 110, n. 2, p. 367-384, 2008.

[407] Como artigos acadêmicos recentes sobre o tema, publicados em 2015, sugere-se: SCIAUDONE, Riccardo; CARAVÀ, Eleonora. Buying Alliances in the Grocery Retail Market: The Italian Approach in a European Perspective. *Journal of European Competition Law & Practice*, April 2015. CHAUVE, Philippe; RENCKENS, An. The European Food Sector: Are Large Retailers a Competition Problem? *Journal of European Competition Law & Practice*, p. 23, 2015.

[408] Como estudo de autoridade antitruste sugere-se: Espanha. Comisión Nacional de la Competencia. *Report on the relations between manufacturers and retailes in the food sector*, 2011. Disponível em: <http://ec.europa.eu/internal_market/consultations/2013/ unfair-trading-practices/docs/contributions/public-authorities/spain-comision-nacional-de-la-competencia -2-report_en.pdf>. Acesso em: 23 maio 2015.

que evidencia sua atualidade. Há diversos argumentos no sentido de esses grupos de compra terem efeitos pró-competitivos, ao passo que há também vários outros no sentido dos efeitos anticompetitivos, como se passa a detalhar.

Quanto aos *possíveis efeitos pró-competitivos da aliança de compra*, GALBRAITH[409] foi um dos primeiros a sustentar que a união de compradores via associações de compra seria um novo mecanismo "autorregulador" do mercado, pois equilibraria forças com os fornecedores.

A Comissão Europeia,[410] nesse sentido, apontou, já em 1999, três argumentos sobre os possíveis efeitos pró-competitivos das alianças de compra transnacionais. Primeiro, porque facilitariam a formação de um mercado único europeu. Elas permitiriam a eliminação das discriminações de preço entre países, a introdução de novos produtos de marcas independentes em outros países e o compartilhamento de melhores práticas em temas como distribuição e sistemas de tecnologia de informação. Segundo, porque reforçariam o poder compensatório na negociação com fornecedores internacionais. E terceiro, porque permitiriam o desenvolvimento mais eficiente de produtos de marca própria. Em 2009, a Comissão Europeia[411] novamente sinalizou que, quando o grupo de compra tiver o objetivo de alcançar volumes e descontos similares aos grandes concorrentes, normalmente consideraria esse grupo como pró-competitivo. Também há indicação semelhante no Guia Horizontal da Comissão Europeia de 2011,[412] segundo o qual a aliança de compra poderia ser considerada positiva já que o propósito seria a obtenção de menores preços, o que poderia resultar na transferência desses benefícios para os consumidores finais.

A justificativa de obter menores preços é utilizada por 76,8% dos varejistas no Brasil, que utilizam as alianças de compra em seus negócios.[413] Não

---

409 GALBRAITH, John Kenneth. *American capitalism:* The concept of countervailing power. Transaction Publishers, 1970. v. 619.
410 Europa. European Commission. *Buyer power and its impact on competition in the food retail distribution sector of the European Union*, 1999. p. 174.
411 Europa. European Commission. *Competition in the food supply chain*, 28.10.2009. p. 18-20.
412 Europa. European Commission. *The EU Horizontal Guidelines*, par. 189. Disponível em: <http://ec.europa.eu/competition/antitrust/legislation/horizontal.html>. Acesso em: 5 jun. 2015. *"Joint purchasing arrangements usually aim at the creation of buying power which can lead to lower prices for consumers"*.
413 ABRAS. *Revista Super Hiper*, ano 40, n. 459, p. 110-117, set. 2014.

há, porém, evidências concretas a respeito do repasse desses menores preços para os consumidores, em especial diante da sinalização de que esse instrumento seria importante para as redes supermercadistas de todos os portes "driblarem a concorrência".[414]

Por outro lado, há aqueles que se debruçaram sobre os *possíveis efeitos anticompetitivos da aliança de compra*. CORDOVIL observa que há focos de preocupação antitruste com as alianças de compra, que giram em torno tanto da troca de informações entre concorrentes quanto do poder de barganha exagerado do grupo formado e a consequente formação de barreiras relevantes à existência ou funcionamento de outros grupos competidores que não fazem parte do grupo.[415]

Similarmente, a Comissão Europeia, em seu estudo de 1999,[416] apontou seis argumentos que eram utilizados para indicar possíveis efeitos anticompetitivos das alianças de compra transnacionais: (i) se a aliança de compra resultar na formação de um poder de monopsônio; (ii) a implementação de comportamentos oportunísticos dos compradores diante de fornecedores que incorreram em custos afundados; (iii) a concessão de descontos aos membros da aliança de compra não relacionados à eficiência desses compradores pode distorcer a concorrência no mercado varejista entre os supermercados; (iv) se a marca própria for utilizada para redução da concorrência dentro dos supermercados, por meio da retirada de fornecedores de marcas independentes da lista; se a aliança de compra transnacional definir a existência de apenas um membro por país, pode (v) facilitar comportamentos de não agressão; e (vi) cristalizar estruturas de mercado restritivas à concorrência.

A discussão avançou no Guia Horizontal da Comissão Europeia de 2010,[417] em que há um Capítulo específico que trata dos *"Purchasing Agreements"*. Nesta, há a sinalização de algumas possíveis preocupações concorren-

---

414 ABRAS. *Revista Super Hiper*, ano 39, n. 447, p. 98, set. 2013.
415 CORDOVIL, Leonor. *Buying group* ou grupos de compra: a análise das experiências norte-americana e brasileira. *Compêndio de direito da concorrência:* temas de fronteira. Migalhas, 2015. p. 269-288.
416 Europa. European Commission. *Buyer power and its impact on competition in the food retail distribution sector of the European Union*, 1999. p. 175-176.
417 Europa. European Commission. *The EU Horizontal Guidelines*, Section 5, Purchasing Agreements, par. 194-224. Disponível em: <http://eur-lex.europa.eu/legal-content/EN/TXT/PDF/?uri=CELEX:52011XC0114(04)&from=EN>. Acesso em: 10 fev. 2016.

ciais, dentre elas que os acordos de compra resultem em: (i) aumento de preços, redução da oferta, redução da qualidade dos produtos, redução da variedade de produtos, redução das inovações, alocação de mercado, fechamento de mercado para outros compradores; (ii) redução dos incentivos para a concorrência de preços, uma vez que grande parte das suas compras é realizada conjuntamente; (iii) não repasse dos melhores preços obtidos pelo grupo aos consumidores; (iv) a exploração dos fornecedores e o direcionamento para que estes reduzam a variedade ou qualidade dos seus produtos, resultando em um fornecimento em condições sub-ótimas, dada a redução da qualidade e dos incentivos à inovação; (v) fechamento de mercado para outros compradores, pela limitação de acesso aos fornecedores, especialmente se o número de fornecedores for restrito e se houver barreiras à entrada no mercado de aprovisionamento; (vi) facilitação à colusão, resultado da comunhão dos custos e da troca de informações comercialmente sensíveis.

Outra situação pouco considerada, levantada por KUMAR e STEENKAMPT,[418] é aquela em que as alianças de compra envolverem a aquisição de insumos para a produção das marcas próprias. Essa situação pode resultar em redução da concorrência entre os supermercados e na comoditização das marcas, além do incentivo coletivo a práticas discriminatórias dos supermercados dentro das lojas em face dos fornecedores de marcas independentes.[419]

Especificamente sobre os possíveis efeitos pró e anticompetitivos dessa aliança de compra no varejo supermercadista, há manifestações de *autoridades antitruste estrangeiras*, tanto em casos concretos quanto em estudos setoriais. Em 2003, no México, a aliança de compras entre três redes de supermercados para a criação da aliança de compra Sinergia foi inicialmente reprovada pela autoridade antitruste, tendo sido revertida, em 2004, sob argumentos de eficiência. A condição para aprovação da operação, porém, foi que não houvesse qualquer tipo de coordenação de preços entre os super-

---

[418] Sobre a comoditização das marcas, sugere-se THAIN, Greg; BRADLEY, John. *Store Wars – The Worldwide Battle for Mindspace and Shelfspace, Online and In-store*. 2. ed. United Kingdom: Wiley, 2012. p. 39. Observa-se que essa pode inclusive ser uma estratégia futura, nos termos da seguinte notícia: <http://misturaurbana.com/2014/12/berlim-tem-o-primeiro-supermercado-com-produtos-sem-embalagem/>. Acesso em: 17 fev. 2016.

[419] KUMAR, Nirmalya; STEENKAMPT, Jan-Benedict E. M. *Private label strategy – How to meet the store brand challenge*. Harvard Business School Press, 2007. p. 33.

mercados, de modo que caberia à Sinergia definir as compras e a distribuição no atacado para as lojas.[420]

No Reino Unido, em 2007, foi publicado pelo *Office of Fair Trading* (OFT) o estudo realizado pela RBB Economics, denominado "*The competitive effects of buyer groups*",[421] que buscou analisar os efeitos da cooperação entre compradores em preços, diversidade de produtos, qualidade, desenvolvimento tecnológico e outros fatores. O estudo avaliou o impacto dos grupos de compra na concorrência entre os próprios membros no mercado a jusante – mercado de venda (varejista) –, identificando quais as ferramentas do grupo de compra que facilitariam a colusão explícita ou tácita, bem como outras possíveis reduções de rivalidade não necessariamente relacionadas a colusão. O estudo também analisou o comportamento estratégico do grupo de compra e como este poderia prejudicar os termos de compra de outros compradores concorrentes, notadamente por meio das estratégias de fechamento de acesso ("*input foreclosure*"), efeito colchão d'água ("*waterbed effect*"), recusa de compra ("*refusal to purchase*"), divisão da renda ("*rent sharing*") por meio da colusão vertical e desvio da renda ("*rent shifting*"). O estudo sinaliza outros possíveis problemas concorrenciais relacionados aos grupos de compra, como a redução dos fundos para investimento, inovação e competição no mercado de aprovisionamento; a redução na diversidade de produtos disponíveis no mercado; o aumento da concentração no mercado de aprovisionamento; a alocação adversa de recursos; e a geração de efeito espiral que beneficia apenas os varejistas inseridos no grupo de compra.

Em 2009, algumas considerações concorrenciais sobre as alianças de compra foram realizadas pela Comissão Europeia no documento de trabalho "*Competition in the food supply chain*".[422] Apesar de não ter sido tomada nenhu-

---

420 México. Comisión Federal de Competencia. 2004. Disponível em: <http://189.206.114.203/docs/pdf/ra-22-2004.pdf>. Acesso em: 8 nov. 2015.
421 Reino Unido. Office of Fair Trading (OFT). *The competitive effects of buyer groups*. Disponível em: <http://www.rbbecon.com/downloads/2012/12/oft863.pdf>. Acesso em: 8 nov. 2015.
422 Europa. European Commission. *Competition in the food supply chain*, 28.10.2009. p. 18-20. Disponível em: <http://eur-lex.europa.eu/legal-content/EN/ALL/?uri=CELEX:52009SC1449>. Acesso em: 23 maio 2015. "*Given the reticence of operators to disclose information relating to the functioning of these buying alliances, it is premature to draw at this stage any definite conclusions as to their impact on competition. In certain theoretical circumstances, such forms of cooperation may harm the competitive process downstream and entail fewer incentives for their*

Capítulo 4 Fontes do poder no varejo supermercadista

ma posição firme com relação ao tema – dada a carência de informações oferecidas à Comissão no momento –, foi indicado, pelo menos do ponto de vista conceitual, que essa forma de cooperação entre os varejistas pode ser prejudicial à concorrência e implicar em menores incentivos para que os participantes da aliança de compra transfiram os benefícios aos consumidores. Foi então questionado seu impacto na inovação e na variedade de produtos oferecidos no mercado.

Na Itália, a *Autorità Garante dela Concorrenza e del Mercato* abriu, em dezembro de 2013, investigação contra uma aliança de supermercados, sob o fundamento de que tal operação poderia resultar em redução da variedade, qualidade, inovação e investimentos dos fornecedores, além de redução da concorrência entre os membros da própria aliança no mercado varejista.[423] A preocupação com a formação da "Centrale Italiana" era que os seus membros excediam 50% de participação de mercado nos seus mercados locais e 24% no mercado nacional, o que poderia fazer com que a aliança de compra não repassasse aos consumidores os benefícios auferidos pela compra conjunta. Finalmente, em 14 de setembro de 2014, as empresas pertencentes à aliança de compra celebraram acordo com a autoridade antitruste – em um mecanismo semelhante com o Acordo em Controle de Concentrações (ACC), previsto no art. 9º, V, da Lei 12.529/2011 – não apenas para desfazer a "Centrale Italiana", mas também para interromper qualquer forma de cooperação comercial entre as cadeias varejistas, de modo que as participações de mercado individuais

---

participants to transfer benefits gained from rationalization processes upon their consumers, and their impact on innovation and product variety may also therefore be questioned. On the basis of the limited information available, the Commission and NCAs should continue gathering more extensive and accurate data in order to deepen their analysis on this specific area. At this moment in time, and based on the available market share data, it appears however that such buying groups perform a countervailing force in order to build a critical mass in negotiations with multinational suppliers of branded goods, and that no direct link can be established at this stage with potential price stickiness effects".

423 Itália. Autorità Garante dela Concorrenza e del Mercato (AGCM). Press release: Antitrust avvia istruttoria nei confronti della supercentrale d'acquisto "Centrale italiana" e delle 5 catene distributive concorrenti per verificare l'esistenza di una possibile intesa, con potenziali effetti sia sui fornitori che sui consumatori, 12.12.2013. Disponível em: <http://www.agcm.it/stampa/comunicati/6688-i768-gdo-antitrust-avvia-istruttoria-nei-confronti-della-supercentrale-dacquisto-centrale-italiana-e-delle-5-catene-distributive-concorrenti-per-verificare-lesistenza-di-una-possibile-intesa-con-potenziali-effetti-sia-sui-fornitori-che-sui-consumatori.html>. Acesso em: 5 jun. 2015.

não excedessem 20% no mercado de aprovisionamento.[424] Em sentido semelhante, a autoridade antitruste da Noruega se opôs, em 2014, à formação de uma aliança de compra entre o primeiro e o quarto mais importante varejista do país.[425]

Também em 2014, o *Bunderskartellamt* da Alemanha apontou preocupação com a formação de alianças de compras entre varejistas.[426] Esse tipo de arranjo poderia levar a formas de longo prazo de cooperação, incluindo a troca de informações sensíveis, e poderia também criar condições para a

---

[424] Autorità Garante dela Concorrenza e del Mercato (AGCM). Press release: "GRANDE DISTRIBUZIONE: ANTITRUST ACCETTA GLI IMPEGNI, SCIOLTA CENTRALE ITALIANA. L'Antitrust, nella riunione del 17 settembre 2014, ha deciso di accettare, rendendoli vincolanti, gli impegni presentati da Centrale Italiana e dalle 5 catene distributive aderenti a tale supercentrale di acquisto. Si chiude così, con lo scioglimento della suddetta Centrale Italiana, l'istruttoria avviata il 4 dicembre 2013, per verificare gli effetti dell'intesa tra le catene Coop, Despar, Il Gigante (attraverso la controllata Gartico), Disco Verde e Sigma, creata con il principale obiettivo di centralizzare la funzione di contrattazione delle condizioni di acquisto delle imprese aderenti, per ottenere risparmi di costo nella fase di acquisto delle merci. Gli impegni assunti dalle catene distributive consistono, oltre che nella cessazione dell'operatività di Centrale Italiana, nell'interruzione di qualsiasi forma di collaborazione commerciale tra le 5 catene. Due di esse, Disco Verde e Sigma, in forza di una mandato alla negoziazione conferito a Coop Italia, continueranno a contrattare una parte dei propri acquisti insieme a tale catena distributiva, limitando la negoziazione congiunta esclusivamente alle imprese con un fatturato superiore ai 2 milioni di euro e che non siano fornitori di prodotti a marchio del distributore; è esclusa rigorosamente dall'accordo qualsiasi forma di collaborazione ulteriore. L'Antitrust ha ritenuto che gli impegni sopra descritti siano idonei e necessari a rimuovere le preoccupazioni concorrenziali alla base dell'avvio dell'istruttoria, in quanto la loro attuazione comporterà: i) la cessazione della collaborazione tra le catene Coop, Il Gigante e Despar, la cui presenza sui mercati locali della Grande distribuzione organizzata presenta ampie aree di sovrapposizione, con forti rischi di coordinamento su tali mercati; ii) la riduzione del buyer power dell'alleanza di acquisto limitata agli operatori Coop, Sigma e Disco Verde, la cui quota sui mercati dell'approvvigionamento non supera il 20%". Disponível em: <http://www.agcm.it/stampa/news/7180-grande-distribuzione-antitrust-accetta-gli-impegni-sciolta-centrale-italiana.html>. Acesso em: 3 set. 2015.

[425] Apud CHAUVE, Philippe; RENCKENS, An. The European Food Sector: Are Large Retailers a Competition Problem? *Journal of European Competition Law & Practice*, p. 23, 2015. p. 16.

[426] Alemanha. Bundeskartellamt. *Sektoruntersuchung „Nachfragemacht im Lebensmitteleinzelhandel*. Disponível em: <http://www.bundeskartellamt.de/Sektoruntersuchung_LEH.pdf?__blob=publicationFile&v=7>. Acesso em: 9 jul. 2016. Para o *press release*: <http://www.bundeskartellamt.de/SharedDocs/Meldung/EN/Pressemitteilungen/2014/24_09_2014_SU_LEH.html?nn=3589760>. Acesso em: 9 jul. 2016.

Capítulo 4 **Fontes do poder no varejo supermercadista**

dependência econômica dos varejistas de pequeno porte que ficariam reféns da estrutura de negócios ditada pela aliança. Além disso, a coordenação poderia resultar na homogeneização do sortimento de produtos e serviços oferecidos pelas empresas pertencentes à aliança de compra, prejudicando, então, a concorrência.

Em 2015, na França, foi publicado o estudo da *Autorité de la Concurrence*, intitulado *"Rapprochements à l'achat dans le secteur de la grande distribution"*,[427] em que se analisou a questão do impacto concorrencial da formação de centrais de compra e de referenciamento no setor da grande distribuição alimentar. O estudo foi realizado no contexto da formação de três importantes acordos de cooperação para compra entre varejistas, em um curto espaço de tempo[428] – todos eles em 2014 –, após um período econômico de redução dos preços no mercado varejista, que resultou na redução das margens de lucro dos grandes distribuidores.

Apesar de reconhecer que a formação dos grupos de compra pode produzir efeitos pró-competitivos, notadamente sobre os níveis de preço dos produtos de grande consumo pelos consumidores, foram identificados pela *Autorité de la Concurrence* possíveis riscos no mercado de venda (varejista) e no mercado de compra (aprovisionamento). No mercado a jusante de venda (varejista),[429] foram mostrados os riscos de (i) troca de informações sobre preços, descontos, variedade, lançamentos, promoções, remunerações associadas; (ii) homogeneidade nas condições de compra, tanto com relação a preço quanto a logística, o que pode facilitar a colusão entre os varejistas; e (iii) limitação da mobilidade entre parcerias. Por sua vez, no mercado a montante de compra

---

427 França. Autorité de la Concurrence. *1er avril 2015: Rapprochements à l'achat dans le secteur de la grande distribution*. Disponível em: <http://www.autoritedelaconcurrence.fr/user/standard.php?id_rub=606&id_article=2519>. Acesso em: 8 nov. 2015.

428 Os três acordos de cooperação entre varejistas na França analisados pela Autorité de Concurrence de 2015 foram os seguintes: (i) o chamado Syst'eme U/Auchan, formado pelo Système U (Hyper U, Super U, Marché U e U Express) e pelo Auchan (Auchan e Simply Market); (ii) o chamado EMC/ITM, formado pelo Grupo Casino (Géant Casino, Monop', Franprix, Leader Price, Petit Casino e Vival) e Intermarché (Intermarché, Intermarché Super, Intermarché Contact, Intermarché Express e Netto); e (iii) o chamado Carrefour/Cora, formado por Carrefour (Carrefour, Carrefour Market, Champion, Dia, Carrefour Proximité) e Cora (Cora e Match).

429 A *Autorité de Concurrence* utiliza o temo "marché aval" para tratar do mercado a jusante de venda (varejista).

(aprovisionamento),[430] os riscos identificados foram os seguintes: (iv) limitação de oferta, redução da qualidade ou redução do incentivo à inovação e aos investimentos, especialmente naquelas categorias em que a grande distribuição representa a principal via de escoamento; (v) evicção de fornecedores.

Finalmente, a *Autorité de la Concurrence* emitiu quatro recomendações: a primeira, de que os operadores prestem atenção em especial à maneira com que escolhem os fornecedores no âmbito destes acordos de compra, para que sejam escolhas baseadas em critérios objetivos e não discriminatórios, dados os efeitos que essas escolhas podem resultar no mercado de aprovisionamento; a segunda, de que há que se reforçar a concorrência no setor da grande distribuição; a terceira, de que defende a inserção de uma obrigação legal segundo a qual todo novo acordo de aproximação que trate de parte significativa do mercado seja informado previamente à autoridade de concorrência; e quarta, de que propõe a modificação do dispositivo que permite a análise de práticas de abuso de dependência econômica. Em junho de 2016, na França, foi anunciada a condução de nova investigação a respeito da proposta de formação de aliança de compra entre o grupo varejista Carrefour e a empresa Cora Provera.[431]

No Brasil, as alianças de compra já foram objeto de análise tanto sob a ótica do controle de estruturas quanto do controle de condutas. CORDOVIL[432] consolida informações de cinco atos de concentração de grande relevância em que se analisou o tema dos grupos de compra entre 2000 e 2010. Em apertada síntese, todas as operações teriam sido aprovadas, sendo que em alguns casos teriam sido pontuados os possíveis riscos concorrenciais resultantes, dentre eles o compartilhamento de informações, o aumento dos custos dos rivais, a geração de poder de monopsônio, a facilitação à colusão e coordenação entre concorrentes, a possibilidade de implementação de práticas exclusionárias, entre outros. Sob a ótica do controle de condutas, por sua vez, a autora sinaliza o caso pendente de julgamento pelo CADE conhecido como "cartel do suco de laranja", em

---

430 A *Autorité de Concurrence* utiliza o temo "marché amont" para tratar do mercado a montante de compra (aprovisionamento).

431 *France: Competition watchdog to examine Carrefour-Provera alliance*. CPI, June 2016. Disponível em: <https://www.competitionpolicyinternational.com/france-competition-watchdog-to-examine-carrefour-provera-alliance/>. Acesso em: 23 jun. 2016.

432 CORDOVIL, Leonor. *Buying group* ou grupos de compra: a análise das experiências norte-americana e brasileira. *Compêndio de direito da concorrência*: temas de fronteira. Migalhas, 2015. p. 269-288.

que há a discussão de cartel de compra. Ademais, observa-se um movimento bastante recente de apresentação de contratos associativos no Brasil dessas alianças de compra, em mercados variados.[433] Conforme se pode observar, nenhum deles, porém, trata do mercado do varejo supermercadista.

Em um cenário de formação de uma aliança de compra entre os supermercados, o poder destes enquanto plataforma de dois lados com características de gargalo à concorrência, que já era considerado forte o suficiente para implementar práticas em face dos fornecedores e retaliá-los caso quisessem, torna-se ainda maior e faz com que os fornecedores fiquem ainda mais dependentes dos varejistas e impossibilitados de desafiar suas exigências. Isso porque os compradores agora estão ainda mais organizados e coordenados no escopo de uma aliança de compra, razão pela qual o risco torna-se de ser retirado da lista ("*delist*") e perder acesso não apenas em um supermercado, mas em vários deles pertencentes à aliança de compra, de uma só vez. A formação das alianças de compra reforça, portanto, o poder do supermercado em relação aos fornecedores e evidencia a sua característica de gargalo à concorrência.

4.8 Marcas próprias

Ênfase especial será dada à marca própria como fonte de poder dos supermercados, uma vez que representa um novo paradigma da relação entre varejista e fornecedor – atuação como concorrentes/detentores das marcas

---

[433] Alguns exemplos desses contratos associativos recentemente apresentados ao CADE visando a compra conjunta são: 08700.005278/2014-00, no interesse das empresas Sindcom, Petronas Lubrificantes Brasil S/A e outros, no mercado de resíduos sólidos; 08700.002887/2015-80, no interesse das empresas Guarani S.A., Noble Brasil S.A. e Bunge Alimentos S.A., no mercado de aquisição conjunta de insumos (exceto cana-de-açúcar); 08700.009764/2015-70, no interesse das empresas Alumbra Produtos Elétricos e Eletrônicos Ltda., LPS Distribuidora de Materiais Elétricos Ltda. e outros, no mercado de sistemas de logística reversa de lâmpadas de descarga em baixa ou alta pressão que contenham mercúrio; 08700.009334/2014-77, no interesse das empresas Companhia de Gás de São Paulo – COMGÁS e Companhia Distribuidora de Gás do Rio de Janeiro – CEG, no mercado de tubos de aço, tubos de PEAD e medidores de gás tipo diafragma; 08700.012602/2015-19, no interesse das empresas Associação Brasileira da Indústria Elétrica e Eletrônica e Sindicato da Indústria de Aparelhos Elétricos, no mercado de eletrônicos e similares do Estado de São Paulo. CADE. Resolução 17/2016. *Disciplina as hipóteses de notificação de contratos associativos de que trata o inciso IV do artigo 90 da Lei n. 12.529, de 30 de novembro de 2011 e revoga a Resolução Cade n. 10, de 29 de outubro de 2014.*

próprias. O desenvolvimento das marcas próprias foi uma das mais importantes modificações no mercado varejista no século, pois mudou a natureza da competição. Elas são consideradas, na atualidade, uma das mais importantes fontes de poder dos supermercados no mercado de venda (varejista). Para tanto, será estudada brevemente a teoria geral das marcas próprias no varejo supermercadista. Em seguida, serão apresentados o histórico e alguns dados sobre marcas próprias especificamente no Brasil. Finalmente, passar-se-á a apresentar evidências da evolução da visão antitruste tradicional e a propor uma moderna análise antitruste sobre as marcas próprias.

4.8.1 Breve teoria geral sobre marcas próprias no varejo supermercadista

Por produto de marca própria (*"private label"*) entende-se todos os produtos vendidos sob a etiqueta de um varejista, etiqueta esta que pode levar o próprio nome da loja ou um nome criado exclusivamente para esta marca. As marcas próprias podem ser segmentadas em diversas categorias, como as (i) genéricas;[434] (ii) por imitação (*"copycat"*);[435] (iii) inovadoras em

---

[434] As marcas próprias genéricas foram criadas por varejistas focados em preços. O objetivo dessas marcas é oferecer produtos mais baratos do que os produtos equivalentes de marca de fabricantes, de modo a fornecer ao cliente uma opção de produto a baixo preço para expandir a base de clientes. O produto genérico pode não possuir marca ou então possuir uma marca focada em preço. É por essa razão que, normalmente, se usa embalagem minimalista (por exemplo, como a marca própria "Carrefour Discount", cuja embalagem é branca com letras azuis escuras, e "Great Valle", do Wal-Mart, também de embalagem branca com letras azuis escuras), e não há esforços significativos de propaganda. Os descontos nesse tipo de produto variam de 20 a 50% abaixo da marca líder, e balizam o mercado como o produto de preço mais baixo que se pode oferecer ao mercado em que ainda se consegue obter margens de lucro (PEREIRA, Inês. Marcas de supermercado. *Revista de Administração de Empresas*, v. 41, n. 1, p. 16-27, São Paulo, jan.-mar. 2001). As categorias de produtos abarcadas pelas marcas próprias genéricas geralmente são as mais básicas, a qualidade do produto normalmente é baixa e não há adaptações, desenvolvimentos ou melhorias. Elas costumam ter um único tamanho, de modo que o consumidor o enxerga como o produto mais barato da gôndola, e nas prateleiras estão normalmente alocados em locais pouco visíveis. KUMAR, N.; STEENKAMP, J-B. E. M. *Estratégia de marcas próprias: como enfrentar o desafio da marca de loja*. São Paulo: M. Books, 2008. THAIN, Greg; BRADLEY, John. *Store Wars* – The Worldwide Battle for Mindspace and Shelfspace, Online and In-store. 2. ed. United Kingdom: Wiley, 2012. p. 139-163.

[435] As marcas próprias por imitação (*"copycat"*) são os produtos de imitação encontrados em grandes categorias que possuem um forte líder de marca, e visam a concorrer diretamente com os produtos de marca independente. A tentativa é que a qualidade dos produtos seja

valor;[436] (iv) *premium*;[437] (v) *premium plus*;[438] (vi) *benefit based*;[439] e (vii) copro-

> próxima àquelas, inclusive porque os varejistas exigem que a tecnologia seja similar, para possibilitar a imitação. As embalagens também tentam ser o mais próximo possível da marca líder em termos de qualidade, embalagem e apresentação, com o diferencial de serem mais baratas (promoções de preço são frequentes). THAIN, Greg; BRADLEY, John. *Store Wars* – The Worldwide Battle for Mindspace and Shelfspace, online and In-store. 2. ed. United Kingdom: Wiley, 2012. p. 139-163. A marca própria por imitação geralmente utiliza o nome da bandeira do varejista (marca guarda-chuva), oferecendo descontos moderados, que variam de 5 a 25% abaixo do líder da marca. Nas prateleiras, elas tendem a estar ao lado da marca líder, de modo que o consumidor enxerga o produto com a mesma qualidade, mas com preço mais baixo. KUMAR, N.; STEENKAMP, J-B. E. M. *Estratégia de marcas próprias:* como enfrentar o desafio da marca de loja. São Paulo: M. Books, 2008.

436 As marcas próprias inovadoras em valor abrangem quase todas as categorias, com qualidade funcional comparável com a marca líder. A embalagem tenta ser exclusiva e eficiente em *termos* de custo, e as propagandas são realizadas por meio da loja, e não do próprio rótulo. Em suma, o objetivo é que o consumidor a enxergue como uma marca de preço de genéricos, mas com qualidade objetiva comparável às marcas líderes. Seus preços, por sua vez, têm descontos que variam de 20 a 50% abaixo da marca líder. KUMAR, N.; STEENKAMP, J-B. E. M. *Estratégia de marcas próprias:* como enfrentar o desafio da marca de loja. São Paulo: M. Books, 2008.

437 As marcas próprias *premium* visam a fornecer produtos de maior valor agregado, fugindo da "comoditização" e da competição por preços, característica das marcas por imitação. Elas visam também a diferenciar a loja dos demais supermercados, diferenciar o produto daqueles de marca dos *fabricantes*, aumentar as vendas da categoria e aumentar as margens de lucro. Assim, os produtos *premium* surgem em categorias que têm apelo à imagem, frequentemente em produtos novos, e neles há um esforço considerável em desenvolver os melhores produtos, com tecnologia similar ou melhor que aqueles de marca dos fabricantes. As embalagens tentam chamar a atenção dos consumidores, mas as ações de promoção não oferecem preços muito baixos, pois o consumidor o enxerga como um dos melhores produtos do mercado. Assim, os preços são próximos ou mais altos que aqueles da marca líder, com qualidade comparável ou melhor do que estes. THAIN, Greg; BRADLEY, John. *Store Wars* – The Worldwide Battle for Mindspace and Shelfspace, Online and In-store. 2. ed. United Kingdom: Wiley, 2012. p. 139-163. KUMAR, N.; STEENKAMP, J-B. E. M. *Estratégia de marcas próprias:* como enfrentar o desafio da marca de loja. São Paulo: M. Books, 2008.

438 As marcas próprias *premium-plus* são usadas para diferenciar cadeias de supermercados, pois se trata de uma marca própria como de alta qualidade que visa a elevar também a percepção de qualidade de toda a cadeia supermercadista (THAIN, Greg; BRADLEY, John. *Store Wars* – The Worldwide Battle for Mindspace and Shelfspace, Online and In-store. 2. ed. United Kingdom: Wiley, 2012. p. 139-163). Um exemplo é a marca Club des Sommeliers, do Grupo Pão de Açúcar, que lançou em dezembro de 2013 no Brasil a sua primeira linha de vinhos Gran Reserva, considerado um produto de alta qualidade. ABRAS. *Revista Super Hiper*, ano 39, n. 450, p. 14, dez. 2013.

439 Recentemente começou a surgir, também, a marca própria *benefit-based*, que foca em determinado benefício ao consumidor: produtos orgânicos, saudáveis, ambientalmente cons-

duzidas.[440] Diante de tantas opções de marcas próprias, a rede varejista se vê diante de um portfólio de opções,[441] que se tornaram ferramentas de reforço do poder dos supermercados enquanto plataforma de dois lados para os consumidores finais e para os fornecedores.

Que os varejistas possuem interesses estratégicos com relação às marcas próprias, portanto, resta evidente. Interessante notar, porém, que fabricantes[442]

---

ciente, de baixa caloria, sem glúten, dentre outros (THAIN, Greg; BRADLEY, John. *Store Wars* – The Worldwide Battle for Mindspace and Shelfspace, Online and In-store. 2. ed. United Kingdom: Wiley, 2012. p. 139-163). Como exemplo, no Carrefour da França foi lançada a marca própria étnica "Agir" de chocolates do Peru, e também o Whole Foods Market dos Estados Unidos, que se tornou o líder no mercado de produtos orgânicos. No Brasil, em dezembro de 2013, o Carrefour lançou o "Arroz Vitaminado Carrefour", enriquecido com vitaminas e minerais, em que, além do atrativo ao consumidor do benefício à saúde, o outro diferencial é o preço, que custa em média 15% mais barato do que o das marcas líderes da categoria (ABRAS. *Revista Super Hiper*, ano 40, n. 451, p. 16, jan. 2014). O Grupo Pão de Açúcar, por sua vez, comercializa sob a marca Taeq itens de marca própria em parceria com seus fornecedores (como, por exemplo, a Fazenda Bela Vista) (ABRAS. *Revista Super Hiper*, ano 40, n. 461, p. 38, nov. 2014).

440 Há, ainda, um tipo de marca própria ainda um pouco incipiente, que são as marcas próprias coproduzidas ("*co-branding*"). Nestas, o produto é de marca própria do varejista, mas também o é do fabricante de marca, na medida em que se realiza uma junção entre ambas as marcas para um produto específico. É o caso, por exemplo, da marca de queijos francesa "Babybel", que se aliou à linha de produtos de marca própria do varejista Aldi "Be light" e lançou um produto novo, que é o queijo "Babybel" na versão "Be light".

441 Alguns varejistas se utilizam de maneira bastante intensa desse instrumento de poder, como é o caso, por exemplo, da rede de supermercados Tesco, que possui como marcas próprias: "Tesco Value" (genérica), "Discount Brands at Tesco" (imitação), "Tesco Standard" (*premium*), "Tesco's Finest" (*premium plus*) e "Healthy Living", "Light Choices", "Organic", "Kids", "Free From" e "Wholefoods" (*benefit-based*).

442 Além dos varejistas, os fabricantes também podem possuir objetivos relacionados às marcas próprias. Pode ele decidir, por exemplo, por fornecer exclusivamente para o varejista e apor a toda a sua produção a marca própria do varejo. Pode também decidir, se for o caso, por fornecer de modo concomitante à sua produção – eventualmente como uma estratégia desesperada de permanecer no mercado. Por fim, pode o fabricante decidir nunca fornecer marcas próprias e com elas concorrer diretamente (FITZEL, Phillip B. *Private labels marketing in the 1990s*. New York: Global Books, LLC, 1992). Quanto ao fornecimento exclusivo para o varejista mediante o direcionamento de toda a sua produção para a marca própria do varejo, vê-se que essa estratégia pode ser utilizada por fabricantes que não conseguem atrair suficientemente os consumidores ou por fabricantes que acabam sendo excluídos do mercado. Isso pode acontecer, por exemplo, quando o varejista ameaça transferir suas vendas de determinado produto (exemplo: iogurte) da marca do fabricante para a sua marca própria. Essa ameaça mostra-se ainda mais real quando o varejista já detiver uma

Capítulo 4 Fontes do poder no varejo supermercadista

marca própria de qualidade, que pode desafiar e concorrer diretamente com marcas de fabricante de qualidade. Nesse contexto, o fabricante pode entender que atuar em conjunto com o varejista de modo exclusivo pode ser a maneira "menos pior" de permanecer no mercado e não ser excluído definitivamente (DOBSON, Paul. Exploiting buyer power: lessons from the British grocery trade. 72 *Antitrust Law Journal*, p. 529-562, 2005). Essa produção exclusiva, porém, reforça o nível de dependência econômica do fabricante em relação aos varejistas (*vide* item 4.6., *supra*). Nesse contexto, a *Competition Commission* do Reino Unido identificou ser comum que muitos fornecedores fabriquem produtos que atendem às especificações dos varejistas para serem vendidos sobre as marcas próprias do supermercado (Reino Unido. Office of Fair Trade. Competition Commission. *Supermarkets: A Report on the Supply of Groceries from Multiple Stores in the United Kingdom*. Cm 4842 (Oct. 2000). p. 66). A *Fiscalía Nacional Económica* do Chile, em seu estudo de 2007, complementa esse argumento, ao informar que os fornecedores que produzem para as marcas próprias são completamente dependentes dos supermercados, pois a única possibilidade de acesso a esse canal para as empresas – geralmente pequenas e médias, que não têm suficiente respaldo financeiro, tecnológico e de gestão (Chile. Fiscalía Nacional Económica. *Análisis Económico de la Industria de Supermercados em el marco de la Causa Rol* n. 101, p. 79, 2006). As empresas podem, então, tanto ter sido criadas com o objetivo de fabricarem e fornecerem os produtos de marca própria dos varejistas, quanto podem ter na fabricação de marcas próprias – exclusiva ou concomitante – uma forma de permanecer no mercado. Ademais, quanto ao fornecimento de modo concomitante à sua produção, esta pode ser uma estratégia de utilização da capacidade de produção em maiores economias de escala (pela utilização da capacidade ociosa), com efeitos redutores sobre os custos de matéria-prima, produção, distribuição e propaganda. Desse modo, as marcas próprias contribuem para uma elevação da participação de mercado e das receitas totais das empresas que as produzem, o que pode justificar sua fabricação e a adoção da estratégia de *overlap* de produto. Ademais, a produção de marcas próprias – concomitante à marca do fabricante – resultará em aumento do número de consumidores servidos pela empresa, o que a ajudará a competir mais eficazmente com marcas de menor participação no mercado (CHERNATONY, Leslie de. The impact of the changed balance of power from manufacturer to retailer in the UK packaged groceries Market. In: PELLEGRINI, Luca; REDDY, Srinivas K. *Retail and marketing channels*. London: Routledge, 1989. p. 258-273). Ademais, a produção concomitante pode ser uma estratégia da alternativa "menos pior", para permanecer no mercado com sua marca diante de práticas exclusionárias dos supermercados. Os fabricantes passam a fornecer produtos de marca própria, portanto, como oportunidade de se manter rentavelmente no mercado, mesmo correndo o risco de canibalizar as suas marcas. Esse parece ser o caso, por exemplo, da parceria existente entre o Café Damasco e as redes Condor, Angeloni e Sonae. O Café Damasco – marca do fabricante – fornece café para a produção das marcas próprias das bandeiras Mercadorama e Nacional, tendo manifestado publicamente sua visão de que, "*se não fosse o Damasco que fornecesse, outra torrefação ofereceria*" (LIMA, Rodrigo Cardoso de. *A estrutura concorrencial no setor supermercadista: o caso curitibano a partir da década de 90*. 13º Evento de Iniciação Científica da UFPR, 2005. p.

e consumidores[163] também podem possuir interesses nessa nova forma de produção, auxiliando – ainda que inconscientemente – a reforçar a importância

> 19). Ainda, produzir de modo concomitante pode ser uma estratégia de aproximação do relacionamento com o supermercado, para garantir melhores condições de acesso à loja e de concorrência dentro da loja para os seus produtos de marca independente. Esse melhor relacionamento poderia ser visualizado, por exemplo, por um maior espaço obtido para os produtos de marca do fabricante nas gôndolas dos supermercados. O risco de o fabricante ser excluído das gôndolas pelos supermercados se torna, portanto, menor, em relação à situação em que não produza para as marcas próprias. Esse parece ser o caso, por exemplo, de fabricantes bem colocados no mercado que decidiram que a produção para marcas próprias poderia ser conveniente, como Unilever, PepsiCo, Nestlé e Heinz (THAIN, Greg; BRADLEY, John. *Store Wars* – The Worldwide Battle for Mindspace and Shelfspace, Online and In-store. 2. ed. United Kingdom: Wiley, 2012. p. 159). No Brasil, as grandes indústrias que antes não produziam marcas próprias, tais como Santista Alimentos, Kimberly Klark, Melitta, Café do Ponto do Brasil S.A, Kolynos do Brasil Ltda., entre outras, já aderiram a essa tendência (TOILLIER, Ana Luísa. *Análise do mercado supermercadista de marcas próprias sob a perspectiva do fabricante*. Porto Alegre: UFRGS, 2003. Dissertação de mestrado apresentada na faculdade de Administração da UFRGS). Há que se atentar, porém, para o risco de que a marca própria termine por concorrer com o próprio produto de marca independente, sendo que a recomendação seria a de deixar uma qualidade tecnicamente superior para os produtos de marca do fabricante, em detrimento da produção para marcas próprias, mas isso nem sempre é tão perceptível. Finalmente, quanto à decisão de nunca fornecer marcas próprias, o fabricante opta por focar todos os seus esforços na produção da sua marca independente, e, para isso, deve investir para ter um produto diferenciado e também contar com o acesso ao canal de distribuição do supermercado para alcançar o máximo possível de consumidores finais, ainda que isso signifique enfrentar a concorrência com os produtos de marca própria dos supermercados. Essa decisão se mostra cada vez mais delicada, na medida em que os supermercados possuem o controle de diversas variáveis importantes para a competitividade do produto (como preço, apresentação e *marketing*) dentro da loja, e podem inclusive influenciar os consumidores finais a favor das marcas próprias, em detrimento das marcas independentes do fornecedor.

163 Algumas das razões apontadas ao comprar produtos de marca própria são: qualidade em vários produtos com uma diferença de preço adequada; variedade de produtos na categoria; confiança no varejo; atendimento a uma necessidade do consumidor, suprindo lacunas não atendidas por outros produtos. Na Europa, os principais fatores considerados pelos consumidores para a compra de produtos de marcas próprias são os seguintes, em ordem de importância: menor preço (45%), melhor valor do que a marca do fabricante equivalente (45%), similaridade com a marca do fabricante (26%), única opção de marca própria do supermercado (24%), marca própria melhor do que a do fabricante (12%), aparência (10%), conveniência (8%), recomendação (6%), ausência do produto de marca do fabricante (6%), opção saudável (4%), outros (3%). Nos Estados Unidos, os principais fatores considerados pelos consumidores para a compra de produtos de marcas próprias são os

Capítulo 4   Fontes do poder no varejo supermercadista

das marcas próprias e alterando a dinâmica concorrencial no mercado. Nesse sentido, a Comissão Europeia, em 2014, apontou que o aumento da participação das marcas próprias na maioria das categorias de produtos na Europa teria pelo menos três razões: do ponto de vista do varejista, seria a oportunidade de obter maiores margens de lucro com a venda de tais produtos; do ponto de vista do fabricante, seria uma maneira rentável de utilizar a sua capacidade ociosa de produção; e do ponto de vista do consumidor, seria a percepção de uma boa relação custo-benefício.[444]

Sob o ponto de vista dos varejistas, a racionalidade das marcas próprias é de fortalecimento da sua posição de mercado. Seu lançamento, portanto, possui motivações não apenas de ordem financeira, mas também comercial e estratégica. De acordo com OLIVEIRA,[445] algumas das vantagens competitivas para os supermercados detentores das marcas próprias são: fidelizar o

---

seguintes, também em ordem de importância: produto mais barato e com a mesma qualidade de um produto de marca do fabricante (53%), produto mais barato e com o mesmo ingrediente de um produto de marca do fabricante (13%), produto mais barato e quase igual ao produto de marca do fabricante (13%), produto mais barato (12%), compra esporádica (5%), qualidade do produto (2%), mais barato em maiores quantidades (2%) e outros (1%). (IGD Consumer Research (2008), *Apud* "Private Label 2102", Storewars International. Disponível em: <http://www.storewars.net/download/e8498bf932ff6d9bff654a59cde-0962537cdf696>. Acesso em: 3 fev. 2014).) No Brasil, o perfil dos compradores de marca própria encontra divergências. Segundo pesquisa do LatinPanel, o consumidor preponderante de marcas próprias é a dona de casa de 30 a 40 anos, com lares acima de quatro moradores e que procuram produtos com preços menores (LatinPanel. *Apud* OLIVEIRA, Roberto Nascimento A. *Gestão estratégica de marcas próprias*. 2. ed. Rio de Janeiro: Brasport, 2008. p. 216-217.). Já para a Associação Brasileira de Supermercados (ABRAS), o perfil de quem consome marcas próprias reflete o perfil do consumidor de São Paulo, região que detém 70% de participação nas vendas de marcas próprias. O comprador tem, em média, mais de 51 anos e é considerado maduro bem-sucedido, ou seja, um perfil que se mantém informado social, internacional e culturalmente, e que gosta de investir em alimentos light ou com baixo teor de gordura (ABRAS. *Revista Super Hiper*, ano 38, n. 438, p. 70-75, dez. 2012). Com relação à classe social, OLIVEIRA aponta que 33% dos consumidores são da classe AB, 39% da classe C e 28% da classe DE (OLIVEIRA, Roberto Nascimento A. *Gestão estratégica de marcas próprias*. 2. ed. Rio de Janeiro: Brasport, 2008. p. 216-217).

444 Europa. European Commission. *The economic impact of modern retail on choice and innovation in the EU food sector*. Final report. EY, Cambridge Econometrics Ltd. e Arcadia International. Luxembourg: Publications Office of the European Union, 2014. p. 1-447.

445 OLIVEIRA, Roberto Nascimento A. *Gestão estratégica de marcas próprias*. 2. ed. Rio de Janeiro: Brasport, 2008. p. IX-X.

consumidor à loja com uma linha de produtos próprios; diferenciar-se da concorrência para ganhar mercado e ser mais competitivo; melhorar a imagem de preços de toda a loja, tendo em vista os preços mais baixos da marca própria; aumentar a rentabilidade; ganhar maior independência nas negociações com os fornecedores e diminuir a dependência dos produtos de marca dos fabricantes; promover ao supermercado os conceitos de individualidade, exclusividade, inovação e diferenciação. Por sua vez, BORGHESANI, CRUZ e BERRY[446] afirmam que as vantagens das marcas próprias em comparação com as marcas independentes seriam as seguintes: garantia de distribuição; vantagens da alocação nas gôndolas, não pagamento de taxas e condições de acesso; tomada de decisão interna sobre embalagem, propaganda etc. HAUCAP et al. asseveram que três seriam os principais efeitos das marcas próprias: o aumento do poder de barganha com os fornecedores; a alteração de posicionamento do supermercado, que também passa a ser concorrente do seu fornecedor; e a inserção de incentivos a fechamento de mercado para novas marcas independentes na medida em que a marca própria passa a ser aceita pelos consumidores, o que pode reduzir inovações e o bem-estar dos consumidores.[447]

Dentre os diversos argumentos para a criação de marcas próprias pelos supermercados, serão detalhados aqueles considerados mais relevantes para uma análise concorrencial, tal qual a que se almeja no presente livro.

Com as marcas próprias o supermercado *aumenta seu poder de mercado pela ótica da compra e melhora seu nível de independência e indiferença*[448] *em relação aos fornecedores de produtos de marca independente*. As marcas próprias representam um trunfo dos varejistas nas negociações com os fornecedo-

---

[446] BORGHESANI JR., William H; CRUZ, Peter L. de La. BERRY, David. Food for thought: the emergence of power buyers and its challenge to competition analysis. *Stan. JL Bus. & Fin.*, v. 4, p. 39-82, 1998.

[447] HAUCAP, Justus et al. *Inter-Format Competition among Retailers-The Role of Private Label Products in Market Delineation.* Düsseldorf Institute for Competition Economics (DICE), 2013. p. 3.

[448] FORGIONI, Paula A. *Direito concorrencial e restrições verticais.* São Paulo: RT, 2007. p. 97. De acordo com FORGIONI, "[p]or *independência*, tomamos a possibilidade de o agente econômico adotar a estratégia que bem entender, porque não está condicionado pelas leis de mercado. Por *indiferença*, a impossibilidade de sofrer penalização do mercado, caso adote um proceder inadequado. *Sujeição* ocorre nas hipóteses em que a empresa está a dispor da posição dominante de outrem".

res.[449] Tanto é assim que, em 2007, a *Fiscalía Nacional Económica* do Chile[450] constatou que os fornecedores vêm diminuindo sua participação de mercado com a entrada da marca própria, o que, em termos relativos, melhora a posição do supermercado em relação a cada um dos fornecedores.

É nesse sentido que RICHARDSON argumenta que um programa de marcas próprias gera ao supermercado maior poder em relação à indústria, dadas as elevadas participações que a marca própria passou a ocupar nas gôndolas.[451] As marcas próprias, então, além de reforçarem a característica de gargalo à concorrência exercida pelos supermercados em face dos fornecedores (pois os espaços em suas gôndolas se tornam ainda mais escassos e disputados), garantem o abastecimento das lojas em caso de interrupção de fornecimento por parte dos fabricantes de marcas independentes. Essa independência dos varejistas reforça a situação de dependência econômica dos fornecedores, conforme verificado com detalhes no item 4.6, *supra*.

O supermercado também busca, com as marcas próprias, *o aumento da rentabilidade*. O produto de marca própria pode ser adquirido pelo varejista a um custo menor do que uma marca de fabricante, resultante dos menores (ou inexistentes) custos de propaganda e do grande poder de barganha dos varejistas. Os varejistas conseguem vender produtos de marca própria a preços atrativos, com margens maiores do que aquelas obtidas com a venda de produtos de marca independente, o que contribui para um aumento da receita dos varejistas. Como consequência, os varejistas podem chegar a preferir vender mais fortemente as marcas próprias, porque estas lhes asseguram maior retorno financeiro. Esse raciocínio é consistente com estudos que indicam que, em determinados países, as marcas próprias representam, por vezes, até 50% das vendas dos varejistas.[452] Visando ao aumento da rentabilidade, os supermercados podem adotar práticas comerciais relacionadas a preços de suas marcas próprias que podem ser questionadas concorrencialmente, como

---

449 Cavalcante, Léia Baeta. Poder de compra do varejo supermercadista: uma abordagem antitruste. *SEAE/MF Documento de Trabalho*, n. 30, p. 4, Brasília, 2004.

450 Chile. Fiscalía Nacional Económica. *Análisis Económico de la Industria de Supermercados em el marco de la Causa Rol n. 101/2006*. p. 79. Disponível em: <http://www.fne.gob.cl/wp-content/uploads/2013/02/Analisis-economico.pdf>. Acesso em: 8 nov. 2015.

451 RICHARDSON, Paul S.; DICK, Alan S.; JAIN, Arun K. Extrinsic and intrinsic cue effects on perceptions of store brand quality. *Journal of Marketing*, v. 58, n. 4, p. 28-36, oct. 1994.

452 THAIN, Greg; BRADLEY, John. *Store Wars* – The Worldwide Battle for Mindspace and Shelfspace, Online and In-store. 2. ed. United Kingdom: Wiley, 2012. p. ix.

o *artificial price gap*,[453] bem como outros comportamentos estratégicos que podem resultar em aumento de preços aos consumidores finais, *vide* Capítulos 5 e 6, a seguir.

O supermercado busca com as marcas próprias *o aumento da lealdade e da fidelidade do consumidor*, conforme já aludido *supra* a respeito do "*lock-in*" dos consumidores aos supermercados. Com o sucesso da marca própria, não apenas o nome do supermercado é promovido, mas também a percepção, pelo consumidor, de que mais opções e variedade de produtos são oferecidas por aquela rede varejista. Especialmente pelo fato de que a marca própria só é vendida por aquele varejista, ela pode incorporar ao supermercado o conceito de individualidade, exclusividade e inovação. Com isso, a marca própria pode atrair os consumidores satisfeitos com a marca e desincentivar a ida do consumidor a supermercados concorrentes, aumentando a fidelização e lealdade dos consumidores.

Assim, as marcas próprias permitem *a criação de diferenciação perante as demais redes varejistas concorrentes*. O consumidor reconhece, então, que a rede varejista detentora de marcas próprias possui uma vantagem adicional que a difere das demais: oferece um produto alternativo, não encontrado nas demais redes concorrentes. Há, portanto, o efeito de fixação da bandeira do supermercado junto ao consumidor com o sucesso de uma linha de produtos sob marca própria,[454] pois as marcas próprias não são encontradas em redes concorrentes. Esse diferencial concorrencial permite que o supermercado atraia não apenas os consumidores que buscam os produtos diferenciados, mas também aqueles mais sensíveis a preço, uma vez que *marca própria melhora a imagem de preços de toda a loja*.

Os supermercados podem buscar com as marcas próprias, adicionalmente, o *alavancamento da posição dominante* de um mercado para outro:[455] uma vez dominante no mercado varejista, este *player* pode então objetivar obter posição dominante também no mercado de fabricação, mediante o lan-

---

453 Sobre as práticas relacionadas a preço, BERASATEGI aponta as seguintes: "*artificial price gaps*", "*loss leading*", "*pocketing of promotional wholesale prices*" e "*prohibition of on-package promotions*". BERASATEGI, Javier. *Supermarket power: serving consumers or harming competition*, 2014. p. 172-212. Disponível em: <http://www.supermarketpower.eu/documents/38179/39950/Supermarket+Power.pdf/9c0ed73f-37db-4d23-bd2d-1f583bf501e9>. Acesso em: 24 maio 2015.

454 MATHEUS, Ryan. A competitive edge. *Progressive Grocer*, p. 10-14, nov. 1995. Iss: Branding the store.

455 FORGIONI, Paula A. *Direito concorrencial e restrições verticais*. São Paulo: RT, 2007. p. 83.

çamento de marcas próprias. Nesse sentido, tendo em vista que a integração vertical é definida pela mudança na estrutura de informações,[456] a aglutinação de informações pelo supermercado em cada etapa da cadeia produtiva passa a ter valor no processo de barganha.[457]

Diversos desses fatores foram analisados pela decisão *Kesko/Tuko*[458] da Comissão Europeia, em 1996.[459] Na análise desse ato de concentração, foi sinalizado que as marcas próprias representavam um diferencial de competição no mercado, pois constituem uma marca que não é encontrada em redes concorrentes. Além disso, apontou-se que as marcas próprias representam muitas vezes uma alternativa mais barata de produto, sem necessariamente implicarem em uma menor margem de lucro para o supermercadista. Ademais, as marcas próprias poderiam ainda ser utilizadas como instrumento de negociação em face dos fornecedores. Diante desses e de outros fatores, a Comissão Europeia reprovou a tentativa de aquisição da Tuko pela Kesko, por entender que não haveria concorrentes potenciais e porque a concentração proposta elevaria as barreiras à entrada de tal forma que tornaria extremamente improvável qualquer entrada no mercado relevante analisado. Ademais, a Comissão entendeu que a possível união entre os dois dos maiores varejistas da Finlândia resultaria na união das marcas próprias da Kesko e da Tuko, o que poderia conferir-lhes vantagens em termos de lealdade dos clientes, assim como permitir às redes elevar seus preços sem precisar levar em conta a possível reação de seus competidores.

Atualmente, as marcas próprias são encontradas em 95% das categorias de mercearia, e vêm penetrando mesmo naquelas até então consideradas impenetráveis.[460] A Europa possui o maior destaque no consumo de marcas pró-

---

[456] RIORDAN, Michael. What is vertical integration? *The firm as a nexus of treaties*, 1990. p. 94-111.

[457] AZEVEDO, Paulo. Informação e barganha: implicações estratégicas em arranjos verticais. Seminário Brasileiro da Nova Economia Institucional, 2. Anais... Campinas: Instituto de Economia Unicampa, 2001.

[458] EUROPA. European Commission. *Commission Decision of 20 November 1996 declaring a concentration to be incompatible with the common market* (Case No IV/M.784 – Kesko/Tuko). Disponível em: <http://europa.eu.int/smartapi/cgi/sga_doc?smartapi!celexplus!prod!CELEXnumdo c&lg=en>.

[459] Idem, ibidem.

[460] THAIN, Greg; BRADLEY, John. *Store Wars* – The Worldwide Battle for Mindspace and Shelfspace, Online and In-store. 2. ed. United Kingdom: Wiley, 2012. p. 139.

prias: 39% em volume e 32,8% em valor de participação de mercado.[461] Esse sucesso no continente está relacionado à estrutura de varejo mais concentrada, ao caráter inovador apresentado pelas marcas próprias e ao tipo de consumo que não se atém tanto a marcas.[462] De acordo com a NIELSEN (2012), a Suíça é o país em que as marcas próprias possuem maior participação de mercado em valor (47%), seguida pelo Reino Unido (42%), Espanha (39%), Alemanha (32%), França (28%), Holanda (26%), Polônia (19%) e Itália (17%).[463] Nos EUA, mais de 40% da população consideram as marcas próprias uma boa alternativa, sendo que este tipo de consumo no país representa de 18[464] a 22%[465] do mercado, e, em algumas categorias, a participação ultrapassa os 50%. No Canadá, por sua vez, a participação de mercado das marcas próprias chega a 24%. Em países emergentes, como Rússia e China, as marcas próprias têm participação de mercado relativamente baixa, mas com potencial de crescimento: na Rússia, de 4 a 6%; na China, de 3 a 5%, e na Índia, aproximadamente 14%[466-467] do mercado.

Na América Latina, a Colômbia é o país com maior participação de marcas próprias (15%), seguida pelo Chile (11%), Argentina (8%), México

---

[461] ABMAPRO. *Dados de mercado*. Disponível em: <http://www.abmapro.org.br/page/marca-propria_dadosdemercado.asp>. Acesso em: 3 fev. 2014.

[462] ABRAS. *Revista Super Hiper*, ano 38, n. 438, p. 70-75, dez. 2012.

[463] NIELSEN e PLMA, *Apud* Private label 2012, *Storewars International*. Disponível em: <http://www.storewars.net/download/e8498bf932ff6d9bff654a59cde0962537cdf696>. Acesso em: 3 fev. 2014. Estes números possuem alguma divergência, a depender da fonte. De acordo com o Planet Retail, em 2013, a participação de mercado seria do seguinte modo: Suíça (47%), Reino Unido (43%), Alemanha (37%), Espanha (32%), França (29%) e Holanda (27%). *Apud* THAIN, Greg; BRADLEY, John. *Store Wars* – The Worldwide Battle for Mindspace and Shelfspace, Online and In-store. 2. ed. United Kingdom: Wiley, 2012. p. 141.

[464] NIELSEN e PLMA, *Apud* Private label 2012, *Storewars International*. Disponível em: <http://www.storewars.net/download/e8498bf932ff6d9bff654a59cde0962537cdf696>. Acesso em: 3 fev. 2014.

[465] Planet Retail 2013. *Apud* THAIN, Greg; BRADLEY, John. *Store Wars* – The Worldwide Battle for Mindspace and Shelfspace, Online and In-store. 2. ed. United Kingdom: Wiley, 2012. p. 141.

[466] Idem, ibidem.

[467] NIELSEN e PLMA, *Apud* Private label 2012, *Storewars International*. Disponível em: <http://www.storewars.net/download/e8498bf932ff6d9bff654a59cde0962537cdf696>. Acesso em: 3 fev. 2014.

(6%) e Brasil (7%).[468] Nesse contexto, a expectativa mundial é que o crescimento das marcas próprias alcance 50% das vendas globais no varejo alimentar em 2025, segundo previsão do ROBOBANK.[469] Ainda, no *ranking* mundial sobre participação de mercado de marcas próprias, o Brasil aparece no 34º lugar, à frente de países como Taiwan, Malásia, Venezuela, Tailândia, China, Indonésia e Filipinas,[470] pelas razões que se passa a analisar a seguir.

4.8.2 Marcas próprias no Brasil

O mercado de marcas próprias no Brasil é relativamente jovem e tem um caminho fértil para percorrer. Segundo a Associação Brasileira de Marcas Próprias (ABMAPRO), o país passou por quatro gerações de marcas próprias ao longo da sua história.[471] Inicialmente o varejo brasileiro teve a *geração das marcas próprias "genéricas"*, em que não havia uma embalagem, uma criação ou uma marca. Os produtos eram acondicionados em embalagens nas quais estava escrito apenas o nome do produto, e o principal diferencial era o preço. Nessa primeira geração das marcas próprias, os produtos não possuíam marca e eram comercializados pelo nome da categoria, sem qualquer diferenciação e preocupação com a qualidade ou com o valor agregado. Os primeiros produtos desenvolvidos sob marca própria teriam surgido então na década de 1960, com os supermercados Sendas e Paes Mendonça.[472]

Mais tarde, na década de 1970, chegaram as primeiras redes internacionais de autosserviço, como o Makro e o Carrefour, trazendo consigo seus programas de marcas próprias. Em 1979 a rede varejista brasileira BomPreço lançou a marca de produtos "De Casa", que, em 1996, foi substituída pela marca

---

468 NIELSEN e PLMA, *Apud* Private label 2012, *Storewars International*. Disponível em: <http://www.storewars.net/download/e8498bf932ff6d9bff654a59cde0962537cdf696>. Acesso em: 3 fev. 2014. Estes números possuem alguma divergência, a depender da fonte. De acordo com o Planet Retail, em 2013, a participação de mercado do Brasil seria de 8%. *Apud* THAIN, Greg; BRADLEY, John. *Store Wars* – The Worldwide Battle for Mindspace and Shelfspace, Online and In-store. 2. ed. United Kingdom: Wiley, 2012. p. 141.

469 RABOBANK. *Private labels v. Brands*. Rabobank International Food & Agrobusiness Research and Advisory, 2011. p. 11.

470 ABRAS. *Revista Super Hiper*, ano 38, n. 438, p. 70-75, dez. 2012.

471 ABMAPRO. *Manual ABMAPRO* – Marcas próprias. 2012. p. 7-8.

472 OLIVEIRA, Roberto Nascimento A. *Gestão estratégica de marcas próprias*. 2. ed. Rio de Janeiro: Brasport, 2008. p. 12-19.

com o mesmo nome da rede. O produto de marca própria deixava de ser meramente genérico.[473] Essa alteração de postura permitiu que, na década de 1980, iniciasse a segunda geração das marcas próprias – *geração das marcas próprias de "preço baixo"*.[474] Essa fase começou quando os varejistas e atacadistas começaram a estampar suas marcas nos produtos, criando uma linha capaz de competir com as tradicionais. Ocorre que, apesar de os produtos começarem a ter identidade, não havia ainda preocupação com a qualidade, tampouco uma verdadeira construção de marca. Esse era um reflexo do baixo nível de exigência do consumidor brasileiro à época, que não se preocupava com a qualidade do produto, mas sim com o seu preço (dada a hiperinflação). Assim, houve um hiato negativo na evolução das marcas próprias.[475] Apesar de ter ocorrido um aumento exponencial na criação de marcas próprias nesse período, estas foram mal aproveitadas, sem critérios e planejamentos desenvolvidos.

No final da década de 1980, conforme pontua a ABMAPRO, iniciou-se o desenvolvimento de produtos de marca própria com mais cuidado com o monitoramento da qualidade.[476] Fatores econômicos e sociais[477] da década de 1990 permitiram que os clientes começassem a se preocupar, além do preço, com qualidade, embalagem e *design*, e desenvolveram a percepção do valor de uma marca. Começou-se a vivenciar a terceira geração das marcas próprias no Brasil – *geração das marcas próprias "me too"/imitação* –, com o desenvolvimento de uma nova forma de diferenciação e competição do varejo.[478]

---

[473] OLIVEIRA, Roberto Nascimento A. *Gestão estratégica de marcas próprias*. 2. ed. Rio de Janeiro: Brasport, 2008. p. 12-19.

[474] ABMAPRO. *Manual ABMAPRO* – Marcas próprias. 2012. p. 7-8.

[475] OLIVEIRA, Roberto Nascimento A. *Gestão estratégica de marcas próprias*. 2. ed. Rio de Janeiro: Brasport, 2008. p. 12-19.

[476] Entre as marcas próprias que começaram a se preocupar com a qualidade são apontadas as seguintes: Carrefour (Carrefour), Eldoro (Eldorado), Qualitá (Pão de Açúcar) e Aro (Makro).

[477] Dentre estes fatores, aponta-se para a estabilização da economia e a promulgação do Código de Defesa do Consumidor. OLIVEIRA, Roberto Nascimento A. *Gestão estratégica de marcas próprias*. 2. ed. Rio de Janeiro: Brasport, 2008. p. 12-19.

[478] Em 1997 o Wal-Mart iniciou seu programa de marcas próprias com um novo posicionamento para o mercado brasileiro, caracterizado pela venda de produtos com qualidade igual ou superior às marcas líderes no mercado. Em 1999, quando a estratégia de lançamento de marcas próprias ainda era incipiente, o Carrefour e a rede Casa Sendas já possuíam em suas gôndolas, respectivamente, cerca de 420 e 362 produtos de marca própria. GORINI, Ana Paula Fontenelle; BRANCO, Carlos Eduardo Castello. Panorama do setor editorial brasileiro. *BNDES Setorial*, n. 11, p. 116-117, mar. 2000.

Capítulo 4 **Fontes do poder no varejo supermercadista**

Finalmente, houve uma grande reestruturação da estratégia de marcas próprias no Brasil por parte das redes de varejo, refletida em 2004 e 2005 com a maior consolidação do setor e a maior aceitação das marcas próprias pelos consumidores. A partir daí surgiu a quarta geração de marcas próprias no Brasil – *geração das marcas próprias "valor"* –, cujo foco é agregar novos conceitos ao produto ou serviço, que estejam claros à vista do consumidor (inovação, bem-estar, sustentabilidade etc.), sem que o preço seja necessariamente o principal atrativo.

Observa-se que, ao longo dos anos, o varejo supermercadista no Brasil percebeu que, quando bem trabalhadas, as marcas próprias deixam de ser mera opção de produto mais barato para se transformar em ferramenta de *marketing* que ajuda a manter a lealdade e a fidelidade dos clientes.[479] Consistem em importantes ferramentas para reforçar o poder dos supermercados enquanto plataforma de dois lados, prestadora de serviços para os consumidores finais e para os fornecedores.

Essa alta influência das marcas próprias, verificada em diversos países ao redor do mundo, mostra-se também uma tendência no Brasil. De acordo com o documento de trabalho publicado no Fórum da OCDE em 2015,[480] as marcas próprias no Brasil têm uma penetração de 5%,[481] sendo que há estudos

---

[479] ABRAS. *Revista Super Hiper*, ano 40, n. 3, "Consumidor", p. 8, 2014. "Estudo realizado pela LatinPanel (atual Kantar WorldPanel), sobre as mudanças nos hábitos de compra do brasileiro entre os anos 1992/2001, mostrou que, em 2002, a compra mensal já respondia por menos de 50% do total. O pequeno mercado próximo à residência do cliente passava a ser uma opção mais atraente e prática para as compras que se tornaram mais frequentes e em volumes menores. O mesmo estudo revelou que com a variedade da oferta, os clientes aprenderam a experimentar e trocar de marcas. Por esse motivo, 75% das marcas líderes perderam a exclusividade. Houve também a adesão dos consumidores à tendência do 'mix' de marcas para um mesmo tipo de produto. Por exemplo, sabão em pó 'de primeira' para lavar roupas e outro com valor inferior para realizar outras tarefas, ampliando o apelo das marcas próprias. No entanto, o autosserviço se deu conta que, quando bem trabalhadas, as marcas próprias deixavam de ser mera opção de produto mais barato para se transformar em ferramenta de marketing que ajuda a manter a fidelidade dos clientes. Vêm daí os investimentos no aperfeiçoamento da qualidade, modernização das embalagens e extensão do mix desses produtos".

[480] DELGADO, Juan. Market Structure, Growth and Competition in the Supermarket Sector in Latin America. OECD Latin American Competition Forum. *Growth and Competition in the Supermarket Sector in Latin America* (September 3, 2015), 2015. p. 11.

[481] No mesmo sentido, a ABRAS indica que o percentual de participação de mercado das marcas próprias foi de 5% em 2010, 4,9% em 2011 e 4,7% em 2012, segundo o 18º Estudo Anual de Marcas Próprias da NIELSEN (2012). ABRAS. *Revista Super Hiper*, ano 38, n. 438, p. 70-75, dez. 2012.

que indicam que esse *market share* chega a 7%.[482] O Presidente da ABMAPRO sugeriu que em 2018 as marcas próprias no Brasil possuirão cerca de 10%[483] de participação de mercado.

No Brasil, dentre as vinte primeiras colocadas no Ranking ABRAS 2011[484], 60% das redes supermercadistas possuem com marcas próprias.[485] Por sua vez, a maior concentração de vendas desses produtos está entre os três primeiros varejistas:[486] Grupo Pão de Açúcar (CDB),[487] Carrefour e Walmart, o

---

482 NIELSEN e PLMA, *Apud* Private label 2012, *Storewars International*. Disponível em: <http://www.storewars.net/download/e8498bf932ff6d9bff654a59cde0962537cdf696>. Acesso em: 3 fev. 2014.

483 TINDEO Tendências Consumo. A presença da marca própria nos encartes. *Apud* ABMAPRO. Disponível em: <http://www.abmapro.org.br/page/noticias_clipping_detalhes.asp?id=2399>. Acesso em: 3 fev. 2014. Em pesquisa realizada em outubro de 2013 pelo Tindeo Tendências de Consumo, relativo à presença da marca própria dos encartes de supermercados, constatou-se que 10% dos produtos em ofertas nos encartes publicitários eram de marca própria. Em termos de tipos de produto, os cinco de marca própria com mais ofertas foram: papel higiênico, chocolate, shampoo, creme dental e detergente. Por sua vez, as marcas próprias mais presentes nos encartes foram: Dia (grupo Carrefour), Aro (Macro), Bompreço (Walmart), Roldão (Atacadista Roldão) e Equate (Walmart). Ademais, observa-se o seu crescimento progressivo no faturamento de itens de marca própria no Brasil: em 2012 foi de R$ 2,9 bilhões, sendo que há dois anos estava na casa dos R$ 2,7 bilhões.

484 ABRAS. *Ranking Abras 2011*. Disponível em: <http://abras.com.br/edicoes-anteriores/Main.php?MagID=7&MagNo=71>. Acesso em: 19 mar. 2013.

485 ABRAS. *Marcas Próprias*. Disponível em: <http://abras.com.br/edicoes-anteriores/Main.php?MagID =7&MagNo=71>. Acesso em: 22 fev. 2013.

486 Segundo o Walmart – com base nas vendas das suas lojas por todo o Brasil –, os gaúchos são os maiores consumidores de marca própria do país. ABMAPRO. *Gaúchos são os maiores consumidores de marca própria*. Disponível em: <http://www.abmapro.org.br/page/noticias_clipping_detalhes.asp?id=2398>. Acesso em: 3 fev. 2014. O Diretor de Marcas Próprias da empresa ressalta que o Rio Grande do Sul tem uma peculiaridade que pode contribuir para esse percentual mais elevado de consumo de produtos de marca própria: as empresas que fornecem para o Walmart o produto de marca própria é do estado. Alguns dos fabricantes de produtos para as marcas próprias do Walmart no Rio Grande do Sul são: para batata congelada, a Crispa de Ivoti; para carne, o frigorífico Silva de Santa Maria; para massas frescas, a Romena de Porto Alegre; para pastilha lava-louça, a Jimo de Cachoeirinha; para produtos em conservas, a Oderich de São Sebastião do Caí; para biscoitos, a Irmãos Adams de Portão; para biscoitinho, a Peti Sablé de Porto Alegre; para aveia, a Nati Cereais de Lagoa Vermelha; e para suco de uva, a Aurora, de Bento Gonçalves. ABMAPRO. *Gaúchos são os maiores consumidores de marca própria*. Disponível em: <http://www.abmapro.org.br/page/noticias_clipping_detalhes.asp?id=2398>. Acesso em: 3 fev. 2014.

487 No Grupo Pão de Açúcar o portfólio de marcas próprias (formado pelas marcas Qualitá, Taeq, Casino, Club de Sommeliers, Cyber e Home Leader) responde por 7% do faturamen-

que reforça a noção de que esta é uma importante fonte de poder de mercado no varejo supermercadista brasileiro.

Em síntese, levando em consideração o potencial impacto concorrencial das marcas próprias no Brasil – que atualmente representam de 5 a 7% do mercado, mas que podem alcançar patamares mais elevados, acima de 40%, como em outros países com longo histórico de marcas próprias –, vislumbra-se que a estratégia das marcas próprias pode ser – e tende a ser – um terreno fértil para o fortalecimento do poder de mercado dos varejistas no Brasil. Nesse contexto, entende-se não ser mais possível a adoção de uma análise antitruste tradicional, razão pela qual a proposta moderna análise antitruste do varejo supermercadista deste livro endereça em seu bojo as preocupações concorrenciais com as marcas próprias.

4.8.3 Da visão antitruste tradicional a uma proposta de moderna análise antitruste das marcas próprias no varejo supermercadista

Pela análise tradicional do varejo supermercadista, o desenvolvimento de marcas próprias é apontado como pró-concorrencial. Levando em conta a presunção de que os produtos de marca própria são usualmente comercializados a preços mais convenientes, tal fato representaria um aumento no número de opções aos consumidores, com qualidade[488] semelhante e preços mais baixos. Esse preço mais acessível, por sua vez, forçaria, então, o rebaixamento de seus preços dos demais produtos de marca independente.[489]

É nesse sentido tradicional que ainda aponta a experiência antitruste brasileira. Em diversos atos de concentração[490] julgados pelo CADE – especifica-

---

to do grupo na divisão de varejo alimentar. Entre as marcas próprias do Walmart no Brasil estão Bom Preço (alimento), Sentir Bem (alimento), Equate (higiene e limpeza pessoal), Durabrand (eletro) e George (têxtil). Todos os produtos Marca Própria podem ser encontrados nas lojas Hiper Bompreço, Sam's Club, Todo Dia e Maxxi Atacado. ABMAPRO. *Produtos marca própria Bompreço*. Disponível em: <http://www.abmapro.org.br/page/noticias_clipping_detalhes.asp?id=2390>. Acesso em: 3 fev. 2014.

488 Asseveram os autores que a diferença de preços não seria resultado de uma produção de pior qualidade, pois os produtos encaminhados para comercialização sob marca própria possuiriam qualidade similar àqueles vendidos sob as marcas do fabricante. SCHUTTE, Thomas F.; COOK, Vitor J. Branding policies and practices. In: HAAS, Raymond E. (ed.). *Science, technology and marketing*. [S.l.]: AMA, 1966. p. 197-213.

489 FORGIONI, Paula A. *Direito concorrencial e restrições verticais*. São Paulo: RT, 2007. p. 300.

490 CADE. Ato de Concentração 08012.013792/2007-30, de interesse das empresas Huntail Participações Ltda. e Modelo Investimento Brasil S.A. Ato de Concentração

mente no varejo supermercadista[491] – há entendimento de que as marcas próprias dos supermercados tornam improvável o exercício do poder de mercado pelos fabricantes – ou seja, são analisadas sob um viés pró-varejista. Em que pese isso, alguns casos analisam a possibilidade de as marcas próprias representarem em si uma ferramenta de exercício de poder de mercado pelos supermercados.

O posicionamento tradicional do CADE é de que, nos casos em que a competição entre marcas próprias e marcas independentes for efetiva, o resultado final para o consumidor poderá ser a redução de preços ou a melhoria da qualidade dos produtos vendidos. Afirma-se que as marcas próprias podem representar uma eficiência específica da operação de concentração econômica entre supermercados, por resultar na criação de um poder de mercado compensatório, se atender a algumas condições. Primeiro, quee a rede adquirida

---

08012.002213/2000-57, de interesse das empresas Unilever, Arisco, Refinações de Milho Brasil, Titan Acquisition e Bestfoods Corp.

[491] Dentre os atos de concentração no varejo supermercadista em que se encontrou a discussão a respeito das marcas próprias, indica-se pelo menos os seguintes: Ato de Concentração 08012.006976/2001-58, de interesse das empresas BR Participações, GBarbosa e Serigy; Ato de Concentração 08012.004897/2002-93, de interesse das empresas CDB e Sé Supermercados; Ato de Concentração 08012.004997/03-09, de interesse das empresas Carrefour e Sendas; Ato de Concentração 08012.000043/2006-61, de interesse das empresas CDB e Assaí; Ato de Concentração 08012.009959/2003-34, de interesse das empresas Companhia Brasileira de Distribuição e Sendas, julgado em 2007. A argumentação padrão foi no seguinte sentido: "A marca própria caracteriza os itens com o nome da própria rede varejista. Usualmente, tais itens conseguem ser ofertados por um preço inferior ao das marcas tradicionais. Isso ocorre pelo fato de que não há, por parte do fabricante, gastos em desenvolvimento de novos produtos, gastos em publicidade, além de serem utilizadas embalagens com menor apelo visual e menor custo. Mesmo sendo ofertados a um preço mais baixo, os produtos de marca própria podem ser considerados de qualidade semelhante aos das marcas tradicionais, dado que as grandes indústrias cada vez mais têm trabalhado com esse tipo de produto, utilizando-se de sua capacidade ociosa. Quando não ofertados pelas grandes indústrias, é usual que as marcas próprias sejam ofertadas por pequenos e médios fabricantes, cujos produtos passam pelo controle de qualidade das redes varejistas. A preocupação das redes varejistas com esse tipo de produto justifica-se pela seguinte razão: oferecê-los constitui um enorme diferencial em relação à concorrência, além de ser uma excelente oportunidade de fidelizar os consumidores à bandeira da rede. Além de uma maneira de se diferenciar de seus competidores, a utilização de Marcas Próprias pelos supermercados pode representar uma nova fonte de competição à indústria, seja na faixa de produtos de menores preços, seja por intermédio da competição entre marcas. Note-se que, nos casos em que esta competição for efetiva, o resultado final para o consumidor poderá ser a redução de preços ou a melhoria da qualidade dos produtos vendidos".

Capítulo 4 **Fontes do poder no varejo supermercadista**

não possua produtos de marca própria ou, possuindo-os, que seja em um percentual pouco expressivo em relação aos demais itens comercializados. E, segundo, que, caso não ocorra a fusão, não seja possível/provável que a rede adquirida introduza produtos de marcas próprias ou intensifique seu uso em um período não superior a 2 (dois) anos. Em alguns casos, o CADE exigiu a manutenção dos produtos de marca própria como uma das condições para se aprovar a operação de concentração econômica.[492] Um breve início de evolução nesse entendimento pode ser referido quando do julgamento do ato de concentração Sadia/Perdigão,[493] quando se discutiu a questão do poder de portfólio das empresas e a possibilidade de isso representar uma barreira à entrada e obstáculos à rivalidade efetiva dos concorrentes.

Ocorre que esse posicionamento tradicional não se coaduna com a moderna análise do varejo supermercadista. Sob a nova visão, os supermercados são plataformas de dois lados e as marcas próprias são mais um instrumento de poder dos varejistas – dentre diversos outros – que reforçam sua característica de gargalo à concorrência em face dos consumidores finais e dos fornecedores. *Por meio das marcas próprias, os varejistas deixam de ser meros compradores e passam a atuar em uma nova faceta: supermercado concorrente dos seus fornecedores de marca independente, por ser detentor de marcas próprias.*

Nesse contexto, autoridades antitruste estrangeiras têm indicado em casos concretos e em estudos setoriais a preocupação com o crescimento das marcas próprias no varejo supermercadista. Na fusão da Procter & Gamble e Gillette, julgada em 2005 pela Comissão Europeia,[494] por exemplo, reconheceu-se que os varejistas detentores de marca própria estão em posição de não neutralidade em relação aos fornecedores detentores de produtos de marca

---

[492] CADE. Ato de Concentração 08012.009959/2003-34, de interesse das empresas CDB e Sendas. No Acordo de Preservação da Reversibilidade da Operação (APRO), uma das condições acordadas foi a manutenção da oferta do número de itens com a marca própria "Sendas", admitindo-se uma variação a menor de até 10%. Disponível em: <http://www.gpari.com.br/arquivos/GPA_CM_20040305_port.pdf>. Acesso em: 22 fev. 2016.

[493] Voto do Conselheiro Carlos Emmanuel Joppert Ragazzo. Ato de Concentração 08012.004423/2009-18, de interesse das empresas Sadia e Perdigão. Capítulo 10.7 ("Poder de portfólio"). Essa discussão foi realizada levando em consideração o poder de portfólio das empresas fabricantes, mas pode ser futuramente aplicada *mutatis mutandis* ao poder de portfólio das redes varejistas.

[494] Europa. European Commission. *Case Procter & Gamble and Gillette*. Case M3732, 15.07.2005, p. 134-151.

independente. Naquele caso, pontuou-se que os varejistas teriam a vantagem de conseguir fixar os preços tanto dos produtos de marca própria quanto dos produtos de marca independente, capacidade esta não detida pelos fabricantes dos produtos de marca independente. Considerou-se que os varejistas tinham, sim, a capacidade de reagir em face de marcas líderes, ao passo que esses fornecedores estariam em situação de assimetria de informações quanto aos preços das marcas próprias.

A *Australian Competition and Consumer Commission*, em 2008,[495] também apontou que o crescimento das marcas próprias teria o potencial de distorcer a concorrência no mercado. Isso porque os varejistas poderiam ter incentivos a promover seus produtos de marca própria em detrimento dos produtos de marca independente – em especial na alocação preferencial dos produtos nas gôndolas. O varejista detentor de marca própria também teria incentivos a reter os benefícios obtidos na compra dos produtos de marca independente e não os repassar aos consumidores na forma de menores preços. A autoridade apontou, ainda, que havia evidências de que os varejistas não aceitariam sempre promoções oferecidas pelos fornecedores, para que fosse preservada a vantagem de preços do seu produto de marca própria. Ademais, indicou que havia evidências de que os varejistas alocam os produtos de marca própria nas gôndolas em posições privilegiadas e proeminentes, de que o crescimento das marcas próprias estaria reduzindo os incentivos à inovação e novos produtos, resultando em arrefecimento da concorrência no mercado de aprovisionamento.

No estudo de 2012, a *Finnish Competition Authority*[496] analisou com profundidade o fenômeno das marcas próprias. A autoridade apontou que a competição entre marcas próprias e marcas independentes não seria neutra, utilizando a expressão "*lack of competition neutrality in the market*". Este estudo é diametralmente contrário à visão tradicional do varejo supermercadista e representa um importante avanço na direção de uma moderna análise antitruste do setor. A não neutralidade dos varejistas no mercado decorreria de vários fatores, dentre eles, do acesso que o varejista tem a diversas informações que os demais fabricantes não têm – por exemplo, a preços dos produtos dos

---

[495] Austrália. Australian Competition and Consumer Commission. *Report of the AACC inquiry into the competitiveness of retail prices for standard groceries*, 2008. p. 359.

[496] Finlândia. Finnish Competition Authority. *Study on Trade in Groceries – How does buyer power affect the relations between trade and industry?*, 2012. p. 36-43.

Capítulo 4 Fontes do poder no varejo supermercadista

concorrentes, custos exatos de produção etc. –, da atuação diferenciada do varejista no mercado de produtos – por exemplo, com a capacidade de definir não apenas os preços dos produtos de marca própria, mas também os preços dos produtos concorrentes de marca independente, o *planogram* das gôndolas, o *marketing* interno das lojas, a gestão de categorias, e a presença ou não de outras marcas independentes concorrentes no mercado. Apesar de, no curto prazo, as marcas próprias poderem então aumentar as opções do consumidor, a autoridade finlandesa sugeriu que, no longo prazo, esses produtos de marcas próprias poderiam ter impactos negativos nos consumidores, tais como maiores preços, menor variedade, menor investimento em pesquisa e desenvolvimento e menos inovações.

Em dezembro de 2012, a Comissão Europeia publicou um comunicado de que lançaria um estudo para avaliar se o crescimento da concentração de mercado no setor varejista e o uso de produtos de marcas próprias teriam criado obstáculos à existência de opções e de inovações no setor alimentício europeu. A Comissão justificou o estudo explicando que a concentração de mercado nos últimos anos, em paralelo ao lançamento das marcas próprias, teria dado aos grandes varejistas um elevado poder de compra *vis-à-vis* aos fabricantes, o que poderia resultar em práticas desleais de comércio, de modo que fabricantes fossem individualmente forçados a aceitar condições desfavoráveis pelo medo de perder um grande – ou muitas vezes seu único – cliente, que é o varejista.[497]

As conclusões do estudo da Comissão Europeia foram publicadas em setembro de 2014, no intitulado "*The economic impact of modern retail*[498] *on choice*[499]

---

[497] Europa. European Commission. *Competition: Commission launches study on choice and innovation in food sector.* Disponível em: <http://europa.eu/rapid/press-release_IP-12-1356_en.htm#PR_metaPressRelease_ bottom>. Acesso em: 9 abr. 2013.

[498] Por "*modern retail*" o estudo da Comissão Europeia se refere a hipermercados (com área de mais de 2500 m2), supermercados (com área entre 400 e 2499 m2) e lojas de descontos, caracterizadas pela quantidade limitada de variedade, composta basicamente por produtos de marca própria e estratégia de baixo custo. Europa. European Commission. *The economic impact of modern retail on choice and innovation in the EU food sector.* Final report. EY, Cambridge Econometrics Ltd. e Arcadia International. Luxembourg: Publications Office of the European Union, 2014. p. 1-447.

[499] Por "*choice*", o estudo da Comissão Europeia abarcou tanto o "*food choice*" (entendido como a variedade de produtos nas gôndolas dos varejistas) quanto o "*shop choice*" (entendido como o número de mercados que o consumidor pode acessar a uma distância

and innovation[500] *in the EU food sector"*,[501] que analisou o impacto econômico do modelo de varejo moderno nas opções e nas inovações no setor alimentício na Europa.[502] O estudo buscou avaliar se as opções e as inovações disponíveis no mercado do varejo alimentar europeu tinham decrescido na última década e, se sim, se esse decréscimo poderia ser relacionado ao aumento do poder de compra dos varejistas *vis-à-vis* os fornecedores, obtido por meio da concentração de mercado e das marcas próprias.

> normal). A conclusão do estudo foi de que os seguintes fatores têm impacto positivo nas opções de produtos oferecidos no mercado (*choice*): rotatividade da categoria de produto, prosperidade econômica do mercado, tamanho da loja, tipo da loja e abertura de nova loja no mercado local. Por sua vez, os seguintes fatores foram considerados como de nenhum ou de pequeno impacto negativo nas opções de produtos oferecidos no mercado (*choice*): níveis de concentração de mercado (nenhum impacto), marcas próprias (impacto negativo pequeno), desemprego (impacto positivo pequeno) e densidade demográfica (impacto negativo pequeno). COMISSÃO EUROPEIA. *The economic impact of modern retail on choice and innovation in the EU food sector*. Final report. EY, Cambridge Econometrics Ltd. e Arcadia International. Luxembourg: Publications Office of the European Union, 2014. p. 1-447.

500 Por "*innovation*", o estudo da Comissão Europeia se referiu unicamente à inovação referente a produtos, mensurada tanto em termos numéricos de inovações introduzidos nas gôndolas durante um certo período de tempo, quanto em termos de tipos associados de inovação, como novos produtos, extensão da variedade, embalagens, novas fórmulas e relançamentos. A conclusão do estudo foi de que os seguintes fatores têm impacto positivo nas inovações (*innovation*): rotatividade da categoria de produto, tamanho da loja, tipo da loja, abertura de nova loja no mercado local e expecativas de negócios dos varejistas. Por sua vez, os seguintes fatores foram considerados como de impacto negativo nas inovações (*innovation*): desemprego, desidade demográfica, concentração de mercado dos varejistas e dos fornecedores e marcas próprias. COMISSÃO EUROPEIA. *The economic impact of modern retail on choice and innovation in the EU food sector*. Final report. EY, Cambridge Econometrics Ltd. e Arcadia International. Luxembourg: Publications Office of the European Union, 2014. p. 1-447.

501 Idem, ibidem.

502 O estudo identificou os dez principais impulsionadores das opções e inovações, que seriam os seguintes: (i) concentração de mercado do varejo moderno; (ii) concentração de mercado dos fornecedores; (iii) grau de desequilíbrio entre os varejistas e os fornecedores; (iv) tipo de loja; (v) tamanho das lojas; (vi) abertura de novas lojas; (vii) características socioeconômicas, como renda *per capta*, expectativas de negócios dos varejistas, tamanho da população e densidade demográfica, desemprego e consumo alimentício; (viii) participação de mercado das marcas próprias; (ix) volume de negócios da categoria de produto; e (x) características da região, incluindo acesso a financiamentos, ambiente jurídico, regulação de preços, regulação da saúde pública e regulação tributária.

O resultado foi alarmante. Quanto às opções no varejo, a conclusão foi no sentido de que não diminuíram, mas, quanto às inovações, apontou-se que tiveram decréscimo na maioria das categorias de produtos. Os resultados econométricos sugeriram, então, que a redução das inovações estaria associada a uma maior concentração de mercado (ou seja, quanto maior a concentração no varejo supermercadista, menor seria a inovação no mercado). O estudo também apontou – o que se considera o mais alarmante diante da teoria antitruste tradicional sobre as marcas próprias – que um alto percentual de participação de mercado das marcas próprias também seria associado a menor inovação, e que seus efeitos seriam não lineares (ou seja, *quanto maior a participação das marcas próprias no varejo supermercadista, menor a inovação no mercado*).

O desenvolvimento das marcas próprias foi, portanto, uma das mais importantes modificações no mercado varejista no século, pois mudou a natureza da competição. Segundo BORGHESANI, CRUZ e BERRY, as marcas próprias se tornaram um dos principais fatores do poder dos varejistas,[503] sendo consideradas uma das principais tendências nesse mercado varejista.[504] Para DOBSON e WATERSON, elas permitiram o aumento do poder de compra dos varejistas e o estrangulamento das marcas secundárias.[505] Nesse sentido também indica a OCDE, para quem, dentre as novas formas de *marketing* utilizadas pelos varejistas, a criação das marcas próprias teve papel primordial para reforçar o poder de mercado dos varejistas e acelerar a tendência à concentração.[506] Estudo econômico de HAUCAP et al. inclusive mostra que o argumento de algumas autoridades antitruste de que as marcas próprias constituiriam um mercado diferente dos mercados de marcas independentes não se confirma, dados os padrões de

---

503 BORGHESANI JR., William H; CRUZ, Peter L. de La; BERRY, David. Food for thought: the emergence of power buyers and its challenge to competition analysis. *Stan. JL Bus. & Fin.*, v. 4, p. 39, 1998, p. 41.

504 Espanha. Comisión Nacional de la Competencia. *Report on the relations between manufacturers and retailes in the food sector*, 2011. Disponível em: <http://ec.europa.eu/internal_market/consultations/2013/ unfair-trading-practices/docs/contributions/public-authorities/spain-comision-nacional-de-la-competencia -2-report_en.pdf>. Acesso em: 23 maio 2015.

505 DOBSON, Paul; WATERSON, Michael; CHU, Alex. The welfare consequences of the exercise of buyer power. *Office of Fair Trading Research Paper* 16, p. 34, 1998.

506 OCDE. Background Paper by the Secretariat. *Buying power of multiproduct retailers*, 1998. p. 16.

substitutibilidade entre os dois tipos de produtos vendidos em *discouters* e farmácias na Alemanha.[507]

Isso posto, analisar os supermercados detentores de marcas próprias como agentes neutros no mercado é desconsiderar a própria natureza da sua integração vertical. Apesar de as marcas próprias, em tese, aumentarem as opções dos consumidores finais e reduzirem preços, há que se considerar também os riscos de redução líquida das opções dos consumidores. Essa redução de bem-estar pode vir, por exemplo, por meio da exclusão de marcas secundárias e terciárias no mercado, decorrentes de uma estratégia como a denominada "marca própria/ROB[508] + 1".[509] Pode, também, ser resultado de subsídio cruzado para baixos preços das marcas próprias dos supermercados em comparação com os altos preços das marcas independentes dos fabricantes fornecedores. Há que se ter cautela, então, em dar "carta branca" a essa nova estratégia de marcas próprias dos supermercados, dado seu potencial anticoncorrencial. Esse cuidado também é sugerido por FORGIONI, para quem, "restrições verticais impostas pelas empresas detentoras de poder econômico são capazes de causar verdadeiros desastres a médio e longo prazo".[510]

Percebe-se que as possíveis consequências negativas das marcas próprias dos varejistas não são teóricas, mas representam uma preocupação coerente, atual e crescente em diversas jurisdições estrangeiras. Há preocupação com diversas práticas dos supermercados que se utilizam das marcas próprias

---

507 HAUCAP, Justus et al. *Inter-Format Competition among Retailers-The Role of Private Label Products in Market Delineation*. Düsseldorf Institute for Competition Economics (DICE), 2013.

508 O termo ROB é utilizado como abreviação de *retailer own brand*.

509 Essa estratégia consiste na manutenção apenas da marca líder nas gôndolas dos supermercados, de modo que as marcas secundárias seriam, paulatinamente, substituídas pelas marcas próprias do varejo. Essa situação leva, então, à exclusão de marcas secundárias no mercado, que podem inclusive decidir produzir concomitantemente para a marca independente e para a marca própria do supermercado, como uma última alternativa para se manter no mercado. Nesse sentido, segundo o estudo do RABOBANK, o crescimento das marcas próprias aconteceria às custas das marcas secundárias e terciárias do mercado. RABOBANK. *Private labels v. brands*. Rabobank International Food & Agrobusiness Research and Advisory, 2011. p. 17. "With fewer metres available for brands, retailers will be inclined to reduce the number of brands and simplify their offering. A process referred to as ROB+1 (the offering will be reduced to retailers' own brands, i.e., private label, + 1 strong A-brand). In mature product categories, such as frozen vegetables or frozen snacks, ROB+1 is pretty much common practice already".

510 FORGIONI, Paula A. *Os fundamentos do antitruste*. 5. ed. São Paulo: RT, 2012. p. 17.

Capítulo 4 **Fontes do poder no varejo supermercadista**

para sua implementação. Isso porque estas marcas próprias representam um novo paradigma da relação entre varejista e fornecedor, e refletem a atuação dos supermercados como concorrentes dos fornecedores, neste emaranhado de relações jurídicas relacionais possivelmente conflitantes. O poder de mercado refletido pelas marcas próprias reforça o posicionamento da moderna análise antitruste do varejo supermercadista no sentido de não mais se analisar os supermercados como agentes neutros no mercado, passando a observá-los como plataformas de dois lados com características de gargalo à concorrência.

Conclusão do Capítulo 4

As evoluções histórica e da análise antitruste sobre o varejo supermercadista trazem a perspectiva do supermercado como plataforma de dois lados com características de gargalo à concorrência. Diversas são as fontes, cumuladas, que posicionam os supermercados como detentores de poder de mercado no mercado, dentre os quais se destacam oito principais.

A primeira fonte de poder é a concentração econômica, que resultou no surgimento de gigantescas corporações detentoras de participação de mercado significativa no Brasil. Dados de 2015 indicam que a concentração de mercado de três das maiores redes supermercadistas brasileiras é de 60%, o que significa que a concentração de mercado é uma importante fonte de poder de mercado dos supermercados, mesmo que os percentuais de participação de mercado individualmente considerados sejam abaixo dos níveis de dominância tradicionais.

Uma segunda fonte de poder são as barreiras à entrada e à expansão no setor. Dentre as diversas barreiras, aponta-se para pelo menos as seguintes: as barreiras legais (como regulações de planos diretor das cidades e restrições de zoneamento); as vantagens do supermercado incumbente em termos de experiência, reputação e custos afundados em capital físico e humano, associado à eficiência logística e rede de distribuição; a estratégia agressiva de crescimento dos principais supermercados e de superinvestimento em capacidade instalada/por instalar; a aquisição de terrenos em locais ainda não explorados; a proliferação das marcas próprias; a capacidade de iniciar e manter guerras de preços; os menores custos de compra; a ausência de agentes distribuidores; e a proliferação dos formatos de supermercados por meio da estratégia de "saturação geográfica" ("*spatial pre-emption*").

Uma terceira fonte de poder é decorrente da transparência do mercado. Essa transparência, viabilizada sobretudo pela utilização da tecnologia da informação, permite que, por um lado, os supermercados concorrentes consigam facilmente se adaptar a alterações de preços e serviços praticados pelos concorrentes. Por outro lado, pela perspectiva dos consumidores finais, a transparência das condições de mercado resulta na redução da percepção destes sobre a diferenciação de preços, que é um dos indicativos da característica do supermercado como gargalo à concorrência.

Uma quarta fonte de poder é a lealdade do consumidor final ao supermercado, por vezes denominada "*lock-in*", que faria deste um gargalo à concorrência. Diversos fatores levariam a essa lealdade do consumidor final, dentre eles: a rotina na execução de uma tarefa de natureza não prioritária que cria "o poder do hábito"; a curva de aprendizado na utilização das instalações do supermercado; a assimetria de informação quanto aos preços efetivamente praticados pelos supermercados; as marcas próprias; convergência de preços entre os supermercados ("*price match*"); os cartões fidelidade; e a restrição nas opções de supermercados, dadas as barreiras à entrada e à expansão. Apesar de não serem absolutos, esses fatores são confirmados por estatísticas no sentido de que a lealdade dos consumidores finais aos seus supermercados é tão alta que chega próximo à lealdade destes com relação aos seus bancos.

Uma quinta fonte de poder são as gôndolas. Os varejistas se deram conta de que as gôndolas são um recurso essencial na comercialização dos produtos e de que suas lojas são a plataforma que presta serviços aos dois lados: consumidores finais e fornecedores. Esse poder é refletido, em específico, no (i) poder de influenciar a concorrência pelo espaço nas gôndolas ("*planogram*"), (ii) poder de precificação e (iii) poder de influenciar a tomada de decisões dos consumidores dentro da loja do supermercado. Os supermercados notaram que suas gôndolas podem ser utilizadas a favor das marcas próprias dos varejistas em detrimento das marcas independentes. Ademais, notaram que, dentro das lojas, os supermercados têm a capacidade de influenciar as decisões dos consumidores. Assim, a concorrência "no ponto" de venda – ou seja, dentro das gôndolas –, e não apenas "pelo ponto" de venda – ou seja, pelo acesso às gôndolas –, se tornou um importante gargalo à concorrência para este mercado, fundamental para o sucesso do produto na plataforma do supermercado.

Uma sexta fonte de poder é a dependência econômica dos fornecedores, combinada com o receio destes na aplicação de retaliações, como a retirada dos seus produtos de marca independente na lista de compras ("*delist*") pelos supermercados. Em termos fáticos, estudos referem que os impactos do "*delist*" de uma marca independente são dez vezes mais gravosos no fornecedor do que no supermercado. Os fornecedores teriam sua rentabilidade abalada, dificilmente encontrariam vias alternativas, teriam sua viabilidade econômica posta em xeque e poderiam até mesmo sair do mercado. Já os supermercados seriam capazes de substituir o produto por outra marca independente ou mesmo por sua marca própria. Por essa razão, os fornecedores – de produtos de marca líder ("*must stock*") – se veem diante de práticas/exigências dos supermercados e de ameaças de retaliações em caso de não atendimento a elas. Assim, mesmo em um mercado teoricamente competitivo como no varejo supermercadista, pode-se cogitar de efeitos anticoncorrenciais decorrentes da situação de dependência econômica, afetando desfavoravelmente o consumidor e o bem-estar social. As denúncias administrativas ou judiciais dessas práticas dos supermercados, porém, seriam bastante restritas, pelo receio de serem retirados da lista de fornecedores do supermercado e sofrerem um dano ainda maior, o que não significaria, porém, a existência de um mercado sem condutas potencialmente anticoncorrenciais.

Uma sétima fonte de poder dos supermercados seriam as alianças de compra ("*buying aliances/groups*"). Há diversos argumentos no sentido de que essas alianças têm efeitos pró-competitivos, ao passo que há outros vários no sentido dos efeitos anticompetitivos. Como possíveis efeitos pró-competitivos são aludidos, pela ótica tradicional: obtenção de menores preços, que seriam repassados aos consumidores finais; eliminação das discriminações de preços; desenvolvimento mais eficiente dos produtos de marca própria. Por sua vez, como possíveis efeitos anticompetitivos são indicados, dentre outros, os seguintes: não repasse dos menores preços obtidos aos consumidores; troca de informações entre concorrentes e facilitação à colusão; concessão de descontos não relacionados à eficiência e distorção da concorrência; aumento de preços, redução da oferta, redução da qualidade dos produtos, redução da variedade de produtos, redução das inovações, alocação de mercado, fechamento de mercado para outros compradores; redução dos incentivos para a concorrência de preços, uma vez que grande parte das suas compras é realizada conjuntamente; marca própria usada para reduzir a concorrência dentro dos supermercados. Esse tema já foi objeto de manifestações de autoridades antitruste estrangeiras, tanto em casos concretos quanto em estudos setoriais.

Finalmente, uma oitava fonte de poder são os produtos de marca própria dos supermercados. Eles representam um novo paradigma da relação vertical entre varejista e fornecedor, pois refletem a atuação dos supermercados como concorrentes dos fornecedores. As diversas categorias de marca própria – genéricas, por imitação ("*copycat*"), inovadoras em valor, *premium*, *premium plus, benefit based* e coproduzidas – se tornaram importantes ferramentas para reforçar o poder dos supermercados enquanto plataforma de dois lados prestadora de serviços para consumidores finais e para fornecedores. Os varejistas se utilizam das marcas próprias, portanto, por diversos motivos, dentre eles, para: aumentar a lealdade e fidelidade do consumidor; criar diferenciação perante as demais redes varejistas concorrentes; melhorar a imagem de preços do supermercado; aumentar seu poder de mercado pela ótica da compra; melhorar seu nível de independência e indiferença em relação aos fornecedores de produtos de marca independente; alavancar a posição dominante de um mercado para outro; e aumentar a rentabilidade. No Brasil, após a passagem histórica por quatro gerações de marcas próprias, elas atualmente representam de 5 a 7% do mercado, consistindo em terreno fértil para o fortalecimento do poder dos varejistas. De todo o exposto, nota-se que as possíveis consequências negativas das marcas próprias não são teóricas, mas representam, sim, uma preocupação coerente, atual e crescente de acadêmicos e de autoridades em diversas jurisdições – tanto em casos concretos quanto em estudos. Há preocupação, em específico, com diversas práticas dos supermercados que se utilizam das marcas próprias para sua implementação. Assim, tem-se que o poder de mercado refletido pelas marcas próprias reforça o posicionamento da moderna análise antitruste do varejo supermercadista no sentido de não mais se enxergar os supermercados como agentes neutros no mercado, passando a vê-los como plataformas de dois lados com características de gargalo à concorrência.

PARTE III

PRÁTICAS COMERCIAIS NO VAREJO SUPERMERCADISTA: CATEGORIZAÇÃO E CONDUTAS POTENCIALMENTE ANTICOMPETITIVAS

CAPÍTULO 5

Categorização das práticas comerciais no varejo supermercadista

Diversas são as tentativas de se enumerar, tanto no exterior quanto no Brasil, de modo exemplificativo ou exaustivo, as diversas práticas comerciais no varejo supermercadista que podem ser preocupantes do ponto de vista concorrencial. Algumas listagens serviram de inspiração, em especial, para a proposta de categorização deste livro. Dentre as realizadas por autoridades de defesa da concorrência estrangeiras, menciona-se em especial as da *Competition Commission* do Reino Unido em 2000[511] e em 2008,[512] do *Tribunal de Defensa*

---

[511] A *Competition Commission* do Reino Unido analisou 52 (cinquenta e duas) práticas e entendeu que 30 (trinta) delas eram capazes de distorcer a concorrência intermarca, sendo que 18 (dezoito) destas eram capazes de distorcer também a concorrência intramarca. Dessas 30 (trinta) práticas consideradas capazes de distorcer a concorrência, 3 (três) eram relacionadas a preço e 27 (vinte e sete) não relacionadas a preço. Reino Unido. Competition Commission. Office of Fair Trading. *Supermarkets: A report on the supply of groceries from multiple stores in the United Kingdom*, 2000. p. 94-157.

[512] As 52 (cinquenta e duas) práticas comerciais reanalisadas pela *Competition Commission* do Reino Unido foram divididas em oito categorias: "(a) category management practices of grocery retailers (3 practices); (b) possible coordination between grocery retailers or between grocery retailers and their suppliers (2 practices); (c) supply of own-label goods by grocery retailers (1 practice); (d) actions by grocery retailers aimed at influencing the costs of supply or product availability for competing grocery retailers (5 practices); (e) product mislabeling or other practices that might mislead consumers regarding the nature of a product sold by a grocery retailer (3 practices); (f) lump-sum payments by suppliers to grocery retailers (4 practices); (g) practices that have the potential to create uncertainty for suppliers regarding their revenues or costs as a result of the transfer of excessive risks or unexpected costs to suppliers (26 practices); and (h) practices in a range of areas, such as price negotiations, that we do not consider raise concerns in terms of preventing, restricting or distorting competition (9 practices)". Reino Unido. Competition Commission. *Final report of the supply of groceries in the UK market investigation*, 30.04.2008.

de la Competencia no Chile em 2004,[513] da *Fiscalía Nacional Económica* no

[513] Quanto ao poder de compra, o Tribunal de Defesa da Livre Concorrência do Chile indicou que o aumento da concentração no setor supermercadista, bem como as altas barreiras à entrada resultariam em uma alta dependência econômica de muitos fornecedores em relação às grandes cadeias de supermercados, o que se poderia denominar de "poder de compra". Nesse sentido, analisou diversas condutas anticompetitivas praticadas pelos supermercados. Para tanto, dividiu tais condutas em duas principais categorias: (i) condutas praticadas por supermercados que têm poder de compra para reduzir o pagamento efetivo a seus fornecedores; e (ii) condutas que tenderiam a aumentar sua participação de mercado e redundariam, provavelmente, em um maior poder de compra no futuro. Quanto à primeira categoria – (i) condutas praticadas por supermercados que têm poder de compra para reduzir o pagamento efetivo a seus fornecedores –, o Tribunal de Defesa da Livre Concorrência do Chile analisou (i.1.) as condutas unilaterais *ex post*, (i.2.) as condutas unilaterais *ex ante*, e (i.3.) as condutas que levam à alocação ineficiente dos riscos. As (i.1.) condutas unilaterais *ex post* (ex.: taxas e descontos não acordados e com um tratamento inferior ao pactuado), do ponto de vista de eficiência econômica, têm o efeito de aumentar a incerteza do negócio do fornecedor afetado, o que poderia produzir, a longo prazo, a sua saída do mercado e, dado o aumento do risco, poderia dificultar a entrada de novas empresas. As (i.2.) condutas unilaterais *ex ante* (ex.: prolongamento do tempo médio de pagamento pelos produtos entregues pelos fornecedores, cobranças referentes à colocação de produtos nas prateleiras, aos investimentos realizados pelos supermercados, aos custos de reposição etc.), em um mercado competitivo, não teriam nenhum efeito sobre a eficiência e o bem-estar social, mas, em um mercado em que o comprador tem poder de compra sobre o fornecedor, essas condutas teriam efeitos negativos similares aos das condutas unilaterais *ex post*. As (i.3.) condutas que levam à alocação ineficiente dos riscos (ex.: descontos em razão da deterioração do produto), além de reduzirem a competitividade dos fornecedores, poderiam gerar ineficiências, uma vez que quem paga os custos de uma ação nem sempre é quem as conduz e quem poderia diminuir seus riscos. Quanto à segunda categoria – (ii) condutas que tenderiam a aumentar sua participação de mercado e redundariam, provavelmente, em um maior poder de compra no futuro –, o Tribunal citou basicamente duas práticas principais: (ii.1.) vendas abaixo do custo; e (ii.2.) venda de marcas próprias. As (ii.1.) vendas abaixo do custo, apesar de poderem beneficiar algum consumidor em particular, poderiam afetar a livre concorrência, pois tenderiam a aumentar a concentração no mercado, já que teriam o condão de destruir varejistas de menor porte, que não possuiriam capacidade suficiente para valer-se de subsídios cruzados. Já as (ii.2.) vendas de marcas próprias não poderiam ser consideradas, por si só, contrárias à livre concorrência. No entanto, elas podem ser um fator de fortalecimento do poder de compra de supermercados. Nesse sentido, os supermercados poderiam rejeitar a comercialização de produtos de outros fabricantes e até utilizar sua marca própria como forma de obter melhores condições do fornecedor/fabricante, uma vez que o supermercado teria seu próprio produto para oferecer, não dependendo da mercadoria de outros produtores.

Chile. Tribunal de Defensa de la Competencia. Autos 4927-04. Sentencia 9/2004. Asociación Gremial de Industrias Proveedoras A.G., Supemercados Líder, Nestlé Chile S.A. Dis-

Capítulo 5   Categorização das práticas comerciais no varejo supermercadista

Chile em 2007,[514] da *Comisión Nacional de la Competencia* da Espanha em 2011[515] e da UNCTAD em 2014.[516] Por sua vez, dentre os acadêmicos, as principais

> ponível em: <http://www.tdlc.cl/tdlc/wp-content/uploads/sentencias/Sentencia_09_2004.pdf>. Acesso em: 23 fev. 2016.
>
> 514 A *Fiscalía Nacional Económica* classificou as práticas comerciais dos supermercados com relação aos fornecedores em quatro categorias: (i) cobranças com ou sem contraprestação de serviços do distribuidor; (ii) mudanças posteriores, retroativas ou sem consulta prévia com relação a acordos com fornecedores; (iii) cobranças que transferem custos aos fornecedores; e (iv) cobranças que transferem riscos aos fornecedores, tendo listado dezesseis tipos específicos. Chile. Fiscalía Nacional Económica. *Análisis Económico de la Industria de Supermercados em el marco de la Causa Rol n. 101/2006*. p. 97-118.
>
> 515 A *Comisión Nacional de la Competencia* da Espanha categorizou quatro grandes tipos de práticas comerciais entre varejistas e fornecedores: (i) práticas relacionadas a termos e condições do contrato; (ii) práticas relacionadas a pagamentos; (iii) práticas relacionadas a condutas que afetam terceiros; e (iv) práticas relacionadas às marcas independentes e às marcas próprias. Dentro dessas categorias, listou ao total dezessete práticas. Após, focou sua análise nas consideradas mais preocupantes e avaliou os efeitos concorrenciais de dez delas, quais sejam: os pagamentos para acesso às lojas ("*payments access*"), gestão de categorias e troca de informações, uso da imagem e das informações comercialmente sensíveis das marcas independentes pelos varejistas para beneficiar suas marcas próprias ("*copycats*"), ausência de contratos escritos e suas alterações/rompimentos retroativos, cláusulas do comprador mais favorecido ("*most favoured customer clause*"), "*loss leading*", "*blind auctions*", cláusulas de fornecimento exclusivo, imposição de contratação obrigatória de terceiros, e vinculação da relação de fornecimento da marca independente com a obrigação de produção do produto de marca própria. Espanha. Comisión Nacional de la Competencia. *Report on the relations between manufacturers and retailers in the food sector*, 2011. p. 77-117.
>
> 516 A UNCTAD categoriza as práticas comerciais dos supermercados como relacionadas a acesso e relacionadas à concorrência dentro da plataforma. Por um lado, as práticas dos supermercados que distorceriam o acesso à plataforma poderiam ser, por exemplo, de uso indevido dos segredos de negócios dos fornecedores de marcas independentes em favor das marcas próprias do supermercado, de cobrança de taxas para impedir a distribuição de marcas independentes, de rescisão abrupta de acesso que mina a viabilidade econômica da marca independente, e de recusa imediata de produtos e inovações em marcas independentes que concorrem com as marcas próprias. Por outro lado, as práticas dos supermercados que distorceriam a concorrência dentro da plataforma – ou seja, dentro da loja – poderiam ser tanto relacionadas a preço quanto não relacionadas a preço. Dentre aquelas relacionadas a preço estariam as de manutenção artificial de diferença de preços entre as marcas independentes e a marca própria, de "*loss leading*" do preço da marca independente que objetiva minar a percepção de qualidade desta, de recusa a repassar as reduções de preços das marcas independentes dos preços no mercado varejista e de proibição de utilização de embalagens promocionais. Ainda, dentre aquelas não relacionadas a preço estariam as de degradação dos serviços dentro da loja às marcas independentes, de troca das

tentativas de categorização que influenciaram a categorização ora proposta foram realizadas por DOBSON,[517] BERASATEGI,[518] FORGIONI,[519] GOLDBERG[520] e CAVALCANTE.[521] Ainda, há legislações nacionais em países estrangeiros que contêm listas de práticas proibidas nesse setor, como na França[522] e na

>   técnicas de *marketing* a favor das marcas próprias, de melhor posicionamento das marcas próprias e alocação desproporcional de espaço nas gôndolas e de imitação das marcas independentes pelas marcas próprias (*"copycat"*). UNCTAD. *Competition Issues in the Food Chain: Possible Measures to Address Buyer Power in the Retail Sector*, 2014. Disponível em: <http://unctad.org/meetings/en/Contribution/tdb61_c01_UNCTAD.pdf>. Acesso em: 11 fev. 2016.

[517] DOBSON, Paul. Exploiting buyer power: lessons from the British grocery trade. 72 *Antitrust Law Journal*, p. 529-562, 2005.

[518] BERASATEGI analisa as práticas comerciais em dois grandes eixos: (i) práticas para acesso à plataforma dos supermercados e (ii) práticas dentro da plataforma do supermercado. Quanto às práticas para acesso à plataforma do supermercado, analisa o uso indevido de informações comercialmente sensíveis, as taxas e condições de acesso, o término abrupto do acesso e a recusa de acesso. Quanto às práticas dentro da plataforma do supermercado, há nova subdivisão entre práticas relacionadas a preço e não relacionadas a preço. Sobre as práticas relacionadas a preço, são avaliadas práticas de *"artificial price gaps"*, *"loss leading"*, *"pocketing of promotional wholesale prices"* e *"prohibition of on-package promotions"*. E sobre as práticas não relacionadas a preço, são avaliadas aquelas de degradação dos serviços, *"switch marketing"*, alocação preferencial nos espaços em gôndola e as marcas próprias imitação (*"copycat"*). BERASATEGI, Javier. *Supermarket power: serving consumers or harming competition*, 2014. p. 172-212. Disponível em: <http://www.supermarketpower.eu/documents/38179/39950/Supermarket+Power.pdf/ 9c0ed73f-37db-4d23-bd2d-1f583bf501e9>. Acesso em: 24 maio 2015.

[519] FORGIONI, Paula A. *Os fundamentos do antitruste*. 5. ed. São Paulo: RT, 2012. p. 328.

[520] GOLDBERG optou por agrupar todas essas práticas em cinco categorias: (i) discriminação de preços ou condições comerciais; (ii) pagamentos por espaço de prateleira; (iii) pagamentos retroativos; (iv) cláusulas de alocação de risco; e (v) outras cobranças vistas como abusivas (abertura de nova loja, enxoval, lançamento de novo produto etc.). GOLDBERG, Daniel K. *Poder de compra e política antitruste*. São Paulo: Tese de Doutorado apresentada na Faculdade de Direito da Universidade de São Paulo, 2005. p. 215.

[521] CAVALCANTE listou 18 (dezoito) práticas impostas pelo setor de supermercados sobre seus fornecedores, não relacionadas a preço. Cavalcante, Léia Baeta. Poder de compra do varejo supermercadista: uma abordagem antitruste. *SEAE/MF Documento de Trabalho*, n. 30, p. 14-16, Brasília, 2004.

[522] Dentre a lista de práticas dos supermercados proibidas na França está a cobrança de *listing fees*, as ameaças de retirada da lista de fornecedores, o rompimento das relações comerciais sem aviso prévio, os pagamentos para atividades não comerciais, as cláusulas do comprador mais favorecido (*"most favoured costumer clause"*) e a não aposição do nome do fabri-

Capítulo 5 Categorização das práticas comerciais no varejo supermercadista

Eslováquia,[523] que também auxiliaram – menor medida – essa proposta de categorização.

Por prática comercial entende-se todo tipo de solicitação, exigência, cobrança, conduta, pedidos e/ou demanda, sem levar em consideração argumentos de que haveria uma diferença em termos de nível de obrigatoriedade. Isso porque, no varejo supermercadista, um fornecedor dependente do varejista dificilmente conseguirá distinguir – e consequentemente resistir – uma exigência de um pedido, ainda que denominada sob sua forma mais suave.[524]

O que se propõe é uma categorização mais abrangente, que inclua não apenas as práticas verticais dos varejistas em relação aos fornecedores – que tendem a ser a maior parte dos casos dos estudos mencionados como inspiração –, mas também as práticas comerciais horizontais dos varejistas entre si e horizontais dos fornecedores entre si.[525] Trata-se de uma inovação tanto em

---

cante nos produtos de marca própria. França. Código Comercial Francês, Capítulo 2, art. 442-6 do sobre práticas anticompetitivas. Disponível em: <http://www.legifrance.gouv.fr/affichTexte.do?cidTexte=JORFTEXT0000192830 50>. Acesso em: 23 maio 2015.

[523] Na Eslováquia também existe legislação nacional que prevê doze práticas dos supermercados que são consideradas abusivas *per se*, dentre elas as alterações contratuais retroativas e a transferência de custos para os fornecedores por meio da devolução de produtos sem causa, a redução unilateral de preços e a imposição de vendas abaixo do custo de produção, além da limitação de pagamento para os "serviços de acesso" em, no máximo, 3% do faturamento dos varejistas. Eslováquia. Lei 172/2008 sobre Inappropriate Conditions in Commercial relationships and on Supplementation of the Slovak National Council Act No. 30/1992 Coll. on the Slovak Chamber of Agriculture and Food Industry as amended. Art. 1, Capítulo 3 (1) e (2).

[524] Reino Unido. Competition Commission. *Supermarkets: A Report on the Supply of Groceries from Multiple Stores in the United Kingdom*. Cm 4842 (Oct. 2000). p. 100.

[525] Segundo DOBSON e CHAKRABORTY: "*This calls for vigilance and action to tackle anti-competitive practices and prevent situations of single-firm or joint dominance arising and being exploited. More pointedly, it calls for the need to focus on protecting competition in both its horizontal and vertical forms, to ensure that consumers benefit from intense and fair rivalry at each level and between each stage of supply chain*". DOBSON, Paul; CHAKRABORTY, Ratula. Private labels and branded goods: consumers"horrors' and 'heroes'. *Private Labels, Brands and Competition Policy:* the challenging landscape of retail competition. Oxford: Ariel Ezrachu abd Ulf Bernitz, 2009. p. 99-124. Para além das práticas horizontais e verticais, há, ainda, a possibilidade de relações diagonais entre as empresas, conforme apontado no Guia de Análise dos Atos de Concentração Horizontal do CADE. 2016. Capítulo 24.3.3. Integração vertical vs. Sobreposição horizontal. Também nesse sentido se posiciona o Guia de Análise de Concentrações da OFT, do Reino Unido, em 2012. Section 5.6: Non-

termos metodológicos quanto de conteúdo, pois não se encontrou na literatura tal tentativa tão abrangente de categorização das práticas comerciais no varejo supermercadista.

Para fins metodológicos, *propõe-se a categorização das práticas no varejo supermercadista em oito categorias* – não relacionadas a preço[526] –, *agrupadas pela finalidade em conjunto delas*. As práticas, por categoria, serão analisadas em conjunto e não individualmente, tanto porque muitas delas são similares em forma e em efeito, quanto porque várias delas são normalmente implementadas cumulativamente, não sendo possível se aferir, muitas das vezes, o possível efeito anticoncorrencial de cada uma delas separadamente. Assim, ainda que individual e isoladamente o efeito de cada uma dessas práticas possa ser pequeno, conjuntamente pode ser deletério à concorrência no mercado.[527] No total, são propostas oito categorias de práticas que abrangerão 60 (sessenta) práticas comerciais no varejo supermercadista.

A proposta de categorização está em sintonia com o novo modo de compreensão das possíveis relações jurídicas dos agentes no varejo supermer-

---

horizontal mergers. Para maior aprofundamento sobre o tema, sugere-se: GIOVANNETTI, Emanuele. Diagonal Mergers and Foreclosure in the Internet. *Working Paper* n. 80, 2005.

526 A categorização proposta neste trabalho não tratará de práticas relacionadas à formação do preço do varejista e seus efeitos no fornecedor, por se tratar de viés sobretudo econômico e não jurídico, o que fugiria ao escopo do presente trabalho. Para maiores informações sobre práticas relacionadas a preço, indica-se o estudo *Competition Commission* do Reino Unido, que categoriza cinco possíveis tipos de prática relacionada a preço: (i) adoção de estruturas de preços e regimes que, por focarem a concorrência em um número relativamente menor de linhas de produtos comprados com frequência, restringem uma concorrência ativa na maioria das demais linhas de produtos, (ii) vender produtos comprados com frequência em uma base persistente abaixo dos custos ou a um preço que não cobre os custos diretos, (iii) definir preços de varejo diferentes para as lojas localizadas em diferentes áreas geográficas, a depender das condições de concorrência locais, sendo que tal variação não seria relacionada a custos, (iv) definir os preços dos produtos de marca própria com relação às marcas de produtos dos fabricantes equivalentes, e não em relação a seus próprios custos, e (v) realizar mudanças no preço de varejo que não sejam suficientemente rápidas na absorção de alterações nos respectivos preços no atacado. Reino Unido. Competition Commission. *Supermarkets: A Report on the Supply of Groceries from Multiple Stores in the United Kingdom*. Cm 4842 (Oct. 2000). p. 73-94.

527 A *Competition Commission* do Reino Unido também se posiciona no sentido de que essas práticas devem ser analisadas em conjunto, e não individualmente. Reino Unido. Office of Fair Trade. Competition Commission. *Supermarkets: A Report on the Supply of Groceries from Multiple Stores in the United Kingdom*. Cm 4842 (Oct. 2000). p. 99.

Capítulo 5 Categorização das práticas comerciais no varejo supermercadista

cadista. No contexto de uma moderna análise antitruste, visualizam-se os supermercados como plataformas de dois lados com características de gargalo à concorrência. Para além das tradicionais relações horizontais entre varejista e varejista (concorrentes) e fornecedor e fornecedor (concorrentes), e vertical entre varejista e fornecedor (comprador/prestador de serviços de acesso à plataforma), há também dois novos paradigmas "híbridos" de relação vertical entre varejista e fornecedor que são pouco mencionados: primeiro, o paradigma do supermercado concorrente dos seus fornecedores (detentor de marcas próprias), e, segundo, o do supermercado como fornecedor da indústria fornecedora (detentor do espaço nas gôndolas/prestador de serviços dentro da plataforma). Estes dois últimos paradigmas da relação vertical, por sua vez, podem também ter repercussões horizontais e diagonais.

Esse emaranhado de relações jurídicas – possivelmente conflitantes – pode ser visualizado da seguinte maneira, conforme apresentado *supra*:

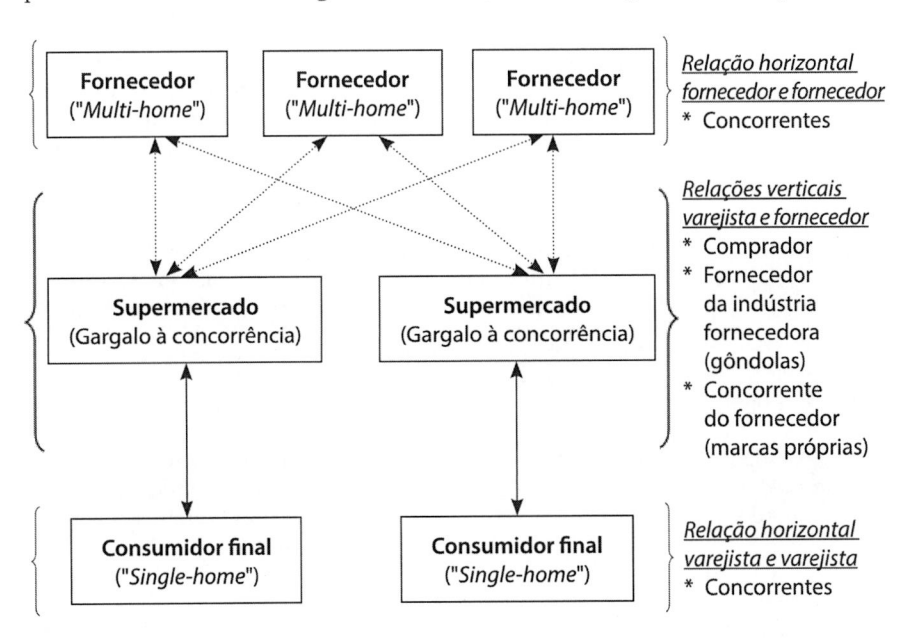

```
┌─────────────┐  ┌─────────────┐  ┌─────────────┐   Relação horizontal
│ Fornecedor  │  │ Fornecedor  │  │ Fornecedor  │   fornecedor e fornecedor
│("Multi-home")│ │("Multi-home")│ │("Multi-home")│  * Concorrentes
└─────────────┘  └─────────────┘  └─────────────┘

                                                    Relações verticais
                                                    varejista e fornecedor
                                                    * Comprador
┌───────────────────┐    ┌───────────────────┐      * Fornecedor
│   Supermercado    │    │   Supermercado    │        da indústria
│(Gargalo à concorrência)│(Gargalo à concorrência)│  fornecedora
└───────────────────┘    └───────────────────┘        (gôndolas)
                                                    * Concorrente
                                                      do fornecedor
                                                      (marcas próprias)

┌───────────────────┐    ┌───────────────────┐     Relação horizontal
│  Consumidor final │    │  Consumidor final │     varejista e varejista
│   ("Single-home") │    │   ("Single-home") │     * Concorrentes
└───────────────────┘    └───────────────────┘
```

O objetivo, portanto, é cotejar as relações jurídicas do varejo supermercadista em suas relações vertical e horizontal com as práticas implementadas tanto pelos varejistas em face dos fornecedores quanto pelos varejistas entre si e pelos fornecedores entre si, conforme se pode visualizar na tabela a seguir:

AS RELAÇÕES JURÍDICAS DO VAREJO SUPERMERCADISTA		CATEGORIAS DE PRÁTICAS
Relação vertical entre varejista e fornecedor	Varejista como prestador de serviços ao fornecedor para acesso à plataforma (*comprador do fornecedor*)	Práticas verticais do varejista que caracterizam **transferência de custos** do varejista ao fornecedor
		Práticas verticais do varejista que caracterizam **transferência de riscos** do varejista ao fornecedor
		Práticas verticais do varejista que alteram o **ambiente contratual de modo retroativo**
		Práticas verticais do varejista que impactam nos **fornecedores do fornecedor**
	Varejista como prestador de serviços ao fornecedor dentro da plataforma (*fornecedor da indústria fornecedora*)	Práticas verticais do varejista que impõem aos fornecedores **pagamentos de taxas e condições de acesso para espaço em gôndola**
	Varejista como concorrente do fornecedor (*concorrente do fornecedor*)	Práticas verticais do varejista que restringem o acesso de novos **fornecedores concorrentes das marcas próprias**
Relação horizontal varejista e varejista	Varejista concorrente do varejista	Práticas **horizontais** dos varejistas que impactam em **outros varejistas**
Relação horizontal fornecedor e fornecedor	Fornecedor concorrente do fornecedor	Práticas **horizontais** de fornecedores que impactam diretamente em **outros fornecedores**

Todas essas práticas comerciais, identificadas por categorias, relacionadas às respectivas relações jurídicas no varejo supermercadista, estão apresentadas de forma esquematizada no "Mapa das Práticas Comerciais Categorizadas no Varejo Supermercadista".

Capítulo 5 Categorização das práticas comerciais no varejo supermercadista

MAPA DAS PRÁTICAS COMERCIAIS CATEGORIZADAS NO VAREJO SUPERMERCADISTA

AS RELAÇÕES JURÍ-DICAS DO VAREJO SUPERMERCADISTA	CATEGORIAS DE PRÁTICAS	PRÁTICAS COMERCIAIS
RELAÇÃO VERTICAL ENTRE VAREJISTA E FORNECEDOR — Varejista como prestador de serviços ao fornecedor para acesso à plataforma (*comprador do fornecedor*)	Práticas verticais do varejista que caracterizam <u>transferência de custos</u> do varejista ao fornecedor	I) O varejista exigir (ou pedir) que o fornecedor contribua com os custos do varejista relacionados a reforma/abertura/inauguração de loja (por exemplo, doação de lotes de mercadorias, "enxovais")
		II) O varejista exigir (ou pedir) que o fornecedor contribua com os custos relacionados a promoções (por exemplo, "pegue um e leve dois"/"*buy one get one free*" – BOGOF/"2 for 1") e a publicidade/*merchandising* do varejista
		III) O varejista exigir (ou pedir) que o fornecedor aloque para trabalhar na loja do varejista funcionários próprios do fornecedor (por exemplo, promotor de vendas do produto de marca do fabricante)
		IV) O varejista exigir (ou pedir) que o fornecedor contribua com os custos relacionados a alterações no código de barra ou em embalagens de desconto
		V) O varejista exigir (ou pedir) que o fornecedor contribua com os custos relacionados à visita do varejista ao novo fornecedor e a outros custos do varejista na prospecção e análise de fornecedores
		VI) O varejista exigir (ou pedir) que o fornecedor contribua com bônus de cooperação
		VII) O varejista exigir (ou pedir) que o fornecedor contribua com os custos relacionados a discrepâncias no fornecimento que não tenham sido previamente acordadas ou cujas informações não tenham sido repassadas ao fornecedor
		VIII) O varejista impor unilateralmente ao fornecedor cobranças sobre o não atendimento a determinada especificação sem a devida averiguação se a falha não foi originada pelo próprio varejista (por exemplo, por falha no manuseio ou na rotatividade de estoque)

AS RELAÇÕES JURÍDICAS DO VAREJO SUPERMERCADISTA	CATEGORIAS DE PRÁTICAS	PRÁTICAS COMERCIAIS
		IX) O varejista exigir (ou pedir) que o fornecedor aumente sua contribuição com o aumento dos custos do varejista relacionados a distribuição, sem compartilhar das economias resultantes
		X) O varejista exigir (ou pedir) que o fornecedor contribua com organizações de caridade
		XI) O varejista discriminar entre os fornecedores (sem justificativa relacionada a custos) quanto à duração do prazo de crédito concedido
	Práticas verticais do varejista que caracterizam <u>transferência de riscos</u> do varejista ao fornecedor	XII) O varejista exigir (ou pedir) que o fornecedor dê descontos máximos ou antecipados
		XIII) O varejista exigir (ou pedir) que o fornecedor compense quando os lucros obtidos com o produto forem menores do que os esperados (excluindo atividades promocionais)
		XIV) O varejista exigir (ou pedir) que o fornecedor compense financeiramente quando uma atividade promocional não atingir a meta esperada, incluindo custos extras de embalagens
		XV) O varejista exigir (ou pedir) que o fornecedor faça pagamentos para cobrir custos com desperdício do produto (sendo que, em geral, o desperdício é maior em se tratando de produtos perecíveis ou em lançamento)
		XVI) O varejista exigir (ou pedir) que o fornecedor compre de volta os produtos que não forem vendidos (*buy-back claims*) ou deixar de pagar pelos itens não vendidos
		XVII) O varejista não compensar os fornecedores pelos custos extras causados por erros de estimativa ou de pedidos de compra do varejista
		XVIII) O varejista exigir (ou pedir) que o fornecedor arque com os custos relativos a reclamações dos consumidores em montante que exceda o custo real incorrido pelo varejista ou com os custos relativos a uma falha no produto cuja informação por escrito não tenha sido passada ao fornecedor

Capítulo 5 Categorização das práticas comerciais no varejo supermercadista

AS RELAÇÕES JURÍDICAS DO VAREJO SUPERMERCADISTA	CATEGORIAS DE PRÁTICAS	PRÁTICAS COMERCIAIS
		XIX) O varejista retirar da lista de fornecedores aquele que não entregar ao supermercado as quantidades acordadas devido a condições meteorológicas
		XX) O varejista exigir (ou pedir) que o fornecedor arque com os custos relativos à troca da mercadoria caso haja o vencimento do prazo de validade
	Práticas verticais do varejista que <u>alteram o ambiente contratual de modo retroativo</u>	XXI) O varejista debitar ou pleitear a realização de débito nas faturas do fornecedor sem prévio acordo
		XXII) O varejista debitar ou pleitear a realização de débito nas faturas do fornecedor quando da realização de promoções, sem prévio acordo e antes mesmo da realização das promoções
		XXIII) O varejista realizar cobranças retroativas ou descontos retroativos em produtos já vendidos
		XXIV) O varejista atrasar o pagamento ao fornecedor para além do prazo previsto no contrato (ou além de trinta dias da data da fatura), quando as entregas do fornecedor ao varejista tenham sido feitas de acordo com as especificações
		XXV) O varejista mudar as quantidades ou as especificações do produto, em divergência com o prévio acordo, com menos de três dias de aviso prévio, sem compensar financeiramente o fornecedor por quaisquer perdas incorridas
		XXVI) O varejista comprar do fornecedor mais produtos a um preço promocional para em seguida revender a um preço maior, sem compensar o fornecedor
		XXVII) O varejista exigir (ou pedir) redução permanente dos preços previamente acordados relacionados a iniciativas de *marketing* do varejista
		XXVIII) O varejista realizar promoção em um produto sem o consentimento do fornecedor e exigir posteriormente que o fornecedor financie a promoção já realizada

AS RELAÇÕES JURÍDICAS DO VAREJO SUPERMERCADISTA	CATEGORIAS DE PRÁTICAS	PRÁTICAS COMERCIAIS
		XXIX) O varejista exigir (ou pedir) que o fornecedor mantenha um nível de preços mais baixo, resultante da compra de um vultoso volume de determinado produto, quando tal volume é posteriormente reduzido
		XXX) O varejista romper o contrato ou alguns de seus termos sem devida compensação, especialmente com relação à duração do contrato
		XXXI) O varejista retirar ou ameaçar retirar da lista de fornecedores para obter a redução de preços dos produtos ou a alteração de termos e condições contratuais
		XXXII) O varejista sugerir ao fornecedor que este será retirado da lista e, posteriormente, desistir dessa retirada da lista quando receber um desconto ou alguma melhora nos termos e condições contratuais de compra do produto
		XXXIII) O varejista adquirir seus produtos por meio de leilão ("*blind auctions*")
		XXXIV) ۞ O varejista exigir (ou pedir) que o fornecedor monitore e/ou transfira informações comercialmente sensíveis atuais e/ou passadas sobre fornecedores e/ou preços cobrados a outros fornecedores, não se restringindo à gestão de categorias
	Práticas verticais do varejista que impactam nos fornecedores do fornecedor	XXXV) O varejista exigir (ou pedir) que o fornecedor se utilize de terceiras empresas intermediárias predeterminadas (por exemplo, de transportes, embalagens, rótulos etc.), mesmo não sendo este um fornecedor de marca própria, sendo que, eventualmente, o varejista recebe uma comissão dessa terceira empresa, por vezes sem o conhecimento do fornecedor
		XXXVI) O varejista instruir terceiras empresas intermediárias a não realizar o serviço se os produtos forem para entrega a outro varejista concorrente, caso se trate de produtos de um fornecedor com o qual o varejista já tenha finalizado seu relacionamento comercial

Capítulo 5 Categorização das práticas comerciais no varejo supermercadista

AS RELAÇÕES JURÍDICAS DO VAREJO SUPERMERCADISTA	CATEGORIAS DE PRÁTICAS	PRÁTICAS COMERCIAIS
Varejista como prestador de serviços ao fornecedor dentro da plataforma (*fornecedor da indústria fornecedora*)	Práticas verticais do varejista que impõem aos fornecedores <u>pagamentos de taxas e condições de acesso para espaço em gôndola</u>	XXXVII) ⚙ O varejista exigir (ou pedir) pagamentos dos fornecedores como uma condição para os produtos de marca do fabricante serem incluídos e/ou para permanecer na lista de fornecedores e/ou nas gôndolas dos varejistas (*slotting allowances/fees* e *listing fees*)
		XXXVIII) ⚙ O varejista exigir (ou pedir) pagamentos dos fornecedores como condição para exposição dos produtos em localização privilegiada dentro das lojas (por exemplo, nas prateleiras situadas à altura dos olhos do consumidor e/ou nas "pontas de gôndola", que são os espaços localizados nas "esquinas" dos corredores, ou por meio da inclusão desse produto em um maior número de lojas da mesma rede)
		XXXIX) ⚙ O varejista exigir (ou pedir) pagamentos dos fornecedores como uma condição para promoções específicas, sendo que os pagamentos extrapolam os custos do varejista com a promoção ("*marketing/advertising allowances*") ou recompensam pelo fato de os seus produtos estarem sendo objeto de promoção nas lojas ("*pay to play*" ou "TAA")
		XL) ⚙ O varejista exigir (ou pedir) aos fornecedores que melhorem suas condições comerciais para o aumento de variedade ou da intensidade da distribuição dos seus produtos dentro das lojas
		XLI) ⚙ O varejista cobrar pagamento diferenciado entre o fornecedor "capitão" na gestão da categoria e outros fornecedores para obter espaço nas gôndolas ou para exposição dos produtos
		XLII) ⚙ O varejista exigir (ou pedir) pagamento extra de um fornecedor pelo fato de ele ter sido escolhido como fornecedor "capitão" na gestão da categoria
		XLIII) ⚙ O varejista discriminar fornecedores ao recusar-se a fornecer dados sobre vendas de determinados produtos a eles, ao mesmo tempo em que disponibiliza tais informações ao fornecedor "capitão" na gestão da categoria

AS RELAÇÕES JURÍDICAS DO VAREJO SUPERMERCADISTA	CATEGORIAS DE PRÁTICAS	PRÁTICAS COMERCIAIS
Varejista como concorrente do fornecedor (*concorrente do fornecedor*)	Práticas verticais do varejista que alteram a dinâmica de acesso à e dentro da plataforma para fornecedores <u>concorrentes das marcas próprias</u>	XLIV) O varejista retirar da lista de fornecedor o produto de marca de fabricante concorrente do produto de marca própria
		XLV) O varejista deixar de ofertar produtos de marca de fabricante para passar a ofertar produtos equivalentes de marca própria
		XLVI) ۞ O varejista exigir (ou pedir) injustificadas informações comercialmente sensíveis dos fornecedores para utilizá-las em benefício das marcas próprias, criando uma marca própria imitação ("*copycats*")
		XLVII) ۞ O varejista discriminar a cobrança de taxas e condições de acesso entre a marca independente do fornecedor e a marca própria
		XLVIII) ۞ O varejista incentivar que o fornecedor principal ("capitão" da gestão de categorias) limite o acesso de fornecedores concorrentes à categoria, para favorecer a marca principal independente e também a marca própria ("*marca própria +1*")
		XLIX) O varejista condicionar o fornecimento de produtos de marca independente à produção concomitante de produtos de marca própria dos varejistas
RELAÇÃO HORIZONTAL VAREJISTA E VAREJISTA — Varejista concorrente do varejista	Práticas horizontais dos varejistas que impactam diretamente em outros varejistas	L) ۞ O varejista exige (ou pede) do fornecedor vantagens em relação a outro varejista concorrente (como, por exemplo, preço menor a si, preço maior ao outro varejista concorrente, descontos financeiros a si, verbas de fidelidade a si, redução dos descontos concedidos ao outro varejista concorrente), podendo estas serem condições *sine qua non* para o fechamento do negócio, por exemplo, mediante a inserção de cláusula do comprador mais favorecido ("*most favoured costumer clause*")
		LI) O varejista exige (ou pede) cláusula de exclusividade que diz respeito ao fornecimento exclusivo de um produto (que não seja marca própria) ou exigir (ou pedir) do fornecedor uma quantidade mínima do produto tendo como objetivo inviabilizar o fornecimento para outros varejistas concorrentes (o que poderia ter *de facto* o efeito da exclusividade)

Capítulo 5 Categorização das práticas comerciais no varejo supermercadista

AS RELAÇÕES JURÍDICAS DO VAREJO SUPERMERCADISTA	CATEGORIAS DE PRÁTICAS	PRÁTICAS COMERCIAIS
RELAÇÃO HORIZONTAL FORNECEDOR E FORNECEDOR		LII) ۞ O varejista busca informação junto ao fornecedor – que pode ser principal/"capitão" da gestão de categorias – sobre as condições de fornecimento e os preços do produto de outros varejistas para usá-la coordenadamente, favorecendo a colusão entre os varejistas, utilizando o fornecedor como elo de troca de informações entre os varejistas ("*hub and spoke*")
		LIII) Alianças de compras entre varejistas
	Fornecedor concorrente do fornecedor	Práticas horizontais de fornecedores que impactam diretamente em outros fornecedores	LIV) ۞ O fornecedor – que pode ser principal/"capitão" da gestão de categorias – comprar do varejista espaço em gôndola excessivamente (taxas e condições de acesso), a fim de diminuir o espaço disponível para outros fornecedores concorrentes e, assim, dificultar ou impedir a concorrência no mercado de aprovisionamento
		LV) ۞ O fornecedor – que pode ser principal/"capitão" da gestão de categorias – influencia o varejista para limitar o acesso de fornecedores concorrentes à categoria ou para alterar a dinâmica nas gôndolas, dentro da loja
		LVI) ⊠ O fornecedor principal – que pode ser "capitão" da gestão de categorias – impede a implementação de estratégias futuras de fornecedores concorrentes à categoria, por ter antecipadamente informações comercialmente sensíveis
		LVII) ۞ O fornecedor – que pode ser principal/"capitão" da gestão de categorias – viabiliza a colusão entre os fornecedores da categoria, por ter antecipadamente informações comercialmente sensíveis, até mesmo utilizando de um varejista como elo de troca de informações entre eles ("*hub and spoke*")
		LVIII) ۞ O fornecedor – que pode ser principal/"capitão" da gestão de categorias – viabiliza a colusão entre os varejistas, por ser o mesmo "capitão" da gestão de categorias de vários varejistas e atuar como elo de troca de informações entre eles ("*hub and spoke*")

AS RELAÇÕES JURÍDICAS DO VAREJO SUPERMERCADISTA	CATEGORIAS DE PRÁTICAS	PRÁTICAS COMERCIAIS
		LIX) ⊙ O fornecedor – que pode ser principal/"capitão" da gestão de categorias – influencia o varejista para cobrar altas taxas e condições de acesso ou para adotar cláusulas contratuais de exclusividade que alterem a dinâmica de acesso à loja e dentro da loja, para favorecer a marca principal independente e eventualmente também a marca própria
		LX) O fornecedor exigir do varejista que nenhum outro fornecedor seja vendido na sua categoria de produtos por meio de contratos ou incentivos à exclusividade ("*single branding*")

5.1 Relação vertical entre varejista e fornecedor

Em uma moderna visão do varejo supermercadista, considerando a característica do supermercado como plataforma de dois lados com características de gargalo à concorrência, observa-se que, *nas relações verticais entre varejista e fornecedor, o supermercado possui a capacidade de exercer, individual ou conjuntamente, pelo menos três relações jurídicas: comprador, fornecedor da indústria fornecedora e concorrente.* No exercício dessas três relações jurídicas, os objetivos do varejista podem não ser coincidentes com os dos seus fornecedores – e até mesmo conflitantes –, o que reforça o papel não neutro desse agente no mercado e pode trazer preocupações concorrenciais, como se passa a detalhar.

5.1.1 Varejista como prestador de serviços ao fornecedor para acesso à plataforma (comprador do fornecedor)

A primeira relação jurídica do varejista na relação vertical com os fornecedores é a mais comumente mencionada pela visão tradicional, consistente no papel do supermercado como comprador de produtos de marca independente do fornecedor. Nesta, o varejista implementa práticas comerciais que serão tratadas em quatro categorias, agrupadas pela finalidade de cada uma delas, para melhor compreensão: práticas verticais do varejista que ca-

Capítulo 5   Categorização das práticas comerciais no varejo supermercadista

racterizam transferência de custos do varejista ao fornecedor; práticas verticais do varejista que caracterizam transferência de riscos do varejista ao fornecedor; práticas verticais do varejista que alteram o ambiente contratual de modo retroativo; e práticas verticais do varejista que impactam nos fornecedores do fornecedor.

5.1.1.1 Práticas verticais do varejista que caracterizam transferência de custos do varejista ao fornecedor

Por práticas comerciais que caracterizam transferência de custos[528] entende-se aquelas que de algum modo mudam o ônus financeiro que tradicionalmente seria assumido pelo varejista, que passa então a ser arcado pelo fornecedor devido ao poder deste supermercado enquanto plataforma de dois

---

[528] GOLDBERG agrupou as práticas comerciais dos varejistas em cinco categorias, sendo que a quinta e última categoria de práticas segmentada por GOLDBERG foi (v) outras cobranças vistas como abusivas. O autor argumenta que as exigências previstas em contato (ou seja, *ex ante*) não deveriam ser objeto de tutela concorrencial, ao passo que as exigências decorrentes do comportamento puramente oportunístico (*ex post*) poderiam ser objeto de atenção. GOLDBERG, Daniel K. *Poder de compra e política antitruste*. São Paulo: Tese de Doutorado apresentada na Faculdade de Direito da Universidade de São Paulo, 2005. p. 215. Essa transferência dos custos do negócio do varejista para o fornecedor foi denominada por DOBSON como mudança no ônus do risco financeiro, que, segundo o autor, pode se dar pela exigência de compensação pelos fabricantes por uma linha de produto que não alcança as vendas esperadas; pela obrigação de que, se não vender os produtos, o varejista poderá devolvê-los; pela negociação retroativa de descontos, ainda quando as metas são atingidas; ou por meio de pagamentos atrasados, sabendo que o fabricante fornecedor dificilmente irá mover ação de cobrança pelo risco de perder contratos futuros; pela cobrança de taxas para ofertar produtos, taxas para acesso a espaços nas prateleiras, propaganda cooperada (pagar para aparecer nas gôndolas dos varejistas), pagamentos para promoções específicas, requisição de descontos para linha de produtos, e até mesmo contribuições financeiras para reforma ou abertura de lojas. DOBSON, Paul. Exploiting buyer power: lessons from the British grocery trade. 72 *Antitrust Law Journal*, p. 529-562, 2005. Para a *Comisión Nacional de la Competencia* da Espanha, as contribuições poderiam ser auxiliares e atípicas: "*Contributions to ancillary activities carried on by retailer (marketing payments for retailer visits, requirement to provide majority financing of promotional campaigns ('2 for 1') of the retailer etc.). Atypical payments which the manufacturers consider the retailer's responsibility (payments for erroneous or unfulfilled projections of sales or profits, requirement to buy back unsold goods, payments such as the so-called 'wedding gifts' etc.)*". Espanha. Comisión Nacional de la Competencia. *Report on the relations between manufacturers and retailers in the food sector*, 2011.

lados com características de gargalo à concorrência. Dizem respeito, portanto, a *contribuições acessórias* dos fornecedores aos varejistas, diferentemente daqueles pagamentos que são realizados de modo diretamente relacionado ao acesso à loja e dentro do supermercado.

Abaixo, segue a proposta de lista exemplificativa dessas práticas categorizadas enquanto transferências de custos do varejista ao fornecedor:

PRÁTICAS VERTICAIS DO VAREJISTA QUE CARACTERIZAM TRANSFERÊNCIA DE CUSTOS DO VAREJISTA AO FORNECEDOR
I) O varejista exigir (ou pedir) que o fornecedor contribua com os custos do varejista relacionados a reforma/abertura/inauguração de loja (por exemplo, doação de lotes de mercadorias, "enxovais")
II) O varejista exigir (ou pedir) que o fornecedor contribua com os custos relacionados a promoções (por exemplo, "pegue um e leve dois"/"*buy one get one free*" – BOGOF/"2 for 1") e a publicidade/*merchandising* do varejista
III) O varejista exigir (ou pedir) que o fornecedor aloque para trabalhar na loja do varejista funcionários próprios do fornecedor (por exemplo, promotor de vendas do produto de marca do fabricante)
IV) O varejista exigir (ou pedir) que o fornecedor contribua com os custos relacionados a alterações no código de barra ou em embalagens de desconto
V) O varejista exigir (ou pedir) que o fornecedor contribua com os custos relacionados à visita do varejista ao novo fornecedor e a outros custos do varejista na prospecção e análise de fornecedores
VI) O varejista exigir (ou pedir) que o fornecedor contribua com bônus de cooperação
VII) O varejista exigir (ou pedir) que o fornecedor contribua com os custos relacionados a discrepâncias no fornecimento que não tenham sido previamente acordadas ou cujas informações não tenham sido repassadas ao fornecedor
VIII) O varejista impor unilateralmente ao fornecedor cobranças sobre o não atendimento a determinada especificação sem a devida averiguação se a falha não foi originada pelo próprio varejista (por exemplo, por falha no manuseio ou na rotatividade de estoque)
IX) O varejista exigir (ou pedir) que o fornecedor aumente sua contribuição com o aumento dos custos do varejista relacionados a distribuição, sem compartilhar das economias resultantes
X) O varejista exigir (ou pedir) que o fornecedor contribua com organizações de caridade
XI) O varejista discriminar entre os fornecedores (sem justificativa relacionada a custos) quanto à duração do prazo de crédito concedido

Capítulo 5 Categorização das práticas comerciais no varejo supermercadista

5.1.1.2 Práticas verticais do varejista que caracterizam transferência de riscos do varejista ao fornecedor

Por práticas que caracterizem transferência de riscos[529] entende-se aquelas que de algum modo mudam a dinâmica de alocação de risco tradicionalmente assumido pelo varejista, que passa, então, a ser arcado pelo fornecedor devido ao poder deste supermercado enquanto plataforma de dois lados com características de gargalo à concorrência. Dizem respeito, também, a *contribuições acessórias* dos fornecedores aos varejistas, diferentemente daqueles pagamentos que são realizados de modo diretamente relacionado ao acesso à loja e dentro do supermercado. A diferença desta para a categoria anterior de transferência de custos é sutil, mas importante, dado que naquela o foco está mais em práticas diretamente relacionadas a preço do produto ou a dispêndios financeiros, ao passo que esta categoria trata de compensações e negociações paralelas sobretudo relacionadas ao fornecimento, que apenas indiretamente podem afetar o valor do produto.

Abaixo, segue a proposta de lista exemplificativa dessas práticas categorizadas enquanto transferências de riscos do varejista ao fornecedor:

PRÁTICAS VERTICAIS DO VAREJISTA QUE CARACTERIZAM TRANSFERÊNCIA DE RISCOS DO VAREJISTA AO FORNECEDOR
XII) O varejista exigir (ou pedir) que o fornecedor dê descontos máximos ou antecipados
XIII) O varejista exigir (ou pedir) que o fornecedor compense quando os lucros obtidos com o produto forem menores do que os esperados (excluindo atividades promocionais)

---

[529] GOLDBERG agrupou as práticas comerciais dos varejistas em cinco categorias, sendo que a quarta categoria foi de (iv) cláusulas de alocação de risco. GOLDBERG aponta como exemplos típicos as exigências de que o fornecedor compre de volta eventuais produtos não vendidos, garanta um certo nível de lucros com a comercialização de sua linha de produtos ou pague para inauguração de novas lojas. O autor não se posicionou, no entanto, sobre a eventual ilicitude antitruste das práticas. GOLDBERG, Daniel K. *Poder de compra e política antitruste*. São Paulo: Tese de Doutorado apresentada na Faculdade de Direito da Universidade de São Paulo, 2005. p. 215. Essa transferência dos riscos do negócio do varejista para o fornecedor foi denominada por DOBSON como mudança no ônus do risco financeiro, que coincide em parte com as práticas de transferência de custos já mencionadas neste trabalho em outra categoria. DOBSON, Paul. Exploiting buyer power: lessons from the British grocery trade. 72 *Antitrust Law Journal*, p. 529-562, 2005.

PRÁTICAS VERTICAIS DO VAREJISTA QUE CARACTERIZAM TRANSFERÊNCIA DE RISCOS DO VAREJISTA AO FORNECEDOR
XIV) O varejista exigir (ou pedir) que o fornecedor compense financeiramente quando uma atividade promocional não atingir a meta esperada, incluindo custos extras de embalagens
XV) O varejista exigir (ou pedir) que o fornecedor faça pagamentos para cobrir custos com desperdício do produto (sendo que, em geral, o desperdício é maior em se tratando de produtos perecíveis ou em lançamento)
XVI) O varejista exigir (ou pedir) que o fornecedor compre de volta os produtos que não forem vendidos (*buy-back claims*) ou deixar de pagar pelos itens não vendidos
XVII) O varejista não compensar os fornecedores pelos custos extras causados por erros de estimativa ou de pedidos de compra do varejista
XVIII) O varejista exigir (ou pedir) que o fornecedor arque com os custos relativos a reclamações dos consumidores em montante que exceda o custo real incorrido pelo varejista ou com os custos relativos a uma falha no produto cuja informação por escrito não tenha sido passada ao fornecedor
XIX) O varejista retirar da lista de fornecedores aquele que não entregar ao supermercado as quantidades acordadas devido a condições meteorológicas
XX) O varejista exigir (ou pedir) que o fornecedor arque com os custos relativos à troca da mercadoria caso haja o vencimento do prazo de validade

5.1.1.3 Práticas verticais do varejista que alteram o ambiente contratual de modo retroativo

Por práticas que alteram o ambiente contratual de modo retroativo entende-se aquelas que de algum modo mudam o acordo – oralmente[530] ou por escrito – anteriormente havido entre varejista e fornecedor. As condições contratuais são repentinamente alteradas unilateralmente pelo varejista para se aplicarem retroativamente, podendo estar relacionadas a preço, quantidade, qualidade, termos e condições contratuais, etc.[531] Essa alteração para período

---

530 A própria ausência de contrato escrito é considerada, por alguns autores e autoridades antitruste, como preocupante. Espanha. Comisión Nacional de la Competencia. *Report on the relations between manufacturers and retailers in the food sector*, 2011. p. 79. "*Contract terms and conditions which are not set down in advance in written form*".

531 GOLDBERG, Daniel K. *Poder de compra e política antitruste*. São Paulo: Tese de Doutorado apresentada na Faculdade de Direito da Universidade de São Paulo, 2005. p. 215. GOLDBERG agrupou as práticas comerciais dos varejistas em cinco categorias, sendo que a terceira categoria de práticas, (iii) pagamentos retroativos, o autor entende estar ela

Capítulo 5   Categorização das práticas comerciais no varejo supermercadista

anterior é possível devido ao poder deste supermercado enquanto plataforma de dois lados com características de gargalo à concorrência, que constantemente leva – inclusive no Brasil[532] – à alteração unilateral e *a posteriori* dos padrões acordados com o varejista.

Abaixo, segue a proposta de lista exemplificativa dessas práticas categorizadas enquanto alteradoras do ambiente contratual de modo retroativo. As práticas destacadas com o símbolo ۞ são aquelas consideradas mais preocupantes sob o ponto de vista concorrencial, e que serão analisadas com mais detalhes no Capítulo 6.

---

abarcada na rubrica mais ampla do "oportunismo" contratual, em que uma das partes (varejista) se aproveita dos investimentos realizados pela outra (fornecedor) para aumentar o seu excedente. Nesse ponto, GOLDBERG questiona a efetividade do remédio proposto, pois o sistema de defesa da concorrência passaria a ser árbitro e regulador dos conflitos entre varejo e indústria. Para a *Comisión Nacional de la Competencia*, essa prática pode assumir diversas formas, dentre elas o descumprimento de uma cláusula ou de todo o contrato que foi acordado oralmente ou por escrito sem a devida compensação à parte afetada. Essas práticas foram apontadas como causadoras da redução de incentivos para os fornecedores investirem, inovarem e serem eficientes. Espanha. Comisión Nacional de la Competencia. *Report on the relations between manufacturers and retailers in the food sector*, 2011. p. 99-102.

532 ABRAS. *Revista Super Hiper*, ano 40, n. 459, p. 28-38, set. 2014. "A palavra união define com clareza a essência da prática varejista. Não adianta o supermercadista ter uma bela loja e consistentes estratégias comerciais se não tiver produtos nas gôndolas. O mesmo vale para os fornecedores, pois de nada vale a indústria investir em inovação, marketing e caprichar na logística, se o varejo não estiver estruturado e organizado para vender"; "Top 10 – fatores prioritários da indústria: (1) implementa o plano de negócio *acordado*; (2) as lojas executam os planos de promoção e vendas *conforme o acordado*; (3) trabalha colaborativamente para estimar vendas e evitar rupturas de produtos; (4) os planos e programas *acordados* são executados apropriadamente em todas as lojas; (5) as lojas mantêm um alto padrão de exposição nas prateleiras; (6) possui um eficiente processo de gestão de logística; (7) trabalha produtivamente de forma a construir negócios lucrativos para ambas as empresas; (8) cria e mantém um clima de cooperação e confiança; (9) possui um eficiente processo de pagamento e (10) a organização tem um sistema de compras ágil"; "Top 10 – fatores prioritários do varejo: (1) entregar os pedidos no prazo solicitado; (2) entregar pedidos completos; (3) fornecer um nível de investimento apropriado e flexível; (4) entregar pedidos precisos; (5) trabalhar pró-ativamente em previsões para evitar rupturas; (6) qualidade do contato com as pessoas do fornecedor; (7) entender e responder às estratégias, objetivos e necessidades específicas do varejo; (8) a equipe deve trabalhar com senso de urgência adequado para atender às necessidades; (9) trabalhar no desenvolvimento de planos de categorias, que ajudam a obter crescimento; (10) trabalhar bem e ser fácil de fazer negócios".

PRÁTICAS VERTICAIS DO VAREJISTA QUE ALTERAM O AMBIENTE CONTRATUAL DE MODO RETROATIVO
XXI) O varejista debitar ou pleitear a realização de débito nas faturas do fornecedor sem prévio acordo
XXII) O varejista debitar ou pleitear a realização de débito nas faturas do fornecedor quando da realização de promoções, sem prévio acordo e antes mesmo da realização das promoções
XXIII) O varejista realizar cobranças retroativas ou descontos retroativos em produtos já vendidos
XXIV) O varejista atrasar o pagamento ao fornecedor para além do prazo previsto no contrato (ou além de trinta dias da data da fatura), quando as entregas do fornecedor ao varejista tenham sido feitas de acordo com as especificações
XXV) O varejista mudar as quantidades ou as especificações do produto, em divergência com o prévio acordo, com menos de três dias de aviso prévio, sem compensar financeiramente o fornecedor por quaisquer perdas incorridas
XXVI) O varejista comprar do fornecedor mais produtos a um preço promocional para em seguida revender a um preço maior, sem compensar o fornecedor
XXVII) O varejista exigir (ou pedir) redução permanente dos preços previamente acordados relacionados a iniciativas de *marketing* do varejista
XXVIII) O varejista realizar promoção em um produto sem o consentimento do fornecedor e exigir posteriormente que o fornecedor financie a promoção já realizada
XXIX) O varejista exigir (ou pedir) que o fornecedor mantenha um nível de preços mais baixo, resultante da compra de um vultoso volume de determinado produto, quando tal volume é posteriormente reduzido
XXX) O varejista romper o contrato ou alguns de seus termos sem devida compensação, especialmente com relação à duração do contrato
XXXI) O varejista retirar ou ameaçar retirar da lista de fornecedores para obter a redução de preços dos produtos ou a alteração de termos e condições contratuais
XXXII) O varejista sugerir ao fornecedor que este será retirado da lista e, posteriormente, desistir dessa retirada quando receber um desconto ou alguma melhora nos termos e condições contratuais de compra do produto
XXXIII) O varejista adquirir seus produtos por meio de leilão (*"blind auctions"*)
XXXIV) ⊚ O varejista exigir (ou pedir) que o fornecedor monitore e/ou transfira informações comercialmente sensíveis atuais e/ou passadas sobre fornecedores e/ou preços cobrados a outros fornecedores, não se restringindo à gestão de categorias

Capítulo 5   Categorização das práticas comerciais no varejo supermercadista

5.1.1.4 Práticas verticais do varejista que impactam nos fornecedores do fornecedor

Por práticas que impactam nos fornecedores do fornecedor entende-se todas as práticas do varejista que de algum modo mudam a lógica empresarial esperada do fornecedor em sua relação comercial com os seus próprios fornecedores. Essa interferência do varejista até nos fornecedores do seu fornecedor só é possível devido ao poder deste supermercado enquanto plataforma de dois lados com características de gargalo à concorrência.

Abaixo, segue a proposta de lista exemplificativa dessas práticas categorizadas enquanto impactantes nos fornecedores do fornecedor:

PRÁTICAS VERTICAIS DO VAREJISTA QUE IMPACTAM NOS FORNECEDORES DO FORNECEDOR
XXXV) O varejista exigir (ou pedir) que o fornecedor se utilize de terceiras empresas intermediárias predeterminadas (por exemplo, de transportes, embalagens, rótulos etc.), mesmo não sendo este um fornecedor de marca própria, sendo que, eventualmente, o varejista recebe uma comissão dessa terceira empresa, por vezes sem o conhecimento do fornecedor
XXXVI) O varejista instruir terceiras empresas intermediárias a não realizar o serviço se os produtos forem para entrega a outro varejista concorrente, caso se trate de produtos de um fornecedor com o qual o varejista já tenha finalizado seu relacionamento comercial

5.1.2 Varejista como prestador de serviços ao fornecedor dentro da plataforma (fornecedor da indústria fornecedora)

Uma segunda relação jurídica do varejista na relação vertical com os fornecedores diz respeito à sua atuação ao comercializar espaços em gôndolas para a venda dos produtos de marca independente – ou seja, atuar como fornecedor da indústria fornecedora. Nesta, o varejista implementa práticas comerciais possivelmente questionáveis em termos concorrenciais, genericamente denominadas como pagamentos de taxas e condições de acesso ("*acess fees and terms*") para espaço em gôndola, que incluem não apenas os efetivos pagamentos, mas também práticas como a gestão de categorias, relacionadas também ao modo de exposição dos produtos nas prateleiras de suas lojas ("*planogram*").

5.1.2.1 Práticas verticais do varejista que impõem aos fornecedores pagamentos de taxas e condições de acesso para espaço em gôndola

Por práticas que impõem aos fornecedores pagamentos de taxas e condições de acesso ("*acess fees and terms*") entende-se todo pagamento, direto ou indireto,[533] de subsídio, ajuda de custo, taxa ou condição, que seja um requisito, de fato ou de direito, para o acesso e/ou manutenção do acesso à categoria de produtos do supermercado e/ou às gôndolas.[534] Não há um conceito único definido para o que ora se define como taxas e condições de acesso,[535] razão

---

[533] DOBSON, Paul. Exploiting buyer power: lessons from the British grocery trade. 72 *Antitrust Law Journal*, p. 529-562, 2005.

[534] Sobre o histórico de surgimento das *slotting allowances/fees* e das *listing fees*, sugere-se: BLOOM, Paul N.; CANNON, Joseph P.; GUNDLACH, Gregory T. Slotting allowances and Fees: Schools of Thought and the Views of Practicing Managers. *Journal of Marketing*, v. 64, n. 2, p. 92-108, abr. 2000. Os autores BLOOM e CANNON explicam que, a partir dos anos 1980, em razão de mudanças estruturais na organização do comércio de alimentos – provocadas principalmente pelas fusões que originaram as primeiras grandes cadeias de supermercados –, os varejistas adquiriram considerável poder de negociação diante de seus fornecedores. Isto é, uma vez que passaram a existir poucas cadeias de supermercados em dados mercados geográficos, aumentou a importância de se obter acesso aos canais de distribuição dessas cadeias. Ainda, no mesmo período em que houve essa mudança estrutural no comércio de alimentos, a indústria de alimentos passou a lançar novos produtos com mais frequência. Essas duas tendências – formação de grandes cadeias de supermercados e lançamento frequente de novos produtos – combinadas estimularam o desenvolvimento de uma prática na qual os varejistas requerem que seus fornecedores paguem uma taxa para que seus novos produtos sejam expostos nas gôndolas dos supermercados. O pagamento dessa taxa é usualmente referido por meio da expressão em inglês *slotting allowances*.

[535] Finlândia. Finnish Competition Authority. *Study on Trade in Groceries – How does buyer power affect the relations between trade and industry?*, 2012. Disponível em: <http://www2.kkv.fi/file/cd1a09b5-f5b7-4483-a18f-6673dead8182/FCA-Reports-1-2012-Study-on-Trade-in-Groceries.pdf>. Acesso em: 23 maio 2015. "*There is no single definition for slotting fees. Initially, the term meant payment against securing a space for a new product in the stock/on the shelf. Thereinafter, the fee has expanded to include different fees and incentives which the suppliers pay to the trade during the life cycle of the product in order for the trade to include them in their categories and promote the sales and/ display thereof. The fees related to access to / placement on the shelf include slotting allowances, i.e. traditional slotting fees used to obtain a new product a slot in the selection i.e. shelf of a retail outlet; slotting fees or continuous fees to obtain a good place for the product on the shelf; so-called facing fees used to increase the amount of shelf space; display fees used to obtain special displays; and pay-to-stay fees aimed at keeping the product in the selection for some more time. Slotting fees may be narrowly defined to cover only*

Capítulo 5   Categorização das práticas comerciais no varejo supermercadista

pela qual se propõe que o termo seja entendido de modo amplo, abarcando uma gama de expressões que retratam o mesmo fato: *"slotting allowances"*,[536] *"listing charge"*,[537] *"listing fees"*, *"continuous fees"*,[538] *"facing fees"*, *"pay to stay fees"*, *"upfront acess payments"*, *"marketing allowances"*, *"early buy allowances"*, *"defective merchandise allowances"*, *"obsolescence allowances"*, *"back haul allowances"*, *"advertising allowances and discounts"*, *"gathering allowances"*, *"warehouse and store changeover allowances"*, *"allowances for the return of goods"*, pagamentos para garantir localização privilegiada para seu produto em lojas específicas,[539] entre outras.

Além dos pagamentos diretos com relação às taxas, essas cobranças podem ser realizadas indiretamente, na forma de condições comerciais, que

> *the obligatory fixed off-invoice fees paid in advance. A wider definition also covers accrual-based, variable, invoiced and running costs. Both interpretations include monetary compensations and freebies. The interpretations also differ in whether the slotting fees also include the fees imposed by the trade or also those offered by the producers. Although it is difficult to distinguish between the two at times, according to some interpretations, slotting fees refer only to the fees required and imposed by the retail trade. Following this interpretation, the supplier would rather not pay the fees but pays them anyway due to the better position (buyer power) of the retailer. According to the other view, the fees initiated and offered to the retailers by the suppliers, used to promote the retailers to market the producer's products, such as marketing schemes, special displays and other sales promotional activities, are part of slotting fees. In this study, the slotting fees are fees consonant with the wider definition. We focus mainly on fees based on the buyer power of the trade, which include for example marketing allowance automatically included in annual agreements (discussed below), for which nothing more is necessarily obtained in exchange than a place in the selection of the trade".*

[536] FTC (United States Federal Trade Commission). *Slotting Allowances in the Retail Grocery Industry: Selected Case Studies in Five Product Categories.* An FTC Staff Study (nov. 2003). Na pesquisa conduzida pela *Federal Trade Commission* sobre a prática de *slotting allowances* nos Estados Unidos, a maioria dos fornecedores consultados informou que a introdução de um novo produto em supermercados, abrangendo todo o território dos EUA, requeria entre USD 1,5 e USD 2 milhões de dólares em *slotting allowances*. Europa. European Commission. *Buyer power and its impact on competition in the food retail distribution sector of the European Union*, 1999.

[537] Europa. European Commission. *Buyer power and its impact on competition in the food retail distribution sector of the European Union*, 1999.

[538] WANG, Hao. Slotting Allowances and Retailer Market Power. *Journal of Economic Studies*, v. 33, n. 1, p. 68-77, 2006. BLOOM, Paul N. Role of slotting fees and trade promotions in shaping how tobacco is marketed in retail stores. *Tobacco Control*, v. 10, p. 340-344, 2001.

[539] BORGHESANI JR., William H.; CRUZ, Peter L. de La; BERRY, David. Food for thought: the emergence of power buyers and its challenge to competition analysis. *Stan. JL Bus. & Fin.*, v. 4, p. 40-43, 1998. Estes autores explicam que os pagamentos podem ser iniciais e anuais.

também se encontram abarcadas no conceito de pagamentos para obter acesso às gôndolas. Assim, o que importa é a realização desses pagamentos, e não a sua caracterização formal,[540] de modo que todos[541] eles, seja na forma de taxas ou de condições de acesso, são cobrados devido ao poder de mercado do supermercado enquanto plataforma de dois lados com características de gargalo à concorrência. Trata-se, portanto, de *pagamentos diretos*, uma vez que aqueles considerados acessórios já foram explorados nas item de transferência de custos e de riscos, *supra*.

Apresenta-se, a seguir, a proposta de lista exemplificativa dessas práticas categorizadas enquanto pagamentos de taxas e condições de acesso para espaço em gôndola pelo fornecedor. As práticas destacadas com o símbolo ۞ são aquelas consideradas mais preocupantes sob o ponto de vista concorrencial, e que serão analisadas com mais detalhes no Capítulo 6.

---

540 ROWE, William Jason. An investigation into the unintended consequences of downstream channel allowances. University of Kentucky Doctoral Dissertations. 9, 2010. p. 4.

541 GOLDBERG agrupou as práticas comerciais dos varejistas em cinco categorias, sendo que, em relação à segunda categoria, (ii) pagamentos por espaço de prateleira, GOLDBERG aponta serem dois os tipos de pagamentos usualmente exigidos: o primeiro seria um pagamento antecipado que remunera o espaço a ser ocupado pelo produto ("*slotting fee*"); o segundo seria simplesmente uma taxa de permanência ("*pay-to-stay fee*"), ou seja, um pagamento adicional realizado pelo fornecedor quando o produto já foi colocado à venda, apenas para manter seu espaço. O autor indica a possibilidade de essas cobranças serem tipificadas como abuso de posição dominante pelo varejista, mas questiona a racionalidade de uma eventual proibição. Também no caso de o pagamento por espaço nas prateleiras se degenerar em acordo de exclusividade constituído para impedir o acesso de novas empresas, o autor indica nova possibilidade de configuração de ilícito antitruste. GOLDBERG, Daniel K. *Poder de compra e política antitruste*. São Paulo: Tese de Doutorado apresentada na Faculdade de Direito da Universidade de São Paulo, 2005. p. 215. Para a *Comisión Nacional de la Competencia* da Espanha, "*Payments for carrying products and for placement of products (listing fees, slotting allowances, including payments for premium shelf space or replacement on shelves and gondola headers etc)*". Espanha. Comisión Nacional de la Competencia. *Report on the relations between manufacturers and retailes in the food sector*, 2011. Na União Europeia, esses pagamentos foram destacados como "*upfront access payments*" no Guia de Restrições Verticais: "*Upfront access payments are fixed fees that suppliers pay to distributors in the framework of a vertical relationship at the beginning of a relevant period, in order to get access to their distribution network and remunerate services provided to the suppliers by the retailers. This category includes various practices such as slotting allowances, the so called pay-to-stay fees, payments to have access to a distributor's promotion campaigns etc.*". Europa. European Commission. *Guidelines on Vertical Restraints*, 2010. Disponível em: <http://ec.europa.eu/competition/antitrust/legislation/guidelines_vertical_en.pdf>. Acesso em: 3 set. 2015. p. 203-208.

Capítulo 5 Categorização das práticas comerciais no varejo supermercadista

PRÁTICAS VERTICAIS DOS VAREJISTAS QUE IMPÕEM AOS FORNECEDORES PAGAMENTOS DE TAXAS E CONDIÇÕES DE ACESSO PARA ESPAÇO EM GÔNDOLA
XXXVII) ⊙ O varejista exigir (ou pedir) pagamentos dos fornecedores como uma condição para os produtos de marca do fabricante serem incluídos e/ou para permanecer na lista de fornecedores e/ou nas gôndolas dos varejistas ("*slotting allowances/fees*" e "*listing fees*")
XXXVIII) ⊙ O varejista exigir (ou pedir) pagamentos dos fornecedores como condição para exposição dos produtos em localização privilegiada dentro das lojas (por exemplo, nas prateleiras situadas à altura dos olhos do consumidor e/ou nas "pontas de gôndola", que são os espaços localizados nas "esquinas" dos corredores, ou por meio da inclusão desse produto em um maior número de lojas da mesma rede)
XXXIX) ⊙ O varejista exigir (ou pedir) pagamentos dos fornecedores como uma condição para promoções específicas, sendo que os pagamentos extrapolam os custos do varejista com a promoção ("*marketing/advertising allowances*") ou recompensam pelo fato de os seus produtos estarem sendo objeto de promoção nas lojas ("*pay to play*" ou "TAA")
XL) ⊙ **O varejista exigir (ou pedir) aos fornecedores que melhorem suas condições comerciais para o aumento de variedade ou da intensidade da distribuição dos seus produtos dentro das lojas**
XLI) ⊙ **O varejista cobrar pagamento diferenciado entre o fornecedor "capitão" na gestão da categoria e outros fornecedores para obter espaço nas gôndolas ou para exposição dos produtos**
XLII) ⊙ O varejista exigir (ou pedir) pagamento extra de um fornecedor pelo fato de ele ter sido escolhido como fornecedor "capitão" na gestão da categoria
XLIII) ⊙ O varejista discriminar fornecedores ao recusar-se a fornecer dados sobre vendas de determinados produtos a ele, ao mesmo tempo em que disponibiliza tais informações ao fornecedor "capitão" na gestão da categoria

5.1.3 Varejista como concorrente do fornecedor (concorrente do fornecedor)

Uma terceira relação jurídica do varejista na relação vertical com os fornecedores diz respeito ao surgimento das marcas próprias, por meio das quais os grandes supermercados se tornaram um dos concorrentes mais importantes da indústria fornecedora. Nesta, o varejista implementa práticas comerciais possivelmente questionáveis em termos concorrenciais, como aquelas que alteram a dinâmica de acesso à e dentro da plataforma para fornecedores concorrentes das marcas próprias, que incluem até mesmo a utilização de segredos de negócios dos seus fornecedores na criação de marcas próprias de imitação ("*copycat*").

5.1.3.1 Práticas verticais do varejista que alteram a dinâmica de acesso à e dentro da plataforma para fornecedores concorrentes das marcas próprias

Por práticas do varejista que alteram a dinâmica de acesso à loja e dentro da loja para concorrentes das marcas próprias entende-se toda prática do varejista que evidencie confusão de interesses da nova função de concorrente, detentor da marca própria, com a sua função tradicional, de prestador de serviços para acesso à loja e dentro da loja (comprador). Todas são evidenciadas pelo poder deste supermercado enquanto plataforma de dois lados com características de gargalo à concorrência, reforçado pela criação das marcas próprias.

Abaixo, segue a proposta de lista exemplificativa dessas práticas categorizadas enquanto alteradoras da dinâmica de acesso à loja e dentro da loja, em função das marcas próprias do varejista. As práticas destacadas com o símbolo ۞ são aquelas consideradas mais preocupantes sob o ponto de vista concorrencial, e que serão analisadas com mais detalhes no Capítulo 6.

PRÁTICAS VERTICAIS DO VAREJISTA QUE ALTERAM A DINÂMICA DE ACESSO À LOJA E DENTRO DA LOJA POR NOVOS FORNECEDORES CONCORRENTES DA MARCA PRÓPRIA
XLIV) O varejista retirar da lista de fornecedor o produto de marca de fabricante concorrente do produto de marca própria
XLV) O varejista deixar de ofertar produtos de marca de fabricante para passar a ofertar produtos equivalentes de marca própria
XLVI) ۞ O varejista exigir (ou pedir) injustificadas informações comercialmente sensíveis dos fornecedores para utilizá-las em benefício das marcas próprias, criando uma marca própria imitação ("*copycats*")
XLVII) ۞ O varejista discriminar a cobrança de taxas e condições de acesso entre a marca independente do fornecedor e a marca própria
XLVIII) ۞ O varejista incentivar que o fornecedor principal ("capitão" da gestão de categorias) limite o acesso de fornecedores concorrentes à categoria, para favorecer a marca principal independente e também a marca própria ("*marca própria +1*")
XLIX) O varejista condicionar o fornecimento de produtos de marca independente à produção concomitante de produtos de marca própria dos varejistas

5.2 Relação horizontal entre varejista e varejista

5.2.1 Varejista concorrente do varejista

Uma quarta relação jurídica do varejista, na relação horizontal no mercado varejista (venda), diz respeito aos supermercados em posição de concor-

Capítulo 5 Categorização das práticas comerciais no varejo supermercadista

rência horizontal com os demais supermercados. Nesta, os varejistas são capazes de implementar práticas que podem prejudicar a concorrência horizontal, que incluem cláusulas do comprador mais favorecido, cláusulas de exclusividade na distribuição, colusões entre varejistas do tipo *hub and spoke* e alianças de compra.

5.2.1.1 Práticas horizontais dos varejistas que impactam diretamente em outros varejistas

Por práticas dos varejistas que impactam diretamente em outros varejistas estende-se as práticas que causam alterações imediatas no ambiente de mercado de outros concorrentes varejistas, seja porque estes se veem impossibilitados de obter o produto do fornecedor, seja porque há correlação clara entre uma exigência do varejista e seu efeito nos demais varejistas.

Abaixo, segue a proposta de lista exemplificativa dessas práticas dos varejistas categorizadas enquanto impactantes diretamente em outros varejistas. As práticas destacadas com o símbolo ⚙ são aquelas consideradas mais preocupantes sob o ponto de vista concorrencial, e que serão analisadas com mais detalhes no Capítulo 6.

PRÁTICAS HORIZONTAIS DOS VAREJISTAS QUE IMPACTAM DIRETAMENTE EM OUTROS VAREJISTAS
L) ⚙ O varejista exige (ou pede) do fornecedor vantagens em relação a outro varejista concorrente (como, por exemplo, preço menor a si, preço maior ao outro varejista concorrente, descontos financeiros a si, verbas de fidelidade a si, redução dos descontos concedidos ao outro varejista concorrente), podendo estas ser condições *sine qua non* para o fechamento do negócio, por exemplo, mediante a inserção de cláusula do comprador mais favorecido ("*most favoured costumer clause*")
LI) O varejista exige (ou pede) cláusula de exclusividade que diz respeito ao fornecimento exclusivo de um produto (que não seja marca própria) ou exigir (ou pedir) do fornecedor uma quantidade mínima do produto tendo como objetivo inviabilizar o fornecimento para outros varejistas concorrentes (o que poderia ter *de facto* o efeito da exclusividade)
LII) ⚙ O varejista busca informação junto ao fornecedor – que pode ser principal/"capitão" da gestão de categorias – sobre as condições de fornecimento e os preços do produto de outros varejistas para usá-la coordenadamente, favorecendo a colusão entre os varejistas, utilizando o fornecedor como elo de troca de informações entre os varejistas ("*hub and spoke*")
LIII) Alianças de compras entre varejistas

5.3 Relação horizontal entre fornecedor e fornecedor

5.3.1 Fornecedor concorrente do fornecedor

Uma quinta relação jurídica, dos fornecedores na relação horizontal no mercado de aprovisionamento (compra), diz respeito aos fornecedores que se encontram em posição de concorrência horizontal com os demais fornecedores. Nesta, os fornecedores são capazes de implementar práticas que podem prejudicar a concorrência horizontal, que incluem atuações no âmbito da gestão de categorias, cláusulas de exclusividade no fornecimento, colusão entre fornecedores *hub and spoke*, notadamente pelo uso indevido de informações sensíveis. Essas práticas dos fornecedores são os focos tradicionais[542] de preocupação da análise antitruste, razão pela qual se concentrará naquelas práticas que trazem novas preocupações no bojo da moderna análise do varejo supermercadista como plataforma de dois lados com características de gargalo à concorrência.

5.3.1.1 Práticas horizontais de fornecedores que impactam diretamente em outros fornecedores

Por práticas que impactam em outros fornecedores estende-se as práticas que diretamente causam alterações no ambiente de mercado de outros concorrentes fornecedores, seja porque estes se veem impossibilitados de acessar o supermercado, seja porque são prejudicados de algum modo dentro da loja do supermercado.

Abaixo, segue a proposta de lista exemplificativa dessas práticas dos fornecedores categorizadas enquanto impactantes diretamente em outros fornecedores. As práticas destacadas com o símbolo ✪ são aquelas consideradas mais preocupantes sob o ponto de vista concorrencial, e que serão analisadas com mais detalhes no Capítulo 6.

---

542 A respeito de práticas de abuso de posição dominante adotadas por fornecedores no mercado de distribuição, sugere-se: CORRÊA, Mariana Villela. *Abuso de posição dominante: condutas de exclusão em relações de distribuição*. Tese de Doutorado. Universidade de São Paulo, 2012.

Capítulo 5   Categorização das práticas comerciais no varejo supermercadista

PRÁTICAS HORIZONTAIS DE FORNECEDORES QUE IMPACTAM DIRETAMENTE EM OUTROS FORNECEDORES
LIV) ⊙ O fornecedor – que pode ser principal/"capitão" da gestão de categorias – comprar do varejista espaço em gôndola excessivamente (taxas e condições de acesso), a fim de diminuir o espaço disponível para outros fornecedores concorrentes e assim dificultar ou impedir a concorrência no mercado de aprovisionamento
LV) ⊙ O fornecedor – que pode ser principal/"capitão" da gestão de categorias – influencia o varejista para limitar o acesso de fornecedores concorrentes à categoria ou para alterar a dinâmica nas gôndolas, dentro da loja
LVI) ⊙ O fornecedor principal – que pode ser "capitão" da gestão de categorias – impede a implementação de estratégias futuras de fornecedores concorrentes à categoria, por ter antecipadamente informações comercialmente sensíveis
LVII) ⊙ O fornecedor – que pode ser principal/"capitão" da gestão de categorias – viabiliza a colusão entre os fornecedores da categoria, por ter antecipadamente informações comercialmente sensíveis, até mesmo utilizando de um varejista como elo de troca de informações entre eles ("*hub and spoke*")
LVIII) ⊙ O fornecedor – que pode ser principal/"capitão" da gestão de categorias – viabiliza a colusão entre os varejistas, por ser ele o "capitão" da gestão de categorias de vários varejistas e atuar como elo de troca de informações entre eles ("*hub and spoke*")
LIX) ⊙ O fornecedor – que pode ser principal/"capitão" da gestão de categorias – influencia o varejista para cobrar altas taxas e condições de acesso ou para adotar cláusulas contratuais de exclusividade que alterem a dinâmica de acesso à loja e dentro da loja, para favorecer a marca principal independente e eventualmente também a marca própria
LX) O fornecedor exigir do varejista que nenhum outro fornecedor seja vendido na sua categoria de produtos por meio de contratos ou incentivos à exclusividade ("*single branding*")

Conclusão do Capítulo 5

Com inspiração em algumas tentativas de enumeração das práticas comerciais no varejo supermercadista no exterior e no Brasil, notadamente aquelas realizadas por autoridades antitruste estrangeiras – *Competition Commission* do Reino Unido (2000 e 2008), *Fiscalía Nacional Económica* no Chile (2007), *Comisión Nacional de la Competencia* da Espanha (2011) e UNCTAD (2014) –, por acadêmicos – DOBSON, BERASATEGI, FORGIONI, GOLDBERG e CAVALCANTE – e, ainda, por legislações nacionais em países estrangeiros – como na França e na Eslováquia –, propõe-se uma nova e mais abrangente categorização das práticas comerciais no varejo supermercadista.

Para além das tradicionais relações horizontal entre varejista e varejista – atuando como concorrentes –, horizontal entre fornecedor e fornecedor – atuando como concorrentes –, e vertical entre varejista e fornecedor – atuando como prestador de serviços de acesso à plataforma/comprador –, há também dois novos paradigmas "híbridos" de relação vertical entre varejista e fornecedor que são pouco mencionados: a relação vertical entre varejista e fornecedor – atuando como concorrentes/detentores de marcas próprias – e a relação vertical entre varejista e fornecedor – atuando como fornecedor da indústria fornecedora/detentor das gôndolas.

Assim, propõe-se a categorização das práticas dos varejistas em oito categorias – não relacionadas a preço –, agrupadas pela finalidade em conjunto delas. No total, as oito categorias de práticas propostas abrangerão uma lista de 60 (sessenta) práticas comerciais no varejo supermercadista, em um esforço metodológico ainda não encontrado na literatura. O cotejamento dessas relações jurídicas do varejo supermercadista com as práticas implementadas dá ensejo à tabela a seguir:

AS RELAÇÕES JURÍDICAS DO VAREJO SUPERMERCADISTA		CATEGORIAS DE PRÁTICAS
Relação vertical entre varejista e fornecedor	Varejista como prestador de serviços ao fornecedor para acesso à plataforma (*comprador do fornecedor*)	Práticas verticais do varejista que caracterizam **transferência de custos** do varejista ao fornecedor
		Práticas verticais do varejista que caracterizam **transferência de riscos** do varejista ao fornecedor
		Práticas verticais do varejista que alteram o **ambiente contratual de modo retroativo**
		Práticas verticais do varejista que impactam nos **fornecedores do fornecedor**
	Varejista como prestador de serviços ao fornecedor dentro da plataforma (*fornecedor da indústria fornecedora*)	Práticas verticais do varejista que impõem aos fornecedores **pagamentos de taxas e condições de acesso para espaço em gôndola**
	Varejista como concorrente do fornecedor (*concorrente do fornecedor*)	Práticas verticais do varejista que restringem o acesso de novos **fornecedores concorrentes das marcas próprias**

Capítulo 5 Categorização das práticas comerciais no varejo supermercadista

AS RELAÇÕES JURÍDICAS DO VAREJO SUPERMERCADISTA		CATEGORIAS DE PRÁTICAS
Relação horizontal varejista e varejista	Varejista concorrente do varejista	Práticas **horizontais** dos varejistas que impactam em **outros varejistas**
Relação horizontal fornecedor e fornecedor	Fornecedor concorrente do fornecedor	Práticas **horizontais** de fornecedores que impactam diretamente em **outros fornecedores**

CAPÍTULO **6**

Práticas comerciais no varejo supermercadista potencialmente violadoras da ordem econômica nos termos da Lei 12.529/2011

No Capítulo 5 *supra* foram apresentadas diversas práticas comerciais no varejo supermercadista que podem ser analisadas sob a ótica do direito concorrencial. Ao todo, foram listadas 60 práticas comerciais, divididas em 8 categorias temáticas pela finalidade de cada uma delas. Todas elas, a nosso ver, podem, em alguma medida, causar alguns dos efeitos anticompetitivos apresentados nas Capítulos 8 e 9, *infra*, tanto no mercado varejista (de venda) quanto no mercado de aprovisionamento (de compra).

Propõe-se especial cuidado antitruste com quatro tipos gerais de práticas comerciais no varejo supermercadista – englobando 28 práticas daquelas categorizadas –, como potencialmente violadoras da ordem econômica nos termos da Lei 12.529/2011, devendo ser submetidas à análise pela regra da razão.[543] São elas: cobrança/pagamento de taxas e condições de acesso, gestão

---

[543] A respeito da diferenciação entre a regra da razão e a regra *per se* como formas de análise dos ilícitos, sugere-se: MENDES, Francisco S. *O controle de condutas no direito concorrencial brasileiro:* características e especificidades. Brasília: UNB, 2013. p. 60-64. "Apesar de existente há quase um século, o debate acerca da regra *per se* e da regra da razão continua a despertar grande atenção na literatura especializada. (...) *A análise da origem jurisprudencial da regra da razão e da regra* per se *demonstra que elas não representam dois tipos distintos de infrações concorrenciais, mas apenas formatos de análise e de decisão diferentes para constatação do ilícito antitruste.* A diferenciação entre as duas regras não diz respeito a definições distintas do conceito de infração concorrencial (Krattenmaker 1988, 165), mas à estruturação jurisprudencial de *standards* analíticos e probatórios adequados para o exame dos vários tipos de práticas empresariais submetidas ao escrutínio das autoridades antitruste. Em ou-

de categorias ("*category management*"), uso indevido de informação comercialmente sensível para colusão ou criação de marcas próprias de imitação ("*copycat*") e cláusula do comprador mais favorecido ("MFN").

6.1 Taxas e condições de acesso ("*acess fees and terms*") para espaço em gôndola

Propõe-se que as práticas comerciais de cobrança/pagamento excessivo de taxas e condições de acesso pelos varejistas possam, em análise pela regra da razão,[544] configurar condutas anticompetitivas nos termos do art. 36, § 3º, II, III, IV, V e X, da Lei 12.529/2011.

> tras palavras, apesar das razões de fundo que justificam a condenação de uma prática empresarial serem as mesmas independentemente da natureza da conduta, não é necessário que haja sempre a comprovação plena de todos os elementos configuradores do ilícito concorrencial, o que se mostraria extremamente complicado e custoso (Hovenkamp 2008, 104). (...) De uma forma geral, pode-se afirmar que a regra *per se* consiste num agregado de presunções e atalhos probatórios voltados a reduzir os altos custos administrativos e as incertezas existentes em investigações antitruste (Hovenkamp 2008, 56 e 104). Dado que a criação da regra *per se* justifica-se justamente pela necessidade de se facilitar a condenação de determinadas categorias de práticas empresariais, que a experiência das autoridades antitruste indica como altamente lesivas aos bens protegidos pelo direito concorrencial, sua aplicação a casos concretos tem por principal efeito a redução das possibilidades de defesa que são colocadas à disposição do agente econômico investigado (...) A simplificação probatória e processual trazida pelo uso de regras *per se* em investigações antitruste se faz sentir na supressão de algumas etapas de análise que em geral devem ser empreendidas antes que se conclua pela configuração da infração antitruste. Em primeiro lugar, regras *per se* dispensam um exame específico acerca do nível de poder de mercado do agente investigado (Kaplow e Shapiro 2007, 2). Elas também tornam desnecessária uma análise detalhada do efetivo impacto da conduta investigada sobre o mercado, sendo dispensável a comprovação de aumentos de preços ou de reduções na oferta diretamente decorrentes da prática empresarial (Anderson, Bolema, e Geckil 2007, 1). Além disso, a análise *per se* permite a rejeição sumária de possíveis explicações ou justificativas oferecidas pelas empresas investigadas para a implementação da conduta investigada (Krattenmaker 1988, 172)". Ademais, na doutrina internacional, sugere-se a leitura de minuta de ensaio publicado em dezembro de 2016 por HOVENKAMP, especificamente sobre a "*The rule of reason*" nos Estados Unidos. HOVENKAMP, Herbert. *The rule of reason*. (December 16, 2016). Disponível em: <https://ssrn.com/abstract=2885916>. Para FORGIONI, a regra da razão seria uma primeira "válvula de escape" antitruste, destinada a viabilizar a realização de determinada prática, ainda que restritiva à concorrência, afastando-se barreiras legais à sua concretização. FORGIONI, Paula A. *Os fundamentos do antitruste*. 7. ed. São Paulo: RT, 2014. p. 194-201.

544 A respeito da diferenciação entre a regra da razão e a regra *per se* como formas de análise dos ilícitos, *vide* nota de rodapé 543.

Capítulo 6 Práticas comerciais no varejo supermercadista

Conforme já mencionado no Capítulo 5, por taxas e condições de acesso ("*acess fees and terms*") entende-se abarcado *todo pagamento, direto ou indireto, de subsídio, ajuda de custo, taxa ou condição, que seja um requisito, de fato ou de direito, para o acesso e/ou manutenção do acesso à categoria de produtos do supermercado e/ou às gôndolas*. Essas cobranças encontram-se inseridas na relação vertical do varejista com o fornecedor enquanto prestador de serviços dentro da loja (fornecedor da indústria fornecedora), mas também do varejista concorrente do fornecedor (detentor de marcas próprias) e na relação horizontal fornecedor e fornecedor.

Com base na categorização das práticas comerciais no varejo supermercadista realizada no Capítulo 5, *supra*, as 10 seguintes, destacadas com o símbolo ⚙, podem ser caracterizadas como cobrança de taxas e condições de acesso para espaço em gôndolas:

AS RELAÇÕES JURÍDICAS DO VAREJO SUPERMERCADISTA		CATEGORIAS DE PRÁTICAS	PRÁTICAS COMERCIAIS – COBRANÇA DE TAXAS E CONDIÇÕES DE ACESSO ("*ACESS FEES AND TERMS*") PARA ESPAÇO EM GÔNDOLA
RELAÇÃO VERTICAL ENTRE VAREJISTA E FORNECEDOR	Varejista como prestador de serviços ao fornecedor dentro da plataforma (*fornecedor da indústria fornecedora*)	Práticas verticais do varejista que impõem aos fornecedores **pagamentos de taxas e condições de acesso para espaço em gôndola**	XXXVII) ⚙ O varejista exigir (ou pedir) pagamentos dos fornecedores como uma condição para os produtos de marca do fabricante serem incluídos e/ou para permanecer na lista de fornecedores e/ou nas gôndolas dos varejistas ("*slotting allowances/fees*" e "*listing fees*")
			XXXVIII) ⚙ O varejista exigir (ou pedir) pagamentos dos fornecedores como condição para exposição dos produtos em localização privilegiada dentro das lojas (por exemplo, nas prateleiras situadas à altura dos olhos do consumidor e/ou nas "pontas de gôndola", que são os espaços localizados nas "esquinas" dos corredores, ou por meio da inclusão desse produto em um maior número de lojas da mesma rede)

AS RELAÇÕES JURÍDICAS DO VAREJO SUPERMERCADISTA	CATEGORIAS DE PRÁTICAS	PRÁTICAS COMERCIAIS – COBRANÇA DE TAXAS E CONDIÇÕES DE ACESSO ("*ACESS FEES AND TERMS*") PARA ESPAÇO EM GÔNDOLA
		XXXIX) O varejista exigir (ou pedir) pagamentos dos fornecedores como uma condição para promoções específicas, sendo que os pagamentos extrapolam os custos do varejista com a promoção ("*marketing/advertising allowances*") ou recompensam pelo fato de os seus produtos estarem sendo objeto de promoção nas lojas ("*pay to play*" ou "TAA")
		XL) O varejista exigir (ou pedir) aos fornecedores que melhorem suas condições comerciais para o aumento de variedade ou da intensidade da distribuição dos seus produtos dentro das lojas
		XL I) O varejista cobrar pagamento diferenciado entre o fornecedor "capitão" na gestão da categoria e outros fornecedores para obter espaço nas gôndolas ou para exposição dos produtos
		XLII) O varejista exigir (ou pedir) pagamento extra de um fornecedor pelo fato de ele ter sido escolhido como fornecedor "capitão" na gestão da categoria
		XLIII) O varejista discriminar fornecedores ao recusar-se a fornecer dados sobre vendas de determinados produtos a seus fornecedores e ao mesmo tempo em que disponibiliza tais informações ao fornecedor "capitão" na gestão da categoria
Varejista como concorrente do fornecedor (*concorrente do fornecedor*)	Práticas verticais do varejista que alteram a dinâmica de acesso à e dentro da plataforma para fornecedores concorrentes das marcas próprias	XLVII) O varejista discriminar a cobrança de taxas e condições de acesso entre a marca independente do fornecedor e a marca própria

Capítulo 6   Práticas comerciais no varejo supermercadista

AS RELAÇÕES JURÍDICAS DO VAREJO SUPERMERCADISTA		CATEGORIAS DE PRÁTICAS	PRÁTICAS COMERCIAIS – COBRANÇA DE TAXAS E CONDIÇÕES DE ACESSO ("*ACESS FEES AND TERMS*") PARA ESPAÇO EM GÔNDOLA
RELAÇÃO HORIZONTAL ENTRE FORNECEDOR E FORNECEDOR	Fornecedor concorrente do fornecedor	Práticas horizontais de fornecedores que impactam diretamente em outros fornecedores	LIV) O fornecedor – que pode ser principal/"capitão" da gestão de categorias – comprar do varejista espaço em gôndola excessivamente (taxas e condições de acesso), a fim de diminuir o espaço disponível para outros fornecedores concorrentes e assim dificultar ou impedir a concorrência no mercado de aprovisionamento
			LIX) O fornecedor – que pode ser principal/"capitão" da gestão de categorias – influencia o varejista para cobrar altas taxas e condições de acesso ou para adotar cláusulas contratuais de exclusividade que alterem a dinâmica de acesso à loja e dentro da loja, para favorecer a marca principal independente e eventualmente também a marca própria

As discussões sobre os possíveis efeitos concorrenciais[545] dessas práticas de cobrança de taxas e condições de acesso são objeto de estudo pela literatu-

---

[545] De acordo com GOLDBERG, o primeiro argumento levantado pelos fornecedores contra a cobrança por espaço de prateleira é o da exclusão das empresas de menor porte. A favor dessa cobrança, argumentam seus defensores que esses valores servem não só para compensar os varejistas dos custos incorridos na comercialização, mas também para sinalizar os riscos de introdução de novos produtos. Além disso, que a indústria sabe aferir melhor as chances de sucesso de seus produtos que os distribuidores, e que a cobrança de *slotting allowances/fees* aumentaria a eficiência no processo de seleção dos produtos colocados em lista pelos supermercados. Para o autor, esse argumento não se aplica à taxa de permanência, uma vez que, se determinada linha de produtos já foi testada, a rede varejista já teria todos os dados necessários para fazer a sua avaliação quanto ao seu êxito comercial. Nesse caso, o único argumento em prol da cobrança seria o de que, sendo o espaço de prateleira um bem escasso e valioso, leiloar os *slots* seja a forma mais eficiente de decidir quem fica com o espaço. GOLDBERG, Daniel K. *Poder de compra e política antitruste*. São Paulo: Tese de Doutorado apresentada na Faculdade de Direito da Universidade de São Paulo, 2005. p. 219-220.

ra acadêmica antitruste, pelas autoridades antitruste estrangeiras e pelos próprios agentes de mercado.

Quanto aos *possíveis efeitos pró-competitivos das taxas e condições de acesso*, BLOOM, CANNON e GUNDLACH[546] relatam que, para a chamada escola da eficiência, tais cobranças possuem efeitos positivos sobre a concorrência porque aumentam a eficiência na distribuição de um novo produto. Primeiro porque a cobrança funcionaria como mecanismo de *"signaling and screening"*, isto é, permitiria aos produtores comunicar informações aos varejistas acerca da expectativa/probabilidade de sucesso de um novo produto e auxilia os varejistas a avaliar tais informações. Esse ponto também foi mencionado no relatório de 2001 da *Federal Trade Commission*[547] e pela Comissão Europeia, para quem as cobranças podem ser um mecanismo de sinalização e monitoramento dos melhores produtos no mercado, em especial no caso de ser espaço promocional nas gôndolas (*"promotional shelfspace"*).[548]

Um segundo efeito positivo, segundo BLOOM, CANNON e GUNDLACH, seria porque a cobrança alocaria de modo eficiente os riscos associados à introdução de novos produtos no mercado para o varejista, transferindo-os ao fornecedor, que estaria em melhor posição de controlá-los, uma vez que possui melhores informações – esse ponto também foi mencionado no relatório de 2001 da *Federal Trade Commission*.[549] Terceiro, porque a cobrança alocaria eficientemente o escasso espaço disponível nas gôndolas dos supermercados, sob a presunção de que o fornecedor em condições de pagar pelo espaço na

---

546 BLOOM, Paul N.; CANNON, Joseph P.; GUNDLACH, Gregory T. Slotting allowances and Fees: Schools of Thought and the Views of Practicing Managers. *Journal of Marketing*, v. 64, n. 2, p. 92-108, abr. 2000.

547 Estados Unidos. Federal Trade Commission. *Report on the Federal Trade Commission Workshop on Slotting Allowances and Other Marketing Practices in the Grocery Industry*. 2001. p. 13. Disponível em: <https://www.ftc.gov/sites/default/files/documents/reports/report-federal-trade-commission-workshop-slotting-allowances-and-other-marketing-practices-grocery/slottingallowancesreportfinal_0.pdf>. Acesso em: 11 fev. 2016.

548 Europa. European Commission. *Guidelines on Vertical Restraints*, OJ C 291, 13.10.2000. p. 207-208.

549 Estados Unidos. Federal Trade Commission. *Report on the Federal Trade Commission Workshop on Slotting Allowances and Other Marketing Practices in the Grocery Industry*. 2001. p. 14. Disponível em: <https://www.ftc.gov/sites/default/files/documents/reports/report-federal-trade-commission-workshop-slotting-allowances-and-other-marketing-practices-grocery/slottingallowancesreportfinal_0.pdf>. Acesso em: 11 fev. 2016.

gôndola poderia fornecer produtos competitivos em forma e variedade desejadas pelo consumidor final.[550] Em quarto lugar, seria positiva a cobrança de taxas e condições de acesso porque esse pagamento reduziria o preço final de venda, pois seria percebido como uma forma de efetivamente reduzir o preço por unidade pago pelos varejistas, permitindo que houvesse mais competição no mercado de vendas a jusante e, consequentemente, preços mais baixos para o consumidor final.[551]

Sobre os *possíveis efeitos anticompetitivos*, o mesmo estudo de BLOOM, CANNON e GUNDLACH[552] mostra que, em oposição à escola da eficiência, a escola do poder de mercado sustenta que a cobrança teria efeitos anticompetitivos. Primeiro, porque seria um reflexo de exercício do poder de mercado detido pelos varejistas diante de seus fornecedores. Segundo, porque poderia alcançar níveis tão críticos em certos canais de distribuição que afetaria a capacidade de cooperação entre sujeitos que deveriam atuar em conjunto para levar o produto até seu consumidor final, comprometendo a eficiência do sistema. Um terceiro efeito negativo seria decorrente do fato de que tais taxas e condições de acesso apenas beneficiariam grandes varejistas e grandes fornecedores, devido à favorecida posição de barganha destes. Quarto, porque seria uma estratégia competitiva utilizada por competidores que detêm mais recursos e que podem excluir competidores secundários do mercado, elevando os custos para se obter espaço para novos produtos nas gôndolas. E quinto, porque apenas renderia lucros aos varejistas, reduzindo seus incentivos para competir, o que poderia levar à cobrança de preços mais altos do consumidor fi-

---

[550] MARX, Leslie; SHAFFER, Greg. Slotting Allowances and Scarce Shelf Space. *Journal of Economics & Management Strategy*, v. 19, n. 3, p. 575-603, Outono 2010. Nos termos de MARX e SHAFFER, os pagamentos para espaço em gôndola poderiam ser considerados como o preço de mercado de um recurso escasso. Uma vez que existe mais oferta de produtos do que espaço disponível para expô-los, esse preço de mercado de um recurso escasso teria ótima propriedade alocativa, pois as empresas em condições de pagar pelo recurso – espaço na gôndola – seriam as que mais produzem benefício, social e privado, do que resultaria a alocação dos produtos mais desejáveis nas prateleiras.

[551] BLOOM, Paul N.; CANNON, Joseph P.; GUNDLACH, Gregory T. Slotting allowances and Fees: Schools of Thought and the Views of Practicing Managers. *Journal of Marketing*, v. 64, n. 2, p. 92-108, abr. 2000.

[552] Idem, ibidem.

nal.[553] A *Federal Trade Commission*,[554] no relatório de 2001, também mencionou os possíveis efeitos de exclusão de pequenos fornecedores, redução da inovação e da variedade de produtos e aumento dos preços aos consumidores.

KIRKWOOD[555] alerta para o fato de que os descontos obtidos pelos varejistas muitas das vezes não são justificados em termos de custos, o que levaria à possível configuração de um abuso no poder de compra. Esse abuso também se daria pela imposição de condições desfavoráveis nos rivais.

Por sua vez, KLEIN e WRIGHT[556] sustentam que as taxas e condições de acesso às gôndolas podem ter efeitos danosos na medida em que excedem os custos de oportunidade na introdução de novos produtos. Ademais, que a cobrança seria anticompetitiva, pois não seria proporcional, uma vez que cobrada mesmo quando os novos produtos são bem-sucedidos e aumentam a rentabilidade dos supermercados. Ainda, asseveram que, na medida em que as taxas e condições de acesso continuam a ser cobradas mesmo de produtos que estão há bastante tempo listados pelos supermercados em suas gôndolas, haveria dano à concorrência. Finalmente, também entendem que tais cobranças seriam prejudiciais na medida em que alguns supermercados não demandam de nenhum modo taxas de acesso, ao passo que os que cobram continuam transferindo custos adicionais nos produtos para os fornecedores e os consumidores finais. Seria assim que, por vezes, o supermercado poderia ter como propósito a concorrência por meio das suas marcas próprias.

SALOP[557] menciona a possibilidade de as "*slotting fees*" serem, na verdade, um mecanismo indireto de exclusividade. Tais taxas e condições de acesso

---

553 BLOOM, Paul N.; CANNON, Joseph P.; GUNDLACH, Gregory T. Slotting allowances and Fees: Schools of Thought and the Views of Practicing Managers. *Journal of Marketing*, v. 64, n. 2, p. 92-108, abr. 2000.

554 Estados Unidos. Federal Trade Commission. *Report on the Federal Trade Commission Workshop on Slotting Allowances and Other Marketing Practices in the Grocery Industry*. 2001. p. 13. Disponível em: <https://www.ftc.gov/sites/default/files/documents/reports/report-federal-trade-commission-workshop-slotting-allowances-and-other-marketing-practices-grocery/slottingallowancesreportfinal_0.pdf>. Acesso em: 11 fev. 2016.

555 KIRKWOOD, John B. Buyer Power and Exclusionary Conduct: Should Brooke Group Set the Standards for Buyer-Induced Price Discrimination and Predatory Bidding? *Antitrust Law Journal*, v. 72, p. 625, 2005.

556 KLEIN, Benjamin; WRIGHT, Joshua D. The economics of slotting contracts. *Journal of Law and Economics*, v. 50, n. 3, p. 421-454, 2007. p. 33-35.

557 SALOP, Steve. *Apud* Federal Trade Commission. *Workshop on Slotting Allowances and Other Grocery Marketing Practices*, 2000. p. 126-137. Disponível em: <https://www.ftc.gov/sites/

Capítulo 6   Práticas comerciais no varejo supermercadista

dariam basicamente o direito de o varejista não distribuir outros produtos concorrentes e de excluir possíveis entrantes nas gôndolas, sendo usadas, então, para o aumento de custo dos rivais e elevação de barreiras à entrada. Ademais, se os espaços em gôndola já eram limitados, com a introdução das marcas próprias, esses espaços se tornam ainda mais limitados e escassos. Isso faz com que produtos de marca independente sejam mais facilmente excluídos do mercado, e que aqueles que consigam permanecer no mercado tenham que se sujeitar ao pagamento de taxas ainda mais altas – no que foi chamado por CHEN como "o pacto com o diabo".[558] Esses pagamentos pelos fornecedores, porém, aumentam os seus custos, induzem ao paralelo aumento dos preços dos produtos de marca própria concorrente e fazem com que a concorrência entre seus produtos e os de marca própria seja arrefecida, ao mesmo tempo em que aumenta as margens dos supermercados.

Situação semelhante – em que pese ter sido aplicada pelos próprios fornecedores com relação aos seus distribuidores – foi analisada no Brasil quando das investigações de cláusulas de exclusividade que restringiam o acesso às prateleiras no mercado de cigarros (caso Souza Cruz/Philip Morris[559]) e no caso de sorvetes (caso Della Vita/Nestlé e Kibon[560]). No México, em 2000, a empresa Coca-Cola foi condenada pela autoridade antitruste por celebrar contratos em que proibia que os supermercados oferecessem produtos concorrentes em suas gôndolas.[561] Essa mesma assertividade que é vista com relação às práticas dos fornecedores que restringem o acesso às gôndolas, porém, não é vista quando a prática é implementada pelo varejista. No Brasil, já houve também denúncias a respeito da compra de espaço

default/files/ documents/public_events/public-workshop-slotting-allowances-and-other--grocery-marketing-practices/slotting531.pdf>. Acesso em: 13 fev. 2016.

558 CHEN, Yongmin. On vertical mergers and their competitive effects. *RAND Journal of Economics*, p. 667-685, 2001. CHEN, Yongmin; RIORDAN, Michael H. *Vertical integration, exclusive dealing, and ex post cartelization*. Columbia University, Department of Economics, 2003.

559 CADE. Processo Administrativo 08012.003921/2005-10. Representadas: Philip Morris Brasil Indústria e Comércio Ltda. e Souza Cruz S.A.

560 CADE. Processo Administrativo 08012.007423/2006-27. Representante: Della Vita Grande Rio Ind. e Com. de Produtos Alimentícios. Representadas: Unilever Brasil Ltda. e Nestlé Brasil.

561 México. OCDE. Competition Law and Policy in Latin America: *Peer Reviews of Argentina, Brazil, Chile, Mexico and Peru*. 2006. p. 271.

em gôndolas, mas estas foram arquivadas sem maior aprofundamento concorrencial.[562]

Devido a tal impasse doutrinário, o tema tem chamado, ao longo dos anos, a atenção de *autoridades antitruste estrangeiras*. Em 2000, nos Estados Unidos, foi realizado evento na sede da *Federal Trade Commission*[563] para tratar do tema, que resultou na publicação de um relatório em 2001.[564] Nesse evento, o Professor Greg GAULACH[565] apontou que, por mais frequentes que fossem, as *"slotting fees"* não costumam constar em contratos escritos, em linha com o alerta de MARTÍNEZ-DE-ALBÉNIZ e ROELS.[566] Ademais, o Procurador-Geral Adjunto da Divisão Antitruste do DOJ nos Estados Unidos, Joseph Farrell,[567]

---

[562] CADE. Averiguação Preliminar 08012.009270/2007-33 e Procedimento Preparatório 08012.007997/2010-81.

[563] Estados Unidos. Federal Trade Commission. *Workshop on Slotting Allowances and Other Grocery Marketing Practices*, 2000. Disponível em: <https://www.ftc.gov/news-events/events-calendar/2000/05/workshop-slotting-allowances-other-grocery-marketing-practices>. Acesso em: 11 fev. 2016.

[564] Estados Unidos. Federal Trade Commission. *Report on the Federal Trade Commission Workshop on Slotting Allowances and Other Marketing Practices in the Grocery Industry*. 2001. Disponível em: <https://www.ftc.gov/sites/default/files/documents/reports/report-federal-trade-commission-workshop-slotting-allowances-and-other-marketing-practices-grocery/slottingallowancesreportfinal_0.pdf>. Acesso em: 11 fev. 2016.

[565] GAULACH, Greg. Apud Federal Trade Commission. *Workshop on Slotting Allowances and Other Grocery Marketing Practices*, 2000. p. 17-22. Disponível em: <https://www.ftc.gov/sites/default/files/ documents/public_events/public-workshop-slotting-allowances-and-other-grocery-marketing-practices/slotting531.pdf>. Acesso em: 13 fev. 2016.

[566] Os autores apontam que, apesar de tais pagamentos serem realizados em cada vez mais larga escala, tenderiam a ser mantidos sob acesso restrito e, com isso, escapariam da devida atenção do público e das autoridades antitruste. MARTÍNEZ-DE-ALBÉNIZ, Victor; ROELS, Guillaume. Competing for shelf space. *Production and Operations Management*, v. 20, n. 1, p. 32-46, 2011.

[567] Nos Estados Unidos, essa cobrança foi mencionada por representante do Departamento de Justiça. FARRELL, Joseph. *Some Thoughts on Slotting Allowances and Exclusive Dealing*. Department of Justice, Speech before the American Bar Association, 49th Annual Spring Meeting (Março, 2001). Acesso em: 3 set. 2015. "*Slotting allowances, in the mere sense of fixed payments from manufacturers to retailers in consideration of being stocked, do not automatically raise antitrust concerns. If the contracts take on a substantially exclusive flavor, then in addition to investigating the degree of exclusivity, one should carefully evaluate whether the contracting parties have a joint economic incentive to engage in anticompetitive exclusion. Contrary to what one might fear, this is by no means always the case, although it certainly can be. The necessary economic analysis may be quite subtle*".

Capítulo 6 **Práticas comerciais no varejo supermercadista**

compartilhou, também em 2001, alguns dos seus pensamentos iniciais sobre o tema. Em sua conclusão preliminar, sugeriu que as *"slotting allowances"* não trariam, automaticamente, preocupações concorrenciais, mas que, em um cenário em que essas cobranças seriam combinadas com exigências de exclusividade, dever-se-ia averiguar os incentivos das empresas investigadas em praticar condutas exclusionárias.

Posteriormente, a equipe da FTC nos Estados Unidos divulgou, em 2003, um estudo de caso sobre as denominadas *"slotting allowances"* em cinco categorias de produtos.[568] Constatou-se que a probabilidade e a magnitude do pagamento em *slotting fees* variam. Em produtos refrigerados, por exemplo, para os quais o espaço nas gôndolas é mais escasso e a inserção de novos itens é mais frequente, os pagamentos de *slotting fees* tenderiam a ser mais frequentes e mais altos. O valor gasto em *slotting fees* corresponderia a uma grande fração das receitas obtidas no primeiro ano de venda do produto – mas inferior, entretanto, ao valor caso se opte por propaganda e taxas promocionais. O relatório absteve-se de indicar se alguma teoria econômica melhor descreve a prática de *slotting fees*, em razão do que classificaram como ausência de informações adicionais necessárias.

Entre os argumentos contra a cobrança das taxas e condições de acesso, a Comissão Europeia, no Guia de Restrições Verticais de 2000, elencou pelo menos três:[569] Primeiro, que as altas taxas de acesso cobradas pelos supermercados poderiam levar a acordos de exclusividade no mercado e à exclusão de pequenos varejistas. Segundo, que as altas taxas de acesso cobradas pelos supermercados poderiam fechar o mercado para entrantes de menor porte no mercado de aprovisionamento. E terceiro, que as altas taxas de acesso cobradas por um varejista oligopolista poderiam reduzir a concorrência entre os varejistas. Sobre esse último argumento, o raciocínio da Comissão Europeia é

---

[568] FTC (United States Federal Trade Commission). *Slotting Allowances in the Retail Grocery Industry: Selected Case Studies in Five Product Categories.* An FTC Staff Study (Novembro, 2003). Estudo realizado em atendimento a uma solicitação do *US Senate Committee on Small Business & Enterpreneurship*, foi produzido a partir do envio de questionários voluntários a nove varejistas, com o fim de obter dados, documentos e respostas a perguntas dirigidas sobre *slotting allowances/fees* e outras práticas dos varejistas em relação a produtos de cinco categorias: (i) pão fresco, (ii) cachorro quente, (iii) sorvetes e outros itens congelados, (iv) *shelf-stable pasta* e (v) *shelf-stable salad dressing*.

[569] Europa. European Commission. *Guidelines on Vertical Restraints*, OJ C 291, 13.10.2000. p. 204-206.

o seguinte: (i) os espaços em gôndolas são escassos e isso aumenta seu valor para as marcas independentes; (ii) os supermercados aumentam as taxas de acesso, que resultam em aumento dos preços de atacado e refletem em maiores preços no varejo;[570] (iii) a transparência dos preços no mercado varejista e a capacidade de monitoramento pelos supermercados facilitam o aumento generalizado dos preços aos varejistas, o que aumenta as margens de lucro dos grandes varejistas em detrimento dos concorrentes de menor porte, que acabam sendo excluídos do mercado.

Também a *Australian Competition and Consumer Commission*, em 2008,[571] considerou o ambíguo impacto competitivo das taxas e condições de acesso. Por um lado, a cobrança poderia ser positiva porque forneceria um meio eficiente para a alocação de produtos concorrentes no escasso espaço disponível nas gôndolas, de modo que o pagamento sinalizaria ao varejista a confiança do fornecedor no novo produto que está sendo lançado. Também poderia ser positiva, pois refletiria os custos incorridos pelo varejista na introdução de um novo produto, como aqueles de avaliação, readequação do *planogram*, dos sistemas de estoque etc. Por outro lado, porém, haveria riscos anticompetitivos desses pagamentos se estes levassem à exclusão dos fornecedores e ao enfraquecimento da concorrência no mercado de aprovisionamento – o que poderia ocorrer se tais pagamentos aumentassem as barreiras à entrada e configurassem desvantagem para os fornecedores de menor porte.

Na Espanha, estudo da *Comisión Nacional de la Competencia* de 2011 concluiu, a respeito dessas cobranças, que elas não seriam, via de regra, problemáticas, porque favoreceriam a eficiência do setor. O modo da realização desses pagamentos, porém, é que seria questionável, pois, quando fossem cobrados de modo retroativo ou de maneira não transparente, poderiam configurar uma transferência de margens entre fornecedores e varejista, sem benefícios ao ambiente concorrencial, com possíveis efeitos exclusionários de outros varejistas concorrentes de menor porte do mercado.[572] Outras jurisdições, por sua vez, são mais assertivas, como a Europa, a Finlândia e a Noruega.

---

570 Isso porque os custos das taxas de acesso são incorporados pelos fornecedores em sua base de custos, o que acaba aumentando os preços de venda no atacado e, consequentemente, os preços no varejo.

571 Austrália. Australian Competition and Consumer Commission. *Report of the AACC inquiry into the competitiveness of retail prices for standard groceries*, 2008. p. 341.

572 Espanha. Comisión Nacional de la Competencia. *Report on the relations between manufacturers and retailes in the food sector*, 2011. p. 84-89.

Capítulo 6 Práticas comerciais no varejo supermercadista

A Comissão Europeia[573] indicou, quando da análise no Guia de Restrições Verticais de 2010, que os chamados "*upfront acess payments*" poderiam configurar uma série de condutas anticompetitivas. Primeiro, poderiam resultar em fechamento de mercado anticompetitivo para outros varejistas, no caso de esses pagamentos induzirem o fornecedor a realizar a distribuição dos seus produtos apenas por meio daquele canal varejista, o que teria um resultado análogo ao de uma cláusula de exclusividade de fornecimento ("*exclusive supply obligations*"). Segundo, poderiam resultar em fechamento de mercado anticompetitivo para outros fornecedores, se o uso indiscriminado desses pagamentos aumentasse as barreiras à entrada para fornecedores entrantes de menor porte, o que teria um resultado análogo a um acordo de exclusividade de distribuição ("*single branding obligations*"). E terceiro, poderiam resultar em redução da concorrência e facilitação à colusão entre os varejistas. Isso porque tais pagamentos aumentariam os preços dos produtos cobrados do fornecedor ao varejista, o que reduziria o incentivo dos varejistas a uma concorrência por preços no mercado de venda (varejista). Ao mesmo tempo, aumentaria as margens de lucro do varejista, pois continuaria a receber tais pagamentos dos fornecedores para além do produto.

Na Finlândia, a *Finnish Competition Authority*, em 2012, comparou a cobrança de "*marketing allowances*" à cobrança de "*upfront acess payments*" prevista no Guia de Restrições Verticais de 2010 da Comissão Europeia. Concluiu que esses pagamentos podem resultar em fechamento de mercado de outros varejistas se o seu uso indiscriminado aumentar as barreiras à entrada de pequenos entrantes. Ademais, foi apontada a possibilidade de tais pagamentos levarem à diminuição da concorrência no mercado e à consequente facilitação da colusão anticompetitiva entre os varejistas.[574]

Na Noruega, por sua vez, um comitê que estudou o mercado do varejo alimentício recomendou a introdução de legislação sobre negociações e boas práticas. Segundo seus termos, a parte na relação contratual que detivesse maior poder não poderia usar esse seu poder de barganha para assegurar termos excessivos para si mesmo, dentre eles, a cobrança de taxas de *marketing*

---

573 Europa. European Commission. *Guidelines on Vertical Restraints*, 2010. Disponível em: <http://ec.europa.eu/competition/antitrust/legislation/guidelines_vertical_en.pdf>. Acesso em: 3 set. 2015. p. 203-208.
574 Finlândia. Finnish Competition Authority. *Study on Trade in Groceries – How does buyer power affect the relations between trade and industry?*, 2012.

que não fossem explicadas por medidas diretamente direcionadas aos consumidores.[575] A autoridade antitruste norueguesa reconheceu que fornecedores secundários poderiam estar em desvantagem competitiva comparados a seus concorrentes com maior poder de mercado, vez que os varejistas pressionam por preços menores e isso resultaria em poucas oportunidades para os fornecedores de comida colocarem seus produtos nas prateleiras.[576]

Em alguns países já houve até mesmo questionamentos administrativos e/ou judiciais que tangenciam o tema dessas cobranças de taxas e condições de acesso. Nos Estados Unidos, no caso *Coalition for a Level Playing Field LLC v. AutoZone Inc Coalition*,[577] em 2001, pequenos varejistas aduziram que o pagamento de inúmeras taxas e condições de acesso dos fornecedores aos varejistas com grande poder de mercado levava à ilegal discriminação de preço, dado que não se aplicava aos pequenos e médios varejistas pertencentes ao mercado de reposição de autopeças. Os reclamantes alegaram que a cobrança permitia que os grandes varejistas adquirissem o mesmo produto por um preço aproximadamente 40% menor do que o pago por eles. Essa prática violaria, dentre outros dispositivos legais, o Capítulo 2(f) do Robinson-Patman Act, o qual proíbe a indução ilegal de discriminação de preço, e que só seria justificável se fosse concedida proporcionalmente aos demais concorrentes. Depois de controvérsia judicial, o pedido foi negado, em decisão de 2010, por insuficiência de provas.[578]

Ainda nos Estados Unidos, no caso *FTC v. Morton Salt*,[579] houve a discussão a respeito dos descontos aplicados a atacadistas e varejistas no mercado de

---

575 Apud Finnish Competition Authority. *Study on Trade in Groceries – How does buyer power affect the relations between trade and industry?*, 2012. Disponível em: <http://www2.kkv.fi/file/cd1a09b5-f5b7-4483-a18f-6673dead8182/FCA-Reports-1-2012-Study-on-Trade-in--Groceries.pdf>. Acesso em: 23 maio 2015.

576 Noruega. Nordic Competition Authorities. *Nordic Food Markets – a taste for competition*. 2005. Disponível em: <http://www.kilpailuvirasto.fi/tiedostot/Nordic_Food_Markets.pdf>. Acesso em: 30 jan. 2015.

577 Estados Unidos. *Coalition for a Level Playing Field LLC v. AutoZone Inc Coalition*, n. 1:2004cv08450. 2001.

578 Estados Unidos. *Coalition for a Level Playing Field LLC v. AutoZone Inc Coalition*, Memorandum Opinion and Order, 2010. Disponível em: <http://law.justia.com/cases/federal/district-courts/new-york/nysdce/1:2004cv08450/257064/98/>. Acesso em: 4 set. 2015.

579 No paradigmático caso FTC v. Morton Salt (1948), a Suprema Corte FTC argumentou que um sistema de preço que favorecia grandes compradores era ilegal.

sal ("*table salt*"). A FTC considerou que os descontos concedidos aos grandes compradores eram discriminatórios, pois não refletiam justificativas em termos de custos, entrega ou venda. Como consequência, essa discriminação nos descontos poderia limitar, prejudicar, destruir e impedir substancialmente a concorrência no mercado. Ademais, houve questionamento sobre a relação entre os pagamentos e a exposição dos produtos nas gôndolas ("*planogram*") no caso *Church & Dwight Co., Inc. v. Mayer Laboratories, Inc.*[580] Nesse caso, o contexto era um pouco diferente, na medida em que a prática de pagamento era implementada às avessas, pois era o fornecedor quem concedia descontos ao varejista à medida que este aumentasse seu espaço em gôndola.

Ademais, o precedente norte-americano *Toys "R" Us*[581] de 1998 é considerado paradigmático quando se trata da prática de taxas e condições de acesso. Neste caso, constatou-se que a varejista de brinquedos *Toys "R" US Inc.* realizava acordos com os fornecedores com condições favorecidas, que resultavam na interrupção das vendas dos produtos para varejistas concorrentes. Constatou-se que um varejista de brinquedos com 20% de participação de mercado seria detentor de um poder "crítico" no mercado, com capacidade de fazer com que seus fornecedores interrompam negócios com varejistas meno-

---

580 *Church & Dwight Co., Inc. v. Mayer Laboratories, Inc.*, United States District Court, Northern District of California, Case No. C-10-4429 EMC (April 12, 2012). Neste caso, a empresa Church & Dwight Co. (C&D), fabricante de preservativos e detentora de 75% do *market share*, tinha um *planogram* ("POG") segundo o qual o varejista recebia descontos que espelhavam a exposição total dos produtos nas gôndolas. Assim, quanto maior a exposição dos produtos nas gôndolas – chegando a até 75% de mercado, que era o seu *market share* –, maiores seriam os descontos. Ademais, a C&D era "capitã" na categoria e auxiliava o varejista na alocação do espaço em gôndola e na escolha da seleção de produtos para a categoria. Em sua análise, o tribunal utilizou a regra da razão e com isso exigiu demonstração de poder de mercado e de efeitos anticompetitivos em todo o mercado relevante. Em seu julgamento, o tribunal entendeu que a C&D não possuía poder de mercado, ainda que detivesse 75% do *market share*, pois não ficou comprovada a existência de barreiras à entrada nem a ausência de capacidade ociosa de concorrentes que permitissem o aumento da produção no curto prazo. Ademais, o tribunal entendeu que não havia fechamento de mercado, e que a cláusula de semiexclusividade não tinha caráter exclusionário porque era curta em termos de duração e facilmente rescindível contratualmente. Disponível em: <http://www.antitrustlawblog.com/2012/05/articles/articles/planogram-and-category-captain-marketing-programs-held-non-exclusionary/>. Acesso em: 11 maio 2014.

581 Estados Unidos. *Toys "R" Us*, final order, FTC n. 9278, 1998 WL 727602 (FTC), 16 out. 1998.

res concorrentes.[582] A empresa foi então condenada pela FTC por abuso de posição dominante, ainda que sua participação de mercado fosse menor que o padrão tradicional para dominância. Após anos questionando a decisão no judiciário, a empresa celebrou acordo e concordou em pagar 1,3 milhão de dólares pela violação antitruste.

Já na França, em 1994, houve investigação no mercado de distribuição de sabão em pó para supermercados.[583] De acordo com a *Autorité de la Concurrence*, alguns varejistas teriam retirado fornecedores da lista de compras ("*déréférencement*") na forma de boicote – de forma concertada. Isso teria acontecido de forma concomitante às negociações que estavam sendo realizadas pela central de compras dos varejistas, e diante de um cenário de não aceitação do pagamento de taxas e condições de acesso por parte dos fornecedores e de questionamentos sobre a concessão mais favorável de condições comerciais a outros varejistas concorrentes. Ademais, aventou-se a questão de que alguns varejistas teriam abusado da posição de dependência econômica dos fornecedores para obter financiamentos na distribuição dos produtos.

Ainda na França, no caso *Carrefour*, julgado em 2009,[584] esse grande varejista foi condenado com fundamento em cláusulas de remuneração pagas pelos fornecedores. Esses pagamentos foram considerados desproporcionais diante dos serviços oferecidos pelos varejistas, decisão esta mantida na *Cour de*

---

582 Estados Unidos. *Toys "R" Us, Inc., Petitioner-Appellant, v. Federal Trade Commission*. United States Court of Appeals Opinion Affirming the Opinion and Final Order of the FTC (7th Cir. August 1, 2000), Respondent Appellee, Docket 98-4107, p. 2-3: "*TRU is a giant in the toy retailing industry. The Commission found that it sells approximately 20% of all the toys sold in the United States, and that in some metropolitan areas its share of toy sales ranges between 35% and 49%. The variety of toys it sells is staggering: over the course of a year, it offers about 11,000 individual toy items, far more than any of its competitors. As one might suspect from these figures alone, TRU is a critical outlet for toy manufacturers. It buys about 30% of the large, traditional toy companies' total output and it is usually their most important customer. According to evidence before the Commission's administrative law judge, or ALJ, even a company as large as Hasbro felt that it could not find other retailers to replace TRU--and Hasbro, along with Mattel, is one of the two largest toy manufacturers in the country, accounting for approximately 12% of the market for traditional toys and 10% of a market that includes video games. Similar opinions were offered by Mattel and smaller manufacturers*".

583 França. Decision 94-D-60, de 13.12.1994, relative à des pratiques relevées dans le secteur des lessives (sabão em pó para lavagem de roupas).

584 França. Tribunal de Commerce d'Evry, Ministre de l'Economie, de l'Industrie et de l'Emploi c. Carrefour Hypermarchés, 2009.

Cassation. Foi mencionado nesse caso que maiores taxas de acesso pagas ao supermercado seriam repassadas na forma de maiores preços nos produtos, o que resultaria em maiores preços aos consumidores finais.

Ainda na França, o Conselho da Concorrência afirmou, em um caso que analisava as práticas de uma empresa no setor de queijos do tipo roquefort, que as gôndolas constituem um recurso raro. O acesso às gôndolas seria objeto de forte concorrência entre os fornecedores, de modo que toda prática que visasse a restringir de maneira ilícita a concorrência pelas prateleiras – como seria o caso do pagamento de taxas e condições de acesso – teria o condão de privar o consumidor final de produtos que não tivessem conseguido espaço.[585]

Ademais, exigências dos varejistas em face dos fornecedores também já foram objeto de análise na Costa Rica. A *Comisión para Promover la Competencia* (COPROCOM) investigou o varejista Corporación Supermercados Unidos por impor certas condições comerciais aos fornecedores, que poderiam resultar em incentivos à exclusividade, com efeitos exclusionários aos concorrentes varejistas.[586] Este varejista seria a maior rede de supermercados do país, com participação de mercado de 60 a 80% do setor. Dentre as práticas investigadas, estavam: (i) condicionar a compra de produtos do fornecedor à apresentação de estratégias futuras de preços; (ii) impor condições mais benéficas de compra, dentre elas prazos de pagamento diferenciados, alterações de preço e descontos especiais e adicionais; e (iii) implementar a "gestão de categorias" e boicotes para que os preços oferecidos pelos fornecedores ao supermercado fossem menores do que os ofertados aos seus concorrentes. Em 2005, a COPROCOM condenou as práticas da Corporación Supermercados Unidos como ilegais, por restringirem os fornecedores e por fecharem o mercado para os concorrentes varejistas.

Ademais, houve decisão do *Tribunal de Defensa de la Competencia* no Chile, em 2004,[587] contrária às exigências do "Supermercados Líder" em face

---

585 França. Autorité de La Concurrence. 04-D-13. Décision du 8 avril 2004 relative à des pratiques mises en œuvre par la société des Caves et des Producteurs réunis de Roquefort dans le secteur des fromages à pâte persillée. Disponível em: <http://www.autoritedelaconcurrence.fr/user/avisdec.php?numero=04d13>. Acesso em: 3 set. 2015.

586 Costa Rica. Comisión para Promover la Competencia. *Apud* OCDE Peer Review Costa Rica. 2014. p. 36. Disponível em: <http://www.oecd.org/daf/competition/CostaRica-PeerReview2014en.pdf>. Acesso em: 8 nov. 2015.

587 Chile. Tribunal de Defensa de la Competencia. Autos 4927-04. Sentencia 9/2004. Asociación Gremial de Industrias Proveedoras A.G., Supermercados Líder, Nestlé Chile S.A. Dis-

de seus fornecedores de chocolate. Conforme aludido por GRIMBERG, CORDOVIL e FIGUEIREDO,[588] a rede varejista teria obrigado os fornecedores a participarem da promoção, reduzindo seus preços a fim de oferecer descontos de 30%. Diante da recusa da fornecedora Nestlé, o supermercado teria retirado todos os chocolates dessa marca das prateleiras. O Tribunal chileno finalmente condenou o supermercado, considerando que a retirada dos chocolates Nestlé seria uma represália do supermercado. Ao final, ordenou que as cadeias de supermercados (i) se abstivessem de praticar as condutas citadas; (ii) estabelecessem de forma objetiva e não discriminatória as condições de compra; e (iii) consultassem o Tribunal quanto a qualquer negociação que implique integração ou fusão com outras empresas do ramo.

Em abril de 2015, a *Fair Trade Commission* da Coreia do Sul[589] iniciou investigação contra a varejista Homeplus a respeito da suposta utilização do seu poder de compra para pressionar os fornecedores a aceitarem menores margens de lucro nos produtos vendidos nas lojas do supermercado.

Diante dos argumentos e da experiência estrangeira expostos, propõe-se que a cobrança de taxas e condições de acesso possa ser enquadrada, no Brasil, como potencialmente anticompetitiva em análise pela regra da razão, tanto sob a ótica do mercado de venda (varejista) quanto do mercado de compra (aprovisionamento).

Sob a ótica do mercado de venda (varejista), propõe-se que a cobrança de taxas e condições de acesso possa ser enquadrada no art. 36, § 3º, II, III e IV, da Lei 12.529/2011, em análise pela regra da razão.

Sob a ótica do mercado de venda (varejista), nos termos dos incisos III e IV do § 3º do art. 36 da Lei 12.529/2011, as cobranças dessas taxas e condições de acesso pelo varejista podem ser consideradas condutas anticompetitivas quando dificultarem o funcionamento de varejistas atualmente existentes no mercado ou o acesso de novos varejistas no mercado, em análise pela regra da razão.

Os varejistas com maior poder de mercado são mais propensos a praticar cobranças de taxas e condições de acesso do que pequenas cadeias de

---

ponível em: <http://www.tdlc.cl/tdlc/wp-content/uploads/sentencias/Sentencia_09_2004.pdf>. Acesso em: 23 fev. 2016.

588 CORDOVIL, Leonor; FIGUEIREDO, Natália. Poder de compra do varejo e os desafios da concorrência: uma visita ao Chile e à Argentina. *Revista do IBRAC*, v. 15, p. 111-126, 2009.

589 Coreia do Sul. *Fair Trade Commission*. Disponível em: <https://www.competitionpolicyinternational.com/south-korea-regulator-probing-top-discount-chains/>. Acesso em: 17 fev. 2016.

supermercados,[590] e das cobranças conseguem extrair maiores valores[591] e mais benefícios.[592] As cobranças dos grandes varejistas podem dificultar o funcionamento dos médios e pequenos varejistas, que acabam sendo alvo do aumento dos custos ("*raising rivals costs*"). Esse aumento de custos dos varejistas de menor porte já existentes é decorrência do "efeito colchão d'água" ("*waterbed effect*") (vide item 7.1, *infra*), uma vez que os fornecedores tentam recuperar seus pagamentos ao grande varejista com maiores preços ao pequeno e médio varejista. Esses concorrentes passam, então, a se tornar menos competitivos, não por redução de sua eficiência, mas sim por prática comercial do varejista concorrente de grande porte, que dificulta o seu funcionamento no mercado. Essas cobranças podem resultar, no limite, na sua exclusão do mercado e em novo aumento da concentração econômica no mercado de venda, com uma possível redução da eficiência do varejista de grande porte. Com a redução da concorrência no mercado de venda (varejista), o supermercado de maior porte pode finalmente ter incentivos de aumentar os preços ao consumidor final.

Essas cobranças de taxas e condições de acesso pelos grandes varejistas também podem resultar em fechamento de mercado anticompetitivo para outros varejistas no caso de esses pagamentos induzirem o fornecedor a realizar a distribuição dos seus produtos apenas por meio daquele canal varejista. Essas práticas teriam, assim, um resultado análogo ao de uma cláusula de exclusividade de fornecimento ("*exclusive supply obligations*"),[593] dificultando o acesso de novos varejistas.

---

590 BLOOM, Paul N.; CANNON, Joseph P.; GUNDLACH, Gregory T. Slotting allowances and Fees: Schools of Thought and the Views of Practicing Managers. *Journal of Marketing*, v. 64, n. 2, p. 92-108.

591 FOROS, Øystein; KIND, Hans J. Do Slotting Allowances Harm Retail Competition? *The Scandinavian Journal of Economics*, v. 110, n. 2, p. 367-384, jun. 2008. SHAFER, Greg. Slotting allowances and resale price maintenance: a comparision of facilitation practices. *The RAND Journal of Economics*, v. 22, n. 1, p. 120-135, Primavera 1991.

592 BLOOM, Paul N.; CANNON, Joseph P.; GUNDLACH, Gregory T. Slotting allowances and Fees: Schools of Thought and the Views of Practicing Managers. *Journal of Marketing*, v. 64, n. 2, p. 92-108, abr. 2000. Segundo os autores, como grandes cadeias de supermercados detêm maior fatia de mercado, elas detêm maior poder de barganha diante de seus fornecedores, logo, elas têm condições de requerer *slotting allowances* mais altas.

593 Sobre a utilização de contratos de exclusividade em mercados de dois lados com características de gargalo à concorrência: ARMSTRONG, M.; WRIGHT, J. Two-sided markets, Competitive Bottlenecks and Exclusive Contracts. *Economic Theory*, 32, p. 353-380, 2005.

Ainda sob a ótica do mercado de venda (varejista), nos termos do inciso II do § 3º do art. 36 da Lei 12.529/2011, as cobranças dessas taxas e condições de acesso pelo varejista podem ser consideradas condutas anticompetitivas quando os pagamentos dos fornecedores forem usados para facilitar a colusão entre os varejistas. Nesse caso, a cobrança das taxas e condições de acesso se submete à análise pela regra da razão, ao passo que, se constatada a colusão *hub-and-spoke*, sua análise passa a ser pelo objeto.

Os pagamentos de taxas e condições de acesso cobrados dos fornecedores reduzem o incentivo dos varejistas a uma concorrência por preços no mercado de venda (varejista), ao mesmo tempo em que aumentam as margens de lucro do varejista, uma vez que continuam a receber tais pagamentos dos fornecedores para além da própria aquisição do produto. Assim, os varejistas passam a ter menores incentivos a concorrer por preços, o que pode ser um facilitador para eventual colusão entre os supermercados. Essa situação é ainda mais factível diante de alianças de compras entre supermercados.

Ademais, sob a ótica do mercado de compra (aprovisionamento), propõe-se que a cobrança/o pagamento de taxas e condições de acesso possa ser enquadrada(o) no art. 36, § 3º, III, IV, V e X, da Lei 12.529/2011, em análise pela regra da razão.

Sob a ótica do mercado de compra (aprovisionamento), nos termos dos incisos III e IV do § 3º do art. 36 da Lei 12.529/2011, as cobranças dessas taxas e condições de acesso pelo varejista podem ser consideradas condutas anticompetitivas quando dificultam o funcionamento de fornecedores atualmente existentes ou o acesso de novos fornecedores no mercado, em análise pela regra da razão.

Com cobranças de taxas e condições de acesso cada vez maiores – em especial no contexto das marcas próprias –, os fornecedores passam a ter cada vez mais dificuldade no acesso às gôndolas. Essa dificuldade é sentida tanto por fornecedores já existentes, como aqueles de menor porte (secundários ou terciários), quanto por novos fornecedores entrantes no mercado, sejam eles efetivos novos fornecedores ou novas marcas independentes de fornecedores estabelecidos no mercado. Na medida em que os varejistas controlam o acesso dos fornecedores aos consumidores,[594] na sua função típica de plataforma de dois lados com características de gargalo à concorrência, os fornecedores se veem cada vez mais diante de elevadas barreiras à entrada e à expansão. Essas

---

[594] BORGHESANI JR., William H.; CRUZ, Peter L. de La; BERRY, David. Food for thought: the emergence of power buyers and its challenge to competition analysis. *Stan. JL Bus. & Fin.*, v. 4, p. 40-43, 1998.

Capítulo 6 Práticas comerciais no varejo supermercadista

barreiras fazem com que a única alternativa para permanecer no mercado seja pagar tais taxas e condições de acesso, e, para isso, resta aumentar os preços dos seus produtos ou reduzir seu lucro para pagar essas cobranças. O resultado final pode ser que os fornecedores de médio e pequeno porte, sem capacidade financeira para fazer frente ao poder de pagamento das marcas principais independentes, vejam-se sem meio de acessar o consumidor final, pois não conseguem sequer ser mais da lista de fornecedores do supermercado que atua como gargalo à concorrência.

Essa situação pode resultar na exclusão sobretudo dos fornecedores de menor porte do mercado de aprovisionamento. Os fornecedores que permanecerem no mercado passam a ter menores taxas de retorno (lucro) e se tornam menos capazes de investir em inovação. Ao não conseguirem arcar com os custos das taxas e condições exigidas pelos grandes varejistas, tais fornecedores podem se ver excluídos do mercado. Essa saída de agentes econômicos do mercado aumenta a concentração no mercado de aprovisionamento, de modo que são reduzidas as opções do consumidor em termos de variedade e qualidade, e ainda pode resultar em aumentos de preços. Assim, o uso indiscriminado dessas cobranças pode aumentar as barreiras à entrada para fornecedores entrantes de menor porte a ponto de resultar em fechamento de mercado anticompetitivo para os fornecedores, o que teria um resultado análogo a um acordo de exclusividade de distribuição ("*single branding obligations*"). Nesse cenário, até novos fornecedores podem se ver desincentivados a investir para entrar no mercado como novos concorrentes no mercado de aprovisionamento, tamanhas as barreiras à entrada.

Ainda sob a ótica do mercado de compra (aprovisionamento), nos termos dos incisos III e IV do § 3º do art. 36 da Lei 12.529/2011, os pagamentos dessas taxas e condições de acesso pelo fornecedor podem ser consideradas condutas anticompetitivas quando dificultam o funcionamento de fornecedores atualmente existentes ou o acesso de novos fornecedores no mercado, em análise pela regra da razão. A diferença entre esse enquadramento e o anterior, portanto, diz respeito ao destinatário da norma. Anteriormente observou-se como a *cobrança* pelos varejistas poderia ser potencialmente anticompetitiva, ao passo que neste momento observa-se como o *pagamento* de tais taxas e condições de acesso pelos fornecedores pode ser considerado também potencialmente anticompetitivo.

Esse seria o caso, por exemplo, de um grande fornecedor, individualmente ou em parceria com o próprio varejista, que compra excessivamente espaço em gôndola do supermercado. A marca principal, fornecedora de produtos conhecidos e desejados pelo consumidor, pode sentir-se motivada a comprar espaço em gôndola em excesso, de modo não apenas a garantir seu próprio espaço, mas também para diminuir o espaço em gôndola disponível para outros fornecedores e assim dificultar, impedir e até mesmo excluir concorrentes secundários do mercado. Esse seria um cenário de prática anticompetitiva dos grandes fornecedores, utilizando-se dos grandes varejistas para praticar condutas de abuso de posição dominante no mercado[595]. Tais fornecedores pagariam maior quantidade e maior valor pelas taxas e condições de acesso durante um período de tempo, contando recuperar isso posteriormente,[596] por meio de um futuro aumento de preços, logo após a exclusão dos fornecedores secundários. Assim, é possível que ocorra fechamento de mercado para fornecedores no mercado de aprovisionamento, se os fabricantes de certas marcas fizerem pagamentos aos varejistas de tal modo a permitir o estrangulamento dos fornecedores secundários concorrentes.

Para o varejista, essa prática do fornecedor pode até mesmo ser interessante estrategicamente, pois acaba reduzindo, incidentalmente, a concorrência para o produto de marca própria que o varejista também detiver na categoria. Essa prática, então, pode ser realizada tanto individualmente pelo

---

[595] A literatura provê suporte empírico e conceitual para a correlação entre espaço na prateleira e *market share* (ANDERSON, Evan E. An analysis of retail display space: theory and methods. *Journal of Business*, p. 103-118, 1979. FARRIS, P.; OLIVER, J.; KLUYVER, C. The relationship between distribution and market share. *Marketing Science*, 8(2), p. 107-128, 1989), mas ainda existe debate sobre isso. Há suporte para o link entre *market share* e rentabilidade (BAIN, Joe Staten. *Barriers to new competition, their character and consequences in manufacturing industries*, 1956; BUZZELL, Robert D.; GALE, Bradley T.; SULTAN, Ralph G. M. Market share-a key to profitability. *Harvard Business Review*, v. 53, n. 1, p. 97-106, 1975).

[596] BLOOM, Paul N.; CANNON, Joseph P.; GUNDLACH, Gregory T. Slotting allowances and Fees: Schools of Thought and the Views of Practicing Managers. *Journal of Marketing*, v. 64, n. 2, p. 92-108, abr. 2000. Esse argumento é desenvolvido por SCHAFFER: "*Slotting allowances raise rivals' costs because they are the means by which the dominant firm bids up the price of an essential input (the retailers' shelf space). The dominant firm prefers to pay for scarce shelf space with slotting allowances rather than with wholesale price concessions because the former go directly to the retailers' bottom line, whereas the latter are mitigated by retail price competition. In other words, by paying retailers with lump-sum money, the dominant firm can compensate retailers for their scarce shelf space without having to lower its wholesale price, which would reduce the overall available profit to be split*". SCHAFFER, Greg. Slotting allowances and optimal product variety. *The BE Journal of Economic Analysis & Policy*, v. 5, n. 1, 2005.

Capítulo 6 Práticas comerciais no varejo supermercadista

fornecedor quanto em parceria com o varejista, como, por exemplo, no âmbito da gestão de categorias. É nesse contexto que, *sob a ótica do mercado de compra (aprovisionamento), nos termos do inciso V do § 3º do art. 36 da Lei 12.529/2011, as cobranças dessas taxas de acesso, pelo varejista, também podem ser consideradas condutas anticompetitivas quando forem um meio de favorecer a marca própria, que impede o acesso de fornecedores concorrentes ao canal de distribuição, em análise pela regra da razão.*

O grande varejista poderá então ter incentivos a privilegiar o fornecedor de maior porte, pois este é capaz de lhe pagar maiores taxas e condições de acesso[597] e também porque essa prática exclusionária pode favorecê-lo, se detentor de marcas próprias. Considerando que o varejista é detentor de produtos de marca própria, ele pode discriminar e/ou restringir ou impedir o acesso dos produtos de marca dos fabricantes nas gôndolas dos varejistas (que consiste no canal de distribuição dos produtos), de modo a privilegiar a exposição de seus produtos de marca própria, utilizando para isso suas cobranças de taxas e condições de acesso. Essa é, portanto, a razão pela qual os varejistas podem deliberadamente facilitar essa prática, de modo a obter um duplo benefício: aumentar o recebimento de tais pagamentos pelos fabricantes[598] e excluir os concorrentes secundários e terciários que competem com o seu produto de marca própria.

O cenário ideal chega a ser, portanto, aquele de uma categoria de produtos no varejista que contasse apenas com a "marca própria + 1" (estratégia conhecida como "ROB[599] + 1"). Tal estratégia seria aquela segundo a qual o varejista mantivesse apenas uma única marca principal, adicionada à sua marca própria, em suas gôndolas. Nesse cenário, uma contratação por exclusividade, por exemplo, adicionada ao pagamento pelo espaço em gôndola, acrescida ainda da existência de marcas próprias, pode configurar um impedimento, *de facto*, de acesso às gôndolas dos supermercados por produtos de marcas de fabricante secundárias.

---

597 Finlândia. Finnish Competition Authority. *Study on Trade in Groceries – How does buyer power affect the relations between trade and industry?*, 2012. Disponível em: <http://www2.kkv.fi/file/cd1a09b5-f5b7-4483-a18f-6673dead8182/FCA-Reports-1-2012-Study-on-Trade-in-Groceries.pdf>. Acesso em: 23 maio 2015.
598 DOBSON, Paul. Exploiting buyer power: lessons from the british grocery trade. 72 *Antitrust Law Journal*, p. 529-562, 2005.
599 O termo ROB é utilizado como abreviação de *retailer own brand*.

O varejista pode, então, utilizar-se da cobrança de taxas de condições de acesso tanto em parceria com um grande fornecedor quanto individualmente. Sozinho, o varejista pode fazer isso ao utilizar sua marca própria como preenchimento injustificado do espaço em gôndola, similar à compra excessiva de espaço em gôndola pelo fornecedor principal, supramencionado. O varejista então se utiliza das marcas próprias e da limitação de espaço nas gôndolas como uma ferramenta de barreira à entrada de produtos de marca do fabricante, dado que, ao se utilizar desse espaço escasso para produtos de marca própria, limita o montante de espaço disponível para outros concorrentes de produtos de marca de fabricante,[600] em favor de sua marca própria.

Finalmente, *sob a ótica do mercado de compra (aprovisionamento), nos termos do inciso X do § 3º do art. 36 da Lei 12.529/2011, as cobranças dessas taxas de acesso, pelo varejista, podem ser consideradas condutas anticompetitivas quando forem diferenciadas entre fornecedores, sem justificativa relacionada a custos, e discriminarem fornecedores por meio da fixação diferenciada de preços, em análise pela regra da razão.*

O varejista pode implementar essa cobrança diferenciada, por exemplo, ao discriminar o pagamento entre marcas independentes e marca do fornecedor responsável pela gestão de categorias. Neste cenário, o varejista poderia cobrar menores taxas do "capitão" da gestão de categorias, o que, consequentemente, facilitaria o acesso dos produtos de marca independente desse fornecedor, em detrimento dos concorrentes. Ademais, o varejista pode seguir a orientação do "capitão" da gestão de categorias de cobrar taxas e condições de acesso mais altas para determinados fornecedores – por exemplo, os entrantes –, dificultando então o acesso destes às gôndolas.

O varejista também pode implementar essa cobrança diferenciada ao discriminar o pagamento entre as marcas independentes e a marca própria. Isso porque, enquanto os fabricantes de produtos de marcas independentes pagam para serem incluídos ou manterem sua exposição nas gôndolas, as marcas próprias não têm a mesma exigência de pagamento. Estas passam a ter, portanto, um tratamento discriminatório mais benéfico em comparação com as demais concorrentes no mercado de aprovisionamento, sem qualquer justificativa relacionada a custos. DOBSON indica, nesse sentido, que uma distorção à concorrência pode ser resultante da discriminação entre marcas próprias

---

600 DOBSON, Paul. Exploiting buyer power: lessons from the british grocery trade. 72 *Antitrust Law Journal*, p. 539, 2005.

e marcas dos fabricantes se uma dessas categorias realizar pagamentos para espaço em gôndolas e a outra categoria não.[601]

Essa prática discriminatória também pode ser realizada em parceria com o fornecedor "capitão" da gestão de categorias. Esse seria o caso, por exemplo, de o varejista discriminar seu produto de marca própria com o produto de marca independente concorrente por meio da exposição dos produtos nas gôndolas ("*planogram*"). Nesse contexto, é possível visualizar, por exemplo, a situação de que as marcas próprias sejam constantemente expostas à altura dos olhos, colocando-se, intencionalmente, o principal concorrente da marca própria à altura dos pés do consumidor, para dificultar a sua visualização e consequente compra.[602] Poderia ser também o caso de a marca própria ser alocada nas gôndolas justamente ao lado da principal concorrente, com uma diferença de preço significativa e sem diferenças visuais substantivas na marca, o que poderia levar o consumidor a preferir ou até mesmo a se confundir na escolha do produto de marcas próprias.

Diante de todo o exposto, e sob a ótica do mercado de venda (varejista), propõe-se que os varejistas *possam ser investigados pela cobrança de taxas e condições de acesso nos termos do art. 36, § 3º, II, III e IV, da Lei 12.529/2011, em análise pela regra da razão. Por sua vez, sob a ótica do mercado de compra (aprovisionamento), propõe-se que os varejistas possam ser* investigados *pela cobrança de taxas e condições de acesso nos termos do art. 36, § 3º, III, IV, V e X, da Lei 12.529/2011, ao passo que os fornecedores possam ser investigados pelo pagamento excessivo de taxas e condições de acesso nos termos do art. 36, § 3º, III e IV, da Lei 12.529/2011, em análise pela regra da razão.*

6.2 Uso indevido de informações comercialmente sensíveis: colusão e marcas próprias de imitação ("*copycat*")

Propõe-se que a prática comercial de uso indevido de informações comercialmente sensíveis[603] por parte de varejistas e de fornecedores resultante

---

601 DOBSON, Paul. Exploiting buyer power: lessons from the british grocery trade. 72 *Antitrust Law Journal*, p. 529-562, 2005.
602 Idem, p. 39-82.
603 Para as diversas caracterizações sobre informação comercialmente sensível, sugere-se: OCDE. *Policy Roundtables Information Exchanges Between Competitors under Competition*

em colusão e/ou marca própria de imitação ("*copycat*") possa, em análise pela regra da razão,[604] configurar conduta anticompetitiva nos termos do art. 36, § 3º, I, II, III e IV, da Lei 12.529/2011.

Com base na categorização das práticas comerciais no varejo supermercadista realizada no Capítulo 5, *supra*, as cinco seguintes, destacadas com o símbolo ✦, podem ser caracterizadas como *uso de informações comercialmente sensíveis para colusão*:

AS RELAÇÕES JURÍDICAS DO VAREJO SUPERMERCADISTA		CATEGORIAS DE PRÁTICAS	PRÁTICAS COMERCIAIS – USO INDEVIDO DE INFORMAÇÕES COMERCIALMENTE SENSÍVEIS PARA COLUSÃO
RELAÇÃO VERTICAL ENTRE VAREJISTA E FORNECEDOR	Varejista como prestador de serviços ao fornecedor para acesso à plataforma (*comprador do fornecedor*)	Práticas verticais do varejista que <u>alteram o ambiente contratual de modo retroativo</u>	XXXIV) ✦ O varejista exigir (ou pedir) que o fornecedor monitore e/ou transfira informações comercialmente sensíveis atuais e/ou passadas sobre fornecedores e/ou preços cobrados a outros fornecedores, não se restringindo à gestão de categorias
RELAÇÃO HORIZONTAL ENTRE VAREJISTA E VAREJISTA	Varejista concorrente do varejista	Práticas horizontais dos varejistas que impactam diretamente em outros varejistas	LII) ✦ O varejista busca informação junto ao fornecedor – que pode ser principal/"capitão" da gestão de categorias – sobre as condições de fornecimento e os preços do produto de outros varejistas para usá-la coordenadamente, favorecendo a colusão entre os varejistas, utilizando o fornecedor como elo de troca de informações entre os varejistas ("*hub and spoke*")

Law, 2010. Disponível em: <http://www.oecd.org/competition/cartels/48379006.pdf>. Acesso em: 23 fev. 2016. México. COFECE. *Guidelines on information exchanges among competitors*, 2015. Disponível em: <https://www.cofece.mx/cofece/ingles/images/Comunicados/Comunicados_ingles/COFECE-023-2015.pdf>. Acesso em: 23.02.2016.

604 A respeito da diferenciação entre a regra da razão e a regra *per se* como formas de análise dos ilícitos, *vide* nota de rodapé 543.

Capítulo 6 Práticas comerciais no varejo supermercadista

AS RELAÇÕES JURÍDICAS DO VAREJO SUPERMERCADISTA		CATEGORIAS DE PRÁTICAS	PRÁTICAS COMERCIAIS – USO INDEVIDO DE INFORMAÇÕES COMERCIALMENTE SENSÍVEIS PARA COLUSÃO
RELAÇÃO HORIZONTAL ENTRE FORNECEDOR E FORNECEDOR	Fornecedor concorrente do fornecedor	Práticas horizontais de fornecedores que impactam diretamente em outros fornecedores	LVI) ⊙ O fornecedor principal – que pode ser "capitão" da gestão de categorias – impede a implementação de estratégias futuras de fornecedores concorrentes à categoria, por ter antecipadamente informações comercialmente sensíveis
			LVII) ⊙ O fornecedor – que pode ser principal/"capitão" da gestão de categorias – viabiliza a colusão entre os fornecedores da categoria, por ter antecipadamente informações comercialmente sensíveis, até mesmo utilizando de um varejista como elo de troca de informações entre eles ("*hub and spoke*")
			LVIII) ⊙ O fornecedor – que pode ser principal/"capitão" da gestão de categorias – viabiliza a colusão entre os varejistas, por ser o mesmo "capitão" da gestão de categorias de vários varejistas e atuar como elo de troca de informações entre eles ("*hub and spoke*")

A colusão no varejo supermercadista, por meio do uso indevido das informações comercialmente sensíveis, é viabilizada sobretudo por uma configuração do tipo *hub-and-spoke*, conforme aventado por WHELAN.[605] O conceito de *hub-and-spoke*, também chamado coordenação de A, B e C, diz respei-

---

[605] WHELAN, Peter. Trading negotiations between retailers and suppliers: a fertile ground for anti-competitive horizontal information exchange? *European Competition Journal*, p. 823-845, 2009. "*The law on direct competitor-to-competitor information exchange is helpful in determining how one should deal with such 'hub-and-spoke-type' arrangements: by identifying the underlying concern with direct competitor-to-competitor exchanges one can construct a legally consistent approach to retailer – supplier – competing retailer exchanges*".

to à situação em que informações sobre preços são passadas entre duas ou mais empresas que operam no mesmo nível da cadeia de produção/distribuição (entre B e C) por meio de um parceiro contratual comum operando a um nível diferente da produção/distribuição (A). Nesta configuração, passam a existir acordos horizontais entre os que operam no mesmo nível, facilitado pela empresa atuante no outro nível da cadeia.[606] Em arranjos anticompetitivos

---

[606] Nos Estados Unidos, o caso *Columbus Drywall v. Masco Corporation*, julgado pela Suprema Corte Americana, discutiu a questão das colusões "*hub and spoke*". Nele, foi reconhecido que o paralelismo de preços entre a Columbus e outras empresas fabricantes de *drywall* e placas de isolamento térmico não se deu somente por meio de contatos bilaterais entre as empresas, mas sim devido à interferência da Masco, empresa que vendia o isolamento térmico. Documentos apresentados demonstraram que havia, de fato, uma conduta concertada apoiada pela Masco que, com frequência, informava os preços dos concorrentes dos seus fornecedores para manter o nível de preços conforme o acordado entre a Masco e seus respectivos fornecedores. A Masco apoiava o aumento de preços dos fornecedores em troca do preço diferenciado a ela. Para se certificar disso, transmitia os preços entre os concorrentes. Similares casos foram o *Colgate v. FTC*, de 1919, e o *Toys "r" Us v. United States of America*. Em todos os casos foi reconhecida a participação do "*hub*" da rede formada entre cliente e fornecedores na conduta ilícita dos "*spokes*", por meio de acordos firmados pela Colgate e pela Toys "r" Us com seus fornecedores, para prejudicar seus concorrentes violando o Sherman Act. Há ainda o caso dos e-books da *Apple, Hachette, HarperCollins, Macmillan, Penguin and Simon & Schuster v. United States of America*. Nesse caso, o Tribunal considerou que a Apple efetivamente realizou "conspiração hub-and-spoke", isto é, a Apple (atuando como o "*hub*") teria efetivamente facilitado e incentivado um acordo horizontal entre os editores (os "*spokes*") para fixar preços por meio de uma série de acordos verticais (contendo cláusulas MFN) entre a Apple e cada um dos editores. Embora o Tribunal tenha considerado a Apple responsável *per se*, o Tribunal indicou que a Apple também é responsável por uma regra da razão e rejeitou a afirmação da Apple de que suas ações tiveram o efeito pró-concorrencial introduzindo concorrência (por meio de entrada da Apple) no mercado de e-books, supostamente dominada pela Amazon. *Na Europa*, mais especificamente no Reino Unido, houve dois casos: *JJB Sports v. Office of Fair Trading* e *Littlewoods v. Office of Fair Trading*. Em ambos os casos, o OFT considerou o efeito do contato indireto de um intermediário (respectivamente, um fabricante de brinquedos e uma fabricante de camisas esportivas) e seus concorrentes relevantes que, em razão desse contato, estavam cientes das intenções uns dos outros dentro dos mercados relevantes, e que essa conduta representa um total acordo e/ou prática concertada entre os varejistas concorrentes e os intermediários. Ambas as decisões foram aprovadas em recurso para o *Competition Appeal Tribunal* (CAT). De acordo com este Tribunal, o conhecimento do papel do intermediário pelo varejista não é pré-requisito para violação da regra que proíbe a conduta direta ou indireta entre os concorrentes sobre os preços a serem informados. Ou seja, para uma prática ser considerada concertada, nos termos da decisão do

como este, o foco central do problema é a troca de informações comercialmente sensíveis, que, mesmo quando realizada por meio de um terceiro intermediário, pode ser comparada à troca direta de informações.

Além do uso indevido de informações comercialmente sensíveis para colusão, com base na categorização das práticas comerciais no varejo supermercadista realizada no Capítulo 5, *supra*, a seguinte, destacada com o símbolo ⊛, pode ser caracterizada como *uso de informações comercialmente sensíveis para marcas próprias de imitação* ("*copycat*"):

AS RELAÇÕES JURÍDICAS DO VAREJO SUPERMERCADISTA		CATEGORIAS DE PRÁTICAS	PRÁTICAS COMERCIAIS – USO INDEVIDO DE INFORMAÇÕES COMERCIALMENTE SENSÍVEIS PARA MARCAS PRÓPRIAS DE IMITAÇÃO
RELAÇÃO VERTICAL ENTRE VAREJISTA E FORNECEDOR	Varejista como concorrente do fornecedor (*concorrente do fornecedor*)	Práticas verticais do varejista que alteram a dinâmica de acesso à e dentro da plataforma para fornecedores concorrentes das marcas próprias	XLVI) ⊛ O varejista exigir (ou pedir) injustificadas informações comercialmente sensíveis dos fornecedores para utilizá-las em benefício das marcas próprias, criando uma marca própria imitação ("*copycats*")

Sob a ótica do mercado de compra (aprovisionamento), propõe-se que o uso indevido de informações comercialmente sensíveis possa ser enquadrado no art. 36, § 3º, I e II, da Lei 12.529.

Sob a ótica do mercado de compra (aprovisionamento), nos termos dos incisos I e II do § 3º do art. 36 da Lei 12.529/2011, o uso indevido de informações comercialmente sensíveis pode ser considerado conduta anticompetitiva quando a troca indireta de informações facilita/influencia (varejistas como "hub") e viabiliza a implementação (fornecedores como "spokes") de acordo tácito ou explícito entre os fornecedores, cuja análise passa a ser pelo objeto.

caso *JJB Sports v. Office of Fair Trading*: "se um revendedor A divulga para fornecedor B suas intenções futuras de preços, é razoavelmente previsível que B pode fazer uso dessas informações para influenciar as condições de mercado, e B passa então os preços informações para um varejista concorrente C, então A, B e C podem ser todos considerados responsáveis sobre os fatos como partes de uma prática concertada que tenha por objeto ou efeito impedir, restringir ou falsear a concorrência".

Essa configuração de *"hub and spoke"* foi verificada pela OFT, no Reino Unido, no caso *Tobacco*,[607] de 2010. A autoridade concluiu que cada fornecedor de cigarro possuía uma rede de acordos com cada varejista que permitia que os fornecedores se coordenassem para a definição dos seus respectivos preços no varejo. O arranjo entre os fornecedores e os varejistas era sobretudo contratual, com cláusulas que podiam definir a paridade de preços (ex.: o preço do cigarro da marca A deveria ser o mesmo preço do cigarro da marca B) ou parâmetros de diferenciação (ex.: o preço da marca A deveria ser x% menor do que o preço da marca C, ou o preço da marca A deveria ser no máximo z% mais caro do que o preço da marca D). Assim, por meio de contratos – que foram avaliados como paralelos e simétricos –, os fornecedores A, B, C e D conseguiam trocar informações comercialmente sensíveis, sendo o varejista responsável pelo monitoramento e consequente alinhamento dos preços. Nesse sentido, na hipótese de um fornecedor, por exemplo, aumentar seu preço, já era possível antecipadamente prever o comportamento dos concorrentes no mercado, dadas as cláusulas de paridade ou com parâmetros de diferenciação dos preços. O resultado desse arranjo, segundo o OFT, teria sido similar àquele obtido por uma coordenação horizontal entre concorrentes. Nesse caso, portanto, o *hub* foi o varejista e os *spokes* foram os fornecedores.

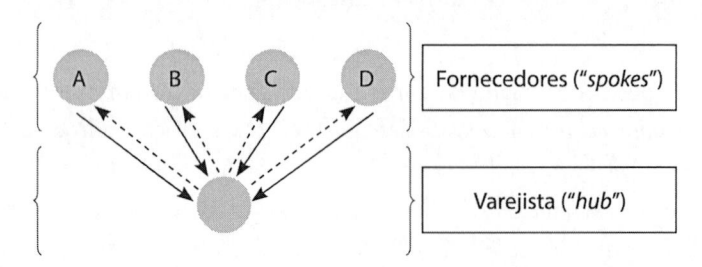

No Uruguai, a *Comisión de Promoción y Defensa de la Competencia*[608] condenou, em 2014, quatro fornecedores de comidas congeladas pela adoção coordenada de preços mínimos de revenda que eram monitorados com o auxílio do varejista Supermercados Disco del Uruguay S.A. O varejista,

---

607 Reino Unido. OFT. CA98/01/2010. Case CE/2596-03: Tobacco. 15.4.2010. Disponível em: <http://webarchive.nationalarchives.gov.uk/20140402142426/http://www.oft.gov.uk/shared_oft/ca98_public_register/decisions/tobacco.pdf>. Acesso em: 4 set. 2015.

608 Uruguai. *Comisión de Promoción y defensa de la Competencia*. N. 18/2010 – Mercado de Alimentos Congelados. 2014. Disponível em: <https://www.mef.gub.uy/innovaportal/file/9847/1/20140820_resolucion_80-14.pdf>. Acesso em: 8 nov. 2015.

nesse caso, atuava como o coordenador ("*hub*") do acordo entre os fornecedores ("*spokes*").

Em maio de 2016, a corte federal na Austrália também condenou um cartel do tipo "*hub-and-spoke*" entre fornecedores e varejista.[609] Naquele caso, os fornecedores de detergentes Colgate-Palmolive, Unilever e Cussons acordaram em trocar informações confidenciais e sensíveis relacionadas ao preço dos seus respectivos produtos e também a conjuntamente alterar a oferta dos seus produtos (de detergentes "*standard-concentrate*" para aqueles "*ultra-concentrate*"). A troca de informações que afetou o mercado foi facilitada pela atuação dos Supermercados Woolworths and Coles.

Há também a hipótese de a colusão entre fornecedores incluir a marca própria do supermercado. STEINER alerta que a colusão entre marcas independentes e marcas próprias pode vir a ser um tema de preocupação no futuro.[610] Estudos recentes[611] realizados com modelos econômicos têm questionado em que medida a diferenciação em termos de qualidade do produto de marca própria afeta a estabilidade de uma colusão total (ou seja, envolvendo marcas independentes e marcas próprias) e de uma colusão parcial (ou seja, envolvendo apenas marcas independentes). Investigação nesse contexto foi realizada pelo *Bundeskartellamt* na Alemanha, no mercado de salsichas, tendo resultado na condenação dos fornecedores. Na análise realizada, constatou-se que o varejista detentor da marca própria participou do cartel que coordenava aumentos de preços juntamente com as demais marcas independentes.[612]

No Brasil, a SG/CADE já considerou ilícitos arranjos do tipo "*hub and spoke*" explicitamente em pelo menos duas ocasiões: nas investigações no mer-

---

609 Austrália. *Australian Competition and Consumer Commission v Colgate-Palmolive Pty Ltd* (No 2) [2016] FCA 528 (16 May 2016). Disponível em: <http://www.austlii.edu.au/au/cases/cth/FCA/2016/528.html>. Acesso em: 8 out. 2016.
610 STEINER, R. L. The nature and benefits of national brand/private label competition. *Review of Industrial Organization*, 24, p. 105-127, 2004.
611 HANSAS, Irina; WEY, Christian. Full versus partial collusion among brands and private label producers. *DICE Discussion Paper*, n. 190, 2015. Os autores propõem que uma marca própria é mais tendente a se juntar a uma colusão total com as demais marcas independentes quanto maior for a qualidade do seu produto e quanto mais intensa for a concorrência no mercado.
612 Alemanha. *Bundeskartellamt imposes fines on sausage manufacturers*. Disponível em: <http://www.bundeskartellamt.de/SharedDocs/Meldung/EN/Pressemitteilungen/2014/15_07_2014_Wurst.html>. Acesso em: 27 jun. 2016.

cado de lousas interativas digitais em 2014[613] e de materiais de informática em 2015.[614] Essa teoria, porém, ainda não chegou a ser discutida em nenhum caso julgado pelo Tribunal do CADE. Nas duas investigações realizadas pela Superintendência-Geral, notou-se que, uma vez caracterizado o caráter anticompetitivo do cartel, a eventual comprovação do uso ou não da informação pelos revendedores que recebam a informação para a formação de seu preço é dispensável para a comprovação do ilícito, tornando-se, pois, um elemento adicional, de agravação da conduta.

Em que pese toda a preocupação internacional com esse tipo de prática comercial, não há, no Brasil, informação pública sobre investigações de colusões do tipo "hub-and-spoke" envolvendo o varejo supermercadista.

Sob a ótica do mercado de venda (varejista), propõe-se que o uso indevido de informações comercialmente sensíveis possa ser enquadrado no art. 36, § 3º, I, II, III e IV, da Lei 12.529/2011.

Sob a ótica do mercado de venda (varejista), nos termos dos incisos I e II do § 3º do art. 36 da Lei 12.529/2011, o uso indevido de informações comercialmente sensíveis pode ser considerado conduta anticompetitiva quando a troca indireta de informações facilita/influencia (fornecedor como "hub") e viabiliza a implementação (varejistas como "spokes") de acordo tácito ou explícito entre os varejistas, cuja análise passa a ser como ilícito pelo objeto.

A aplicação dessa teoria dos cartéis "hub and spoke" no varejo supermercadista já foi realizada pela OFT, no Reino Unido, em 2011,[615] no caso *Dairy retail price initiatives*. A autoridade antitruste condenou a prática anticompetitiva de troca indireta de informações sobre intenções de preço dos varejistas por meio de um ou mais fornecedores, configurando hipótese de colusão entre varejistas. A autoridade verificou que os principais varejistas do país (Asda, Safeway, Sainsbury e Tesco) se coordenavam por meio da troca indireta de informações entre seus fornecedores (como Dairy Crest, Glanbia, McLelland e

---

613 Brasil. CADE. Processo Administrativo 08012.007043/2010-79.

614 Brasil. CADE. Processo Administrativo 08700.008098/2014-71. "Superintendência abre processo para investigar cartel no mercado de equipamentos de informática" (15.07.2015). Disponível em: <http://www.cade.gov.br/Default.aspx?79cc5dac44d92ef5004d1e340f37>. Acesso em: 3 set. 2015.

615 Reino Unido. OFT. No. CA98/03/2011: Dairy retail price initiatives. Disponível em: <http://webarchive.nationalarchives.gov.uk/20140402142426/http:/www.oft.gov.uk/OFTwork/competition-act-and-cartels/ca98/decisions/dairy>. Acesso em: 4 set. 2015.

Capítulo 6 **Práticas comerciais no varejo supermercadista**

Wiseman). Naquele caso, o varejista A passava informações para o fornecedor B, prevendo que esse mesmo fornecedor usaria essa informação para influenciar condições de mercado com outros varejistas. Assim, o fornecedor B, de fato, passava tais informações para o varejista C, em circunstâncias em que C estava consciente – ou poderia razoavelmente prever – de que as informações eram oriundas do varejista concorrente A. Assim, C usava essa informação para balizar suas decisões sobre preços futuros no varejo. Trata-se, portanto, de hipótese em que o *"hub"* é o fornecedor e os *"spokes"*, os varejistas.

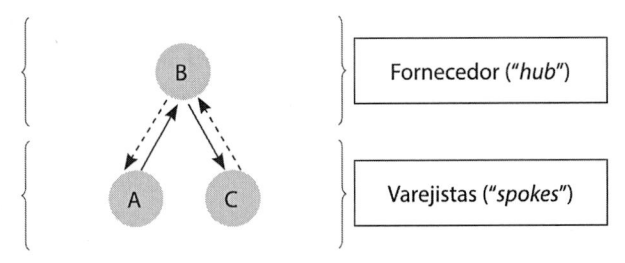

Na Bélgica, por sua vez, a *Autorité Belge de la Concurrence* condenou, em junho de 2015, sete varejistas (Carrefour, Colruyt, Cora, Delhaize, Intermarché, Makro e Mestdagh) por coordenarem preços de venda de diversos produtos de drogaria, higiene e perfumaria, com o auxílio de diversos fornecedores (Beiersdorf, Bolton, Belgium Retail Trading, Colgate-Palmolive, D.E HBC Belgium, GSK, Henkel, L'Oréal, Procter & Gamble, Reckitt Benckiser e Unilever), entre 2002 e 2007.[616] Novamente, os varejistas atuaram como *"spokes"* e os fornecedores como *"hubs"* no cartel, viabilizado por meio da troca de informações entre os agentes.

No Chile, há atualmente investigação em curso da *Fiscalía Nacional Económica* (FNE)[617] sobre supostos acordos de preço entre as cadeias varejistas Walmart, Cencosud e SMU, auxiliados por fornecedores de carne de frango.

---

616 Bélgica. *Autorité Belge de la Concurrence*. Affaire CONC-I/O-06/0038 – Hausses coordonnées des prix de vente de produits de parfumerie, d'hygiène et de droguerie. Disponível em: <http://economie.fgov.be/fr/binaries/D%C3%A9cision%20transaction%20version %20publique%20finale_tcm326-268756.pdf>. Acesso em: 8 nov. 2015.

617 Chile. *Fiscalía Nacional Económica* (FNE). Disponível em: <http://compemedia.org/chile--fne-acusaria-a-cencosud-walmart-smu-y-tottus-por-colusion.html>. Acesso em: 8 nov. 2015. *"la supresión de la voluntad individual de dos o más agentes competidores y su cambio por uma voluntad colectiva unificadora de sus decisiones es, en sede de libre competencia, considerado un 'acuerdo', cualquiera sea el modo em que éste se manifeste".*

Os varejistas teriam atuado como *"spokes"* e os fornecedores como *"hubs"* no cartel, que teria durado de 2008 a 2011. A investigação iniciou-se no mercado de frangos, e envolveu os fornecedores Agrosuper, Ariztía, Don Pollo e a Associação de Produtores de Aves do Chile, que sofreram busca e apreensão em 2011. Foram então encontradas evidências de que os supermercados implementavam prática concertada e se utilizavam dos fornecedores para monitorar e detectar o descumprimento do acordo de preços com o outro supermercado. Na justificativa para o prosseguimento das investigações, apontou-se que *"a supressão da vontade individual de dois ou mais agentes concorrentes e sua substituição por uma vontade coletiva ufinicadora das decisões é, em sede do Direito da Concorrência, considerado como um 'acordo', independentemente do modo em que é manifestado"*. Em janeiro de 2016,[618] a Fiscalía apresentou parecer solicitando ao *Tribunal de Defensa de la Competencia* que condene os varejistas na multa máxima contemplada na lei para casos de colusão (equivalente a US$ 22,9 milhões).

Ademais, *sob a ótica do mercado de venda (varejista), nos termos dos incisos III e IV do § 3º do art. 36 da Lei 12.529/2011, o uso indevido de informações comercialmente sensíveis, pelo varejista, pode ser considerado conduta anticompetitiva quando dificulta o funcionamento de concorrentes atualmente existentes no mercado ou o acesso de novos concorrentes no mercado a partir de práticas como a de "copycat", que beneficiam a marca própria do varejista em detrimento das marcas independentes dos concorrentes, em análise pela regra da razão.*

Em um mercado competitivo, um concorrente não confia seus segredos comerciais a outros concorrentes e não compartilha informações comercialmente sensíveis. Para tanto, mantém estritas cautelas contra o uso indevido dessas informações comercialmente sensíveis, de modo que eventual distribuidor com quem eventualmente se relacione também mantenha estritas cautelas contra o uso indevido das informações a que eventualmente venha a ter tido acesso, por receio de processos judiciais e/ou consequências de mercado adotadas pelo cliente. Especificamente no varejo supermercadista, constata-se uma situação atípica no mercado a respeito dessas informações comercialmente sensíveis. O fato de o varejista vender os produtos de diversas marcas independentes faz com que ele tenha, antecipadamente, acesso a diversas variáveis

---

618 Chile. Disponível em: <https://www.competitionpolicyinternational.com/chile-cencosud-y-wal-mart-acusados-por-coludirse-en-precios-de-pollo/>. Acesso em: 23 jun. 2016.

comercialmente sensíveis de seus concorrentes (que são também fornecedores), tais como preços, promoções, estratégias futuras, lançamentos de produtos, capacidade de produção etc.

O fornecedor, por sua vez, não tem alternativas senão fornecer tais informações, pois, se não o fizer, corre o risco de perder o acesso às lojas do supermercado e perder o seu canal de escoamento da produção,[619] uma vez que o supermercado atua como plataforma de dois lados com características de gargalo à concorrência nesse mercado. É assim então que o fornecedor de um produto de marca independente, para obter acesso à plataforma do supermercado, deve a ele fornecer seus segredos de mercado com relação a novos produtos e inovações com até a 12 (doze) meses de antecedência à divulgação do novo produto.[620]

O varejista detentor de marcas próprias, tendo acesso antecipado a essas informações comercialmente sensíveis dos fornecedores, pode ter incentivos a usá-las de modo a prejudicar seus concorrentes e beneficiar seus produtos de marca própria. Esse seria o caso, por exemplo, de um varejista que, ciente de que seu fornecedor fará promoção, pode, por exemplo, reduzir concomitantemente seus preços para que o produto de marca própria fique igual ou ainda abaixo do preço do produto de marca independente.[621] A mesma estratégia pode ser adotada quanto a outras variáveis sensíveis, como nível de *mark up* desejado, quantidade produzida etc., de modo que a marca própria passa a ser beneficiada, qualquer que seja a estratégia de vendas da marca independente

---

[619] Conforme mencionado anteriormente, os produtos de marcas independentes precisam superar pelo menos duas dificuldades para alcançar sucesso no mercado: acesso aos supermercados e aceitação dos consumidores finais. O acesso a uma rede de distribuição é condição *sine qua non* para um negócio viável do fabricante, para que assim possa alcançar um número suficiente de consumidores finais. Ademais, a aceitação do produto pelos consumidores finais depende não apenas de suas características intrínsecas, mas também de diversas outras variáveis (como preço, apresentação e *marketing*) que são controladas pelos supermercados dentro da loja. Assim, a superação de ambas essas dificuldades depende do relacionamento dos fornecedores com os supermercados, o que dá, a estes, significativo poder no mercado e torna os supermercados gargalos quase que intransponíveis à concorrência entre produtos de marcas independentes.

[620] BORGHESANI JR., William H.; CRUZ, Peter L. de La; BERRY, David. Food for thought: the emergence of power buyers and its challenge to competition analysis. *Stan. JL Bus. & Fin.*, v. 4, p. 61, 1998.

[621] Idem, p. 39-82.

do fornecedor. Ainda, o varejista, ciente de informações bastante sensíveis do seu concorrente, pode considerar os custos e as margens de lucro esperadas do seu concorrente para precificar o seu produto de marca própria.

A gravidade dessa situação fica ainda mais explícita quando o varejista utiliza as informações comercialmente sensíveis do seu fornecedor (concorrente) a respeito do lançamento de um novo produto para lançar um produto de marca própria imitação ("*copycat*", ou "*me too*") – imitando a embalagem (cor, tamanho, logo etc.) para se aproveitar dos investimentos do fornecedor. Nessa situação, ainda que haja desrespeito flagrante à legislação de propriedade industrial e de concorrência desleal,[622] não se pode dizer que há apenas isso, pois há efetiva criação de dificuldade à atividade de concorrente pelo uso indevido de informações comercialmente sensíveis.

A Comissão Europeia,[623] em 2011, apontou para a situação indicando que, apesar de haver ferramentas em sede de Direito da Propriedade Intelectual para limitar práticas como estas, tais regras seriam incapazes e insuficientes para eliminar todas as formas de "*copycat*", especialmente diante de um cenário em que o fornecedor está em posição de dependência econômica perante o varejista. Sendo assim, acioná-lo judicialmente para tratar do tema pode prejudicar o fornecedor ainda mais diante do seu principal cliente do que o próprio surgimento da marca própria "*copycat*". Assim, entende-se que existe uma violação à concorrência com essa prática comercial, pois o varejista se utiliza indevidamente de uma informação comercialmente sensível que é obtida licitamente na sua relação vertical enquanto supermercado para prejudicar seu concorrente na sua relação horizontal de concorrência entre marca própria e marca independente.

Nesse contexto, ALLAIN, CHAMBOLLE e REY indicam que as inovações realizadas pelas marcas independentes são mais rapidamente copiadas pelas marcas próprias do que pelas demais concorrentes,[624] muito possivel-

---

622 Sobre o assunto, sugere-se: BERNITZ, Ulf. Misleading packaging, copycats, and look-alikes: na unfair commercial practice? *Private Labels, Brands and Competition Policy*: the challenging landscape of retail competition. Oxford: Ariel Ezrachu abd Ulf Bernitz, 2009. p. 236-256.

623 Europa. European Commission. *The impact of private labels on the competitiveness of the European food supply chain*, 2011. p. 129.

624 ALLAIN, Marie-Laure; CHAMBOLLE, Claire; REY, Patrick. Vertical Integration, Innovation and Foreclosure. *HAL*, p. 16, 2010.

Capítulo 6 **Práticas comerciais no varejo supermercadista**

mente pelo fato de o varejista deter antecipadamente acesso a tais informações concorrencialmente sensíveis do fornecedor (que é também seu concorrente na categoria). Na Suécia, estudo da autoridade antitruste confirma esse dado, indicando que 75% dos fornecedores constatam que os varejistas usam as informações estrategicamente obtidas a respeito do lançamento de novos produtos de marca independente do fornecedor para favorecer a marca própria.[625] Na Espanha, a *Comisión Nacional de la Competencia* apontou, em 2011,[626] que 44% das marcas líderes e 24% das marcas não líderes afirmaram que receberam, dos varejistas, pedidos não justificáveis de informação confidencial sobre o lançamento futuro de produtos. Ademais, a autoridade antitruste apontou que 80% das marcas líderes e 32% das marcas não líderes afirmaram que foram alvo de cópia de seus produtos de marca independente pelas marcas próprias do varejista.

Assim, ainda que no curto prazo as marcas próprias de imitação possam ter efeitos positivos, pelo aumento da variedade de produtos e pela possível redução de preços (dado que produtos de marca própria imitação tendem a ter valores mais baixos), os efeitos dinâmicos de longo prazo desse *"free riding"*[627] tendem a ser a redução da capacidade e dos incentivos para os atuais e novos fornecedores inovarem. Isso, consequentemente, reduz a qualidade e a variedade de produtos no mercado, bem como pode resultar em futuro aumento de preços, em prejuízo do bem-estar do consumidor. Essa foi a conclusão do estudo de 2014 da Comissão Europeia intitulado *"The economic impact of modern retail on choice and innovation in the EU food sector"*,[628] no sentido de que uma alta participação de mercado das marcas próprias do varejista é associada a menos inovação nos produtos de modo não linear: ou seja, quanto maior a participação de mercado das marcas próprias, mais graves são os efeitos negativos em inovação.

---

625 Apud HILDEBRAND. Economic Analyses of Vertical Agreements: a self-assessment. *Kluwers Law International*, p. 62, 2005.

626 Espanha. Comisión Nacional de la Competencia. *Report on the relations between manufacturers and retailes in the food sector*, 2011. p. 189.

627 EZRACHI, A. Unchallenged Market Power? The tale of supermarkets, Private Label and Competition Law. *The university of Oxford Centre for Competition Law and Policy Working Paper CCLP*, (L)27, 2010. BERGÈS-BONTEMPS. A Survey on the Economic Impact of the Development of Private Labels. *Journal of Agricultural & Food Industrial Organization*, v. 2.

628 Europa. European Commission. *The economic impact of modern retail on choice and innovation in the EU food sector*, 2014.

A discussão gira, então, em torno dos incentivos – ou melhor, nos desincentivos – que essa prática causa às inovações no mercado. DOBSON[629] argumenta no sentido de que a imitação rápida e efetiva dos varejistas com relação aos produtos dos fornecedores afeta negativamente as inovações no mercado de aprovisionamento. ALLAIN, CHAMBOLLE e REY,[630] por sua vez, sinalizam que o risco de imitação reduz a qualidade dos produtos e pode resultar em fechamento de mercado para fornecedores. BERASATEGI[631] aponta, ainda, para a comoditização dos produtos da categoria, que reduz a variedade, a qualidade e as inovações no mercado, incluindo aquelas inovações que seriam do perfil "*low cost*", uma vez que essas fariam concorrência com a marca própria "*copycat*" do varejista. O desincentivo às inovações, portanto, causaria, nos termos do autor, uma extraordinária falha de mercado, não vista em qualquer outro setor da economia. Ademais, em caso de uso indevido dessa informação pelo próprio varejista, o fornecedor detentor da marca independente se vê praticamente sem alternativas legais para reagir, especialmente diante do receio de represálias do varejista. Nesse contexto, a *Finnish Competition Authority* sugere que, se as marcas próprias dos varejistas forem de imitação ("*copycat*"), essa prática pode ter impactos na redução das inovações pelas marcas independentes.[632]

Finalmente, a *Comisión Nacional de la Competencia* da Espanha[633] propõe que as exigências de informações do varejista aos fornecedores devem se restringir àquelas estritamente necessárias à relação de fornecedor-varejista, e o lapso temporal de antecipação com que a informação é apresentada antes do lançamento do produto deve ser justificável por critérios objetivos. Em todo caso, sugere que os varejistas deveriam cumprir regras de transparência, pro-

---

629 DOBSON, Paul; WATERSON, Michael; CHU, Alex. The welfare consequences of the exercise of buyer power. *Office of Fair Trading Research Paper* 16, p. 27, 1998.

630 ALLAIN, Marie-Laure; CHAMBOLLE, Claire; REY, Patrick. Vertical Integration, Innovation and Foreclosure. *HAL*, p. 1, 2010.

631 BERASATEGI, Javier. *Supermarket power: serving consumers or harming competition*, 2014. p. 21. Disponível em: <http://www.supermarketpower.eu/documents/38179/39950/Supermarket+Power.pdf/ 9c0ed73f-37db-4d23-bd2d-1f583bf501e9>. Acesso em: 24 maio 2015. p. 180-183.

632 Finlândia. Finnish Competition Authority. *Study on Trade in Groceries – How does buyer power affect the relations between trade and industry?*, 2012. p. 39.

633 Espanha. Comisión Nacional de la Competencia. *Report on the relations between manufacturers and retailes in the food sector*, 2011.

porcionalidade e não discriminação com relação às informações comercialmente sensíveis dos fornecedores que forem obtidas antecipadamente.

Diante de todo o exposto, sob a ótica do mercado de compra (aprovisionamento), propõe-se que fornecedores e varejistas *também possam ser investigados pelo uso indevido de informações comercialmente sensíveis para colusão (varejista "hub" e fornecedores "spokes"), nos termos do art. 36, § 3º, I e II, da Lei 12.529/2011, ao passo que* os varejistas e os fornecedores, *sob a ótica do mercado de venda (varejista), possam ser investigados pelo uso indevido de informações comercialmente sensíveis para colusão (fornecedor "hub" e varejistas "spokes"), nos termos do art. 36, § 3º, I e II, da Lei 12.529/2011, em análise como conduta pelo objeto. Por sua vez, e ainda sob a ótica do mercado de venda (varejista), propõe-se que os* varejistas *possam ser investigados pelo uso indevido de informações comercialmente sensíveis para "copycat", nos termos do art. 36, § 3º, III e IV, da Lei 12.529/2011, em análise pela regra da razão.*

6.3 Gestão de categorias ("*category management*")

Propõe-se que a prática comercial da gestão de categorias por parte de varejistas e fornecedores possa, em análise pela regra da razão,[634] configurar conduta anticompetitiva nos termos do art. 36, § 3º, I, II, III, IV, V e X, da Lei 12.529/2011.

Por gestão de categorias entende-se o conjunto de atividades[635] de gestão realizadas para a composição e exibição dos produtos em uma categoria no

---

[634] A respeito da diferenciação entre a regra da razão e a regra *per se* como formas de análise dos ilícitos, *vide* nota de rodapé 543.

[635] Dentre o conjunto de atividades de gestão de categoria estão a análise de informações internas (giro, estoque, mix, lucratividade etc.), a análise da dinâmica da loja (identificação de oportunidades pontuais, com mudanças no *layout*, nos espaços, na logística etc.), pesquisa com clientes (identificação dos hábitos, necessidades e o comportamento do *shopper*), pesquisa de fluxo (saber como o *shopper* movimenta e avaliar a melhor forma de organizar e expor as categorias de maior lucratividade em seu percurso) e análise de sortimento (identificar e mapear o sortimento ideal de produtos que vão proporcionar a solução de compra para o cliente na loja). ABRAS. *Revista Super Hiper*, ano 39, n. 443, p. 48, maio 2013. É considerado, por alguns, como parte do denominado "*Economic Consumer Response*" (ECR). Quando realizada pelo fornecedor, o "capitão" gestor da categoria analisa os dados de preferência do consumidor, identifica as melhores maneiras de atender os consumidores do varejista e aconselha o varejista sobre o fornecimento de produtos nos super-

varejo supermercadista, a fim de atender às necessidades do consumidor final.[636] HUGUET[637] define a gestão de categorias como o processo segundo o qual o fornecedor e o varejista gerenciam as diferentes categorias de produtos como unidades de negócios, com o objetivo de aprimorar os resultados e promover maior valor aos consumidores. A *Competition Commission* do Reino Unido, por sua vez, definiu[638] a gestão de categorias como a prática em que o varejista, na tentativa de melhorar suas vendas e performance em determinada categoria de produtos, estabelece colaboração com seus fornecedores. O fornecedor apresenta ao varejista dados, por exemplo, de volumes e tendências, bem como dados de consumidores – perfis, preferências e questões demográficas –, utilizando-os como aconselhamento para definir a forma de disposição, localização e tamanho ocupado pelos produtos nas gôndolas, bem como preços, promoção, melhoramentos da cadeia de fornecimento e manutenção de estoques.

A autoridade de defesa da concorrência da África do Sul também já definiu a gestão de categorias, identificando-a como uma forma limitada de distribuição exclusiva.[639] A *Federal Trade Commission*,[640] por sua vez, classificou-a como um apanhado de técnicas de negócios desenhadas para auxiliar o varejista a alocar os espaços nas gôndolas a partir do padrão de demanda dos consumidores em determinada categoria. O fornecedor apresentaria então um *"planogram"*[641]

---

mercados em termos de variedade e alocação de espaço. Reino Unido. Competition Commission, *Supermarkets: A Report on the Supply of Groceries from Multiple Stores in the United Kingdom*. Cm 4842 (Oct. 2000). p. 68-69.

636 Finlândia. Finnish Competition Authority. *Study on Trade in Groceries – How does buyer power affect the relations between trade and industry?*, 2012. Disponível em: <http://www2.kkv.fi/file/cd1a09b5-f5b7-4483-a18f-6673dead8182/FCA-Reports-1-2012-Study-on-Trade-in-Groceries.pdf>. Acesso em: 23 maio 2015.

637 HUGUET, C. The category management or the law of the consumer. *Marketing & Ventas*. Harvard-Deutso, jul.-ago. 1997.

638 Inglaterra. Competition Commission. *Final report of the supply of groceries in the UK market investigation*, 30.04.2008. p. 149-150.

639 África do Sul. Competition Commission. Case No:05/CR/Feb 05. JT International South Africa (Pty) Ltd and British American Tobacco South Africa (Pty) Ltda. 2015.

640 Estados Unidos. Federal Trade Commission. *Report on the Federal Trade Commission Workshop on Slotting Allowances and Other Marketing Practices in the Grocery Industry*. 2001. p. 46-54.

641 Por *"planogram"* entende-se a representação gráfica do *layout* dos produtos de uma categoria em determinada área (gôndola) da loja. Espanha. Comisión Nacional de la Competen-

ao supermercado, sugerindo o *layout* a ser adotado nas gôndolas e também um plano de atividades promocionais para a categoria.

A implementação da gestão de categorias pode ser realizada de maneiras mais sólidas ou mais fluidas.[642] As mais sólidas seriam aquelas segundo as quais o fornecedor "capitão"[643] ou "cocapitão"[644] tem responsabilidade solidária com o varejista no desenvolvimento da categoria de produtos e tem a atribuição de tomar decisões para a categoria. Por sua vez, maneiras mais fluidas de implementação da gestão de categorias seriam aquelas segundo as quais o fornecedor atua como um validador,[645] e o varejista também recebe opiniões e recomendações de outros fornecedores.[646]

As discussões sobre os possíveis efeitos concorrenciais dessas práticas estão em aberto tanto na literatura acadêmica quanto nas autoridades antitruste e entre os agentes de mercado, especialmente quando a gestão de categoria é realizada por um fornecedor "capitão".[647]

---

cia. *Report on the relations between manufacturers and retailes in the food sector*, 2011. p. 93. Ademais, pode ser entendida como a diagramação ilustrativa da localização dos produtos nas gôndolas do varejista, a quantidade de espaço em que o produto será alocado e quantas faces/exposições cada produto vai ter na ilha da categoria. Austrália. Australian Competition and Consumer Commission. *Report of the AACC inquiry into the competitiveness of retail prices for standard groceries*, 2008. p. 337.

642 A respeito do uso da gestão de categorias como ferramenta de gestão, sugere-se: CATTANI, Gino; PORAC, Joe; THOMAS, Howard. Categories and Competition. *Strategic Management Journal*, p. 1-51, 2017.

643 Enquanto "capitão", o fornecedor é o principal responsável pela gestão de categorias do varejista. De acordo com LEARY, o fornecedor "capitão" (*captain*) é normalmente o principal fabricante de produtos de marca da categoria. LEARY, Thomas B. *Category Management:* an interview whit FTC commissioner Thomas B. Leary. Disponível em: <http://www.ftc.gov/sites/default/files/documents/public_statements/category-management-interview-ftc--commissioner-thomas-b.leary/050328abainterview.pdf>. Acesso em: 11 maio 2014. p. 1. O principal interesse do fornecedor em ser o "capitão" da categoria de produtos é justamente a capacidade de influenciar as decisões do varejista sobre a gestão da categoria.

644 Enquanto "cocapitão", o fornecedor atua juntamente com o varejista na gestão de categorias.

645 Enquanto "validador", o fornecedor atua como um conselheiro, um terceiro interessado, e não insere seus interesses na gestão de categoria do varejista.

646 DESROCHERS, Debra M.; GUNDLACH, Gregory T.; FOER, Albert A. Analysis of antitrust challenges to category captain arrangements. *Journal of Public Policy & Marketing*, v. 22, n. 2, p. 201-215, 2003.

647 Historicamente, o processo de gerenciamento de categorias foi criado pelo professor Brian Harris, e chegou ao Brasil em 1997, via Comitê ECR. ABRAS. *Revista Super Hiper*, ano 39,

Com base na categorização das práticas comerciais no varejo supermercadista realizada no Capítulo 5, *supra*, as 11 seguintes, destacadas com o símbolo ⚙, podem ser caracterizadas como *gestão de categorias*:

AS RELAÇÕES JURÍDICAS DO VAREJO SUPERMERCADISTA	CATEGORIAS DE PRÁTICAS	PRÁTICAS COMERCIAIS – GESTÃO DE CATEGORIAS
Varejista como prestador de serviços ao fornecedor para acesso à plataforma (*comprador do fornecedor*)	Práticas verticais do varejista que <u>alteram o ambiente contratual de modo retroativo</u>	XXXIV) ⚙ O varejista exigir (ou pedir) que o fornecedor monitore e/ou transfira informações comercialmente sensíveis atuais e/ou passadas sobre fornecedores e/ou preços cobrados a outros fornecedores, não se restringindo à gestão de categorias
Varejista como prestador de serviços ao fornecedor dentro da plataforma (*fornecedor da indústria fornecedora*)	Práticas verticais do varejista que impõem aos fornecedores <u>pagamentos de taxas e condições de acesso para espaço em gôndola</u>	XLI) ⚙ O varejista cobrar pagamento diferenciado entre o fornecedor "capitão" na gestão da categoria e outros fornecedores para obter espaço nas gôndolas ou para exposição dos produtos
		XLII) ⚙ O varejista exigir (ou pedir) pagamento extra de um fornecedor pelo fato de ele ter sido escolhido como fornecedor "capitão" na gestão da categoria
		XLIII) ⚙ O varejista discriminar fornecedores ao recusar-se a fornecer dados sobre vendas de determinados produtos a eles, ao mesmo tempo em que disponibiliza tais informações ao fornecedor "capitão" na gestão da categoria

(Coluna esquerda: RELAÇÃO VERTICAL ENTRE VAREJISTA E FORNECEDOR)

n. 443, p. 48, maio 2013. O Gerenciamento de Categorias, de acordo com a Associação Brasileira de Supermercados (ABRAS), lentamente vai evoluindo para o Gerenciamento de Grupos de Consumidores, alterando também o formato das alianças entre fabricantes e varejistas, aproximando aqueles que têm os mesmos projetos estratégicos de atendimento a determinados grupos e tornando mais fortes os laços entre as marcas de determinados fabricantes e as bandeiras dos varejistas que as distribuem, a comunicação compartilhada entre ambos e as estratégias desenvolvidas conjuntamente. ABRAS. *Revista Super Hiper*, ano 39, n. 446, p. 96, ago. 2013.

Capítulo 6 Práticas comerciais no varejo supermercadista

AS RELAÇÕES JURÍDICAS DO VAREJO SUPERMERCADISTA		CATEGORIAS DE PRÁTICAS	PRÁTICAS COMERCIAIS – GESTÃO DE CATEGORIAS
RELAÇÃO HORIZONTAL ENTRE VAREJISTA E VAREJISTA	Varejista como concorrente do fornecedor (*concorrente do fornecedor*)	Práticas verticais do varejista que alteram a dinâmica de acesso à e dentro da plataforma para fornecedores concorrentes das marcas próprias	XLVIII) O varejista incentivar que o fornecedor principal ("capitão" da gestão de categorias) limite o acesso de fornecedores concorrentes à categoria, para favorecer a marca principal independente e também a marca própria (*"marca própria +1"*)
	Varejista concorrente do varejista	Práticas horizontais dos varejistas que impactam diretamente em outros varejistas	LII) O varejista busca informação junto ao fornecedor – que pode ser principal/"capitão" da gestão de categorias – sobre as condições de fornecimento e os preços do produto de outros varejistas para usá-la coordenadamente, favorecendo a colusão entre os varejistas, utilizando o fornecedor como elo de troca de informações entre os varejistas (*"hub and spoke"*)
RELAÇÃO HORIZONTAL ENTRE FORNECEDOR E FORNECEDOR	Fornecedor concorrente do fornecedor	Práticas horizontais de fornecedores que impactam diretamente em outros fornecedores	LV) O fornecedor – que pode ser principal/"capitão" da gestão de categorias – influencia o varejista para limitar o acesso de fornecedores concorrentes à categoria ou para alterar a dinâmica nas gôndolas, dentro da loja
			LVI) O fornecedor principal – que pode ser "capitão" da gestão de categorias – impede a implementação de estratégias futuras de fornecedores concorrentes à categoria, por ter antecipadamente informações comercialmente sensíveis
			LVII) O fornecedor – que pode ser principal/"capitão" da gestão de categorias – viabiliza a colusão entre os fornecedores da categoria, por ter antecipadamente informações comercialmente sensíveis, até mesmo se utilizando de um varejista como elo de troca de informações entre eles (*"hub and spoke"*)

AS RELAÇÕES JURÍDICAS DO VAREJO SUPERMERCADISTA	CATEGORIAS DE PRÁTICAS	PRÁTICAS COMERCIAIS – GESTÃO DE CATEGORIAS
		LVIII) ۞ O fornecedor – que pode ser principal/"capitão" da gestão de categorias – viabiliza a colusão entre os varejistas, por ser o mesmo "capitão" da gestão de categorias de vários varejistas e atuar como elo de troca de informações entre eles (*"hub and spoke"*)
		LIX) ۞ O fornecedor – que pode ser principal/"capitão" da gestão de categorias – influencia o varejista para cobrar altas taxas e condições de acesso ou para adotar cláusulas contratuais de exclusividade que alterem a dinâmica de acesso à loja e dentro da loja, para favorecer a marca principal independente e eventualmente também a marca própria

As discussões sobre os possíveis efeitos concorrenciais dessas práticas estão em franca argumentação tanto pela literatura acadêmica antitruste quanto pelas autoridades antitruste estrangeiras e entre os agentes de mercado.

Dentre os *argumentos de efeitos pró-competitivos da gestão de categorias* está, por exemplo, o de que os fornecedores são aqueles que melhor detêm conhecimento do mercado, e eles seriam os mais capazes para realizar uma análise de oferta e demanda dos produtos, razão pela qual a gestão de categorias seria uma ferramenta pertinente e eficiente para os varejistas.[648] Assim, quando implementada de modo satisfatório, poderia resultar em vantagem competitiva a esses varejistas – em termos de redução de custos[649] –, ao mesmo tempo em que influenciaria positivamente o bem-estar do consumidor, pois os menores custos seriam repassados em forma de menores preços para os

---

[648] DESROCHERS, D. M.; GUNDLACH, G. T.; FOER, A. A. The Economics of Slotting Contracts. George Mason University. *Law and Economics Research Paper Series*, 22(2), p. 201-205, 2003.

[649] STEINER, R. Category Management – A pervasive, New Vertical/Horizontal Format. *Antitrust Institute*, p. 77-81, Spring 2001.

consumidores finais.⁶⁵⁰ Assim, como fornecedores e varejistas têm informações complementares sobre as necessidades dos consumidores, a gestão de categorias seria uma maneira de juntá-las em benefício destes.

Os varejistas no Brasil também argumentam que essa prática possui efeitos positivos, pois propiciaria ganhos para o varejista, para a indústria e para o consumidor.⁶⁵¹ O fornecedor "capitão" também argui a existência de efeitos positivos, pois constataria uma melhora no relacionamento com os varejistas decorrente dessa prática. Ocorre que os demais fornecedores não escolhidos para a gestão de categorias questionam se esse relacionamento tão próximo entre o varejista e um fornecedor daria ao "capitão" vantagem indevida em relação aos demais fornecedores, vantagem esta não relacionada à superioridade dos produtos sob a perspectiva do consumidor. É nesse sentido que os pequenos fornecedores afirmam que a gestão de categorias pode se tornar uma barreira à entrada, especialmente para marcas secundárias e terciárias.⁶⁵²

Desse modo, há também *argumentos no sentido dos efeitos anticompetitivos da gestão de categorias*, que surgem em especial quando se utiliza a figura do fornecedor "capitão". STEINER⁶⁵³ explica que, se a gestão de categorias for realizada por um fornecedor "capitão" detentor da marca principal da categoria, resta fortalecida a posição dominante deste com relação a seus concorrentes fornecedores, o que dá poderes a ele também na relação vertical com o varejista e permite que ele influencie o varejista em sua tomada de decisões. Segundo o autor, na medida em que esse fornecedor "capitão" o seja também para outros varejistas, a gestão de categorias também poderia levar à troca de informação e à colusão entre varejistas em termos de preços no mercado de venda, em uma configuração de *"hub and spoke"*, cujo modelo já foi detalhado *supra*.

LEARY,⁶⁵⁴ por sua vez, alerta para o fato de que, se o "capitão" puder tomar decisões em nome do varejista para a escolha dos produtos da categoria,

---

650 LORDEN, B. J. Category Management: The antitrust implications in the United States and Europe. *Loyola Consumer Law Review*, 24(3), p. 541-563, 2011.
651 ABRAS. *Revista Super Hiper*, ano 39, n. 446, p. 96, ago. 2013.
652 Reino Unido. Office of Fair Trade. Competition Commission. *Supermarkets: A Report on the Supply of Groceries from Multiple Stores in the United Kingdom*. Cm 4842 (Oct. 2000). p. 68-69.
653 STEINER, R. Category Management – A pervasive, New Vertical/Horizontal Format. *Antitrust Institute*, p. 77-81, Spring 2001.
654 LEARY, Thomas B. *A Second look at category management*. Disponível em: <http://www.ftc.gov/sites/default/files/documents/public_statements/prepared-remarks/040519categorymgmt.pd f>. Acesso em: 11 maio 2014.

isso pode afetar negativamente seus demais concorrentes fornecedores, o que causaria uma restrição horizontal na concorrência entre os fornecedores. Nesse sentido também sustenta CARAMELI,[655] para quem, se o "capitão" puder tomar decisões em nome do varejista para a escolha dos produtos da categoria e para a definição do espaço nas gôndolas ("*shelfspace*"), isso favorece conduta oportunística do fornecedor, o que pode significar a contratação de produtos com cláusula de exclusividade. Ademais, o autor alerta para o risco de colusão entre os fornecedores, sendo o "capitão" o articulador do grupo por deter informações comercialmente sensíveis de seus concorrentes e conseguir viabilizar, por exemplo, práticas unilaterais de fixação de preço de revenda por todos os fornecedores ("*resale price manteinance – RPM*") de modo coordenado.

As autoridades antitruste estrangeiras também já estudaram e demonstraram preocupação com a prática da gestão de categorias. O estudo da *Competition Commission* do Reino Unido de 2000[656] analisou a prática da gestão de categorias e concluiu no sentido de que não haveria evidências suficientes para se afirmar satisfatoriamente se essa prática deveria ser analisada como uma prevenção, restrição ou distorção à concorrência. No entanto, a autoridade alertou para o risco de que a prática conceda vantagens não relacionadas a custos ou performance a alguns fornecedores em detrimento dos demais. Ademais, alertou que a gestão de categorias pode vir a ser utilizada como uma barreira à entrada e à expansão no mercado de aprovisionamento. Ainda, sugeriu que, nas hipóteses em que fosse adotada a gestão de categorias, não deveria haver discriminação em termos de acesso à informação entre o fornecedor "capitão" e todos os demais, e que a alocação dos produtos das gôndolas deveria permanecer com o varejista e não ser delegada ao fornecedor "capitão".

Em 2008, a *Competition Commission*[657] confirmou suas preocupações com a gestão de categorias, indicando que essa prática comercial poderia dar

---

655 CARAMELI, L. S. Jr. The Anti-competitive Effescts and Antitrust Implications of Category Management and Category Capitains of Consumer Products. *Chicago-Kent Law Review*, 79(3), 2004.
656 Reino Unido. Competition Commission. *Supermarkets: A Report on the Supply of Groceries from Multiple Stores in the United Kingdom*. Cm 4842 (Oct. 2000). p. 68-69 e 94-157.
657 Inglaterra. Competition Commission. *Final report of the supply of groceries in the UK market investigation*, 30.04.2008. p. 149-150.

Capítulo 6 Práticas comerciais no varejo supermercadista

o ambiente necessário para a facilitação da colusão entre varejistas, entre fornecedores e também entre varejistas e fornecedores, caracterizadoras de colusão "*hub and spoke*".

Em 2001, no evento realizado pela *Federal Trade Commission*, o Professor Greg GAULACH[658] apontou a pouco mencionada relação entre a gestão de categorias e a existência de marcas próprias. STEINER[659] mencionou a possibilidade de o "capitão" da gestão de categorias ter essa função também em outros varejistas, de modo que esse agente poderia então ser um elo de troca de informações entre os varejistas, facilitando a colusão entre eles. O relatório da FTC,[660] que seguiu a realização deste evento, asseverou quatro pontos concorrencialmente problemáticos decorrentes da gestão de categorias: (i) o acesso a informações sobre os planos dos concorrentes, (ii) a exclusão ou diminuição da expansão dos rivais, (iii) a promoção da colusão entre fornecedores e a (iv) promoção da colusão também entre varejistas.

Quanto (i) ao acesso a informações de concorrentes – tais como planos promocionais futuros, campanhas de *marketing*, cronograma de inovações etc. –, o relatório da FTC apontou que, se o capitão usa sua posição para obter tais informações e frustrar o crescimento dos demais fornecedores, isso pode reduzir o incentivo destes em inovar, em detrimento dos consumidores finais. Essa situação poderia ser mitigada, por exemplo, se efetivamente se conseguisse ter dois times internos separados dentro do "capitão", um para receber as informações para a gestão de categorias e outro para realizar a gestão da marca do fabricante. Quanto (ii) à exclusão ou diminuição da expansão dos rivais, isso poderia acontecer porque o "capitão" tem a capacidade de controlar as decisões sobre posicionamento e promoções na categoria, o que pode arrefecer a entrada ou a expansão de outros fornecedores, levando a menos opções e

---

[658] GAULACH, Greg. Apud Federal Trade Commission. *Workshop on Slotting Allowances and Other Grocery Marketing Practices*, 2000. p. 344. Disponível em: <https://www.ftc.gov/sites/default/files/ documents/public_events/public-workshop-slotting-allowances-and-other-grocery-marketing-practices/slotting61.pdf>. Acesso em: 13 fev. 2016.

[659] STEINER, Bob. Apud Federal Trade Commission. *Workshop on Slotting Allowances and Other Grocery Marketing Practices*, 2000. p. 367-368. Disponível em: <https://www.ftc.gov/sites/default/files/ documents/public_events/public-workshop-slotting-allowances-and-other-grocery-marketing-practices/slotting61.pdf>. Acesso em: 13 fev. 2016.

[660] Estados Unidos. Federal Trade Commission. *Report on the Federal Trade Commission Workshop on Slotting Allowances and Other Marketing Practices in the Grocery Industry*. 2001. p. 46-54.

possivelmente maiores preços. Quanto (iii) à promoção da colusão entre varejistas, se o "capitão" exercer essa atividade também para varejistas concorrentes, isso pode facilitar a colusão tácita entre os varejistas ("*spokes*"), pois quando o "capitão" ("*hub*") fizer uma recomendação, os varejistas têm incentivos para segui-la, uma vez que os demais varejistas possivelmente agirão de maneira análoga. E, finalmente, quanto (iv) à promoção da colusão entre os fornecedores, isso aconteceria quando o varejista ("*hub*") encorajasse que os principais fornecedores ("*spokes*") seguissem e concordassem com as recomendações do fornecedor "capitão".

Em 2005, autoridades de defesa da concorrência nórdicas – Dinamarca, Noruega, Islândia, Finlândia, Groelândia e Suécia[661] – manifestaram que a prática da gestão de categorias tenderia a beneficiar apenas dois grupos: as marcas principais da categoria – que possivelmente seriam a figura do "capitão" – e as marcas próprias.

Em 2010, por sua vez, a Comissão Europeia indicou, quando da análise no Guia de Restrições Verticais,[662] os chamados "*category management agreements*". Pontuou-se que, apesar de, na maioria dos casos, a gestão de categorias não ser problemática, a prática poderia ao final configurar uma série de condutas anticompetitivas em circunstâncias específicas. Primeiro, poderia resultar em fechamento de mercado se o "capitão" fosse capaz de influenciar as decisões do varejista a ponto de limitar ou desfavorecer a distribuição de fornecedores concorrentes. Isso seria possível, em especial, nas hipóteses em que o varejista também possui marcas próprias. Nesse sentido, o possível fechamento de mercado resultante da prática seria análogo àquele decorrente de um acordo de exclusividade de distribuição ("*single branding obligations*"). Segundo, poderia resultar em facilitador à colusão entre os varejistas, quando um mesmo fornecedor "capitão" exercer essa posição para diversos outros varejistas concorrentes. E, terceiro, poderia resultar em facilitador à colusão entre os fornecedores, dadas as oportunidades de troca de informação comercialmente sensível entre os fornecedores e o "capitão", como, por exemplo, relacionadas a preços futuros, planos de promoção e campanhas de *marketing*.

---

661 AUTHORITIES, Nordic Competition. Nordic Food Markets–a taste for competition. *Report from the Nordic competition authorities*, v. 1, 2005.

662 Europa. European Commission. *Guidelines on Vertical Restraints*, 2010. Disponível em: <http://ec.europa.eu/competition/antitrust/legislation/guidelines_vertical_en.pdf>. Acesso em: 3 set. 2015. p. 203-208.

Ainda em 2010, a *Autorité de la Concurrence*, com base nas diretrizes referidas no Guia de Restrições Verticais da Comissão Europeia, emitiu opinião sobre os efeitos da gestão de categorias ("*management catégoriel*") especificamente no varejo supermercadista.[663] Posicionou-se no sentido de que a avaliação dos efeitos positivos ou negativos no mercado depende do poder de decisão que o "capitão" detém ou não em nome do varejista, da transparência do acordo de gestão de categoria e da amplitude da categoria coberta pela gestão do "capitão". Ademais, indicou que haveria uma série de riscos concorrenciais resultantes da gestão de categorias, sendo o primeiro deles o risco de exclusão de fornecedores no mercado, devido à influência do "capitão" nas decisões do supermercado, às práticas que podem denegrir a performance dos produtos e dos fornecedores concorrentes e às informações exclusivas obtidas pelo "capitão". Um segundo risco seria o de colusão entre varejistas, além de um terceiro risco, de colusão entre os fornecedores. Nesse ponto, argumentou que as supostas eficiências alegadas da prática não se sobreporiam e não justificariam os riscos concorrenciais advindos da gestão de categorias.

Em 2011, na Espanha, a *Comisión Nacional de la Competencia*[664] firmou posicionamento no sentido de que, na maioria dos casos, a gestão de categorias não geraria problemas e que seria simplesmente uma maneira de o varejista se aproveitar do conhecimento que o fornecedor detém sobre a demanda e o mercado do produto. Nesse sentido, traria economias de escala e poderia ser positivo para o varejista, porque facilitaria a obtenção de conhecimento sobre os produtos, os hábitos dos consumidores e a evolução de preferência, o que levaria a um melhor atendimento à demanda dos consumidores. Em que pesem esses efeitos positivos, a autoridade espanhola alertou para os

---

663 França. Autorité de la Concurrence. Avis n. 10-A-25 relatif aux contrats de 'management catégoriel' entre les opérateurs de la grande distribuition à dominante alimentaire et certaines de leurs fournisseurs, 2010.

664 Espanha. Comisión Nacional de la Competencia. *Report on the relations between manufacturers and retailes in the food sector*, 2011. Disponível em: <http://ec.europa.eu/internal_market/consultations/2013/unfair-trading-practices/docs/contributions/public-authorities/spain-comision-nacional-de-la-competencia -2-report_en.pdf>. Acesso em: 23 maio 2015. Anteriormente, em 2009, foi publicado também pelo *Tribunal Vasco de Defensa de la Competencia* o estudo intitulado "*Distribution of daily consumer goods: competition, oligopoly and tacit collusion*". Disponível em: <http://www.avpd.euskadi.eus/s04-5273/eu/contenidos/informacion/imformes_mercados/eu_infomerc/090519%20ESTUDIO%20DISTRIBUCION%20COMERCIAL%20ENGLISH%20VERSION.pdf>. Acesso em: 23 maio 2015.

possíveis efeitos negativos da gestão de categorias, dentre eles a discriminação e a criação de limitações, dificuldades e restrições de acesso a outros fornecedores concorrentes ao "capitão", pois este poderia se aproveitar do acesso privilegiado ao varejista e obter os melhores espaços em gôndola, excluir concorrentes e obter acesso privilegiado a informações e dados de seus concorrentes, o que o colocaria em posição vantajosa no mercado. Outro efeito negativo da gestão de categorias seria a facilitação à colusão tanto entre fornecedores quanto entre varejistas, pela troca de informações comercialmente sensíveis que resultam no aumento da transparência sobre o comportamento dos agentes de mercado.

Em 2012, na Finlândia, a *Finnish Competition Authority*[665] analisou com detalhes a prática da gestão de categorias. Segundo o estudo, a extensão com que o varejista deixa sua tomada de decisão ser influenciada pelo "capitão" ou que a faz independentemente é que é essencial para a avaliação dos efeitos concorrenciais dessa prática no mercado. Nesse sentido, sugere que a gestão de categorias seja realizada diretamente pelo varejista, e não por meio de um fornecedor, para evitar questionamentos concorrenciais de fechamento no mercado para fornecedores concorrentes e de uso indevido de informações sensíveis que podem resultar em colusão tanto entre os fornecedores quanto entre os varejistas. Nesse sentido, *in verbis*: "A adoção de um processo decisório independente seria a melhor maneira de os varejistas evitarem questionamentos concorrenciais de que a gestão de categorias teria resultado no fechamento de mercado a fornecedores concorrentes. Essa independência no processo de tomada de decisão inviabilizaria a qualquer conduta restritiva também por parte dos fornecedores. Ainda, a possibilidade de a troca de informações resultante da gestão de categorias facilitar a cooperação entre agentes econômicos se torna reduzida quando o próprio varejista (e não os fornecedores) é responsável pela gestão de categorias".[666]

---

665 Finlândia. Finnish Competition Authority. *Study on Trade in Groceries – How does buyer power affect the relations between trade and industry?*, 2012. p. 25-35.

666 "*The independent decision-making by the retail trade is the best way to avoid problems that relate to the alleged unjustified foreclosure of competing suppliers as a result of outsourced category management. Secondly, independent decision-making by the retail trade in category management undermines any restrictive conduct by the suppliers. Thirdly, the possibility of data flows created as a result of outsourced category management to facilitate the cooperation between the actors may be expected to diminish if the retail trade itself is responsible for category management. Category management entirely governed by the retail trade itself leaves open the issue of whether the*

Capítulo 6   Práticas comerciais no varejo supermercadista

Sob a ótica do mercado de venda (varejista), propõe-se que a gestão de categorias possa ser enquadrada no art. 36, I e II, da Lei 12.529/2011.

Sob a ótica do mercado de venda (varejista), nos termos dos incisos I e II do § 3º do art. 36 da Lei 12.529/2011, a gestão de categorias pode ser considerada conduta anticompetitiva quando facilita/influencia (fornecedor como "hub") e viabiliza a implementação (varejistas como "spokes") de acordo tácito ou explícito entre os varejistas, em análise como conduta pelo objeto.

O risco de colusão por meio da implementação da gestão de categorias seria o seguinte: o fornecedor "capitão", na medida em que seja também "capitão" em outros varejistas, passa um importante elo de informações comercialmente sensíveis no mercado varejista, incluindo – mas não se limitando a – informação de preços, promoções, estratégias futuras, lançamentos de produtos, capacidade de produção etc. Por essa razão, os varejistas podem, tácita ou explicitamente, solicitar que o "capitão" auxilie na troca de informações entre concorrentes varejistas. Isso pode acontecer, por exemplo, por acordo explícito entre os varejistas com o suporte do fornecedor, consciente do ajuste anticompetitivo, ou por acordo tácito entre os varejistas, quando se adota coordenadamente cláusulas contratuais de monitoramento do mercado, que permitem que o(s) fornecedor(es) principal(is) repasse(m) entre os concorrentes varejistas as informações comercialmente sensíveis. Assim, o "capitão" – ou os principais fornecedores – passa(m) a ser o *"hub"* e os demais varejistas seriam os *"spokes"*, sendo que as informações dos varejistas seriam trocadas por meio de um intermediário comum à rede, consistente em um acordo anticompetitivo conhecido como *"hub and spoke"*, detalhado *supra*.

Sob a ótica do mercado de compra (aprovisionamento), propõe-se que a gestão de categorias possa ser enquadrada no art. 36, § 3º, I, II, III, IV, V e X, da Lei 12.529/2011.

Sob a ótica do mercado de compra (aprovisionamento), nos termos dos incisos I e II do § 3º do art. 36 da Lei 12.529/2011, a gestão de categorias pode ser considerada conduta anticompetitiva quando facilita/influencia (varejista como "hub") e viabiliza a implementação (fornecedores como "spokes") de acordo tácito ou explícito entre os fornecedores, em análise como conduta pelo objeto.

retail trade treats the suppliers fairly without using its buyer power and gatekeeper position in a way which ultimately harms the consumer". Finlândia. Finnish Competition Authority. Study on Trade in Groceries – How does buyer power affect the relations between trade and industry?, 2012. p. 25-35.

O risco de colusão por meio da implementação da gestão de categorias seria o seguinte: o fornecedor "capitão" obtém informações comercialmente sensíveis e antecipadas de seus concorrentes fornecedores, incluindo – mas não se limitando a – informação de preços, promoções, estratégias futuras, lançamentos de produtos, capacidade de produção etc. Assim, de posse dessas informações, o "capitão" é capaz de organizar os fornecedores concorrentes e se coordenar com eles. Isso pode se dar, por exemplo, pela adoção de modo coordenado de uma prática unilateral como a fixação de preço de revenda ("*resale price manteinance – RPM*"[667]), pela divisão de clientes e manutenção de *market shares*, pela troca em si de informações comercialmente sensíveis etc. Ainda, no caso de um cartel preexistente ou em andamento entre fornecedores no mercado de aprovisionamento, a gestão de categorias permitiria que o "capitão" detectasse mais facilmente eventuais desvios ao cartel.[668]

Especificamente sobre a adoção de modo coordenado de uma prática unilateral – como a fixação de preço de revenda ("*resale price manteinance – RPM*") – , tem-se o exemplo do caso *Safeway Stores*, na Austrália.[669] Naquele caso, a divisão denominada *Woolworth* do maior varejista australiano produzia seu próprio pão e também revendia pães de uma marca independent, a Tip Top. Quando outro varejista concorrente começou a vender o pão da marca independente Tip Top a um preço mais barato, a *Woolworth* teria pressionado o fornecedor a conceder descontos e até mesmo a instituir uma política de fixação de preço de revenda, para encerrar com a possibilidade de se conceder descontos aos varejistas concorrentes.[670]

---

667 Sobre essa correlação entre o poder de compra e a fixação de preço de revenda, sugere-se: STEINER, Robert L. How manufacturers deal with the price-cutting retailer: when are vertical restraints efficient? *Antitrust Law Journal*, v. 65, n. 2, p. 442, winter.

668 Espanha. Comisión Nacional de la Competencia. *Report on the relations between manufacturers and retailes in the food sector*, 2011. Disponível em: <http://ec.europa.eu/internal_market/consultations/2013/ unfair-trading-practices/docs/contributions/public-authorities/spain-comision-nacional-de-la-competencia -2-report_en.pdf>. Acesso em: 23 maio 2015. "*If there is a cartel of manufacturers, the captain may more easilydetect any deviations by cartel members. If there is a common captain for several retailers, it may make it easier for those retailers to follow or communicate with each other*". p. 90-91.

669 Austrália. Australian Competition and Consumer Commission. Case ACCC v Australian Safeway Stores Pty Ltd (30.06.2003).

670 Considerando o contexto, a OCDE sugere que não se tenha uma proibição *per se* da prática de fixação de preço de revenda, pois isso permitiria que o varejista tivesse a possibilidade de definir os preços não apenas dos produtos de marca própria, mas também os de

Essa colusão entre os fornecedores pode acontecer concomitantemente com a colusão entre os varejistas. Seria o caso, por exemplo, de um grupo de fornecedores – incluindo o "capitão" – em um mercado com poucas e importantes marcas que definem preços (por exemplo, por meio da fixação conjunta de preços de revenda – RPM), dividem clientes e trocam informações comercialmente sensíveis sobre estratégias comerciais e se articulam em torno de um grande varejista. Paralelamente, um grupo de varejistas pode se articular e se utilizar do fornecedor "capitão" – ou do(s) principal(is) fornecedor(es) da categoria, que também fornece(m) para os demais varejistas – para trocarem informações entre si e alinhar estratégias comerciais. Novamente, isso poderia acontecer de modo explícito ou implícito, por meio de cláusulas contratuais, por exemplo, de monitoramento do mercado. Teríamos, portanto, a prática colusiva nos dois níveis de mercado, tanto a montante (mercado de aprovisionamento) quando a jusante (mercado varejista), sendo que o fornecedor "capitão" seria o elo entre eles, atuando em um duplo arranjo típico de cartéis "*hub and spoke*", detalhado *supra*.

Ademais, ainda sob a ótica do mercado de compra (aprovisionamento), nos termos dos incisos III e IV do § 3º do art. 36 da Lei 12.529/2011, a gestão de categoria pode ser considerada conduta anticompetitiva quando dificulta o funcionamento de fornecedores atualmente existentes no mercado ou o acesso de novos fornecedores no mercado, em análise pela regra da razão.

O fornecedor "capitão" é capaz de dificultar o funcionamento e limitar o acesso de fornecedores no mercado – novos ou existentes – quando decide a respeito da alocação dos produtos de uma determinada categoria. A decisão de não adquirir um produto altera a dinâmica de alocação e exposição nas gôndolas, sendo que isso pode ser realizado com o intuito e o efeito de dificultar a atividade de fornecedores concorrentes. É o caso, por exemplo, do fornecedor "capitão" que, sob os argumentos de que o produto e/ou o fornecedor não está sendo bem visto no mercado, de que não há demanda suficiente, ou de que o fornecedor tem tido problemas na produção relacionados a qualidade etc., orienta o varejista a retirá-los da lista de compra e das suas gôndolas. Tudo isso seria feito para que o varejista não aceite novo produto ou um produto existente de um fornecedor entrante ou de um novo fornecedor concorrente do produto de marca do fornecedor "capitão".

marca independente. OECD, *Buying Power of Multiproduct Retailers*, Committee on Competition Law and Policy, DAFFE/CLP (99) 21, 1999. p. 40.

Assim, a gestão de categoria seria utilizada para rejeitar a concorrência dentro dos supermercados pelo fornecedor "capitão", de modo a alterar a dinâmica de mercado dos produtos dos fornecedores. Ademais, o fornecedor "capitão" pode influenciar o varejista a utilizar o seu espaço em gôndola ("*shelfspace*") e a exposição dos produtos na gôndola ("*planogram*") de modo a prejudicar determinados fornecedores, em benefício, mais uma vez, da marca do"capitão". Esse mesmo efeito pode ser alcançado, também, pela cobrança de altas taxas e condições de acesso ou pela adoção de cláusulas contratuais de exclusividade que poucos fornecedores – ou apenas ele próprio, o "capitão" – serão capazes de arcar, o que novamente dificulta, limita e até mesmo impede o acesso de fornecedores concorrentes no mercado de aprovisionamento.

O "capitão" pode ainda impedir a implementação de estratégias futuras por parte de fornecedores concorrentes, uma vez que ele possui informações comercialmente sensíveis antecipadamente. Isso pode acontecer, por exemplo, quando um fornecedor concorrente informar ao varejista e ao "capitão" que lançará uma nova marca de produto em breve. Se já há o risco de o varejista utilizar essa informação antecipada para "*copycat*", por sua vez, o "capitão" pode influenciar o varejista a não incorporar esse novo produto em sua lista de compras. Se assim o fizer, o fornecedor pode não ter canal de escoamento da sua produção e pode deixar de lançar a sua marca, dado o papel do supermercado como plataforma de dois lados com características de gargalo à concorrência no mercado. O mesmo poderia acontecer, por exemplo, com a realização de uma promoção, pois quando o fornecedor informa ao varejista e ao "capitão" que pretende realizar uma promoção em determinada época, o varejista e/o "capitão" podem prejudicar essa estratégia do concorrente ao igualar ou até reduzir os preços dos seus produtos.

Em alguns países já houve questionamentos concretos sobre a gestão de categorias. Nos Estados Unidos, no caso *Conwood Co. v. U.S. Tobacco Co.*, a empresa fornecedora "capitã" no *category management*, Tobacco (USTC), foi condenada a pagar um bilhão de dólares por ter praticado condutas que limitaram o acesso de concorrentes aos supermercados e prejudicaram a visibilidade e as propagandas de produtos concorrentes. A fornecedora "capitão" da categoria era detentora de posição dominante, e passava informações falsas para o varejista tanto para influenciar as decisões do supermercado quanto para denegrir a performance dos produtos concorrentes. Tais práticas foram consideradas restritivas à concorrência porque resultavam na redução das opções ao consumidor final, ao mesmo tempo em que limitava o acesso de novos concorrentes fornecedores no mercado.[671] Essa prática exclusionária, por sua vez, pode ser particularmente grave quando o varejista também vende marcas próprias e pode ter incentivos para excluir outros fornecedores do mercado, sendo auxiliado pelo fornecedor "capitão" da categoria.

Sob a ótica do mercado de compra (aprovisionamento), nos termos do inciso X do § 3º do art. 36 da Lei 12.529/2011, a gestão de categorias também pode ser considerada conduta anticompetitiva quando implementar tratamento discriminatório entre fornecedores, em análise pela regra da razão.

A discriminação entre fornecedores viabilizada pela gestão de categorias pode acontecer tanto em termos de pagamento de taxas e condições de acesso quanto em termos de exposição dos produtos nas gôndolas dentro da loja. Quanto às taxas e condições de acesso, o fornecedor "capitão" pode influenciar a cobrança de altas taxas e condições de acesso que limitem e alterem a dinâmica de acesso à loja e dentro da loja ou a adoção de cláusulas contratuais de exclusividade, para favorecer outras marcas independentes e até mesmo a marca própria do supermercado. Isso também poderia acontecer quando o fornecedor cobra do próprio "capitão" um pagamento discriminatório extra pelo fato de ter sido escolhido para gerenciar a categoria.

Ademais, é possível que o fornecedor "capitão" implemente essa discriminação por meio da exposição dos produtos nas gôndolas ("*planogram*"), novamente para favorecer outras marcas independentes e até mesmo a marca própria do supermercado. Seria o caso, por exemplo, de a marca do "capitão – e até mesmo a marca própria do supermercado – ser constantemente exposta à altura dos olhos, e o principal concorrente da marca própria à altura dos pés do consumidor, para dificultar a sua visualização e consequente compra.[672] O mesmo pode acontecer com a discriminação sobre o fornecimento de informações, se o varejista se negar a apresentá-las aos fornecedores para privilegiar apenas o fornecedor "capitão".

Ainda, sob a ótica do mercado de compra (aprovisionamento), nos termos do inciso V do § 3º do art. 36 da Lei 12.529/2011, a gestão de categorias pode ser

---

671 Estados Unidos. Conwood Co. v. U.S. Tobacco Co., 290 F.3d 768 (6th Cir. 2002), 123 S. Ct. 876 (2003).
672 BORGHESANI JR., William H.; CRUZ, Peter L. de La; BERRY, David. Food for thought: the emergence of power buyers and its challenge to competition analysis. *Stan. JL Bus. & Fin.*, v. 4, p. 39-82, 1998.

considerada conduta anticompetitiva quando for um meio de o varejista favorecer a marca própria e impedir o acesso de fornecedores concorrentes ao canal de distribuição, em análise pela regra da razão.

O varejista pode se beneficiar dos efeitos restritivos da gestão de categorias, especialmente quando for detentor de marca própria naquela categoria. Nesse contexto, o varejista pode se aliar ao "capitão" para gerar efeitos restritivos na categoria – o que pode reduzir o nível de concorrência entre esses dois agentes de mercado.[673] O varejista pode, por exemplo, cobrar taxas e condições de acesso que apenas o "capitão" seja capaz de pagar, a fim de manter em suas gôndolas apenas as marcas principais e a marca própria (estratégia comumente denominada *"marca própria + 1"* ou *"ROB + 1"*[674]). Essa prática, considerada bastante frequente no mercado,[675] tende a prejudicar e até mesmo a excluir marcas secundárias e terciárias do mercado de aprovisionamento. Com essa prática, as gôndolas tenderiam a expor apenas o que o fornecedor "capitão" e o varejista conjuntamente desejam, e não o que resultaria em maior bem-estar ao consumidor, levando muitas vezes ao incremento da ocupação do espaço de prateleira pelos capitães das categorias[676] ou pelas marcas próprias do supermercado, em prejuízo à qualidade, variedade e novos produtos aos consumidores.

Diante de todo o exposto, sob a ótica do mercado de venda (varejista), propõe-se que os varejistas e fornecedores *possam ser investigados pela implementação da gestão de categoria, nos termos do art. 36, § 3º, I e II, da Lei 12.529/2011 (fornecedor "hub" e varejistas "spokes"), ao passo que os* fornecedores e varejistas, *sob a ótica do mercado de compra (aprovisionamento), também possam ser investigados pela implementação da gestão de categoria, nos ter-*

---

673 Antitrust and Category Captains. Roundtable Discussion. June 23, 2003. Antitrust Institute. Disponível em: <http://www.antitrustinstitute.org/files/270.pdf>. Acesso em: 11 maio 2014. p. 35.

674 Em inglês, a expressão é *"ROB + 1"*, sendo ROB uma sigla de *retailer own brand*.

675 De acordo com a *Comisión Nacional de la Competencia*, 70% dos fornecedores entrevistados afirmaram que o varejista realiza a sua gestão de categorias de modo a discriminar fornecedores e favorecer os seus produtos de marca própria. Espanha. Comisión Nacional de la Competencia. *Report on the relations between manufacturers and retailes in the food sector*, 2011. Anteriormente, em 2009, foi publicado também pelo *Tribunal Vasco de Defensa de la Competencia* o estudo intitulado "*Distribution of daily consumer goods: competition, oligopoly and tacit collusion*".

676 ABRAS. *Revista Super Hiper*, ano 40, n. 456, p. 214, jun. 2014.

mos do art. 36, § 3º, I e II, da Lei 12.529/2011 (varejista "hub" e fornecedores "spokes"), em análise como conduta pelo objeto. Por sua vez, e ainda sob a ótica do mercado de compra (aprovisionamento), propõe-se que varejistas e fornecedores *possam ser investigados pela implementação da gestão de categoria quando dificultar o funcionamento de fornecedores atualmente existentes no mercado ou o acesso de novos fornecedores no mercado, quando implementar tratamento discriminatório entre fornecedores e/ou quando for um meio de o varejista favorecer a marca própria e impedir o acesso de fornecedores concorrentes ao canal de distribuição, nos termos do art. 36, § 3º, III, IV, V e X, da Lei 12.529/2011, em análise pela regra da razão.*

6.4 Cláusula do comprador mais favorecido ("*Most-Favoured Nation clause*" – MFN)

Propõe-se que a adoção de cláusula do comprador mais favorecido por parte de varejistas em face dos seus fornecedores possa, em análise pela regra da razão,[677] ser configurada como conduta anticompetitiva nos termos do art. 36, § 3º, I, II, III e IV, da Lei 12.529/2011.

A cláusula do comprador mais favorecido[678] ("*most favoured costumer*"), cujas origens remontam à cláusula da nação mais favorecida no âmbito do

---

677 A respeito da diferenciação entre a regra da razão e a regra *per se* como formas de análise dos ilícitos, *vide* nota de rodapé 538.

678 Sobre cláusulas do tipo "consumidor mais favorecido": FORGIONI, Paula A. *Os fundamentos do antitruste*. 5. ed. São Paulo: RT, 2012. p. 328; DOBSON, Paul. Exploiting buyer power: lessons from the british grocery trade. 72 Antitrust Law Journal, p. 529-562, 2005. Sobre a exigência de descontos financeiros e de verbas de fidelidade: FORGIONI, Paula A. *Os fundamentos do antitruste*. 5. ed. São Paulo: RT, 2012. p. 328. Sobre a tentativa de influenciar o fornecedor a não fornecer a outro varejista concorrente quando este estiver vendendo a um preço menor o produto: Reino Unido. Competition Commission. *Supermarkets: A Report on the Supply of Groceries from Multiple Stores in the United Kingdom*. Cm 4842 (Oct. 2000). p. 94-157. Sobre a tentativa de redução dos descontos concedidos ao outro varejista concorrente: Cavalcante, Léia Baeta. Poder de compra do varejo supermercadista: uma abordagem antitruste. *SEAE/MF Documento de Trabalho*, n. 30, p. 14-16, Brasília, 2004. Sobre a condição *sine qua non* para o fechamento do negócio entre o fornecedor e o varejista: Cavalcante, Léia Baeta. Poder de compra do varejo supermercadista: uma abordagem antitruste. *SEAE/MF Documento de Trabalho*, n. 30, p. 14-16, Brasília, 2004. Sobre essa tentativa de igualar ao menor preço de venda a outro varejista concorrente: Reino Unido. Competition Commission. *Supermarkets: A Report on the Supply of Groceries from Multiple Stores in the United Kingdom*. Cm 4842 (Oct. 2000). p. 94-157.

direito do comércio internacional[679] ("*Most-Favoured Nation*" – MFN), também é referida como "*price parity clause*", "*meeting competition clauses*", "*prudente buyer clause*" e "*non-discrimination clause*". Trata-se de arranjo contratual segundo o qual *o comprador se beneficia automaticamente de termos e condições mais favoráveis que venham a ser concedidos pelo vendedor a outros compradores*. Esse arranjo contratual se tornou uma preocupação das autoridades antitruste ao redor do mundo,[680] que vêm analisando se elas têm o condão de prejudicar a concorrência e se deveriam ser analisadas pela regra da razão ou *per se*.[681] Há até mesmo quem sugira que elas estão atualmente com "má fama" por conta dessas investigações antitruste.[682]

Nos termos de RIBEIRO e SAITO,[683] trata-se de "um tipo de cláusula inserida em contratos verticais, formais ou informais, nos quais o vendedor concorda em não cobrar do comprador beneficiário da MFN preço mais elevado do

---

[679] Nos termos de GONZÁLEZ-DIAZ e BENNETT, as origens da cláusula MFN podem ser rastreadas no direito do comércio internacional. Nesse contexto, a MFN consiste no acordo em que um Estado-Parte de um acordo de investimentos se compromete a dar aos investidores tratamento não menos favorável do que concede a outros investidores com base em outros acordos de investimentos. Por séculos essas cláusulas foram incluídas em tratados entre países soberanos, e se encontram presentes ainda nos dias atuais, por exemplo, no Acordo Geral de Tarifas e Comércio – GATT (Art. 1(1)), no Acordo Geral sobre o Comércio de Serviços – GATS (Art. 2) e no Acordo sobre Aspectos dos Direitos de Propriedade Intelectual Relacionados ao Comércio (Art. 4), todos estes da Organização Mundial do Comércio – OMC. GONZÁLEZ-DIAZ, Franciso Enrique; BENNETT, Matthew. The law and economics of most-favoured nation clauses. *Competition Law & Policy Debate*, v. 1, Issue 3, Aug. 2015.

[680] AKMAN indica que mais de uma dúzia de autoridades de defesa da concorrência já levantaram preocupações com esse tipo de cláusula MFN. AKMAN, Pinar. A Competition Law Assessment of Platform Most-Favoured-Customer Clauses. *Working Paper*, School of Law, University of Leeds. 2015.

[681] GUERRERO-RODRÍGUEZ, Luis Omar; MICHAUS-FERNÁNDEZ, Martín. *Most-favored nation clauses*: a business need but unresolved topic in Mexico. CPI Antitrust Chronicle, March 2016.

[682] VANDENBORRE, Ingrid; FRESE, Michael J. The role of market transparency in assessing MFN clauses. *World Competition* 38, n. 3, p. 333-348, Kluwer Law International, 2015.

[683] RIBEIRO, Eduardo Pontual; SAITO, Carolina. Defesa da concorrência e cláusulas contratuais de preços que se referem a terceiros: cláusulas da nação mais favorecida (MFN). *Compêndio de direito da concorrência*: temas de fronteira. Migalhas, 2015. p. 145-169. Os autores esclarecem ainda que, apesar de ser mais comumente utilizada pelo comprador, ou seja, que o comprador sempre terá os melhores termos de compra pelo produto, há casos em que o comprador oferece a MFN a seu vendedor, com a garantia de que este receberá o maior valor a ser pago pelo produto.

Capítulo 6 Práticas comerciais no varejo supermercadista

que o menor preço que oferece a qualquer outro comprador". Com base nessa cláusula – oral ou escrita, negociada bilateralmente ou adotada unilateralmente –, o vendedor se compromete a oferecer os melhores termos de condições comerciais – incluindo preço, inovação, diferenciação de produtos, modelo de negócios etc. – ao comprador beneficiário da MFN, caso venha a oferecer a outro comprador condições comerciais melhores que as previstas no contrato. Nos termos dessa cláusula contratual, o vendedor pode ter que conceder ao comprador uma vantagem igual ("MFN-*equal*"[684]) ou maior ("MFN-*plus*"[685]) àquela que foi concedida a qualquer outro comprador, seja com efeitos retroativos ("MFN-retroativa"[686]) ou simultâneos ("MFN-contemporânea"[687]).[688]

Com base na categorização das práticas comerciais no varejo supermercadista realizada no Capítulo 5, *supra*, a seguinte, destacada com o símbolo ❂, pode ser caracterizada como *cláusula do comprador mais favorecido – MFN*:

AS RELAÇÕES JURÍDICAS DO VAREJO SUPERMERCADISTA		CATEGORIAS DE PRÁTICAS	PRÁTICAS COMERCIAIS – CLÁUSULA DO COMPRADOR MAIS FAVORECIDO
RELAÇÃO ENTRE HORIZONTAL VAREJISTA E VAREJISTA	Varejista concorrente do varejista	Práticas horizontais dos varejistas que impactam diretamente em outros varejistas	L) ❂ O varejista exige (ou pede) do fornecedor vantagens em relação a outro varejista concorrente (como, por exemplo, preço menor a si, preço maior ao outro varejista concorrente, descontos financeiros a si, verbas de fidelidade a si, redução dos descontos concedidos ao outro varejista concorrente), podendo estas ser condições *sine qua non* para o fechamento do negócio, por exemplo, mediante a inserção de cláusula do comprador mais favorecido ("*most favoured costumer clause*")

---

684 Com uma cláusula MFN-*equal*, o comprador beneficiário terá direito aos melhores termos oferecidos pelo vendedor a qualquer de seus compradores.
685 Com uma cláusula MFN-*plus*, o comprador beneficiário terá direito a termos ainda melhores do que aqueles oferecidos pelo vendedor a qualquer de seus compradores.
686 Com uma cláusula MFN-retroativa, o comprador beneficiário terá direito a uma redução retroativa caso, em algum momento no futuro, o vendedor venda o mesmo produto a outro varejista em melhores termos e condições.
687 Com uma cláusula MFN-retroativa, o comprador beneficiário terá direito aos mesmos termos e condições que estejam sendo aplicados naquele momento pelo vendedor a outro comprador – ou seja, quando o parâmetro utilizado estiver vigente no momento da compra.
688 MOTTA, M. *Competition policy:* theory and practice. Cambridge University Press, 2004.

Há diversos argumentos no sentido de que essas cláusulas têm efeitos pró-competitivos, ao passo que há outros vários argumentos no sentido dos efeitos anticompetitivos. Nessa análise, VANDENBORRE e FRESE sugerem que diversos fatores podem ser ponderados,[689] como as barreiras à entrada no mercado, o poder de mercado da empresa que impõe/solicita a cláusula MFN, a abrangência da cláusula e a transparência do mercado.[690]

Quanto aos *possíveis efeitos pró-competitivos da cláusula MFN*, indicam-se pelo menos cinco: (i) redução dos problemas com *"free-riding"*; (ii) mitigação dos problemas de *"hold-up"*; (iii) redução dos custos de transação e de negociação e renegociação; (iv) redução dos atrasos nas negociações; e (v) restrição à discriminação temporal de preços.

Quanto ao possível efeito pró-competitivo da cláusula MFN consistente na (i) redução dos problemas com *"free-riding"* ("parasitismo"),[691] argumenta-se que a cláusula serviria para garantir que os vendedores não precifiquem seus produtos e/ou serviços em outras plataformas ou canais parasitas em um preço menor do que o praticado naquela plataforma ou canal que efetivamente realizou investimentos. Serviria, portanto, para evitar o favorecimento dos chamados "caronas".

Ainda, quanto ao possível efeito pró-competitivo da cláusula MFN consistente na (ii) mitigação dos problemas de *"hold-up"* ("captividade"),[692] argumenta-se que a cláusula serviria para garantir que o vendedor não colocará o comprador que realizou investimentos específicos antecipados (*"sunk costs"*) em pior posição do que outros compradores que não participaram desde o início da relação entre comprador e vendedor. O objetivo seria incentivar o investimento na relação vertical, pois a cláusula seria uma alternativa aos contratos de longo prazo, os quais não se ajustariam facilmente, nem demonstrariam ser flexíveis em face das alterações das condições de mercado. Essa situação aconteceria quando, por exemplo, fosse necessário

---

689 VANDENBORRE, Ingrid; FRESE, Michael J. *Most favoured nation clauses revisited*, 35(12) E.C.L.R. 588, 2014.

690 VANDENBORRE, Ingrid. FRESE, Michael J. The role of market transparency in assessing MFN clauses. *World Competition* 38, n. 3, p. 333-348, Kluwer Law International, 2015.

691 GONZÁLEZ-DIAZ, Francisco Enrique; BENNETT, Matthew. The law and economics of most--favoured nation clauses. *Competition Law & Policy Debate*, v. 1, Issue 3, p. 34-35, aug. 2015.

692 Idem, p. 35. RIBEIRO, Eduardo Pontual; SAITO, Carolina. Defesa da concorrência e cláusulas contratuais de preços que se referem a terceiros: cláusulas da nação mais favorecida (MFN). *Compêndio de direito da concorrência*: temas de fronteira. Migalhas, 2015. p. 149-150.

investimento específico do comprador para uma fase inicial da produção no vendedor, de modo que a cláusula MFN seria uma forma de garantir que o comprador recuperará seus custos iniciais sem o comportamento oportunista pós-desenvolvimento pelo vendedor.

Ademais, quanto ao possível efeito pró-competitivo da cláusula MFN consistente na (iii) redução dos custos de transação e de negociação/renegociação,[693] argumenta-se que a cláusula seria um meio efetivo de garantir flexibilidade dos preços diante das alterações nas condições de mercado em contratos de longo prazo. Isso reduziria os custos de transação durante a discussão do contrato, bem como reduziria custos de negociação/renegociação durante a vigência do contrato de longo prazo, de modo que a cláusula seria um compromisso de não discriminação de preços, seja ao longo do tempo, seja entre consumidores.

Quanto ao possível efeito pró-competitivo da cláusula MFN consistente na (iv) redução dos atrasos nas negociações,[694] argumenta-se que a cláusula desencorajaria compradores e vendedores a atrasarem suas respectivas negociações diante da expectativa de melhores negócios dentro de determinado período de tempo, pois eles teriam a certeza de que não seriam prejudicados diante de alterações de mercado.

Por fim, quanto ao possível efeito pró-competitivo da cláusula MFN consistente na (v) restrição à discriminação temporal de preços,[695] argumenta-se que a cláusula, quando retroativa, garante que o comprador irá obter os menores preços negociados a qualquer momento, mesmo em um contrato de médio e longo prazo, o que viabiliza a produção nos períodos iniciais, quando os custos são mais altos. Assim, em situações de inclinadas curvas de aprendizado, a cláusula desincentivaria os compradores a aguardarem quedas nos preços ao longo do tempo.

---

[693] GONZÁLEZ-DIAZ, Franciso Enrique; BENNETT, Matthew. The law and economics of most-favoured nation clauses. *Competition Law & Policy Debate*, v. 1, Issue 3, p. 35-36, Aug. 2015. RIBEIRO, Eduardo Pontual; SAITO, Carolina. Defesa da concorrência e cláusulas contratuais de preços que se referem a terceiros: cláusulas da nação mais favorecida (MFN). *Compêndio de direito da concorrência:* temas de fronteira. Migalhas, 2015. p. 151.

[694] GONZÁLEZ-DIAZ, Franciso Enrique; BENNETT, Matthew. The law and economics of most--favoured nation clauses. *Competition Law & Policy Debate*, v. 1, Issue 3, p. 36, Aug. 2015.

[695] RIBEIRO, Eduardo Pontual; SAITO, Carolina. Defesa da concorrência e cláusulas contratuais de preços que se referem a terceiros: cláusulas da nação mais favorecida (MFN). *Compêndio de direito da concorrência:* temas de fronteira. Migalhas, 2015. p. 150-151.

A respeito desses efeitos pró-concorrenciais, o Sétimo Circuito dos Estados Unidos,[696] no caso *Blue Cross & Blue Shield United v. Marshfield Clinic*, caracterizou as cláusulas MFN como meios de compradores barganharem por menores preços, não sendo, necessariamente, uma prática anticompetitiva. Indicou também outros aspectos positivos decorrentes desse tipo de prática, como redução da incerteza contratual em mercados com preços muito voláteis ou quando há risco de haver oportunismo decorrente de aproveitamento indevido de investimento pelo comprador para criar um nicho de mercado específico.

Por outro lado, diversos autores[697] se debruçaram sobre os *possíveis efeitos anticompetitivos da cláusula MFN*, e indicam pelo menos os seguintes: (i) facilitação à colusão explícita; (ii) facilitação à colusão tácita; (iii) elevação de barreiras à entrada/à expansão e fechamento de concorrentes; (iv) aumento dos preços médios; (v) facilitação à fixação de preços (mínimos) de revenda; e (vi) redução das inovações.

Quanto ao possível efeito anticompetitivo da cláusula MFN consistente na (i) facilitação à colusão explícita,[698] ocorreria na situação em que os vendedores, participantes de um cartel, adotam contratos com cláusulas MFN com seus compradores como mecanismo de monitoramento do acordo entre as empresas. Na medida em que uma redução de preços a um comprador resulta na redução respectiva dos seus preços a todos os demais compradores, um

---

[696] Estados Unidos. Blue Cross & Blue Shield United v. Marshfield Clinic, 65 F.3d 1406, 1415 (7th Cir. 1995).

[697] SALOP, Steven C.; SCOTT-MORTON, Fiona. Developing an Administrable MFN Enforcement Policy. *Antitrust*, v. 27, n. 2, Spring 2013; BAKER, Jonathan B.; CHEVALIER, Judith A. The Competitive Consequences of Most-Favored-Nation Provisions. *Antitrust*, v. 27, n. 2, Spring 2013; SCOTT-MORTON, Fiona. *Contracts that Reference Rivals*. Department of Justice, April 5, 2012; COOMBS, Justin. Most Favored Customer Clause and competition law: An overview of EU and national case law. *e-Competition* n. 64758; VANDENBORRE, Ingrid; FRESE, Michael J. Most Favored Nation Clauses Revisited. *European Competition Law Review*, 2014; LENOIR, Nöelle; PLANKENSTEINER, Marco; CRÉQUER, Elise. *Increased Scrutiny of Most Favored Nation Clauses in Vertical Agreements*, 2014; ATLEE, Laura; BOTTEMAN, Yves. Resale Price Maintenance and Most-Favored Nation Clauses: The Future Does Not Look Bright. *Competition Policy International*, Inc. 2013. BAKER, J. Vertical restraints with horizontal consequences: competitive effects of "most-favored-customer" clauses. *Antitrust Law Journal*, v. 64, p. 517-534, 1996.

[698] GONZÁLEZ-DIAZ, Franciso Enrique; BENNETT, Matthew. The law and economics of most-favoured nation clauses. *Competition Law & Policy Debate*, v. 1, Issue 3, p. 37, Aug. 2015.

desvio do cartel se torna muito custoso ao vendedor, auxiliando os cartelistas na detecção de desvios. A cláusula MFN, portanto, pode ter efeitos anticompetitivos horizontais quando institui um mecanismo crível de monitoramento do cartel e garante que os demais membros do acordo colusivo não irão reduzir preços, dado que um desvio será facilmente detectado pelos demais.[699] Esse resultado será alcançado quanto maior for a transparência no mercado.[700]

Há também o possível efeito anticompetitivo da cláusula MFN consistente na (ii) facilitação à colusão tácita.[701] Esse efeito pode acontecer tanto na solicitação da cláusula pelo comprador[702] quanto na adoção da cláusula por um vendedor relevante no mercado, com indução para sua adoção por outros vendedores.[703] O forte compromisso de tratamento isonômico do vendedor aos seus compradores sinaliza, para os outros vendedores, que a empresa não quer competir agressivamente para buscar clientes compradores adicionais. Essa redução na agressividade perante o mercado, por meio da sinalização de que o vendedor não estaria disposto a "roubar" os clientes dos concorrentes, mitiga a oferta de preços mais baixos, o que reduz o grau de

---

[699] GUERRERO-RODRÍGUEZ, Luis Omar; MICHAUS-FERNÁNDEZ, Martín. *Most-favored nation clauses:* a business need but unresolved topic in Mexico. CPI Antitrust Chronicle, March 2016.

[700] VANDENBORRE, Ingrid; FRESE, Michael J. The role of market transparency in assessing MFN clauses. *World Competition* 38, n. 3, p. 342, Kluwer Law International, 2015. Isso não significa dizer, segundo os autores, que a transparência do mercado levaria necessariamente a um efeito anticompetitivo. Os autores argumentam que mesmo em mercados com alto grau de transparência – como é o caso do mercado *on-line* – a cláusula MFN poderia ser pró-competitiva.

[701] BAKER, Jonathan B.; CHEVALIER, Judith A. The Competitive Consequences of Most-Favored-Nation Provisions. *Antitrust*, v. 27, n. 2, Spring 2013. GONZÁLEZ-DIAZ, Franciso Enrique; BENNETT, Matthew. The law and economics of most-favoured nation clauses. *Competition Law & Policy Debate*, v. 1, Issue 3, p. 37-38, Aug. 2015.

[702] Quando o comprador solicita a cláusula, este objetiva não ser o único a pagar um preço superior pelo produto, ainda que perceba os efeitos negativos ao mercado decorrentes de uma cláusula MFN.

[703] Quando um vendedor relevante adota a MFN no mercado, acaba induzindo a sua adoção por outros vendedores, seja porque compradores já sujeitos a MFN irão exigir os mesmos termos de barganha de seus fornecedores concorrentes, seja porque os vendedores concorrentes perceberão a significativa sinalização que a MFN tem na indução de práticas de coordenação tácita ("*parallell accommodating conduct*"). BAKER, Jonathan B.; CHEVALIER, Judith A. The Competitive Consequences of Most-Favored-Nation Provisions. *Antitrust*, v. 27, n. 2, Spring 2013.

competição e facilita a coordenação tácita. Essa situação também pode ser usada para coordenar um preço mínimo no mercado, que pode ser usado como um acordo tácito de fixação de preços de revenda ("*relase price maintenance*" – RPM).[704] A magnitude desse efeito anticompetitivo tácito é maior se os vendedores se sujeitarem a auditorias por parte dos compradores e quanto mais disseminadas forem essas cláusulas entre os fornecedores e seus compradores, uma vez que os próprios compradores poderiam monitorar o patamar de preços praticados pelos diferentes vendedores e mostrar desvios dos preços praticados no mercado. Essa configuração típica de cartel "*hub-and-spoke*", por sua vez, é viabilizada pela troca de informações sensíveis que a cláusula MFN permite, conforme demonstrado no caso *Starr v. Sony BMG*[705] nos Estados Unidos.

Ainda, quanto ao possível efeito anticompetitivo da cláusula MFN consistente (iii) na elevação de barreiras à entrada e à expansão e no fechamento de concorrentes,[706] isso aconteceria porque a cláusula evita que compradores concorrentes tenham acesso aos insumos a preços mais competitivos do que os compradores incumbentes. Reduz-se, portanto, o incentivo do vendedor a reduzir preços a um novo comprador – em especial um entrante no mercado.[707] Sabendo que uma das formas de um novo concorrente entrante no mercado concorrer com o incumbente é por meio da obtenção de insumos a preços menores (que pode induzir o consumidor a testar o produto/serviço da empresa entrante), impedir que entrantes obtenham vantagens de custos no fornecimento de insumo chave pode elevar as barreiras à entrada e à expansão de novos entrantes e até mesmo fechar o mercado a concorrentes. A cláusula MFN, portanto, aumenta o poder da empresa dominante no mercado a jusante e pode resultar até mesmo no aumento dos custos dos rivais.

---

704 WHISH, R.; BAILEY, D. *Competition Law*. 8. ed. Oxford Press University, 2015. p. 688.

705 Estados Unidos. *Starr v. Sony BMG Music Entertainment*, n. 08-5637-cv (2nd Cir., Jan. 13, 2010).

706 GONZÁLEZ-DIAZ, Franciso Enrique; BENNETT, Matthew. The law and economics of most-favoured nation clauses. *Competition Law & Policy Debate*, v. 1, Issue 3, p. 40-41, Aug. 2015. RIBEIRO, Eduardo Pontual; SAITO, Carolina. Defesa da concorrência e cláusulas contratuais de preços que se referem a terceiros: cláusulas da nação mais favorecida (MFN). *Compêndio de direito da concorrência: temas de fronteira*. Migalhas, 2015. p. 155.

707 GUERRERO-RODRÍGUEZ, Luis Omar. MICHAUS-FERNÁNDEZ, Martín. *Most-favored nation clauses*: a business need but unresolved topic in Mexico. CPI Antitrust Chronicle, March 2016.

Adicionalmente, quanto ao possível efeito anticompetitivo da cláusula MFN consistente no (iv) aumento dos preços médios,[708] este decorre do fato de que um desconto dado a um cliente marginal (mais preço-sensível) se estenderia a clientes cativos ou menos sensíveis a preço, com a redução de preços e lucratividade. Assim, os compradores têm menores incentivos de buscar menores preços – uma vez que eles naturalmente serão replicados a todos os seus concorrentes –, ao mesmo tempo em que os vendedores terão menores incentivos de aplicar menores preços, podendo perder em maior magnitude a lucratividade. No estudo empírico conduzido por ARBATSKAYA, HVIID e SHAFFER no mercado de pneus, por exemplo, concluiu-se que, quanto mais espalhadas as cláusulas MFN na indústria, maiores os preços.[709] Nesse sentido também se pronunciou o DOJ dos Estados Unidos, ao afirmar que, *"se a redução de preços para alguns resultar na redução de preços para todos, isso pode resultar na redução de preços a nenhum"*.[710] Esse efeito de elevação dos preços fica ainda mais evidente no caso de uma "MFN-*plus*",[711] em que se exige que o vendedor cobre mais dos demais compradores concorrentes.

Quanto ao possível efeito anticompetitivo da cláusula MFN consistente na (v) facilitação à fixação de preços (mínimos) de revenda, WHISH e BAILEY[712] sugerem que essas cláusulas podem tornar as condutas de fixação de preços de revenda (RPM) mais efetivas. Assim, as recomendações de preços máximos de revenda poderiam se transformar em preços mínimos, ainda mais prejudiciais à concorrência.

Por fim, quanto ao possível efeito anticompetitivo da cláusula MFN consistente na (vi) redução das inovações,[713] este seria resultado dos efeitos

---

708 RIBEIRO, Eduardo Pontual; SAITO, Carolina. Defesa da concorrência e cláusulas contratuais de preços que se referem a terceiros: cláusulas da nação mais favorecida (MFN). *Compêndio de direito da concorrência*: temas de fronteira. Migalhas, 2015. p. 153.
709 ARBATSKAYA, Maria; HVIID, Morten; SHAFFER, Greg. Promises to Match or Beat the Competition: Evidence from Retail Tire Prices. 8 *Advances Applies Microeconomics* 123 (1999).
710 Apud LENOIR, Noëlle; PLANKENSTEINER, Marco; CRÉQUER, Elise. *Increased Scrutiny of Most Favored Nation Clauses in Vertical Agreements*. Law Business Research Ltd 2014.
711 Com uma cláusula MFN-*plus*, o comprador beneficiário terá direito a termos ainda melhores do que aqueles oferecidos pelo vendedor a qualquer de seus compradores.
712 WHISH, R.; BAILEY, D. *Competition Law*. 8. ed. Oxford Press University, 2015. p. 688.
713 GONZÁLEZ-DIAZ, Franciso Enrique; BENNETT, Matthew. The law and economics of most-favoured nation clauses. *Competition Law & Policy Debate*, v. 1, Issue 3, p. 41, Aug. 2015.

anteriores conjuntamente, tendo sido sinalizado como preocupação da Comissão Europeia na investigação sobre as práticas da Amazon com editoras – caso que será detalhado a seguir.

Há ainda outros possíveis anticompetitivos que podem ser mencionados, como a limitação ao escopo da discriminação de preços, o aumento do poder de mercado a jusante para as empresas dominantes, o aumento da efetividade da fixação vertical de preços, e, ainda, o aumento do custo dos rivais.[714] Essa diferença entre os possíveis efeitos pró-competitivos e os anticompetitivos, tratando-se de plataformas de dois lados, torna a discussão antitruste ainda mais delicada.[715]

Todos esses possíveis efeitos anticompetitivos, no entendimento de RIBEIRO e SAITO, decorrem da principal reação de vendedores e compradores à presença de cláusulas MFN em contrato de fornecimento: o desincentivo à discriminação de preços.[716] A discussão sobre os possíveis efeitos pró e anticompetitivos dessa cláusula tem atraído a atenção de *autoridades antitruste estrangeiras*, notadamente na Europa e nos Estados Unidos, tanto em casos concretos quanto em estudos setoriais, como se passa a detalhar.

A imposição de cláusula MFN já vem sendo mencionada como uma manifestação do poder de compra dos grandes varejistas pela Comissão Europeia desde 1999,[717] caracterizando-a como uma cláusula contratual segundo a qual o fornecedor não vende a outro varejista a um preço menor. Pouco tempo depois, em maio de 2002, a Comissão Europeia iniciou investigação ("*the film studios investigation*"[718]) sobre as cláusulas MFN contidas nos contratos dos maiores estúdios de filmes de Hollywood – NBC Universal, Paramount Pictures Corp. Inc. (subsidiária da Viacom), Buena Vista International Inc. (subsidiária da Walt Disney Company), Warner Bros Entretainment Inc.,

---

714 GUERRERO-RODRÍGUEZ, Luis Omar; MICHAUS-FERNÁNDEZ, Martín. *Most-favored nation clauses:* a business need but unresolved topic in Mexico. CPI Antitrust Chronicle, March 2016.

715 AKMAN, Pinar. A competition law assessment of platform most-favoured-customer clauses. *Working Paper*, School of Law, University of Leeds, 2015.

716 RIBEIRO, Eduardo Pontual; SAITO, Carolina. Defesa da concorrência e cláusulas contratuais de preços que se referem a terceiros: cláusulas da nação mais favorecida (MFN). *Compêndio de direito da concorrência:* temas de fronteira. Migalhas, 2015. p. 152.

717 Europa. European Commission. *Buyer power and its impact on competition in the food retail distribution sector of the European Union*, 1999.

718 Europa. Comissão Europeia. Case COMP/38427 PO Pay Television Film.

MGM Studios Inc. e Dreamworks LLC – com os provedores de televisão paga que adquiriam os direitos de transmissão dos filmes com esses estúdios. Segundo a cláusula MFN, os estúdios teriam o direito de alcançar os melhores termos que fossem obtidos nas negociações entre os provedores de televisão paga e qualquer outro estúdio. A Comissão Europeia argumentou que essas cláusulas resultavam em um alinhamento de preços anticompetitivo entre os estúdios de Hollywood, mas em outubro de 2014 a investigação foi encerrada diante da decisão de todos os seis estúdios de filmes de removerem as cláusulas de seus contratos.

Anos depois, em dezembro de 2011, a Comissão Europeia voltou a analisar as cláusulas MFN na investigação sobre os livros eletrônicos ("*e-book investigation*"[719]). Em janeiro de 2010, cinco editoras norte-americanas – Penguin, Simon & Schuster, HarperCollins, Hachette e Holtzbrinck/Macmillan – adotaram um modelo de contrato de agência com cláusula MFN segundo o qual as editoras definiam os preços que seriam usados pel Apple na venda de livros na *ibookstore*. Com base na cláusula MFN, porém, as editoras teriam que baixar seus preços para equalizar ao menor preço pelo qual o livro eletrônico estivesse sendo vendido em qualquer outra livraria eletrônica. Subsequentemente, algumas das editoras adotaram o mesmo tipo de contrato com a Amazon e outros varejistas nos Estados Unidos, bem como com a Apple também no Reino Unido, na França e na Alemanha. A Comissão então abriu investigação contra as cinco editoras e contra a Apple, com preocupações de que a cláusula MFN resultasse em maiores preços aos consumidores. De acordo com a Comissão, com esse modelo de agência, as cinco editoras teriam poucos incentivos a reduzir preços a um concorrente – como a Amazon –, uma vez que seria muito custoso a elas arcar com a redução simultânea dos preços na *ibookstore* da Apple. Ademais, a cláusula MFN teria empenhado as cinco editoras a forçarem de modo concertado a Amazon a alterar o seu modelo de negócios para esse de agência, sob o risco de ter acesso recusado aos livros eletrônicos das cinco editoras. Em dezembro de 2012 e abril de 2013, a Comissão Europeia firmou acordo com as cinco editoras e a Apple, segundo o qual se comprometeram a encerrar seus contratos de agenciamento para a venda de livros eletrônicos na Europa, a permitir a concessão de descontos e a proibição de firmar contratos de agenciamento contendo cláusulas MFN pelo prazo de 5 (cinco) anos.

---

[719] Europa. Comissão Europeia. Case 39847 E-Books.

Em sede de controle de estruturas, a Comissão Europeia também avaliou a cláusula MFN na operação entre Universal Music Group e EMI Music,[720] em 2012. Para que a operação fosse aprovada, a Universal se comprometeu a não incluir cláusulas MFN em seu favor em qualquer contrato novo ou renegociado com clientes digitais na Europa, pelo período de dez anos, de modo que os concorrentes da Universal estivessem livres para negociar com os clientes digitais, bem como diferenciar os níveis de pagamento da Universal e de seus concorrentes.

Ademais, as autoridades de concorrência nacionais na Europa também se debruçaram sobre o tema das cláusulas MFN, como na Áustria, Dinamarca, França, Alemanha, Hungria, Irlanda, Itália, Suíça, Suécia e Reino Unido,[721] nas investigações relacionadas às reservas on-line ("*online booking investigations*"). Nos termos da cláusula investigada, os agentes de viagem on-line (denominados "OTAs" – *online travel agents*) têm a garantia de que seus fornecedores não os cobrarão desvavoravelmente. Desse modo, o melhor preço – e demais condições – aplicável a um cliente será replicado às demais plataformas, o que resulta na paridade de preços entre as plataformas de comparação de preços.

No Reino Unido, o *Office of Fair Trading* (OFT) iniciou investigação em setembro de 2010 para analisar os acordos verticais entre os hotéis e as agências de viagem on-line ("*online booking investigations*"[722]). Em julho de 2012 foi aberta representação contra Booking.com B.V., Expedia Inc. e InterContinental Hotels Group plc., para analisar os acordos que separadamente haviam sido celebrados por eles. Apesar de a cláusula MFN não ser o principal foco da investigação, foi analisada a clamada "MFN-*retail*", segundo a qual o hotel garantia separadamente ao Booking e à Expedia acesso às menores tarifas de reserva de quarto de hotéis que estivessem sendo aplicadas pelo hotel com outras agências de viagem *on-line*.

O OFT entendeu que esses acordos eram anticompetitivos porque eles poderiam limitar a competição via preço entre as agências de viagem *on-line* e também poderiam aumentar as barreiras à entrada e à expansão das agências

---

720 Europa. Comissão Euroepa. Case COMP/M.6458 – Universal Music Group/EMI Music.
721 VARONA, Edurne Navarro; CANALES, Aarón Hernandez. Online Hotel Booking. *CPI Antitrust Chronicle*, May 2015 (1), p. 4.
722 Reino Unido. Office of Fair Trading. *Hotel online booking: Decision to accept commitments to remove certain discounting restrictions for Oline Travel Agents*, jan. 2014, Section 6.39 e 6.40.

que pretendessem ganhar participação de mercado por meio da concessão de descontos. As partes investigadas propuseram acordo, que foi aceito pelo OFT, no qual concordaram em encerrar, emendar e não incluir em seus contratos cláusulas que poderiam restringir a liberdade de concessão de descontos, o que incluiria disposições do tipo MFN. O acordo, porém, foi anulado em setembro de 2014 pelo *Competition Appeals Tribunal*,[723] após impugnação da Skyscanner. A investigação foi reaberta pela *Competition and Markets Authority* (CMA), que substituiu o OFT. Finalmente, em julho de 2015, o Booking anunciou que abandonaria suas cláusulas de paridade de preços, disponibilidade e agendamento com relação a outras agências de viagem *on-line*, mas que manteria tais cláusulas de preço e disponibilidade com relação aos *sites* dos próprios hotéis.

Na Alemanha também houve investigação sobre o tema das cláusulas MFN no âmbito das *"online booking investigations"*. Em fevereiro de 2012, o *Düsseldolf Court of Appeal* proibiu que a plataforma *on-line* de reservas de hotéis chamada Hotel Reservation Services executasse a cláusula MFN contida em seus contratos com hotéis parceiros. Segundo essa cláusula, os hotéis se comprometiam a não oferecer a outros provedores *on-line* condições mais favoráveis em termos de preço, disponibilidade e cancelamento do que aquelas oferecidas à própria Hotel Reservation Services. Paralelamente, também em fevereiro de 2012, foi aberta investigação pelo *Federal Cartel Office* do *Bundeskartellamt*[724] contra o mesmo Hotel Reservation Services para analisar as cláusulas MFN que impediam a concessão de condições mais favoráveis a plataformas *on-line* concorrentes e também aos consumidores que tentassem reservar os quartos diretamente com o hotel.

Em dezembro de 2013, o FCO proibiu a adoção da cláusula MFN pelo Hotel Reservation Services e determinou a remoção da cláusula de todos os contratos, concluindo que esse tipo de cláusula restringe a competição entre plataformas *on-line* de reserva de hotel, impede a entrada de outras plataformas no mercado e constitui um entrave excessivo aos pequenos e médios hotéis que dependem do Hotel Reservation Services. A decisão foi confirmada, em dezembro de 2013, pelo *Düsseldolf Court of Appeal*.[725] Finalmente, o FCO arrazoou que a restrição das cláusulas MFN adotadas pela Hotel Reservation

---

723 Reino Unido. Competition Appeals Tribunal. CAT 16. 2014.
724 Alemanha. Federal Cartel Office (FCO) – Bundeskartellamt. HRS. July 25, 2013.
725 Alemanha. Düsseldolf Court of Appeal. VI – Kart. 1/14 (V).

Services eram reforçadas por cláusulas similares adotadas pelo Booking.com e pelo Expedia, tendo sido iniciadas novas investigações.

Na Itália, a *Autorità Garante della Concorrenza e del Mercato* iniciou, em maio de 2014, investigação sobre as cláusulas MFN inseridas nos contratos das agências *on-line* de viagem Expedia Inc., Expedia Italy S.r.l, Booking.com B.V e Booking.com (Italia) com seus hotéis parceiros. O Booking propôs acordo e se sujeitou a testes de mercado pela autoridade italiana em dezembro de 2014. Finalmente, em abril de 2015, foram aceitos os compromissos assumidos pelas duas empresas do grupo Booking[726] – em alinhamento com as autoridades antitruste da França e da Suécia –, sendo que a investigação continua contra as empresas do grupo Expedia.

Na França, em 2013, também foi aberta investigação pela *Autorité de la Concurrence* em face de plataformas *on-line* de reserva de hotéis, em particular o Booking.com, pela imposição de cláusulas MFN. Preliminarmente, a autoridade francesa indicou que a implementação dessas cláusulas de paridade poderia resultar em efeitos anticompetitivos, pois reduziria a competição entre o Booking.com e as plataformas concorrentes, uma vez que os hotéis eram obrigados a garantir tarifas, disponibilidade e outros termos e condições equânimes àqueles oferecidos a outras plataformas concorrentes. Entendeu também que as cláusulas MFN resultariam no fechamento de mercado às pequenas plataformas existentes ou que acabaram de entrar no mercado de reservas *on-line*. O Booking propôs acordo, que espelhava o oferecido na Itália e na Suécia, tendo sido aceito também em abril de 2015.[727]

Posteriormente, em agosto de 2015, o Conselho Constitucional Francês adotou legislação que proíbe todo tipo de cláusula de paridade, incluindo aquelas que tinham sido autorizadas no acordo celebrado com a *Autorité de la Concurrence*.[728] Em 2016, o Chefe da autoridade antitruste francesa mencionou que tais práticas MFN do Booking e da Expedia estariam sendo analisadas em nove jurisdições europeias, razão pela qual teria sido formado um grupo

---

726 PITRUZZELLA, Giovanni. Italy: Competition Authority. *Global Competition Review – The European Antitrust Review*, 2016.

727 França. Autorité de la Concurrence. Decisión n. 15-D-06, de 21.04.2015, sur les pratiques mis em ouvre par les societés Booking.com B.V., Booking.com France SAS et Booking.com Customer Service France SAS dans le secteur de la réservation hôtelière en ligne.

728 França. Art. 133 da Loi n. 2015-990 de 6 de agosto de 2015 "pour la croissance, l'activité et l'egalité des chances économiques".

de trabalho envolvendo Alemanha, Bélgica, França, Hungria, Irlanda, Itália, Holanda, República Checa e Reino Unido.[729]

A Comissão Europeia, por sua vez, iniciou investigação sobre a política de paridade de preços/MFN adotada pela Amazon em junho de 2015,[730] em que pese a mesma prática estar sob investigação em outras autoridades de defesa da concorrência nacionais. A investigação contra a Amazon é no setor de distribuição de livros eletrônicos, a respeito de cláusulas nos contratos com as editoras que garantiam à Amazon condições no mínimo equânimes àquelas oferecidas a seus competidores, e que permitiam que a Amazon fosse informada pelos vendedores quando termos mais favoráveis ou alternativos fossem oferecidos a outros concorrentes. A preocupação da Comissão Europeia é com a possibilidade de essas cláusulas tornarem mais difícil a concorrência de distribuidores de livros eletrônicos com a Amazon por meio do desenvolvimento de novos e inovadores produtos e serviços, reduzindo a concorrência entre distribuidores de livros e as opções dos consumidores.

Na investigação paralela conduzida na Alemanha, em fevereiro de 2013, o FCO abriu investigação sobre a cláusula adotada pela Amazon segundo a qual os vendedores se comprometiam a oferecer seus produtos em condições mais favoráveis no Amazon Marketplace em comparação com outras plataformas *on-line* ou nos próprios *sites* dos produtos dos vendedores. A preocupação da autoridade antitruste alemã era que as cláusulas MFN poderiam resultar no aumento das barreiras à entrada de novas plataformas e no aumento dos preços, em detrimento dos consumidores. Também em paralelo, o OFT no Reino Unido investigava a mesma prática, de modo que a Amazon se comprometeu a não aplicar mais cláusulas MFN em toda a União Europeia, e ambas as autoridades – alemã e inglesa – encerraram as respectivas investigações em novembro de 2013. Essa miscelânea de investigações a nível nacional e a nível europeu, envolvendo praticamente as mesmas empresas, estaria gerando decisões conflitantes, que criariam anomalias jurídicas e insegurança no mercado, segundo AKMAN.[731]

---

729 MLex. Booking.com, Expedia's pricing offers face scrutiny by 9 authorities across EU. 6 jul 2016.
730 Europa. Comissão Europeia. *Commission opens formal investigation into Amazon's e-book distribution arrangements*, June 11, 2015.
731 AKMAN, Pinar. A competition law assessment of platform most-favoured-customer clauses. *Working Paper*, School of Law, University of Leeds. 2015. Segundo o autor, as

Ademais, no Reino Unido, em setembro de 2014, foi iniciada, pela CMA, uma investigação sobre cláusula MFN no setor de seguro privado ("*private motor insurance investigation*"[732]) para avaliar se os acordos entre os fornecedores de seguro privado e os *sites* de comparação de preços de seguro de carro poderiam ter efeitos anticompetitivos. Nesse contexto, a CMA definiu dois tipos de cláusula MFN: a "MFN-*narrow*", segundo a qual o preço no *site* do vendedor não seria nunca mais baixo do que o preço oferecido ao comprador; e a "MFN-*wide*", segundo a qual o preço em qualquer outro canal de venda, incluindo outros compradores concorrentes, nunca seria mais baixo do que o preço oferecido ao comprador. Pelas conclusões da autoridade antitruste, a "MFN-*narrow*" seria improvável de causar efeitos anticompetitivos e seria justificável para garantir a confiança do consumidor, o que fortaleceria a concorrência intermarca e aumentaria a sensibilidade dos consumidores a preço. De outro modo, quanto à "MFN-*wide*", havia probabilidade de geração de efeitos anticompetitivos, pois eles impediriam a concorrência de preços entre compradores e, finalmente, restringiriam a entrada de outros *sites* de comparação de preços de seguro de carro no mercado, reduzindo inovação e aumentando o preço dos seguros privados, em prejuízo aos consumidores. A cláusula "MFN-*narrow*", portanto, seria aceitável no cenário concorrencial, mas não a cláusula "MFN-*wide*".

A seu turno, nos Estados Unidos também há casos concretos em que se analisou os efeitos desse tipo de cláusula MFN que beneficia os grandes compradores. O primeiro deles remonta dos anos 1970, no caso *U.S. v. General Electric Co.*,[733] quando a autoridade norte-americana concluiu que as MFN impostas pelas empresas General Electric e Westinghouse tinham o objetivo e resultavam em efeitos negativos ao mercado, ao inibir descontos, tendo sido proibido o uso dessas cláusulas nos contratos das empresas. Nos anos 1990, nas investigações da *Federal Trade Commission* (FTC) envolvendo as empresas

---

decisões tomadas pelas autoridades nacionais de defesa da concorrência não estariam realizando a correta análise de teoria do dano, proibindo uma cláusula que seria menos prejudicial à concorrência (que seria a cláusula MFN), mas permitindo a permanência de uma cláusula ainda mais prejudicial à concorrência (que seria a garantia de menor preço – "*price-matching guarantees*" PMGs).

732 Reino Unido. Competition and Markets Authority. Private Motor Insurance Market Investigation.
733 Estados Unidos. *United States v. General Electric Co.*, 42 Fed. Reg. 17003 (March 30, 1977).

Du Pont e Ethyl,[734] concluiu-se que, apesar de não decorrer de conduta colusiva, o uso em conjunto da cláusula MFN pelas empresas resultava em efeito lesivo à concorrência. Isso porque facilitava o paralelismo de preço a níveis não competitivos e acima daqueles que seriam ofertados ao mercado, caso não houvesse a cláusula nos contratos firmados pelas empresas.

As cláusulas MFN adotadas no setor de plano de saúde também foram objeto de escrutínio pela autoridade antitruste norte-americana.[735] No caso Ocean State[736] de 1989, concluiu-se que a oferta de menor preço via cláusula MFN tenderia a gerar uma maior concorrência no mercado, não resultaria em efeitos exclusionários e não haveria comprovação de danos à concorrência. Em sentido contrário, no caso Delta Dental[737] de 1996, concluiu-se que as cláusulas MFN aplicadas pela Delta Dental nos contratos com os dentistas contratados tinham como objetivo e resultavam em efeitos negativos à concorrência, ao criar baterias à entrada de pequenas seguradoras de planos dentários concorrentes, aumentar preços no mercado e diminuir o nível de concorrência entre as empresas. Se a rigidez de preços obtida por meio da cláusula MFN fosse tal a ponto de impedir o acesso a preços competitivos de um insumo, protegendo o mercado de um agente com poder relevante, ela poderia então resultar no impedimento de acesso a novos agentes.

Ainda no setor de saúde, em 2010, foi analisada a cláusula MFN aplicada pela maior seguradora/operadora de seguros de saúde do país com os hospitais, no caso *U.S. v. Blue Cross Blue Shield of Michigan*.[738] Nesse caso, a empresa de seguros de saúde estabelecia a cláusula MFN com os hospitais conveniados de modo que os hospitais concorrentes teriam serviços cobrados

---

734 Estados Unidos. *Ethyl Corp, et al.*, 101 FTC 425 (1983); *E.I. Dupont DeNemours and Co. v. FTC*, 729 F. 2d 128 (2d Cir. 1984).

735 MARTIN, J. Antitrust analysis of "most-favoured nation" clauses in health care contracts. *Private Antitrust Litigation News*, Fall, 2000. Apud RIBEIRO, Eduardo Pontual; SAITO, Carolina. Defesa da concorrência e cláusulas contratuais de preços que se referem a terceiros: cláusulas da nação mais favorecida (MFN). *Compêndio de direito da concorrência:* temas de fronteira. Migalhas, 2015. p. 161-163.

736 Estados Unidos. Ocean State Physicians Health Plan v. Blue Cross & Blue Shield, 883 F. 2d 1101, 1110-11 (1st Cir. 1989).

737 Estados Unidos. *United States v. Delta Dental of Rhode Island*, 943 F. Supp. 172 (D.R.I. 1996).

738 Estados Unidos. *United States v. Blue Cross Blue Shield of Michigan*, Case No. 10-cv-14155 (E.D. Mi., filed Oct. 18, 2010).

a preços maiores ou, pelo menos, a preço equivalente ao pago pela Blue Cross, o que foi considerado como restritivo à concorrência. A cláusula resultava no aumento dos preços para os rivais e, com isso, dificultava a capacidade dos concorrentes de competir, o que levava à exclusão destes do mercado. Ademais, a cláusula representava um aumento nas barreiras à entrada e à expansão de outros planos de saúde concorrentes no mercado. Assim, concluiu-se no sentido de que não havia efeitos pró-competitivos ou eficiências advindas da cláusula MFN que pudessem sopesar os graves efeitos anticompetitivos dela decorrentes.

Em 2012, o DOJ dos Estados Unidos realizou um *workshop* para discutir esse tipo de cláusula MFN e seus impactos na política de defesa da concorrência.[739] Finalmente, em 2015, a autoridade norte-americana também analisou a imposição de cláusula MFN pela Apple[740] a editoras de livros eletrônicos – investigação similar à existente e supramencionada na Comissão Europeia. A principal discussão não foi sobre a utilização da cláusula MFN em si, mas sobre a utilização do modelo de agenciamento combinado com essa cláusula, de modo que a Apple teria facilitado a comunicação entre as editoras e fixado valores máximos de revenda dos livros eletrônicos. Em março de 2016, a Suprema Corte norte-americana rejeitou recurso da Apple e confirmou a condenação.[741]

No Brasil, o CADE mencionou incidentalmente o tema das cláusulas MFN em 2000, em sede do ato de concentração envolvendo a aquisição, em nível mundial, do negócio de Sistemas de Energia da Ericsson, pela Emerson Co.[742] O relator, Conselheiro Márcio Felsky, concluiu que a cláusula MFN não seria exorbitante de sua finalidade, não resultando em qualquer limitação ou prejuízo à livre concorrência no mercado. Posteriormente, em sede

---

739 Estados Unidos. Departamento de Justiça. *Public workshop: Most-Favored-Nation Clauses and antitrust enforcement and policy*. Disponível em: <https://www.justice.gov/atr/events/public-workshop-most-favored-nation-clauses-and-antitrust-enforcement-and-policy>. Acesso em: 23 jun. 2016.

740 Estados Unidos. *Unites States v. Apple Inc. et al*, case 1:12-cv03394-DLC.

741 Estados Unidos. DOJ. *Supreme Court Rejects Apple's Request to Review E-Books Antitrust Conspiracy Findings*. Disponível em: <https://www.justice.gov/opa/pr/supreme-court-rejects-apples-request-review-e-books-antitrust-conspiracy-findings>. Acesso em: 7 mar. 2016.

742 Brasil. Conselho Administrativo de Defesa Econômica (CADE). Ato de Concentração 08012.001234/2000-20. Requerentes. Telefonaktiebolageet L M Ericsson, Ericsson Telecomunicações S/A, Emersob Electric do Brasil Ltda. e Emerson Electric Co.

do ato de concentração entre a Companhia Brasileira de Distribuição (CDB) e a Sendas,⁷⁴³ no setor de comércio varejista e supermercados, a então SDE sinalizou superficialmente que a cláusula MFN poderia ser um facilitador de coordenação entre concorrentes. Em 2013, no ato de concentração entre os hospitais Norte D'Or e Unimed foi mencionada a presença de cláusula MFN.⁷⁴⁴ Ademais, houve discussão a respeito da suposta utilização dessa cláusula MFN, juntamente com a cláusula de exclusividade, em sede do Inquérito Administrativo Tivit/IMS e ABAFARMA,⁷⁴⁵ em que as duas representadas celebraram Termo de Compromisso de Cessação (TCC) em 2014. Em um ato de concentração, inclusive, a cláusula MFN foi indicada como evidência de poder de compra.⁷⁴⁶ Ademais, há sinalização sobre esse tipo de cláusula no Acordo em Controle de Concentrações celebrado pelo SBT e Record⁷⁴⁷

---

743 Brasil. Conselho Administrativo de Defesa Econômica (CADE). *Ato de Concentração 08012.009959/2003-34*. Requerentes: Companhia Brasileira de Distribuição e a Sendas S/A.

744 Brasil. CADE. Ato de Concentração 08012.000596/2011-8. Requerentes: Hospital Norte D'Or de Cascadura S.A. e Unimed Rio Participações e Investimentos S.A. Apesar de não ter sido utilizado expressamente o termo "cláusula MFN", houve discussão a respeito de se a Unimed iria se beneficiar de informações de concorrentes que queriam contratar com o hospital.

745 Brasil. CADE. Inquérito Administrativo 08012.009876/2007-79. Representante: Tivit Tecnologia da Informação S/A. Representada: Intercontinental Marketing Services Health INC – IMS Health do Brasil e Associação Brasileira do Atacado Farmacêutico (ABAFARMA). Segundo o TCC celebrado: as empresas *"comprometem-se a cessar toda e qualquer possível exclusividade contratual pactuada entre elas, e entre elas e seus associados, no que tange à comercialização de informações e dados de vendas de produtos no mercado nacional. A ABAFARMA e seus associados se comprometem a manter a independência na precificação de produtos, sobretudo sobre dados de venda de medicamentos, sendo que os associados não são obrigados a prever em contrato firmado com a IMS ou reportar à IMS informações concernentes a preços ou eventual oferta ou venda de dados e serviços que a ABAFARMA e seus associados estabeleçam com terceiros"*.

746 Brasil. CADE. Ato de Concentração 08700.006567/2015-07. *"O poder de compras também está demonstrado nas cláusulas que clientes incluem nos contratos. Este é o caso da imposição de prazos extensos para pagamento (maiores que os prazos anteriormente adotados); cláusulas do tipo 'Most Faz'ored Nation/Most Favored Custome 2'; direitos de exclusividade em caso de inovação"*.

747 Brasil. CADE. Acordo em Controle de Concentrações no Ato de Concentração 08700.006723/2015-21. Requerentes: TVSBT Canal 4 de São Paulo S.A.; Rádio e Televisão Record S.A.; e TV Ômega Ltda. Segundo o ACC: *"Para as Operadoras Médias, as Compromissárias se comprometem a cobrar, por Assinante, pelo licenciamento dos sinais de seus canais de televisão aberta, valor não superior à média dos preços médios por Assinante efetivamente*

e no Processo Administrativo referente à COMGÁS e à Petrobras,[748] entendida pelo viés pró-competitivo.

Para além de casos concretos – seja em sede de controle de condutas ou de estruturas –, algumas autoridades antitruste realizaram estudos de mercado setoriais e indicaram, em alguns deles, preocupações com cláusulas do tipo MFN. Serão detalhados a seguir os estudos que mencionam as questões concorrenciais dessa cláusula MFN especificamente no setor do varejo supermercadista.

A cláusula MFN foi mencionada no Guia de Restrições Verticais da Comissão Europeia de 2010[749] como um meio de reforço à prática de fixação de preço de revenda (*"resale price maintenance"* – RPM). A cláusula poderia configurar de modo indireto uma prática de fixação de preço de revenda, uma vez que o fornecedor, ao possuir tais cláusulas com diversos compradores, justificaria a aplicação de preços fixos de revenda: quando o preço fosse praticado para um cliente, passaria a valer para todos os demais clientes, por força contratual. Em consequência, haveria a redução dos incentivos à redução dos preços, em prejuízo à concorrência.

Ademais, segundo a *Comisión Nacional de la Competencia* da Espanha, no estudo de 2011, sobre a relação entre os fornecedores e os varejistas no varejo alimentar,[750] a primeira consequência imediata da cláusula MFN seria a tendência à homogeneização dos termos e das condições oferecidas pelos fornecedores aos varejistas, o que limitaria a efetiva concorrência tanto entre os fornecedores no mercado de aprovisionamento quanto entre os varejistas no mercado de venda. Com isso, seriam reduzidos os incentivos a uma discrimi-

---

aplicados a cada uma das Grandes Operadoras, em bases de nação mais favorecida (Most Favored Nation – 'MFN')". Em tal caso, houve pedido de empresas terceiras pelo *"estabelecimento de regras e condições de negociação para impedir/minimizar prejuízos às pequenas operadoras e aos consumidores: i. Cláusula de Nação Mais Favorecida (most favored nation – 'MFN'): segundo as informações recebidas, o remédio consistiria em obrigar as requerentes a estenderem às 'pequenas' operadoras de TV por assinatura o menor valor negociado para o licenciamento de seus canais para a ClaroNET ou a SKY"*.

748 Brasil. CADE. Processo Administrativo 08700.002600/2014-30.
749 Europa. European Commission. *Guidelines on Vertical Restraints*, 2010. par. 48. Disponível em: <http://ec.europa.eu/competition/antitrust/legislation/guidelines_vertical_en.pdf>. Acesso em: 3 set. 2015. p. 17-18.
750 Espanha. Comisión Nacional de la Competencia. *Report on the relations between manufacturers and retailes in the food sector*, 2011. p. 102-104.

nação de preços benéfica à concorrência, o que inviabilizaria o surgimento de estratégias comerciais agressivas entre os varejistas. Ademais, outra consequência negativa dessa cláusula MFN seria a facilitação à colusão entre os fornecedores, pois tornaria mais transparente ao mercado quaisquer desvios a um eventual acordo entre concorrentes e reduziria os incentivos a conceder descontos, uma vez que o desconto a um varejista poderia ter que ser estendido a todos os demais. Essa troca de informações decorrente da cláusula MFN também poderia facilitar a coordenação indireta entre varejistas ("*hub and spoke*"), de forma similar ao que acontece com a prática da gestão de categorias, detalhada *supra*.

Na Finlândia, por sua vez, a *Finnish Competition Authority* apontou, no estudo de mercado de 2012 sobre os reflexos do poder de compra na relação entre comércio e indústria,[751] que uma cláusula MFN seria um típico exemplo de exigência resultante do poder de compra dos varejistas.

Em 2015, a OCDE divulgou o documento intitulado "*Competition and cross platform parity agreements*".[752] Trata-se de espécie de continuação – mais específica – de trabalho anterior da OCDE, intitulada "*Vertical Restraints for On-line sales*",[753] de 2013. Apesar de voltado para o mercado de plataformas *on-line*, o documento buscou endereçar, de forma mais ampla, o conceito das cláusulas de paridade e seus possíveis efeitos pró e anticompetitivos. Segundo o documento, esse tipo de cláusula pode ser solicitado de dois modos: (i) pelos varejistas, que demandam que o fornecedor não ofereça seus produtos a outros varejistas por menor valor (o que significa que os preços dos produtos do fornecedor serão uniformes nos diversos varejistas/plataformas); ou (ii) pelos fornecedores, que demandam que o varejista cobre dos seus produtos o mesmo valor que outros varejistas cobram de produtos de fornecedores concorrentes (o que significa que os preços dos produtos vendidos pelos varejistas devem ser os mesmos). O documento acrescenta, ainda, que essas cláusulas de paridade seriam caracterizadas por dois elementos. Primeiro, teriam um elemento vertical, já que envolvem empresas que atuam em dife-

---

[751] Finlândia. Finnish Competition Authority. *Study on Trade in Groceries – How does buyer power affect the relations between trade and industry?*, 2012.

[752] OCDE. *Competition and cross platform parity agreements*. Disponível em: <http://www.oecd.org/daf/competition/competition-cross-platform-parity.htm>. Acesso em: 28 set. 2016.

[753] OCDE. *Vertical Restraints for On-line sales*. Disponível em: <http://www.oecd.org/daf/competition/VerticalRestraintsForOnlineSales2013.pdf>. Acesso em: 28 set. 2016.

rentes níveis da cadeia de valor. Segundo, teriam um elemento horizontal, já que havia a inter-relação entre os preços de produtos concorrentes e/ou de varejistas concorrentes.

Ademais, há países em que as cláusulas MFN foram proibidas, pelo menos setorialmente, na legislação nacional. É o caso, por exemplo, da França, em que cláusulas do tipo MFN foram proibidas pelo Código Comercial Francês, Capítulo 2, art. 442-6, II, sobre práticas anticompetitivas, que diz que são nulas as cláusulas ou os contratos que prevejam que um produtor, comerciante, industrial ou manufator, tenham a possibilidade de se beneficiar automaticamente das condições mais favoráveis concedidas a empresas concorrentes.[754] Ademais, nos Estados Unidos, também houve proibição, em 2013, via legislação no Estado de Michigan, da utilização de cláusulas MFN em contratos firmados por seguradoras de planos de saúde.[755]

Para GONZÁLEZ-DIAZ e BENNETT,[756] cinco características de mercado fariam com que surgissem maiores preocupações antitruste diante da adoção da cláusula MFN. Em primeiro lugar, surgiria a preocupação antitruste quando a cláusula MFN fosse adotada por empresas dominantes no mercado e/ou com significativo poder de mercado. Conforme supramencionado, os supermercados são plataformas de dois lados com características de gargalo à concorrência, de modo que exercem significativo poder de mercado, razão pela qual a adoção de cláusulas MFN pode resultar em forte fechamento de supermercados concorrentes e redução da concorrência. Em segundo lugar, os autores indicam que, quando a cláusula MFN fosse adotada em mercados marcados pela presença de barreiras à entrada, surgiria a preocupação antitruste. Vale ratificar que o varejo supermercadista é marcado por consideráveis barreiras à entrada e à expansão, de modo que a adoção da cláusula MFN

---

754 França. Código Comercial Francês, Capítulo 2, Art. 442-6, II: "*II.-Sont nuls les clauses ou contrats prévoyant pour un producteur, un commerçant, un industriel ou une personne immatriculée au répertoire des métiers, la possibilité: (...) d) De bénéficier automatiquement des conditions plus favorables consenties aux entreprises concurrentes par le cocontractant*".

755 Estados Unidos. Departamento de Justiça (DOJ). Justice Department Files Motion to Dismiss Antitrust Lawsuit Against Blue Cross Blue Shield of Michigan After Michigan Passes Law to Prohibit Health Insurers from Using Most Favored Nation Clauses in Provider Contracts. March 25, 2013.

756 GONZÁLEZ-DIAZ, Franciso Enrique; BENNETT, Matthew. The law and economics of most-favoured nation clauses. *Competition Law & Policy Debate*, v. 1, Issue 3, p. 42, Aug. 2015.

Capítulo 6 Práticas comerciais no varejo supermercadista

por um supermercado não daria opção de não aceite pelo fornecedor, uma vez que não teria alternativas razoáveis de fornecimento, além de que novas entradas seriam ainda mais dificultadas. Em terceiro lugar, os autores indicam que mercados concentrados geram maiores preocupações antitruste com a adoção das cláusulas MFN, e já se consignou, *supra*, que uma das fontes de poder no varejo supermercadista é a concentração econômica. Em quarto lugar, a adoção disseminada da cláusula MFN, com ampla cobertura no mercado, geraria preocupações antitruste. As autoridades antitruste estrangeiras já verificaram que essas cláusulas começaram a ser adotadas no varejo supermercadista, com tendências a se espalhar. E, finalmente, em quinto lugar, a transparência do mercado faria com que a adoção da cláusula MFN fosse mais preocupante em termos concorrenciais, sendo anteriormente registrado que a transparência é uma das fontes de poder no varejo supermercadista. No mercado do varejo supermercadista, portanto, entende-se que as condições de mercado indicadas por GONZÁLEZ-DIAZ e BENNETT como preocupantes no contexto da adoção das cláusulas MFN estão presentes, de modo a causar danos à concorrência.

SALOP e SCOTT-MORTON[757] adicionam que um contexto preocupante seria aquele em que a MFN é recebida por grandes compradores, abrangendo grande parte do mercado, ou que têm como contapartida a compra exclusiva. A primeira situação é fática, na medida em que os supermercados, atuando como plataformas com características de gargalo à concorrência, abrangem grande parte do mercado relevante para a concorrência no varejo supermercadista. Ademais, a segunda situação tem grandes chances de ser verificada, pois o supermercado pode utilizar a cláusula MFN para obter uma exclusividade – de direito ou de fato – daquele vendedor, prejudicando ainda mais os seus concorrentes, que passam a não ter acesso àquele produto. Essa situação é ainda mais preocupante no contexto de marcas próprias, em que os supermercados podem se utilizar das suas relações verticais com os fornecedores com poder de mercado para prejudicar os demais concorrentes no mercado de aprovisionamento por meio da utilização da cláusula MFN.

---

[757] SALOP, Steven C.; SCOTT-MORTON, Fiona, Developing an Administrable MFN Enforcement Policy. *Antitrust*, v. 27, n. 2, Spring 2013. Apud RIBEIRO, Eduardo Pontual; SAITO, Carolina. Defesa da concorrência e cláusulas contratuais de preços que se referem a terceiros: cláusulas da nação mais favorecida (MFN). *Compêndio de direito da concorrência*: temas de fronteira. Migalhas, 2015. p. 158-159.

Sob a ótica do mercado de compra (aprovisionamento), propõe-se que a adoção de cláusulas MFN possa ser enquadrada no art. 36, § 3º, I e II, da Lei 12.529/2011.

Sob a ótica do mercado de compra (aprovisionamento), nos termos dos incisos I e II do § 3º do art. 36 da Lei 12.529/2011, a adoção de cláusulas MFN pode ser considerada conduta anticompetitiva quando facilita/influencia (varejistas como "hub") e viabiliza a implementação (fornecedores como "spokes") de acordo tácito ou explícito entre os fornecedores, em análise como conduta pelo objeto. Detalhamento a respeito desse enquadramento foi apresentado *supra*.

Sob a ótica do mercado de venda (varejista), propõe-se que a adoção de cláusulas MFN possa ser enquadrada no art. 36, I, II, III e IV, da Lei 12.529/2011.

Sob a ótica do mercado de venda (varejista), nos termos dos incisos I e II do § 3º do art. 36 da Lei 12.529/2011, a adoção de cláusulas MFN pode ser considerada conduta anticompetitiva quando facilita/influencia (fornecedores como "hub") e viabiliza a implementação (varejistas como "spokes") de acordo tácito ou explícito entre os varejistas, em análise como conduta pelo objeto. Detalhamento a respeito desse enquadramento foi apresentado *supra*.

Ademais, sob a ótica do mercado de venda (varejista), nos termos dos incisos III e IV do § 3º do art. 36 da Lei 12.529/2011, a adoção de cláusulas MFN pode ser considerada conduta anticompetitiva quando dificulta o funcionamento de fornecedores atualmente existentes no mercado ou o acesso de novos varejistas no mercado, em análise pela regra da razão.

Diante da implementação de cláusulas MFN no varejo supermercadista, os varejistas de menor porte e/ou os novos varejistas entrantes não conseguirão alcançar – ou será muito difícil para eles conseguir – qualquer diferencial competitivo em termos de preços para competir com os varejistas incumbentes. Isso porque qualquer redução de preços aplicada ao entrante seria automaticamente aplicada aos incumbentes, o que torna menos interessante para os fornecedores a aplicação de discriminações de preços entre seus clientes. Essa situação limita o acesso de novos concorrentes varejistas no mercado, que se veem diante de mais uma barreira à entrada.

Ademais, para os varejistas atualmente existentes no mercado, cláusulas do comprador mais favorecido podem fazer com que varejistas de menor porte sofram com o aumento de seus custos ("*raising rivals costs*"), devido ao efeito "colchão d'água" (*vide* item 7.1, *infra*). Essa situação pode resultar na criação de dificuldades à sua permanência no mercado e, no limite, na exclusão de varejistas de pequeno e médio porte do mercado, de modo que a cláusula passaria a ser utilizada como estratégia de fechamento dos varejistas e de redução da concorrência intramarca. É nesse sentido que BERASATEGI argumenta que cláusulas do tipo MFN seriam a própria manifestação do poder de mercado dos varejistas.[758] GONZÁLEZ-DIAZ e BENNETT,[759] por sua vez, qualificam a situação como potencialmente caracterizadora do abuso de posição dominante.

Quando da análise antitruste de uma cláusula MFN, SMITH[760] sugere que seja realizada uma descrição detalhada da cláusula, nos seguintes termos: o tipo de serviço objeto do contrato que prevê a cláusula; qual das partes está requerendo a previsão da MFN e qual é a beneficiária da MFN; se as partes adotam MFN-*plus* ou MFN-*equal*; se as partes adotam MFN-contemporânea ou MFN-retroativa; o motivo para a parte requerer a MFN e como se beneficiará com a cláusula; se a MFN é bastante utilizada no mercado em que está inserida; se a parte está celebrando contratos que preveem MFN com diversas partes, de forma simultânea, e se concorrentes concordaram em adotar MFN. Ademais, SALOP e SCOTT-MORTON[761] também sugerem atenção para as seguintes características específicas da cláusula MFN: se é parte de um contrato de longo prazo com "*lock-in*" ou "*sunk assets*"; se a adoção é realizada em troca de um investimento significativo, particularmente pelo comprador inicial ou patrocinador da tecnologia; e se a cláusula MFN se refere a insumo que tenha

---

[758] BERASATEGI, Javier. *Supermarket power: serving consumers or harming competition*, 2014. p. 21. Disponível em: <http://www.supermarketpower.eu/documents/38179/39950/Supermarket+Power.pdf/ 9c0ed73f-37db-4d23-bd2d-1f583bf501e9>. Acesso em: 24 maio 2015. p. 24.

[759] GONZÁLEZ-DIAZ, Franciso Enrique; BENNETT, Matthew. The law and economics of most-favoured nation clauses. *Competition Law & Policy Debate*, v. 1, Issue 3, p. 40-41, Aug. 2015.

[760] SMITH, W. S. When Most-Favored is disfavored: a counselor's Guide to MFNs. *Antitrust*, v. 27, n. 2, 2013. Apud RIBEIRO, Eduardo Pontual; SAITO, Carolina. Defesa da concorrência e cláusulas contratuais de preços que se referem a terceiros: cláusulas da nação mais favorecida (MFN). *Compêndio de direito da concorrência*: temas de fronteira. Migalhas, 2015. p. 158-159.

[761] SALOP, Steven C.; SCOTT-MORTON, Fiona. Developing an Administrable MFN Enforcement Policy. *Antitrust*, v. 27, n. 2, Spring 2013. Apud RIBEIRO, Eduardo Pontual; SAITO, Carolina. Defesa da concorrência e cláusulas contratuais de preços que se referem a terceiros: cláusulas da nação mais favorecida (MFN). *Compêndio de direito da concorrência*: temas de fronteira. Migalhas, 2015. p. 158-159.

um valor ainda incerto ou impreciso para um produto inovador, com potenciais problemas de atraso e validação.

Diante de todo o exposto, sob a ótica do mercado de compra (aprovisionamento), propõe-se que *fornecedores e varejistas* também possam ser investigados pela adoção da cláusula MFN, nos termos do art. 36, § 3º, I e II, da Lei 12.529/2011 (varejista "*hub*" e fornecedores "*spokes*"), ao passo que *varejistas e fornecedores*, sob a ótica do mercado de venda (varejista), possam ser investigados pela adoção da cláusula MFN, nos termos do art. 36, § 3º, I e II, da Lei 12.529/2011 (fornecedor "*hub*" e varejistas "*spokes*"), em análise como conduta pelo objeto. Por sua vez, e ainda sob a ótica do mercado de venda (varejista), propõe-se que os *varejistas* possam ser investigados pela adoção da cláusula MFN quando dificulta o funcionamento de fornecedores atualmente existentes no mercado ou o acesso de novos varejistas no mercado, nos termos do art. 36, § 3º, III e IV, da Lei 12.529/2011, em análise pela regra da razão.

Diante da exposição sobre as quatro principais preocupações com as práticas comerciais no varejo supermercadista, parece-nos consistente o argumento de KUIPERS,[762] para quem *as práticas comerciais são implementadas pelos varejistas de modo progressivo no mercado*. Assim, práticas como a cobrança de taxas e condições de acesso, o uso indevido de informações comercialmente sensíveis, a adoção da gestão de categorias e a imposição de cláusulas MFN seriam adotadas em uma fase intermediária, menos intensa. O objetivo seria alterar a dinâmica do mercado, eventualmente excluindo determinados concorrentes tanto no mercado varejista quanto no mercado de aprovisionamento – eventualmente até mesmo fortalecendo as marcas próprias. Após essa fase, uma vez que as marcas próprias do varejista estejam estabelecidas e até mesmo prevalentes no mercado, KUIPERS intui que os varejistas podem começar a sistematicamente recusar acesso de novos produtos e de fornecedores concorrentes na categoria, o que seria uma prática mais abrupta e definitiva, a fim de favorecer definitivamente a marca própria em detrimento das marcas independentes concorrentes, detidas pelos fornecedores.

---

762 KUIPERS. Retailer and private labels: asymmetry of information, in-store competition and the control of shelfspace. *Private Labels, Brands and Competition Policy: the challenging landscape of retail competition*. Oxford: Ariel Ezrachu abd Ulf Bernitz, 2009. p. 203.

Capítulo 6 Práticas comerciais no varejo supermercadista

Conclusão do Capítulo 6

No Capítulo 6 foram apresentadas diversas práticas comerciais no varejo supermercadista que podem trazer preocupações sob a ótica do direito concorrencial. Ao todo, foram listadas 60, divididas em oito categorias temáticas pela finalidade de cada uma delas. Todas, sob o ponto de vista da moderna análise antitruste no varejo supermercadista, podem, em alguma medida, causar efeitos anticompetitivos apresentados tanto no mercado de venda (varejista) quanto no mercado de compra (aprovisionamento). Em que pese isso, concentrou-se em quatro tipos gerais de práticas comerciais no varejo supermercadista – englobando 28 daquelas categorizadas –, consideradas em especial como potencialmente violadoras à ordem econômica nos termos da Lei 12.529/2011, em análise pela regra da razão (exceto nas condutas colusivas, em análise como conduta pelo objeto).

O primeiro tipo geral de prática comercial estudada como potencialmente violadora da ordem econômica é a cobrança/o pagamento de taxas e condições de acesso (*"acess fees and terms"*) para espaço em gôndola. Essa prática abarca diversas expressões, tais como *"slotting allowances"*, *"slotting fees"*, *"listing charge"*, *"listing fees"*, *"continuous fees"*, *"facing fees"*, *"pay to stay fees"*, *"upfront acess payments"*, *"marketing allowances"*, *"early buy allowances"*, *"defective merchandise allowances"*, *"obsolescence allowances"*, *"back haul allowances"*, *"advertising allowances and discounts"*, *"gathering allowances"*, *"warehouse and store changeover allowances"*, *"allowances for the return of goods"*, condições comerciais favorecidas exigidas pelos supermercados dos seus fornecedores, entre outras.

Das práticas categorizadas no Capítulo 5, *supra*, pelo menos 10 delas configuram hipóteses de taxas e condições de acesso. Por um lado, dentre os argumentos no sentido de seus efeitos pró-competitivos, estão pelo menos os seguintes: mecanismo de *"signaling and screening"*; alocação de modo eficiente dos riscos associados à introdução de um novo produto no mercado; alocação de modo eficiente do escasso espaço das gôndolas; redução do preço final de venda dos produtos aos consumidores finais. Por outro lado, diversos outros argumentos são levantados para demonstrar os efeitos anticompetitivos dessa prática, dentre os quais: reflexo do exercício de poder de mercado; prejuízo à eficiência do sistema de distribuição; benefício desproporcional aos grandes varejistas em detrimento dos demais; mecanismo de exclusão de competidores secundários pela elevação dos custos de entrada nas gôndolas; redução dos incentivos à concorrência aos varejistas; facilitação à colusão entre varejistas; exclusão de pequenos fornecedores; redução da inovação e da variedade de produtos; aumento dos preços aos consumidores; mecanismo indireto de exclusividade pelo aumento de custo dos rivais e elevação de barreiras à entrada.

Diversas autoridades antitruste estrangeiras analisaram o tema das taxas e condições de acesso em sede de estudos, como *Federal Trade Commission* (2000, 2001, 2003) e Departamento de Justiça (2001) dos Estados Unidos, *Australian Competition and Consumer Commission* (2008), *Comisión Nacional de la Competencia* da Espanha (2011), Comissão Europeia (2010), *Finnish Competition Authority* (2012), Autoridade Norueguesa da Concorrência. Ademais, algumas autoridades antitruste estrangeiras também tiveram casos concretos que tangenciaram o tema, como nos Estados Unidos, França, Costa Rica, Chile e Coreia do Sul.

Finalmente, sob a ótica do mercado de venda (varejista), propõe-se que os *varejistas* possam ser investigados pela cobrança de taxas e condições de acesso nos termos do art. 36, § 3º, II, III e IV, da Lei 12.529/2011, em análise pela regra da razão (exceto com relação à conduta colusiva de "*hub-and-spoke*", analisada como conduta pelo objeto). Por sua vez, sob a ótica do mercado de compra (aprovisionamento), propõe-se que os *varejistas* possam ser investigados pela cobrança de taxas e condições de acesso nos termos do art. 36, § 3º, III, IV, V e X, da Lei 12.529/2011, ao passo que os *fornecedores* possam ser investigados pelo pagamento excessivo de taxas e condições de acesso nos termos do art. 36, § 3º, III e IV, da Lei 12.529/2011, em análise pela regra da razão.

O segundo tipo geral de prática comercial com potencial, em especial, para violar a ordem econômica, é o uso indevido de informações comercialmente sensíveis que leva à colusão e/ou à criação de marcas próprias de imitação ("*copycat*").

Quanto ao risco de colusão, das práticas categorizadas no Capítulo 5, *supra*, pelo menos cinco delas configuram a hipótese passível de caracterizar um "*hub-and-spoke*". Em arranjos anticompetitivos como este, o foco central do problema é a troca de informações comercialmente sensíveis, que, mesmo quando realizada por meio de um terceiro intermediário pertencente a um nível diferente da cadeia de produção/distribuição, pode ser comparada à troca direta de informações. Já houve casos julgados por autoridades estrangeiras condenando colusões entre varejistas e colusões entre fornecedores, típicas de cartel "*hub-and-spoke*" no varejo supermercadista, como no Reino Unido, Bélgica, Chile e Uruguai.

Quanto ao risco de criação de marcas próprias de imitação ("*copycat*"), tem-se que pelo menos uma das práticas categorizadas no Capítulo 5, *supra*, configura a hipótese. No varejo supermercadista tem-se a situação atípica no mercado segundo a qual o fornecedor deve informar ao varejista informações com relação a novos produtos e inovações com até 12 (doze) meses de antecedência à divulgação do novo produto. De posse dessas informações, os varejistas podem não apenas adotar diversos posicionamentos estratégicos dentro da loja – uma vez que têm controle de diversas variáveis sensíveis, como preço, nível de "*mark-up*", quantidade etc. –, mas também lançar um produto de marca própria imitação. Assim, o varejista se utiliza indevidamente de uma informação comercialmente sensível que é obtida licitamente enquanto supermercado para prejudicar seu concorrente na sua relação vertical de concorrência entre varejista (detentor de marca própria) e fornecedor (detentor de marca independente). Estudos mostram que as marcas independentes são mais rapidamente copiadas por marcas próprias de supermercados, e a discussão gira, sobretudo, em torno dos incentivos – ou melhor, nos desincentivos – que essa prática causa às inovações no mercado.

Finalmente, sob a ótica do mercado de compra (aprovisionamento), propõe-se que *fornecedores e varejistas* também possam ser investigados pelo uso indevido de informações comercialmente sensíveis para colusão (varejista "*hub*" e fornecedores "*spokes*"), nos termos do art. 36, § 3º, I e II, da Lei 12.529/2011, ao passo que *varejistas e fornecedores*, sob a ótica do mercado de venda (varejista), possam ser investigados pelo uso indevido de informações comercialmente sensíveis para colusão (fornecedor "*hub*" e varejistas "*spokes*"), nos termos do art. 36, § 3º, I e II, da Lei 12.529/2011, em análise como conduta pelo objeto. Por sua vez, e ainda sob a ótica do mercado de venda (varejista), propõe-se que os *varejistas* possam ser investigados pelo uso indevido de informações comercialmente sensíveis para "*copycat*", nos termos do art. 36, § 3º, III e IV, da Lei 12.529/2011, em análise pela regra da razão.

O terceiro tipo geral de prática comercial potencialmente violadora da ordem econômica é a gestão de categorias. Entende-se por gestão de categorias o conjunto de atividades de gestão realizadas para a composição e a exibição dos produtos em uma categoria no varejo supermercadista, a fim de atender às necessidades do consumidor. Das práticas categorizadas no Capítulo 5, *supra*, pelo menos 11 delas configuram hipóteses de gestão de categorias.

Por um lado, dentre os argumentos no sentido de seus efeitos pró--competitivos, estão pelo menos os seguintes: redução de custos, pois os fornecedores são os que melhor detêm conhecimento do mercado; redução dos custos para os consumidores finais. Por outro lado, diversos outros argumentos são levantados para apontar os efeitos anticompetitivos dessa prática, em especial quando implementada pelo fornecedor "capitão", dentre os quais se indica pelo menos os seguintes: acesso a informações de concorrentes; colusão entre varejistas ("*hub and spoke*"); colusão entre fornecedores ("*hub and spoke*"); adoção de práticas unilaterais como fixação de preço de revenda de modo coordenado; constituir-se como uma barreira à entrada e à expansão; exclusão ou diminuição da expansão dos rivais; discriminação em favor das marcas próprias.

Diversas autoridades antitruste estrangeiras analisaram o tema em sede de estudos, como a *Competition Commission* do Reino Unido (2000 e 2008), a *Federal Trade Commission* (2001), o Grupo de Trabalho formado pelas Autoridades de Defesa da Concorrência dos Países Nórdicos – Dinamarca, Noruega, Islândia, Finlândia, Groelândia e Suécia – (2005), a Comissão Europeia (2010), a *Autorité de la Concurrence* (2010), a *Comisión Nacional de la Competencia* da Espanha (2011), a *Finnish Competition Authority* da Finlândia (2012). Ademais, algumas autoridades antitruste estrangeiras também tiveram casos concretos que tangenciaram o tema da gestão de categorias, como os Estados Unidos.

Finalmente, sob a ótica do mercado de venda (varejista), propõe-se que *varejistas e fornecedores* possam ser investigados pela implementação da gestão de categoria, nos termos do art. 36, § 3º, I e II, da Lei 12.529/2011 (fornecedor "*hub*" e varejistas "*spokes*"), ao passo que os *fornecedores e varejistas*, sob a ótica do mercado de compra (aprovisionamento), também possam ser investigados pela implementação da gestão de categoria, nos termos do art. 36, § 3º, I e II, da Lei 12.529/2011 (varejista "*hub*" e fornecedores "*spokes*"), em análise como conduta pelo objeto. Por sua vez, e ainda sob a ótica do mercado de compra (aprovisionamento), propõe-se que *varejistas e fornecedores* possam ser investigados pela implementação da gestão de categoria quando dificultar o funcionamento de fornecedores atualmente existentes no mercado ou o acesso de novos fornecedores no mercado, quando implementar tratamento discri-

Capítulo 6 Práticas comerciais no varejo supermercadista

minatório entre fornecedores e/ou quando for um meio de o varejista favorecer a marca própria e impedir o acesso de fornecedores concorrentes ao canal de distribuição, nos termos do art. 36, § 3º, III, IV, V e X, da Lei 12.529/2011, em análise pela regra da razão.

A cláusula do comprador mais favorecido (*"Most-Favoured Nation clause"* – *MFN*) é o quarto tipo geral de prática comercial com potencial, em especial para violar a ordem econômica. Entende-se que este é um tipo de cláusula inserida em contratos verticais, formais ou informais, nos quais o vendedor concorda em não cobrar do comprador beneficiário da MFN preço mais elevado do que o menor preço que oferece a qualquer outro comprador. Das práticas categorizadas no Capítulo 5, *supra*, pelo menos uma delas configura hipótese de cláusula MFN.

Por um lado, dentre os argumentos no sentido de seus efeitos pró-competitivos, estão pelo menos os seguintes: redução dos problemas com *free-riding*; mitigação dos problemas de *hold-up*; redução dos custos de transação e de negociação e renegociação; redução dos atrasos nas negociações; e restrição à discriminação temporal de preços. Por outro lado, diversos outros argumentos são levantados para indicar os efeitos anticompetitivos dessa prática, dentre os quais: facilitação à colusão explícita; facilitação à colusão tácita; elevação de barreiras à entrada/à expansão e fechamento de concorrentes; aumento dos preços médios; e redução das inovações.

Algumas autoridades antitruste estrangeiras também tiveram casos concretos que tangenciaram o tema das cláusulas MFN, como nos Estados Unidos, na Europa, no Reino Unido, na Alemanha, na Itália e na França. Ainda, diversas autoridades antitruste estrangeiras analisaram o tema em sede de estudos, como a Comissão Europeia (2010), a *Comisión Nacional de la Competencia* da Espanha (2011), a *Finnish Competition Authority* (2012) e outros países que proibiram essas cláusulas em suas legislações, como a França e o Estado de Michigan nos Estados Unidos.

Finalmente, sob a ótica do mercado de compra (aprovisionamento), propõe-se que *fornecedores e varejistas* também possam ser investigados pela adoção da gestão de categorias, nos termos do art. 36, § 3º, I e II, da Lei 12.529/2011 (varejista *"hub"* e fornecedores *"spokes"*), ao passo que *varejistas e fornecedores*, sob a ótica do mercado de venda (varejista), possam ser investigados pela adoção da gestão de categorias, nos termos do art. 36, § 3º, I e II, da Lei 12.529/2011 (fornecedor *"hub"* e varejistas *"spokes"*), em análise como conduta pelo objeto. Por sua vez, e ainda sob a ótica do mercado de venda (varejista), propõe-se que os *varejistas* possam ser investigados pela adoção da gestão de categorias quando dificulta o funcionamento de fornecedores atualmente existentes ou o acesso de novos varejistas no mercado, nos termos do art. 36, § 3º, III e IV, da Lei 12.529/2011, em análise pela regra da razão.

PARTE IV

EFEITOS DANOSOS À CONCORRÊNCIA DAS PRÁTICAS COMERCIAIS NO VAREJO SUPERMERCADISTA

PARTE IV Práticas comerciais no varejo supermercadista

Acadêmicos[763] e autoridades de defesa da concorrência[764] estrangeiras discutem teorias do dano para descrever os possíveis efeitos do poder sob a ótica da compra. Dentre elas, pode-se mencionar pelo menos as seguintes: (i) teoria neoclássica tradicional,[765] (ii) teoria neoclássica moderna,[766] (iii) teoria da redução direta da concorrência a jusante (mercado varejista/venda),[767] (iv) teoria da redução indireta da concorrência a ju-

---

763 BERASATEGI, Javier. *Supermarket power: serving consumers or harming competition*, 2014. p. 154-172. Disponível em: <http://www.supermarketpower.eu/documents/38179/39950/Supermarket+Power.pdf/ 9c0ed73f-37db-4d23-bd2d-1f583bf501e9>. Acesso em: 24 maio 2015.

764 Reino Unido. Office of Fair Trade – OFT. *The competitive effects of buyer groups*, 2007. p. 12-24.

765 Pela teoria do dano neoclássica tradicional, haveria um ciclo virtuoso de menores preços de compra e, consequentemente, menores preços de venda aos consumidores finais. Essa análise se baseia no modelo neoclássico tradicional *"output-price"*, em que o monopolista reduz a oferta para aumentar os preços, ou vice-versa. Sob a perspectiva desse modelo, o poder de mercado e a integração vertical promovem eficiência econômica, pois haveria o repasse das eficiências na forma de distribuição da renda.

766 Pela teoria do dano neoclássica moderna, a análise tradicional deveria ser objeto de diversas críticas. Uma delas seria a de que no modelo neoclássico tradicional apenas há a interação entre o comprador e o vendedor (ou seja, os supermercados seriam simples consumidores neutros no mercado), desconsiderando o papel do varejista como intermediário na definição da oferta e da demanda no mercado. Outra crítica advém da visão de que as disputas na cadeia de fornecimento tratam apenas da alocação interna da renda entre fornecedores e distribuidores, ignorando os possíveis efeitos exclusionários e os efeitos colusivos da integração vertical. Ainda assim, sob as premissas do modelo neoclássico, mas com uma moderna visão, já seria possível observar que as práticas dos supermercados de restrição de acesso às lojas ou de aumento das taxas e/ou condições para acesso, ao reduzirem a oferta, resultam em aumentos de preços. Ademais, as práticas de transferências de custos e de riscos dos supermercados aos fornecedores criariam ineficiências no mercado, pois o supermercado não teria incentivos em mitigar tais custos – já que eles são facilmente transferidos para os fornecedores – e também porque o fornecedor não seria eficiente ao ter que arcar com custos sobre os quais não tem ingerência ou capacidade de controlar ou minimizar. Assim, sob essa moderna visão neoclássica, ainda que de um modo simplista e estático, é possível observar que há restrição à concorrência das práticas comerciais dos supermercados pelo aumento das taxas e condições de acesso e pela consequente redução do número de fabricantes fornecedores de marcas independentes no mercado.

767 Pela teoria do dano consistente na redução direta da concorrência a jusante (mercado varejista/venda), o efeito anticompetitivo no mercado seria uma decorrência direta da formação de um grupo de compra, com dano à concorrência a jusante, na medida em que os

sante (mercado varejista/venda),[768] (v) teoria do gargalo à concorrência,[769] (vi) teoria dos efeitos anticompetitivos das taxas e condições de acesso ("*acess fees*"),[770] (vii) teoria do fechamento vertical[771] – na qual são estudadas incidentalmente a teoria da preservação/expansão da rentabilidade do

---

varejistas teriam menores incentivos a concorrer entre si. Essas preocupações seriam ainda maiores diante de três fatores: colusão explícita, colusão tácita e redução da rivalidade.

[768] Pela teoria do dano consistente na redução indireta da concorrência a jusante (mercado varejista/venda), o efeito anticompetitivo no mercado seria implementado por meio de ações no mercado a montante (compra). Para isso, poderia deteriorar os termos de compra dos compradores rivais por meio do aumento dos custos ("*raising rivals' costs*") ou por meio da adoção de estratégias que reduzam os benefícios disponíveis aos rivais – ex. exigência de fornecimento exclusivo. Ademais, esse dano indireto poderia ocorrer por decorrência do efeito colchão d'água ("*waterbed effects*") e por acordos de "*rente sharing*" e "*rent shifting*".

[769] Pela teoria do dano consistente no gargalo à concorrência (vide Capítulo 2.2., *supra*), poderiam haver efeitos anticompetitivos no mercado independentemente de o mercado varejista ser competitivo ou não. A conclusão é no sentido de que os danos aos fornecedores se sobreporiam aos benefícios eventualmente alcançados pelos consumidores finais. Ademais, o fato de que até mesmo fornecedores eficientes são excluídos do mercado pelas práticas da plataforma (supermercado) significaria que há redução da variedade e da qualidade das marcas disponíveis no mercado, representando a restrição nas opções do consumidor final – o que consiste em dano não apenas aos fornecedores, de um lado da plataforma, mas também aos consumidores finais, do outro lado da plataforma de dois lados. Assim, sob a teoria do gargalo à concorrência, é possível observar que há restrição à concorrência pela exclusão de fabricantes eficientes do mercado (resultante das exigências de preços extremamente baixos dos fornecedores), ainda que a concorrência no mercado varejista seja intensa.

[770] Pela teoria do dano pelos efeitos anticompetitivos das taxas e condições de acesso ("*acess fees*"), os serviços de acesso prestados pelos supermercados e a remuneração que recebe por elas podem ter argumentos positivos e negativos.

[771] Pela teoria do dano pelo fechamento vertical, a integração vertical dos supermercados pode gerar eficiências, como, por exemplo, a redução dos custos de transação, mas pode também criar incentivos para adotar condutas de fechamento de mercado, sem benefícios para o consumidor final. Assim, as práticas dos supermercados deveriam ser analisadas sob o ponto de vista de três teorias de integração vertical: (i) teoria da preservação/expansão da rentabilidade do monopólio; (ii) teoria do aumento dos custos dos rivais ("*raising rivals costs*"); e (iii) teoria da facilitação à colusão, que auxiliariam na percepção dos danos à concorrência que se pode ter do exercício abusivo do poder dos supermercados.

PARTE IV   Práticas comerciais no varejo supermercadista

monopólio,[772] a teoria do aumento dos custos dos rivais ("*raising rivals costs*")[773] e a teoria da facilitação à colusão.[774]

Ciente da dificuldade de se estimar os danos de modo mensurável por modelos econométricos, serão apresentados neste livro, de modo qualitativo, os *possíveis efeitos concorrenciais das práticas comerciais* tais como categorizadas no Capítulo 5 e detalhadas no Capítulo 6, *supra*. Centrar-se-á não apenas nos efeitos estáticos de curto prazo – tal como aventados pela análise antitruste tradicional do varejo supermercadista –, mas também, e principalmente, nos efeitos dinâmicos de médio ou longo prazo nesse mercado[775] – em linha com a

---

[772] Sob a teoria da preservação/expansão da rentabilidade do monopólio, com a integração vertical os supermercados deixam de se ver vinculados ao compromisso anterior de garantir espaço em gôndola às marcas independentes e podem alcançar lucros de monopólio. Ademais, com a integração vertical, o supermercado se vê mais livre para escolher apenas as marcas que possuem alguma lealdade dos consumidores e, ainda assim, favorecer suas marcas próprias. Ainda, os supermercados controlam as variáveis competitivas mais importantes para as vendas dentro das lojas (preço, promoção, posicionamento na gôndola e aconselhamento por profissionais), o que pode mais uma vez resultar em práticas exclusionárias e colusivas. HART, O.; TIROLE, J.; CARLTON, D. W.; WILLIAMSON, O. E. Vertical integration and market foreclosure. *Brookings papers on economic activity*. Microeconomics, p. 205-286, 1990. REY, Patrick; TIROLE, Jean. A primer on foreclosure. *Handbook of industrial organization*, v. 3, p. 2145-2220, 2007. REY, Patrick; TIROLE, Jean. A primer on foreclosure. *Handbook of Industrial Organization III*, edited by Mark Armstrong and Robert Porter, Elsevier, 16 July 2003.

[773] Sob a teoria do aumento dos custos dos rivais ("*raising rivals costs*"), estratégias anticompetitivas seriam possíveis se forem encaradas como práticas tendentes a aumentarem os custos suportados pelos concorrentes, e não simplesmente eliminá-los do mercado. Baseia-se em certa medida nos argumentos de SALOP, que introduziu essa discussão na seara antitruste, bem como de HOVEMKAMP. RIORDAN, Michael H.; SALOP, Steven C. Evaluating vertical mergers: A post-Chicago approach. *Antitrust Law Journal*, p. 513-568, 1995. SALOP, Steven C.; SCHEFFMAN, David T. Cost-raising strategies. *The Journal of Industrial Economics*, p. 19-34, 1987.

[774] Sob a teoria do dano pela facilitação à colusão, seria possível vislumbrar a possibilidade de acordos colusivos entre fornecedores, acordos colusivos entre os supermercados, colusão entre fornecedores e supermercados numa construção típica de "*hub-and-spoke*" e acordo colusivo envolvendo também o uso das marcas próprias. Neste último caso, por exemplo, se teria um acordo para a manutenção nas gôndolas apenas da marca líder e da marca própria, de modo que as marcas secundárias seriam, paulatinamente, substituídas pelas marcas próprias do varejo.

[775] INDERST, Roman; MAZZAROTTO, Nicola. *Buyer power in distribution*. 3 Issues in Competition Law and Policy. W. Dale Collins ed., 2008.

moderna análise antitruste do varejo supermercadista proposta neste livro.[776] Assim, em um caso concreto, a autoridade antitruste poderá avaliar se tais efeitos anticompetitivos são verificados no mercado de venda (varejista) e/ou no mercado de compra (aprovisionamento), concluindo, assim, se a prática comercial no varejo supermercadista deve ser condenada.

---

[776] Essa preocupação com os efeitos dinâmicos também foi o que norteou o novo e amplo estudo pela Comissão Europeia 2014, que buscou avaliar se as opções e as inovações disponíveis no mercado europeu tinham decrescido na última década e, se sim, se esse decréscimo poderia ser relacionado ao aumento do poder de compra dos varejistas *vis-à-vis* os fornecedores, obtido por meio da concentração de mercado e das marcas próprias. Constata-se, portanto, que o foco do estudo foi nos efeitos dinâmicos no mercado, ou seja, em termos de opção e inovação, e não os efeitos estáticos, tais como preço. Europa. European Commission. *The economic impact of modern retail on choice and innovation in the EU food sector*, 2014. Também nesse sentido aponta-se o estudo da *Comisión Nacional de la Competencia* da Espanha de 2011 que adverte justamente que, apesar de os efeitos de curto prazo do aumento do poder de barganha dos varejistas serem considerados positivos, decorrentes do repasse aos consumidores finais dos ganhos obtidos dos fornecedores, as implicações de longo prazo são ambíguas. Isso porque os supostos efeitos positivos poderiam ser eliminados se esse poder de mercado minasse a concorrência intermarca entre os fornecedores e também a concorrência intramarca entre os varejistas e se prejudicasse os incentivos e a capacidade dos agentes econômicos em investir e inovar. Espanha. Comisión Nacional de la Competencia. *Report on the relations between manufacturers and retailes in the food sector*, 2011.

CAPÍTULO **7**

Efeitos anticompetitivos no mercado de venda (varejista): impacto nos varejistas e nos consumidores finais

Práticas comerciais no varejo supermercadista, tais como categorizadas no Capítulo 5 e detalhadas no Capítulo 6, *supra*, podem trazer efeitos danosos à concorrência no mercado de venda (varejista). Dentre os efeitos negativos à concorrência, pode-se mencionar o aumento do custo dos rivais (*"raising of rivals costs"*) e do efeito colchão d'água (*"waterbed effect"*); o fechamento de varejistas, a redução das opções ao consumidor final, o novo aumento da concentração econômica e a redução da eficiência varejista; o aumento de preços ao consumidor final; e a colusão entre varejistas, como se passa a detalhar a seguir. Os impactos anticompetitivos, por sua vez, são sentidos tanto por varejistas quanto pelos consumidores finais.

7.1 Aumento do custo dos rivais e efeito "colchão d'água"

O aumento do custo dos rivais (*"raising of rivals costs"*) e o efeito colchão d'água (*"waterbed effect"*) podem ser efeitos danosos à concorrência no mercado de venda (varejista) resultantes das práticas comerciais no varejo supermercadista, tais como categorizadas no Capítulo 5 e detalhadas no Capítulo 6, *supra*.

A *teoria do aumento do custo dos rivais* ("raising of rivals costs") foi introduzida por SALOP e SCHEFFMAN.[777] Apesar de aplicável ao contexto de mer-

---

[777] SALOP, Steven C.; SCHEFFMAN, David T. Raising rivals' costs. *The American Economic Review*, v. 73, n. 2, p. 267-271, 1983. KRATTENMAKER, Thomas G.; SALOP, Steven C. Anticompetitive Exclusion: Raising Rivals Cost to Achieve Power over Price. *Yale Law Journal*, v. 96, p. 209, 1986.

cados oligopolizados, os autores a desenvolveram inicialmente para aplicação em mercados em que existe uma empresa dominante se relacionando com uma franja competitiva. Segundo os autores, algumas estratégias anticompetitivas seriam melhor compreendidas se fossem encaradas como práticas tendentes a aumentar os custos suportados pelos concorrentes, e não simplesmente eliminá-los do mercado. Seriam, então, nos termos de HOVENKAMP, práticas que visam a tornar os custos de produção ou distribuição mais altos, ao impedir que obtenham economias de escala ou ao impedir o seu acesso a canais de distribuição mais eficientes.[778] Essa prática, entendida como uma estratégia predatória não relacionada a preço, poderia ser mais lucrativa para a empresa predadora mesmo quando a empresa alvo não saísse do mercado. A condição suficiente para que a estratégia de aumento do custo dos rivais seja lucrativa, então, seria que o aumento do custo das empresas rivais na franja competitiva fosse maior do que o aumento do custo causado à empresa dominante.[779]

Ao contrário da prática de um preço predatório, a empresa predadora, com essa estratégia, não precisaria sacrificar seus lucros no curto prazo na expectativa de maiores lucros no longo prazo. Para a implementação dessa estratégia de aumento dos custos dos rivais, a empresa predadora não precisaria, então, ter um "*deeper pocket*" ou um acesso superior aos recursos financeiros para suportar o período de implementação da prática. Assim, ao contrário do que acontece num preço predatório, o aumento do custo dos rivais seria uma estratégia barata para as empresas dominantes e ainda mais crível, sendo que a empresa predadora teria incentivos para implementá-la. Diversas práticas exclusionárias, assim, poderiam ser caracterizadas como condutas de aumento do custo dos rivais – tais como recusa de contratar, contratos de exclusividade, estrangulamento vertical de preços ("*vertical price squeezes*").

Um dos exemplos de casos antitruste em que se discutiu sobre aumento de custos dos rivais é o caso norte-americano *Klor*.[780] A loja de departamentos Broadway-Hale teria induzido um número significativo de fornecedores a se recusarem a vender para a empresa concorrente Klor, localizada geograficamente ao lado da empresa predadora. Esse caso sugere a importância do paralelo

---

[778] HOVENKAMP, Herbert. Post-Chicago Antitrust: A Review and Critique. *Columbia Business Law Review*, p. 321, 2001.
[779] CHURCH, Jeffrey R.; WARE, Roger. *Industrial organization*: a strategic approach. Ontario: Irwin McGraw-Hill, 2000. p. 628.
[780] Estados Unidos. *Klor's, Inc. v. Broadway-Hale Stores*, Inc. 359 U.S. 207 (1959)

Capítulo 7 Efeitos anticompetitivos no mercado de venda (varejista)

entre o aumento do custo dos rivais e arranjos de exclusividade. Outro caso antitruste em que houve essa discussão foi o *Alcoa*,[781] em que a empresa produtora de alumínio objetivou aumentar o custo dos rivais por meio de arranjos de exclusividade com fornecedores de energia elétrica e também por meio de compra excessiva de bauxita a baixo custo, de modo a forçar os concorrentes a redirecionarem suas compras a fornecedores com maiores preços. Neste caso, constatou-se que a compra excessiva de produtos por um grande comprador (denominada por SALOP de *"raising rivals overbuying"*,[782] mas também conhecida como *"predatory buying"*[783]) pode ser considerada uma conduta anticompetitiva, dados os seus efeitos danosos à concorrência. Há também o caso norte-americano *Terminal Railroad*,[784] que discutiu o aumento do custo dos rivais pela discriminação de acesso à ponte sobre o rio Missisipi, que foi considerada uma instalação essencial (*"essential facility"*). No Brasil, CAMPILONGO advertiu no sentido de que teria havido infração à ordem econômica decorrente de aumento dos custos dos rivais no Processo Administrativo 08012.002474/2008-24, referente à introdução das novas garrafas de 630 ml retornáveis da Ambev.[785]

---

[781] Estados Unidos. *U.S. v. Aluminium Co. of Am.*, 148 F.2d 416 (1945).

[782] SALOP, Steven C. Anticompetitive overbuying by power buyers. *Antitrust Law Journal*, v. 72, n. 2, p. 669-715, 2005. O autor diferencia os dois tipos de conduta de compra excessiva, sendo (i) predatória e (ii) para aumento dos custos dos rivais. Argumenta que, no primeiro tipo, a estratégia é causar a saída das empresas concorrentes do mercado para alcançar o monopsônio no mercado de aprovisionamento. Já no segundo tipo, a estratégia seria aumentar os custos dos rivais e, assim, ganhar participação de mercado varejista (de venda). Além disso, haveria excepcionalmente a estratégia *"naked overbuying"*, em que a empresa compraria excessivamente o insumo simplesmente para negar tal acesso ao concorrente. SALOP defende que o tipo de compra excessiva para aumento dos custos dos rivais seria mais preocupante do que a compra excessiva predatória.

[783] THOMAS, Stefan. Ex-ante and ex-post control of buyer power. *Eberhard Karls University Tübingen*, 2015. p. 17. O autor cita o precedente *Weyerhaeuser* como outro exemplo de compra excessiva que foi analisado nos Estados Unidos, em 2007. *Wheyerhaeuser Co. v. Ross-Simmons Hardwood Lumber Co.*, 549 U.S. 312 (2007). O autor avalia que ainda há uma indefinição a respeito dos princípios para se considerar essa conduta como ilícita. Seria suficiente para considerar como anticompetitiva a conduta de compra excessiva o fato de que a demanda ficaria concentrada ou seria também necessário que a conduta tenha efetios exclusionários no mercado a jusante?

[784] Estados Unidos. *Unites States v. Terminal R. R. Ass'n.*, 224 U.S. 383 (1912).

[785] CAMPILONGO, Celso. Aumento dos custos dos rivais na concorrência – Parecer do Processo Administrativo nº 08012.002474/2008-24 (Cade). *Revista de Direito Administrativo*, v. 260, p. 285-313, Rio de Janeiro: RDA, maio-ago. 2012.

Esse aumento no custo dos rivais, por sua vez, relaciona-se em alguma medida com o *efeito colchão d'água* ("waterbed effect"). Segundo essa teoria, nos termos de INDERST e VALLETTIN,[786] seria evidenciada uma interação entre as dimensões verticais e horizontais quando do exercício do poder de compra. Para os autores, um poder de compra assimétrico por um grande comprador resultaria em termos de compra mais vantajosos a este em detrimento de maiores preços aos rivais menos poderosos. O efeito, portanto, não seria apenas vertical (ou seja, nos fornecedores), mas também horizontal (ou seja, nos concorrentes do grande comprador).

Nesse cenário, o dano aos consumidores seria verificado mesmo no curto prazo, pois a deterioração dos termos de compra dos concorrentes resultaria no aumento médio dos preços e, consequentemente, reduziria o excedente e o bem-estar do consumidor, ainda que o número de empresas e a qualidade/opções de produtos se mantivessem constantes. Assim, a lógica da teoria está na decisão de um agente econômico que, ao ter suas margens de lucro comprometidas diante de uma relação de mercado com outro agente econômico com maior poder (um lado do "colchão"), tenta recuperar suas perdas aplicando um preço superior nas vendas aos agentes econômicos com menor poder de mercado (o outro lado do "colchão").[787] Se esse efeito for verificado, ter-se-á, então, que o exercício do poder de mercado pela ótica da compra poderá afetar os custos dos rivais.[788]

Especificamente no varejo supermercadista, essa correlação entre o efeito colchão d'água e o aumento do custo dos rivais foi apontada pela primeira vez pela *Competition Commission* do Reino Unido, em 2008.[789] O tema do *"waterbed effect"* foi levantado incidentalmente quando da análise do ato de con-

---

[786] INDERST, Roman; VALLETTI, Tommaso. M. *Buyer Power and the Waterbed Effect*, 2009.

[787] GORDILHO JR., Mário Sérgio Rocha. Análise de poder de compra no mercado de varejo de bens duráveis – desafios para o novo CADE. *Boletim Latino-Americano de Concorrência*, n. 31, p. 28, abr. 2012. Nota de rodapé 32.

[788] Para maior aprofundamento sobre o tema do *"waterbed effect"*, sugere-se: DOBSON, Paul W.; INDERST, Roman. Differential Buyer Power and the Waterbed Effect: Do Strong Buyers Benefit or Harm Consumers? *European Competition Law Review*, v. 28, n. 7, p. 393, 2007. INDERST, Roman; VALLETTI, Tommaso M. Buyer power and the 'waterbed effect'. *The Journal of Industrial Economics*, v. 59, n. 1, p. 1-20, 2011.

[789] Inglaterra. Competition Commission. *Final report of the supply of groceries in the UK market investigation*, 30.04.2008. Grocery Supply Code of Practice (GSCOP). 2009. Groceries Code Adjudicator Act. 2013.

centração Fischer-Citrovita (2011),[790] sem a devida atenção para os efeitos dinâmicos dessa teoria. Essa situação também está em linha com preocupações concorrenciais apontadas pela *Comisión Nacional de la Competencia* em 2011,[791] no sentido da redução da concorrência no mercado varejista a longo prazo, como decorrência do "*waterbed effect*", que pode ser implementado direta ou indiretamente pelo varejista.

Por um lado, *o aumento do custo dos rivais pode ocorrer indiretamente* quando o varejista exerce poder de mercado em face de seus fornecedores e os efeitos são reflexos. Esse seria o efeito colchão d'água clássico, que acontece, por exemplo, quando o grande comprador exige reduções de preços e/ou outras concessões,[792] pagamento de taxas e condições de acesso etc. Os fornecedores, diante dessas exigências e visando a recuperar suas perdas, aumentam paralelamente os preços para os demais varejistas. Desse modo, pequenos e médios varejistas tornam-se menos competitivos não por uma redução de sua eficiência, mas sim por uma prática predatória do seu concorrente, o varejista de grande porte.[793]

---

[790] Brasil. CADE. Ato de Concentração 08012.005889/2010-74, de interesse das empresas Fischer S/A Comércio, Indústria e Agricultura e Citrovita Agro Industrial Ltda., julgado em 14 de dezembro de 2011. "A outra possibilidade que também não apresenta consequências para o consumidor é o que a teoria chama de *waterbed effect*. O exercício de poder de compra pode, em tese, prejudicar a concorrência por meio do aumento do preço dos insumos para os compradores rivais (*waterbed effect*), aumentando os custos destes, e, com isso, podendo resultar em preços maiores ao consumidor. A estrutura de mercado do presepte ato de concentração revela que os principais concorrentes também possuem participação de mercado importante na compra, além de serem verticalizados e manterem estoques de SLCC. Os prejudicados seriam as pequenas processadoras, que não detêm o mesmo poder de negociação das maiores empresas e teriam seus custos aumentados em relação ao preço sem o exercício de poder de compra pelas Requerentes. Isso provocaria uma redução das margens das pequenas, o que poderia resultar na saída dessas empresas do mercado. É improvável, contudo, que essa redução provocasse danos ao consumidor, pois ainda permaneceriam grandes empresas ofertando o suco concentrado".

[791] Espanha. Comisión Nacional de la Competencia. *Report on the relations between manufacturers and retailes in the food sector*, 2011.

[792] KIRKWOOD, John B. Buyer power and merger policy. Seattle University School of Law. *Working Paper*, Draft 1, 1 April 2011.

[793] American Antitrust Institute. The Robinson-Patman Act should be reformed, not repealed, Comments of the American Antitrust Institute Working Group on the Robinson-Patman Act. 2005, p. 13-14.

Os pequenos varejistas, por sua vez, seriam duas vezes mais prejudicados. Isso porque, se os grandes varejistas conseguem extrair dos fornecedores melhores condições de compra e, assim, obter vantagens competitivas com relação aos concorrentes, os médios varejistas, detentores de pelo menos algum poder no mercado de venda, podem compensar esses termos de compra mais desvantajosos aumentando, ainda que pouco, seus preços, ainda assim conseguindo manter-se no mercado. Os pequenos varejistas, a seu turno, além de serem prejudicados com custos mais altos que seus concorrentes, não conseguem repassá-los aos consumidores finais, o que poderia, em alguns casos, resultar na sua exclusão do mercado.[794]

Por outro lado, *o aumento do custo dos rivais pode ocorrer diretamente*,[795] quando o grande comprador solicita um tratamento privilegiado específico e direto em comparação com os seus concorrentes. O varejista de grande porte alcança tal objetivo quando, por exemplo, induz o fornecedor a não vender para outros varejistas concorrentes. Isso pode se dar por meio de uma recusa de contratar (como evidenciado nos casos *Toys'R'Us*[796] e *Klor*[797] nos Estados Unidos, já mencionados) ou por meio de uma cláusula de exclusividade ou um arranjo contratual de mesmo efeito (como evidenciado nos casos *Klor, Terminal Railroad*[798] e *Alcoa*,[799] já descritos, sendo que neste último verificou-se a correlação entre a compra de uma quantidade mínima do produto e o objetivo de inviabilizar o fornecimento para outros varejistas concorrentes[800]).

---

[794] Reino Unido. Competition Commission. Office of Fair Trading. *Supermarkets: A report on the supply of groceries from multiple stores in the United Kingdom*, 2000. p. 138.

[795] KRATTENMAKER, Thomas G.; SALOP, Steven C. Anticompetitive exclusion: raising rival's costs to achieve power over price. 96 *Yale Law Journal*, p. 209, 1986. KIRKWOOD, John B. Buyer power and merger policy. Seattle University School of Law. *Working Paper*, Draft 1, 1 April 2011.

[796] Estados Unidos. Federal Trade Commission (FTC). *Toys'R'Us, Inc.*, 221 F.3d at 928.

[797] Estados Unidos. Suprema Corte. *Klor's, Inc. v. Broadway-Hale Stores*, Inc. 359 U.S. 207 (1959)

[798] Estados Unidos. Unites States v. Terminal R. R. Ass'n., 224 U.S. 383 (1912).

[799] Estados Unidos. *U.S. v. Aluminium Co. of Am.*, 148 F.2d 416 (1945).

[800] A indução do grande varejista para o fornecedor não vender para outros varejistas concorrentes pode ocorrer, por exemplo, por meio de cláusulas de exclusividade ou outros arranjos contratuais que tenham o mesmo efeito de direcionar para a exclusividade. Esses arranjos contratuais dificultam a capacidade dos varejistas de menor porte de competir em termos de preços, e podem fazer com que o fornecedor nem chegue a vender para outros varejistas, direcionando toda a sua produção para um único grande supermercado. Por

Capítulo 7   Efeitos anticompetitivos no mercado de venda (varejista)

O varejista de grande porte também consegue aumentar diretamente o custo dos rivais quando induz seu fornecedor a igualar ou aumentar o preço dos seus produtos na venda a outros varejistas concorrentes, utilizando, por exemplo, de uma cláusula MFN (vide Capítulo 6, *supra*). Essa maneira direta de aumentar o preço dos rivais foi reconhecida no caso *U.S. v. Blue Cross Blue Shield of Michigan*[801] nos Estados Unidos. A discussão tinha por objeto as cláusulas MFN, que aumentavam os preços para os rivais e, com isso, dificultavam a capacidade dos concorrentes de competir, o que levaria à exclusão desses concorrentes do mercado. Ademais, eventuais novos concorrentes não conseguiriam, se quisessem entrar no mercado, alcançar qualquer diferencial competitivo em termos de preço naquele produto para competir com os incumbentes já instalados, uma vez que qualquer redução de preços aplicada ao entrante deveria ser automaticamente aplicada aos incumbentes.

Essa situação, portanto, não só aumenta o custo dos rivais existentes, mas também dificulta, limita e/ou impede a entrada de novos varejistas no mercado.

7.2   Fechamento de varejistas, redução das opções ao consumidor final, novo aumento da concentração econômica e redução da eficiência varejista

As práticas comerciais implementadas no varejo supermercadista, tais como categorizadas no Capítulo 5 e detalhadas no Capítulo 6, *supra*, também podem trazer efeitos danosos à concorrência no mercado de venda (varejista) pelo fechamento de varejistas, pela redução das opções ao consumidor final, pelo novo aumento da concentração econômica e pela redução da eficiência varejista.

---

exemplo, sobre a quantidade mínima do produto tendo como objetivo inviabilizar o fornecimento para outros varejistas concorrentes, que seria uma forma indireta de exclusividade, sugere-se: Cavalcante, Léia Baeta. Poder de compra do varejo supermercadista: uma abordagem antitruste. *SEAE/MF Documento de Trabalho*, n. 30, p. 14-16, Brasília, 2004. Diante de cláusulas desse tipo, o varejista prejudicado fica sem a opção do produto, o que aumenta o seu custo tanto na procura de outro fornecedor para a categoria quanto, possivelmente, na compra de outro produto na mesma categoria. Essa exclusividade, ainda, tende a reforçar a lealdade do consumidor ao varejista de grande porte que possui o produto da categoria de modo exclusivo, o que novamente prejudica os concorrentes.

801 Estados Unidos. Departamento de Justiça (DOJ). *U.S. v. Blue Cross Blue Shield of Michigan*, Case No. 10-cv-14155 (E.D. Mi., filed Oct. 18, 2010).

O supramencionado aumento dos custos dos varejistas concorrentes de pequeno e médio porte ("*raising rivals costs*") pode ser adotado de modo a alcançar, ao final, efeitos exclusionários.[802] Com menor capacidade de obter termos competitivos do mercado, os concorrentes no mercado varejista podem se ver então impossibilitados *de facto* de competir no mercado. Diante desse cenário, podem optar por continuar operando por um tempo com reduzidas margens de lucro. Podem, também, eventualmente ser adquiridos por outros concorrentes – num processo típico de consolidação de mercado. Ou podem *finalmente fechar e sair do mercado*, que é o cenário mais grave diante de um mercado com altas barreiras à entrada, como é o varejo supermercadista (*vide* item 4.2, *supra*).

Diante do fechamento de varejistas concorrentes, a consequência imediata é a redução no número ou no vigor dos pequenos varejistas. Esse fato leva à redução da oferta de lojas,[803] nos termos apontados pela *Competition Commission* no estudo de 2000.[804] Os consumidores, portanto, podem ser prejudicados pela *redução de opções de lojas de supermercados*.[805] Nesse sentido tam-

---

[802] KIRKWOOD explica que, apesar de a teoria de aumento do custo dos rivais ser amplamente aceita como explicação para condutas exclusionárias, sua repressão via condutas enfrenta dificuldades, de modo que o autor argumenta ser mais adequado combater o aumento do poder de compra que gera incentivos a aumentos de custos dos rivais via controle de estruturas. KIRKWOOD, John B. Buyer power and merger policy. Seattle University School of Law. Working Paper, Draft 1, p. 68-73, 1 April 2011.

[803] American Antitrust Institute. The Robinson-Patman Act should be reformed, not repealed, Comments of the American Antitrust Institute Working Group on the Robinson-Patman Act. 2005, p. 13-14. KIRKWOOD também sustenta nesse sentido, ao afirmar que a redução das opções de compra ao consumidor pode se verificar, por exemplo, pelo fechamento de pequenas lojas que fornecessem localização mais conveniente, melhor serviço, mais ampla seleção de mercadorias, foco nos gostos locais ou mesmo um local de se encontrar os vizinhos e amigos. KIRKWOOD, John B. Buyer power and merger policy. Seattle University School of Law. Working Paper, Draft 1, 1 April 2011.

[804] Reino Unido. Competition Commission. Office of Fair Trading. *Supermarkets: A report on the supply of groceries from multiple stores in the United Kingdom*, 2000. par. 1.11. "*Certain of the practices give the major buyers substantial advantages over other smaller retailers, whose competitiveness is likely to suffer as a result, again leading to a reduction in consumer choice. We took into account the advantages that can result from buyer power in relation to those suppliers with market power, and other offsetting benefits in relation to certain of the practices. We nonetheless conclude that the exercise of 27 of these practices by the five major buyers meeting 8 per cent criterion operates against the public interest*".

[805] DOBSON, Paul. Exploiting buyer power: lessons from the british grocery trade. 72 *Antitrust Law Journal*, p. 529-562, 2005.

Capítulo 7 Efeitos anticompetitivos no mercado de venda (varejista)

bém é destacada a *Comisión Nacional de la Competencia* da Espanha,[806] para quem a situação leva à redução da concorrência intramarca, em prejuízo aos consumidores finais. Todo esse cenário, porém, de redução das opções aos consumidores, pode ser mascarado por uma estratégia concomitante adotada pelos grandes varejistas, que é a proliferação dos formatos de supermercados por meio da estratégia de "saturação geográfica" ("*spatial pre-emption*") (*vide* item 4.2, *supra*). Por meio dessa estratégia, o consumidor tem a sensação – pelo menos em tese – de ter várias opções de supermercados disponíveis, em vários formatos, mas, na verdade, está diante de uma mesma empresa com suas várias lojas.

Nesse cenário, KIRKWOOD sustenta que os benefícios obtidos pelos grandes varejistas junto aos fornecedores podem ser tão grandes e duradouros a ponto de diminuir a participação de mercado dos pequenos varejistas, *aumentando novamente a concentração no mercado do varejo*.[807] Nesse sentido, as práticas comerciais dos grandes varejistas podem ser utilizadas como vantagem injustificada para ganhar participação de mercado (individualmente ou em conjunto), concentrando ainda mais o mercado varejista, ou para criar barreiras à entrada e à expansão de outros varejistas.[808] Ademais, diante do fechamento dos varejistas, a consequência imediata é um novo aumento da concentração econômica no mercado de venda (varejista), sobretudo diante das barreiras à entrada e à expansão. Esse cenário pode ser complementado por mais aquisições dos varejistas em processo de fechamento. Essa situação leva a um círculo vicioso contínuo, com o reforço do próprio poder de mercado e o aumento da concentração econômica.

Finalmente, outra possibilidade é de que os grandes varejistas, beneficiados pelos menores preços obtidos junto aos fornecedores e sem a efetiva concorrência com outros varejistas que foram excluídos do mercado, se tornem menos eficientes. Estes podem acabar por operar com altos custos opera-

---

[806] Espanha. Comisión Nacional de la Competencia. *Report on the relations between manufacturers and retailes in the food sector*, 2011. Disponível em: <http://ec.europa.eu/internal_market/consultations/2013/ unfair-trading-practices/docs/contributions/public-authorities/spain-comision-nacional-de-la-competencia -2-report_en.pdf>. Acesso em: 23 maio 2015.

[807] KIRKWOOD, John B. Buyer power and merger policy. Seattle University School of Law. *Working Paper*, Draft 1, 1 April 2011.

[808] American Antitrust Institute. The Robinson-Patman Act should be reformed, not repealed, Comments of the American Antitrust Institute Working Group on the Robinson-Patman Act. 2005, p. 13-14.

cionais, sem a busca pela redução de seus preços, o que tende a tornar esses grandes varejistas menos inovadores e menos responsáveis pela mudança de gostos dos consumidores.[809] Assim, o resultado seria de um grande *varejista menos eficiente*, menos dinâmico e menos responsável pela mudança de preferência dos gostos dos consumidores.[810]

7.3 Aumento de preços ao consumidor final

O aumento de preços ao consumidor final também pode ser um dos efeitos danosos à concorrência no mercado de venda (varejista) decorrente das práticas comerciais no varejo supermercadista, tais como categorizadas no Capítulo 5 e detalhadas no Capítulo 6, *supra*.

Esse aumento de preços pode acontecer por diversas razões. Primeiramente, o *aumento dos preços pode ser resultado do aumento do custo dos rivais* ("raising rivals costs") *e do efeito colchão d'água* ("waterbed effect"), na medida em que os varejistas de médio porte acabam transferindo seus maiores custos na forma de maiores preços aos consumidores finais, conforme asseverado por WANG[811] e pela *Competition Commission* de 2000.[812] Nesse cenário, o dano aos consumidores seria verificado mesmo no curto prazo, pois a deterioração dos termos de compra dos concorrentes resultaria no aumento médio dos preços e, consequentemente, reduziria o excedente e o bem-estar do consumidor, ainda que o número de empresas e a qualidade/opções de produtos se mantivessem constantes.

Em segundo lugar, *o aumento de preços também pode ser resultado direto da cobrança de taxas e condições de acesso*. Há uma importante repercussão financeira deste custo no valor do produto final, sendo que a porcentagem do valor do produto que é representado pelo que se paga em termos de taxas e

---

[809] American Antitrust Institute. The Robinson-Patman Act should be reformed, not repealed, Comments of the American Antitrust Institute Working Group on the Robinson-Patman Act. 2005, p. 13-14.

[810] KIRKWOOD, John B. Buyer power and merger policy. Seattle University School of Law. *Working Paper*, Draft 1, 1 April 2011.

[811] WANG, Hao. Slotting Allowances and Retailer Market Power. *Journal of Economic Studies*, v. 33, n. 1, p. 68-77, 2006.

[812] Reino Unido. Competition Commission. Office of Fair Trading. *Supermarkets: A report on the supply of groceries from multiple stores in the United Kingdom*, 2000. p. 138.

Capítulo 7 Efeitos anticompetitivos no mercado de venda (varejista)

condições de acesso varia de acordo com estudos e decisões de autoridades antitruste estrangeiras: 22% (de acordo com a delegação da França na OCDE[813]), 20 a 30% (de acordo com a *Comisión Nacional de la Competencia*[814]), 20 a 30% (segundo a decisão *Toys "R" US* de 1998 nos Estados Unidos[815]), 30% (segundo a consultoria McKinsey[816]), e de 19,45 a 35% (nos termos da decisão *Carrefour* de 2009[817] na França).

Assim, conforme mencionado no relatório da *Federal Trade Commission* de 2001,[818] o fornecedor tende a aumentar o preço dos seus produtos para cobrir as despesas com tais pagamentos, em linha com o entendimento de BLOOM, CANOON e GUNDLACH.[819] Também nesse sentido apontou a *Finnish Competition Authority* da Finlândia em 2012,[820] para quem as *"slotting fees"* provavelmente aumentariam os preços no mercado alimentício. Ademais, esse foi o entendimento no caso *Carrefour*, julgado em 2009 na França,[821] em que o

---

[813] Apud OECD, *Roundtable on Monopsony and Buyer Power*, Competition Committee, DAF/COMP (2008)38, 17.12.2009. p. 163. Nota da delegação da França.

[814] Espanha. Comisión Nacional de la Competencia. *Report on the relations between manufacturers and retailes in the food sector*, 2011. p. 205.

[815] Estados Unidos. Federal Trade Commission (FTC). *Toys'R'Us, Inc.*, 221 F.3d at 928. Nesse caso, foi possível constatar que um varejista de brinquedos com 20% de participação de mercado foi considerado detentor de um poder "crítico" no mercado, com poder de inclusive fazer com que seus fornecedores interrompam negócios com varejistas menores concorrentes.

[816] McKinsey Quarterly, maio de 2000.

[817] França. Tribunal de Commerce d'Evry, Ministre de l'Economie, de l'Industrie et de l'Emploi c. Carrefour Hypermarchés, 2009.

[818] Estados Unidos. Federal Trade Commission. *Report on the Federal Trade Commission Workshop on Slotting Allowances and Other Marketing Practices in the Grocery Industry*. 2001. p. 26. Disponível em: <https://www.ftc.gov/sites/default/files/documents/reports/report-federal-trade-commission-workshop-slotting-allowances-and-other-marketing-practices-grocery/slottingallowancesreportfinal_0.pdf>. Acesso em: 11 fev. 2016.

[819] BLOOM, Paul N.; CANNON, Joseph P.; GUNDLACH, Gregory T. Slotting allowances and Fees: Schools of Thought and the Views of Practicing Managers. *Journal of Marketing*, v. 64, n. 2, p. 92-108, abr. 2000. SHAFER, Greg. Slotting allowances and resale price maintenance: a comparision of facilitation practices. *The RAND Journal of Economics*, v. 22, n. 1, p. 120-135, Primavera 1991.

[820] Finlândia. Finnish Competition Authority. *Study on Trade in Groceries – How does buyer power affect the relations between trade and industry?*, 2012. p. 44-49.

[821] França. Tribunal de Commerce d'Evry, Ministre de l'Economie, de l'Industrie et de l'Emploi c. Carrefour Hypermarchés, 2009.

grande varejista foi condenado pela cobrança de taxas e condições de acesso, e um dos fundamentos apontados foi que esses pagamentos seriam repassados na forma de maiores preços nos produtos, o que resultaria em maiores preços aos consumidores finais.

Em terceiro lugar, o *aumento dos preços também pode ser resultado do fechamento dos varejistas*. Nos termos supramencionados, diante da exclusão de varejistas no mercado, aqueles que permanecerem no mercado podem ter incentivos a aumentar seus preços, dada a diminuição de opções de supermercados aos consumidores finais, como em um ciclo vicioso. Diante da ampla diferença de custos do grande varejista e dos varejistas restantes no mercado, abre-se a oportunidade para que o grande varejista aumente os seus preços, em detrimento dos consumidores – sem o repasse da redução de custos para o consumidor final que se espera pela análise tradicional do varejo supermercadista e descartado no item 1.1, *supra*.

Ainda, *o aumento de preços pode também ser resultado da presença crescente das marcas próprias*. Conforme alertado pela Comissão Europeia em 2009,[822] as marcas próprias concorrem pelo espaço nas gôndolas dos supermercados com as marcas independentes dos fornecedores. Nesse contexto, a tendência crescente seria que o supermercado manteria em seus estoques uma ou duas marcas independentes principais por categoria, adicionado à sua marca própria. Assim, pelo menos duas são as possíveis causas para esse aumento de preços na presença das marcas próprias. Primeiro, porque o supermercado pode ter um incentivo para aumentar os preços dos produtos de marca independente do fornecedor, a fim de maximizar suas margens de lucro na venda dos produtos de marca própria. Segundo, porque o fornecedor detentor da marca independente principal inserida no supermercado pode perceber a lealdade do consumidor e, diante de alternativas concorrentes para além da marca própria, explorar essa lealdade e aumentar seus preços.

Nesse sentido sinalizou a *Comisión Nacional de la Competencia* em 2012,[823] que indicou preocupação com as marcas próprias. Apesar de terem pontos positivos ao refletirem redução de custos e menores preços, as marcas próprias poderiam também ter pontos negativos se gerassem como resultado

---

[822] Europa. European Commission. *Competition in the food supply chain*, 28.10.2009. p. 22
[823] Espanha. Comisión Nacional de la Competencia. *Report on the relations between manufacturers and retailes in the food sector*, 2011.

no mercado um aumento artificial dos preços dos produtos concorrentes (marcas independentes). No estudo de 2012 da *Finnish Competition Authority*,[824] sugeriu-se que os varejistas tenderiam a aumentar os preços dos produtos de marca independente a longo prazo, para direcionar os consumidores com menor elasticidade-preço, aproveitando-se de todos os demais consumidores com demanda mais elástica com as marcas próprias. Essa situação seria ainda mais problemática diante da constatação de que a comparação de preços dos produtos de marca própria seria ainda mais difícil para os consumidores, pela ausência de canal alternativo de revenda, ao contrário dos produtos de marca independente, que são vendidos em vários estabelecimentos. Assim, os varejistas se aproveitariam dos consumidores com demanda mais elástica, podendo adotar um aumento respectivo – ainda que não percebido – dos preços dos produtos das marcas próprias.

7.4 Colusão entre os varejistas

As práticas comerciais no varejo supermercadista, tais como categorizadas no Capítulo 5 e detalhadas no Capítulo 6, *supra*, também podem trazer efeitos danosos à concorrência no mercado de venda (varejista) pela colusão entre varejistas. A colusão pode acontecer por diversas razões.

Primeiramente, *a colusão entre os varejistas pode ser facilitada pela prática do pagamento de taxas e condições de acesso*. Tais pagamentos, conforme discorrido no item 6.1, *supra*, tendem a aumentar os preços dos produtos cobrados do fornecedor ao varejista, o que reduz o incentivo dos varejistas a uma concorrência por preços no mercado de venda (varejista) e, por consequência, facilita a colusão tácita ou explícita entre os varejistas. Nesse sentido já apontaram, por exemplo, o estudo de 2012 da *Finnish Competition Authority*,[825] o Guia de Restrições Verticais da Comissão Europeia, quando trata dos chamados "*upfront acess payments*".[826]

---

[824] Finlândia. Finnish Competition Authority. *Study on Trade in Groceries – How does buyer power affect the relations between trade and industry?*, 2012. p. 36-43.

[825] Finlândia. Finnish Competition Authority. *Study on Trade in Groceries – How does buyer power affect the relations between trade and industry?*, 2012.

[826] Europa. European Commission. *Guidelines on Vertical Restraints*, 2010. Disponível em: <http://ec.europa.eu/competition/antitrust/legislation/guidelines_vertical_en.pdf>. Acesso em: 03.09.2015). p. 203-208.

Em segundo lugar, *o uso de informações comercialmente sensíveis pode levar à colusão entre varejistas*. Diante de um cenário de troca de informações entre varejistas por meio de fornecedores (*vide* Capítulo 6, *supra*), é possível a configuração típica de cartéis do tipo "*hub and spoke*" entre varejistas, que foram investigados por autoridades antitruste. No Reino Unido, por exemplo, o OFT condenou, em 2011, a prática anticompetitiva de troca indireta de informações sobre intenções de preço entre os principais varejistas do país (Asda, Safeway, Sainsbury e Tesco).[827] No caso *Dairy retail price initiatives*, verificou-se que os varejistas se coordenavam por meio da troca indireta de informações por meio de fornecedores (como Dairy Crest, Glanbia, McLelland e Wiseman). Naquele caso, o varejista A passava informações para o fornecedor B, prevendo que esse mesmo fornecedor usaria essa informação para influenciar condições de mercado com outros varejistas. Assim, o fornecedor B de fato passava tais informações para o varejista C, em circunstâncias em que C estava consciente – ou poderia razoavelmente prever – de que as informações eram oriundas de A, e C usava essas informações para balizar suas decisões sobre preços futuros. Trata-se, portanto, de hipótese em que o "*hub*" é o fornecedor e os "*spokes*", os varejistas, denominada na decisão do OFT como "*A-B-C test*".

Na Bélgica, por sua vez, a *Autorité Belge de la Concurrence* condenou, em junho de 2015, sete varejistas (Carrefour, Colruyt, Cora, Delhaize, Intermarché, Makro e Mestdagh) por coordenarem preços de venda nos supermercados de diversos produtos de drogaria, higiene e perfumaria, com o auxílio de diversos fornecedores (Beiersdorf, Bolton, Belgium Retail Trading, Colgate-Palmolive, D.E HBC Belgium, GSK, Henkel, L'Oréal, Procter & Gamble, Reckitt Benckiser e Unilever), entre 2002 e 2007.[828] Novamente, os varejistas atuaram como "*spokes*" e os fornecedores como "*hubs*" no cartel, viabilizado por meio da troca de informações entre os agentes.

Ademais, no Chile, há investigação da *Fiscalía Nacional Económica* (FNE)[829] em curso sobre supostos acordos de preço entre as cadeias varejistas

---

[827] Reino Unido. OFT. No. CA98/03/2011: Dairy retail price initiatives. Disponível em: <http://webarchive.nationalarchives.gov.uk/20140402142426/http:/www.oft.gov.uk/OFTwork/competition-act-and-cartels/ca98/decisions/dairy>. Acesso em: 4 set. 2015.

[828] Bélgica. *Autorité Belge de la Concurrence*. Affaire CONC-I/O-06/0038 – Hausses coordonnées des prix de vente de produits de parfumerie, d'hygiène et de droguerie. Disponível em: <http://economie.fgov.be/fr/binaries/D%C3%A9cision%20transaction%20version%20publique%20finale_tcm326-268756.pdf>. Acesso em: 8 nov. 2015.

[829] Chile. *Fiscalía Nacional Económica* (FNE). Disponível em: <http://compemedia.org/chile-fne-acusaria-a-cencosud-walmart-smu-y-tottus-por-colusion.html>. Acesso em: 8 nov. 2015.

Capítulo 7 Efeitos anticompetitivos no mercado de venda (varejista)

Walmart, Cencosud, SMU e Tottus, auxiliados por fornecedores. Mais uma vez, os varejistas teriam atuado como *"spokes"* e os fornecedores como *"hubs"* no cartel, que teria durado entre 2008 e 2011. A investigação iniciou-se no mercado de frangos, e envolveu os fornecedores Agrosuper, Ariztía, Don Pollo e a Associação de Produtores de Aves do Chile, que sofreram busca e apreensão em 2011. Foram então encontradas evidências de que os supermercados se utilizavam dos fornecedores para a detecção de descumprimento do acordo de preços com o outro supermercado. Recentemente, em janeiro de 2016,[830] a *Fiscalía* apresentou parecer solicitando ao *Tribunal de Defensa de la Competencia* que condenasse os varejistas à multa máxima contemplada na lei para casos de colusão (equivalente a US$ 22,9 milhões).

Em terceiro lugar, *a colusão entre varejistas pode ser facilitada pela implementação da gestão de categorias* (vide item 6.3, *supra*). Esse risco de colusão acontece especialmente quando um mesmo fornecedor "capitão" exerce essa posição para diversos outros varejistas concorrentes. O risco de colusão então seria o seguinte: o fornecedor "capitão", na medida em que seja também "capitão" em outros varejistas, passa a ser um importante elo de informações comercialmente sensíveis no mercado varejista, incluindo – mas não se limitando a – informação de preços, promoções, estratégias futuras, lançamentos de produtos, capacidade de produção etc. Por essa razão, os varejistas podem, tácita ou explicitamente, solicitar que o "capitão" auxilie a troca de informações entre concorrentes varejistas, de modo que o "capitão" – ou os principais fornecedores – passa a ser o *"hub"* e os demais varejistas seriam os *"spokes"*, sendo que as informações dos varejistas seriam trocadas por meio de um intermediário comum à rede, consistente em um acordo anticompetitivo conhecido como *"hub and spoke"*, conforme supramencionado.

Essa preocupação é bastante aventada pelas autoridades antitruste estrangeiras. No relatório da *Federal Trade Commission* de 2001,[831] quando se tratou sobre a gestão de categorias, mencionou-se que a prática poderia resultar na promoção da colusão entre varejistas se o "capitão" exercesse essa atividade também para varejistas concorrentes. Essa situação poderia facilitar a

---

[830] Chile. Disponível em: <http://www.latercera.com/noticia/negocios/2016/01/655-662962-
-9-fne-presenta-requerimiento-contra-cencosud-smu-y-walmart-por-colusion.shtml>.
Acesso em: 16 fev. 2016.

[831] Estados Unidos. Federal Trade Commission. *Report on the Federal Trade Commission Workshop on Slotting Allowances and Other Marketing Practices in the Grocery Industry*. 2001. p. 46-54.

colusão tácita entre os varejistas, pois, quando o "capitão" fizesse uma recomendação, os varejistas teriam incentivos para segui-la mais facilmente, uma vez que os demais varejistas possivelmente agiriam de maneira análoga. Ademais, no estudo de 2008 da *Competition Commission* no Reino Unido,[832] indicou-se que determinadas práticas podem facilitar a colusão ou a coordenação entre os varejistas, dentre elas a gestão de categorias, por facilitar a troca de informações entre varejistas por meio dos fornecedores. Nesse sentido também referem o Guia de Restrições Verticais de 2010 da Comissão Europeia[833] e a *Finnish Competition Authority* em 2012,[834] pois, na medida em que um mesmo fornecedor "capitão" pode exercer essa função para vários varejistas, teria uma via de acesso a informações sobre preços e futuras campanhas de outros varejistas concorrentes. Essa colusão alteraria os preços no mercado de venda, conforme pontuado por acadêmicos[835] e pela *Autorité de la Concurrence* da França em 2010.[836]

Finalmente, em quarto lugar, a adoção de *cláusula do tipo comprador mais favorecido* (vide item 6.4, *supra*) *também pode facilitar a colusão*. Nesta situação, ao adotarem contratos com cláusulas MFN com seus fornecedores, os varejistas acabam *de facto* impedindo-os de conceder descontos adicionais a

---

[832] Reino Unido. Competition Commission. *Final report of the supply of groceries in the UK market investigation*, 30.04.2008. Disponível em: <http://webarchive.nationalarchives.gov.uk/20140402141250/ http://www.competition-commission.org.uk/our-work/directory-of-all-inquiries/groceries-market-investig ation-and-remittal/final-report-and-appendices-glossary-inquiry>. Acesso em: 23 maio 2015. Esse estudo foi resultado da solicitação, pelo *Office of Fair Trading* do Reino Unido, em 9 de maio de 2006, para que a *Competition Commission* investigasse e fizesse um relatório sobre o mercado do varejo alimentar no Reino Unido.

[833] Europa. European Commission. *Guidelines on Vertical Restraints*, 2010. Disponível em: <http://ec.europa.eu/competition/antitrust/legislation/guidelines_vertical_en.pdf>. Acesso em: 3 set. 2015. p. 203-208.

[834] Finlândia. Finnish Competition Authority. *Study on Trade in Groceries – How does buyer power affect the relations between trade and industry?*, 2012. p. 25-35.

[835] STEINER, R. Category Management – A pervasive. New Vertical/Horizontal Format. *Antitrust Institute*, p. 77-81, Spring 2001.

[836] França. Autorité de la Concurrence. Avis n. 10-A-25 relatif aux contrats de 'management catégoriel' entre les opérateurs de la grande distribuition à dominante alimentaire et certaines de leurs fournisseurs, 2010. Espanha. Comisión Nacional de la Competencia. *Report on the relations between manufacturers and retailes in the food sector*, 2011. Finlândia. Finnish Competition Authority. *Study on Trade in Groceries – How does buyer power affect the relations between trade and industry?*, 2012.

Capítulo 7   Efeitos anticompetitivos no mercado de venda (varejista)

outros varejistas concorrentes – o que facilitaria o monitoramento do cartel entre varejistas. Assim, podem indiretamente direcioná-los à adoção de uma prática unilateral dos fornecedores de fixação de preço de revenda (*"resale price manteinance"* – RPM). Especificamente sobre a adoção de modo coordenado de uma prática unilateral como a fixação de preço de revenda, tem-se o exemplo do caso *Safeway Stores* na Austrália. Nesse caso, divisão denominada *Woolworth* do maior varejista australiano produzia seu próprio pão e também revendia pães de uma marca independente, a Tip Top. Quando outro varejista concorrente começou a vender o pão da marca independente Tip Top a um preço mais barato, a *Woolworth* supostamente teria pressionado a fornecedora a conceder descontos e a instituir uma política de fixação de preço de revenda para encerrar com a possibilidade de se conceder descontos.[837]

Ademais, a *Comisión Nacional de la Competencia* em 2012[838] apontou preocupação também com *colusão tácita ou explícita entre as marcas próprias e as marcas líderes independentes*, conforme detalhado no Capítulo 6.

Conclusão do Capítulo 7

As práticas comerciais implementadas no varejo supermercadista, tais como categorizadas no Capítulo 5 e detalhadas no Capítulo 6, *supra*, podem trazer efeitos danosos à concorrência no mercado de venda (varejista). Os impactos anticompetitivos, por sua vez, são sentidos tanto por varejistas quanto pelos consumidores finais.

O primeiro possível efeito anticompetitivo no mercado varejista (venda) seria configurado nos termos das teorias do aumento do custo dos rivais (*"raising of rivals costs"*) e do efeito colchão d'água (*"waterbed effect"*). Segundo a teoria *"raising of rivals costs"*, algumas estratégias anticompetitivas seriam melhor compreendidas se fossem encaradas como práticas tendentes a aumentar os custos suportados pelos concorrentes, e não simplesmente eliminá-los do mercado. Ainda, pelo efeito colchão d'água (*"waterbed effect"*), um agente econômico, ao ter suas margens de lucro comprometidas diante de uma relação de mercado com outro agente econômico com maior poder (um lado do "col-

---

[837] Austrália. Australian Competition and Consumer Commission. Case ACCC v Australian Safeway Stores Pty Ltd (30.06.2003).

[838] Espanha. Comisión Nacional de la Competencia. *Report on the relations between manufacturers and retailes in the food sector*, 2011.

chão"), tenta recuperar suas perdas aplicando um preço superior nas vendas aos agentes econômicos com menor poder de mercado (o outro lado do "colchão"). No varejo supermercadista seria possível constatar uma estratégia de aumento nos custos dos rivais resultante do exercício do poder de compra por um varejista de grande porte, uma vez que o poder assimétrico seria refletido em termos de compra também assimétricos ao outro lado do "colchão".

Esses efeitos poderiam ser verificados indiretamente, por exemplo, quando o aumento no custo dos rivais se dá de modo reflexo a uma exigência do grande varejista por redução de preços e/ou outras concessões, bem como pelo pagamento de taxas e condições de acesso etc. Por sua vez, esses efeitos também poderiam ser verificados diretamente, por exemplo, quando da exigência do grande varejista por uma recusa de contratar com concorrentes, por cláusulas de exclusividade ou arranjos contratuais de mesmo efeito e por práticas tendentes a igualar ou aumentar o preço dos fornecedores a outros concorrentes, como uma cláusula de comprador mais favorecido – MFN.

O segundo possível efeito no mercado varejista (venda) se daria pelo fechamento de varejistas, pela redução das opções ao consumidor final, pelo novo aumento da concentração econômica e pela redução da eficiência varejista. Diante de um cenário de aumento de custos com relação aos rivais, os varejistas de menor porte podem se ver impossibilitados de facto de competir no mercado e ser então excluídos do mercado. Diante do fechamento dos varejistas concorrentes, uma primeira consequência imediata é a redução nas opções de lojas de supermercados aos consumidores – cenário este mitigado pela estratégia dos grandes varejistas de proliferação dos formatos de supermercados/saturação geográfica (*"spatial pre-emption"*). Ademais, os benefícios duradouros obtidos pelos grandes varejistas, aliados ao fechamento dos concorrentes, resultam em um novo aumento da concentração econômica no mercado do varejo. Assim, beneficiados pelos menores preços obtidos junto aos fornecedores e sem a efetiva concorrência com outros varejistas que foram excluídos do mercado, os grandes varejistas podem se tornar menos eficientes, menos dinâmicos e menos responsáveis pela mudança de preferência dos gostos dos consumidores.

O terceiro possível efeito no mercado varejista (venda) é o aumento de preços ao consumidor final. Esse efeito pode ser resultante (i) do aumento do custo dos rivais e do efeito colchão d'água, pois a deterioração dos termos de compra dos varejistas de médio porte resultaria em aumento dos preços

Capítulo 7 Efeitos anticompetitivos no mercado de venda (varejista)

médios e redução do excedente e do bem-estar do consumidor. Ademais, o aumento de preços pode ser resultado (ii) da cobrança de taxas e condições de acesso. Considerando que há uma importante repercussão financeira desse custo no valor final do produto – girando em torno de 20 a 30%, segundo estudos e decisões de autoridades antitruste estrangeiras –, o pagamento dessas taxas e condições provavelmente aumenta os preços no varejo supermercadista aos consumidores finais. Ainda, o aumento dos preços também pode ser resultado (iii) do fechamento dos varejistas, diante da redução da pressão competitiva e do não repasse das reduções de custo obtidas junto a seus fornecedores. Adicionalmente, o aumento de preços também pode ser resultado (iv) da presença crescente das marcas próprias. Isso poderia ser verificado pelo incentivo do varejista em aumentar os preços dos produtos de marca independente para, com isso, direcionar os consumidores com maior elasticidade-preço para as marcas próprias. Aqueles consumidores menos elásticos, por sua vez, que continuassem a comprar o produto de marca independente, o fariam a preços mais altos, ainda aumentando os lucros do varejista. Isso pode ser constatado ainda quando o supermercado verifica que a lealdade do consumidor ao canal *"one--stop-shop"* é maior do que a lealdade à marca, explorando essa situação, que fica ainda mais problemática diante do fato de que os produtos de marca própria são vendidos apenas na loja do varejista, o que dificulta as comparações em termos de preços em si do produto de marca própria.

Finalmente, o quarto possível efeito no mercado varejista (venda) é a colusão entre varejistas. Esse efeito pode ser facilitado (i) pela prática de pagamento de taxas e condições de acesso. Com o aumento de preços resultante desses pagamentos, há uma redução nos incentivos dos varejistas em concorrer por preços, favorecendo uma colusão tática ou explícita entre os varejistas. Ademais, a colusão entre varejistas pode ser implementada (ii) graças à troca de informações comercialmente sensíveis entre varejistas por meio de fornecedores, numa configuração típica de cartéis *"hub-and-spoke"*. Casos desse tipo especificamente no varejo supermercadista foram analisados por autoridades antitruste pelo menos no Reino Unido, Bélgica e Chile. Ainda, a colusão entre varejistas pode ser facilitada (iii) pela implementação da gestão de categorias, especialmente quando um mesmo fornecedor "capitão" exercer essa posição para diversos outros varejistas concorrentes. Ter-se-ia, nesse cenário, uma colusão tácita ou, novamente, uma configuração de cartéis *"hub-and-spoke"*, como demonstrado por diversos estudos de autoridades antitruste, dentre eles a *Federal Trade Commission* dos Estados Unidos (2001), a *Competition Commission* do Reino Unido (2008), a Comissão Europeia (2010), a *Finnish Competition Authority* da Finlândia (2012) e a *Autorité de la Concurrence* da França (2010). Por fim, a colusão entre varejistas pode ser facilitada pela (iv) adoção de cláusula do tipo comprador mais favorecido – MFN. Nesta hipótese, a cláusula MFN é adotada como um método de monitoramento do acordo colusivo entre varejistas, podendo influenciar a adoção de uma prática unilateral dos fornecedores de fixação de preço de revenda (RPM), conforme constatado em investigação na Austrália. Há, também, algumas preocupações com a possibilidade de colusão tácita ou explícita entre as marcas próprias e as marcas líderes independentes.

CAPÍTULO **8**

Efeitos anticompetitivos no mercado de compra (aprovisionamento): impacto nos fornecedores e nos consumidores finais

Práticas comerciais no varejo supermercadista, tais como categorizadas no Capítulo 5 e detalhadas no Capítulo 6, *supra*, podem trazer efeitos danosos à concorrência no mercado de compra (aprovisionamento). Dentre os efeitos negativos à concorrência, pode-se mencionar: o aumento das barreiras à entrada e à expansão de novos fornecedores e de marcas independentes; a exclusão e o fechamento de mercado a fornecedores e marcas independentes; a redução da inovação, da qualidade da variedade/das opções; e a colusão entre fornecedores, como se passa a detalhar a seguir. Os impactos anticompetitivos, por sua vez, são sentidos tanto por fornecedores quanto pelos consumidores finais.

8.1 Aumento de barreiras à entrada e à expansão de fornecedores/marcas independentes

O aumento das barreiras à entrada e à expansão de novos fornecedores e de marcas independentes pode ser um dos efeitos danosos à concorrência no mercado de compra (aprovisionamento) decorrentes das práticas comerciais tais como categorizadas no Capítulo 5 e detalhadas no Capítulo 6, *supra*. Essa elevação de barreiras à entrada e à expansão pode ser resultado de diversos fatores, individual ou cumulativamente considerados.

Em primeiro lugar, *o aumento das barreiras à entrada e à expansão de fornecedores de marcas independentes pode se dar pela cobrança/pelo pagamento de taxas e condições de acesso* (vide item 6.1, *supra*). Os fornecedores – os de menor porte, os entrantes, as novas marcas e até mesmo as já estabelecidas no mercado

– passam a ter cada vez mais dificuldade de acesso às gôndolas, pois os pagamentos são cada vez mais necessários e maiores.

Esse cenário fica ainda mais grave diante da constatação de que os fornecedores de marcas independentes estão concorrendo por espaço em gôndola não apenas com outros fornecedores, mas também com as marcas próprias, que possuem diversas vantagens competitivas, dentre elas o fato de não necessariamente arcarem com tais pagamentos e, por vezes, terem a exposição privilegiada nas gôndolas ("*planogram*").

SALOP,[839] nesse contexto, ao discorrer sobre as "*slotting fees*", indicou que elas seriam usadas para o aumento de custo dos rivais e para elevar barreiras à entrada, pois constituiriam, em verdade, um mecanismo indireto de exclusividade. Com o pagamento de tais taxas e condições de acesso, o fornecedor incumbente basicamente estaria comprando o direito de o varejista não distribuir outros produtos concorrentes e de excluir possíveis entrantes nas gôndolas. Em um primeiro momento, o resultado da prática comercial seria o incremento do valor dos pagamentos necessários para que o entrante acesse as gôndolas. Em um segundo momento, porém, se o pagamento for de longa duração, o resultado seria a redução da expectativa do varejista no sentido de que haveria outras entradas de fornecedores, acabando por reforçar a tendência a receber as "*slotting fees*" dos fornecedores incumbentes e cristalizar as barreiras à entrada e à expansão de outros fornecedores de marcas independentes.

Nesse sentido, a *Autorité de la Concurrence* na França indicou, em um caso que analisava as práticas de uma empresa no setor de queijos do tipo roquefort, que as gôndolas constituem um recurso raro cujo acesso é objeto de forte concorrência entre os fornecedores. Assim, toda prática que visasse a restringir de maneira ilícita a concorrência pelas gôndolas teria o condão de privar o consumidor final de ter acesso aos produtos que não tenham conseguido espaço,[840] evidenciando como a restrição de acesso às gôndolas configura uma importante barreira à entrada e à expansão. Também nessa linha, CAVAL-

---

[839] SALOP, Steve. *Apud* Federal Trade Commission. *Workshop on Slotting Allowances and Other Grocery Marketing Practices*, 2000. p. 126-137. Disponível em: <https://www.ftc.gov/sites/default/files/documents/public_events/public-workshop-slotting-allowances-and-other-grocery-marketing-practices/slotting531.pdf>. Acesso em: 13 fev. 2016.

[840] França. Autorité de La Concurrence. 04-D-13. Décision du 8 avril 2004 relative à des pratiques mises en œuvre par la société des Caves et des Producteurs réunis de Roquefort

Capítulo 8 Efeitos anticompetitivos no mercado de compra (aprovisionamento)

CANTE aduz que "o comprador obterá mais vantagens sobre o fornecedor quanto maiores forem as barreiras à entrada em seu mercado de atuação",[841] razão pela qual a elevação dessas barreiras – ainda que não almejada necessariamente – se mostra vantajosa para o varejista.

No mesmo sentido, na Austrália, o varejista entrante no mercado (Aldi) reportou à *Australian Competition and Consumer Commission*[842] que a cobrança dessas taxas e condições de acesso faria com que os consumidores não tivessem os melhores produtos nas gôndolas, mas sim os melhores produtos que conseguem fazer os pagamentos para estar nas gôndolas. Essa situação evidenciaria a elevação de barreira à entrada e à expansão no mercado de aprovisionamento e seu efeito negativo em termos de opções para o consumidor final.

Ademais, o *aumento das barreiras à entrada e à expansão de fornecedores de marcas independentes pode se dar pela adoção da gestão de categorias pelo varejista* (vide item 6.3, *supra*). Esse efeito pode acontecer porque o "capitão" pode se aproveitar do acesso privilegiado ao varejista e obter os melhores espaços em gôndola, excluir concorrentes e obter acesso privilegiado a informações e dados de seus concorrentes, o que o colocaria em posição vantajosa no mercado de aprovisionamento, em detrimento dos demais fornecedores, novamente aumentando as barreiras à entrada e à expansão. Nesse sentido, a *Competition Commission* de 2000[843] e a *Comisión Nacional de la Competencia* da Espanha em 2012[844] sinalizaram que a gestão de categorias pode vir a ser utilizada como uma barreira à entrada e à expansão no mercado de aprovisionamento.

---

dans le secteur des fromages à pâte persillée. Disponível em: <http://www.autoritedelaconcurrence.fr/user/avisdec.php?numero=04d13>. Acesso em: 3 set. 2015.

[841] Cavalcante, Léia Baeta. Poder de compra do varejo supermercadista: uma abordagem antitruste. *SEAE/MF Documento de Trabalho*, n. 30, p. 7, Brasília, 2004.

[842] Austrália. Australian Competition and Consumer Commission. *Inquiry into de competitiveness of retail prices for standard groceries*, July 2008, p. 339. Disponível em: <https://www.accc.gov.au/publications/report-of-the-accc-inquiry-into-the-competitiveness-of-retail-prices-for-standard-groceries-july-2008>.

[843] Reino Unido. Competition Commission. *Supermarkets: A Report on the Supply of Groceries from Multiple Stores in the United Kingdom*. Cm 4842 (Oct. 2000). p. 68-69 e 94-157.

[844] Espanha. Comisión Nacional de la Competencia. *Report on the relations between manufacturers and retailes in the food sector*, 2011. Disponível em: <http://ec.europa.eu/internal_market/consultations/2013/unfair-trading-practices/docs/contributions/public-authorities/spain-comision-nacional-de-la-competencia -2-report_en.pdf>. Acesso em: 23 maio 2015. Anteriormente, em 2009, foi publicado também pelo *Tribunal Vasco de Defensa de la*

Ainda, adicionando-se à baila o fato de que os varejistas possuem *marcas próprias* em diversas categorias de produtos, estes podem não ter incentivos a aceitar um novo fornecedor ou um novo produto de marca independente nas suas gôndolas, para que não faça concorrência com a sua própria marca. Assim, *os varejistas podem se utilizar do pagamento de taxas e condições, por exemplo, como meio de elevar as barreiras à entrada* de tal maneira a ponto de restringir a concorrência de outras marcas independentes com a sua marca própria.

8.2 Exclusão de e fechamento de mercado a fornecedores/marcas independentes

As práticas comerciais no varejo supermercadista tais como categorizadas no Capítulo 5 e detalhadas no Capítulo 6, *supra*, também podem trazer como efeito danoso à concorrência no mercado de compra (aprovisionamento) a exclusão e o fechamento de mercado a fornecedores/marcas independentes, resultado de um processo em cadeia de estrangulamento e exclusão dos agentes econômicos do mercado de aprovisionamento a médio e longo prazo.

Nesse sentido, a *Comisión Nacional de la Competencia*, em 2012,[845] apontou preocupação com o fechamento de mercado, a médio prazo, das marcas independentes secundárias, resultante das práticas comerciais dos varejistas em face dos seus fornecedores. A *Competition Commission*, em seu estudo de 2000,[846] também sinalizou que a longo prazo as práticas comerciais dos varejistas que pressionam os fornecedores faria com que estes ficassem cada vez mais fracos, ocasionando a saída dos fornecedores e de suas marcas independentes do mercado. Essa situação – ou seja, estrangulamento seguido da exclusão de fornecedores – pode resultar na redução da atratividade a novas entradas de fornecedores no mercado, nos termos de CARSTENSEN[847] e de

---

Competencia o estudo intitulado "*Distribution of daily consumer goods: competition, oligopoly and tacit collusion*". Disponível em: <http://www.avpd.euskadi.eus/s04-5273/eu/contenidos/informacion/imformes_mercados/eu_infomerc/090519%20ESTUDIO%20DISTRIBUCION%20COMERCIAL%20ENGLISH%20VERSION.pdf>. Acesso em: 23 maio 2015.

845 Espanha. Comisión Nacional de la Competencia. *Report on the relations between manufacturers and retailes in the food sector*, 2011.

846 Reino Unido. Competition Commission. *Supermarkets: A Report on the Supply of Groceries from Multiple Stores in the United Kingdom*. Cm 4842 (Oct. 2000). p. 68-69 e 94-157.

847 CARSTENSEN, Peter. *Buyer power and merger analysis: the need for different metrics*. Statement at the DOJ/FTC Merger Workshop (Feb. 17, 2004).

Capítulo 8 Efeitos anticompetitivos no mercado de compra (aprovisionamento)

FORGIONI.[848] Isso porque os fornecedores já não têm a mesma expectativa de sucesso nos negócios, dada a atuação dos supermercados, e assim têm menos incentivos em investir e inovar no mercado de aprovisionamento. Assim, CARSTENSEN indica que, quando os varejistas com poder de mercado se apropriam da maior parte dos recursos produzidos por uma atividade, a atratividade de novas entradas será bastante reduzida ou mesmo eliminada.[849]

O estrangulamento dos fornecedores tem início, por exemplo, com as práticas comerciais do varejista em face dos fornecedores que exigem *o pagamento de taxas e condições de acesso* (vide item 6.1, *supra*). Com isso, há uma redução da margem de lucro dos fabricantes, que podem se ver sem meio de acessar o consumidor final, pois não conseguem sequer pagar para constar da lista de fornecedores do supermercado e nas gôndolas. É nesse sentido que a Comissão Europeia[850] indicou que os chamados *"upfront acess payments"* poderiam resultar em fechamento de mercado anticompetitivo para outros fornecedores. Nesse sentido também sinalizou o relatório da *Federal Trade Commission* de 2001,[851] sobre a possibilidade de que as taxas e condições de acesso aumentem o custo de entrada na indústria e tendam a excluir concorrentes menores ou menos capitalizados, similarmente ao apontado pela *Finnish Competition Authority* da Finlândia em 2012.[852]

Esse cenário é ainda mais evidente quando da *compra excessiva de espaço em gôndola pelos grandes fornecedores* (vide item 6.1, *supra*). A marca principal, fornecedora de produtos conhecidos e desejados pelo consumidor, pode sentir-se motivada a comprar espaço em gôndola em excesso, de modo não apenas a garantir seu próprio espaço, mas também para diminuir o espaço

---

[848] FORGIONI, Paula A. *Direito concorrencial e restrições verticais*. São Paulo: RT, 2007. p. 43.
[849] CARSTENSEN, Peter. *Buyer power and merger analysis: the need for different metrics*. Statement at the DOJ/FTC Merger Workshop (Feb. 17, 2004).
[850] Europa. European Commission. *Guidelines on Vertical Restraints*, 2010. Disponível em: <http://ec.europa.eu/competition/antitrust/legislation/guidelines_vertical_en.pdf>. Acesso em: 3 set. 2015. p. 203-208.
[851] Estados Unidos. Federal Trade Commission. *Report on the Federal Trade Commission Workshop on Slotting Allowances and Other Marketing Practices in the Grocery Industry*. 2001. p. 26. Disponível em: <https://www.ftc.gov/sites/default/files/documents/reports/report--federal-trade-commission-workshop-slotting-allowances-and-other-marketing-practices--grocery/slottingallowancesreportfinal_0.pdf>. Acesso em: 11 fev. 2016.
[852] Finlândia. Finnish Competition Authority. *Study on Trade in Groceries – How does buyer power affect the relations between trade and industry?*, 2012. p. 44-49.

em gôndola disponível para outros fornecedores e, assim, dificultar, impedir e até mesmo excluir concorrentes secundários do mercado. Dessa forma, é possível a ocorrência de um fechamento de mercado se os fabricantes de certas marcas fizerem pagamentos aos varejistas de tal modo a permitir o estrangulamento dos fornecedores secundários concorrentes. Para o varejista, essa prática do fornecedor pode ser interessante, pois acaba reduzindo, incidentalmente, a concorrência para o produto de marca própria que o varejista também detiver na categoria. Essa prática, então, pode ser realizada tanto individualmente pelo fornecedor quanto em parceria com o varejista detentor de marcas próprias.

Ainda, esse efeito de exclusão e de fechamento de mercado a fornecedores/marcas independentes também pode ser alcançado pela *adoção da gestão de categorias* (vide item 6.3, *supra*). Caso o "capitão" possa tomar decisões em nome do varejista para a escolha dos produtos da categoria a ponto de limitar ou desfavorecer a distribuição de produtos de marca independente de fornecedores concorrentes,[853] isso pode causar uma restrição horizontal na concorrência entre os fornecedores.[854] O "capitão" também pode alcançar esse objeto com práticas que podem denegrir a performance dos produtos dos fornecedores concorrentes,[855] com a influência na utilização do espaço em gôndola ("*shelfspace*"), com a exposição dos produtos na gôndola ("*planogram*"), bem como com o uso indevido de informações comercialmente sensíveis obtidas por meio do varejista.

Nesse sentido, no relatório de 2001 da *Federal Trade Commission*,[856] mencionou-se que a prática da gestão de categorias poderia resultar na exclu-

---

[853] Europa. European Commission. *Guidelines on Vertical Restraints*, 2010. Disponível em: <http://ec.europa.eu/competition/antitrust/legislation/guidelines_vertical_en.pdf>. Acesso em: 3 set. 2015. p. 203-208.

[854] LEARY, Thomas B. *A Second look at category management*. Disponível em: <http://www.ftc.gov/sites/default/files/documents/public_statements/prepared-remarks/040519categorymgmt.pd f>. Acesso em: 11 maio 2014.

[855] França. Autorité de la Concurrence. *Avis* n. 10-A-25 relatif aux contrats de 'management catégoriel' entre les opérateurs de la grande distribuition à dominante alimentaire et certaines de leurs fournisseurs, 2010. Disponível em: <http://www.autoritedelaconcurrence.fr/pdf/avis/10a25.pdf>. Acesso em: 23 maio 2015.

[856] Estados Unidos. Federal Trade Commission. *Report on the Federal Trade Commission Workshop on Slotting Allowances and Other Marketing Practices in the Grocery Industry*. 2001. p. 46-54.

Capítulo 8 Efeitos anticompetitivos no mercado de compra (aprovisionamento)

são ou diminuição da expansão dos fornecedores rivais. Isso poderia acontecer porque o "capitão" tem a capacidade de controlar as decisões sobre posicionamento e promoções na categoria, o que pode arrefecer a entrada ou a expansão de outros fornecedores, levando a menos opções e possivelmente maiores preços. No mesmo sentido, a *Finnish Competition Authority*, em 2012,[857] asseverou que a gestão de categorias poderia resultar em fechamento de mercado por pelo menos duas vias: quando o "capitão" impede o crescimento das vendas dos concorrentes ao limitar o acesso dos produtos destes à categoria, ou quando o "capitão" aprende as estratégias e as jogadas futuras do seu concorrente e decide atrapalhá-las.

Ademais, esse fechamento de mercado, por meio da exclusão de marcas secundárias e do enfraquecimento das marcas primárias, pode se dar por meio do *fortalecimento das marcas próprias*, conforme relatado pela Comissão Europeia em 1999.[858] O varejista pode usar sua marca própria para ocupar espaço na gôndola e, assim, excluir concorrentes secundários e terciários do mercado e, posteriormente, se for o caso, contratá-los para ser seu fabricante do produto de marca própria. No Uruguai,[859] por exemplo, um fornecedor de suco em pó alegou que a principal cadeia de supermercados do país – Supermercados Disco del Uruguay S.A. – estava se recusando a vender seus produtos sob o argumento de que o fornecedor estava fora da lista da Nielsen, porém, na verdade, estavam encobrindo o favorecimento aos produtos de marca própria. Em junho de 2015, porém, arquivou-se a investigação, por ausência de provas.

Também nesse sentido sinalizou o Tribunal de Defesa da Livre Concorrência do Chile quando do julgamento da prática do supermercado de retirada da lista da fornecedora Nestlé, que não aceitou participar de uma promoção nos termos propostos pelo varejista.[860] Conforme mencionado por GRIMBERG,

---

[857] Finlândia. Finnish Competition Authority. *Study on Trade in Groceries – How does buyer power affect the relations between trade and industry?*, 2012. p. 25-35.

[858] Europa. European Commission. *Buyer power and its impact on competition in the food retail distribution sector of the European Union*, 1999. p. 4.

[859] Uruguai. *Comisión de Promoción y Defensa de la Competencia*. Disponível em: <https://www.mef.gub.uy/innovaportal/file/15684/2/resolucion-35-15-misteril-y-modinar-c-disco-y--otros.pdf>. Acesso em: 16 fev. 2016.

[860] Chile. Tribunal de Defesa de la Competencia. Autos 4927-04. Sentencia 9/2004. Asociación Gremial de Industrias Proveedoras A.G., Supermercados Líder, Nestlé Chile S.A. Dis-

CORDOVIL e FIGUEIREDO,[861] o Tribunal indicou que, se todos os grandes varejistas decidirem oferecer marcas próprias por meio de integrações verticais, poderá haver um efeito de fechamento de mercado cuja potencialidade anticompetitiva dependerá do número de barreiras à entrada levantadas, dado que os entrantes terão que atuar nos dois níveis da cadeia produtiva, como distribuidor e produtor. Assim, um fornecedor, para atuar no mercado, passaria a ter que possuir pelo menos uma dentre duas possíveis alternativas: ou possuir a certeza da relação de fornecimento com um varejista (seja por meio do pagamento de cada vez mais altas taxas de acesso, seja por meio de um acordo para produzir para a marca própria do supermercado), ou ser também um varejista.

8.3 Redução da inovação, qualidade e variedade/opções

A redução da inovação, da qualidade e da variedade/das opções de produtos pode ser um efeito danoso à concorrência no mercado de compra (aprovisionamento) decorrente das práticas comerciais tais como categorizadas no Capítulo 5 e detalhadas no Capítulo 6, *supra*.

GRIMES sustenta que o exercício do poder de mercado pela ótica da compra deve ser analisado sob a perspectiva dos efeitos dinâmicos no mercado, nomeadamente a redução da qualidade, das opções do consumidor e dos incentivos a se investir no mecado pelos fornecedores.[862] O Grupo de Trabalho do *American Antitrust Institute* sinaliza, nesse sentido, que a *redução de preços* induzida pelo grande varejista detentor de poder de mercado tende a *levar à redução de lucratividade* dos fabricantes e, como consequência, à *redução dos investimentos da indústria*.[863] Considerando a conhecida correlação entre a lu-

---

ponível em: <http://www.tdlc.cl/tdlc/wp-content/uploads/sentencias/Sentencia_09_2004.pdf>. Acesso em: 23 fev. 2016.

861 GRIMBERG, Mauro; CORDOVIL, Leonor; FIGUEIREDO, Natália. O poder de compra do varejo e os desafios da concorrência: uma visita ao Chile e à Argentina. *Revista Ibrac*, n. 15, p. 1-15, São Paulo, 2008.

862 GRIMES, Warren S. Buyer power and retail gatekeeper power: protecting competition and the atomistic seller. *Antitrust Law Journal*, v. 72, p. 563, 2004.

863 American Antitrust Institute. The Robinson-Patman Act should be reformed, not repealed, Comments of the American Antitrust Institute Working Group on the Robinson-Patman Act. 2005, p. 13-14.

cratividade esperada com o lançamento de um produto inovador e o desejo de uma empresa em investir recursos no desenvolvimento desse produto, KIRKWOOD[864] indica que um menor lucro leva a menores investimentos em pesquisa e desenvolvimento (P&D) e, consequentemente, a uma *redução da inovação*. Nesse sentido, CARSTENSEN indica que, quando os varejistas com poder de compra se apropriam da maior parte dos recursos produzidos por uma atividade, a atratividade na inovação dos produtos (ou das técnicas de produção) será bastante reduzida ou mesmo eliminada.[865]

A Comissão Europeia, desde 1999, aponta no sentido de que pode haver resultados negativos do exercício do poder de compra no varejo supermercadista, dentre eles a redução dos investimentos, por parte dos fornecedores, em melhoramentos, propaganda e fortalecimento da marca.[866] Nesse sentido, também sugere a *Comisión Nacional de la Competencia* da Espanha, em 2012,[867] que as marcas independentes estariam tendo menores incentivos e capacidade de investir e inovar a longo prazo. Assim, para FORGIONI, o dano para os consumidores finais derivaria do desestímulo à inovação neste segmento de mercado.[868]

NOLL também sustenta nesse sentido que o exercício do poder pela ótica da compra, ao reduzir preços e margens dos fornecedores, pode resultar em redução da variedade de produtos e do progresso tecnológico.[869] Conse-

---

[864] KIRKWOOD, John B. Buyer power and merger policy. Seattle University School of Law. *Working Paper*, Draft 1, 1 April 2011.

[865] CARSTENSEN, Peter. *Buyer power and merger analysis: the need for different metrics*. Statement at the DOJ/FTC Merger Workshop (Feb. 17, 2004).

[866] Europa. European Commission. *Buyer power and its impact on competition in the food retail distribution sector of the European Union*, 1999.

[867] Espanha. Comisión Nacional de la Competencia. *Report on the relations between manufacturers and retailes in the food sector*, 2011. Disponível em: <http://ec.europa.eu/internal_market/consultations/2013/ unfair-trading-practices/docs/contributions/public-authorities/spain-comision-nacional-de-la-competencia -2-report_en.pdf>. Acesso em: 23 maio 2015. Anteriormente, em 2009, foi publicado também pelo *Tribunal Vasco de Defensa de la Competencia* o estudo intitulado "*Distribution of daily consumer goods: competition, oligopoly and tacit collusion*". Disponível em: <http://www.avpd.euskadi.eus/s04-5273/eu/contenidos/informacion/imformes_mercados/eu_infomerc/090519%20ESTUDIO%20DISTRIBUCION%20COMERCIAL%20ENGLISH%20VERSION.pdf>. Acesso em: 23 maio 2015.

[868] FORGIONI, Paula A. *Direito concorrencial e restrições verticais*. São Paulo: RT, 2007. p. 43.

[869] NOLL, Roger G. Buyer Power and Economic Policy. *Antitrust Law Journal*, v. 72, n. 2, p. 589-624, 2005.

quentemente, seria reduzida a eficiência no longo prazo no mercado de aprovisionamento, notadamente pela redução das inovações. Nessa linha, a *Competition Commission*, em 2000,[870] apontou que essas práticas comerciais, quando implementadas por grandes compradores, afetam a competitividade no mercado de aprovisionamento porque os fornecedores tenderiam a investir e desembolsar menos no desenvolvimento de novos produtos e em inovação, levando à redução da qualidade dos produtos e à redução das opções do consumidor, o que possivelmente resultaria em menos fornecedores entrantes nesse mercado. Posteriormente, em 2008, a mesma *Competition Commission*[871] reforçou preocupação com a transferência excessiva de riscos e de custos do varejista para o fornecedor, que pode causar efeitos adversos nos investimentos – capacidade, produtos e processos de produção – e na inovação na cadeia de fornecimento.

Ademais, no estudo de 2012 da *Finnish Competition Authority*[872] foram apontados dados no sentido de que o *foco das inovações está em mercados em que não há marcas próprias*. Se as marcas próprias forem, além do mais, "*copycats*", elas reduziriam ainda mais os incentivos a investimentos em pesquisa e desenvolvimento e, consequentemente, resultariam em ainda menos inovações. Nesse sentido também sinalizou o moderno estudo antitruste da Comissão Europeia de 2014,[873] que analisou os efeitos dinâmicos no mercado em termos de inovação e opções dos consumidores diante do surgimento das marcas próprias. Os resultados econométricos sugeriram que uma maior concentração de mercado estaria associada a menos inovação (ou seja, quanto maior a concentração no varejo supermercadista, menor seria a inovação no

---

[870] Reino Unido. Competition Commission. Office of Fair Trading. *Supermarkets: A report on the supply of groceries from multiple stores in the United Kingdom*, 2000. par. 1.11. "These practices, when carried on by any of the major buyers, adversely affect the competitiveness of some of the suppliers with the result that the suppliers are likely to invest less and spend less on new product development and innovation, leading to lower quality and less consumer choice. This is likely to result in fewer entrants to the supplier market than otherwise".

[871] Reino Unido. Competition Commission. *Final report of the supply of groceries in the UK market investigation*, 30.04.2008. p. 11-12.

[872] Finlândia. Finnish Competition Authority. *Study on Trade in Groceries – How does buyer power affect the relations between trade and industry?*, 2012. p. 36-43.

[873] Europa. European Commission. *The economic impact of modern retail on choice and innovation in the EU food sector*, 2014. Disponível em: <http://ec.europa.eu/competition/publications/ KD0214955ENN.pdf>. Acesso em: 23 maio 2015.

mercado). Ademais, os resultados econométricos também indicaram que um alto percentual de participação de mercado das marcas próprias também seria associado a menos inovação, e que seus efeitos seriam não lineares (ou seja, quanto maior a participação das marcas próprias no varejo supermercadista, menor a inovação no mercado). Como indicadores de inovação, o estudo utilizou parâmetros de inovação em termos de embalagem, extensões de variedade (ex. novos sabores), novas fórmulas dos produtos (ex. novos ingredientes) e novos produtos não identificados pelas três características anteriormente mencionadas.

Essa situação de redução da inovação, qualidade e variedade/opções passa a ter um "agravante", segundo FORGIONI,[874] no contexto das marcas próprias detidas pelos varejistas, que pode dificultar ainda mais o surgimento de inovações tecnológicas. Esse entendimento é compartilhado com a *Australian Competition and Consumer Commission*, que verificou em 2008[875] haver evidências de que o crescimento das marcas próprias estaria reduzindo os incentivos à inovação e a novos produtos, bem como arrefecendo a concorrência no mercado de aprovisionamento. Assim, as marcas próprias podem resultar em convergência na qualidade do produto (produtos sem diferenciação, com traços de "comoditização") e nas inovações do produto (com redução do retorno dos gastos com pesquisa e desenvolvimento), além de subsídio cruzado à marca própria pela marca secundária.[876] Essa estratégia levaria

---

[874] FORGIONI, Paula A. *Os fundamentos do antitruste*. 5. ed. São Paulo: RT, 2012. p. 327.

[875] Austrália. Australian Competition and Consumer Commission. *Report of the AACC inquiry into the competitiveness of retail prices for standard groceries*, 2008. p. 359.

[876] RABOBANK. *Private labels v. brands*. Rabobank International Food & Agrobusiness Research and Advisory, 2011. p. 20. "*It is debatable whether scale advantages can be achieved by combining B-brand and private-label production. The business models of brands and private-label suppliers differ greatly. Unlike private-label supply, brand production is about product, image, differentiation and market share. The brand supplier assumes more risk by investing in innovation and marketing. This higher risk needs to be rewarded by a price premium. The main risk of combining the two business models is that the price premium is forfeited. The ability to demand a price premium can be lost on both the consumer and the food retailer's side. Once the consumer comes to believe that both the brand and the private-label alternative are produced in the same factory and there is no longer any perceived quality difference, the price premium fades overnight. In-house availability of a private-label alternative also undermines the negotiation position of the brand towards the food retailer. The pressure of the retailer may result in: (1) Convergence of product quality – eliminating any product differential of the B-brand; (2) Convergence of product innovation – reducing time to recoup R&D investments; (3) Convergence of accounting – cross*

ao fenômeno denominado por KUMAR e STEENKAMPT de "ciclo vicioso da dupla abordagem".[877]

Esse resultado também acontece, nos termos de BORGESHANI, CRUZ e BERRY,[878] porque o varejista detentor de marca própria não tem, via de regra, interesse em investir no desenvolvimento do produto e em outras características que o distingam dos produtos de marca dos fabricantes, dado que produtos avançados, custosos ou detentores de direitos de propriedade intelectual são menos vulneráveis à concorrência de marcas próprias. Assim, apenas o(s) produto(s) de marca líder que permanecer(em) no mercado é que realizaria(m) investimentos em pesquisa e desenvolvimento, uma vez que as marcas secundárias se encontram estranguladas ou até mesmo excluídas no mercado. Essa(s) marca(s) líder(es), sem se ver(em) constrangida(s) com a pressão concorrencial, teria(m), novamente, ainda menos incentivos para investir, especialmente porque sua principal concorrente pode vir a ser apenas a marca própria do supermercado, com a qual eventualmente pode possuir contratos de preferência e/ou de relacionamento beneficiado. Ter-se-ia, então, a tendência à comoditização das marcas.

A *Finnish Competition Authority* sugere, em específico, que, se as marcas próprias dos varejistas forem de imitação ("*copycat*"), essa prática também pode ter impactos na redução das inovações pelas marcas independentes,[879] especialmente diante do dado de que as inovações realizadas pelas marcas independentes são mais rapidamente copiadas pelas marcas próprias dos varejistas do que pelas demais concorrentes.[880] Assim, o efeito dinâmico de longo prazo desse "*free riding*", segundo EZRACHI,[881] tende a ser a redução da capacidade e dos incenti-

---

subsidising private-label production with brand premium. Hybrid production is often used as a last line of defence. If the private-label business cannot survive on a stand-alone basis, it is likely to accelerate the deterioration of the B-brand".

877 KUMAR, Nirmalya; STEENKAMPT, Jan-Benedict E. M. *Private label strategy – How to meet the store brand challenge*. Harvard Business School Press, 2007.

878 BORGHESANI JR., William H.; CRUZ, Peter L. de La; BERRY, David. Food for thought: the emergence of power buyers and its challenge to competition analysis. *Stan. JL Bus. & Fin.*, v. 4, p. 59, 1998.

879 Finlândia. Finnish Competition Authority. *Study on Trade in Groceries – How does buyer power affect the relations between trade and industry?*, 2012. p. 39.

880 ALLAIN, Marie-Laure; CHAMBOLLE, Claire; REY, Patrick. Vertical Integration, Innovation and Foreclosure. *HAL*, p. 16, 2010.

881 EZRACHI, A. Unchallenged Market Power? The tale of supermarkets, Private Label and Competition Law. *The university of Oxford Centre for Competition Law and Policy Working*

Capítulo 8   Efeitos anticompetitivos no mercado de compra (aprovisionamento)

vos para os atuais e novos fornecedores inovarem. Isso *reduz a qualidade e a variedade de produtos no mercado*, bem como pode resultar em futuro aumento de preços, em prejuízo ao bem-estar do consumidor. Assim, segundo o documento para discussão da UNCTAD de 2014,[882] o modelo de imitação e desconto de preços adotado pela maioria dos supermercados, apesar de lucrativo, não estimularia a inovação nem o crescimento da produção pelos fornecedores, levando a um resultado zero na concorrência (*"zero sum competition"*). Esse cenário estaria levando à supressão do modelo de rivalidade estratégica em favor do modelo de imitação e desconto de preços, prejudicial à concorrência no mercado. A redução na varidade[883] de produtos, nesse contexto, poderia ser então resultado de diferentes fatores, como o papel de *"gatekeeper"* dos varejistas no mercado e o processo de concentração no mercado de aprovisionamento.

Ademais, a *Competition Commission* do Reino Unido de 2000 também já fez advertência de que esse cenário levaria a uma *piora da qualidade dos produtos ofertados e a menos opções de escolha ao consumidor final*.[884] Assim, DOBSON[885] sugere que, ainda que beneficiados por menores preços no curto prazo, os consumidores podem vir a ser prejudicados pelo exercício do poder de mercado dos varejistas, no médio e longo prazo, pela redução das opções e da qualidade de produtos. Similarmente, o estudo de 2012 da *Finnish Competition Authority*[886] apontou que a pressão por menores preços imposta pelos supermercados aos fornecedores resultaria em uma redução concomitante dos seus custos, viabilizada por meio da redução da qualidade dos produtos.[887] Similar-

---

Paper CCLP, (L)27, 2010. BERGÈS-BONTEMPS. A Survey on the Economic Impact of the Development of Private Labels. *Journal of Agricultural & Food Industrial Organization*, v. 2.

882   UNCTAD. *Competition Issues in the Food Chain: Possible Measures to Address Buyer Power in the Retail Sector*, 2014. Disponível em: <http://unctad.org/meetings/en/Contribution/tdb61_c01_UNCTAD.pdf>. Acesso em: 11 fev. 2016.

883   INDERST, Roman; SHAFFER, Greg. Retail mergers, buyer power and product variety. *The Economic Journal*, v. 117, n. 516, p. 45-67, 2007.

884   Reino Unido. Competition Commission. *Supermarkets: a report on the supply of groceries from multiple stores in the United Kingdom*, October, 10, 2000. p. 7.

885   DOBSON, Paul. Exploiting buyer power: lessons from the british grocery trade. 72 *Antitrust Law Journal*, p. 529-562, 2005.

886   Finlândia. Finnish Competition Authority. *Study on Trade in Groceries – How does buyer power affect the relations between trade and industry?*, 2012. p. 36-43.

887   OCDE. Competition Committee, *Roundtable on Monopsony and Buyer Power*, DAF/COMP (2008)38, 17.12.2009. Note by Finland, p. 156 e 306.

mente, aponta a *Fiscalía Nacional Económica*[888] do Chile, em 2007, que o poder de mercado dos supermercados, ao reduzir os lucros dos fornecedores, tenderia a diminuir a qualidade e a variedade dos produtos disponíveis.

No mesmo sentido, o relatório da *Federal Trade Commission* de 2001[889] indica que práticas comerciais como o pagamento de taxas de condições de acesso (*vide* item 6.1, *supra*) poderiam *reduzir as inovações e a variedade/opções de produtos*. Menos empresas e menos produtos inovadores reduziriam as opções para os consumidores finais, diminuindo as opções[890] e a variedade de produtos.[891]

8.4 Colusão entre os fornecedores

As práticas comerciais no varejo supermercadista tais como categorizadas no Capítulo 5 e detalhadas no Capítulo 6, *supra*, também podem trazer como efeito danoso à concorrência no mercado de compra (aprovisionamento) a colusão entre os fornecedores.

AREEDA e HOVEMKAMP alertam que grandes compradores, por meio de suas práticas comerciais, podem estimular ou mesmo formalizar a colusão por parte dos vendedores.[892] Para LEARY,[893] os varejistas estariam por vezes até

---

[888] Chile. Fiscalía Nacional Económica. *Análisis Económico de la Industria de Supermercados em el marco de la Causa Rol n. 101/2006*. p. 97-118.

[889] Estados Unidos. Federal Trade Commission. *Report on the Federal Trade Commission Workshop on Slotting Allowances and Other Marketing Practices in the Grocery Industry*. 2001. p. 24. Disponível em: <https://www.ftc.gov/sites/default/files/documents/reports/report-federal-trade-commission-workshop-slotting-allowances-and-other-marketing-practices-grocery/slottingallowancesreportfinal_0.pdf>. Acesso em: 11 fev. 2016.

[890] KIRKWOOD, John B. Buyer power and merger policy. Seattle University School of Law. *Working Paper*, Draft 1, 1 April 2011.

[891] Reino Unido. Competition Commission. *Supermarkets: a report on the supply of groceries from multiple stores in the United Kingdom*, October 10, 2000. p. 7. Conforme mencionado, a *Competition Commission* do Reino Unido já fez advertência nesse sentido, de que um dos efeitos do poder de compra dos varejistas sentidos pelos fornecedores a médio e longo prazo seria a redução da sua capacidade de investimento em pesquisa e desenvolvimento de novos produtos, o que levaria a uma piora de qualidade dos produtos ofertados e menos opções de escolha ao consumidor.

[892] AREEDA, Phillip E.; HOVENKAMP, Herbert. *4 Antitrust Law*: an analysis of antitrust principles and their application. 3. ed. 2006. par. 943a.

[893] LEARY, Thomas B. *A Second look at category management*. Palestra realizada em 23 de junho de 2003 no "American Antitrust Institute's Roundtable Discussion on Antitrust and Cate-

Capítulo 8 Efeitos anticompetitivos no mercado de compra (aprovisionamento)

atuando como um *"hub-and-spoke"* de combinações com efeitos concorrenciais. CARSTENSEN, ademais, sugere a probabilidade de conluio entre os fabricantes, ainda que tácito, como resultado do poder de compra sobre eles exercido pelos varejistas.[894] Colusões com a configuração típica de cartéis do tipo *"hub-and-spoke"* entre fornecedores, viabilizados pela *troca de informações comercialmente sensíveis* (vide Capítulo 6, *supra*), já foram investigadas por autoridades antitruste, por exemplo, do Reino Unido e do Uruguai.

No Reino Unido, no caso *Tobacco*,[895] de 2010, o OFT concluiu que cada fornecedor de cigarro possuía uma rede de acordos com cada varejista que permitia que os fornecedores se coordenassem para a definição dos seus respectivos preços no varejo. O arranjo entre os fornecedores e os varejistas era sobretudo contratual, com cláusulas que podiam definir a paridade de preços (ex.: o preço do cigarro da marca A deveria ser o mesmo preço do cigarro da marca B) ou parâmetros de diferenciação (ex.: o preço da marca A deveria ser x% menor do que o preço da marca C, ou o preço da marca A deveria ser no máximo z% mais caro do que o preço da marca D). Assim, por meio de contratos – que foram avaliados como paralelos e simétricos –, os fornecedores A, B, C e D conseguiam trocar informações comercialmente sensíveis, sendo o varejista responsável pelo monitoramento e consequente alinhamento dos preços. Nesse sentido, na hipótese de um fornecedor, por exemplo, aumentar seu preço, já era possível antecipadamente prever o comportamento dos concorrentes no mercado, dadas as cláusulas de paridade ou com parâmetros de diferenciação dos preços. O resultado desse arranjo, segundo o OFT, teria sido similar àquele obtido por uma coordenação horizontal entre concorrentes. Nesse caso, portanto, o *"hub"* foi o varejista e os *"spokes"* foram os fornecedores.

gory Captains", em Washington/D.C. Disponível em: <http://www.ftc.gov/sites/default/files/documents/public_statements/ prepared-remarks/040519categorymgmt.pd f>. Acesso em: 11 maio 2014.

[894] CARSTENSEN, Peter. *Buyer power and merger analysis: the need for different metrics*. Statement at the DOJ/FTC Merger Workshop (Feb. 17, 2004). Nesse sentido também argumenta KIRKOOD, para quem o aumento da concentração de mercado pelos grandes varejistas torna mais fácil a colusão tácita ou explícita dos fabricantes fornecedores. KIRKWOOD, John B. Buyer power and merger policy. Seattle University School of Law. *Working Paper*, Draft 1, 1 April 2011.

[895] Reino Unido. OFT. CA98/01/2010 Case CE/2596-03: Tobacco. 15.4.2010. Disponível em: <http://webarchive.nationalarchives.gov.uk/20140402142426/http://www.oft.gov.uk/shared_oft/ca98_public_register/decisions/tobacco.pdf>. Acesso em: 4 set. 2015.

No Uruguai, por sua vez, a *Comisión de Promoción y Defensa de la Competencia*[896] condenou, em 2014, quatro fornecedores de comida congelada pela adoção coordenada de preços mínimos de revenda que eram monitorados com o auxílio do varejista Supermercados Disco del Uruguay S.A. O varejista, nesse caso, atuava como o coordenador ("*hub*") do acordo entre os fornecedores ("*spokes*"). Em setembro de 2016, foi iniciada *class action* nos Estados Unidos[897] para investigar suposto acordo de divisão de mercado por parte de distribuidores de alimentos – em que pese ainda não haver menção expressa à existência ou não de uma colusão do tipo "*hub-and-spoke*".

A colusão entre fornecedores também pode ser facilitada pela adoção da gestão de categorias (*vide* item 6.3, *supra*), conforme pontuado por acadêmicos[898] e autoridades antitruste.[899] Em 2001, no relatório da *Federal Trade Commission*,[900] mencionou-se que a prática da gestão de categorias poderia resultar na promoção da colusão entre os fornecedores. Isso aconteceria quando o varejista encorajasse os principais fornecedores a seguirem e concordarem com as recomendações do fornecedor "capitão". No mesmo sentido, a *Finnish Competition Authority*[901] aponta que a gestão de categorias pode facilitar a colusão entre

---

[896] Uruguai. *Comisión de Promoción y defensa de la Competencia*. N. 18/2010 – Mercado de Alimentos Congelados, 2014. Disponível em: <https://www.mef.gub.uy/innovaportal/file/9847/1/20140820_resolucion_80-14.pdf>. Acesso em: 8 nov. 2015.

[897] Estados Unidos. *In re Wholesale Grocery Products Antitrust Litigation*. United States District Court, D. Minnesota. September 9, 2016. Disponível em: <http://www.leagle.com/decision/In%20FDCO%2020160909S42/IN%20RE%20WHOLESALE%20GROCERY%20PRODUCTS%20ANTITRUST%20LITIGATION >. Acesso em: 28 set. 2016.

[898] CARAMELI, L. S. Jr. The Anti-competitive Effescts and Antitrust Implications of Category Management and Category Capitains of Consumer Products. *Chicago-Kent Law Review*, 79(3), 2004.

[899] Europa. European Commission. *Guidelines on Vertical Restraints*, 2010. França. Autorité de la Concurrence. Avis n. 10-A-25 relatif aux contrats de 'management catégoriel' entre les opérateurs de la grande distribuition à dominante alimentaire et certaines de leurs fournisseurs, 2010. Espanha. Comisión Nacional de la Competencia. *Report on the relations between manufacturers and retailes in the food sector*, 2011. Finlândia. Finnish Competition Authority. *Study on Trade in Groceries – How does buyer power affect the relations between trade and industry?*, 2012.

[900] Estados Unidos. Federal Trade Commission. *Report on the Federal Trade Commission Workshop on Slotting Allowances and Other Marketing Practices in the Grocery Industry*. 2001. p. 46-54.

[901] Finlândia. Finnish Competition Authority. *Study on Trade in Groceries – How does buyer power affect the relations between trade and industry?*, 2012. p. 25-35.

Capítulo 8   Efeitos anticompetitivos no mercado de compra (aprovisionamento)

fornecedores na medida em que o fornecedor "capitão", ao ter acesso a informações e estratégias dos concorrentes, pode se antecipar e coordenar com eles. Ainda, no caso de um cartel preexistente ou em andamento no mercado de aprovisionamento, a gestão de categorias permitiria que o "capitão" detectasse mais facilmente eventuais desvios ao cartel, de modo a favorecer a estabilização deste, conforme relatado pela *Comisión Nacional de la Competencia* da Espanha em 2011.[902] Nesse caso, portanto, o varejista atuaria como um "*hub*" e os fornecedores como "*spokes*".

Assim, o risco de colusão seria o seguinte: o fornecedor "capitão" obtém informações comercialmente sensíveis e antecipadas de seus concorrentes fornecedores, incluindo – mas não se limitando a – informação de preços, promoções, estratégias futuras, lançamentos de produtos, capacidade de produção etc. Dessa forma, de posse dessas informações, o "capitão" é capaz de organizar os fornecedores e se coordenar com eles, por exemplo, seja pela adoção de modo coordenado de uma prática unilateral como a fixação de preço de revenda ("*resale price manteinance*" – RPM), seja pela divisão de clientes e manutenção de "*market shares*", seja pela troca em si de informações comercialmente sensíveis. O fornecedor "capitão" terá maior capacidade, portanto, de monitorar essa colusão entre os fornecedores.

Ainda, *a colusão entre fornecedores pode ser facilitada pela adoção de cláusula do tipo comprador mais favorecido – MFN* (vide item 6.4, *supra*). Similarmente ao que acontece com a prática da gestão de categorias, a cláusula MFN torna mais transparente ao mercado, de modo a facilitar uma colusão explícita.[903] Isso porque os vendedores passam a ter na cláusula um mecanismo de monitoramento do acordo entre as empresas no mercado de aprovisionamento. Uma redução de preços a um varejista resultaria na redução respectiva dos seus preços a todos os demais compradores, o que faria com que um desvio do

---

902   Espanha. Comisión Nacional de la Competencia. *Report on the relations between manufacturers and retailes in the food sector*, 2011. Disponível em: <http://ec.europa.eu/internal_market/consultations/2013/ unfair-trading-practices/docs/contributions/public-authorities/spain-comision-nacional-de-la-competencia -2-report_en.pdf>. Acesso em: 23 maio 2015. "*If there is a cartel of manufacturers, the captain may more easily detect any deviations by cartel members. If there is a common captain for several retailers, it may make it easier for those retailers to follow or communicate with each other*". p. 90-91.

903   GONZÁLEZ-DIAZ, Franciso Enrique; BENNETT, Matthew. The law and economics of most-favoured nation clauses. *Competition Law & Policy Debate*, v. 1, Issue 3, p. 37, Aug. 2015.

cartel se tornasse muito custoso ao vendedor, auxiliando os fornecedores cartelistas na detecção de desvios.

Ademais, a cláusula MFN também facilitaria a colusão tácita.[904] Isso porque o forte compromisso de tratamento isonômico entre clientes, oriundo especialmente de empresa com grande extensão no mercado, sinalizaria, para os outros fornecedores dos clientes, que a empresa não quer competir buscando clientes adicionais – de outros fornecedores concorrentes – a preços mais baixos, o que reduz o grau de competição e facilita a coordenação tácita.

A magnitude desse efeito anticompetitivo depende crucialmente da importância da plataforma, levando-se em conta a possibilidade ou não de o vendedor simplesmente abandonar a plataforma compradora que exige cláusula MFN para lidar então com outra plataforma concorrente. A facilitação à coordenação tácita seria maior se os vendedores se sujeitassem a auditorias por parte dos compradores e quanto mais disseminadas forem essas cláusulas entre os fornecedores com seus compradores, uma vez que os próprios compradores poderiam monitorar o patamar de preços praticados pelos diferentes vendedores e indicar desvios dos preços praticados no mercado – numa configuração típica de cartel "hub-and-spoke". NOCHE e WHITE, por sua vez, chamam a atenção para a colusão tácita ou explícita entre as marcas próprias e as marcas líderes independentes,[905] conforme destacado no Capítulo 6.

Conclusão do Capítulo 8

As práticas comerciais implementadas no varejo supermercadista, tais como categorizadas no Capítulo 5 e detalhadas no Capítulo 6, *supra*, podem trazer efeitos danosos à concorrência no mercado de compra (aprovisionamento). Seus impactos anticompetitivos são sentidos tanto por fornecedores quanto pelos consumidores finais.

---

904 BAKER, Jonathan B.; CHEVALIER, Judith A. The Competitive Consequences of Most-Favored-Nation Provisions. *Antitrust*, v. 27, n. 2, Spring 2013. GONZÁLEZ-DIAZ, Franciso Enrique; BENNETT, Matthew. The law and economics of most-favoured nation clauses. *Competition Law & Policy Debate*, v. 1, Issue 3, p. 37-38, Aug. 2015.

905 Sobre a teoria da facilitação à colusão: NOCKE, Volker; WHITE, Lucy. Do vertical mergers facilitate upstream collusion? *Penn Institute for Economic Research Working Paper* 05-013, 2005.

Capítulo 8 Efeitos anticompetitivos no mercado de compra (aprovisionamento)

O primeiro possível efeito anticompetitivo no mercado de compra (aprovisionamento) é o aumento das barreiras à entrada e à expansão de novos fornecedores e de marcas independentes. Esse efeito pode ser alcançado (i) pela cobrança de taxas e condições de acesso, uma vez que o pagamento por um fornecedor incumbente basicamente representaria a compra do direito de o varejista não distribuir outros produtos concorrentes e de excluir possíveis entrantes nas gôndolas. Com isso, seriam cristalizadas as barreiras à entrada e à expansão a outros fornecedores de marcas independentes. Algumas autoridades antitruste estrangeiras se manifestaram em casos concretos sobre essa possibilidade de as taxas e condições de acesso serem consideradas como restritivas de acesso às gôndolas e, portanto, como barreiras à entrada e à expansão, como na França e na Austrália. Ademais, esse efeito pode ser alcançado (ii) pela adoção da gestão de categorias. Para tanto, o "capitão" pode se aproveitar do acesso privilegiado ao varejista e obter os melhores espaços em gôndola, excluir concorrentes e obter acesso privilegiado a informações e dados de seus concorrentes, o que o colocaria em posição vantajosa no mercado de aprovisionamento, em detrimento dos demais fornecedores, novamente aumentando as barreiras à entrada e à expansão. Essa preocupação foi demonstrada por estudos da *Competition Commission* (2000) e da *Comisión Nacional de la Competencia* da Espanha (2012). Adicionalmente, os varejistas podem se utilizar do pagamento de taxas e condições como meio de elevar as barreiras à entrada de tal maneira a ponto de restringir a concorrência de outras marcas independentes com a sua própria marca.

Um segundo possível efeito anticompetitivo no mercado de compra (aprovisionamento) é a exclusão de e o fechamento de mercado a fornecedores/marcas independentes. Esse efeito é resultado de um processo em cadeia de estrangulamento e exclusão dos agentes econômicos do mercado de aprovisionamento a médio e longo prazo. O estrangulamento tem início, por exemplo, com (i) práticas de cobrança de taxas e condições de acesso pelo varejista. Com menores lucros e diante de taxas cada vez maiores para constar nas gôndolas, tem-se o fechamento de mercado e a exclusão de fornecedores menores ou menos capitalizados. Esse cenário é ainda mais evidente quando da compra excessiva de espaço em gôndola pelos grandes fornecedores. Estes podem sentir-se motivados a pagar tais taxas e condições de acesso não apenas para garantir seu próprio espaço, mas também para impedir ou até mesmo excluir fornecedores concorrentes das gôndolas. Essa prática, por sua vez, pode ser realizada até mesmo em parceria com o varejista detentor de marcas próprias, que pode ter interesse na redução da concorrência na categoria para favorecer seu produto de marca própria. Esse efeito de exclusão de e o fechamento de mercado a fornecedores/marcas independentes também pode ser alcançado pela (ii) adoção da gestão de categorias. Nesse caso, o "capitão" pode limitar ou prejudicar a distribuição de produtos de marca independente de fornecedores concorrentes por meio de condutas estratégicas. Isso acontece, por exemplo, quando o "capitão" impede o crescimento das vendas dos concorrentes ao limitar o acesso dos produtos destes à categoria, ou quando aprende as estratégias e as jogadas futuras do seu concorrente e decide atrapalhá-las, conforme mencionado pela *Federal Trade Commission* (2001) e pela *Finnish Competition Authority* (2012). Ademais, esse efeito de exclusão e de fechamento de mercado a fornecedores/marcas independentes também pode se dar pelo (iii) fortalecimento da marca própria. Investigações nesse sentido foram realizadas, por exemplo, no Chile e no Uruguai.

Um terceiro possível efeito anticompetitivo no mercado de compra (aprovisionamento) é a redução da inovação, da qualidade e da variedade/das opções. A redução de preços induzida pelo grande varejista detentor de poder de mercado tende a levar à redução de lucratividade dos fabricantes e, como consequência, à redução dos investimentos na indústria. Os menores investimentos em pesquisa e desenvolvimento (P&D) tendem a levar, consequentemente, a uma redução da inovação. Nesse sentido apontam acadêmicos e estudos de diversas autoridades antitruste estrangeiras, como a Comissão Europeia (1999 e 2014), a *Competition Commission* do Reino Unido (2000 e 2008), a *Comisión Nacional de la Competencia* da Espanha (2012), a *Finnish Competition Authority* (2012). Ademais, há evidências de que, quanto maior a participação das marcas próprias no varejo supermercadista, menor a inovação no mercado. Esse cenário leva a uma piora da qualidade dos produtos ofertados e a menos variedade e opções de escolha ao consumidor final.

Finalmente, o quarto possível efeito no mercado varejista (venda) é a colusão entre fornecedores. Esse efeito pode ser resultado da (i) troca de informações comercialmente sensíveis entre fornecedores por meio de varejistas, em uma configuração típica de cartéis *"hub-and-spoke"*. Casos desse tipo especificamente no varejo supermercadista foram analisados por autoridades antitruste pelo menos no Reino Unido e no Uruguai. Ademais, a colusão entre fornecedores pode ser facilitada (ii) pela adoção da gestão de categorias. Isso

Capítulo 8 Efeitos anticompetitivos no mercado de compra (aprovisionamento)

aconteceria quando o varejista encorajasse os seus fornecedores a seguirem e concordarem com as recomendações do fornecedor "capitão", bem como quando este, ao ter acesso a informações e estratégias dos concorrentes, se antecipasse e se coordenasse com eles. Esse fornecedor "capitão" seria capaz de detectar mais facilmente eventuais desvios ao cartel, atuando no monitoramento do acordo anticompetitivo, de modo a favorecer a estabilização do cartel. Ainda, a colusão entre fornecedores pode ser facilitada (iii) pela adoção de cláusula do tipo comprador mais favorecido – MFN. Nesse cenário, os vendedores teriam na cláusula MFN um mecanismo de monitoramento do acordo explícito entre as empresas, pois eventual redução de preços a um varejista resultaria na redução respectiva dos seus preços a todos os demais compradores, o que faria com que um desvio do cartel se tornasse muito custoso ao vendedor. Ademais, favoreceria acordos tácitos, pois o forte compromisso de tratamento isonômico entre clientes sinalizaria para outros fornecedores concorrentes que a empresa não quer competir buscando clientes adicionais a preços baixos. Isso, por consequência, reduziria o grau de competição e facilitaria a coordenação tácita, especialmente quando os vendedores se sujeitarem a auditorias por parte dos compradores.

PARTE V

PROPOSTAS CONCORRENCIAIS E REGULATÓRIAS PARA O VAREJO SUPERMERCADISTA

PARTE V Propostas concorrenciais e regulatórias para o varejo supermercadista

Há intensa discussão por parte da doutrina e de autoridades antitruste estrangeiras sobre a maneira mais adequada de endereçar as preocupações concorrenciais que surgem a partir do exercício do poder de mercado no varejo supermercadista, tendo em vista os possíveis efeitos deletérios à concorrência (vide Capítulo 8, supra). Entendo que o tema ser tratado de modo conjunto e complementar, tanto com o controle *ex ante* (em sede regulatória e de controle de estruturas), quanto com o controle *ex post* (em sede de condutas concorrenciais).

Como o foco deste livro diz respeito a condutas anticompetitivas, tais como aquelas categorizadas e detalhadas nos Capítulos 5 e 6, o cerne das propostas concorrenciais será no controle *ex post* (vide item 9.1, *infra*). Visando, porém, à completude do raciocínio – mas ciente das limitações em termos de escopo –, serão expostas brevemente possíveis considerações sobre a análise *ex ante* deste mercado do varejo supermercadista, tanto em sede de controle de estruturas quanto em termos de opções regulatórias (vide itens 9.2 e 10, *infra*).

Acrescenta-se, ainda, que há argumentos no sentido de que o poder no varejo demandaria a integração do direito antitruste com outras frentes de atuação, como a aplicação de leis de concorrência desleal, de regras de direito contratual e até mesmo de direito civil geral e do direito do consumidor, que visariam a lidar com o uso abusivo do poder, bem como a utilização de alternativas autorregulatórias da própria indústria.[906] Nesse sentido, o antitruste seria um instrumento para resolução de questões que afetam de modo mais amplo o consumidor.[907]

---

[906] LIANOS, Ioannis; LOMBARDI, Claudio. Superior Bargaining Power and the Global Food Value Chain: The Wuthering Heights of Holistic Competition Law? *CLES Research Paper Series*, p. 7, 2016.

[907] OLIVEIRA, Amanda F. de. Quando o problema do consumidor poderia ser solucionado pela lei antitruste. *Consultor Jurídico*, 25 de maio de 2016. Disponível em: <http://www.conjur.com.br/2016-mai-25/quando-lei-antitruste-solucao-problema-consumidor>. Acesso em: 18 dez. 2016. "*Um olhar atento para as características dos mercados em questão indica que talvez a melhor forma de enfrentamento dos conflitos de consumo a eles inerentes não esteja no CDC, embora haja no código normas aplicáveis aos fatos. As demandas instauradas e decididas com base no CDC, no entanto, poderão resolver apenas parte das dificuldades ou não serem capazes de inibir novos problemas. Uma consulta à legislação antitruste, todavia, pode nos indicar instrumentos e remédios para o enfrentamento definitivo. Porém, para isso, é preciso que haja uma agenda conjunta entre as políticas públicas nacionais de consumidor e concorrência... E esse ainda é um desafio para o Brasil*".

CAPÍTULO **9**

Propostas concorrenciais

Ao longo dos anos verificou-se o crescimento da conscientização e da preocupação com a situação concorrencial no varejo supermercadista, evidenciado pela evolução da tradicional para a moderna análise do setor pelas autoridades antitruste estrangeiras e por organismos internacionais (*vide* Capítulo 2, *supra*). Essa evolução, porém, não foi acompanhada concomitantemente pela instauração de casos antitruste para investigar a existência dessas práticas no bojo do controle de condutas, sendo que o setor permanece sendo analisado praticamente apenas em sede de controle de estruturas. Esse fato muito possivelmente decorre dos receios que se tem de apresentar uma denúncia contra um dos seus principais clientes e da consequente retirada do denunciante da lista de fornecedores (*vide* item 4.6, *supra*), bem como de incertezas quanto ao modo de endereçamento da questão pela autoridade de concorrência, tendo em vista a visão tradicional pró-varejista.

Diante desse contexto, propõe-se que, quando constatada a implementação de práticas comerciais no varejo supermercadista como as categorizadas (*vide* Capítulo 5, *supra*), em especial aquelas consideradas potencialmente violadoras da ordem econômica brasileira (*vide* Capítulo 6, *supra*), seja aplicado, na análise antitruste, o fluxo a seguir (*vide* item 9.1, *infra*). O fluxo de análise de práticas comerciais no varejo supermercadista leva em consideração as ponderações específicas da moderna análise antitruste do varejo supermercadista em cada uma das etapas propostas. Ademais, apenas brevemente serão expostas considerações sobre a análise deste mercado do varejo supermercadista em sede de controle de estruturas (*vide* item 9.2, *infra*), notadamente sob a perspectiva da experiência internacional.

9.1 Proposta em sede de controle de condutas: fluxo de análise de práticas comerciais no varejo supermercadista potencialmente violadoras da ordem econômica nos termos da Lei 12.529/2011

Ao longo dos anos, algumas propostas de fluxo de análise foram realizadas por acadêmicos e autoridades antitruste para endereçar suas preocupações com o poder de compra no varejo supermercadista. Tais propostas concentraram-se sobretudo na análise de atos de concentração, mas também em pelo menos um caso para análise de condutas anticompetitivas, como se passa a expor.

A Comissão Europeia, por exemplo, em 1999, propôs um *"checklist"*[908] para a análise concorrencial do poder de compra – aplicável ao setor varejista ou a qualquer outro. Esse *"chekclist"* permitiria avaliar, no caso concreto, a ponderação entre eficiências e abuso de posição dominante no varejo alimentar. Em linhas gerais, o fluxo proposto passa por uma análise de poder de mercado seguida por considerações sobre as condições econômicas de produção e distribuição e, finalmente, por considerações sobre o comportamento do mercado levando em conta a natureza das relações de mercado e as práticas potencialmente anticompetitivas.

O *"checklist"* da Comissão Europeia[909] se baseia em cinco passos. O primeiro contém a seguinte pergunta: *O varejista possui significativo poder de compra?* Trata-se de uma hipótese para a verificação do poder de compra do varejista em termos quantitativos. Por "significativo" a Comissão Europeia entende a capacidade de materialmente afetar os preços (postos ou negociados), quantidades ou a viabilidade do negócio de terceiros em um ou mais estágios da cadeia de produção. Seriam evidências interessantes caracterizadoras de significativo poder de compra, por exemplo, a verificação de que uma proporção significativa da produção é adquirida pelo comprador ou a constatação de que há arranjos significativos nos termos de compra pelo comprador (como a exigência de taxas e condições de acesso, *vide* item 6.1, *supra*). Como medidas do poder de compra poder-se-ia usar métodos como o de concentração de mer-

---

[908] Europa. European Commission. *Buyer power and its impact on competition in the food retail distribution sector of the European Union*, 1999. p. 18-23; 146-154.

[909] O *"checklist"* da Comissão Europeia foi inspirado, em alguma medida, no formato adotado por DOBSON, WATERSON e CHU, vide: DOBSON, Paul; WATERSON, Michael; CHU, Alex. The welfare consequences of the exercise of buyer power. *Office of Fair Trading Research Paper* 16, 1998.

cado, o de elasticidade no fornecimento e o de mensuração de performance.[910] Se não houver significativo poder de compra, não é necessário prosseguir a análise; se sim, prossegue-se para o próximo passo.

O segundo passo contém a seguinte pergunta: *O significativo poder de compra do varejista é exercido em face de fornecedores relativamente mais fracos?* Trata-se de uma hipótese para a verificação do poder dos fornecedores. Para a Comissão Europeia, seriam evidências que caracterizariam a existência de fornecedores mais fracos. Por exemplo, a verificação de que os fornecedores não ditam os termos de venda ou a constatação de que há menor concentração de mercado no mercado de aprovisionamento (dos fornecedores) do que no mercado varejista (de venda pelos varejistas) seriam algumas dessas evidências. Se não houver fornecedores mais fracos, não é necessário prosseguir a análise; se sim, prossegue-se para o próximo passo.

Por conseguinte, o terceiro passo contém a seguinte pergunta: *O significativo poder de compra dos varejistas exercido em face de fornecedores mais fracos é combinado também com o poder de venda dos varejistas?* Trata-se de uma hipótese para a verificação do poder de venda do varejista. Segundo a Comissão Europeia, apenas quando o varejista detivesse tal poder de venda haveria efeitos potencialmente adversos, pois, caso contrário, os efeitos do poder de compra não seriam implementados num mercado de venda (varejista) competitivo, de modo que o resultado seria socialmente desejado. Seriam evidências do poder de venda dos varejistas, por exemplo, as relações entre os diversos atores envolvidos no mercado a jusante. Se o varejista não tiver poder de venda, não é necessário prosseguir a análise; se sim, prossegue-se para o próximo passo.

Ainda, o quarto passo contém a seguinte pergunta: *Existem ganhos de produtividade associados ao poder de compra?* Trata-se de uma hipótese de veri-

---

910 O método de concentração de mercados (voltado para o tamanho) seria o mais direto, como a indicação de que acima de determinado % de participação de mercado ou de se fazer parte de um quantitativo restrito de agentes no mercado, haveria suficiente poder de compra, ou métodos estatísticos como o HHI. Por sua vez, o método de elasticidade no fornecimento (voltado para o escopo) seria calculado nos termos do *Buying Power Index* (BPI), similarmente à utilização do índice de Leaner no mercado de venda. Por fim, o método da mensuração da performance (voltado para os resultados) utilizaria medidas como a rentabilidade ou a margem de contribuição ("*price-cost margin*"). Europa. European Commission. *Buyer power and its impact on competition in the food retail distribution sector of the European Union*, 1999. p. 25-28.

ficação de eventuais justificativas em termos de eficiências. Seriam evidências de eficiências, por exemplo, segundo a Comissão Europeia, economias de escala indicando a tendência natural do mercado para existirem poucos compradores, pois os custos médios de transação seriam reduzidos, bem como a redução de custos ser repassada aos consumidores finais. Se houver ganhos de produtividade, não é necessário prosseguir a análise; se sim, prossegue-se para o próximo passo.

Por fim, o quinto passo contém a seguinte pergunta: *O varejista objetiva pressionar os atos dos seus fornecedores ou deliberadamente criar uma relação de dependência?* Trata-se de hipótese de verificação dos objetivos dos varejistas com as práticas comerciais – consistentes em restrições verticais – implementadas em face dos fornecedores. Para a Comissão Europeia, seriam evidências desse objetivo do varejista, por exemplo, a verificação de que há exigências de fornecimento exclusivo, desenvolvimento de embalagens exclusivas e com especificações idiossincráticas, ou a constatação de que a estrutura de cobrança do varejista não está relacionada à estrutura de custos para os produtos em questão. Se houver tais objetivos, não é necessário prosseguir a análise; se sim, a prática do varejista deve ser analisada com suspeição.

Tem-se, também, o fluxo proposto por GORDILHO[911] para análise do poder de compra, voltado para atos de concentrações, e que foi inspirado, segundo o autor, no formado proposto por CANÊDO e PIONER. Segundo a proposta, haveria quatro etapas a serem seguidas, culminando na análise de eficiências, que seria então decisiva para um parecer positivo ou negativo sobre a operação de concentração econômica.

A primeira etapa consistiria na definição do mercado relevante. Em seguida, na segunda etapa, deveria se verificar se a participação conjunta na compra dos insumos seria menor que 20%. Se não se atingisse esse percentual, o poder de monopsônio presumidamente não seria um problema, ao passo que, se acima desse percentual, deveria se passar à próxima etapa. Nesta terceira etapa, deveria se avaliar se existem fatores que dificultam, significativamente, o exercício do poder de monopsônio. Se não houvesse tais fatores, novamente o poder de monopsônio presumidamente não seria um problema,

---

[911] GORDILHO JR., Mário Sérgio Rocha. Análise de poder de compra no mercado de varejo de bens duráveis – desafios para o novo CADE. *Boletim Latino-Americano de Concorrência*, n. 31, p. 41-42, abr. 2012.

ao passo que, se existissem, deveria se passar à próxima etapa. Na quarta etapa deveria se analisar, em concreto, o tipo de arranjo da operação de concentração econômica. Em seguida, na quinta etapa, seriam analisadas as eficiências – tendo sido pontuado que o poder compensatório seria uma dessas eficiências, em linha com a tradicional análise antitruste do varejo supermercadista contestada neste livro –, os possíveis efeitos dinâmicos negativos e a ponderação se os custos seriam menores ou maiores que as eficiências. Assim, chegar-se-ia à decisão sobre um parecer positivo ou negativo sobre a operação de concentração econômica.

Ademais, em casos concretos de ato de concentração, o CADE tentou implementar um passo a passo para a análise do poder de compra. Nos atos de concentração Sadia-Perdigão (2011)[912] e Fischer-Citrovita (2011)[913] foram adotados três passos. Primeiro, avaliação se, de fato, havia poder de compra – e, para isso, verificação se havia outros compradores ou mercados para os quais os criadores poderiam ofertar seus produtos, tendo-se levantado questões como custos de transação para a mudança de comprador e a necessidade de capacidade ociosa ou de ampliação da capacidade instalada dos concorrentes compradores. O segundo passo foi, em havendo poder de compra, avaliar se as empresas possuíam incentivos para exercê-lo e, havendo, se eles foram aumentados em função da operação – em que se pontuou a relação de inter-

---

[912] Brasil. CADE. Ato de Concentração 08012.004423/2009-18, no interesse das empresas BRF – Brasil Foods (ex-Perdigão S.A.) e Sadia S.A, julgado em 13 de julho de 2011. Termo de Compromisso de Desempenho disponível em: <http://www.cade.gov.br/upload/BRFoods_TCD_13_07_11.pdf>. Acesso em: 17 fev. 2016.

[913] Brasil. CADE. Ato de Concentração 08012.005889/2010-74, de interesse das empresas Fischer S/A Comércio, Indústria e Agricultura e Citrovita Agro Industrial Ltda., julgado em 14 de dezembro de 2011. "Assim, a primeira questão a ser analisada é se as empresas de fato possuem poder de compra, sendo, então, capazes de exercê-lo em relação aos produtores. Para isso as participações de mercado das Requerentes e das concorrentes na compra são avaliadas em relação ao mercado total; ou seja, se as concorrentes são: capazes de absorver o desvio de oferta, caso as requerentes impusessem condições negociais desvantajosaspara os produtores. Apenas após a verificação da existência de condições de exercer poder de compra por parte das Requerentes, passa-se à análise da existência de incentivos para que a empresa, de fato, o exerça. Havendo esses incentivos, avalia-se se eles são reforçados pela operação. Concluindo-se pela existência de incentivos ao exercício de poder de monopsônio e havendo nexo de causalidade entre este poder e a operação, deve ser realizada a análise da probabilidade de exercício de poder de mercado pelas requerentes, mas com foco nos efeitos no mercado upstream (compra de laranja in natura)".

dependência entre os vendedores e compradores. Por fim, o terceiro passo foi a análise da probabilidade de exercício de poder de mercado (condições de entrada e rivalidade), focando no poder de compra.

Passa-se, então, à proposta deste livro de um fluxo dessa análise de práticas comerciais alinhado à moderna análise do varejo supermercadista. A proposta consiste na adoção do fluxo de análise de condutas apresentado a seguir, inspirado no "*checklist*" da Comissão Europeia em 1999[914] e no fluxo de GORDILHO,[915] bem como, em certa medida, no formato do Guia de Análise de Atos de Concentração Horizontal da SEAE[916] (atualizado com a publicação do novo "Guia H" do CADE[917]). Trata-se, porém, de fluxo *adaptado à repressão de condutas anticompetitivas na moderna visão de análise do varejo supermercadista apresentada neste livro*:

---

[914] O "*checklist*" da Comissão Europeia foi inspirado, em alguma medida, no formato adotado por DOBSON, WATERSON e CHU, vide: DOBSON, Paul; WATERSON, Michael; CHU, Alex. The welfare consequences of the exercise of buyer Power. *Office of Fair Trading Research Paper* 16, 1998.

[915] O fluxo de GORDILHO, voltado para atos de concentrações, foi inspirado, em alguma medida, no formado proposto por CANÊDO e PIONER. CANÊDO-PINHEIRO, Maurício; PIONER, H. M. Concentrações verticais e poder de compra em atos de concentração horizontal. In: FIUZA, E. P. S.; MOTTA, E. S. (coord. tec.). *Métodos quantitativos em defesa da concorrência e regulação econômica*. Rio de Janeiro: IPEA, 2006. p. 463-578. Apud GORDILHO JR., Mário Sérgio Rocha. Análise de poder de compra no mercado de varejo de bens duráveis – desafios para o novo CADE. *Boletim Latino-Americano de Concorrência*, n. 31, p. 23, abr. 2012.

[916] Brasil. *Guia de Análise de Atos de Concentração Horizontal*. Portaria Conjunta SEAE/SDE n. 50, de 1º.08.2001.

[917] Brasil. CADE. Guia de Análise dos Atos de Concentração Horizontal. 2016.

Capítulo 9 **Propostas concorrenciais**

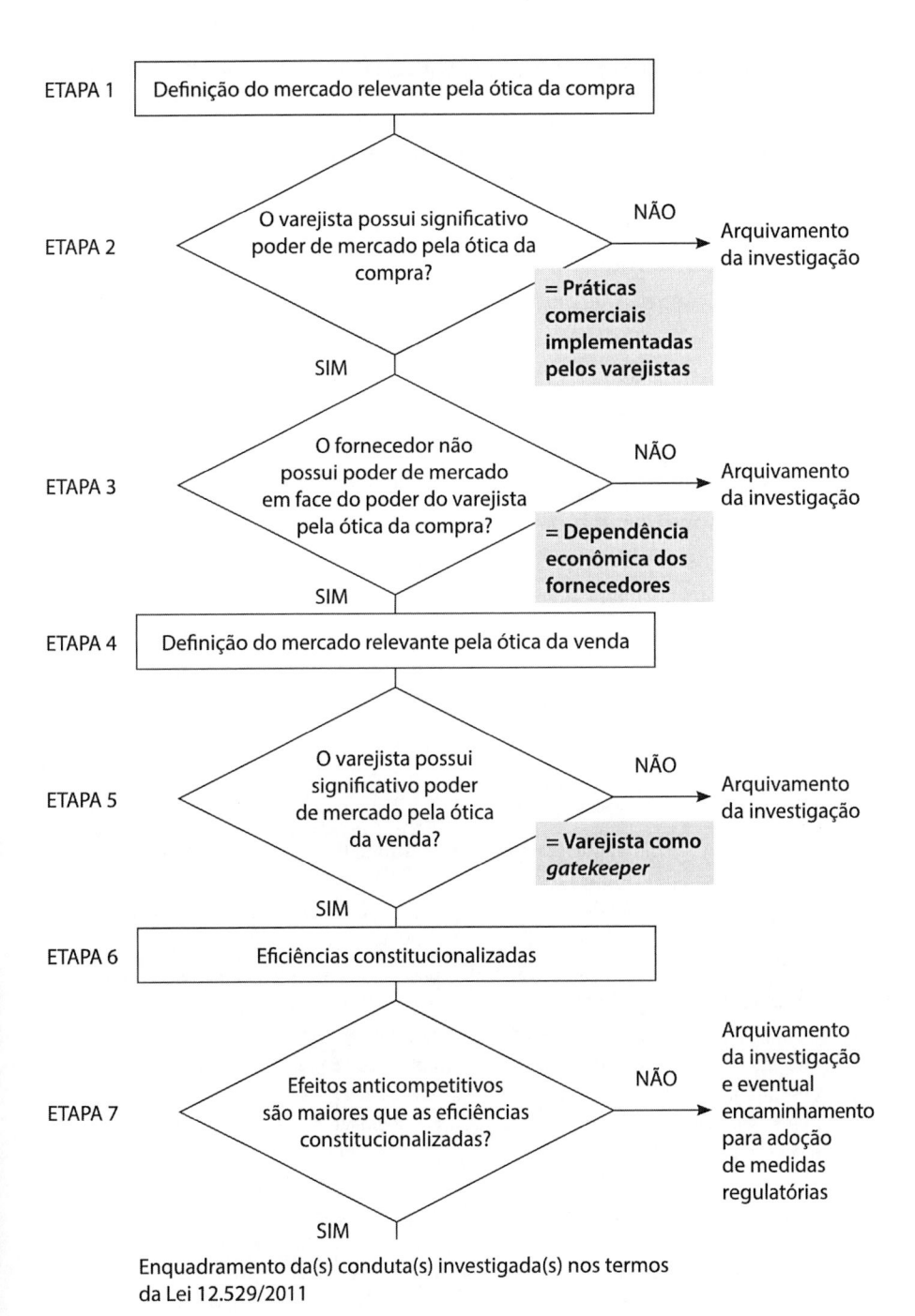

ETAPA 1 — Definição do mercado relevante pela ótica da compra

ETAPA 2 — O varejista possui significativo poder de mercado pela ótica da compra?
- NÃO → Arquivamento da investigação
- = **Práticas comerciais implementadas pelos varejistas**
- SIM ↓

ETAPA 3 — O fornecedor não possui poder de mercado em face do poder do varejista pela ótica da compra?
- NÃO → Arquivamento da investigação
- = **Dependência econômica dos fornecedores**
- SIM ↓

ETAPA 4 — Definição do mercado relevante pela ótica da venda

ETAPA 5 — O varejista possui significativo poder de mercado pela ótica da venda?
- NÃO → Arquivamento da investigação
- = **Varejista como *gatekeeper***
- SIM ↓

ETAPA 6 — Eficiências constitucionalizadas

ETAPA 7 — Efeitos anticompetitivos são maiores que as eficiências constitucionalizadas?
- NÃO → Arquivamento da investigação e eventual encaminhamento para adoção de medidas regulatórias
- SIM ↓

Enquadramento da(s) conduta(s) investigada(s) nos termos da Lei 12.529/2011

9.1.2 ETAPA 1: Definição do mercado relevante pela ótica da compra – mercado de aprovisionamento

| ETAPA 1 | Definição do mercado relevante pela ótica da compra |

Tradicionalmente, entende-se que há correlação entre o poder de mercado do varejista e a efetividade do seu poder.[918] A definição do mercado relevante e a análise do poder de mercado são, tipicamente, fundamentais para a análise concorrencial. Desse modo, para definir se uma conduta é anticompetitiva ou se causou danos, é necessário estabelecer, antes, se a empresa tem ou pode obter poder de mercado. Em termos tradicionais, o Guia de Análise de Atos de Concentração Horizontal da SEAE[919] e versão preliminar do Guia de Análise dos Atos de Concentração Horizontal, divulgada pelo CADE em maio de 2016,[920] definem o mercado relevante como o processo de identificação do conjunto de agentes econômicos (consumidores e produtores) que efetivamente reagem e limitam as decisões referentes a preços e quantidades da empresa resultante da operação. Assim, o mercado relevante seria determinado em termos dos produtos e/ou serviços que o compõem (dimensão do produto[921]) e da área geográfica para a qual a venda desses produtos é economicamente viável (dimensão geográfica[922]).

Para tanto, o teste do "monopolista hipotético"[923] seria o instrumental analítico utilizado para se aferir o grau de substitutibilidade entre bens ou

---

[918] DOBSON, Paul. Exploiting buyer power: lessons from the british grocery trade. 72 *Antitrust Law Journal*, p. 529-562, 2005.

[919] Brasil. *Guia de Análise de Atos de Concentração Horizontal*. Portaria Conjunta SEAE/SDE n. 50, de 1º.08.2001. Etapa 1: Definição do Mercado Relevante. p. 9.

[920] Brasil. CADE. Guia de Análise dos Atos de Concentração Horizontal. 2016. Capítulo 2.3, Mercado Relevante.

[921] Brasil. CADE. Guia de Análise dos Atos de Concentração Horizontal. 2016. "Sob a ótica da demanda, a dimensão do produto do MR compreende bens e serviços considerados, pelo consumidor, substituíveis entre si devido a suas características, preços e utilização. Para aferir essa substitutibilidade, examina-se a possibilidade de os consumidores desviarem sua demanda para outros produtos".

[922] Brasil. CADE. Guia de Análise dos Atos de Concentração Horizontal. 2016. "A dimensão geográfica refere-se à área em que as empresas ofertam seus produtos ou que os consumidores buscam mercadorias (bens ou serviços) dentro da qual um monopolista conseguirá, lucrativamente, impor elevações de preços significativas".

[923] Nos termos do *Guia de Análise de Atos de Concentração Horizontal*. Portaria Conjunta SEAE/SDE n. 50, de 1º.08.2001. par. 30. "O teste do 'monopolista hipotético' consiste em se

Capítulo 9 **Propostas concorrenciais**

serviços e, como tal, para a definição do mercado relevante. Ocorre que a aplicação do teste do "monopsonista hipotético" para a análise do poder pela ótica da compra encontra resistências da OCDE,[924] dos Estados Unidos[925] e do

> considerar, para um conjunto de produtos e área específicos, começando com os bens produzidos e vendidos pelas empresas participantes da operação, e com a extensão territorial em que estas empresas atuam, qual seria o resultado final de um 'pequeno porém significativo e não transitório' aumento dos preços para um suposto monopolista destes bens nesta área. Se o resultado for tal que o suposto monopolista não considere o aumento de preços rentável, então a SEAE e a SDE acrescentarão à definição original de mercado relevante o produto que for o mais próximo substituto do produto da nova empresa criada e a região de onde provém a produção que for a melhor substituta da produção da empresa em questão. Esse exercício deve ser repetido sucessivamente até que seja identificado um grupo de produtos e um conjunto de localidades para os quais seja economicamente interessante, para um suposto monopolista, impor um 'pequeno porém significativo e não transitório aumento' dos preços. O primeiro grupo de produtos e localidades identificado segundo este procedimento será o menor grupo de produtos e localidades necessário para que um suposto monopolista esteja em condições de impor um 'pequeno porém significativo e não transitório' aumento dos preços, sendo este o mercado relevante delimitado. 7 Em outras palavras, 'o mercado relevante se constituirá do menor espaço econômico no qual seja factível a uma empresa, atuando de forma isolada, ou a um grupo de empresas, agindo de forma coordenada, exercer o poder de mercado'".

924 OCDE. Roundtable on Monopsony and Buyer Power. 2008. "*The relevant market for the purpose of identifying monopsony power is the smallest set of products in the smallest geographic area such that a hypothetical monopsonist of those products in that area would be able to depress prices by a small but significant and non-transitory amount. (i) Market Definition. The hypothetical monopolist test needs to be adjusted to become the hypothetical monopsonist test. The relevant market for the purpose of identifying monopsony power is the smallest set of products in the smallest geographic area such that a hypothetical monopsonist of those products in that area would be able to depress prices by a small but significant and non-transitory amount. The base price would be competitive levels when the case is retrospective and, typically, the current price when the case is prospective, unless it is reasonable to expect that the price for the input is going to rise. The purpose of market definition is to identify a set of productive assets over which a buyer could exercise monopsony power. The key to identifying monopsony power in practice is recognizing that it is the existence of alternatives for the sellers that determine the extent of a buyer's monopsony power. If the sellers can easily find other buyers (who use the input for a different use), other buyers in different geographic areas (who use the input for a similar use), or other buyers for whom the assets can be used to make a different input, then a buyer will have limited monopsony power*".

925 Estados Unidos. Note by the Unites States. OCDE. Roundtable on Monopsony and Buyer Power. 2008. "*The delineation of the relevant market for the analysis of buying-side competitive effects is very similar to the delineation of the relevant market for the analysis of selling-side competitive effects. The process begins by identifying a product of interest and the location at which it is bought. For example, with an agricultural product, that location could be a processing facility. One then asks whether a hypothetical monopsonist at that location would maximise profits by*

Canadá.[926] Tanto é assim que BASKER e NOEL[927] asseveram que a aplicação do teste do monopolista hipotético para a definição de mercado relevante no setor supermercadista seria problemática. Abordagens tradicionais estanques (*"black-and-white aprroach"*) para definição de mercado no caso de supermercados, portanto, não seriam consideradas realistas.

Tanto seria assim que, ao se considerar o supermercado como uma plataforma de dois lados, é necessário que ambos os lados sejam considera-

---

reducing the price paid below prevailing levels. The answer normally is no, because there is an actual monopsonist at the location, and it already is maximising its profit. Assuming that the product scope of the market already is fairly clear, one then gradually expands the region within which there is a hypothetical monopsonist, continually asking whether it would maximise profits by reducing the price paid below prevailing levels. The smallest region for which the answer is yes, or some slightly larger region, is the relevant geographic market for the starting location. The primary factual issues in delineating the geographic scope of the relevant market for the analysis of buying-side competitive effects typically relate to transportation. In most cases, sellers can find alternative purchasers, but if they are too far away, they may not be economically viable alternatives".

926 Canadá. Note by the Canadá. OCDE. Roundtable on Monopsony and Buyer Power. 2008. *"2.2 What metrics can, and have been used, to identify monopsony power? Bargaining power? Other types of buyer power? What are their strengths and weaknesses? The Bureau first determines whether it is likely a firm has buyer power. It then tries to determine whether that buyer power is likely to entail the special case of monopsony power. This involves the inherently difficult exercise of trying to determine whether prices are competitive or not. The first step in assessing whether an entity is likely to have buyer power is typically a determination of the relevant market in which the entity makes its purchases. The conceptual basis used for defining markets is, mirroring the selling side, the hypothetical monopsonist test. Conceptually, a relevant market is defined as the smallest group of products and the smallest geographic area in which a sole profit-maximising buyer ('hypothetical monopsonist') would impose and sustain a significant and non-transitory price decrease below levels that would likely exist in the absence of the act in question (for example, a merger). The relevant product market definition question is thus whether suppliers, in response to a decrease in the price of an input, would be able to profitably switch to alternative buyers or modify the input they sell in sufficient quantity to render the hypothetical monopsonist's input price decrease unprofitable. Buyers currently buying the input in question will generally be considered participants in the relevant market. Buyers not currently buying the input may be considered participants in the relevant market provided, in the event of a small but significant input price decrease, the buyer would buy the input and the seller would sell it. It is of note that buyers need not participate in the same downstream market in which the buyer at issue (for example, the merging parties) participates. For example, a grocery story likely participates in a local market for the sale of groceries, but it may purchase a food input, such as corn, from a producer that may have regional, national and even international buyers for the sale of its product".*

927 BASKER, Emek; NOEL, Michael. Competition Challenges in the Supermarket Sector with an Application to Latin American Markets. *Centro Regional de Competencia para América Latina (CRCAL)*, 2013. p. 18-34.

dos na definição e na análise concorrencial dos mercados relevantes, superando métodos de análise tradicionais e fórmulas aplicáveis a análises de mercados de um lado – como o teste do monopolista hipotético –, que não se aplicariam ao mercado de dois lados a não ser que fossem reformulados/adaptados.[928] Ademais, BASKER e NOEL[929] sustentam que o uso de uma definição de mercado relevante baseada em produtos seria raramente apropriado no varejo supermercadista, pois os supermercados acomodam milhares de produtos e oferecem o serviço de *"one-stop shopping"*. E essa é justamente a razão de se entender os supermercados como prestadores de serviços a ambos os lados da plataforma, tanto a fornecedores quanto a consumidores finais.

Em especial, considerando os supermercados como mercados de dois lados, a questão está em como definir o mercado relevante ao se considerar os dois lados da plataforma. Propõe-se neste livro que essa análise deve ser realizada por um mix de informações quantitativas e qualitativas, tendo em mente os fornecedores a quem é ofertado o serviço de acesso à plataforma do supermercado. Sob a ótica geográfica, é importante considerar que o mercado geográfico no aprovisionamento é mais amplo, podendo ser local (ex.: verduras, dada a perecibilidade), regional (ex.: derivados do leite), nacional (ex.: cosméticos) ou até mesmo internacional (ex.: cervejas premium).

9.1.3 ETAPA 2: Aferição do poder de mercado do varejista no mercado relevante pela ótica da compra – mercado de aprovisionamento

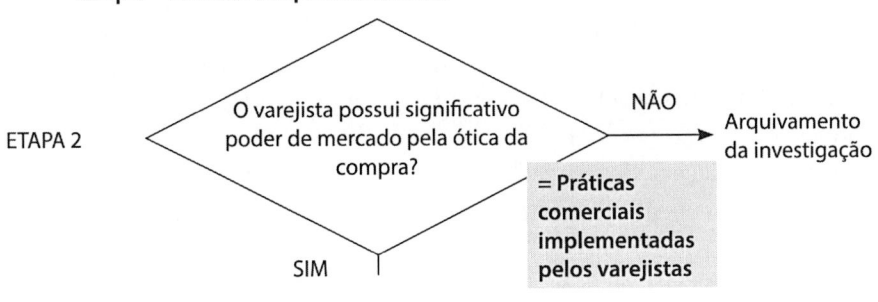

ETAPA 2 → O varejista possui significativo poder de mercado pela ótica da compra?
- NÃO → Arquivamento da investigação
- SIM → = Práticas comerciais implementadas pelos varejistas

---

[928] WRIGHT, Julian. One-sided logic in two-sided markets. *Review of Network Economics*, v. 3, n. 1, 2004.

[929] BASKER, Emek; NOEL, Michael. Competition Challenges in the Supermarket Sector with an Application to Latin American Markets. *Centro Regional de Competencia para América Latina (CRCAL)*, 2013. p. 18-34.

Tradicionalmente, a aferição do poder de mercado é precedida da determinação da parcela de mercado (em termos percentuais, ou seja, de "*market share*") detida pelo agente econômico naquele mercado relevante. No entanto, considerando a moderna análise antitruste do supermercado como uma plataforma de dois lados, questiona-se: existiria um *quantum* de poder de mercado a respeito do qual determinada prática do supermercado poderia ser considerada lícita ou ilícita? Ou haveria um modo qualitativo de se avaliar a existência desse poder pela ótica da compra?

A Comissão Europeia alertou, já em 1999,[930] no sentido de que, dada a natureza especial do mercado varejista, a informação isolada sobre a concentração de mercado não seria suficiente para a aferição de poder. O *Bundeskartellamt* na Alemanha também indicou a possibilidade de desprendimento dos conceitos teóricos tradicionais de mercado relevante e poder de mercado, sugerindo a utilização do conceito de "*relative and superior market power*" em suas análises.[931]

BASKER e NOEL sustentam que o uso de participações de mercado para a análise do varejo supermercadista seria problemático por diversas razões.[932] Primeiro, porque essa definição percentual seria condicionada à definição de um mercado relevante, o que, conforme discorrido anteriormente, é considerado impreciso pelos autores. Segundo, porque, ainda que se assuma correta uma definição de mercado, os cálculos de percentual de participação não seriam capazes de medir propriamente as restrições competitivas. Isso porque seriam utilizadas no cálculo medidas de receitas de vendas, sem considerar atributos não relacionados a preço, como aqueles ligados à experiência de compra do consumidor.

Assim, propõe-se que seja desnecessária a verificação em termos percentuais da participação de mercado sob a ótica da compra – mercado de aprovisionamento. Isso porque, neste mercado, mesmo supermercados com baixas participações de mercado são capazes de impor práticas comerciais/exigências no mercado em face de muitos – senão todos – fornecedores de

---

930 Europa. European Commission. *Buyer power and its impact on competition in the food retail distribution sector of the European Union*, 1999.
931 Alemanha. §20 da Lei Alemã contra Restrições à Concorrência ("*relative und absolute Martmach*").
932 BASKER, Emek; NOEL, Michael. Competition Challenges in the Supermarket Sector with an Application to Latin American Markets. *Centro Regional de Competencia para América Latina (CRCAL)*, 2013.

marcas independentes, o que denota um alto poder *de facto* nas mãos dos supermercados. O exercício estratégico do poder de mercado do supermercado, nos termos de GRIMES,[933] poderia ser exercido mesmo diante de baixas participações de mercado. O que seria necessário para tal exercício do poder seria que o supermercado fosse maior do que o supermercado concorrente. Ou seja, um supermercado com apenas 2% de participação no mercado relevante já poderia ter a vantagem necessária para forçar o seu fornecedor a negociar com o supermercado concorrente que detém apenas 1% de participação de mercado em piores termos de compra.

É nesse sentido que há um *método alternativo*[934] *de mensuração do poder de compra*, apresentado pela OCDE em 1998.[935] Tal método alternativo consiste no seguinte: "o varejista será definido como detentor de poder de compra se, com relação a pelo menos um fornecedor, tiver capacidade de implementar uma ameaça crível de imposição de custo de oportunidade de longo prazo (seja este custo negativo ou positivo) que, se implementado, seja desproporcional[936] a qualquer custo de oportunidade por si só".

Também nesse sentido, a Comissão Europeia reconhece que a análise do poder de mercado poderia desprender-se da análise de *"market share"* para ser realizada em termos qualitativos, pela *verificação direta da conduta das partes e/ou do acordo no mercado*.[937] Ou seja, se a empresa efetivamente pratica atos consistentes com a existência de poder de mercado, seria despiciente a aferição quantitativa desse poder, pois, em termos qualitativos, já restaria configurada a existência desse poder, em consonância com a máxima: "apenas exerce o poder aquele que o tem".

---

933 GRIMES, Warren S. Buyer power and retail gatekeeper power: protecting competition and atomistic seller. *Antitrust Law Journal*, 72, n. 2, p. 581, 2005.

934 A respeito de métodos alternativos sobre poder de mercado, que foge à lógica não clássica aplicada à análise de condutas, sugere-se: ANCHUSTEGUI, Ignacio Herrera. Marker definition in buyer power cases: revisiting some tradicional views. *Working paper*, 2015. CASTRO, Ricardo Medeiros de. Concept of dominance: dichotomy and continuity divide. *Working paper*. Analytic Framework Teleconference Series – What is Dominance? ICN, March 2016.

935 OCDE. *Policy roundtables*: buying power of multiproduct retailes, background note. Paris, 1998. par. 20.

936 Por desproporcional a OCDE esclarece que o entende em termos relativos, e não absolutos.

937 Europa. European Commission. *The EU Horizontal Guidelines*, par. 27. Disponível em: <http://ec.europa.eu/competition/antitrust/legislation/horizontal.html>. Acesso em: 5 jun. 2015.

Assim, diante de um caso concreto, avalia-se a própria externalização do poder de mercado sob a ótica da compra, sem que seja necessária a discussão em si – sempre tormentosa no varejo supermercadista – sobre a existência ou não do poder de compra em termos percentuais. Essa externalização do poder de mercado, consistente na realização de uma ameaça crível contra o fornecedor ou a adoção de prática comercial pelo varejista, fica ainda mais crível e ainda mais perniciosa se for praticada em um mercado relevante em que haja produtos de marcas próprias, pois suas consequências tendem a ser ainda mais duradouras e profundas para os fornecedores, os consumidores e o bem-estar social.

Considerando a nova realidade dos supermercados como plataforma de dois lados, em que estes deixam de ser meros compradores e passam à qualificação de prestadores de serviços aos fornecedores no mercado de aprovisionamento (compra), *propõe-se que a aferição de poder de mercado desta Etapa 2 seja realizada em termos qualitativos, e não quantitativos. Essa aferição qualitativa será possível pela verificação direta – ou seja, pela comprovação da implementação – de uma ameaça crível ou de uma prática comercial que seja reflexo de poder de mercado detido pelos varejistas, tais quais aquelas categorizadas no Capítulo 5, supra, em especial aquelas detalhadas no Capítulo 6, supra.* Tais práticas podem então ser consideradas como caracterizadoras, por si só, da existência de poder de mercado pela ótica da compra, podendo-se passar para a próxima etapa do fluxo de análise.

9.1.4 ETAPA 3: Aferição do poder de mercado do fornecedor no mercado relevante pela ótica da compra – mercado de aprovisionamento

```
ETAPA 3 → [O fornecedor não possui poder de mercado em face do poder do varejista pela ótica da compra?]
   NÃO → Arquivamento da investigação
   SIM → = Dependência econômica dos fornecedores
```

Se o varejista possui poder de mercado pela ótica da compra – ou seja, no mercado de aprovisionamento –, tradicionalmente, há argumento de que o

Capítulo 9 **Propostas concorrenciais**

exercício desse poder só será danoso quando implementado em face de fornecedores menores. O argumento seria que, quando fosse exercido em face de fornecedores de maior porte, o poder pela ótica da compra seria até mesmo benéfico, caracterizador de poder compensatório (*vide* análise antitruste tradicional exposta no Capítulo 1, *supra*).

Ocorre, porém, que essa visão tradicional não mais se adequa à moderna análise antitruste do varejo supermercadista, em que o supermercado atua como plataforma de dois lados. Não é a existência de poder dos fornecedores que impede o exercício do poder dos varejistas, como se pode constatar pela implementação de práticas comerciais em face de fornecedores considerados "*must-stock*", que não estão mais imunes ao exercício do poder dos varejistas.[938] Mesmo grandes fornecedores podem se ver reféns do poder de mercado pela ótica da compra detido pelos varejistas.

Nesse contexto, a OCDE exemplifica que, se um varejista A tem poder de compra com relação ao fornecedor B, sua decisão de retirar o fornecedor da lista causaria uma redução da rentabilidade do varejista em 0,1%, enquanto causaria a B uma redução na rentabilidade de 10%.[939] Há, portanto, evidências da magnitude do impacto que tem uma retirada do fornecedor da lista do varejista. Os efeitos danosos aos fornecedores são, portanto, pelo menos dez vezes mais gravosos do que aqueles causados aos supermercados. Nesse sentido, adota-se a premissa de que não há um percentual de participação de mercado (seja dos varejistas, seja dos fornecedores) paradigmático sobre o qual se deve analisar as práticas comerciais no varejo supermercadista. Propõe-se o entendimento de que o *poder dos supermercados é relacional*[940] *em face do seu*

---

[938] Reino Unido. Office of Fair Trading. Monopolies and mergers Commission, Discount to retailers: a report on the general effect on the public interest of the practice of charging some retailers lower prices than others or providing special benefits to some retailers where the difference cannot be attributed to savings in the supplier's costs. HC311, May 1981.

[939] OCDE. *Policy roundtables*: buying power of multiproduct retailes, background note. Paris, 1998. par. 20.

[940] Grande parte das avenças interempresariais caracteriza-se como contratos de duração (FORGIONI, Paula A. *Direito concorrencial e restrições verticais*. São Paulo: RT, 2007. p. 24). Esses contratos de duração, naturalmente incompletos, identificam-se como contratos relacionais – em contraposição aos contratos descontínuos – justamente em razão do aumento da complexidade decorrente de prestações duradouras (MACNEIL, Ian. Contracts: adjustment of long-term economic relations under classical, neoclassical and rela-

fornecedor e deve ser analisado comparativamente com o poder dos demais supermercados concorrentes.

Para DOBSON,[941] nesse sentido, a variável mais importante não seria o percentual de participação de mercado detido pelo supermercado, mas sim o *grau de dependência do fornecedor em relação ao varejista*. Para a constatação da dependência econômica do fornecedor em relação àquele varejista em específico, seria possível, por exemplo, usar o percentual de faturamento total do fornecedor que é dependente do varejista, *vis-à-vis* o percentual do faturamento do varejista que é relacionado ao fornecedor, levando-se em conta também a existência ou não de alternativas razoáveis de escoamento dos produtos pelos fornecedores. Outras maneiras seriam, por exemplo, de acordo com GRIMES,[942] a constatação de assimetria informacional e de investimentos idiossincráticos. Ademais, LEBRETON[943] sugere a apreciação de critérios relacionais, como a longa duração do vínculo, o caráter pouco adaptável dos equipamentos e técnicas da empresa, a dificuldade de conseguir outro parceiro e o volume de negócio entre as partes, ou seja, aspectos internos do relacionamento, identificando-se a intensidade da vinculação e, consequentemente, a

---

tional contract. Northwestern University of Law, 72 *Nw. U. L. Rev.* 855, p. 856, 1977-1978. WILLIAMSON, Oliver E. Transaction-cost economics: the governance of contractual relations. *Journal of Law & Economics*, v. XXII (2), p. 238, The University of Chicago Law School, October 1979). Nesse sentido, um contrato relacional se distingue por pelo menos três características: (i) a relação de troca dura no tempo; (ii) em função da sua longa duração, os termos da transação não podem ser facilmente mensurados ou definidos de modo preciso já no momento da conclusão do contrato; e (iii) as relações interdependentes que o contrato relacional cria estendem os efeitos do contrato para além da transação econômica em si, e passam a atuar sobre certo número de relações sociais (MACEDO JÚNIOR, Ronaldo Porto de. *Contratos relacionais e defesa do consumidor*. 2. ed. São Paulo: RT, 2006. v. 1; SPEIDEL, Richard E. Relational contract theory: unanswered questions. Symposium in honor of Ian MacNeil: The characteristics and challenges of relational contract. Northwestern University Law Review. 94 *Nw. U. L. Rev.* 823, 2000). Os contratos de distribuição/fornecimento podem também ser entendidos como um tipo de contrato relacional (FORGIONI, Paula A. *Contrato de distribuição*. 2. ed. São Paulo: RT, 2008. p. 70-75).

941 DOBSON, Paul. Exploiting buyer power: lessons from the british grocery trade. 72 *Antitrust Law Journal*, p. 529-562, 2005.

942 GRIMES, Warren. Market Definition in Franchise antitrust claims: relational market power and the franchisor's conflict of interest. *Antitrust Law Journal*, n. 67, 1999.

943 LEBRETON, Sylvie. *L'exclusivité contractuelle et les comportements opportunistes*: étude particuli'ere aux contrats de distribuition. Paris: Litec, 2002. p. 294.

Capítulo 9 **Propostas concorrenciais**

dependência de um em relação ao outro. Similarmente, tal como apontado no Brasil nos atos de concentração Sadia-Perdigão (2011)[944] e Fischer-Citrovita (2011),[945] deve-se ter em conta questões como a existência de outros compradores ou outros mercados para redirecionar a oferta dos produtos e a existência de custos de transação.

Assim, diante da nova realidade dos supermercados como plataforma de dois lados, em que estes deixam de ser meros compradores e passam à qualificação de prestadores de serviços aos fornecedores no mercado de aprovisionamento (compra), *propõe-se novamente uma análise qualitativa nesta Etapa 3. Essa análise deve ser realizada em concreto, ou seja, observando as relações contratuais relacionais*[946] *entre varejista e fornecedor, em um exercício de avaliação da existência de dependência econômica.* Finalmente, sendo constatada a situação de dependência econômica do fornecedor em relação ao varejista naquele mercado relevante, pode-se, de imediato, passar para a próxima etapa do fluxo de análise.

---

944 Brasil. CADE. Ato de Concentração 08012.004423/2009-18, no interesse das empresas BRF – Brasil Foods (ex-Perdigão S.A.) e Sadia S.A, julgado em 13 de julho de 2011. Termo de Compromisso de Desempenho disponível em: <http://www.cade.gov.br/upload/BRFoods_TCD_13_07_11.pdf>. Acesso em: 17 fev. 2016.

945 Brasil. CADE. Ato de Concentração 08012.005889/2010-74, de interesse das empresas Fischer S/A Comércio, Indústria e Agricultura e Citrovita Agro Industrial Ltda., julgado em 14 de dezembro de 2011. "*Assim, a primeira questão a ser analisada é se as empresas de fato possuem poder de compra, sendo, então, capazes de exercê-lo em relação aos produtores. Para isso as participações de mercado das Requerentes e das concorrentes na compra são avaliadas em relação ao mercado total; ou seja, se as concorrentes são: capazes de absorver o desvio de oferta, caso as requerentes impusessem condições negociais desvantajosas para os produtores. Apenas após a verificação da existência de condições de exercer poder de compra por parte das Requerentes, passa-se à análise da existência de incentivos para que a empresa, de fato, o exerça. Havendo esses incentivos, avalia-se se eles são reforçados pela operação. Concluindo-se pela existência de incentivos ao exercício de poder de monopsônio e havendo nexo de causalidade entre este poder e a operação, deve ser realizada a análise da probabilidade de exercício de poder de mercado pelas requerentes, mas com foco nos efeitos no mercado upstream (compra de laranja in natura)*".

946 Para maior detalhamento sobre contratos relacionais, sugere-se: MACEDO, Ronaldo Porto. *Contratos relacionais*. São Paulo: Max Limonad, 1999. Especificamente sobre contratos relacionais de distribuição, sugere-se: CAMILO JÚNIOR, Ruy Pereira. *O contrato de distribuição*: uma análise à luz da teoria relacional. Dissertação de mestrado apresentada ao Departamento de Direito Comercial da Faculdade de Direito da USP, 2004. "*É a Teoria Relacional, assim, um instrumento e um ingrediente na construção do conceito de dependência econômica, fronteira do antitruste*".

9.1.5 ETAPA 4: Definição do mercado relevante pela ótica da venda – mercado varejista (venda)

ETAPA 4	Definição do mercado relevante pela ótica da venda

Novamente, similarmente à ETAPA 1, será necessário realizar a definição do mercado relevante pela ótica da venda – mercado varejista. Sabe-se que essa definição é casuística, diante do caso concreto, porém é possível sinalizar alguns balizamentos para tal definição.

Na definição da dimensão do produto pela ótica da venda, os precedentes do CADE são no sentido de que o mercado relevante no varejo supermercadista abrange supermercados, hipermercados e lojas de autosserviço (do qual se excluem mercearias, padarias, açougues, feiras livres, que constituem o pequeno varejo, e os tipos de autosserviço das lojas de conveniência e de sortimento limitado)[947] – denominados simplesmente como "supermercados". Até o presente momento, não se tem informação de precedentes em que se considerou que as vendas do varejo supermercadista pela internet faziam parte do mercado relevante, possivelmente pelo caráter incipiente desse meio de distribuição no Brasil.

Por sua vez, na definição geográfica pela ótica da venda, haverá que se definir, a partir da disposição do consumidor em se deslocar para realizar suas compras, caso um suposto monopolista hipotético aumente seus preços de maneira significativa e não transitória. Conforme precedentes do CADE,[948] utiliza-

---

[947] Brasil. Ato de Concentração 08012.006940/2007-60, de interesse das empresas Atacadão Distribuição, Comércio e Indústria Ltda. e Korcula Participações Ltda., julgado em 17 de dezembro de 2008. "De acordo com definições já juramentadas pelo (sic) do CADE, pode-se definir o mercado na dimensão produto como sendo o da venda de bens de consumo duráveis (produtos alimentícios em geral, de higiene, limpeza, bebidas etc.) e não duráveis (eletroeletrônicos, têxteis, utilidades domésticas, bazar etc.), dispostos de forma departamentalizada, em gôndolas e/ou balcões, permitindo que consumidores escolham e adquiram um grande número de mercadorias a serem pagas em caixas (check-outs). Esse tipo de comércio varejista é conhecido como de autosserviço ou de autoatendimento, contrastando com a loja tradicional, em que há a presença do vendedor ou balconista. O mercado relevante na dimensão produto considerado na presente análise consiste, portanto, em um serviço de venda integrada oferecido pelos supermercados e hipermercados". Para análises anteriores: Atos de Concentração 08012.004897/2002-93, 08012.004997/2003-09 e 08012.009328/2005-87.

[948] Brasil. Ato de Concentração 08012.004897/2002-93 de interesse das empresas Companhia Brasileira de Distribuição, Hermes – Sociedade de Investimentos Mobiliários e Imobi-

Capítulo 9 **Propostas concorrenciais**

-se normalmente a noção de "área de influência",[949] e a metodologia indica que, para cidades com menos de 200.000 habitantes, o mercado relevante no varejo supermercadista coincide com os limites de um município; ao passo que, para cidades com mais de 200.000 habitantes, o mercado relevante geográfico deve ser delimitado pela existência de sobreposição nas áreas de influência das diferentes lojas, considerando fatores como condições de trânsito e distribuição de renda para definir o mercado relevante geográfico mais restrito. Assim, nestes casos, pode ocorrer a definição de mercado como um distrito do município ou mesmo de forma mais restrita (alguns bairros, ou mesmo quadras).

Similarmente ao proposto na ETAPA 1, sugere-se que essa análise deva ser realizada por um mix de informações quantitativas e qualitativas, tendo em mente em específico a lealdade do consumidor-final (*lock-in*) no mercado varejista.

---

liários Ltda. e Jorónimo Martins, SGPS, SA., julgado em 14 de fevereiro de 2007; Ato de Concentração 08012.009118/2008-31, de interesse das empresas Comercial Zimbreira Ltda. e Sonda Supermercados Exportação e Importação Ltda., julgado em 21 de janeiro de 2009; Ato de Concentração 08012.009959/2003-34, de interesse das empresas Companhia Brasileira de Distribuição e Sendas S.A, julgado em 24 de julho de 2007.

[949] PARENTE, Juracy; KATO, Heitor Takashi. Área de influência: um estudo no varejo de supermercados. *Revista de Administração de Empresas*, v. 41, n. 2, p. 46-53, São Paulo, abr.--jun. 2001. Área de influência pode ser definida pelo raio que contém uma certa percentagem predefinida de clientes. Os autores identificaram três tipos de áreas de influência: primária, consistente na região mais próxima, apresentando maior densidade de clientes, onde estão concentrados cerca de 60 a 75% dos clientes; secundária, consistente na região em torno da área de influência primária, onde estão cerca de 15 a 25% dos clientes; e terciária, consistente na região que contém a parcela restante dos clientes que moram mais afastados da loja (cerca de 10%). Esse também é o posicionamento de diversas outras autoridades antitruste estrangeiras, que definem o mercado relevante geográfico na venda a partir de um critério de raio de quilômetros ou de minutos de trajeto até o supermercado. Nesse sentido, a *Competition Commission* do Reino Unido e a *Comisión Nacional de la Competencia* da Espanha constataram que a concentração de mercado dos supermercados em termos locais é significativamente maior do que a concentração apontada em níveis nacionais. A *Comisión Nacional de la Competencia* da Espanha em 2011 utilizou, em sua análise, a dimensão da área construída nos níveis local e nacional, ao passo que a *Competition Commission* do Reino Unido em 2008 focou sua análise na combinação de dois fatores: altas participações de mercado e um número limitado de competidores, levando em consideração supermercados de grande e médio porte. Espanha. Comisión Nacional de la Competencia. *Report on the relations between manufacturers and retailes in the food sector*, 2011. Reino Unido. Competition Commission. *Final report of the supply of groceries in the UK market investigation*, 30.04.2008.

9.1.6 ETAPA 5: Aferição do poder de mercado do varejista no mercado relevante pela ótica da venda – mercado varejista (venda)

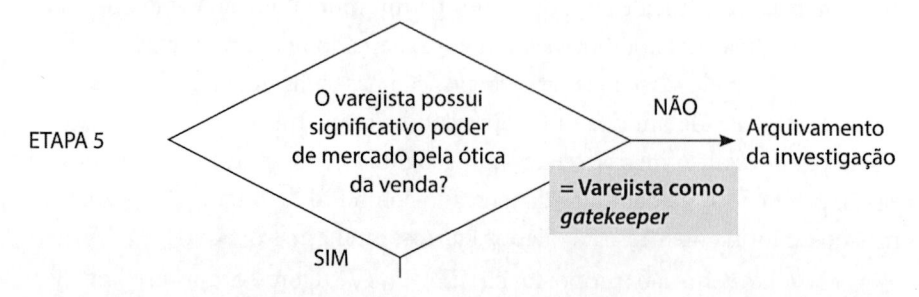

ETAPA 5 → O varejista possui significativo poder de mercado pela ótica da venda?
- NÃO → Arquivamento da investigação (= Varejista como *gatekeeper*)
- SIM ↓

Pela ótica tradicional, um varejista com poder de compra e também detentor de poder de venda poderia ser prejudicial ao bem-estar econômico e danoso ao interesse público. Isso porque se pressupõe que a situação muito possivelmente resultaria em preços mais altos para os consumidores e também em redução das opções em termos de combinações de produtos e serviços, em comparação com a situação do mercado, se um ambiente concorrencial prevalecesse. Caso, porém, o varejista não detivesse poder de mercado na venda, tradicionalmente se entenderia que não haveria prejuízos ao bem-estar social, pois este supostamente não conseguiria implementar práticas restritivas à concorrência em um ambiente competitivo.

Ocorre, porém, que essa concepção não se coaduna com a moderna análise do varejo supermercadista, em que o supermercado atua como plataforma de dois lados. O varejista deixa de ser mero comprador e mero vendedor, passando à qualificação de prestador de serviços aos consumidores no mercado varejista (venda) e prestador de serviços de acesso aos fornecedores no mercado de aprovisionamento (compra). Passa, portanto, a ter *características de gargalo à concorrência* ("*gatekeeper*").

Métodos de mensuração estruturais, nesse contexto, podem não evidenciar a extensão do quadro concorrencial, sendo útil a utilização de métodos de performance. Propõe-se, neste livro, que se torne desnecessária, na implementação do fluxo proposto, a verificação da participação de mercado em termos percentuais no mercado relevante sob a ótica da venda – no mercado varejista –, novamente sugerindo-se a verificação dos critérios qualitativos apontados.

KIRKWOOD colaciona o posicionamento de diversos autores estrangeiros no sentido de que o varejista não precisa ter posição dominante para exercer poder e obter concessões significativas dos seus fornecedores.[950] O autor indica que, para DOBSON e INDERST, esse poder pode ser exercido de modo substancial mesmo quando detiver tamanho ou participação de mercado consideravelmente menor do que aqueles necessários para se caracterizar o poder de venda no mercado final.[951] CHEN entende, de modo análogo, que não é condição para a existência de poder um percentual de participação de mercado elevado.[952] Para KLEIN e MURPHY, também, mesmo varejistas com relativamente pequenas participações de mercado seriam capazes de obter preços de compra baixos, desde que tenham a habilidade de influenciar seus consumidores finais a mudar de produto entre marcas[953] (influenciar os consumidores finais dentro das lojas).

CARSTENSEN defende, nesse sentido, que um varejista com 20% do mercado teria poder suficiente ante seus fornecedores, haja vista que estes poderiam se sentir ameaçados a perder um quinto da sua receita e também os seus pontos de venda caso não atendessem às exigências do varejista.[954] No caso concreto *Toys'R'Us* nos Estados Unidos, por exemplo, foi possível constatar que um varejista de brinquedos com 20% de participação de mercado era detentor de um poder "crítico" no mercado, com poder de fazer com que seus fornecedores interrompam negócios com varejistas menores concorrentes.[955]

---

[950] KIRKWOOD, John B. Buyer Power and merger policy. Seattle University School of Law. *Working Paper*, Draft 1, p. 20, 1 April 2011. footnote 59.
[951] DOBSON, Paul W.; INDERST, Roman. The waterbed effect: where buying and selling power come together. *Wis. Law Review*, p. 331-332, 2008.
[952] CHEN, Zhiqi. Buyer Power, Competition Policy and Antitrust: the competitive effects of discrimination among suppliers. 22, *Res. Law and Economics*, p. 17-22, 2007.
[953] KLEIN, Benjamin; MURPHY, Kevin M. Exclusive dealing intensifies competition for distribution. 75 *Antitrust Law Journal*, p. 433-449, 2008.
[954] CARSTENSEN, Peter. *Buyer power and merger analysis: the need for different metrics.* Statement at the DOJ/FTC Merger Workshop (Feb. 17, 2004).
[955] Estados Unidos. *Toys "R" Us, Inc., Petitioner-Appellant, v. Federal Trade Commission.* United States Court of Appeals Opinion Affirming the Opinion and Final Order of the FTC (7th Cir. August 1, 2000), Respondent Appellee, Docket 98-4107, p. 2-3: *"TRU is a giant in the toy retailing industry. The Commission found that it sells approximately 20% of all the toys sold in the United States, and that in some metropolitan areas its share of toy sales ranges between 35% and 49%. The variety of toys it sells is staggering: over the course of a year, it offers about 11,000 individual toy items, far more than any of its competitors. As one might suspect from these figures alone, TRU is a critical outlet for toy manufacturers. It buys about 30% of the large, traditional toy companies' total output and it is usually their most important customer. According to evidence*

GRIMES sugere, nesse contexto, que uma participação de 10% de mercado seria suficiente para ser considerado como detentor de significativo poder de mercado pela ótica da compra, se o supermercado for multimarcas com características de gargalo para seus consumidores.[956] A *Competition Commission* do Reino Unido[957] também já concluiu que mesmo varejistas com menores participações de mercado de venda (8%) podem exercer seu poder e distorcer a concorrência tanto em face dos fornecedores quanto em face dos consumidores finais. Semelhantemente, BERASATEGI assevera que a característica gargalo à concorrência dos supermercados permite que mesmo varejistas de menor porte, com participações de mercado relativamente modestas, como 5 a 10% de "*market share*", ditem os termos dos negócios em face dos fabricantes fornecedores de produtos de marcas independentes.[958]

Esse papel de "*gatekeeper*" do supermercado deverá ser objeto de análise em especial no mercado relevante geográfico definido no caso concreto. Para tanto, alerta-se para o fato de que *não apenas os maiores supermercados* – como aqueles presentes no *Ranking ABRAS 2014* sobre o varejo de autosserviço nacional, quais sejam, Companhia Brasileira de Distribuição ("Grupo Pão de Açúcar"), Carrefour Com. Ind. Ltda. ("Carrefour"), Walmart Brasil Ltda. ("Walmart"), Cencosud Brasil Comercial Ltda. ("Cencosud") e Companhia Zaffari Comercio e Industria ("Zaffari")[959] – *poderiam ser considerados "gatekeepers", mas também supermercados de menor porte de maior relevância*

---

before the Commission's administrative law judge, or ALJ, even a company as large as Hasbro felt that it could not find other retailers to replace TRU--and Hasbro, along with Mattel, is one of the two largest toy manufacturers in the country, accounting for approximately 12% of the market for traditional toys and 10% of a market that includes video games. Similar opinions were offered by Mattel and smaller manufacturers".

956 GRIMES, Warren S. Buyer power and retail gatekeeper: protecting competition and the atomistic seller. 72 *Antitrust Law Journal*, p. 563-569, 2005.

957 Reino Unido. Office of Fair Trading. Monopolies and mergers Commission, Discount to retailers: a report on the general effect on the public interest of the practice of charging some retailers lower prices than others or providing special benefits to some retailers where the difference cannot be attributed to savings in the supplier's costs. HC311, May 1981.

958 BERASATEGI, Javier. *Supermarket power: serving consumers or harming competition*, 2014. p. 118. Disponível em: <http://www.supermarketpower.eu/documents/38179/39950/Supermarket+Power.pdf/ 9c0ed73f-37db-4d23-bd2d-1f583bf501e9>. Acesso em: 24 maio 2015.

959 ABRAS. *Revista Super Hiper*, ano 40, n. 454, p. 80, abr. 2014.

Capítulo 9 **Propostas concorrenciais**

estadual[960]/*regional/local, a depender do contexto concorrencial verificado no mercado relevante geográfico.*

---

960 No âmbito estadual, a partir do Ranking ABRAS 2014 sobre o varejo de autosserviço estadual, passa-se à listagem dos principais varejistas, que, apesar de não constarem nas listagens das principais empresas no âmbito nacional, eventualmente podem ser considerados *gatekeepers* no caso concreto, dada sua relevância regional/local.

Região Norte: No estado do *Acre*, de acordo com o Ranking ABRAS 2014 sobre o varejo de autosserviço estadual, as cinco maiores empresas são: (i) A. C. D. A. Importação e Exportação Ltda.; (ii) V. M. Noleto Importação e Exportação; (iii) Supermercado Pague Pouco Ltda. ("Pague Pouco"); (iv) A. B. M. Importação e Exportação Ltda. e (v) Mercantil São Sebastião Imp. Exp. Ltda. No estado do *Amazonas*, de acordo com o Ranking ABRAS 2014 sobre o varejo de autosserviço estadual, apenas duas empresas foram indicadas como as maiores do estado: (i) Edileude Oliveira Rodrigues; e (ii) Hilário José Willer. No estado do *Amapá*, de acordo com o Ranking ABRAS 2014 sobre o varejo de autosserviço estadual, apenas três empresas foram indicadas como as maiores do estado: (i) A. R. Filho & Cia. Ltda.; (ii) M. A. Silva e Silva Ltda.; e (iii) Rachel Loiola & Cia Ltda. No estado do *Pará*, de acordo com o Ranking ABRAS 2014 sobre o varejo de autosserviço estadual, as cinco maiores empresas são: (i) Y.Yamada S.A. – Comércio e Indústria; (ii) Líder Comércio e Indústria Ltda.; (iii) Formosa Supermercados e Maganize Ltda.; (iv) Nazaré Comercial de Alimentos e Magazine Ltda. e (v) Supermercado Cidade Ltda. No estado de *Rondônia*, de acordo com o Ranking ABRAS 2014 sobre o varejo de autosserviço estadual, as cinco maiores empresas são: (i) Pato Branco Alimentos Ltda.; (ii) Supermercado Centronorte Com. de Alim. Ltda.; (iii) Rodrigues Com. de Gên. Alimentícios Ltda.; (iv) Teixeira e Lopes Ltda. e (v) D.J. Terceiro Ltda. No estado do *Roraima*, de acordo com o Ranking ABRAS 2014 sobre o varejo de autosserviço estadual, apenas uma empresa foi indicada como a maior do estado: (i) Comercial Surumu Ltda. No estado de *Tocantins*, de acordo com o Ranking ABRAS 2014 sobre o varejo de autosserviço estadual, as cinco maiores empresas são: (i) Campelo Pinheiro Cia. Ltda.; (ii) Quartetto Supermercados Ltda.; (iii) Comercial de Secos e Molhados Fátima Ltda.; (iv) Super. Triângulo Ltda. e (v) F.J. Leite do Nascimento – ME.

Região Nordeste: No estado do *Alagoas*, de acordo com o Ranking ABRAS 2014 sobre o varejo de autosserviço estadual, as cinco maiores empresas são: (i) Unicompra Supermercados; (ii) Comércio Representações de Cereais Ltda.; (iii) Tavares de Pessoa Ltda.; (iv) P. V. Supermercado Ltda. e (v) Merc. Boas Compras Ltda. No estado da *Bahia*, de acordo com o Ranking ABRAS 2014 sobre o varejo de autosserviço estadual, as cinco maiores empresas são: (i) Atakarejo Distribuidor de Alimentos e Bebidas Ltda.; (ii) Empresa Baiana de Alimentos; (iii) RMix Participações Ltda.; (iv) Serrana Empreend. e Participações Ltda. e (v) Supermercado Rio Branco. No estado do *Ceará*, de acordo com o Ranking ABRAS 2014 sobre o varejo de autosserviço estadual, as cinco maiores empresas são: (i) Comercial de Alimentos Parceria Ltda.; (ii) Distribuidora de Alimentos Fartura S.A.; (iii) Mercadinho Belém Ltda.; (iv) Âncora Distribuidora Ltda. e (v) M. W. N. Comercial de Alimentos Ltda.

Assim, propõe-se que nesta Etapa 5 seja realizada a *análise qualitativa do papel do varejista no mercado relevante pela ótica da venda, identificando*

> No estado do *Maranhão*, de acordo com o Ranking ABRAS 2014 sobre o varejo de autosserviço estadual, apenas quatro empresas foram indicadas como as maiores do estado: (i) Mercadinho Pinheirense Ltda.; (ii) C. D. Magalhães; (iii) Analva P. Silva – ME Ltda.; e (iv) F. Monteiro Silva Mercearia. No estado da *Paraíba*, de acordo com o Ranking ABRAS 2014 sobre o varejo de autosserviço estadual, as cinco maiores empresas são: (i) Gomes Paixão & Cia Ltda.; (ii) Mercadinho Farias Ltda.; (iii) Brito e Barbosa Ltda.; (iv) Rede Menor Preço Supermercado Ltda. e (v) Padaria e Pastelaria Brasil. No estado de *Pernambuco*, de acordo com o Ranking ABRAS 2014 sobre o varejo de autosserviço estadual, as cinco maiores empresas são: (i) Bonanza Supermercados Ltda.; (ii) Supermercado da Família Ltda.; (iii) Super. Fenix Ltda.; (iv) Supermercado Lealdade Ltda. e (v) Robson Araujo Vieira. No estado do *Piauí*, de acordo com o Ranking ABRAS 2014 sobre o varejo de autosserviço estadual, as cinco maiores empresas são: (i) Carvalho e Fernandes Ltda.; (ii) Jorge Batista & Cia Ltda.; (iii) Monteiro & Cavalcante Ltda.; (iv) Antonio Moreira da Silva Neto e (v) Antonio de Sousa Martins – ME. No estado do *Rio Grande do Norte*, de acordo com o Ranking ABRAS 2014 sobre o varejo de autosserviço estadual, as cinco maiores empresas são: (i) Supermercado Nordestão Ltda.; (ii) Supermercados Queiroz Ltda.; (iii) Supermercado Boa Esperança Ltda.; (iv) Comercial Venâncio Ltda. e (v) Comercial Nova República Ltda. No estado de *Sergipe*, de acordo com o Ranking ABRAS 2014 sobre o varejo de autosserviço estadual, as cinco maiores empresas são: (i) Cencosud Brasil Comercial Ltda; (ii) Supemercado Sumepe Ltda.; (iii) Super. Bombom Ltda.; (iv) Prado Vasconcelos Ltda. e (v) Supermercado Allan Rodrigo Cavalcante Mendonça.
>
> *Região Centro-Oeste:* No *Distrito Federal*, de acordo com o Ranking ABRAS 2014 sobre o varejo de autosserviço estadual, as cinco maiores empresas são: (i) Paulo e Maia Supermercados Ltda.; (ii) Big. Trans. Comercial de Alim. S.A. ("Big Box"); (iii) Com. Alim. Ita. Ltda.; (iv) Comercial de Alimentos Superbom Ltda. e (v) Comercial de Alimentos Santa Maria Ltda. No estado de *Goiás*, de acordo com o Ranking ABRAS 2014 sobre o varejo de autosserviço estadual, as cinco maiores empresas são: (i) Supervi Distribuidor de Alimentos Ltda.; (ii) Supermercado Moreira Ltda.; (iii) J. Zouain & Cia Ltda.; (iv) Hipermercado da Terra Ltda. e (v) Supermercado Pró Brasil Ltda. No estado do *Mato Grosso*, de acordo com o Ranking ABRAS 2014 sobre o varejo de autosserviço estadual, as cinco maiores empresas são: (i) Del Moro & Del Moro Ltda.; (ii) Juba Supermercados Ltda.; (iii) Supermercado e Atacado Saito Ltda.; (iv) Vale Formoso Com. de Alim. Ltda. e (v) Favorito Super. Ltda. No estado do *Mato Grosso do Sul*, de acordo com o Ranking ABRAS 2014 sobre o varejo de autosserviço estadual, as cinco maiores empresas são: (i) A. B. V. Comércio de Alimentos Ltda.; (ii) S. Pires Comércio de Alimentos Ltda.; (iii) J.C. Santos & Cia Ltda.; (iv) Signori & Signori Ltda. e (v) Loja e Supermercado Estrela Ltda.
>
> *Região Sul:* No estado do *Paraná*, de acordo com o Ranking ABRAS 2014 sobre o varejo de autosserviço estadual, as cinco maiores empresas são: (i) Condor Super Center Ltda.;

se ele possui características de gargalo à concorrência ("gatekeeper") aos consumidores finais e também aos fornecedores, enquanto plataforma de dois lados. Se houver, pode-se, de imediato, passar para a próxima etapa do fluxo de análise.

9.1.7 ETAPA 6: Eficiências constitucionalizadas

ETAPA 6	Eficiências constitucionalizadas

Nesta Etapa, busca-se a superação de critérios meramente quantitativos nas análises antitruste de infrações à ordem econômica, para que se incorpore elementos qualitativos do que se propõe ser uma "eficiência constitucionalizada".

(ii) Irmãos Muffato & Cia Ltda.; (iii) Companhia Sulamericana de Distribuição; (iv) Cia Beal Alimentos e (v) Supermercados Irani Ltda. No estado do *Rio Grande do Sul*, de acordo com o Ranking ABRAS 2014 sobre o varejo de autosserviço estadual, as cinco maiores empresas são: (i) Companhia Zaffari Com. e Indústria; (ii) Unidasul Dist. Alimentícia S.A.; (iii) P. G. L. Distribuição de Alimentos Ltda.; (iv) Imp. e Exp. de Cereais S.A. e (v) Supermercado Guanabara S.A. No estado do *Santa Catarina*, de acordo com o Ranking ABRAS 2014 sobre o varejo de autosserviço estadual, as cinco maiores empresas são: (i) A. Angeloni Cia. Ltda.; (ii) Giassi & Cia Ltda.; (iii) Super. Imperatriz Ltda.; (iv) Koch Hipermercado Ltda. e (v) Supermercados Archer Ltda.

Região Sudeste: No estado do *Espírito Santo*, de acordo com o Ranking ABRAS 2014 sobre o varejo de autosserviço estadual, as cinco maiores empresas são: (i) Hortigil Hortifruti S.A.; (ii) Realmar Distribuidora Ltda.; (iii) Super Celeiro Ltda. – CCB; (iv) Barão Alimentos S.A. e (v) Valmir Santos Silva – CCB. No estado de *Minas Gerais*, de acordo com o Ranking ABRAS 2014 sobre o varejo de autosserviço estadual, as cinco maiores empresas são: (i) Supermercados BH Com. de Alim. Ltda.; (ii) DMA Distribuidora S.A.; (iii) Multiformato Distribuidora S.A; (iv) Supermercado Bahamas Ltda. e (v) Adição Dist. Express Ltda. No estado do *Rio de Janeiro*, de acordo com o Ranking ABRAS 2014 sobre o varejo de autosserviço estadual, as cinco maiores empresas são: (i) Supermercado Zona Sul; (ii) AM/PM Comestíveis Ltda.; (iii) Intercontinental Com. de Alim. Ltda.; (iv) Mercado Torre de Jacarepaguá Ltda. e (v) Supermercados Vianense Ltda. No estado do *São Paulo*, de acordo com o Ranking ABRAS 2014 sobre o varejo de autosserviço estadual, as cinco maiores empresas são: (i) Companhia Brasileira de Distribuição ("Grupo Pão de Açúcar"), (ii) Carrefour Com. Ind. Ltda. ("Carrefour"), (iii) Walmart Brasil Ltda. ("Walmart"), (iv) Sonda Supermercados Exp. e Imp. S.A. e (v) S.D.B. Comércio de Alimentos Ltda.

Nos termos neoclássicos, cujo principal expoente é BORK,[961] a eficiência é o princípio fundamental do direito antitruste. Adverte FRAZÃO que os pressupostos epistemológicos da utilização de critérios consequencialistas, como o da eficiência econômica, têm como base a Escola de Chicago,[962] que se centra tipicamente nas ascepções de eficiência alocativa[963] e eficiência produtiva.[964] A eficiência é, portanto, associada diretamente ao bem-estar do consumidor, sendo que a distribuição equitativa dos benefícios com o consumidor seria presumida. SALOMÃO FILHO sinaliza que o principal mérito dessa escola e a principal razão da sua aceitação pelas cortes nos Estados Unidos – mas também no Brasil, segundo SCHUARTZ[965] – "está no fato de ter sido capaz de adaptar objetivos tão claramente de política econômica (como é a defesa da competitividade das empresas americanas) a uma teoria econômica *aparentemente preocupada exclusivamente com a defesa do consumidor* e, portanto, com grande apelo técnico e até político-ideológico" (grifo nosso).[966] A consequência dessa teoria é atribuir valor absoluto a uma premissa econô-

---

961 BORK, Robert H. *The antitrust paradox.* Nova York: The Free Press, 1993. p. 90.

962 FRAZÃO, Ana. A necessária constitucionalização do direito da concorrência. In: CLÈVE, Clèmerson Merlin; FREIRE, Alexandre (org.). *Direitos fundamentais e jurisdição constitucional.* São Paulo: RT, 2014. p. 139-158.

963 De acordo com SALOMÃO FILHO: *"A eficiência alocativa relaciona-se com a distribuição dos recursos na sociedade. Não se deve confundir a questão com o problema da distribuição de renda e de riqueza, que para os neoclássicos nada tem a ver com o direito antitruste. Para os neoclássicos, verificar se exite eficiência alocativa é simplesmente determinar se os recursos estão empregados naquelas atividades que os consumidores mais apreciam ou necessitam".* SALOMÃO FILHO, Calixto. *Direito concorrencial:* as estruturas. São Paulo: Malheiros, 1998. p. 167-168.

964 De acordo com SALOMÃO FILHO: *"Ao contrário da eficiência alocativa, que vê a questão do ponto de vista de mercado, a eficiência produtiva expressa o efetivo uso dos recursos pela empresa. É, portanto, um dado interno de cada empresa, representando o nível de dispêndio necessário para produzir um determinado bem. Assim, enquanto a eficiência alocativa se traduz na curva de demanda pelo produto, a eficiência produtiva é representada pela curva dos custos (...) economias de escala".* SALOMÃO FILHO, Calixto. *Direito concorrencial:* as estruturas. São Paulo: Malheiros, 1998. p. 167-168.

965 SCHUARTZ, Luis Fernando. A desconstitucionalização do direito de defesa da concorrência. *Law Review*, v. 106, p. 741-791, 1993. "Não há no direito brasileiro exemplo análogo de colonização, por uma teoria originariamente extrajurídica, dos programas normativos e argumentativos substantivos utilizados enquanto premissas nas atividades de interpretação e aplicação do direito".

966 SALOMÃO FILHO, Calixto. *Direito concorrencial:* as estruturas. São Paulo: Malheiros, 1998. p. 39.

Capítulo 9 **Propostas concorrenciais**

mica (eficiência), sem que isso possa ser contestado com base em considerações valorativas ou distributivas.

FOX alerta para pelo menos três consequências da utilização dos pressupostos da Escola de Chicago: (i) o estreitamento "dramático" do escopo do direito antitruste – que passou a se restringir à eficiência – e o seu total afastamento da economia política; (ii) a minimização do direito antitruste, cuja atuação ficou restrita apenas aos casos de ineficiência e (iii) a presunção de que os mercados funcionavam bem, de que seria difícil a conquista e a manutenção do poder de mercado e de que a disciplina do mercado seria normalmente mais eficiente do que a intervenção estatal.[967] Essa visão do antitruste, porém, vem sendo superada, nos termos de HOVEMKAMP, pelo reconhecimento de que os mercados são mais complexos, mais variados e possuem mais falhas do que supunham os economistas de Chicago.[968] Nesse sentido, passa-se a discutir "em que medida a busca de eficiências é a única ou pelo menos uma das principais finalidades ou balizadas do direito da concorrência, questão que delimita não somente a competência da autoridade antitruste, como também as metodologias e técnicas de decisão que devem ser adotadas no julgamento dos atos de concentração".[969]

CASTRO inclusive discute a necessidade de o antitruste, em países em desenvolvimento, concentrar-se na promoção da rivalidade – e não necessariamente na eficiência –, de modo a incorporar preocupações de promoção do desenvolvimento econômico, eficiência dinâmica, combate à pobreza e correção de distorções históricas na acumulação e na manutenção do poder econômica.[970]

---

967 FOX, Elenor M. Post-Chicago, Post-Seattle and the Dilemma of Globalization. In: CUCINOTTA, Antonio; PARDOLESI, Roberto; BERGH, Roger van dan (org.). *Post-Chicago Developments in Antitrust Law.* Cornwall: Edward Elgar, 2002. p. 78. Apud FRAZÃO, Ana. A necessária constitucionalização do direito da concorrência. In: CLÈVE, Clèmerson Merlin; FREIRE, Alexandre (org.). *Direitos fundamentais e jurisdição constitucional.* São Paulo: RT, 2014. p. 139-158.

968 HOVEMKAMP, Herbert. The reckoning of Post-Chicago antitrust. In: CUCINOTTA, Antonio; PARDOLESI, Roberto; BERGH, Roger van dan (org.). *Post-Chicago Developments in Antitrust Law.* Cornwall: Edward Elgar, 2002. p. 3-4.

969 FRAZÃO, Ana. A análise de eficiências em atos de concentração sob o enfoque do princípio redistributivo. In: CARVALHO, Vinícius M. (org.). *A Lei 12.529/2011 e a Nova Política de Defesa da Concorrência.* São Paulo: Singular, 2015. p. 181-199.

970 CASTRO, Bruno Braz de. *Eficiência e rivalidade:* alternativas para o direito da concorrência nos países em desenvolvimento. Tese de doutorado apresentada perante a Universidade Federal de Minas Gerais, em fevereiro de 2017.

No Brasil, a Lei 12.529/2011 prevê a eficiência como critério de análise antitruste.[971] Quanto ao controle de condutas, esclarece, no § 1º do art. 36, que "*(a) conquista de mercado resultante de processo natural fundado na maior eficiência de agente econômico em relação a seus competidores não caracteriza o ilícito previsto no inciso II do* caput *deste artigo*", consistente no ilícito de dominação de mercado relevante de bens ou serviços. Segundo SALOMÃO FILHO, trata-se de uma excludente absoluta da ilicitude.[972] Quanto ao controle de estruturas, é previsto, no § 6º do art. 88, que atos que impliquem eliminação da concorrência em parte substancial de mercado relevante, que possam criar ou reforçar uma posição dominante ou que possam resultar na dominação de mercado relevante de bens ou serviços podem excepcionalmente ser autorizados desde que observados os limites estritamente necessários para atingir os seguintes objetivos: "*I – cumulada ou alternativamente: a) aumentar a produtividade ou a competitividade; b) melhorar a qualidade de bens ou serviços; ou c) propiciar a eficiência e o desenvolvimento tecnológico ou econômico; e II – sejam repassados aos consumidores parte relevante dos benefícios decorrentes*". A alínea a) do inciso I retrata a preocupação especificamente com a eficiência produtiva, sendo que a alínea c) aponta para a concepção mais ampla de eficiência.[973] Adicionalmente, a lei brasileira aponta

---

[971] SALOMÃO FILHO adverte para a diferença na concepção de eficiências no âmbito dos atos de concentração e de condutas: em matéria de condutas, a eficiência seria aceitável para demonstrar que o referido ato não poderia prejudicar, mas sim estimular ou favorecer a livre concorrência (ou seja, a eficiência consistiria na não produção do efeito anticoncorrencial). SALOMÃO FILHO, Calixto. *Direito concorrencial:* as condutas. São Paulo: Malheiros, 2002. p. 147.

[972] SALOMÃO FILHO, Calixto. *Direito concorrencial:* as estruturas. São Paulo: Malheiros, 1998. p. 167. As considerações do autor são direcionadas à Lei 8.884/1994, mas, como o dispositivo legal é reproduzido na nova lei, entendemos que os apontamentos ainda são aplicáveis.

[973] No Guia de Análise de Atos de Concentração Horizontal da SEAE, são consideradas eficiências econômicas os incrementos de bem-estar econômico gerados pelo ato e que não podem ser gerados de outra forma – eficiências específicas. Não são consideradas eficiências vagas, especulativas ou quando não puderem ser verificadas por meios razoáveis. *Guia de Análise de Atos de Concentração Horizontal*. Portaria Conjunta SEAE/SDE n. 50, de 1º de agosto de 2001. Etapa IV: Eficiências Econômicas. Por sua vez, o Guia de Análise dos Atos de Concentração Horizontal, divulgado pelo CADE em 2016, reforça essa visão tradicional das eficiências, segundo o qual o efeito líquido não negativo da operação deve ser analisado a partir da comparação entre os benefícios resultantes do ato de concentração e os potenciais prejuízos para o bem-estar dos consumidores advindos da eliminação

no inciso II para o princípio redistributivo, segundo o qual é necessária a garantia da efetiva repartição de seus benefícios com os consumidores.[974]

Ocorre que, nos termos de FORGIONI, "no Brasil, não se pode sustentar que a disciplina antitruste visa apenas a implementar a eficiência, seja ela alocativa, produtiva ou dinâmica".[975] O direito da concorrência na atualidade, portanto, passa a incorporar a reflexão a respeito de *outros valores e objetivos que não apenas a eficiência econômica*. FRAZÃO, fundamentando-se em discussão realizada no bojo da *International Competition Network* (ICN), identifica que, dentre os demais objetivos possíveis para a análise antitruste, estão os de "assegurar um processo de efetiva competição, promover o bem-estar e o direito de escolha do consumidor, promover a liberdade econômica, assegurar um âmbito de atuação para pequenas e médias empresas, promover justiça e igualdade, realizar a integração de mercados, facilitar privatizações e liberalizações de mercado e promover a competição em mercados internacionais, (...) encorajar a criatividade nas atividades empresariais, promover eficiência e justiça para pequenas e médias empresas e até mesmo resguardar postos de trabalho".[976] Aplicando-se essa preocupação internacional à realidade brasileira, tem-se que a busca pelos objetivos do direito da concorrência deve necessariamente ser baseada no texto constitucional, dado seu caráter instrumental à ordem econômica.

O art. 173, § 4º, da Constituição determina que "a lei reprimirá o abuso do poder econômico que vise à eliminação da concorrência, do domínio de mercados e ao aumento arbitrário dos lucros". Nesse sentido, "o controle do exercício do poder econômico não pode ficar sujeito tão somente a critérios econômicos ou consequencialistas" (tal qual a eficiência

---

da concorrência. CADE. *Guia de Análise dos Atos de Concentração Horizontal*. 2016. Capítulo 3. Ganhos de Eficiência. Apesar de não consideradas tipicamente pelos neoclássicos, há também as chamadas eficiências dinâmica – concernente às inovações tecnológicas – e transacional – concernente à redução de custos de transação –, por vezes mencionadas na análise concorrencial.

974 SALOMÃO FILHO, Calixto. *Direito concorrencial: as estruturas*. São Paulo: Malheiros, 1998. p. 176. *"Para assegurar a existência de um ganho líquido de eficiência é necessário, de alguma forma, garantir a sua repartição com o consumidor. Talvez seja mais correto, ainda, afirmar que a repartição dos ganhos de eficiência com o consumidor é o único indicador que permite comprovar a efetiva existência desses ganhos".*

975 FORGIONI, Paula A. *Os fundamentos do antitruste*. 7. ed. São Paulo: RT, 2014. p. 189.

976 FRAZÃO, Ana. A necessária constitucionalização do direito da concorrência. In: CLÈVE, Clèmerson Merlin; FREIRE, Alexandre (org.). *Direitos fundamentais e jurisdição constitucional*. São Paulo: RT, 2014. p. 139-158.

econômica), sendo necessária a constitucionalização do direito da concorrência.⁹⁷⁷ *É nesse sentido que se propõe, nessa Etapa 6, uma análise de "eficiência constitucionalizada".*

Com essa proposta de análise de eficiência constitucionalizada, "abre-se o discurso para importantes discussões concorrenciais, sem descuidar da preocupação de resguardar a coerência do direito da concorrência e a sua aptidão para regular o poder econômico com parâmetros consistentes, adequados e minimamente previsíveis".⁹⁷⁸ Trata-se de uma conciliação entre o instrumental consolidado da eficiência com os pressupostos constitucionais da ordem econômica do Brasil.

Não se anseia com essa proposta promover uma completa e abrupta ruptura da experiência consolidada do CADE ao analisar as eficiências em atos de concentração e/ou condutas unilaterais/verticais. O que se almeja é que essa análise não seja permeada apenas e tão somente por fatores econômicos, mas também constitucionais. Entende-se que o fim último da concorrência sob a égide constitucional no Brasil não é uma competição apenas por preços (justificável meramente por argumentos de eficiência alocativa e produtiva), mas sim uma concorrência qualitativa, que também leva em conta fatores como inovação, qualidade e variedade (ou seja, a redistribuição dos efeitos concorrenciais para os consumidores e para a sociedade brasileira, atingindo o fim último da justiça social apregoada na Constituição brasileira). Segundo sugere SALOMÃO FILHO, "a resolução de eventuais conflitos que possam aparecer em casos específicos se resume a verificar, relativamente a uma determinada situação, que interesse o legislador considerou predominante e se a proteção desse interesse é passível ao menos em tese de ser instrumental à proteção do remanescente".⁹⁷⁹

---

977 FRAZÃO, Ana. A necessária constitucionalização do direito da concorrência. In: CLÈVE, Clèmerson Merlin; FREIRE, Alexandre (org.). *Direitos fundamentais e jurisdição constitucional.* São Paulo: RT, 2014. p. 139-158.

978 FRAZÃO, Ana. A necessária constitucionalização do direito da concorrência. In: CLÈVE, Clèmerson Merlin; FREIRE, Alexandre (org.). *Direitos fundamentais e jurisdição constitucional.* São Paulo: RT, 2014. p. 139-158.

979 SALOMÃO FILHO, Calixto. *Direito concorrencial:* as estruturas. São Paulo: Malheiros, 1998. p. 24-25. O autor, detalhando as concepções da Escola de Freiburg (também denominada Escola Ordo-Liberal), expõe que: "*Ora, fundamental para a existência de um processo de livre escolha e de descoberta das melhores opções do mercado não é apenas a existência de um preço não alterado por condições artificiais de oferta e de demanda que, portanto, represente a utilidade marginal do produto (como querem os neoclássivos), mas, também, que exista efetiva*

Capítulo 9 **Propostas concorrenciais**

Busca-se nessa Etapa 6 do fluxo de análise proposto a superação de critérios meramente quantitativos nas análises antitruste – pela regra da razão – de infrações à ordem econômica, para que se incorpore elementos qualitativos, tais quais a eficiência dinâmica,[980] a eficiência distributiva,[981] o enfoque do princípio retributivo[982] e, principalmente, as ponderações constitucionais.

---

pluralidade real ou potencial de escolha entre produtos, com base em preço, quantidade, preferências regionais, etc. A possibilidade de escolha assume, portanto, um valor em si mesmo. (...) Se um dos fundamentos do bem-estar do consumidor é a sua liberdade de escolha entre várias opções diferenciadas, objetiva e subjetivamente, por preço, qualidade, quantidade, etc., não há como considerar uma regra aplicada explicitamente com o objetivo de proteger a competição 'ineficiente' do ponto de vista do consumidor".

[980] Elementos qualitativos podem ser aportados pela eficiência dinâmica, na medida em que retratam questões relacionadas à tecnologia e à perspectiva de inovação, que pode beneficiar os consumidores e a sociedade brasileira. Para alguns exemplos sobre eficiência dinâmica: PEREIRA NETO, Caio Mário S.; CASAGRANDE, Paulo L. *Direito concorrencial* – doutrina, jurisprudência e legislação. São Paulo: Saraiva, 2016. p. 80.

[981] SALOMÃO FILHO busca, com o conceito de eficiência distributiva, aplicar a justiça social que não está contemplada na expressão "eficiência alocativa". A distribuição de benefícios com os consumidores seria uma forma de neutralizar minimamente os efeitos anticompetitivos que podem decorrer de atos de concentração, por meio da repartição dos proveitos do ato, a fim de se evitar situações nas quais as empresas fiquem com todas as vantagens da operação, enquanto os consumidores e a sociedade suportam apenas as desvantagens. "(...) *o princípio da eficiência distributiva afirma que um direito antitruste coerente, exatamente por se preocupar com o consumidor, deve garantir não somente que se criem eficiências produtivas benéficas, mas que essas sejam divididas com o consumidor. Ora, a única forma de constranger os agentes econômicos a fazê-lo (que não, evidentemente, a redistribuição impositiva estatal, através do planejamento econômico-impositivo) é através da possibilidade de perda de mercado, isto é, da concorrência*". SALOMÃO FILHO, Calixto. *Direito concorrencial: as condutas*. São Paulo: Malheiros, 2002. p. 152-154.

[982] SALOMÃO FILHO, Calixto. *Direito concorrencial*. São Paulo: Malheiros, 2013. p. 241. Ademais, segundo FRAZÃO: "*o princípio retributivo foi acolhido com maior força pela atual lei (...). De toda sorte, qualquer que seja a metodologia adotada para a aferição das eficiências, é importante observar que o princípio retributivo, nos termos em que foi determinado pela Lei 12.529/2011 impõe, como requisito para a aprovação do ato de concentração, a distribuição de parte relevante dos benefícios da operação. Assim, para efeitos da legislação brasileira, o que verdadeiramente importa é em que medida as eficiências apontadas se traduzem em benefícios concretos para o consumidor e em que medida essa transferência de benefícios é proporcional aos efeitos anticompetitivos da operação, já que se exige que seja feita em 'parte relevante'*". FRAZÃO, Ana. A análise de eficiências em atos de concentração sob o enfoque do princípio redistributivo. In: CARVALHO, Vinícius M. (org.). *A Lei 12.529/2011 e a Nova Política de Defesa da Concorrência*. São Paulo: Singular, 2015. p. 181-199.

9.1.8 ETAPA 7: Ponderação entre as eficiências constitucionalizadas e os efeitos anticompetitivos resultantes da prática

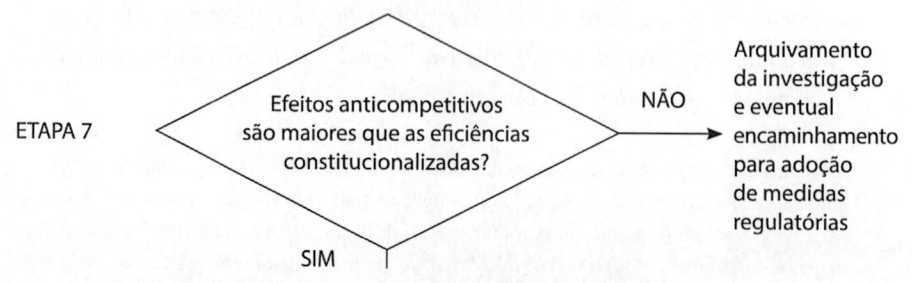

ETAPA 7 → Efeitos anticompetitivos são maiores que as eficiências constitucionalizadas?
- NÃO → Arquivamento da investigação e eventual encaminhamento para adoção de medidas regulatórias
- SIM → Enquadramento da(s) conduta(s) investigada(s) nos termos da Lei 12.529/2011

Constatada a implementação de práticas comerciais no varejo supermercadista como as categorizadas (vide Capítulo 5, supra), em especial aquelas consideradas potencialmente violadoras da ordem econômica brasileira (vide Capítulo 6, supra), deve ser avaliada a existência de efeitos anticompetitivos. No mercado pela ótica da venda (varejista), tais efeitos anticompetitivos podem ser, vide Capítulo 7, supra, por exemplo, (i) o aumento do custo dos rivais e o efeito colchão d'água, (ii) o fechamento de varejistas, a redução das opções ao consumidor final, o novo aumento da concentração econômica e a redução da eficiência varejista, (iii) o aumento de preços ao consumidor final, e (iv) a colusão entre varejistas. Ademais, efeitos anticompetitivos também podem ser causados no mercado pela ótica da compra (aprovisionamento), tais como apontados no Capítulo 8, supra, por exemplo: (i) o aumento de barreiras à entrada e à expansão de fornecedores/marcas independentes, (ii) a exclusão de e o fechamento de mercado a fornecedores/marcas independentes, (iii) a redução da inovação, da qualidade e da variedade/das opções, e (iv) colusão entre fornecedores.

Nesse cenário, SALOP[983] bem adverte que *"Quando se constata não apenas o dano ao competidor, mas também um dano à concorrência, tem-se um po-*

---

[983] SALOP, Steve. *"Where you've got not only competitor injury but also competitive injury, then there's a potential market power problem, and in that case you need to balance off the harm for the market power against the efficiency benefits that potentially accrue"*. Apud Federal Trade Commission. *Workshop on Slotting Allowances and Other Grocery Marketing Practices*, 2000. p. 126-137. Disponível em: <https://www.ftc.gov/sites/default/files/documents/public_events/public-workshop-slotting-allowances-and-other-grocery-marketing-practices/slotting531.pdf>. Acesso em: 13 fev. 2016.

tencial problema de poder de mercado. Neste caso, deve-se ponderar entre o dano causado por esse poder de mercado e as possíveis eficiências dele decorrentes". É nesse sentido que se propõe, então, a ponderação entre as possíveis "eficiências constitucionalizadas" das práticas comerciais com os possíveis efeitos negativos. Para tanto, a ponderação deve avaliar se os efeitos anticompetitivos – não apenas os estáticos de curto prazo, mas principalmente os dinâmicos de médio e longo prazo – são superiores ou inferiores às eficiências (ganhos de produtividade).

Caso os efeitos anticompetitivos sejam inferiores às "eficiências constitucionalizadas", a investigação da suposta conduta deverá ser arquivada, pois o efeito negativo é apenas aos concorrentes e não à concorrência, podendo ser objeto de encaminhamento para análise de possíveis remédios regulatórios (*vide* Capítulo 10, *infra*). Caso, porém, os efeitos anticompetitivos sejam superiores às "eficiências constitucionalizadas", passa-se a ter um problema à concorrência no mercado, levando ao possível enquadramento da conduta nas hipóteses exemplificativas contidas no art. 36 da Lei 12.529/2011.

9.1.9 Remédios antitruste

Diante de todo o exposto, quando da implementação de práticas comerciais como as categorizadas, em especial aquelas consideradas potencialmente violadoras da ordem econômica brasileira, propõe-se a superação de análises quantitativas por qualitativas. Sobre a aferição de poder dos varejistas pela ótica da compra, supera-se a definição de um *quantum* de poder de mercado pela constatação da efetiva implementação das condutas que reflitam a existência de poder de mercado. Sobre a aferição de poder dos fornecedores pela ótica da compra, supera-se também a exigência de definição de *market share* pela constatação da dependência econômica dos fornecedores junto aos varejistas. Sobre a aferição de poder dos varejistas pela ótica da venda, supera-se novamente a exigência de definição de *market share* pela constatação do papel do supermercado como gargalo à concorrência ("*gatekeeper*") no mercado. Assim, será possível avaliar se tais efeitos anticompetitivos são superiores a eventuais justificativas de "eficiências constitucionalizadas". Se sim, será possível enquadrar a conduta nas hipóteses exemplificativas do art. 36 da Lei 12.529/2011.

Nesse cenário, questiona-se: quais seriam os possíveis remédios aplicáveis a condutas cujos efeitos anticompetitivos sejam superiores às eficiências constitucionalizadas e que, portanto, prejudiquem o ambiente concorrencial no varejo supermercadista brasileiro? Nos termos do art. 37 da Lei 12.529/2011, o CADE poderá aplicar multa às empresas e pessoas físicas infratoras, mas outras penas também são possíveis quando assim exigir a gravidade dos fatos ou o interesse público geral, conforme o art. 38 da mesma lei. É possível, assim, aplicar também penas de publicação em veículo oficial; de proibição de contratar com instituições financeiras oficiais; de inscrição do infrator no Cadastro Nacional de Defesa do Consumidor; de recomendação aos órgãos públicos para que seja concedida licença compulsória sobre direito de propriedade intelectual de titularidade do infrator ou para que não seja concedido ao infrator parcelamento de tributos federais, de cisão de sociedade, transferência de controle societário, venda de ativos ou cessação parcial de atividade; de proibição de exercer o comércio em nome próprio ou como representante de pessoa jurídica; ou de qualquer outro ato ou providência necessários para a eliminação dos efeitos nocivos à ordem econômica.

Questiona-se, portanto: quais poderiam ser as penas efetivas aplicadas em face dos infratores que praticaram condutas anticompetitivas no varejo supermercadista? Diante de condutas anticompetitivas que envolvam o exercício abusivo da marca própria, pode-se cogitar, por exemplo, a aplicação do remédio estrutural de recomendação de licenciamento compulsório da marca própria do supermercado. Ademais, perante condutas anticompetitivas que envolvam o exercício abusivo do direito sobre as gôndolas, pode-se cogitar também, por exemplo, a aplicação do remédio comportamental de imposição de um nível concorrencial mínimo nas prateleiras dos supermercados (por via quantitativa, ou seja, no mínimo "x" marcas por categoria, ou via percentual, de modo que pelo menos "y%" das gôndolas deveria ser ocupado por marcas concorrentes). Ainda, é possível que se aplique quaisquer outros remédios[984] necessários para a eliminação dos efeitos nocivos à ordem econômica, desde que proporcionais. Isso porque o fim último da concorrência nos ditames constitucionais no Brasil não é uma competição por preços, mas sim uma concorrência qualitativa, que leve em conta fatores como qualidade,

---

[984] Para maior aprofundamento sobre o tema dos remédios antitruste, sugere-se: OLIVEIRA, Amanda Flávio de; RUIZ, Ricardo Machado. *Remédios antitruste*. São Paulo: Ed. Singular, 2011.

Capítulo 9 **Propostas concorrenciais**

inovação e variedade (ou seja, na redistribuição dos efeitos concorrenciais para os consumidores e para a sociedade brasileira, atingindo o fim último da justiça social apregoada na Constituição brasileira). Desse modo, a Lei 12.529/2011, como instrumento da Constituição da República Federativa do Brasil de 1988, deve ser um valor-meio para o bem comum e o interesse da coletividade brasileira.

Além disso, há pelo menos dois tipos de remédio antitruste inovadores que podem ser adotados para endereçar a questão da implementação dessas práticas comerciais potencialmente violadoras da ordem econômica no varejo supermercadista. *O primeiro remédio antitruste alternativo diz respeito à adoção de compromissos voluntários pelos varejistas com a autoridade antitruste.*

Na Holanda, por exemplo, a *Netherlands Authority for Consumers and Markets* (ACM) firmou compromisso, em junho de 2016, com sete empresas do setor de concreto para que determinadas práticas comerciais parassem de ser adotadas no mercado holandês.[985] Apesar de não ter sido iniciada nenhuma investigação formal contra essas empresas antes da celebração desse compromisso, a autoridade antitruste pró-ativamente contatou os agentes de mercado e apresentou suas preocupações concorrenciais. Assim, sem sequer ser iniciada uma investigação, alcançou-se o objetivo desejado que era a cessação da adoção de determinadas práticas comerciais. Similarmente, no Brasil, a partir da elaboração de um estudo setorial pelo CADE, e sinalizadas as preocupações concorrenciais com as condutas comerciais implementadas pelos supermercados individualmente ou em conjunto com os fornecedores, poder-se-ia contatar pró-ativamente os agentes comerciais de mercado e buscar um acordo. Esse acordo, consistente em um compromisso entre as partes, permitiria a interrupção de práticas comerciais que potencialmente prejudicam o mercado brasileiro.

Ademais, um segundo remédio antitruste alternativo diz respeito ao envio de "cartas alerta" pela autoridade antitruste para os agentes de mercado.

No Reino Unido, por exemplo, há a possibilidade de envio de *"warning and advisory letters"* para as empresas.[986] No Canadá, similarmente, há a pos-

---

[985] Holanda. *Commitments to ACM improve competition in ready-mix concrete sector.* 29-06-2016. Disponível em: <https://www.acm.nl/en/publications/publication/15971/Commitments-to-ACM-improve-competition-in-ready-mix-concrete-sector/>. Acesso em: 8 out. 2016.

[986] Reino Unido. Competition and Markets Authority (CMA). *Warning and advisory letters: essential information for businesses.* Disponível em: <https://www.gov.uk/guidance/warning-and-advisory-letters-essential-information-for-businesses>. Acesso em: 8 out. 2016.

sibilidade de envio de "*information and warning letters*" com o objetivo de alcançar o *compliance* concorrencial sem mesmo ter que iniciar um processo antitruste contra as empresas.[987] Recentemente, a autoridade antitruste do México também tem adotado essa medida. Tal "carta alerta" consiste em um documento enviado pela autoridade antitruste aos agentes de mercado, informando que há determinadas práticas comerciais adotadas naquele mercado específico que podem ser violadoras à ordem econômica nos termos da Lei 12.529/2011. O objetivo é alertar para uma futura investigação naquele mercado e possivelmente direcionar os agentes de mercado à alteração voluntária de suas práticas comerciais. Assim, não seria necessário iniciar um processo investigativo, pois os agentes de mercado por si só alterariam suas condutas no mercado.

Similarmente, no Brasil, o CADE poderia enviar uma "carta alerta" aos principais supermercados varejistas indicando a preocupação com determinadas práticas comerciais, e informando que elas poderiam ser enquadradas, possivelmente, no art. 36, § 3º, da Lei 12.529/2011. Adicionalmente, poderia ser informado qual a penalidade possivelmente aplicada para essas práticas, se consideradas ilícitas. Por fim, poder-se-ia indicar a existência de mecanismos de autodenúncia, como, por exemplo, o Programa de Leniência (em caso de conduta colusiva). Desse modo, sem necessariamente iniciar um Processo Administrativo, pode-se alcançar o objetivo desejado, que é a manutenção da concorrência no varejo supermercadista brasileiro.

9.2 Propostas em sede de controle de atos de concentração e de alianças de compra entre supermercados

ALLAIN, CHAMBOLLE e REY[988] sugerem que apenas o controle *ex post* (via análise de condutas) das práticas comerciais no varejo supermercadista não impedirá os efeitos anticompetitivos no mercado. Desse modo, medidas proativas *ex ante* – ou seja, durante a análise de atos de concentração submetidos à autoridade antitruste – seriam necessárias para retirar os incentivos em

---

987 Canadá. Competition Bureau. *3.2.4 Consent Agreements and other Non-Contested Resolutions.* Disponível em: <http://www.competitionbureau.gc.ca/eic/site/cb-bc.nsf/eng/03927.html>. Acesso em: 8 out. 2016.

988 ALLAIN, Marie-Laure; CHAMBOLLE, Claire; REY, Patrick. Vertical Integration, Innovation and Foreclosure. *HAL*, p. 1, 2010.

si das práticas comerciais. Isso posto, entende-se que, *mutatis mutandis, o fluxo de análise proposto* no item 9.1, *supra, poderá auxiliar na análise de atos de concentração que envolvam o varejo supermercadista*. Nos termos de GRIMES,[989] uma vez que as decisões em sede de atos de consideração seriam profiláticas (preventivas), a incorporação do aprendizado recente a respeito do poder de mercado dos varejistas tornaria as decisões das autoridades antitruste mais relevantes, consistentes e transparentes. Assim, apesar de não ser o foco da análise, algumas breves considerações podem ser feitas a respeito de medidas concorrenciais em sede do controle de estrutura.

Primeiramente, em um *ato de concentração entre supermercados*, a existência de poder de compra, ainda que na sua faceta do poder compensatório, não deverá ser analisada por si só como uma eficiência da operação e, portanto, sob o viés positivo tradicional. Deve-se levar em conta, de outro modo, a moderna análise do varejo supermercadista, em que os supermercados atuam como plataformas de dois lados com características de gargalo à concorrência, e todas as repercussões em termos concorrenciais daí decorrentes, conforme exposto neste livro. Alguns trechos das análises nos atos de concentração econômica julgados por autoridades antitruste estrangeiras refletem, ainda que em parte, essa proposta de uma moderna análise do varejo supermercadista, pelo que se passa a exemplificar brevemente.

No caso europeu Reme/Meinl, em 1996,[990] relativo à concentração de duas redes varejistas no mercado austríaco, a Comissão Europeia levantou pelo menos alguns elementos importantes da moderna análise antitruste do varejo supermercadista. Na decisão, mencionou-se que os supermercados estariam usando suas marcas próprias estrategicamente para reforçar a sua independência perante os fornecedores e que as marcas próprias fariam com que as ameaças de *delist* fossem ainda mais críveis. Apontou-se também que o crescimento da importância das marcas próprias estaria resultando em efeitos na alteração da balança de poder, que estaria, então, passando dos fornecedores para os varejistas e fornecedores. Ao final, a operação de concentração econômica foi aprovada, mas condicionada à alienação de 162 (cento e sessenta e duas) das 341 (trezentos e quarenta e uma) lojas.

---

[989] GRIMES, Warren S. Buyer power and retail gatekeeper power: protecting competition and atomistic seller. *Antitrust Law Journal*, 72, n. 2, p. 588, 2005.

[990] European Commission. Case M.1221 – Rewe/Meinl, de 23.10.1999.

Na Finlândia, em 1997, houve a tentativa de concentração entre duas redes supermercadistas, Kesko e Tuko.[991] A Comissão Europeia, na definição do mercado relevante pela ótica da venda, definiu, pela dimensão do produto, que os supermercados não concorrreriam com os "outros mercados" (como quiosques e mercados em postos de gasolina), e pela dimensão geográfica, definiu uma área dentro de vinte minutos de carro. Com essa definição, constatou que a Kesko possuia 39,9% do mercado relevante pela ótica da venda e, com a aquisição da Tuko, passaria a possuir 59,6%. Esse nível de participação de mercado levou à conclusão da dominância detida pela Kesko, vista como elevada barreira à entrada de concorrentes, reforçada pelo controle de grandes lojas, pelos cartões fidelidade, pelos produtos de marcas próprias, pelo sistema de distribuição e pelo posicionamento como comprador. Pela ótica da compra, a Kesko foi analisada como um *"gatekeeper"* essencial no mercado, sem a qual nenhum fornecedor conseguiria permanecer no mercado, o que caracterizou a situação de dependência econômica dos fornecedores em relação ao varejista. Essa dependência seria reforçada pelo importante papel das marcas próprias no reforço da independência do varejista em relação aos supermercados. Nesse cenário, a Comissão Europeia vetou a operação, mesmo com a proposta de realização de desinvestimentos estruturais pela Kesko. Elementos importantes da moderna análise antitruste do varejo supermercadista foram destacados na decisão, como o papel de *"gatekeeper"* do supermercado, o cenário de dependência econômica e o poder das marcas próprias na dinâmica concorrencial.

No mercado francês, em 2000, a Comissão Europeia aprovou a operação de concentração econômica entre Carrefour/Promodes.[992] Na decisão também foram levantados elementos importantes da moderna análise antitruste do varejo supermercadista, como a utilização da estratégia de multiformato pelos grandes varejistas e a importância dos cartões fidelidade, que aumentam a lealdade do consumidor e permitem a obtenção de informações detalhadas do

---

991 European Commission. *Commission Decision of 20 November 1996 declaring a concentration to be incompatible with the common market* (Case No IV/M.784 – Kesko/Tuko). Disponível em: <http://europa.eu.int/smartapi/cgi/sga_doc?smartapi!celexplus!prod!CELEXnumdoc&lg=en>.

992 European Commission. Case IV/M.1684 Carrefour/Promodes, de 25 de janeiro de 2000. Disponível em: <http://ec.europa.eu/competition/mergers/cases/decisions/m1684_20000125_440_3219705_FR.pdf>. Acesso em: 25 fev. 2016.

comportamento dos clientes. Ao final, a aprovação foi condicionada à venda de 40% da sua participação acionária em outro varejista local, além do congelamento, por três anos, das condições de compra com seus fornecedores.

Ademais, no Reino Unido, em 2003,[993] um caso de grande repercussão foi a análise das quatro propostas de aquisição da rede Safeway pelas concorrentes Asda/Wal-Mart, Sainsbury, Tesco e Morrisons. A preocupação da *Competition Commission* era com o poder de compra da nova rede a ser formada, de modo que a aquisição por parte de qualquer das proponentes agravaria – em especial pelas três: Asda/Walmart, Sainsbury e Tesco – ainda mais o desequilíbrio das posições de barganha entre varejistas e fornecedores. Nessa decisão, foram levantados elementos importantes da moderna análise antitruste do varejo supermercadista, como a improbabilidade do repasse dos benefícios aos consumidores de uma redução de custos obtida pelo varejista e o risco do efeito colchão d'água ("*waterbed effect*") e de redução dos investimentos dos fornecedores em novos produtos e inovações. O entendimento final foi no sentido de que a Morrisons, por ser o sexto maior grupo varejista, tinha menor poder de mercado que as demais proponentes, e que, apesar de também agravar a situação concorrencial no mercado, era a opção menos problemática, pois pelo menos permitiria a manutenção de quatro grandes grupos varejistas no país. Ainda assim, a *Commission* determinou a alienação de ativos da Safeway em 48 (quarenta e oito) localidades onde foram identificados efeitos adversos da fusão com a Morrisons.

Também no mercado croata, em 2008, quando do julgamento da concentração econômica entre os varejistas Konzum/Lokica[994] (12/2008), foram mencionadas preocupações consistentes com uma moderna análise antitruste do varejo supermercadista. Mencionou-se que a presença de marcas próprias e a lealdade do consumidor seriam levadas em consideração na análise, e, por essa e outras razões, as opções disponíveis ao consumidor após a fusão seriam

---

[993] Reino Unido. Competition Commission. Safeway plc and Asda Group Limited (owned by Wal-Mart Stores Inc); Wm Morrison Supermarkets PLC; J Sainsbury plc; and Tesco plc. 2003. Disponível em: <http://webarchive.nationalarchives.gov.uk/+/http:/www.competition-commission.org.uk/rep_pub/reports/2003/481safeway.htm>. Acesso em: 25 fev. 2016.

[994] Croácia. Croatian Competition Agency. Case No.: UP/I 030-02/2008-02/06, KONZUM d.d.1, Zagreb and LOKICA d.o.o.2, Drniš, de 30 de dezembro de 2008. Disponível em: <http://www.aztn.hr/uploads/documents/eng/documents/decision/TN/UPI-030-022008-02006.pdf>. Acesso em: 25 fev. 2016.

reduzidas. Ao final, a operação foi aprovada, mas com a condição de alienação de algumas lojas e o congelamento das condições de compra com seus fornecedores por um período de dois anos.

Em 2015, a autoridade de concorrência na Alemanha reprovou a compra de um varejista pelo outro (Kaiser's Tengelmann/Edeka).[995] Na decisão sinalizou-se que a aquisição limitaria as opções locais e reduziria as opções dos consumidores de trocar um supermercado pelo outro. O *Bundeskartellamt* entendeu que a eliminação de um importante concorrente no mercado varejista poderia dar ensejo a um novo aumento de preço aos consumidores. Alinhado a uma moderna análise do varejo antitruste, a autoridade alemã apontou que, apesar de a empresa a ser adquirida (Kaiser) ter apenas 2 a 5% do mercado de aprovisionamento, a fusão eliminaria uma opção alternativa de venda aos fornecedores, que ficariam reféns da empresa adquirente (Edeka) e da sua principal concorrente (Rewe). A autoridade antitruste alemã concluiu que a concentração econômica poderia resultar em um "*significant impediment to effective competition*", ainda que não houvesse dominância do mercado. O resultado foi a reprovação do ato de concentração, mesmo em um caso em que não havia efeitos não coordenados e unilaterais resultantes da dissolução de um importante concorrente.

Em segundo lugar, diante de uma *aliança de compra entre supermercados* (*vide* item 4.7, *supra*) notificada para o CADE enquanto contrato associativo,[996] sugere-se cautela na análise.[997]

---

[995] Alemanha. Bundeskartellamt. *Bundeskartellamt prohibits takeover of Kaiser's Tengelmann by EDEKA*, 01.04.2015. Disponível em: <http://www.bundeskartellamt.de/SharedDocs/Meldung/EN/Pressemitteilungen/2015/01_04_2015_Edeka_Untersagung.html>. Acesso em: 25 fev. 2016.

[996] CADE. Resolução 17/2016. *Disciplina as hipóteses de notificação de contratos associativos de que trata o inciso IV do artigo 90 da Lei n. 12.529, de 30 de novembro de 2011 e revoga a Resolução Cade n. 10, de 29 de outubro de 2014.* Nos termos da nova resolução, consideram-se associativos quaisquer contratos com duração igual ou superior a 2 (dois) anos que estabeleçam empreendimento comum para exploração de atividade econômica, desde que, cumulativamente: I – o contrato estabeleça o compartilhamento dos riscos e resultados da atividade econômica que constitua o seu objeto; e II – as partes contratantes sejam concorrentes no mercado relevante objeto do contrato.

[997] CORDOVIL, Leonor. *Buying group* ou grupos de compra: a análise das experiências norte-americana e brasileira. *Compêndio de direito da concorrência*: temas de fronteira. Migalhas, 2015. p. 269-288. Diretrizes: "*1. Os grupos de compra, independentemente de sua forma, podem gerar economias relevantes sobre os custos de transação, economias de es-*

Capítulo 9 **Propostas concorrenciais**

Existem autoridades antitruste endereçando com assertividade a questão das alianças de compra entre varejistas. No México, a aliança de compras

cala, redução de instabilidades no mercado e da vulnerabilidade dos participantes do grupo, a redução na discriminação entre competidores, aumento do poder de barganha em relação a um comprador com sensível poder de mercado e redução de preços finais ao consumidor. 2. A negociação conjunta de bens apenas indiretamente relacionados à atividade-fim da empresa parece dar contornos de maior licitude à prática, já que seus efeitos negativos não são, de plano, nítidos. 3. Parece importante que o grupo de compra tenha alguma organização, não seja somente um conjunto de empresas que se une, esporadicamente, para barganhar preços melhores. Esta organização – seja ela a constituição de nova empresa, seja ela um contrato de certo prazo – pode gerar benefícios maiores do que a mera troca de informações e a maior probabilidade de divisão dos frutos desta compra conjunta como consumidor final. 4. Se o acordo de compra é firmado por concorrentes: o grupo de compra pode ser formado por empresas que, embora atuantes em uma determinada e mesma indústria (por exemplo, eletrodomésticos), não competem nos segmentos relacionados às compras coletivas. Assim, eventual uniformização não geraria efeitos para um mesmo relevante e, consequentemente, não haveria eliminação de parte da concorrência com possíveis efeitos deletérios aos consumidores; tais grupos de compra não estão, contudo, excluídos da análise antitruste. No Brasil, devem passar pelo conhecimento da autoridade caso as empresas se enquadrem no critério de faturamento da Lei n. 12.529/2011. Isso se deve ao fato de que, mesmo não sendo concorrentes, o acordo de compra pode versar sobre produtos que representem um volume relevante das vendas de outro mercado. Será melhor explicado no próximo item. 5. Se o acordo de compra é firmado por não concorrentes, mas as empresas participantes compram relevante volume disponível do produto ou serviço: esta hipótese pode trazer preocupações anticompetitivas, já que pode gerar redução na oferta futura, lesando rivais – aumento seus custos – nos diferentes mercados em que estas empresas não concorrentes atuam. (...). 6. Se, na presença de concorrentes, os produtos forem heterogêneos: substanciais diferenças entre os produtos finais, embora considerados dentro do mesmo mercado relevante, podem ser suficientes para afastar efeitos anticompetitivos e consequências aos consumidores. (...). 7. Poder de Mercado do grupo de compra: o grupo de compra reúne concorrentes com substancial parcela de Mercado relevante. Um abuso de posição dominante pode ocorrer a partir do momento em que se obriga o comprador a aceitar condições quase predatórias porque não lhe resta outra opção (sendo seu poder de barganha muito inferior do grupo). Contudo, mesmo neste caso aparentemente clássico, eficiências podem justificar a compra coletiva a serem superiores aos efeitos negativos. 8. O grupo de compra negocia produtos que significam relevante parcela dos custos de cada um dos agentes: neste caso, dois são os riscos analisados: a) mera troca de informações entre estes agentes, se providos de poder de mercado, já pode significar uniformização de seus custos; b) mesmo que sejam tomados os devidos cuidados com a troca de informações, a simples compra em conjunto pode gerar uniformização dos custos, que, por constituírem parcela importante do preço final, podem gerar impacto relevante – de uniformização – de preços; 9. Cuidados com a troca de informações: o grupo é capaz de estabelecer regras de compliance que evitam a transmissão de informações, tais como a nomeação de um negociador que não é empregado

entre três redes de supermercados para a criação da aliança de compra denominada Sinergia foi inicialmente reprovada pela *Comisión Federal de Competencia* em 2003. A decisão foi revertida, em 2004, sob argumentos de eficiência. A condição para aprovação da operação foi que não houvesse qualquer tipo de coordenação de preços entre os supermercados, de modo que caberia à Sinergia definir as compras e a distribuição no atacado para as lojas.[998] Em sentido semelhante, a autoridade antitruste da Noruega se opôs, em 2014, à formação de uma aliança de compra entre o primeiro e o quarto mais importante varejista do país.[999]

Na Itália, a *Autorità Garante dela Concorrenza e del Mercato* abriu em dezembro de 2013 investigação contra uma aliança de supermercados sob o fundamento de que poderia resultar em redução da variedade, qualidade, inovação e investimentos por parte dos fornecedores, além de redução da concorrência entre os membros da própria aliança no mercado varejista.[1000] A preocu-

---

das empresas, recebe e repassa informações sobre as compras de forma individual. Tais preocupações minimizam riscos de uniformização de preços e condutas. 10. A formação do grupo de compra pode ser um importante redutor de discriminação entre seus agentes: o grupo pode ser formado por agentes de tamanhos e forças econômicas distintas e que, individualmente, alcançariam condições bastante heterogêneas na aquisição dos produtos. A aquisição em conjunto une o poder de alguns e a falta de poder de outros em nome da compra em maior volume. 11. O grupo de compra pode ser importante agente de discriminação entre seus participantes e firmas não participantes, gerando efeitos exclusionários: a depender da forma como o mercado é estruturado, é possível que o grupo coordene a aquisição de produtos ou serviços para um restrito conjunto de participantes, excluindo os demais. Assim, se as condições de aquisição pelo grupo se tornarem bastante superiores às condições individuais, os demais players do mesmo mercado poderão ser eliminados. Em um passo posterior, sobrarão, neste mercado, apenas as empresas que uniriam em torno do objetivo comum de aquisição. 12. Parece melhor que a compra conjunta não seja obrigatória ao vendedor. Ele deve dispor de outros compradores no mercado e deve ter a opção de negociar, individualmente, com cada comprador. A lógica é a mesma de um cartel em que se autoriza aos participantes agirem separadamente, tomando decisões independentes quando lhe convier. 13. O grupo de compra que permite acesso a novos players parece mais vantajoso para o mercado. Assim, reduz-se a potencial discriminação e se permite a saída e entrada na negociação".

998 México. Comisión Federal de Competencia. 2004. Disponível em: <http://189.206.114.203/docs/pdf/ra-22-2004.pdf>. Acesso em: 8 nov. 2015.
999 *Apud* CHAUVE, Philippe; RENCKENS, An. The European Food Sector: Are Large Retailers a Competition Problem? *Journal of European Competition Law & Practice*, p. 23, 2015. p. 16.
1000 Itália. Autorità Garante dela Concorrenza e del Mercato (AGCM). Press release: Antitrust avvia istruttoria nei confronti della supercentrale d'acquisto "Centrale italiana" e delle 5

pação com a formação da "Centrale Italiana" era que os seus membros excediam 50% do *market share* nos seus mercados locais e 24% no mercado nacional, o que poderia fazer com que a aliança de compra não repassasse aos consumidores os benefícios auferidos pela compra conjunta. Em 14 de setembro de 2014, as empresas pertencentes à aliança celebraram acordo com a autoridade antitruste não apenas para desfazer a "Centrale Italiana", mas também a interrupção de qualquer forma de cooperação comercial entre as cadeias varejistas, de modo que as participações de mercado individuais não excedam 20% no mercado de aprovisionamento.[1001]

catene distributive concorrenti per verificare l'esistenza di una possibile intesa, con potenziali effetti sia sui fornitori che sui consumatori, 12.12.2013. Disponível em: <http://www.agcm.it/stampa/comunicati/6688-i768-gdo-antitrust-avvia-istruttoria-nei-confronti-della-supercentrale-dacquisto-centrale-italiana-e-delle-5-catene-distributive-concorrenti-per-verificare-lesistenza-di-una-possibile-intesa-con-potenziali-effetti-sia-sui-fornitori-che-sui-consumatori.html>. Acesso em: 5 jun. 2015.

[1001] Autorità Garante dela Concorrenza e del Mercato (AGCM). Press release: "GRANDE DISTRIBUZIONE: ANTITRUST ACCETTA GLI IMPEGNI, SCIOLTA CENTRALE ITALIANA. L'Antitrust, nella riunione del 17 settembre 2014, ha deciso di accettare, rendendoli vincolanti, gli impegni presentati da Centrale Italiana e dalle 5 catene distributive aderenti a tale supercentrale di acquisto. Si chiude così, con lo scioglimento della suddetta Centrale Italiana, l'istruttoria avviata il 4 dicembre 2013, per verificare gli effetti dell'intesa tra le catene Coop, Despar, Il Gigante (attraverso la controllata Gartico), Disco Verde e Sigma, creata con il principale obiettivo di centralizzare la funzione di contrattazione delle condizioni di acquisto delle imprese aderenti, per ottenere risparmi di costo nella fase di acquisto delle merci. Gli impegni assunti dalle catene distributive consistono, oltre che nella cessazione dell'operatività di Centrale Italiana, nell'interruzione di qualsiasi forma di collaborazione commerciale tra le 5 catene. Due di esse, Disco Verde e Sigma, in forza di una mandato alla negoziazione conferito a Coop Italia, continueranno a contrattare una parte dei propri acquisti insieme a tale catena distributiva, limitando la negoziazione congiunta esclusivamente alle imprese con un fatturato superiore ai 2 milioni di euro e che non siano fornitori di prodotti a marchio del distributore; è esclusa rigorosamente dall'accordo qualsiasi forma di collaborazione ulteriore. L'Antitrust ha ritenuto che gli impegni sopra descritti siano idonei e necessari a rimuovere le preoccupazioni concorrenziali alla base dell'avvio dell'istruttoria, in quanto la loro attuazione comporterà: i) la cessazione della collaborazione tra le catene Coop, Il Gigante e Despar, la cui presenza sui mercati locali della Grande distribuzione organizzata presenta ampie aree di sovrapposizione, con forti rischi di coordinamento su tali mercati; ii) la riduzione del buyer power dell'alleanza di acquisto limitata agli operatori Coop, Sigma e Disco Verde, la cui quota sui mercati dell'approvvigionamento non supera il 20%". Disponível em: <http://www.agcm.it/stampa/news/7180-grande-distribuzione-antitrust-accetta-gli-impegni-sciolta-centrale-italiana.html>. Acesso em: 3 set. 2015.

Conclusão do Capítulo 9

Há intensa discussão por parte da doutrina e de autoridades antitruste estrangeiras sobre a maneira mais adequada de endereçar as preocupações concorrenciais que surgem a partir do exercício do poder de mercado no varejo supermercadista. Há argumentos razoáveis de que o tema deveria ser endereçado de modo conjunto, tanto com o controle *ex ante*, em sede regulatória e de estruturas, quanto com o controle *ex post*, em sede de condutas concorrenciais.

Na análise em sede de controle de condutas (*ex post*), propõe-se um fluxo de 7 (sete) etapas para a análise das práticas comerciais dos supermercados potencialmente violadoras da ordem econômica pela Lei 12.529/2011. Cada etapa desse fluxo foi adaptada à moderna análise antitruste do varejo supermercadista. A Etapa 1 consiste na definição do mercado relevante pela ótica da compra. A Etapa 2 consiste na aferição do poder de mercado do varejista no mercado relevante pela ótica da compra – mercado de aprovisionamento. Propõe-se a superação do posicionamento tradicional que exige a definição de um *quantum* de poder de mercado em termos percentuais por um método alternativo de mensuração: verificação direta da implementação das condutas. Assim, diante da constatação da implementação de uma ameaça crível ou de uma prática comercial que seja reflexo de poder de mercado detido pelos varejistas, tais quais aquelas categorizadas no Capítulo 5, em especial aquelas detalhadas no Capítulo 6, possam ser consideradas como caracterizadoras, por si só, do significativo poder de mercado, pela ótica da compra, dos varejistas. A Etapa 3 consiste na aferição do poder de mercado do fornecedor no mercado relevante pela ótica da compra – mercado de aprovisionamento. Novamente se propõe a superação do posicionamento tradicional de verificação do percentual de participação de mercado pelo grau de dependência do fornecedor em relação ao varejista, tendo em vista o poder relacional dos supermercados com seus fornecedores. Assim, a análise deve ser realizada em concreto, ou seja, observando as relações contratuais relacionais entre varejista e fornecedor, em um exercício de avaliação da existência de dependência econômica. A Etapa 4 consiste na definição do mercado relevante pela ótica da venda – mercado varejista –, necessária para que se passe para a próxima etapa do fluxo de análise. A Etapa 5 consiste na aferição do poder de mercado do varejista no mercado relevante pela ótica da venda – mercado varejista. Mais uma vez se propõe a superação da visão tradicional que quantifica o percentual de participação de mercado pela verificação da característica do supermercado como gargalo à concorrência ("*gatekeeper*"). Assim, deverá ser realizada a verificação direta do papel do varejista no mercado relevante pela ótica da venda, identificando se ele possui características de gargalo à concorrência ("*gatekeeper*") aos consumidores finais e também aos fornecedores, enquanto plataforma de dois lados. A Etapa 6 consiste na apresentação de "eficiências constitucionalizadas", com a superação de critérios meramente quantitativos nas análises antitruste pela regra da razão de infrações à ordem econômica e a incorporação de elementos qualitativos, tais como a eficiência dinâmica, a eficiência distributiva, o enfoque do princípio retributivo e, principalmente, ponderações constitucionais. Por fim, a Etapa 7 consiste na ponderação entre as "eficiências constitucionalizadas" apresentadas e os possíveis efeitos anticompetitivos resultantes da prática. Caso os efeitos anticompetitivos sejam inferiores às "eficiências constitucionalizadas", a investigação da suposta conduta deverá ser arquivada, pois o efeito negativo é apenas aos concorrentes e não à concorrência, podendo ser objeto de encaminhamento para análise de possíveis remédios regulatórios. Caso, porém, os efeitos anticompetitivos sejam superiores às "eficiências constitucionalizadas", passa-se a ter um problema à concorrência no mercado, levando ao enquadramento da conduta nas hipóteses exemplificativas do art. 36 da Lei 12.529/2011.

Ademais, para além de remédios antitruste tradicionais em sede do controle de condutas, é possível se vislumbrar pelo menos duas outras medidas alternativas. O primério remédio antitruste alternativo diz respeito à adoção de compromissos voluntários pelos varejistas com a autoridade antitruste. Ademais, um segundo remédio antitruste alternativo diz respeito ao envio de "cartas alerta" pela autoridade antitruste para os agentes de mercado, que voluntariamente alteram suas práticas comerciais.

A análise em sede do controle de estruturas (*ex ante*), por sua vez, não é o objeto principal de análise deste livro. Visando, porém, à completude do raciocínio – mas ciente das limitações em termos de escopo –, foram brevemente propostas possíveis considerações, notadamente sob a perspectiva da experiência internacional. Quanto a atos de concentração entre supermercados, propõe-se que a existência de poder de compra, ainda que na sua faceta do poder compensatório, não seja aceita por si só como uma eficiência da operação. Deve-se levar em conta, de outro modo, a moderna análise do varejo supermercadista, em que os supermercados atuam como plataformas de dois lados com características de gargalo à concorrência e todas as repercussões em termos concorrenciais daí decorrentes. Algumas autoridades antitruste estrangeiras avançaram nesse sentido, sendo que em alguns casos, na análise dos atos de concentração, incorporaram elementos dessa moderna análise do varejo supermercadista, dentre as quais se pode mencionar pelo menos a Comissão Europeia, a *Competition Commission* do Reino Unido, a autoridade antitruste croata e a autoridade de concorrência da Alemanha. Ademais, quanto a alianças de compras entre supermercado, foram apresentadas diretrizes propostas pela doutrina e casos julgados por autoridades antitruste estrangeiras, com seus respectivos resultados, notadamente no México, na Itália e na Noruega.

CAPÍTULO **10**

Propostas regulatórias

Constatada a implementação de práticas comerciais como as categorizadas (*vide* Capítulo 5, *supra*), em especial aquelas consideradas potencialmente violadoras da ordem econômica brasileira nos termos da Lei 12.529/2011 (*vide* Capítulo 6, *supra*), e, sendo verificados efeitos anticompetitivos nos mercados de venda (varejista) e de compra (aprovisionamento) (*vide* Capítulos 7 e 8, *supra*) inferiores a eventuais justificativas de "eficiências constitucionalizadas" – conforme ETAPA 7 do fluxo de análise proposto no item 9.1, *supra* –, não haverá um prejuízo à concorrência, ao mercado e aos consumidores finais,[1002] mas sim aos concorrentes.

Como a legislação antitruste existe "*para a proteção da concorrência, e não dos concorrentes*",[1003] *nessa hipótese, em que as eficiências constitucionalizadas superarem os efeitos anticompetitivos, a resposta estatal não será realizada com base na legislação de defesa da concorrência, mas possivelmente em sede regulatória. Assim, para aquelas práticas comerciais cujo impacto se restringir ao concorrente – e não à concorrência –, algumas possíveis propostas em sede regulatória podem ser implementadas*, conforme verificado na experiência internacional.[1004] Conforme referido, o foco do presente livro é com o controle de

---

[1002] CHAUVE, Philippe; RENCKENS, An. The European Food Sector: Are Large Retailers a Competition Problem? *Journal of European Competition Law & Practice*, p. 23, 2015.

[1003] Estados Unidos. *Brunswick Corp. v. Pueblo Bowl-O-Mat Inc.*, 429 U.S. 477, 489 (1977), "*for the protection of competition, not competitors*".

[1004] O Tribunal Vasco de Defensa de la Competencia endereçou, em 2009, por exemplo, sete propostas de remédios para se alcançar concorrência nestes mercados: (i) eliminação de restrições legais em termos de desenvolvimento de estabelecimentos, horários de abertura e preços; (ii) aplicação de sanções a práticas anticompetitivas; (iii) prevenção ao surgimento de monopólios locais e eliminação de tais monopólios pela imposição de medidas de desinvestimento; (iv) estabelecimento de uma análise mais rigorosa sobre as concentra-

condutas no varejo supermercadista (*vide* item 9.1, *supra*), mas, visando à completude do raciocínio – ciente, porém, das limitações em termos de escopo –, serão brevemente expostas opções regulatórias levando em consideração a experiência internacional.

A Comissão Europeia, em 2009,[1005] e também o subgrupo ECN da União Europeia, em 2012,[1006] sugeriram que, quando as práticas fossem visualizadas como individuais – ou seja, sem impacto concorrencial no mercado –, elas

---

ções, considerando a estrutura oligopolizada do mercado; (v) encorajamento às vendas pela internet; (vi) eliminação dos pagamentos abusivos e condução do mercado para um cenário de transferência dos menores preços obtidos pelo varejista ao consumidor final; (vii) garantia de posições equânimes entre marcas próprias e marcas independentes, de modo que a eficiência do negócio e a demanda dos consumidores que sejam decisivas para o sucesso ou não de um produto. Tribunal Vasco de Defensa de la Competencia. *Distribution of daily consumer goods: Competition, oligopoly and tacit collusion*, 2009. p. 7.

1005 Europa. European Commission. *Competition in the food supply chain*, 28.10.2009. Disponível em: <http://eur-lex.europa.eu/legal-content/EN/ALL/?uri=CELEX:52009SC1449>. Acesso em: 23 maio 2015. Este estudo foi precedido pelos comunicados de dezembro de 2008, intitulado *Communication on 'Food prices in Europe'*, e de maio de 2008, intitulado *Communication on 'Tackling the challenge of rising food prices. Directions for EU action'*, ambos disponíveis em: <http://ec.europa.eu/competition/sectors/agriculture/documents_en.html>. Acesso em: 23 maio 2015. Em maio de 2012, a *European Competition Network* publicou relatório sobre a aplicação da legislação de concorrência e sobre o monitoramento das atividades do mercado pelas autoridades antitruste europeias no setor alimentar. *ECN Activities In The Food Sector – Report on competition law enforcement and market monitoring activities by European Competition authorities in the food sector*, 2012. Disponível em: <http://ec.europa.eu/competition/ecn/food_report_en.pdf>. Acesso em: 23 maio 2015. Neste estudo, foi constatado que apenas poucos países perseguiam condutas anticompetitivas relacionadas ao abuso de posição dominante em termos de dependência econômica, sendo que aqueles que o faziam, tinha como fundamento suas legislações nacionais. Ademais, sobre as práticas comerciais que refletiriam um descompasso no poder de compra entre o varejista e o fornecedor, o estudo constatou que alguns países entenderam que o melhor caminho para endereçar essas práticas era por meio da utilização das leis que proíbem a concorrência desleal ou de códigos de conduta/de boas práticas. Pontuou-se também que alguns países têm preocupações com essas práticas e seus potenciais efeitos anticompetitivos a longo prazo, ao considerarem que, ao final, as práticas comerciais do varejista poderiam afetar negativamente o processo concorrencial na cadeia de fornecimento e/ou o bem-estar do consumidor, ao reduzir investimento e inovação e, consequentemente, reduzir as opções do consumidor.

1006 Europa. European Competition Network. *ECN Activities In The Food Sector – Report on competition law enforcement and market monitoring activities by European Competition authorities in the food sector*, 2012.

Capítulo 10 **Propostas regulatórias**

deveriam ser endereçadas por outras ferramentas que não o direito da concorrência, como o direito contratual, regras de concorrência desleal e legislações nacionais que tratam especificamente da dependência econômica e do abuso do poder de barganha. Nesse sentido, também apontou a UNCTAD, em 2014,[1007] para a necessidade de se *suplementar as regras e políticas de direito da concorrência com a regulação econômica do setor do varejo alimentar*.

Uma primeira possível proposta regulatória é a adoção dos chamados *"Códigos de Boas Práticas"*, implementados em diversos países.

No Reino Unido, o estudo da *Competition Commission* de 2000[1008] manifestou entendimento de que a maneira mais efetiva de endereçar essas questões no varejo supermercadista seria por meio da implementação de um Código de Boas Práticas, que seria elaborado pelos varejistas e representantes dos fornecedores, mas aprovado pelo Diretor-Geral da Autoridade Antitruste. Deveria haver um mecanismo de resolução de disputas, que poderia, ao longo do tempo, ser aprimorado para garantir maior efetividade. Em continuidade, entrou em vigor, em 2002, o denominado *"Supermarket Code of Practice"*. Posteriormente, em 2009, foi aprovado o novo Código de Boas Práticas para o Varejo Alimentar (*"Grocery Supply Code of Practice"* – GSCOP).[1009] Ocorre que, diante das críticas quanto ao seu pouco impacto, em 2013 foi instituída nova legislação, que avançou ao prever a arbitragem como método de solução de conflitos no âmbito do GSCOP (*"Groceries Code Adjudicator Act"*).[1010] Em 2015, o *Adjudicator* publicou estudo compilando as respostas a um questionário enviado aos fornecedores, e o varejista Tesco foi identificado como o pior super-

---

1007 UNCTAD. *Competition Issues in the Food Chain: Possible Measures to Address Buyer Power in the Retail Sector*, 2014. Disponível em: <http://unctad.org/meetings/en/Contribution/tdb61_c01_UNCTAD.pdf>. Acesso em: 11 fev. 2016.

1008 Reino Unido. Competition Commission. Office of Fair Trading. *Supermarkets: A report on the supply of groceries from multiple stores in the United Kingdom*, 2000.

1009 Reino Unido. Competition Commission. *Grocery Supply Code of Practice* (GSCOP), 2009. Disponível em: <https://www.gov.uk/government/publications/groceries-supply-code-of--practice/groceries-supply-code-of-practice> e <http://webarchive.nationalarchives.gov.uk/20111108202701/http://competition-commission.org.uk/inquiries/ref2006/grocery/pdf/revised_gscop_order.pdf>. Acesso em: 23 maio 2015.

1010 Reino Unido. Competition Commission. *Groceries Code Adjudicator Act*, 2013. Disponível em: <http://www.legislation.gov.uk/ukpga/2013/19/contents/enacted>. Acesso em: 23 maio 2015. Para maiores informações sobre a evolução desses códigos no Reino Unido: <http://www.tescopoly.org/supermarket-code-practice>. Acesso em: 13 fev. 2016.

mercado em termos de cumprimento das regras definidas no Código de Boas Práticas. Como resultado, o varejista se pronunciou e foi iniciada uma investigação no setor.[1011]

Em 2000, também foi publicado, na Austrália, o *Retail Grocery Industry Code of Conduct*, cujos objetivos eram encorajar a transparência nas relações entre supermercados e fornecedores e oferecer o mecanismo de resolução de controvérias do "Ombudsman".[1012] Em Portugal, o Código de Boas Práticas Comerciais entrou em vigência em 1997, como uma via de diálogo entre fornecedores e varejistas, e possuía caráter voluntário e não vinculativo. Em 2010,[1013] manifestou-se interesse na reativação do Código de Boas Práticas de 1997 ou na efetivação de um novo Código de Conduta, de caráter autorregulador, que contribua para melhorar as condições contratuais e/ou extracontratuais que regem as relações comerciais entre produtores e distribuidores. Este Código incluiria, entre outros aspectos, um mecanismo de resolução de conflitos, a eventual criação de um "Provedor", e princípios a observar em contratos-tipo, não aplicação retroativa de penalizações, gestão do espaço de prateleira e prazos de pagamento. Recentemente, em 2013, foi assinado um novo Código de Boas Práticas Comerciais entre os setores da agricultura e da distribuição alimentar.[1014]

Na Austrália, o *"Retail Grocery Industry Code of Practice"* entrou em vigor em 2005, de caráter voluntário e com o objetivo de promover práticas comerciais equilibradas e justas, fomentar o *"fair play"* e a comunicação aberta, prover um mecanismo simples, acessível e não legalista de resolução de conflitos. Também existe no país um *Ombudsman*, que supervisiona o trabalho dos mediadores nas disputas. Recentemente, em 2015, a *Australian Competition and Consumer Commission* regulou o *"Food and Grocery Code of Conduct"*, consistente em um código também voluntário, conforme previsto na Lei de Defesa da

---

1011 Para maiores informações: <http://www.theguardian.com/business/2015/jun/22/tesco-suppliers-say-retailer-worst-at-following-grocery-code-of-practice>. Acesso em: 13 fev. 2016.
1012 MILLS, Gordon. Buyer Power of Supermarkets. *Agenda: A Journal of Policy Analysis and Reform*, p. 156, 2003.
1013 Portugal. Autoridade de Concorrencia. *Relatorio Final sobre Relações Comerciais entre a Distribuição Alimentar e os seus Fornecedores*, 2010. p. 20.
1014 Para maiores informações sobre o Código de Boas Práticas Comerciais em Portugal: <http://www.cap.pt/noticias/bens-agro-alimentares/1791-cap-e-aped-assinam-acordo-de-boas-praticas-comerciais.html>. Acesso em: 13 fev. 2016.

Capítulo 10 **Propostas regulatórias**

Concorrência e do Consumidor de 2010,[1015] mas que fornece delineamentos adicionais sobre a relação entre varejistas e fornecedores.

Na Argentina, o "*Código de Buenas Prácticas Comerciales*" entrou em vigor em 2000, tendo criado um âmbito privado no qual as partes poderiam resolver suas divergências de forma eficiente e rápida.[1016] O objetivo foi dar respostas aos conflitos entre as partes atuantes no mercado (fornecedores e varejistas), tratando de manter o equilíbrio de interesses e melhorar o desenvolvimento das relações comerciais por intermédio do estabelecimento de meios alternativos de soluções de controvérsias.[1017] No Chile, por sua vez, a *Fiscalía Nacional Económica* sugeriu, em seu estudo de 2007,[1018] a existência e a aplicação de um Manual de Boas Práticas no setor, por constatar que as partes, por si só, não teriam conseguido autorregular-se, necessitando do pronunciamento de órgãos competentes sobre o funcionamento do mercado que estabelecessem, de maneira preventiva, regras que protejam os fornecedores diante do amplo poder de mercado dos supermercados.

Na Costa Rica, apesar dos esforços para a implementação de um "*Manual de Buenas Prácticas Comerciales*", após a negativa de um grande varejista em assiná-lo – o Wal-Mart –, o projeto perdeu força.[1019] Por sua vez, o Equador adotou em 2014 o "*Manual de Buenas Prácticas para Supermercados e Fornecedores*",[1020] elaborado pela Superintendencia del Control del Poder de Mercado (SCPM).

[1015] Para maiores informações sobre o Código de Boas Práticas Comerciais na Austrália: <http://www.accc.gov.au/business/industry-codes/food-and-grocery-code-of-conduct>. Acesso em: 13 fev. 2016.

[1016] Para maiores informações sobre o Código de Boas Práticas Comerciais na Argentina: <http://copal.org.ar/wp-content/uploads/2015/06/bpc_2000.pdf>. Acesso em: 13 fev. 2016.

[1017] ARGENTINA. *Autorregulación Sectorial:* El código de buenas prácticas comerciales. Temas Del Consumidor, p. 134. GRIMBERG, Mauro; CORDOVIL, Leonor; FIGUEIREDO, Natália. O poder de compra do varejo e os desafios da concorrência: uma visita ao Chile e à Argentina. Revista Ibrac, n. 15, p. 1-15, São Paulo, 2008.

[1018] Chile. Fiscalía Nacional Económica. *Análisis Económico de la Industria de Supermercados em el marco de la Causa Rol n. 101/2006.* p. 121.

[1019] Para maiores informações sobre a tentativa de adoção do Código de Boas Práticas Comerciais na Costa Rica: <http://www.elfinancierocr.com/ef_archivo/2007/abril/29/negocios1065905.html>. Acesso em: 13 fev. 2016.

[1020] Para maiores informações sobre o Código de Boas Práticas Comerciais no Equador: Superintendencia de Controle de Poder de Mercado (SCPM). *Manual de buenas prácticas para*

Uma segunda possível proposta regulatória é a adoção de *legislações específicas* para endereçar a questão do relacionamento comercial entre varejistas e fornecedores, também implementada em diversos países.

Nos Estados Unidos, o *Robinson-Patman Act* de 1936 proíbe discriminação de preços. Essa proibição, por sua vez, é interpretada pela Suprema Corte de maneira consistente com as demais previsões de direito antitruste contidas na legislação, sendo que os comentários atuais são no sentido de que, atualmente, estaria sendo inaplicado. Na Espanha, a lei que regulava o comércio varejista (Lei 7/1996) dedicava um capítulo à relação entre fornecedores e varejistas, abarcando unicamente a questão das condições de pagamento no mercado. Em 2010, houve uma reforma nessa legislação, que adotou uma regulação específica para tratar das relações entre varejistas e fornecedores.[1021]

Na França, em agosto de 2008, foi promulgada a *"Loi n. 2008-776 du 4 août 2008 de modernisation de l'économie"*,[1022] que alterou o art. 442-6 do Capítulo 2 do Código Comercial Francês sobre as práticas anticompetitivas e reforçou a lista de práticas comerciais proibidas entre varejistas e fornecedores. Dentre a lista de práticas proibidas está a cobrança, pelos varejistas, de taxas e condições de acesso para constar na lista de fornecedores (*"listing fees"*), as ameaças de retirada dessa lista, o rompimento das relações comerciais sem aviso prévio, os pagamentos relacionados a atividades não comerciais, as cláusulas do consumidor mais favorecido (*"most favoured customer clause"*) e a não aposição do nome do fabricante nos produtos de marca própria. Foi instituída também uma Comissão para o Exame das Práticas Comerciais, que faz recomendações e publica relatórios anuais.[1023]

---

supermercados. 2014. Disponível em: <http://www.scpm.gob.ec/wp-content/uploads/2014/09/Resoluci%C3%B3n-.-SCPM-DS-057-2014.pdf>. Acesso em: 8 nov. 2015.

1021 Espanha. La Reforma de la Ley del Comercio Minorista en el marco de la transposición de la Directiva de Servicios y CNC (2009), IPN 09/2009 reforma de la ley del comercio minorista.

1022 França. *Loi n. 2008-776 du 4 août 2008 de modernisation de l'économie*, 2008, que alterou o art. 442-6 do Capítulo 2 do Código Comercial Francês sobre práticas anticompetitivas. Disponível em: <http://www.legifrance.gouv.fr/affichTexte.do?cidTexte=JORFTEXT000019283050>. Acesso em: 23 maio 2015.

1023 França. *Commission d'examen des pratiques comerciales*. Disponível em: <http://www.economie.gouv.fr/cepc/Les-rapports-de-la-Commission-d-examen-des-pratiqu>. Acesso em: 23 maio 2015.

Capítulo 10 **Propostas regulatórias**

Na Eslováquia[1024] também há legislação nacional, datada de 2008. A lei prevê doze práticas dos supermercados que são consideradas abusivas *per se*, dentre elas as alterações contratuais retroativas e a transferência de custos para os fornecedores por meio da devolução de produtos sem causa, a redução unilateral de preços e a imposição de vendas abaixo do custo de produção, além da limitação de pagamento para os "serviços de acesso" em, no máximo, 3% do faturamento dos varejistas. Em Portugal,[1025] ademais, existe, desde 1999, a Lei sobre as Práticas Comerciais Restritivas. Recentemente, em 2014, entrou em vigor a nova Lei das Práticas Individuais Restritivas de Comércio (PIRC), que proíbe as vendas com prejuízo e que sejam os fornecedores e produtores a pagar as promoções na grande distribuição.

Em setembro de 2015, o Equador também publicou as chamadas "*Normas Regulatorias para las cadenas de supermercados y sus proveedores*",[1026] aprovadas pela Junta de Regulação da Lei Orgânica de Regulação e Controle do Poder de Mercado. Dentre os destaques, estão dispositivos segundo os quais os supermercados devem aumentar a compra de fornecedores de pequeno e médio porte, a regulação dos prazos de pagamento dos supermercados aos fornecedores e diretrizes para a alocação do espaço nas gôndolas dos supermercados (dentre elas, de que deve existir um mínimo de 15% de produtos concorrentes nas gôndolas por cada categoria de produtos).

Ademais, alguns países introduziram *legislações específicas para lidar com as situações de dependência econômica*, preocupadas com a justeza dos negócios, e não necessariamente com as questões concorrenciais. No estudo de 1999 da

---

1024 Eslováquia. Lei 172/2008 sobre Inappropriate Conditions in Commercial relationships and on Supplementation of the Slovak National Council Act No. 30/1992 Coll. on the Slovak Chamber of Agriculture and Food Industry as amended. Art. 1, Capítulo 3 (1) e (2).

1025 Portugal. Práticas Comerciais Restritivas (*ex vi* Decreto-Lei 370/93, de 29 de outubro com as alterações introduzidas pelo Decreto-Lei 140/98, de 16 de maio). O seu objetivo é o de assegurar a proteção dos concorrentes e/ou consumidores, aplicando-se independentemente da ocorrência, ou não, de uma afetação sensível da concorrência. Em particular, esta legislação procura promover o equilíbrio e a transparência das relações entre agentes econômicos. Para maiores informações sobre a legislação em Portugal: <http://economico.sapo.pt/ noticias/centromarca-reclama-codigo-de-boas-praticas-na-relacao-com-a-distribuicao_212967.html>. Acesso em: 13 fev. 2016.

1026 Equador. Junta de Regulação da Lei Orgância de Regulação e Controle do Poder de Mercado. *Normas Regulatorias para las cadenas de supermercados y sus provedores*, 2015. Disponível em: <http://www.oficial.ec/resolucion-008-expidense-normas-regulatorias-cadenas--supermercados-sus-proveedores>. Acesso em: 8 nov. 2015.

OCDE[1027] apontou-se que legislações que lidam diretamente sobre o poder de compra, como proibições de abuso de dependência econômica, teriam pouco sucesso e tenderiam a ser reforçadas por proibições *per se*, que poderiam reduzir o nível de concorrência no mercado varejista e prejudicar os consumidores. Em que pese isso, verifica-se sua presença pelo menos na França,[1028] na Alemanha,[1029] na Itália,[1030]

1027 OECD, *Buying Power of Multiproduct Retailers*, Committee on Competition Law and Policy, DAFFE/CLP (99) 21, 1999.

1028 França. Art. 8(2) da Ordonnance de 1986, atualizada em 1º de julho de 1996, nos arts. 36(3)(4) e (5), que proíbem: "*(a) listing fees practices imposed by distributiors on producers without any actual proportionate* quid pro quo *(Article 36(3)), (b) the seeking of advantages under the threat of sudden breaking-off of comercial relations (Article 36(4); (c) the abusive breaking-off without notice of established commercial relations*". Apud European Commission. *Buyer power and its impact on competition in the food retail distribution sector of the European Union*, 1999. p. 35-36.

1029 Alemanha. Capítulo 22 e 26(3) da German Competition Act. Nesta legislação, há presunções de dependência econômica a fim de facilitar análise probatória.

1030 Itália. Lei n. 162, de 18 de junho de 1999. Pelo menos três comportamentos poderiam ser considerados abusivos: recusa de venda/compra, imposição de condições comerciais desleais ou discriminatórias e interrupção arbitrária das transações comerciais em curso. Ademais, os seguintes critérios são considerados para a avaliação da presença de dependência econômica na Itália: "*i) excessive imbalance of rights and obligations and ii) the real possibility for the abused party to find satisfactory alternatives on the market. Economic dependence is also evaluated by taking into account the real possibility that the party will not be able to find satisfactory alternatives on the market*". Apud Itália. Autorità Garante dela Concorrenza e del Mercato (AGCM). *Indagine cognoscitiva sul settore dela Grande Distribuzione Organizzata*, 2013. Decree-Law 1/2012, Article 62. Apud CHAUVE, Philippe; RENCKENS, An. The European Food Sector: Are Large Retailers a Competition Problem? *Journal of European Competition Law & Practice*, p. 23, 2015. p. 8-9. "*In Italy, Article 62 of the Decree-Law 1/2012 concerns business-to-business agreements for the distribution of food products. This new law sets out provisions to prevent unfair conduct in the presence of a significant imbalance of contractual power, and it will complement (for the agro-food industry) provisions on the abuse of economic dependence (as defined in Law n. 192/1998, Art.9).18 The new law is an instrument to intervene in cases of unilateral conduct (damaging suppliers) by retailers, lacking a dominant position but having a certain degree of buyer power. Article 62 defines that contracts must be written and that a fixed deadline for payments (30 days for perishable products and 60 days for non-perishable products) must be respected. It also includes a (non-exhaustive) list of unfair commercial practices that are potentially unlawful, such as the imposition of non-contractual and retroactive conditions; the application of objectively dissimilar conditions to equivalent transactions; obtaining undue benefits unilaterally, not justified by the nature or content of trade relations; non-compliance with the code of conduct for fair business practices between enterprises in the food sector as defined by the High Level Forum for a Better Functioning Food Supply Chain*".

na Finlândia,[1031] na República Tcheca,[1032] em Portugal,[1033] entre outros.[1034] No Brasil há o Projeto de Lei do Senado 301, de 2014, que visa a dispor sobre o contrato de distribuição com dependência econômica de uma das partes.[1035] Referido projeto de lei estabelece uma presunção, em seu art. 20, da situação de dependência econômica, que ocorreria quando pelo menos 50% do faturamento bruto de uma empresa fossem provenientes, direta ou indiretamente, de atividades relacionadas à comercialização de produtos fornecidos ou distribuídos pela outra. Conforme se apontou no item 9.1, *supra*, propõe-se a superação de critérios quantitativos estanques para a análise das condutas anticompetitivas no varejo supermercadista.

[1031] Finlândia. New Competition Act on Grocery Retail, §4a. 01.01.2014. Apud CHAUVE, Philippe; RENCKENS, An. The European Food Sector: Are Large Retailers a Competition Problem? *Journal of European Competition Law & Practice*, p. 23, 2015. p. 8-9. "(...) in Finland, a new Competition Act on grocery retail has been applied since 1 January 2014. According to the new paragraph 4a of the Finnish Competition Act, the prohibition of the abuse of a dominant market position applies to companies whose market share in the Finnish grocery retail exceeds 30%. This implies that Finnish retailers with a market share above 30% should be considered by object as dominant companies. This new provision would make it easier for the Finnish NCA to investigate abuse of dominance cases, which involve Finnish retailers".

[1032] Republica Tcheca. Czech Market Power Act. §3. Apud CHAUVE, Philippe; RENCKENS, An. The European Food Sector: Are Large Retailers a Competition Problem? *Journal of European Competition Law & Practice*, p. 23, 2015. p. 8-9. "(...) the Czech Market Power Act ('CMPA') prohibits retailers with a 'significant market position' from abusing their position in relation to suppliers. A significant market position exists when 'the supplier, as a consequence of the market situation concerning the possibility of delivering its goods to consumers, becomes dependent on the buyer, and in which the buyer can unilaterally compel advantageous business terms from the supplier' (cf. §3 of the Act). Criteria for a significant market position include, among others, market structure, impediments to market access, suppliers' and buyers' market shares, size and placement of buyers' individual sales locations. According to §3(3) of the Act, a significant market position is presumed when a buyer's revenue exceeds CZK 5 billion. Special obligations apply to retailers that have such a significant market position, such as an upper limit of 30 days on the payment term, the prohibition of sales below costs and the prohibition of the buyer from obtaining retroactive advantages in the form of discounts or commissions".

[1033] Portugal teria inserido na sua legislação de defesa da concorrência uma série de proibições *per se* contra práticas abusivas de barganha.

[1034] Espanha e Grécia também possuem legislações similares, nos termos mencionados pela Comissão Europeia, *apud Buyer power and its impact on competition in the food retail distribution sector of the European Union*, 1999. p. 34.

[1035] Brasil. Projeto de Lei do Senado 301, de 2014. Disponível em: <http://www.senado.leg.br/atividade/rotinas/materia/getPDF.asp?t=155686&tp=1>. Acesso em: 25 jun. 2016.

Outras possíveis propostas regulatórias consistem na adoção de *intervenções relativas ao Direito do Consumidor e na adoção de intervenções relativas à Concorrência Desleal*.[1036]

Conclusão do Capítulo 10

Constatada a implementação de práticas comerciais como as categorizadas (*vide* Capítulo 5, *supra*), em especial aquelas consideradas potencialmente violadoras da ordem econômica brasileira nos termos da Lei 12.529/2011 (*vide* Capítulo 6, *supra*), deve-se ponderar se os efeitos anticompetitivos são superiores ou inferiores às "eficiências constitucionalizadas". Se forem verificados efeitos anticompetitivos nos mercados de venda (varejista) e de compra (aprovisionamento) (*vide* Capítulos 7 e 8, *supra*) inferiores a eventuais justificativas de "eficiências constitucionalizadas" – conforme ETAPA 7 do fluxo de análise proposto no item 9.1, *supra* –, não haverá um prejuízo à concorrência, ao mercado e aos consumidores finais, mas sim aos concorrentes. Nessa hipótese, para aquelas práticas comerciais cujo impacto se restringir ao concorrente – e não à concorrência –, há possíveis propostas em sede regulatória que podem ser implementadas, conforme verificado na experiência internacional. Assim, trata-se de suplementar as regras e políticas de direito da concorrência com a regulação econômica do setor do varejo alimentar.

Uma primeira possível proposta regulatória é a adoção dos chamados "Códigos de Boas Práticas", conforme se verifica no Reino Unido, em Portugal, na Austrália, no Equador, no Chile e na Costa Rica. Uma segunda possível proposta regulatória é a adoção de legislações específicas para endereçar a questão do relacionamento comercial entre varejistas e fornecedores, também implementada nos Estados Unidos, na Espanha, na França, na Eslováquia, em Portugal e no Equador. Ademais, alguns países introduziram legislações específicas para lidar com as situações de dependência econômica, como na França, na Alemanha, na Itália, na Finlândia, na República Tcheca e em Portugal.

[1036] Na Comissão Europeia, por exemplo, foi realizado amplo estudo sobre as bases legais nos países-membros para serem endereças as práticas no varejo supermercadista por meio de regras de concorrência desleal. Europa. European Commission. *Study on the legal framework covering business-to-business unfair trading practices in the retail supply chain*. Disponível em: <http://ec.europa.eu/internal_market/retail/docs/140711-study-utp-legal-framework_en.pdf>. Acesso em: 25 fev. 2016.

No Brasil, há o Projeto de Lei do Senado 301, de 2014, que visa a dispor sobre a matéria. Outras possíveis propostas regulatórias consistem na adoção de intervenções relativas ao Direito do Consumidor e na adoção de intervenções relativas à Concorrência Desleal.

Conclusão

A proposta de uma moderna análise antitruste do varejo supermercadista contempla os supermercados como plataformas de dois lados com características de gargalo à concorrência. Ao se adotar essa nova visão, supera-se a análise tradicional segundo a qual os supermercados seriam agentes neutros no mercado que simplesmente transmitiriam a demanda dos consumidores para os fornecedores, com resultados nulos ou positivos para o mercado. A análise tradicional, centrada nos efeitos estáticos de curto prazo relacionados a preço, não atende aos preceitos constitucionais brasileiros, segundo os quais a livre concorrência é instrumental à promoção da dignidade humana, conforme os ditames da justiça social (art. 170 da Constituição da República Federativa do Brasil de 1988). A moderna análise antitruste privilegia, portanto, os resultados dinâmicos no mercado de médio e longo prazo, especialmente em um mercado tão afeto ao consumidor, que atende às demandas mais básicas de alimentação (produtos não duráveis) e de bens (produtos duráveis), cujos custos representam substancial parcela dos proventos de uma típica família no Brasil.

A repressão antitruste não pode então continuar a ser afastada em casos envolvendo o poder de compra[1037] por uma interpretação tradicional segundo a qual o poder compensatório é taxado como fonte de eficiências e gerador de benefícios aos consumidores. O foco exclusivo em preços ignora os possíveis efeitos dinâmicos negativos à sociedade brasileira, tais como a redução das inovações, da qualidade, da variedade e das opções de produtos, e o fechamento de fornecedores e varejistas de médio e pequeno porte no Brasil. Esse cenário é ainda mais tormentoso diante da nova realidade de interesses conflitantes dos supermercados perante seus fornecedores. Além de ser comprador de produtos de marca independente (ou seja, ser prestador de serviços de acesso à loja), o supermercado também é concorrente dos seus fornecedores

---

1037 FORGIONI, Paula A. *Contrato de distribuição*. 2. ed. São Paulo: RT, 2008. p. 569.

com as marcas próprias, além de ser fornecedor da indústria fornecedora, ao comercializar espaços em gôndolas das suas lojas (ou seja, prestador de serviços dentro da loja). As relações no varejo supermercadista deixam então de ter contornos tradicionais, para se constatar um emaranhado de relações horizontais, verticais e diagonais com possíveis repercussões concorrenciais.

Tal evolução na análise do varejo supermercadista foi iniciada no exterior. Autoridades de defesa da concorrência estrangeiras paulatinamente superam a visão tradicional de que neste mercado o foco deve ser no controle de estruturas (atos de concentração) e/ou em medidas regulatórias (códigos de conduta, legislações específicas, defesa do consumidor ou concorrência desleal). Passa-se, pouco a pouco, a listar, detalhar, avaliar, comprovar e até mesmo condenar a prática de condutas anticompetitivas nesse mercado tipicamente concentrado, em que há um alto nível de lealdade do consumidor final ao supermercado ("*lock-in*") e em que é possível o exercício do poder de mercado perante os fornecedores, dada a posição de gargalo à concorrência ("*gatekeeper*" dos varejistas).

O exercício do poder econômico das grandes cadeias de distribuição no varejo supermercadista pode resultar em efeitos deletérios à concorrência – e não apenas aos concorrentes. Varejistas e consumidores finais podem ser prejudicados pelo aumento do custo dos rivais ("*raising rivals costs*") e do efeito colchão d'água ("*waterbed effect*"), pelo fechamento de lojas, redução das opções ao consumidor final, novo aumento da concentração econômica e redução da eficiência varejista, pela elevação de preços ao consumidor final e facilitação à colusão entre os varejistas. Por sua vez, fornecedores e consumidores finais também podem ser prejudicados pelo crescimento de barreiras à entrada e à expansão, pela exclusão e fechamento de mercado a fornecedores/marcas independentes, pela redução da inovação, qualidade e variedade/opções disponíveis aos consumidores finais e pela facilitação à colusão entre os fornecedores. Trata-se de um mercado dinâmico, cujo histórico revela a alteração na dinâmica de poder e cujas alterações tecnológicas podem alterar o cenário competitivo no futuro (por exemplo, via fortalecimento do *e-commerce*,[1038] que prejudica em parte o poder dos varejistas quanto às gôndolas; via fortalecimento de outras atividades econômicas pelos varejistas, como a prestação de

---

[1038] A respeito das alterações recentes do *e-commerce* no varejo, ainda que não específica para o varejo supermercadista: FRIEDERISZICK, Hans W.; GŁOWICKA, Ela. Competition policy in modern retail markets. *Journal of Antitrust Enforcement*, p. 30, 2015.

serviços "*on top*"[1039] pelos supermercados às marcas independentes). No cenário atual, porém, é imperiosa a atuação firme das autoridades de defesa da concorrência diante de condutas anticompetitivas praticadas nesse mercado.

Essa atuação em sede de controle de condutas é especialmente relevante diante da alteração na resolução de contratos associativos (Resolução CADE 17/2016,[1040] que alterou a Resolução CADE 10). A nova normativa retirou a obrigatoriedade da notificação de contratos de fornecimento e distribuição (ou seja, verticais), de modo que o controle de estruturas desses contratos verticais no varejo supermercadista não será mais realizado, restando tão somente a investigação de condutas anticompetitivas.

Diversas são as práticas comerciais implementadas no varejo supermercadista que ensejam preocupação concorrencial, tanto nas relações verticais quanto nas horizontais. Entende-se que algumas, em especial, devem ser analisadas com maior atenção, pois, apesar de serem constatadas na realidade, dificilmente poderão ser comprovadas pela existência de um contrato ou acordo formal entre as partes. Há de se chamar para ouvir, então, os agentes de mercado e viabilizar incentivos para que estes expressem suas preocupações, em especial diante da dependência econômica dos fornecedores e do receio de retirada da lista ("*delist*") pelo principal cliente, que é o varejista. Só assim práticas comerciais como a cobrança de taxas e condições de acesso para espaço em gôndola, o uso indevido de informações comercialmente sensíveis para

---

[1039] CADE. Ato de Concentração 08700.003252/2016-81. Nos termos dessa operação de concentração econômica, serviços "*on top*" consistem em serviços internacionais prestados por varejistas a fornecedores, como acesso a banco de dados, estudos de *marketing*, iniciativas específicas de *marketing* e suporte comercial multinacional aos fornecedores internacionais de produtos de consumo de marcas líderes.

[1040] CADE. Resolução 17/2016. *Disciplina as hipóteses de notificação de contratos associativos de que trata o inciso IV do artigo 90 da Lei n. 12.529, de 30 de novembro de 2011 e revoga a Resolução Cade n. 10, de 29 de outubro de 2014*. Nos termos da Resolução 10, consideravam-se associativos quaisquer contratos com duração superior a 2 (dois) anos em que houver cooperação horizontal ou vertical ou compartilhamento de risco que acarretem, entre as partes contratantes, relação de interdependência. Nos termos da nova resolução de contratos associativos (Resolução 17/2016), consideram-se associativos quaisquer contratos com duração igual ou superior a 2 (dois) anos que estabeleçam empreendimento comum para exploração de atividade econômica, desde que, cumulativamente: I – o contrato estabeleça o compartilhamento dos riscos e resultados da atividade econômica que constitua o seu objeto; e II – as partes contratantes sejam concorrentes no mercado relevante objeto do contrato.

colusão ("*hub-and-spoke*") e para marcas próprias de imitação ("*copycat*"), a gestão de categorias ("*category management*") e as cláusulas do comprador mais favorecido ("*most-favoured nation clause*" – MFN) poderão ser devidamente investigadas e condenadas no Brasil.

Em sede de uma investigação de conduta anticompetitiva nesse mercado, amarras tradicionais e fórmulas aplicáveis a análises de mercado de um lado devem ser substituídas por uma arrojada utilização dos elementos da moderna análise antitruste do varejo supermercadista. A análise deve considerar que a conduta em um lado da plataforma afeta o outro lado do mercado, bem como o efeito geral da prática para o bem-estar. É nesse sentido que se verifica a relevância da proposta deste livro: o fluxo de análise de práticas comerciais no varejo supermercadista potencialmente violadoras da ordem econômica pela Lei 12.529/2011. Quando da aferição do poder de mercado do varejista pela ótica da compra, poder-se-á superar o posicionamento tradicional que exige a definição de um *quantum* de poder de mercado em termos percentuais por um método alternativo de mensuração: verificar a efetiva implementação das condutas. Diante da verificação direta de uma ameaça crível ou uma prática comercial, não há mais o que se questionar sobre a existência ou não de poder, pois elas em si mesmas refletem esse poder de mercado do varejista. Ademais, quando da aferição do poder de mercado do fornecedor no mercado relevante pela ótica da compra, novamente se supera o método tradicional e se afere tal poder pelo grau de dependência econômica do fornecedor em relação aos varejistas, tendo em vista a existência de poder relacional entre esses agentes econômicos. Ainda, quando da aferição do poder de mercado do varejista no mercado pela ótica da venda, mais uma vez se supera a fórmula tradicional e passa-se a identificar se ele possui características de gargalo à concorrência ("*gatekeeper*") no mercado, tanto aos consumidores finais quanto aos fornecedores. Assim, sopesados os efeitos anticompetitivos com os eventuais argumentos de "eficiências constitucionalizadas", será possível avaliar o enquadramento da conduta nas hipóteses exemplificativas do art. 36 da Lei 12.529/2011.

O Brasil, portanto, tem um importante caminho a percorrer, aperfeiçoar e evoluir em sua análise concorrencial do varejo supermercadista. Com este livro, espera-se ter chamado a atenção para a nova realidade do varejo supermercadista no exterior e no Brasil, segundo a qual os supermercados são plataformas de dois lados com características de gargalo à concorrência. Dessa forma, levando em consideração esse novo paradigma, empresários, acadêmicos, advogados, o CADE e a sociedade brasileira poderão adotar uma postura ativa e incisiva diante de práticas comerciais que configurem condutas potencialmente violadoras da ordem econômica nos termos da Lei 12.529/2011, sob o sério risco de, se não o fizer, adotarem uma postura insensível diante das distorções do mercado,[1041] com repercussões econômicas e sociais deletérias para o mercado e para os consumidores brasileiros.

[1041] BORGHESANI JR., William H; CRUZ, Peter L. de La; BERRY, David. Food for thought: the emergence of power buyers and its challenge to competition analysis. *Stan. JL Bus. & Fin.*, v. 4, p. 39, 1998.

Referências bibliográficas

ABMAPRO. *Dados de mercado*. Disponível em: <http://www.abmapro.org.br/page/ marcapropria_dadosdemercado.asp>. Acesso em: 3 fev. 2014.

_____. *Manual ABMAPRO* – Marcas próprias. 2012.

ABRAS. *Revista Super Hiper*, ano 38, n. 430, p. 15-18, mar. 2012.

_____. *Revista Super Hiper*, ano 38, n. 438, dez 2012.

_____. *Revista Super Hiper*, ano 39, n. 443, maio 2013.

_____. *Revista Super Hiper*, ano 40, n. 456, jun. 2014.

_____. *Revista Super Hiper*, ano 40, n. 457, p. 30-34, jul. 2014.

_____. *Revista Super Hiper*, ano 40, n. 459, p. 110-117, set. 2014.

_____. *Revista Super Hiper*, ano 40, n. 461, p. 80-82, nov. 2014.

AGUIRREGABIRIA, Victor; SUZUKI, Junichi. Empirical Games of Market Entry and Spatial Competition in Retail Industries. *Working Paper* 534, University of Toronto, Department of Economics, 02.02.2015. Disponível em: <http://www.economics.utoronto.ca/public/workingPapers/tecipa-534.pdf>. Acesso em: 6 jun. 2015.

AKMAN, Pinar. A competition law assessment of platform most-favoured-customer clauses. *Working Paper*, School of Law, University of Leeds, 2015.

ALEMANHA. *Bundeskartellamt imposes fines on sausage manufacturers*. Disponível em: <http://www.bundeskartellamt.de/SharedDocs/Meldung/EN/Pressemitteilungen/ 2014/15_07_2014_Wurst.html>. Acesso em: 27 jun. 2016.

_____. Bundeskartellamt. *Bundeskartellamt prohibits takeover of Kaiser's Tengelmann by EDEKA*, 01.04.2015. Disponível em: <http://www.bundeskartellamt.de/SharedDocs/Meldung/EN/Pressemitteilungen/2015/01_04_2015_Edeka_Untersagung.html>. Acesso em: 25 fev. 2016.

_____. Bundeskartellamt. *Sektoruntersuchung "Nachfragemacht im Lebensmitteleinzelhandel*. Disponível em: <http://www.bundeskartellamt.de/Sektoruntersuchung_LEH.pdf?__blob=publication File&v=7>. Acesso em: 9 jul. 2016.

ALLAIN, Marie-Laure; CHAMBOLLE, Claire; REY, Patrick. *Vertical Integration, Innovation and Foreclosure*. HAL, 2010.

American Antitrust Institute. The Robinson-Patman Act should be reformed, not repealed, Comments of the American Antitrust Institute Working Group on the Robinson-Patman Act, 2005.

ANCHUSTEGUI, Ignacio Herrera. Marker definition in buyer power cases: revisiting some tradicional views. *Working paper*, 2015.

ANDERSON, Evan E. An analysis of retail display space: theory and methods. *Journal of Business*, p. 103-118, 1979.

Antitrust and Category Captains. Roundtable Discussion. June 23, 2003. Antitrust Institute. Disponível em: <http://www.antitrustinstitute.org/files/270.pdf>. Acesso em: 11 maio 2014.

ARBATSKAYA, Maria; HVIID, Morten & SHAFFER, Greg, *Promises to Match or Beat the Competition: Evidence from Retail Tire Prices*, 8 Advances Applies Microeconomics 123 (1999).

AREEDA, Phillip E.; HOVENKAMP, Herbert. *4 Antitrust Law*: an analysis of antitrust principles and their application. 3. ed. 2006.

ARMSTRONG, Mark. Competition in two-sided markets. *RAND Journal of Economics*, v. 37, n. 3, p. 668-691, Autumn 2006.

_____. *Two-sided markets*: economic theory and policy implications. Recent Developments in Antitrust: Theory and Evidence. Cambridge: The MIT Press, 2007.

_____; WRIGHT, J. Two-sided markets, Competitive Bottlenecks and Exclusive Contracts. *Economic Theory*, 32, p. 353-380, 2005.

ASCAR, Antonio Carlos. Querida, encolhi as crianças. ABRAS. *Revista Super Hiper*, ano 40, n. 462, p. 134-135, dez. 2014.

ATLEE, Laura; BOTTEMAN, Yves. Resale Price Maintenance and Most-Favored Nation Clauses: The Future Does Not Look Bright. *Competition Policy International*, Inc. 2013.

Referências bibliográficas

AUSTRÁLIA. Australian Competition and Consumer Commission. *Inquiry into de competitiveness of retail prices for standard groceries*, July 2008, p. 339. Disponível em: <https://www.accc.gov.au/publications/report-of-the-accc-inquiry-into-the-competitiveness-of-retail-prices-for-standard-groceries-july-2008>.

_____. Bundeswettberbsbehörde. Allgemeine Untersuchung des österreichischen Lebensmittelhandels *unter besonderer Berücksichtigung des Aspekts der Nachfragemacht*. Disponível em: <http://www.bwb.gv.at/Untersuchungen/Lebensmittelhandel/Documents/Lebensmittelhandel%20Endbericht.pdf>. Acesso em: 9 jul. 2016.

_____. Federal Competition Authority. Bundeswettbewerbsbehörde. *Apud* ICN, *ICN Market Studies Information Store*. p. 2. Disponível em: <http://www.internationalcompetitionnetwork.org/uploads/advocacy%20teleseminars / icn%20information%20store%20-%20sorted%20by%20jurisdiction%20final%20searchable.pdf>. Acesso em: 7 nov. 2015.

AUSTRIA. The Competition Authority. *A description of the structure and Operation of Grocery Retailing and Wholesaling in Ireland: 2001 to 2006*. 2008. Disponível em: <http://www.ccpc.ie/sites/default/files/documents/grocery_monitor_report_1.pdf>. Acesso em: 11 fev. 2016.

_____. The Competition Authority. *Price trends in the Irish Retail Grocery Sector: A description of the evolution of retail grocery prices between 2001 and 2007*. 2008. Disponível em: <http://www.ccpc.ie/sites/default/files/documents/grocery_monitor_ report_2.pdf>. Acesso em: 11 fev. 2016.

AUTHORITIES, Nordic Competition. Nordic Food Markets–a taste for competition. *Report from the Nordic competition authorities*, v. 1, 2005.

AZEVEDO, Paulo Furquim de. *A nova economia institucional e a defesa da concorrência*: re-introduzindo a história, 2006.

_____. Complementaridade de estruturas de governança na comercialização de marca. XXX Encontro Nacional de Economia – ANPEC, 2002, Nova Friburgo-RJ. *Anais do XXX Encontro Nacional de Economia – ANPEC*, 2002. v. 1.

_____. Informação e barganha: implicações estratégicas em arranjos verticais. Seminário Brasileiro da Nova Economia Institucional, 2. *Anais...* Campinas: Instituto de Economia Unicamp, 2001.

_____; ALMEIDA, Sílvia Fagá de. Poder compensatório: coordenação horizontal na defesa da concorrência. *Estudos Econômicos*, v. 39, n. 4, p. 737-762, São Paulo, 2009.

BAIN, Joe Staten. *Barriers to new competition, their character and consequences in manufacturing industries*, 1956.

BAKER, J. Vertical restraints with horizontal consequences: competitive effects of "most-favored-customer" clauses. *Antitrust Law Journal*, v. 64, 1996.

BAKER, Jonathan B.; CHEVALIER, Judith A. The Competitive Consequences of Most-Favored-Nation Provisions. *Antitrust*, v. 27, n. 2, Spring 2013.

BASKER, Emek; NOEL, Michael. Competition Challenges in the Supermarket Sector with an Application to Latin American Markets. *Centro Regional de Competencia para América Latina (CRCAL)*, 2013.

_____; _____. The evolving food chain: competitive effects of Wal-Mart's entry into the supermarket industry. *Journal of Economics & Management Strategy*, v. 18, n. 4, p. 977-1009, 2009.

BELL, Dick. The business model for manufacturers' brands. *Private Label, Brands and Competition Policy*: The Changing Landscape of Retail Competition. Oxford: Ariel Ezrachi and Ulf Bernitz, 2009.

BERARDO, José. C. M.; BECKER, Bruno Bastos. Brazil. In: KOBEL, Pierre; KËLLEZI, Pranvera; KILPATRICK, Bruce (Ed.). *Antitrust in the Groceries Sector & Liability Issues in Relation to Corporate Social Responsibility*. Springer, 2015.

BERASATEGI, Javier. *Supermarket power: serving consumers or harming competition*, 2014. Disponível em: <http://www.supermarketpower.eu/documents/38179/39950/Supermarket+Power.pdf/ 9c0ed73f-37db-4d23-bd2d-1f583bf501e9>. Acesso em: 24 maio 2015.

BERGÈS-BONTEMPS. A Survey on the Economic Impact of the Development of Private Labels. *Journal of Agricultural & Food Industrial Organization*, v. 2.

BERNITZ, Ulf. Misleading packaging, copycats, and look-alikes: an unfair commercial practice? *Private Labels, Brands and Competition Policy*: the challenging landscape of retail competition. Oxford: Ariel Ezrachu abd Ulf Bernitz, 2009.

BLOOM, Paul N. Role of slotting fees and trade promotions in shaping how tobacco is marketed in retail stores. *Tobacco Control*, v. 10, p. 340-344, 2001.

_____; CANNON, Joseph P. Are Slotting Allowances Legal under the Antitrust Laws? *Journal of Public Policy & Marketing*, v. 10, n. 1, p. 167-186, Primavera 1991.

_____; _____; GUNDLACH, Gregory T. Slotting allowances and Fees: Schools of Thought and the Views of Practicing Managers. *Journal of Marketing*, v. 64, n. 2, abr. 2000.

BORGHESANI JR., William H.; CRUZ, Peter L. de La; BERRY, David. Food for thought: the emergence of power buyers and its challenge to competition analysis. *Stan. JL Bus. & Fin.*, v. 4, 1998.

BORK, Robert H. *The antitrust paradox*. Nova York: The Free Press, 1993.

BRADLEY, John. *Store Wars* – The Worldwide Battle for Mindspace and Shelfspace. Online and In-store. 2. ed. United Kingdom: Wiley, 2012.

BRASIL. CADE. Ato de Concentração 08012.004423/2009-18, no interesse das empresas BRF – Brasil Foods (ex-Perdigão S.A.) e Sadia S.A, julgado em 13 de julho de 2011. Termo de Compromisso de Desempenho disponível em: <http://www.cade.gov.br/upload/BRFoods_TCD_13_07_11.pdf>. Acesso em: 17 fev. 2016.

_____. CADE. Ato de Concentração 08012.008074/2009-11, no interesse das empresas JBS S.A. e Bertin S.A., julgado em 17.04.2013.

_____. CADE. Ato de Concentração 08012.008449/2011-50, no interesse das empresas Loja Insinuante Ltda., RN Comércio Varejista S.A. e Eletro Shopping Casa Amarela Ltda, julgado em 09.10.2013.

_____. CADE. Averiguação Preliminar 08012.000073/2002-44. Representante: Associação Brasileira da Indústria Produtora e Exportadora de Carne Suína (ABIPECS). Representados: Carrefour Comércio e Indústria Ltda. (Carrefour), Walmart Brasil (Walmart) e Companhia Brasileira de Distribuição (CBD).

_____. CADE. Averiguação Preliminar 08012.005647/2004-32. Representante: CADE *ex-officio*. Representados: Carrefour, Walmart, CDB e Condor.

_____. CADE. Processo Administrativo 08700.008098/2014-71. *Superintendência abre processo para investigar cartel no mercado de equipamentos de informática* (15.07.2015). Disponível em: <http://www.cade.gov.br/Default.aspx?79cc5dac44d92 ef5004d1e340f37>. Acesso em: 3 set. 2015.

_____. CADE. Ato de Concentração 08700.009334/2014-77, no interesse das empresas Companhia de Gás de São Paulo – COMGÁS e Companhia Distribuidora de Gás do Rio de Janeiro – CEG, no mercado de tubos de aço, tubos de PEAD e medidores de gás tipo diafragma, julgado em 02.12.2014.

_____. CADE. *Guia de Análise de Atos de Concentração Horizontal*. Portaria Conjunta SEAE/SDE n. 50, de 01.08.2001. p. 13-14.

_____. CADE. *Guia de Análise de Atos de Concentração Horizontal*. 2016.

_____. CADE.Procedimento Preparatório 08012.007997/2010-81. Representante: CADE *ex-officio*. Representada: Compreço Supermercados do Nordeste Ltda (WalMart).

_____. CADE. Projeto de Lei do Senado 301, de 2014. Disponível em: <http://www.senado.leg.br/atividade/rotinas/materia/getPDF.asp?t=155686&tp=1>. Acesso em: 25 jun. 2016.

_____. CADE. *Cadernos do CADE*. Mercado de Saúde Suplementar: Condutas. p. 56-57. Disponível em: <http://www.cade.gov.br/upload/Cadernos%20do%20Cade%20%E2%80%93%20Mercado%20de%20Sa%C3%BAde%20Suplementar%20Condutas%20%E2%80%93%202015.pdf>. Acesso em: 24 fev. 2016.

BUZZELL, Robert D.; GALE, Bradley T.; SULTAN, Ralph GM. Market share-a key to profitability. *Harvard business review*, v. 53, n. 1, p. 97-106, 1975.

CAILLAUD, Bernard; JULLIEN, Bruno. Chicken & egg: competition among intermediation service providers. *RAND Journal of Economics*, v. 34, n. 2, p. 309-328, Summer 2003.

_____; _____. Competing cybermediaries. *European Economic Review*, v. 45, n. 4, p. 797-808, 2001.

CAMILO JÚNIOR, Ruy Pereira. *O contrato de distribuição*: uma análise à luz da teoria relacional. Dissertação de mestrado apresentada ao Departamento de Direito Comercial da Faculdade de Direito da USP, 2004.

CAMPILONGO, Celso. Aumento dos custos dos rivais na concorrência – Parecer do Processo Administrativo 08012.002474/2008-24 (Cade). *Revista de Direito Administrativo*, v. 260, p. 285-313, Rio de Janeiro: RDA, maio-ago. 2012.

CANÊDO-PINHEIRO, Maurício; PIONER, H. M. concentrações verticais e poder de compra em atos de concentração horizontal. In: FIUZA, E. P. S.; MOTTA, E. S. (coord. tec.). *Métodos quantitativos em defesa da concorrência e regulação econômica*. Rio de Janeiro: IPEA, 2006.

CARAMELI, L. S. Jr. The Anti-competitive Effects and Antitrust Implications of Category Management and Category Capitains of Consumer Products. *Chicago-Kent Law Review*, 79(3), 2004.

CARSTENSEN, Peter. *Buyer power and merger analysis: the need for different metrics*. Statement at the DOJ/ FTC Merger Workshop (Feb. 17, 2004).

_____. Buyer power, Competition policy and Antitrust: the competitive effects of discrimination among suppliers. 53, *Antitrust Bulletin*, 2008.

CATTANI, Gino; PORAC, Joe; THOMAS, Howard. Categories and competition. *Strategic Management Journal*, p. 1-51, 2017.

Cavalcante, Léia Baeta. Poder de compra do varejo supermercadista: uma abordagem antitruste. *SEAE/MF Documento de Trabalho*, n. 30, Brasília, 2004.

CHAUVE, Philippe; RENCKENS, An. The European Food Sector: are large retailers a competition problem? *Journal of European Competition Law & Practice*, p. 23, 2015.

CHEN, Yongmin. On vertical mergers and their competitive effects. *RAND Journal of Economics*, p. 667-685, 2001.

_____; RIORDAN, Michael H. *Vertical integration, exclusive dealing, and ex post cartelization*. Columbia University, Department of Economics, 2003.

CHEN, Zhiqi. Buyer Power, Competition Policy and Antitrust: the competitive effects of discrimination among suppliers. *Res. Law and Economics*, v. 22, 2007.

CHERNATONY, Leslie de. The impact of the changed balance of power from manufacturer to retailer in the UK packaged groceries Market. In:

PELLEGRINI, Luca; REDDY, Srinivas K. *Retail and marketing channels*. London: Routledge, 1989.

CHILE. Disponível em: <http://www.latercera.com/noticia/negocios/2016/01/655-662962-9-fne-presenta-requerimiento-contra-cencosud-smu-y-walmart-por-colusion.shtml>. Acesso em: 16 fev. 2016.

CHILE. *Fiscalía Nacional Económica* (FNE). Disponível em: <http://compemedia.org/chile-fne-acusaria-a-cencosud-walmart-smu-y-tottus-por-colusion.html>. Acesso em: 8 nov. 2015.

_____. Tribunal de Defensa de la Competencia. Autos 4927-04. Sentencia 9/2004. Asociación Gremial de Industrias Proveedoras A.G., Supemercados Líder, Nestlé Chile S.A. Disponível em: <http://www.tdlc.cl/tdlc/wp-content/uploads/sentencias/Sentencia_09_2004.pdf>. Acesso em: 23 fev. 2016.

CHURCH, Jeffrey R.; WARE, Roger. *Industrial organization:* a strategic approach. Ontario: Irwin McGraw-Hill, 2000.

CIAPANNA, Emanuela; RONDINELLI, Concetta. Retail sector concentration and price dynamics in the euro area: a regional analysis. *Bank of Italy, Questioni di Economia e Finanza*, n. 107, oct. 2011.

CLAPP, John M.; ROSS, Stephen L.; ZHOU, Tingyu. *Retail Agglomeration and Competition Externalities*: Evidence from Openings and Closings of Multiline Department Stores in the US, 2015.

CLARKE, Ian et al. Retail restructuring and consumer choice 1: long term local changes in consumer behaviour: Portsmouth 1980-2002. *Environment and Planning A*, v. 38, n. 1, 2006.

CLARKE, R.; DAVIES, S.; DOBSON, P.; WATERSON, M. *Buyer power and competition in European food retailing*. Cheltenham: Edward Elgar, 2002.

COLANGELO, Giuseppe. *L'abuso di dipendenza econômica tra disciplina della concorrenza e diritto dei contratti*. Un'analisi economica e comparata. Torino: G. Giappichelli, 2004.

COLOMBIA. Superintendencia de Industria y Comercio. *Estudio económico del sector Retail em Colombia 2010-2012*. 2013. Disponível em: <http://www.sic.gov.co/recursos_user/documentos/ promocion_competencia/Estudios_Economicos/Retail2012.pdf>. Acesso em: 8 nov. 2015.

COLOMÉ, Rosa; SERRA, Daniel. Supermarket Key Attributes and Location Decisions: A Comparative Study between British and Spanish Consumers. *Universitat Pompeu Fabra Working Paper*, n. 469, p. 3, jun. 2000.

COMISSÃO EUROPEIA. Tackling unfair trading practices in the business-to-business food supply chain, 2014. Disponível em: <http://ec.europa.eu/internal_market/retail/docs/140715-communication_en.pdf>. Acesso em: 24 maio 2015.

_____. *The economic impact of modern retail on choice and innovation in the EU food sector*. Final report. EY, Cambridge Econometrics Ltd. e Arcadia International. Luxembourg: Publications Office of the European Union, 2014.

COMPETITION COMMISSION. *Supermarkets: A Report on the Supply of Groceries from Multiple Stores in the United Kingdom*. Cm 4842 (Oct. 2000).

COOMBS, Justin. Most Favored Customer Clause and competition law: An overview of EU and national case law. *e-Competition* n. 64758.

CORDOVIL, Leonor. *Buying group* ou grupos de compra: a análise das experiências norte-americana e brasileira. *Compêndio de direito da concorrência*: temas de fronteira. Migalhas, 2015.

_____; FIGUEIREDO, Natália. Poder de compra do varejo e os desafios da concorrência: uma visita ao Chile e à Argentina. *Revista do IBRAC*, v. 15, p. 111-126, 2009.

CORRÊA, Mariana Villela. *Abuso de posição dominante*: condutas de exclusão em relações de distribuição. Tese de Doutorado. Universidade de São Paulo, 2012.

COTTERILL, Ronald W. Antitrust analysis of supermarkets: global concerns playing out in local markets. *Australian Journal of Agricultural and Resource Economics*, v. 50, n. 1, p. 17-32, 2006.

CURTIN JR., John J.; GOLDBERG, Daniel L.; SAVRIN, Daniel S. EC's Rejection of the Kesko/Tuko Merger: Leading the Way to the Application of a Gatekeeper Analysis of Retailer Market Power under US Antitrust Laws. *The. BCL Rev.*, v. 40, p. 537, 1998.

CYRILLO, D. C. *O papel dos supermercados no varejo*. São Paulo: Instituto de Pesquisas Econômicas – IPE, 1987. Série Ensaios Econômicos, n. 68.

DELGADO, Juan. Market Structure, Growth and Competition in the Supermarket Sector in Latin America. OECD Latin American Competition Forum. *Growth and Competition in the Supermarket Sector in Latin America* (September 3, 2015), 2015.

DELOITTE. *Análise setorial varejo* – Um setor de grandes transformações. p. 7. Disponível em: <http://www.deloitte.com/assets/Dcom-Brazil/Local%20Assets/Documents/Analise%20Setorial%20Varejo.pdf>. Acesso em: 21 fev. 2013.

DESROCHERS, Debra M.; GUNDLACH, Gregory T.; FOER, Albert A. Analysis of antitrust challenges to category captain arrangements. *Journal of Public Policy & Marketing*, v. 22, n. 2, p. 201-215, 2003.

_____; _____; _____. The Economics of Slotting Contracts. George Mason University. *Law and Economics Research Paper Series*, 22(2), p. 201-205, 2003.

DOBSON, P. *Buyer power and its impact on competition in the food retail distribution sector of the European Union"* study for the EU-DGIV. no. IV/98/ETD/078, 1999.

_____. Exploiting buyer power: lessons from the british grocery trade. 72 *Antitrust Law Journal*, 2005.

_____; CHAKRABORTY, Ratula. Private labels and branded goods: consumers"horrors' and 'heroes'. *Private Labels, Brands and Competition Policy*: the challenging landscape of retail competition. Oxford: Ariel Ezrachu abd Ulf Bernitz, 2009,

_____; CLARKE, R.; DAVIES, S.; WATERSON, M. Buyer power and its impact on competition in the food retail distribution sector of the European Union. *Journal of Industry, Competition and Trade*, v. 1, n. 3, p. 247-281, 2001.

_____; INDERST, Roman. Differential buyer power and the waterbed effect: do strong buyers benefit or harm consumers? *European Competition Law Review*, v. 28, n. 7, p. 393, 2007.

_____; _____. The waterbed effect: where buying and selling power come together. *Wis. Law Review*, p. 331-332, 2008.

_____; WATERSON, Michael; CHU, Alex. The welfare consequences of the exercise of buyer power, *Office of Fair Trading Research Paper* 16, 1998.

DYER, D.; DALZELL, F.; OLEGARIO, R. *Rising Tide*: Lessons from 165 years of brand building at Procter and Gamble. Boston: Harvard School Press, 2004.

ESPANHA. Comisión Nacional de la Competencia. *Report on the relations between manufacturers and retailes in the food sector*, 2011. Disponível em: <http://ec.europa.eu/internal_market/consultations/2013/ unfair-trading-practices/docs/contributions/public-authorities/spain-comision-nacional-de-la-competencia -2-report_en.pdf>. Acesso em: 23 maio 2015.

_____. Decision of 4.05.2000 of the Tribunal de Defensa de la Competencia, Case C-52/00, Carrefour/Promodès,

ESTADOS UNIDOS. *Coalition for a Level Playing Field LLC v. AutoZone Inc Coalition*, Memorandum Opinion and Order, 2010. Disponível em: <http://law.justia.com/cases/federal/district-courts/new-york/nysdce/1:2004 cv08450/257064/98/>. Acesso em: 4 set. 2015.

_____. Departamento de Justiça (DOJ). *U.S. v. Blue Cross Blue Shield of Michigan*, Case No. 10-cv-14155 (E.D. Mi., filed Oct. 18, 2010).

_____. DOJ. *Supreme Court Rejects Apple's Request to Review E-Books Antitrust Conspiracy Findings*. Disponível em: <https://www.justice.gov/opa/pr/supreme-court-rejects-apples-request-review-e-books-antitrust-conspiracy-findings>. Acesso em: 7 mar. 2016.

_____. Federal Trade Commission. *Grocery story antitruste: historical retrospective and current developments*, 2007. Disponível em: <https://www.ftc.gov/sites/default/files/documents/public_events/grocery-store-antitrust-historical-retrospective-current-developments/groscript.pdf>. Acesso em: 11 fev. 2016.

_____. Federal Trade Commission. *Report on the Federal Trade Commission Workshop on Slotting Allowances and Other Marketing Practices in the Grocery Industry*. 2001. p. 26. Disponível em: <https://www.ftc.gov/sites/default/files/documents/reports/report-federal-trade-commission-workshop-slotting-allowances-and-other-marketing-practices-grocery/slottingallowancesreportfinal_0.pdf>. Acesso em: 11 fev. 2016.

_____. Federal Trade Commission. *Workshop on Slotting Allowances and Other Grocery Marketing Practices*, 2000. Disponível em: <https://www.ftc.gov/news-events/events-calendar/2000/05/workshop-slotting-allowances-other-grocery-marketing-practices>. Acesso em: 11 fev. 2016.

_____. *Toys "R" Us, Inc., Petitioner-Appellant, v. Federal Trade Commission*. United States Court of Appeals Opinion Affirming the Opinion and Final Order of the FTC (7th Cir. August 1, 2000), Respondent Appellee, Docket 98-4107.

EUROPA. European Commission. *A better funciotioning food supply chain in Europe*, 28.10.2009. Disponível em: <http://ec.europa.eu/economy_finance/publications/publication16061_en.pdf>. Acesso em: 23 maio 2015.

_____. European Commission. *Buyer power and its impact on competition in the food retail distribution sector of the European Union*, 1999. p. 3. Disponível em: <http://bookshop.europa.eu/en/buyer-power-and-its-impact-on-competition-in-the-food-retail-distribution-sector-of-the-european-union-pbCV259964 9/downloads/CV-25-99-649-EN-C/CV2599649ENC_001.pdf?FileName=CV2599649ENC_001.pdf&SK U=CV2 599649ENC_PDF&CatalogueNumber=CV-25-99-649-EN-C>. Acesso em: 23 maio 2015.

_____. European Commission. Commission Decision of 20 November 1996 declaring a concentration to be incompatible with the common market (Case No IV/M.784 – Kesko/Tuko). Disponível em: <http://europa.eu.int/smartapi/cgi/sga_doc?smartapi! celexplus!prod!CELEXnumdo c&lg=en>.

_____. European Commission. *Competition in the food supply chain*, 28.10.2009. Disponível em: <http://eur-lex.europa.eu/legal-content/EN/ALL/?uri=CELEX:52009SC1449>. Acesso em: 23 maio 2015.

_____. European Commission. *Guidelines on Vertical Restraints*, 2010. Disponível em: <http://ec.europa.eu/competition/antitrust/legislation/guidelines_vertical_en.pdf>. Acesso em: 3 set. 2015.

_____. European Commission. Staff Working Document on Retail Services in the Internal Market, 2010.

_____. European Commission. *Study on the legal framework covering business-to-business unfair trading practices in the retail supply chain*. Disponível em:

<http://ec.europa.eu/internal_market/retail/docs/140711-study-utp-legal-framework_en.pdf>. Acesso em: 25 fev. 2016.

_____. European Commission. *The economic impact of modern retail on choice and innovation in the EU food sector*. Final report. EY, Cambridge Econometrics Ltd. e Arcadia International. Luxembourg: Publications Office of the European Union, 2014.

_____. European Commission. *The economic impact of modern retail on choice and innovation in the EU food sector*, 2014. Disponível em: <http://ec.europa.eu/competition/publications/ KD0214955ENN.pdf>. Acesso em: 23 maio 2015.

_____. European Commission. *The EU Horizontal Guidelines*, par. 189. Disponível em: <http://ec.europa.eu/competition/antitrust/legislation/horizontal.html>. Acesso em: 5 jun. 2015.

_____. European Commission. *The impact of private labels on the competitiveness of the European food supply chain*, 2011. Disponível em: <http://ec.europa.eu/enterprise/sectors/food/files/study_ privlab04042011_en.pdf>. Acesso em: 23 maio 2015.

EUSTÁQUIO, José. A diferença entre preço e valor. *Gazeta Mercantil*, São Paulo, 15.03.2001.

EVANS, David S. Some empirical aspects of multi-sided platform industries. *Review of Network Economics*, v. 2, n. 3, 2003.

_____. The antitrust economics of multi-sided platforms markets. *Yale Journal of Regulation*, 20, p. 325-381, 2003.

_____; SCHMALENSEE, Richard. Markets with Two-Sided Platforms. 1 *Issues In Competition Law And Policy* 667, ABA Section of Antitrust Law 2008.

_____; _____. Matchmakers: The new economics of multisided platforms. *Harvard Business Review Press*, 2016.

EZRACHI, A. Unchallenged Market Power? The tale of supermarkets, Private Label and Competition Law. *The university of Oxford Centre for Competition Law and Policy Working Paper CCLP*, (L)27, 2010.

_____; REYNOLDS, Jonathan. Advertising, promotional campaigns, and private labels. *Private labels, brands and competition policy*: the challenging landscape of retail competition. Oxford: Ariel Ezrachu abd Ulf Bernitz, 2009.

FARINA, E. M. M. Q.; NUNES, R.; MONTEIRO, G. F. de A. Supermarkets and their impacts on the agrifood system of Brazil: The competition among retailers. *Agribusiness*, 21, issue 2, p. 133-147, 2005.

FARRELL, Joseph. *Some Thoughts on Slotting Allowances and Exclusive Dealing*. Department of Justice, Speech before the American Bar Association, 49th Annual Spring Meeting, mar. 2001.

FARRIS, P., OLIVER, J.; KLUYVER, C. (1989). The relationship between distribution and market share. *Marketing Science*, 8(2), 107-128.

FILISTRUCCHI, Lapo; GERADIN, Damien; VAN DAMME, Eric. *Identifying two-sided markets*. Londres: TILEC Discussion Paper No. 2012-008, 2012.

FINLÂNDIA. Finnish Competition Authority. *Study on Trade in Groceries – How does buyer power affect the relations between trade and industry?*, 2012. Disponível em: <http://www2.kkv.fi/file/cd1a09b5-f5b7-4483-a18f-6673dead8182/FCA-Reports-1-2012-Study-on-Trade-in-Groceries.pdf>. Acesso em: 23 maio 2015.

FITZEL, Phillip B. *Private labels marketing in the 1990s*. New York: Global Books, LLC, 1992.

FORGIONI, Paula A. *Contrato de distribuição*. 2. ed. São Paulo: RT, 2008.

_____. *Direito concorrencial e restrições verticais*. São Paulo: RT, 2007.

_____. *Os fundamentos do antitruste*. 5. ed. São Paulo: RT, 2012.

_____. *Os fundamentos do antitruste*. 7. ed. São Paulo: RT, 2014.

FOROS, Øystein; KIND, Hans J. Do Slotting Allowances Harm Retail Competition? *The Scandinavian Journal of Economics*, v. 110, n. 2, jun. 2008.

FOX, Elenor M. Post-Chicago, Post-Seattle and the Dilemma of Globalization. In: CUCINOTTA, Antonio; PARDOLESI, Roberto; BERGH, Roger van dan (org.). *Post-Chicago Developments in Antitrust Law*. Cornwall: Edward Elgar, 2002.

FRANÇA. Autorité de La Concurrence. 04-D-13. Décision du 8 avril 2004 relative à des pratiques mises en œuvre par la société des Caves et des

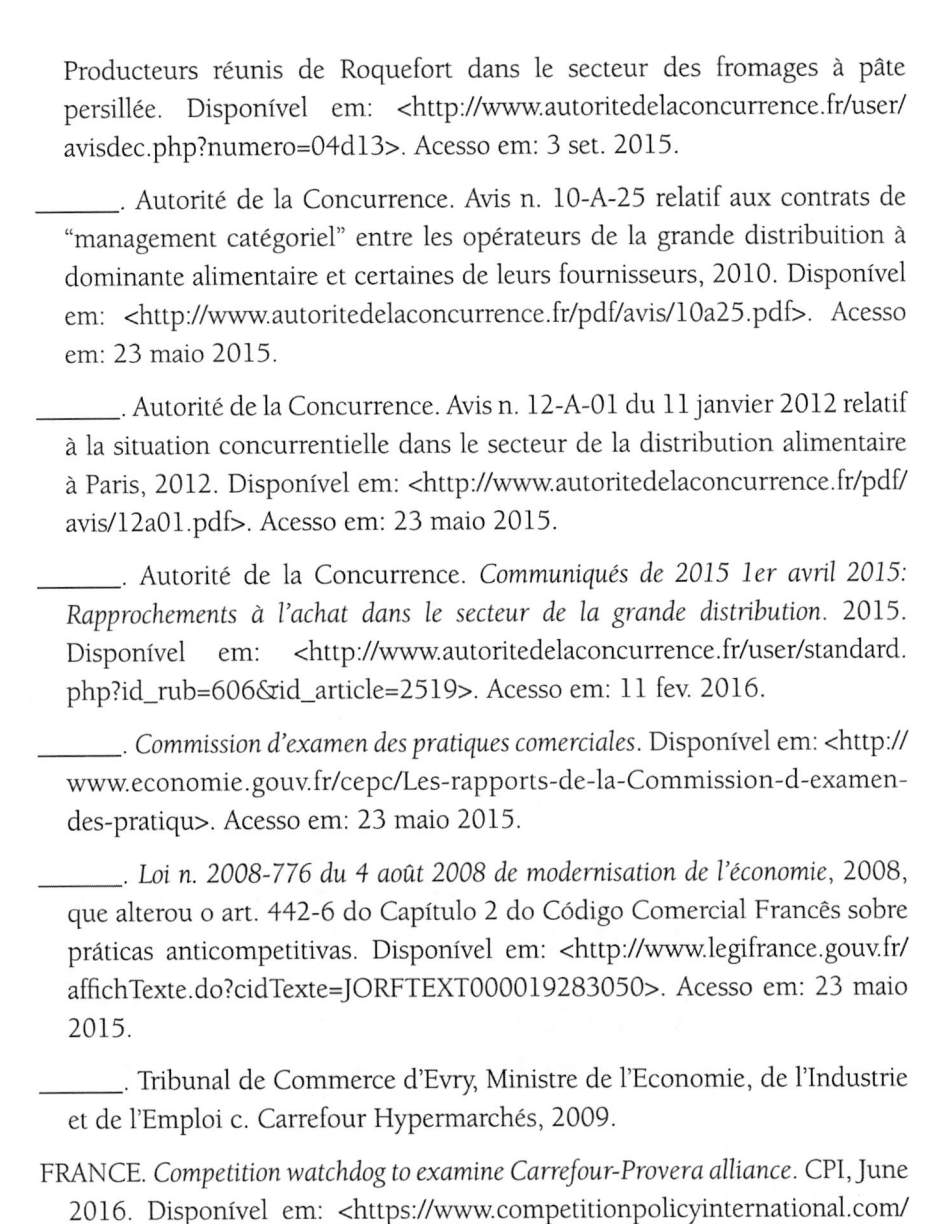

Producteurs réunis de Roquefort dans le secteur des fromages à pâte persillée. Disponível em: <http://www.autoritedelaconcurrence.fr/user/avisdec.php?numero=04d13>. Acesso em: 3 set. 2015.

_____. Autorité de la Concurrence. Avis n. 10-A-25 relatif aux contrats de "management catégoriel" entre les opérateurs de la grande distribuition à dominante alimentaire et certaines de leurs fournisseurs, 2010. Disponível em: <http://www.autoritedelaconcurrence.fr/pdf/avis/10a25.pdf>. Acesso em: 23 maio 2015.

_____. Autorité de la Concurrence. Avis n. 12-A-01 du 11 janvier 2012 relatif à la situation concurrentielle dans le secteur de la distribution alimentaire à Paris, 2012. Disponível em: <http://www.autoritedelaconcurrence.fr/pdf/avis/12a01.pdf>. Acesso em: 23 maio 2015.

_____. Autorité de la Concurrence. *Communiqués de 2015 1er avril 2015: Rapprochements à l'achat dans le secteur de la grande distribution*. 2015. Disponível em: <http://www.autoritedelaconcurrence.fr/user/standard.php?id_rub=606&id_article=2519>. Acesso em: 11 fev. 2016.

_____. *Commission d'examen des pratiques comerciales*. Disponível em: <http://www.economie.gouv.fr/cepc/Les-rapports-de-la-Commission-d-examen-des-pratiqu>. Acesso em: 23 maio 2015.

_____. *Loi n. 2008-776 du 4 août 2008 de modernisation de l'économie*, 2008, que alterou o art. 442-6 do Capítulo 2 do Código Comercial Francês sobre práticas anticompetitivas. Disponível em: <http://www.legifrance.gouv.fr/affichTexte.do?cidTexte=JORFTEXT000019283050>. Acesso em: 23 maio 2015.

_____. Tribunal de Commerce d'Evry, Ministre de l'Economie, de l'Industrie et de l'Emploi c. Carrefour Hypermarchés, 2009.

FRANCE. *Competition watchdog to examine Carrefour-Provera alliance*. CPI, June 2016. Disponível em: <https://www.competitionpolicyinternational.com/france-competition-watchdog-to-examine-carrefour-provera-alliance/>. Acesso em: 23 jun. 2016.

FRAZÃO, Ana. A análise de eficiências em atos de concentração sob o enfoque do princípio redistributivo. In: CARVALHO, Vinícius M. (org.). *A Lei 12.529/2011 e a Nova Política de Defesa da Concorrência*. São Paulo: Singular, 2015.

_____. A necessária constitucionalização do direito da concorrência. In: CLÈVE, Clèmerson Merlin; FREIRE, Alexandre (org.). *Direitos fundamentais e jurisdição constitucional*. São Paulo: RT, 2014.

FRIEDERISZICK, Hans W.; GŁOWICKA, Ela. Competition policy in modern retail markets. *Journal of Antitrust Enforcement*, p. 30, 2015.

FTC (United States Federal Trade Commission). *Slotting Allowances in the Retail Grocery Industry: Selected Case Studies in Five Product Categories*. An FTC Staff Study, nov. 2003.

FTC. Workshop on slotting allowances and other marketing practices in the grocery industry. 2001.

FUKUSHIMA, Francisco. Marcas próprias ajudam a fidelizar clientes. *Meio & Mensagem*. 7, p. 55, dez. 1998.

GALBRAITH, John Kenneth. *American capitalism:* The concept of countervailing power. Transaction Publishers, 1970. v. 619.

GAUDIN, Germain. Vertical bargaining and retail competition: What drives countervailing power? *Available at SSRN*, 2015.

GAULACH, Greg. Apud. Federal Trade Commission. *Workshop on Slotting Allowances and Other Grocery Marketing Practices*, 2000. p. 344. Disponível em: <https://www.ftc.gov/sites/default/files/ documents/public_events/public-workshop-slotting-allowances-and-other-grocery-marketing-practices/slotting61.pdf>. Acesso em: 13 fev. 2016.

_____. Federal Trade Commission. *Workshop on Slotting Allowances and Other Grocery Marketing Practices*, 2000.

GILO, David. Private labels, dual distribution, and vertical restraints – na analysis of the competitive effects. *Private labels, brands and competition policy*: the challenging landscape of retail competition. Oxford: Ariel Ezrachu abd Ulf Bernitz, 2009.

GIOVANNETTI, Emanuele. Diagonal Mergers and Foreclosure in the Internet. *Working Paper* n. 80, 2005.

GOLDBERG, Daniel K. *Poder de compra e política antitruste*. São Paulo: Tese de Doutorado apresentada na Faculdade de Direito da Universidade de São Paulo, 2005.

GONZÁLEZ-DIAZ, Franciso Enrique; BENNETT, Matthew. The law and economics of most-favoured nation clauses. *Competition Law & Policy Debate*, v. 1, Issue 3, Aug. 2015.

GORDILHO JR., Mário Sérgio Rocha. Análise de Poder de Compra no Mercado de Varejo de Bens Duráveis – Desafios para o novo CADE. *Boletim Latino-Americano de Concorrência*, n. 31, p. 51, abr. 2012.

GORINI, Ana Paula Fontenelle; BRANCO, Carlos Eduardo Castello. Panorama do setor editorial brasileiro. *BNDES Setorial* n. 11, mar. 2000.

GRAU, Eros Roberto; FORGIONI, Paula A. *O estado, a empresa e o contrato*. São Paulo: Malheiros, 2005.

GRIMBERG, Mauro; CORDOVIL, Leonor; FIGUEIREDO, Natália. O poder de compra do varejo e os desafios da concorrência: uma visita ao Chile e à Argentina. *Revista Ibrac*, n. 15. p. 1-15, São Paulo, 2008.

GRIMES, Warren S. Buyer power and retail gatekeeper power: protecting competition and the atomistic seller. *Antitrust Law Journal*, v. 72, p. 563, 2004.

GRIMES, Warren S. Buyer power and retail gatekeeper power: protecting competition and atomistic seller. *Antitrust Law Journal*, 72, n. 2, 2005.

GRIMES, Warren. Market Definition in Franchise antitruste claims: relational market power and the franchisor's conflict of interest. *Antitrust Law Journal*, n. 67, 1999.

GUERREIRO, José Alexandre Tavares. Formas de abuso do poder econômico. *Revista de Direito Mercantil, Industrial, Econômico e Financeiro*, ano XXVI (nova série), n. 66, p. 49, São Paulo: RT, abr.-jun. 1987.

GUERRERO-RODRÍGUEZ, Luis Omar; MICHAUS-FERNÁNDEZ, Martín. *Most-favored nation clauses*: a business need but unresolved topic in Mexico. CPI Antitrust Chronicle, March 2016.

GUIDOLIN, S. M.; COSTA, A. C. R.; NUNES, B. F. Conectando indústria e consumidor: desafios do varejo brasileiro no mercado global. *Revista do BNDES*, n. 30, p. 3-61, Rio de Janeiro.

HAGIU, Andrei. Merchant or two-sided platform? *Review of Network Economics*, v. 6, n. 2, 2007.

HANSAS, Irina; WEY, Christian. Full versus partial collusion among brands and private label producers. *DICE Discussion Paper*, n. 190, 2015.

HART, O.; TIROLE, J.; CARLTON, D. W.; WILLIAMSON, O. E. Vertical integration and market foreclosure. *Brookings papers on economic activity*. Microeconomics, p. 205-286, 1990.

HAUCAP, Justus et al. *Inter-Format Competition among Retailers-The Role of Private Label Products in Market Delineation*. Düsseldorf Institute for Competition Economics (DICE), 2013.

HILDEBRAND. Economic Analyses of Vertical Agreements: a self-assessment, *Kluwers Law International*, 2005.

HOLMES, T. The Diffusion of Wal-Mart and Economies of Density, *Econometrica*, 79(1), 2011.

HONG KONG. Hong Kong Consumer Council. *Market power of supermarket chains under scrutiny*, 2013. Disponível em: <https://www.consumer.org.hk/sites/consumer/files/competition_issues/20131219/GMSReport20131219.pdf>. Acesso em: 11 fev. 2016.

HOTELLING, Harold. Stability in competition. *The Economic Journal*, v. 39, n. 153, p. 41-57, 1929.

HOVENKAMP, Herbert. Post-Chicago Antitrust: A Review and Critique. *Columbia Business Law Review*, p. 321, 2001.

HOVEMKAMP, Herbert. The reckoning of Post-Chicago antitrust. In: CUCINOTTA, Antonio; PARDOLESI, Roberto; BERGH, Roger van dan (org.). *Post-Chicago Developments in Antitrust Law*. Cornwall: Edward Elgar, 2002.

HOVENKAMP, Herbert. *The rule of reason*. (December 16, 2016). Disponível em: <https://ssrn.com/abstract=2885916>.

HUGUET, C. The category management or the law of the consumer. *Marketing & Ventas*. Harvard-Deutso, jul.-ago. 1997.

INDERST, Roman. Differential Buyer Power and the Waterbed Effect: Do Strong Buyers Benefit or Harm Consumers? *European Competition Law Review*, v. 28, n. 7, p. 393, 2007.

_____; MAZZAROTTO, Nicola. *Buyer power in distribution*. 3 Issues in Competition Law and Policy. W. Dale Collins ed., 2008.

_____; _____. Buyer power in distribution. *ABA Antitrust Section Handbook, Issues in Competition Law and Policy*. ABA, 2008.

_____; SHAFFER, Greg. Retail mergers, buyer power and product variety. *The Economic Journal*, v. 117, n. 516, p. 45-67, 2007.

_____; VALLETTI, Tommaso M. Buyer power and the 'waterbed effect'. *The Journal of Industrial Economics*, v. 59, n. 1, p. 1-20, 2011.

INGLATERRA. Competition Commission. Final report of the supply of groceries in the UK market investigation, 30.04.2008.

_____. Office of Fair Trade. Competition Commission, Supermarkets: A Report on the Supply of Groceries from Multiple Stores in the United Kingdom. *Cm* 4842 (Oct. 2000).

INTERNATIONAL COMPETITION NETWORK. *Report on Abuse of Superior Bargaining Position*. 2008. Disponível em: <http://www.internationalcompetitionnetwork.org/uploads/library/doc386.pdf>. Acesso em: 11 fev. 2016.

ITÁLIA. Autorità Garante dela Concorrenza e del Mercato (AGCM). *Agrifoodstuffs: the Antitrust Authority reports the strengthening of market power of the large-scale retail*, 2013. Disponível em: <http://www.agcm.it/en/newsroom/press-releases/2076-agri-foodstuffs-the-antitrust-authority-reports-the-strengthening-of-market-power-of-the-large-scale-retail-channel-conflictual-relationships-with-suppliers-and-uncertain-effects-on-consumers.html>. Acesso em: 16 fev. 2016.

_____. Autorità Garante dela Concorrenza e del Mercato (AGCM). *Indagine cognoscitiva sul settore dela Grande Distribuzione Organizzata*, 2013. Disponível em: <http://www.agcm.it/trasp-statistiche/doc_download/3796-ic43.html>. Acesso em: 23 maio 2015.

JACKSON, Peter et al. Retail restructuring and consumer choice 2: understanding consumer choice at the household level. *Environment and Planning A*, v. 38, n. 1, p. 47-67, 2006.

Jornal na Folha da Noite, quinta-feira, 23.04.1953. Disponível em: <http://almanaque.folha.uol.com.br/dinheiro_23abr1953.htm>. Acesso em: 20 fev. 2013.

Kantar Worldpanel. Cenário ABRAS 2011-2021. Disponível em: <http://www.abras.com.br/palestrasussumu.pdf>. Acesso em: 27 mar. 2013.

KIRKWOOD, John B. Buyer Power and Exclusionary Conduct: Should Brooke Group Set the Standards for Buyer-Induced Price Discrimination and Predatory Bidding? *Antitrust Law Journal*, v. 72, p. 625, 2005.

_____. Buyer power and merger policy. Seattle University School of Law. *Working Paper*, Draft 1, 1 April 2011.

KLEIN, Benjamin; MURPHY, Kevin M. Exclusive dealing intensifies competition for distribution. 75 *Antitrust Law Journal*, p. 433-449, 2008.

_____; WRIGHT, Joshua D. The economics of slotting contracts. *Journal of Law and Economics*, v. 50, n. 3, p. 421-454, 2007.

KRATTENMAKER, Thomas G.; SALOP, Steven C. Anticompetitive Exclusion: Raising Rivals Cost to Achieve Power over Price. *Yale Law Journal*, v. 96, p. 209, 1986.

KUIPERS. Retailer and private labels: asymmetry of information, in-store competition and the control of shelfspace. *Private Labels, Brands and Competition Policy: the challenging landscape of retail competition*. Oxford: Ariel Ezrachu abd Ulf Bernitz, 2009.

KUMAR, Nirmalya; STEENKAMPT, Jan-Benedict E. M. *Estratégia de marcas próprias: como enfrentar o desafio da marca de loja*. São Paulo: M. Books, 2008.

_____; _____. *Private label strategy – How to meet the store brand challenge*. Harvard Business School Press, 2007.

LEARY, Thomas B. *A Second look at category management*. Disponível em: <http://www.ftc.gov/sites/default/files/documents/public_statements/prepared-remarks/040519categorymgmt.pd f>. Acesso em: 11 maio 2014.

_____. *Category Management:* an interview whit FTC commissioner Thomas B. Leary. Disponível em: <http://www.ftc.gov/sites/default/files/documents/public_statements/category-management-interview-ftc-commissioner-thomas-b.leary/050328abainterview.pdf>. Acesso em: 11 maio 2014.

LEBRETON, Sylvie. *L'exclusivité contractuelle et les comportements opportunistes*: étude particuli'ere aux contrats de distribuition. Paris: Litec, 2002.

LENOIR, Noëlle; PLANKENSTEINER, Marco; CRÉQUER, Elise. *Increased Scrutiny of Most Favored Nation Clauses in Vertical Agreements*. Law Business Research Ltd 2014.

LEPSCH, Sérgio L. Estratégias das marcas próprias em supermercados brasileiros. In: ÂNGELO, C. F.; SILVEIRA, J. A. G. (org.). *Varejo competitivo*. São Paulo: Atlas, 1999.

LIANOS, Ioannis. The vertical/horizontal dichotomy in competition law: some reflections with regard to dual distribution and private labels. *Private Labels, Brands and Competition Policy*: the challenging landscape of retail competition. Oxford: Ariel Ezrachu abd Ulf Bernitz, 2009.

_____; LOMBARDI, Claudio. Superior Bargaining Power and the Global Food Value Chain: The Wuthering Heights of Holistic Competition Law? *CLES Research Paper Series*, p. 978-1, 2016.

LIM, Youngsik. *Market Definition/Market Power in Two-Sided Markets*. ICN Webnar 08.10.2015

LIMA, Rodrigo Cardoso de. *A estrutura concorrencial no setor supermercadista: o caso curitibano a partir da década de 90*. 13º Evento de Iniciação Científica da UFPR, 2005.

LLANES, Gaston; RUIZ-ALISEDA, Francisco. *Private Contracts in Two-Sided Markets*. Available at SSRN, 2015.

LORDEN, B. J. Category Management: The antitrust implications in the United States and Europe. *Loyola Consumer Law Review*. 24(3), 2011.

MACEDO JÚNIOR, Ronaldo Porto de. *Contratos relacionais e defesa do consumidor*. 2. ed. São Paulo: RT, 2006. v. 1.

MACEDO, Ronaldo Porto. *Contratos relacionais*. São Paulo, Max Limonad, 1999.

MACNEIL, Ian. Contracts: adjustment of long-term economic relations under classical, neoclassical and relational contract. Northwestern University of Law, 72 *Nw. U. L. Rev.* 855, 1977-1978.

MAITLAND-WALKER, Julian. Buyer power. *European Competition Law Review*, 21(3), p. 170, mar. 2000.

Manual de buenas prácticas para supermercados. 2014. Disponível em: <http://www.scpm.gob.ec/wp-content/uploads/2014/09/Resoluci%C3%B3n-No.-SCPM-DS-057-2014.pdf>. Acesso em: 8 nov. 2015.

MARTIN, J. Antitrust analysis of "most-favoured nation" clauses in health care contracts. *Private Antitrust Litigation News*, Fall 2000.

MARTÍNEZ-DE-ALBÉNIZ, Victor; ROELS, Guillaume. Competing for shelf space. *Production and Operations Management*, v. 20, n. 1, p. 32-46, 2011.

MARX, Leslie; SHAFFER, Greg. Slotting Allowances and Scarce Shelf Space. *Journal of Economics & Management Strategy*, v. 19, n. 3, out. 2010.

MATHEUS, Ryan. A competitive edge. *Progressive Grocer*, p. 10-14, nov. 1995.

MENDES, Francisco S. *O controle de condutas no direito concorrencial brasileiro*: características e especificidades. Brasília: UNB, 2013.

MÉXICO. Comisión Federal de Competencia Economica – COFECE. *Reporte sobre las condiciones de competencia en el sector agroalimentario*, 2015. p. 37. Disponível em: <https://www.cofece.mx/cofece/index.php/prensa/historico-de-noticias/reporte-sobre-las-condiciones-de-competencia-en-el-sector-agroalimentario>. Acesso em: 10 fev. 2016.

_____. Comisión Federal de Competencia. 2004. Disponível em: <http://189.206.114.203/docs/pdf/ra-22-2004.pdf>. Acesso em: 8 nov. 2015.

MILLS, Gordon. Buyer Power of Supermarkets. *Agenda: A Journal of Policy Analysis and Reform*, p. 145-162, 2003.

MORELL, Alexander; GLOCKNER, Andreas; TOWFIGH, Emanuel. Sticky rebates: loyalty rebates impede rational switching of consumers. *Jnl of Competition Law & Economics*, 2015.

MOTTA, M. *Competition policy: theory and practice*. Cambridge University Press. 2004.

MUSSI, Luiz Daniel Rodrigues Haj. *Abuso de dependência econômica nos contratos interempresariais de distribuição*. Dissertação de mestrado, 2007.

NIELSEN e PLMA, Apud Private label 2012, Storewars International. Disponível em: <http://www.storewars.net/download/e8498bf932ff6d9bff654a59cde0962537cdf696>. Acesso em: 3 fev. 2014.

NOCKE, Volker; WHITE, Lucy. Do vertical mergers facilitate upstream collusion? *Penn Institute for Economic Research Working Paper* 05-013, 2005.

NOLL, Roger G. Buyer Power and Economic Policy. *Antitrust Law Journal*, v. 72, Issue 2, 2005.

NORUEGA. Nordic Competition Authorities. *Nordic Food Markets – a taste for competition*. 2005. Disponível em: <http://www.kilpailuvirasto.fi/tiedostot/Nordic_Food_Markets.pdf>. Acesso em: 30 jan. 2015.

OCDE. Background Paper by the Secretariat. *Buying power of multiproduct retailers*, 1998. p. 16.

_____. *Buying Power of Multiproduct Retailers*, Committee on Competition Law and Policy, DAFFE/CLP (99) 21, 1999.

_____. *Competition Issues in the Food Chain Industry*. DAF/COMP(2014)16.

_____. Latin American Competition Forum. *Growth and Competition in the Supermarket Sector in Latin America* (September 3, 2015), 2015.

_____. Peer Review Costa Rica. 2014. p. 36. Disponível em: <http://www.oecd.org/daf/competition/CostaRica-PeerReview2014en.pdf>. Acesso em: 8 nov. 2015.

_____. *Policy roundtables:* buying power of multiproduct retailes, background note. Paris, 1998.

_____. *Report of the Committee of Experts on Restrictive Business Practices*, Buying Power of Large-Scale Multiproduct Retailers, 1981.

_____. *Roundtable on Monopsony and Buyer Power*, Competition Committee, DAF/COMP (2008)38, 17.12.2009.

_____. *Roundtable on two-sided markets*. Competition Committee, DAF/COMP (2009)69, 2009. Background note by Daniel EVANS. p. 11.

OLIVEIRA, Amanda F. de. Quando o problema do consumidor poderia ser solucionado pela lei antitruste. *Consultor Jurídico*, 25 de maio de 2016. Disponível em: <http://www.conjur.com.br/2016-mai-25/quando-lei-antitruste-solucao-problema-consumidor>. Acesso em: 18 dez. 2016

_____; RUIZ, Ricardo Machado. *Remédios antitruste*. São Paulo: Ed. Singular, 2011.

OLIVEIRA, Roberto Nascimento A. *Gestão estratégica de marcas próprias.* 2. ed. Rio de Janeiro: Brasport, 2008.

OSTI, Cristofoto. Nuovi obblighi a contrarre. Torino: G. Giappichelli Editore, 2004.

PARENTE, Juracy. *Varejo no Brasil:* gestão e estratégia. São Paulo: Atlas, 2000.

_____; KATO, Heitor Takashi. Área de influência: um estudo no varejo de supermercados. *Revista de Administração de Empresas*, v. 41, n. 2, p. 46-53, São Paulo, abr.-jun. 2001.

PARKER, Geoffrey G.; VAN ALSTYNE, Marshall W. Two-sided network effects: A theory of information product design. *Management Science*, v. 51, n. 10, p. 1494-1504, 2005.

PEREIRA NETO, Caio Mário S.; CASAGRANDE, Paulo L. *Direito concorrencial* – doutrina, jurisprudência e legislação. São Paulo: Saraiva, 2016.

PEREIRA, Inês. Marcas de supermercado. *Revista de Administração de Empresas*. São Paulo, v. 41, n. 1, p. 16-27, jan.-mar. 2001.

PETROVIC, Misha; HAMILTON, Gary G. Making global markets: Wal-Mart and its suppliers. In: LICHTENSTEIN, Nelson. *Wal-Mart:* the face of twenty-first century capitalism, 131, 2006.

PITRUZZELLA, Giovanni. Italy: Competition Authority. *Global Competition Review – The European Antitrust Review*, 2016.

PORTUGAL. Autoridade de Concorrencia. *Relatorio Final sobre Relações Comerciais entre a Distribuição Alimentar e os seus Fornecedores*, 2010. Disponível em: <http://www.concorrencia.pt/ SiteCollectionDocuments/ Estudos_e_Publicacoes/Outros/AdC_Relatorio_Final_Distribuicao_ Fornecedores_Outubro_2010.pdf>. Acesso em: 23 maio 2015.

RABOBANK. *Private labels v. Brands.* Rabobank International Food & Agrobusiness Research and Advisory, 2011.

RAGAZZO, Carlos Emmanuel Joppert; MACHADO, Kenys Menezes. O CADE e o poder de compra no setor agropecuário. *Economic Analysis of Law Review*, v. 4, n. 2, p. 295-314, jul.-dez. 2013.

REARDON, Thomas; BERDEGUE, Julio A. The rapid rise of supermarkets in Latin America: challenges and opportunities for development. *Development Policy Review*, v. 20, n. 4, p. 371-388, 2002.

_____; _____. *The retail-led transformation of agrifood systems and its implications for development policies*. Washington, DC: World Bank, 2008.

_____; GULATI, A. The supermarket revolution in developing countries. *IFPRI Policy Biref 2*, june 2008.

_____; HOPKINS, Rose. The supermarket revolution in developing countries: Policies to address emerging tensions among supermarkets, suppliers and traditional retailers. *The European Journal of Development Research*, v. 18, n. 4, p. 522-545, 2006.

REINO UNIDO. Competition Commission. *Final report of the supply of groceries in the UK market investigation*, 30.04.2008. Disponível em: <http://webarchive.nationalarchives.gov.uk/20140402141250/http://www.competition-commission.org.uk/our-work/directory-of-all-inquiries/groceries-market-investig ation-and-remittal/final-report-and-appendices-glossary-inquiry>. Acesso em: 23 maio 2015.

_____. Competition Commission. *Groceries Code Adjudicator Act*, 2013. Disponível em: <http://www.legislation.gov.uk/ukpga/2013/19/contents/enacted>. Acesso em: 23 maio 2015.

_____. Competition Commission. *Grocery Supply Code of Practice* (GSCOP), 2009. Disponível em: <https://www.gov.uk/government/publications/groceries-supply-code-of-practice/groceries-supply-code-of-practice>. Acesso em: 23 maio 2015.

_____. Competition Commission. Office of Fair Trading. *Supermarkets: A report on the supply of groceries from multiple stores in the United Kingdom*, 2000. Disponível em: <http://webarchive.nationalarchives.gov.uk/+/http:/www.competition-commission.org.uk/rep_pub/reports/2000/446super.htm>. Acesso em: 23 maio 2015.

_____. Competition Commission. *Supermarkets: a report on the supply of groceries from multiple stores in the United Kingdom*, October 10, 2000.

_____. *Office of Fair Trade*. Competition Commission, Supermarkets: A Report on the Supply of Groceries from Multiple Stores in the United Kingdom. Cm 4842 (Oct. 2000). p. 68-69.

_____. Office of Fair Trading (OFT). *The competitive effects of buyer groups*. Disponível em: <http://www.rbbecon.com/downloads/2012/12/oft863.pdf>. Acesso em: 8 nov. 2015.

_____. OFT. No. CA98/03/2011: Dairy retail price initiatives. Disponível em: <http://webarchive.nationalarchives.gov.uk/20140402142426/http:/www.oft.gov.uk/OFTwork/competition-act-and-cartels/ca98/decisions/dairy>. Acesso em: 4 set. 2015.

REY, Patrick; TIROLE, Jean. *A primer on foreclosure*, paper for the Handbook of Industrial Organization III, edited by Mark Armstrong and Robert Porter, Elsevier, 16 July 2003.

RIBEIRO, Eduardo Pontual; SAITO, Carolina. Defesa da concorrência e cláusulas contratuais de preços que se referem a terceiros: cláusulas da nação mais favorecida (MFN). *Compêndio de direito da concorrência:* temas de fronteira. Migalhas, 2015.

RICHARDS, Timothy J. et al. Variety and the cost of search in supermarket retailing. In: *2014 International Congress*, August 26-29, 2014, Ljubljana, Slovenia. European Association of Agricultural Economists, 2014.

_____; HAMILTON, Stephen F. Network externalities in supermarket retailing. *European Review of Agricultural Economics*, p. 11, 2012.

_____; _____. Network externalities in supermarket retailing. *Working Paper*, 2007.

RICHARDSON, Paul S.; DICK, Alan S.; JAIN, Arun K. Extrinsic and intrinsic cue effects on perceptions of store brand quality. *Journal of Marketing*, v. 58, n. 4, p. 28-36, Oct. 1994

RIORDAN, Michael. What is vertical integration? *The firm as a nexus of treaties*, 1990.

_____; SALOP, Steven C. Evaluating vertical mergers: A post-Chicago approach. *Antitrust Law Journal*, 1995.

ROCHET, Jean-Charles; TIROLE, Jean. Cooperation among competitors: Some economics of payment card associations. *Rand Journal of economics*, p. 549-570, 2002.

_____; _____. *Defining two-sided markets*. Mimeo, IDEI, Toulouse, France, January, 2004.

_____; _____. Platform competition in two-sided markets. *Journal of the European Economic Association* 1(4), 2003. p. 990–1029.

_____; _____. Two-sided markets: a progress report. *RAND Journal of Economics*, RAND Corporation, v. 37(3), p. 645-667, 2006.

RODRIGUES, Jorge. Buying power and pass-through of the large retailing groups in the Portuguese Food Sector. *Autoridade da Concorrência Working Paper* 14, 2006.

ROMÊNIA. Consilul Concurentei. *Asupra Investigatieti Declansate Pentru Analizarea Sectoruluil Comercialzarii Produselor Alimentare*. Disponível em: <http://www.consiliulconcurentei.ro/uploads/docs/items/id2968/raport.pdf>. Acesso em: 9 jul. 2016.

ROSCH, J. Thomas. *Behavioral economics*: observations regarding issues that lie ahead. US FTC, 2010.

ROWE, William Jason. *An investigation into the unintended consequences of downstream channel allowances*. University of Kentucky Doctoral Dissertations. 9, 2010.

RUSSIA. Federal Antimonopoly Service (FAS). *Code of good business practices between retail chains and consumer product suppliers*, 2016.

RYSMAN, Marc. The economics of two-sided markets. *The Journal of Economic Perspectives*, v. 23, n. 3, p. 125-143, 2009.

SALOMÃO FILHO, Calixto. *Direito concorrencial*. São Paulo: Malheiros, 2013.

_____. *Direito concorrencial* – as condutas. São Paulo: Malheiros, 2003.

_____. *Direito concorrencial*: as estruturas. 3. ed. São Paulo: Malheiros, 2007.

SALOP, Steven C. Anticompetitive overbuying by power buyers. *Antitrust Law Journal*, v. 72, n. 2, p. 669-715, 2005.

_____. Federal Trade Commission. *Workshop on Slotting Allowances and Other Grocery Marketing Practices*, 2000. p. 126-137. Disponível em: <https://www.ftc.gov/sites/default/files/ documents/public_events/public-workshop-slotting-allowances-and-other-grocery-marketing-practices/slotting531.pdf>. Acesso em: 13 fev. 2016.

_____; SCHEFFMAN, David T. Cost-raising strategies. *The Journal of Industrial Economics*, 1987.

_____; _____. Raising rivals' costs. *The American Economic Review*, v. 73, n. 2, p. 267-271, 1983.

_____; SCOTT-MORTON, Fiona. Developing an Administrable MFN Enforcement Policy. *Antitrust* v. 27, n. 2, Spring 2013.

SANTOS, Angela Maria Medeiros M.; COSTA, Cláudia Soares. Características gerais do varejo no Brasil. *BNDES Setorial*, 1997.

SAVRIN, Dan. Federal Trade Commission. *Workshop on Slotting Allowances and Other Grocery Marketing Practices*, 2000. p. 386-387. Disponível em: <https://www.ftc.gov/sites/default/files/ documents/public_events/public-workshop-slotting-allowances-and-other-grocery-marketing-practices/slotting61.pdf>. Acesso em: 13 fev. 2016.

SCHAFFER, Greg. Slotting allowances and optimal product variety. *The BE Journal of Economic Analysis & Policy*, v. 5, n. 1, 2005.

SCHUARTZ, Luis Fernando. A desconstitucionalização do direito de defesa da concorrência. *Law Review*, v. 106, p. 741-791, 1993.

SCHUARTZ, Luis Fernando. Ilícito antitruste e acordos entre concorrentes. *Ensaios sobre economia e direito da concorrência*. São Paulo: Singular, 2002.

SCHUTTE, Thomas F.; COOK, Vitor J. Branding policies and practices. In: HAAS, Raymond E. (Ed.). *Science, technology and marketing*. [S.l.]: AMA, 1966.

SCIAUDONE, Riccardo; CARAVÀ, Eleonora. Buying Alliances in the Grocery Retail Market: The Italian Approach in a European Perspective. *Journal of European Competition Law & Practice*, April, 2015.

SCOTT-MORTON, Fiona. *Contracts that Reference Rivals*. Department of Justice, April 5, 2012.

SECOR, William; ÇAKIR, Metin. Impacts from a retail grocery acquisition: do national and sotre brands prices respond differently? *Agricultural and Applied Economics Association*, 2016.

SHAFER, Greg. Slotting allowances and resale price maintenance: a comparision of facilitation practices. *The RAND Journal of Economics*, v. 22, n. 1, p. 120-135, 1991.

SPANHOL, Caroline Pauletto; BENITES, Anderson Teixeira. *Evolução histórica do varejo brasileiro de alimentos e seus fatores competitivos*. Campo Grande: JCEA, 2004.

SPECTOR, David et al. *Addressing buyer power in merger control*, 2008.

SPEIDEL, Richard E. Relational contract theory: unanswered questions. Symposium in honor of Ian MacNeil: The characteristics and challenges of relational contract. Northwestern University Law Review. 94 Nw. U. L. Rev. 823, 2000.

STEINER, Bob. Federal Trade Commission. *Workshop on Slotting Allowances and Other Grocery Marketing Practices,* 2000. p. 367-368. Disponível em: <https://www.ftc.gov/sites/default/files/ documents/public_events/public-workshop-slotting-allowances-and-other-grocery-marketing-practices/slotting61.pdf>. Acesso em: 13 fev. 2016.

STEINER, R. Category Management – A pervasive, New Vertical/Horizontal Format, *Antitrust Institute,* Spring 2001.

_____. How manufacturers deal with the price-cutting retailer: when are vertical restraints efficient? *Antitrust Law Journal,* v. 65, n. 2.

_____. The nature and benefits of national brand/private label competition. *Review of Industrial Organization,* 24, p. 105-127, 2004.

_____. The third relevant Market. *The Antitrust Bulletin,* n. 143, p. 719, 1985.

STRASSER, Susan. *Satisfaction Guaranteed:* The making of an American Mass Market. New York: Pantheon, 1989.

SUÉCIA. Konkurrensverket, KKV – Swedish Competition Authority. *Mat och marknad – frå n bonde till bord,* 2011. Disponível em: <http://www.kkv.se/globalassets/aktuellt/nyheter/mat-och-marknad---fran-bonde-till-gard.pdf>. Acesso em: 23 maio 2015.

SULLIVAN, Lawrence A.; GRIMES, Warren S. *The law of antitrust.* An Integrated Handbook. St. Paul, MN: West Publishing, 2006.

SWINNEN, Johan FM (Ed.). *Global supply chains, standards and the poor:* how the globalization of food systems and standards affects rural development and poverty. Cabi, 2007.

THAIN, Greg; BRADLEY, John. *Store Wars* – The Worldwide Battle for Mindspace and Shelfspace, Online and In-store. 2. ed. United Kingdom: Wiley, 2012.

THE TELEGRAPH. *Tesco has made a 'mistake' by delisting Kingsmill says ABF*. Disponível em: <http://www.telegraph.co.uk/finance/newsbysector/retailandconsumer/11552887/Tesco-has-made-a-mistake-by-delisting-Kingsmill-says-ABF.html>. Acesso em: 4 jun. 2015.

THOMAS, Stefan. Ex-ante and ex-post control of buyer power. *Eberhard Karls University Tübingen*. 2015.

THOMASSEN, Lars; LINCOLN, Keith; ACONIS, Anthony. *Retailization* – Brand survival in the age of retailer power Kogan Page Publishers, 2006.

TOILLIER, Ana Luísa. *Análise do mercado supermercadista de marcas próprias sob a perspectiva do fabricante*. Porto Alegre: UFRGS, 2003.

TRIBUNAL VASCO de Defensa de la Competencia. *Distribution of daily consumer goods: Competition, oligopoly and tacit collusion*, 2009. Disponível em: <http://www.supermarketpower.eu/documents/38179/39950/Study+Basque+Competition+Authority+April+2009.pdf/fee2dd0e-2e13-4642-8c4f-de512f336889>. Acesso em: 11 fev. 2016.

UNCTAD. *Competition Issues in the Food Chain: Possible Measures to Address Buyer Power in the Retail Sector*, 2014. p. 1-10. Disponível em: <http://unctad.org/meetings/en/Contribution/tdb61_c01_UNCTAD.pdf>. Acesso em: 11 fev. 2016.

VANDENBORRE, Ingrid; FRESE, Michael J. *Most favoured nation clauses revisited*, 35(12) E.C.L.R. 588 (2014).

_____; _____. The role of market transparency in assessing MFN clauses. *World Competition* 38, n. 3. Kluwer Law International, 2015.

VARONA, Edurne Navarro; CANALES, Aarón Hernandez. Online Hotel Booking. *CPI Antitrust Chronicle*, May 2015.

VAROTTO, Luis Fernando. História do varejo. *Revista de Administração de Empresas da Fundação Getulio Vargas*, v. 5, n. 1, p. 85-90, São Paulo: FGV, fev.-abr. 2006.

VIANNINI, Stefano. Bargaining and two-sided markets: the case of Global Distribution Systems (GDS) in Travelport's acquisition of Worldspan. *Competition Policy Newsletter*, n. 2, 2008.

VIRASSAMY, Georges J. *Les contrats de dépendence: essai sur lês activités professionneles exercées dans une dépendence économique.* Librairie Generale de Droit e Jurisprudence: Paris, 1986.

WANG, Hao. Slotting Allowances and Retailer Market Power. *Journal of Economic Studies*, v. 33, n. 1, p. 68-77, 2006.

WEYL, G. *Monopolies in two-sided markets:* comparative statics and identification. Harvard University, 2008.

WHELAN, Peter. Trading negotiations between retailers and suppliers: a fertile ground for anti-competitive horizontal information exchange? *European Competition Journal*, 2009.

WHIGHT, J. One-sided Logic in Two-Sided Markets. *Review of Network Economics*, 3, p. 42-63, 2004.

WHISH, R.; BAILEY, D. *Competition Law.* 8. ed. Oxford Press University 2015.

WHITNEY, S. Erros in the concept of countervailing power. *The Journal of Business of the University of Chicago*, v. 26, n. 4, p. 238-253, 1953.

WILLIAMSON, Oliver E. Transaction-cost economics: the governance of contractual relations. *Journal of Law & Economics*, v. XXII.

WRIGHT, Julian. One-sided logic in two-sided markets. *Review of Network Economics*, v. 3, n. 1, 2004.

Este livro foi composto na fonte Berkeley, corpo 11,
diagramado pela Microart Design Editorial e
impresso em papel off-set 75g pela
Gráfica Printing Solutions & Internet 7.